# 吕梁年鉴

—2017

中共吕梁市委党史研究室
吕梁市地方志研究室 编

方志出版社
Publishing House of Local Records

**图书在版编目（CIP）数据**

吕梁年鉴．2017 / 中共吕梁市委党史研究室（市地方志研究室）编．—北京：方志出版社，2019.3
ISBN 978-7-5144-3201-5

Ⅰ．①吕… Ⅱ．①吕… Ⅲ．①吕梁 -2017- 年鉴
Ⅳ．① Z522.53

中国版本图书馆 CIP 数据核字（2018）第 201375 号

**吕梁年鉴（2017）**

**编　　者**：中共吕梁市委党史研究室（市地方志研究室）
**责任编辑**：冯　松

**出 版 人**：冀祥德
**出 版 者**：方志出版社
地址　北京市朝阳区潘家园东里 9 号（国家方志馆 4 层）
邮编　100021
网址　http: //www.fzph.org
**发　　行**：方志出版社图书经销中心
电话　（010）67110500
**经　　销**：各地新华书店
**印　　刷**：山西新华印业有限公司

**开　　本**：889mm × 1194mm　　1/16
**印　　张**：29.5
**字　　数**：740 千字
**版　　次**：2019 年 3 月第 1 版　2019 年 3 月第 1 次印刷
**印　　数**：0001–1000 册

**书　　号**：ISBN 978-7-5144-3201-5
**定　　价**：160.00 元

# 编辑说明

一、《吕梁年鉴（2017）》全面真实地记载了2016年吕梁市的政治、经济、社会、文化等方面的基本情况、重要事项和巨大变化，系统汇集了2016年的重要文献，专项记载了2017年的个别重要事项，具有一定的权威性、系统性、史料性和参考性，是社会各界人士了解吕梁、研究吕梁、建设吕梁的工具书。

二、《吕梁年鉴（2017）》以马克思列宁主义、毛泽东思想、邓小平理论、“三个代表”重要思想、科学发展观、习近平新时代中国特色社会主义思想为指导，坚持实事求是，秉笔直书，客观记述吕梁市发展的历史轨迹，力求思想性、科学性、资料性和实用性相统一。

三、《吕梁年鉴（2017）》的时间上限自2016年1月1日，大部分内容的时间下限至2016年12月31日，少部分内容的时间下限至2019年3月31日。

四、《吕梁年鉴（2017）》采用条目式分类编排，设栏目、类目、分目、条目四个层次。

五、文中供稿单位仍用2017年的名称。

六、《吕梁年鉴（2017）》的原始资料由吕梁市直各部门、山西省驻市单位和各县（市、区）提供，有关统计资料来源于吕梁市统计局。图片由市规划和自然资源局、市文化和旅游局、市重点项目发展管理办公室和吕梁日报社等单位提供。

《吕梁年鉴》编辑部

2019年3月

# 行政区划

**基本情况：** 吕梁市位于山西省中部西侧，吕梁山脉中段，因吕梁山纵贯全境而得名。东依汾河与晋中市一衣带水，北与太原市、忻州市交界，南靠临汾市，西隔黄河与陕西省延安市、榆林市相望。总面积21095平方千米，总人口约381万人，现辖1区2市10县，即离石区、汾阳市、孝义市、交城县、文水县、交口县、石楼县、柳林县、中阳县、方山县、临县、兴县、岚县，市政府驻离石区。

**历史沿革：** 吕梁市，春秋属晋。战国属赵。秦属太原郡。两汉分为西河、太原、平阳三郡。唐归石州、汾州、隰州、岚州、并州。元属冀宁路管辖。明清属太原府。民国属冀宁道。1971年建立吕梁地区，2003年改吕梁地区为吕梁市。

**自然环境：** 吕梁市地势中间高，两边低，吕梁山脉由北而南纵贯全境，主峰关帝山海拔2831米，为吕梁山最高峰。山地两侧多为丘陵，沟壑纵横，水土流失严重。东部交城、文水、孝义一带地势较为平坦，为太原盆地的边缘。

吕梁市主要有黄河、汾河、文峪河、孝河、磁窑河、岚漪河、湫水河、三川河等河流，均属黄河水系。

吕梁市气候属大陆性季风气候，四季分明，春季干旱多风沙，夏季高温多雨，年平均气温8.9℃，一月均温零下8.7℃，七月均温25.5℃，年均降水量450~500毫米，无霜期为150~180天左右。

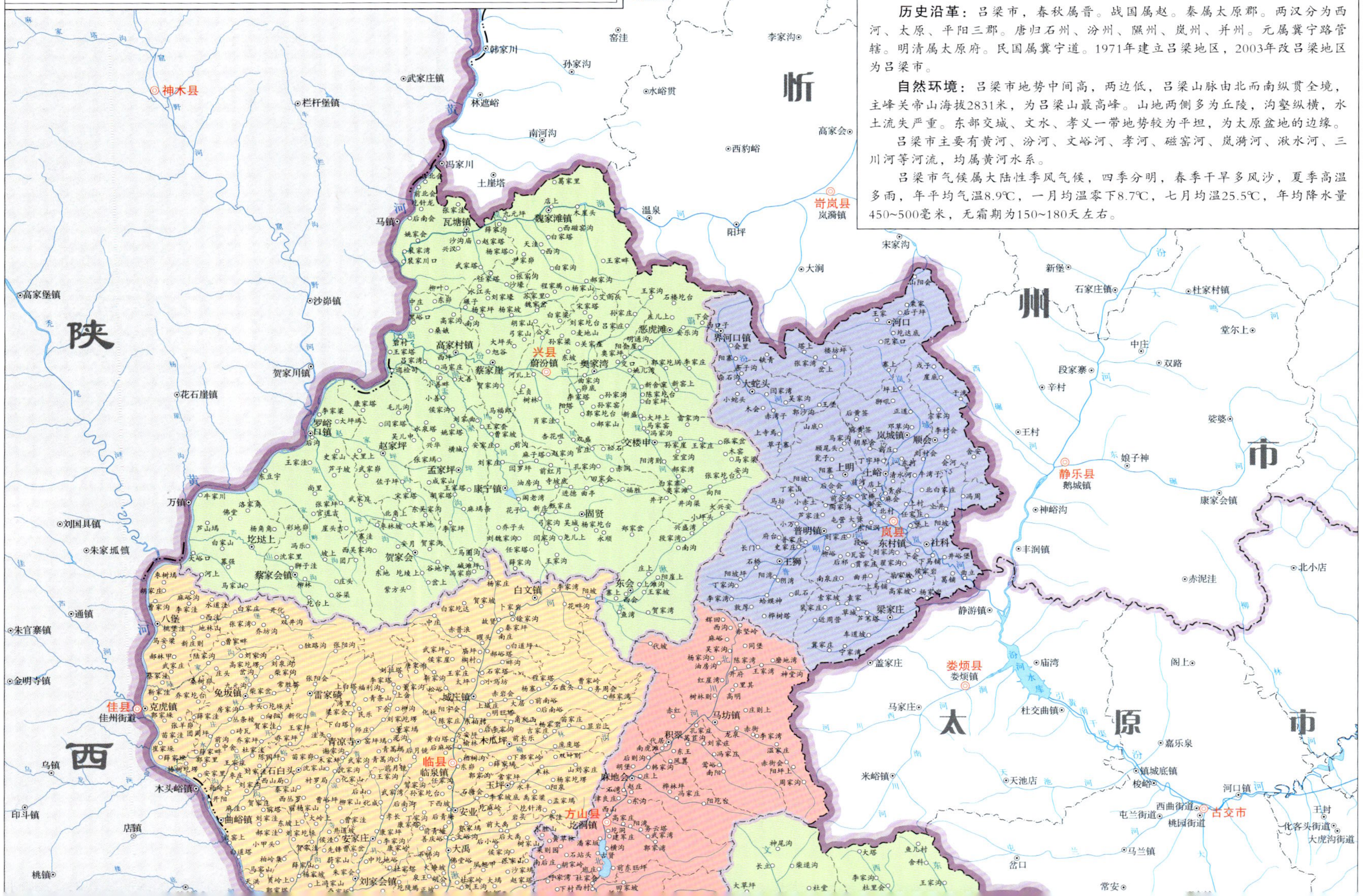

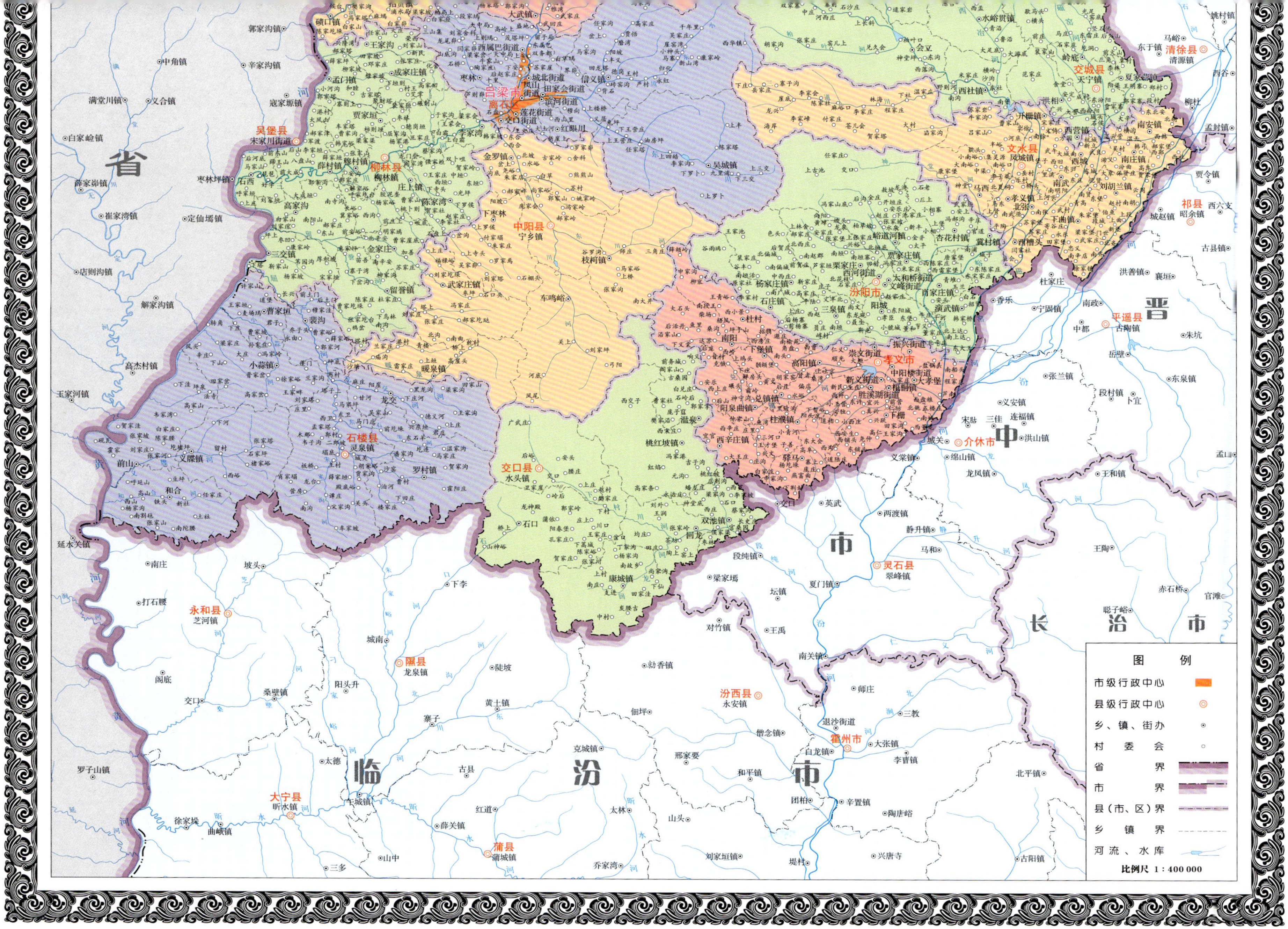
图 例
市级行政中心
县级行政中心
乡、镇、街办
村 委 会
省 界
市 界
县（市、区）界
乡 镇 界
河流、水库
比例尺 1：400 000
吕梁市
离石区
交城县
文水县
汾阳市
孝义市
交口县
石楼县
中阳县
柳林县
吴堡县
清徐县
祁县
平遥县
介休市
灵石县
汾西县
霍州市
隰县
永和县
大宁县
蒲县
晋
中
市
长
治
市
临
汾
市
省

吕梁市行政区划图

# 交通网络

截止“十二五”末，全市公路通车里程17270千米，其中高速公路534千米，国道443千米，省道1130千米，县道2587千米，乡道4604千米，村道7972千米。公路密度达81.7千米/百平方千米。实现了建制村通油（水泥）路和街巷硬化“全覆盖”。全市初步形成“一纵三横一环”的高速路网（西纵未贯通）。国道307与国道209纵横贯穿吕梁东西南北，19条省道和2095条县乡公路组成了遍布全市的公路网络。

“十三五”期间，全市规划建设高速公路4条共377千米，即西纵高速离石—隰县段83千米，祁县城赵—离石高速公路96千米，静乐县丰润—兴县黑峪口高速公路94千米，汾阳—石楼高速公路104千米；规划农村公路改造4200千米。

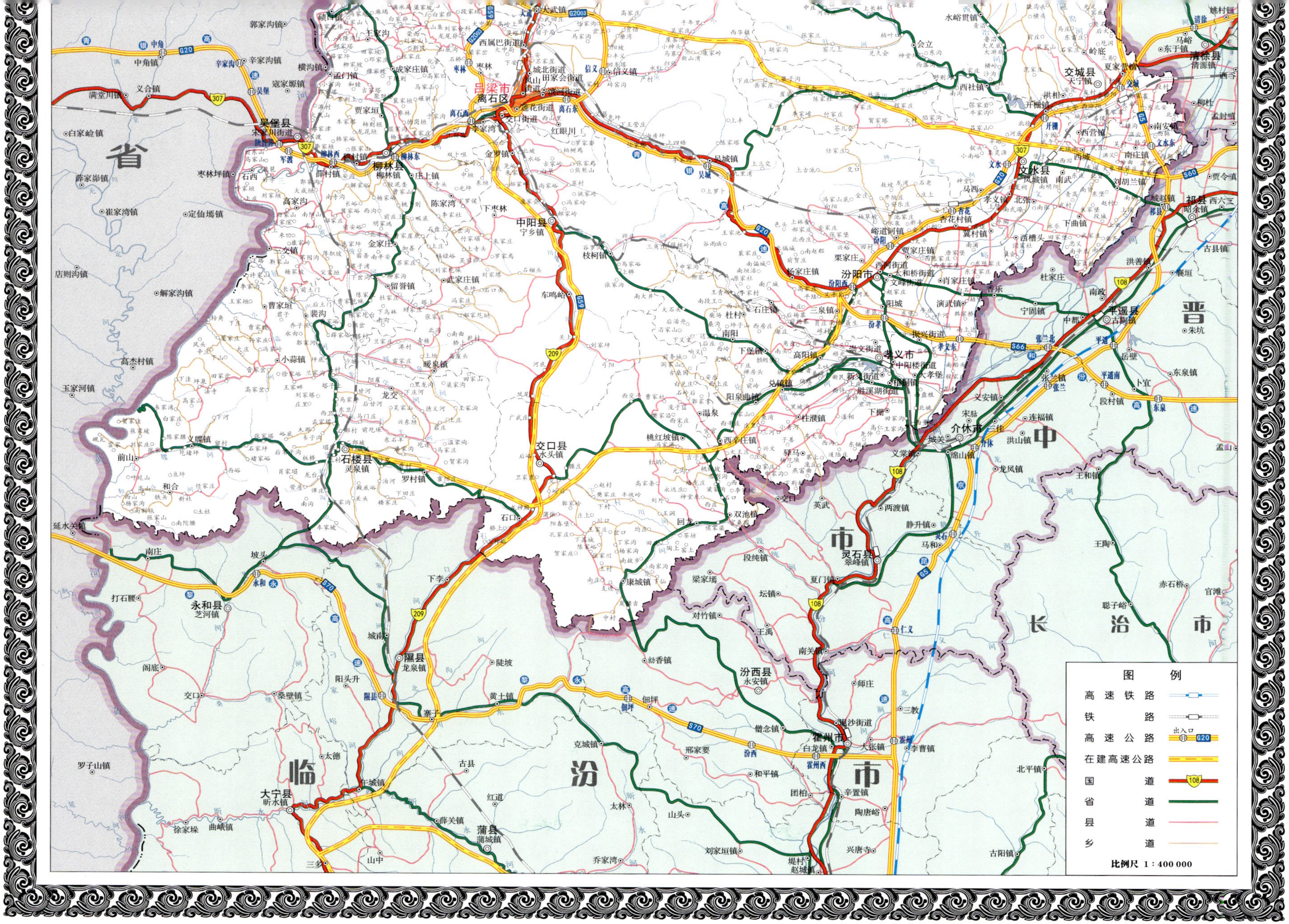
图　例
高速铁路
铁　路
高速公路
出入口
G20
在建高速公路
国　道
108
省　道
县　道
乡　道
比例尺 1：400 000
吕梁市
离石区
交城县
文水县
汾阳市
孝义市
介休市
平遥县
祁县
清徐县
中阳县
交口县
石楼县
柳林县
吴堡县
灵石县
汾西县
霍州市
隰县
永和县
大宁县
蒲县
省
晋
中
市
长
治
临
汾

# 吕梁市城区图

吕梁新区
东城区
图例
市政府
区政府
乡（镇）政府、街道办事处
企事业机关单位
高速公路
铁路
隧道
汽车站
加油站
学校 医院
酒店 影剧院
银行 邮政
影剧院
博物馆
寺庙
绿地 公园
市委 市政府
区委 区政府

◆ 2017 年 4 月 3 日，山西省政协副主席、吕梁市委书记（时任吕梁市委书记）李正印同志（右一）在临县前青塘村调研脱贫攻坚情况

◆ 2018 年 8 月 16 日，吕梁市委副书记、市长王立伟同志（右三）在兴县贺家会乡中药材种植基地察看苦参长势，调研指导产业扶贫工作

◆ 2017 年 12 月 19 日，吕梁市委副书记、政法委书记（时任吕梁市委副书记、宣传部长）张广勇同志（右三）在石楼县裴沟乡曹家峪村入户走访

◆ 2017 年 1 月 5 日，吕梁市人大常委会主任郝月生同志（左一）在石楼县调研脱贫攻坚工作

◆ 2017 年 11 月 1 日，吕梁市政协主席刘云晨同志（左二）在临县碛口镇红家会村调研

◆ 2018 年 8 月 23 日，吕梁市委常委、纪委书记、监委主任张稳科同志（左二）在汾阳市调研纪委监委监察工作

◆ 2017 年 9 月 6 日，吕梁市委常委、军分区政委张选同志（右二）在临县调研扶贫助学情况

◆ 2017 年 1 月 25 日，吕梁市委常委、组织部长、统战部长秦书义同志（右三）在中阳县宁乡镇郝家岭村调研

◆ 2018 年 5 月 1 日，吕梁市委常委、常务副市长（时任吕梁市委常委、副市长、交城县县委书记）李建国同志（右二）在交城县西社镇西社村调研扶贫工作

◆ 2019 年 1 月 24 日，吕梁市委常委、宣传部长任忠同志（右三）在吕梁日报社调研

◆ 2017 年 10 月 17 日，吕梁市委常委、市委秘书长（时任吕梁市委常委、政法委书记、市委秘书长）李小明同志（左二）在方山县督导扫黑除恶工作

◆ 2018 年 6 月 22 日，吕梁市委常委、离石区区委书记梁志勇同志（左二）在离石区西属巴街道办袁家岭村调研

◆ 2019 年 1 月 24 日，吕梁市委常委、中阳县县委书记乔晓峰同志（右二）在中阳县宁乡镇慰问老党员

◆ 2018 年 12 月 8 日，吕梁市委常委、副市长郭震威同志（左三）在孝义市调研医疗卫生机构一体化改革和信息化建设工作

◆ 2017年9月26日，吕梁市副市长李俊平同志（右二）在孝义市调研义务教育均衡发展和“县管校聘”改革情况

◆ 2017年7月26日，吕梁市副市长杨巨才同志（右一）陪同上级领导在岚县太钢袁家庄铁矿调研

◆ 2017 年 8 月 31 日，吕梁市副市长、市公安局局长李安林同志（左七）在石楼县公安局调研指导工作

◆ 2017 年 11 月 11 日，吕梁市副市长尉文龙同志（右二）在临县罗家山和沿黄四县调研红枣产业发展

◆交城县新天源年产 5000 吨 β—内酰胺抗生素中间体项目

◆晋能大土河（离石）2×35 万千瓦低热值煤热电联产项目

◆离石区云顶山 24.9 万千瓦风电建设项目

◆临县霍州煤电吕临能化千万吨煤电一体化项目

◆国家 AAA 级旅游景区——柳林抖气河

◆吕梁千年景区

◆国家 AAAA 级旅游景区——汾阳贾家庄贾街

◆离石城区夜景

◆国家 AAAA 级旅游景区——孝河湿地公园

◆全国重点文物保护单位离石安国寺

# 目　录

## 特　载



## 大事记

## 市情概览



## 中国共产党吕梁市委员会

## 吕梁市人民代表大会常务委员会



## 吕梁市人民政府

## 中国人民政治协商会议吕梁市委员会

## 纪检监察



## 民主党派



## 群众团体

## 军　事

## 法　治

## 经济监督和管理

## 工业经济

## 农林水利

## 交通运输

## 邮政 信息产业



## 住房和城乡建设环境保护

## 财政　税务



## 金　融

## 商　贸

## 科技　教育

## 文 化

## 卫　生



## 社会生活

## 县市区概览

# 政府工作报告

## ——在吕梁市第三届人民代表大会第三次会议上

吕梁市人民政府市长 王立伟

（2017 年 2 月 23 日）

### 一、2016 年工作回顾

2016 年，我们深入学习贯彻党的十八大和十八届三中、四中、五中、六中全会精神及习近平总书记系列重要讲话精神，按照省委“一个指引、两手硬”重大思路和要求，在市委的坚强领导下，团结带领全市广大干部群众提振信心、顽强拼搏，奋力推动全市经济企稳回升、稳中向好，较好地完成了全年主要任务，实现了省委提出的“下半年好于上半年，为 2017 年进一步好转奠定坚实基础”的目标。

全年地区生产总值完成 995.3 亿元，同比增长 4.1%，增速排名从 2015 年的全省末位上升到第 6 位；规模以上工业增加值完成 546.7 亿元，增长 2.6%，从 2015 年全省末位上升到第 4 位；一般公共预算收入完成 89.6 亿元，下降 1.2%，从 2015 年全省第 10 位上升到第 5 位；社会消费品零售总额完成 433.7 亿元，增长 6.8%。固定资产投资完成 1118.5 亿元，下降 4.1%。城镇居民人均可支配收入 24180 元，增长 5.6%；农村居民人均可支配收入 7644 元，增长 6.3%。万元 GDP 能耗、二氧化碳排放量和用水量降幅，二氧化硫、粉尘、烟尘等减排幅度，均按要求完成了省定任务。市区优良天气数达到 287 天，环境空气质量综合指数全省排名第 2。一年来，主要抓了以下工作：

——以脱贫攻坚统揽经济社会发展全局，脱贫攻坚首战首胜。

举全市之力打出“3105”政策组合拳，全面开展“三个一”扶贫行动，精准实施“十项重点工程”，扎实推进“五项机制”创新。按照“五统一两集中”模式，推进光伏扶贫迈出坚实步伐，方山建成全省最大的村级集中式光伏电站。“吕梁山护工”品牌开始叫响省城、京城。经济林提质增效进展顺利。易地扶贫搬迁全省现场会在我市召开，投资完成率和总竣工率分别超省 26 和 11 个百分点。“8+2”农业产业化继续推进，生态脱贫探索形成“合作社 + 贫困户”“政府购买式造林”等模式，得到国务院领导的高度肯定。建成 219 处农村饮水安全工程和 14 个水质检测中心，10 万农村人口饮水标准得到提升。出台医疗救助“16 条”和教育扶贫系列措施，城乡低保和五保供养标准大幅提高，兜底工作逐步夯实。加强第一书记队伍建设，推进了县际结对帮扶工作。278个贫困村、11.1万人脱贫，脱贫攻坚实现首战告捷。

——抢抓机遇推动转型升级，产业结构初现新格局。

主动走出去与全国排名前十的河南明泰、嵩基、杭州鼎胜等铝精深加工企业达成合作意向，推动铝产业向下游延伸。兴华科技2×35万吨铝基新材料、华兴铝业二期100万吨氧化铝项目投产，全省最大的轻铝合金生产线中铝华润一期50万吨项目开工建设。积极盘活企业闲置资源资产，大力引进高科技、金融资本和优秀人才，加快煤焦产业纵向延伸，推动交城华鑫与太原理工大学、孝义鹏飞与北京三聚环保、孝义金岩与山东科瑞合作，鹏飞集团建成全国领先的甲醇联产LNG项目。聘请著名导演贾樟柯对我市旅游开发进行策划、包装。7月份在太原举办了旅游推介暨项目招商大会，推出了一批旅游产品和项目。7月份华为公司大数据中心项目落地离石，10月份北京软通动力城市创新综合体项目落地孝义，中交网通智慧高速大数据中心项目落户交城。全市煤电铝、煤焦化、大数据等产业集群化、集聚化发展格局初步形成。

——坚定不移抓好供给侧结构性改革，发展新动能持续增强。

严格落实“三去一降一补”，煤炭行业核减产能1060万吨，水泥行业退出落后产能45万吨。坚持与棚户区改造、移民搬迁、采煤沉陷区治理相结合，制定化解房地产库存、购房补贴等政策，减少库存商品房172.4万平米。积极防范金融风险，联盛集团破产重整依法有序推进；农信社改制步伐加快，孝义农商行挂牌运营；引导企业通过合资合作、债转股等方式，处置银行不良贷款23.7亿元。全市1328名干部深入439个重点企业开展帮扶服务；组织300名民营企业家、1000名企业经营管理人员在浙江大学等院校培训，民营企业创新转型意识和发展信心明显增强。坚决落实省市税费减免政策，减少企业税负4亿元，减征社会保险费1亿元。推动17户用电企业与发电企业直接交易电量23.1亿度，节约电费1.16亿元。市区公交运营体制改革基本完成，100辆新能源公交车投入运营。积极推广运用PPP项目融资模式，分三批次向社会发布总投资1138亿元的105个项目，在建PPP项目达19个。组织“迎老乡、邀客商、兴吕梁”、北京和汾阳农产品展销推介等系列招商活动，香港王老吉、天津宝迪、北京新瑞利邦等一批行业龙头企业落户吕梁。

——狠抓基础设施建设，城乡面貌明显改善。

集中精力开展新区安置和市区重点项目建设“百日大会战”，新区16个安置区69栋楼主体工程及配套设施完工，供热、供水、供电、供气、通讯、雨污等市政管线建设基本完成，1000户征地拆迁群众拿到新房钥匙。城建“双十”重点工程加快推进，市医疗卫生园区、儿童福利院开工建设，市图书馆、群艺馆启动前期工作，吕梁大道一期绿化、主城区人行天桥、便民公厕等一批工程完工。积极化解市游泳馆遗留问题，完成维修改造。祁离、静兴2条高速和3条国省道改线前期工作进展顺利。成立市交通投资平台，承接农发行贷款40亿元，新建和改造农村公路769公里。吕梁至太原开通了城际列车，极大地方便了群众出行。

——持续加大民生投入，人民福祉进一步增强。

全市民生支出226.7亿元，占公共预算支出的82.2%。优先发展教育事业，新建、改扩建农村幼儿园26所，文水、交口、中阳等6县通过国家义务教育均衡发展评估认定。吕梁学院附中投入使用。整合离石师范、吕梁教育学院等学校资源，筹建吕梁高等师范专科学校，招生1140名。加快发展医疗卫生事业，我市被确定为第二批国家级医养结合试点市，120个农村老年人日间照料中心建成。1.15万名贫困残疾人得到康复救助。积极组织参加省政府《人说山西好风光》电视竞演活动，全市人民广泛参与、积极支持，扩大了吕梁对外影响力。城镇新增就业3.2万人，失业率控制到2.72%。完成营造林57.34万亩、吕梁山生态脆弱区造林47.03万亩，完成水土流失治理43万亩、生态修复22万亩。开展“铁腕治污”行动，实施冬季城乡环境集中整治。毫不松懈抓安全，全市未发生重大以上事故，安全生产形势总体平稳。深入开展以打黑除恶为重点的“三大战役”，刑事案件和“两抢一盗”发案数大幅下降，有力维护了社会大局稳定。

——切实加强政府自身建设，施政能力和服务水平有效提升。

深入开展“两学一做”学习教育，落实全面从严治党主体责任，持续加强政府系统党风廉政建设和反腐败工作。积极完善议事决策程序，政府依法行政能力进一步增强。严格执行省政府“13710”工作制度，政府工作人员的执行力和落实力明显提高。认真办理人大代表建议和政协委员提案，办结率达到100%。支持各人民团体工作，国防动员、人民防空、民兵预备役建设进一步加强；粮食供销、外事侨务、文物保护、防震减灾、民族宗教、档案方志、应急管理、对台、气象等工作取得新的进步。

各位代表，回顾过去的一年，面对经济持续下行的困难局面，我们毫不动摇地贯彻党的基本路线，坚持以经济建设为中心，把全面构建良好政治生态最终体现到调动广大党员干部、人民群众和企业家的积极性、推动经济发展上来，干部群众精气神得到提升，企业家投资创业的信心逐渐增强，地区生产总值结束了2014年以来连续9个季度的下滑态势，规模以上工业增加值扭转了连续30个月的下行局面，一般公共预算收入降幅逐步收窄，一些标志性、转折性、趋势性变化增加，经济发展已经走出下滑下行、低速低位的最困难时期。一年来，我们认真贯彻新发展理念，把发展的主攻方向放在改革开放、转型升级上，坚持走出去、请进来，到北京，到上海、浙江等地考察学习、招商引资，聘请麦肯锡公司制定全市产业发展规划，铝工业、煤焦化、大数据等产业集群化发展取得突破性进展，局域电网建设为主的电力体制改革、华为和军民研究院为主的云计算中心、兴县轻铝合金为主的铝工业发展成为省委省政府关心支持的重点，全市开放的政策进一步完善，开放的格局初步形成。一年来，我们积极回应人民群众的热切期盼，困难面前不退缩、问题面前不回避，稳妥推进涉及7861户拆迁群众的新区安置区建设、以及涉及面更广的金融风险化解等工作，在解决遗留问题和难点问题中彰显了担当意识、彰显了奉献精神，广大干部干事创业的氛围逐渐形成。一年来，我们解放思想，改革创新，积极运用基金、PPP等现代金融工具，争取国开行、农发行贷款102亿元，有力支撑了脱贫攻坚、棚户区改造和城镇基础设施等重点项目建设；积极运用微信等现代信息化工具，推行重大项目“24小时直通车”制度，交流了工作经验，提高了工作效率。金融工具的运用、管理手段的创新，进一步推动了广大干部群众思想的解放，全市改革创新的气氛日益浓厚。一年来，我们坚持以脱贫攻坚统揽经济社会发展全局，特别是去年10月份以来，出台了一系列推进办法，认识更加到位、责任更加明确、措施更加精准，脱贫攻坚的被动局面得到了扭转，以脱贫攻坚统揽经济社会发展全局的认识，已经化作了全市广大干部群众的具体行动。以省第十一次党代会为标志，吕梁同全省一样翻开了新的一页，发展已经成为主旋律、最强音，吕梁已经全面开启不断塑造美好形象、逐步实现振兴崛起的新征程！

成绩来之不易，奋斗蕴含艰辛。这是省委、省政府亲切关怀、坚强领导的结果，是市委统揽全局、正确领导的结果，是市人大有效监督、市政协大力支持的结果，是全市广大干部群众顽强拼搏、狠抓落实的结果。在此，我代表市人民政府，向各位人大代表、政协委员、各民主党派、人民团体和各界人士，向驻吕解放军、武警官兵和公安干警，向全市人民及所有关心支持吕梁发展的朋友们，表示衷心的感谢和崇高的敬意！

各位代表，看到成绩的同时，我们也要直面问题。全市结构性矛盾仍然没有根本改变，煤焦冶电等传统产业仍然占到工业经济的70%，新兴产业尚未形成规模；经济企稳向好的基础还不牢固，经济增长仍然缺乏大项目支撑，新要素新动能和人才要素明显不足；企业负债率偏高、区域性金融风险仍然存在；城市供热供气等公共服务功能配套滞后，城市扩容压力巨大；贫困农民增收不稳定，脱贫摘帽奔小康任重道远；教育、医疗等民生事业欠账较多，补短板任务艰巨；生态环境脆弱，安全生产隐患较多，维稳压力较大；一些干部不敢为、不会为、不善为，一些部门和地方服务意识不强、行政效率不高、工作落实不力，等等。对此，我们将高度重视，认真解决，决不辜负人民的重托！

## 二、2017年工作安排

2017年是脱贫攻坚的关键之年，也是供给侧结构性改革和转型综改的深化之年。政府工作的总体要求是：深入学习贯彻习近平总书记系列重要讲话精神和治国理政新理念新思想新战略，统筹推进“五位一体”总体布局，协调推进“四个全面”战略布局，按照省委“一个指引、两手硬”重大思路和要求，认真落实骆惠宁书记对吕梁提出的扎实组织扶贫攻坚、扎实推动转型发展、扎实坚持全面从严治党“三件大事”要求，突出“六个坚持”，实现“六新目标”，坚持稳中求进工作总基调，全面做好稳增长、促改革、调结构、惠民生、防风险各项工作，全力促进经济稳步向好和社会和谐稳定，为决胜全面小康、塑造美好形象奠定更加坚实的基础，以优异成绩迎接党的十九大胜利召开。

主要预期指标是：地区生产总值增长5.5%，一般公共预算收入增长4%，规模以上工业增加值增长5%，全社会固定资产投资增长目标根据新的统计口径研究设置，社会消费品零售总额增长7%，城镇居民人均可支配收入、农村居民人均可支配收入分别增长6%和6%以上。城镇失业登记率控制在4%以内，城镇新增就业4万人。粮食总产量9.5亿公斤。

约束性指标是：万元GDP综合能耗下降率、万元GDP二氧化碳排放量、万元GDP用水量降幅等减排指标，完成省定任务。环境空气质量综合指数继续保持全省前列。2017年总体要求和主要指标设定，贯彻了省第十一次党代会精神和骆惠宁书记对吕梁提出的“三件大事”要求，坚持了稳中求进工作总基调。“稳”就是要确保经济基本面稳定、社会大局稳定、安全生产形势稳定和社会舆情稳定。“进”就是要撸起袖子大干快干加油干，力争发展速度再快一点，GDP、规模以上工业增加值、一般公共预算收入等主要指标实现在全省“保中游、争上游”目标。“进”就是要以提高质量和效益为导向，加大改革开放力度，加快转型发展步伐，力争发展质量再高一点，努力在重点工作的推进上在全省乃至全国取得一定的影响，在重大民生问题的解决上取得让老百姓感受到、看得见的成效。

围绕以上目标，重点抓好以下工作：

### （一）坚持以脱贫攻坚统揽经济社会发展全局，坚决打赢脱贫攻坚战。

按照习近平总书记“六个精准”和骆惠宁书记“五个要”的要求，围绕实现“两不愁、三保障”目标，认真落实中央1号文件精神，把扶贫开发、现代农业发展、美丽乡村建设有机结合起来，扎实推进“春季行动”，认真实施“八个一批”，确保年内文水、汾阳、孝义3个非贫困县整体脱贫，方山、柳林摘帽，全市418个贫困村退出，14万贫困人口脱贫。

坚决啃下易地扶贫搬迁“硬骨头”。按照“五年任务三年完”“两年算总账”总要求，坚持安居与乐业并重，搬迁与脱贫同步，年内搬迁4.1万人，切实解决“一方水土养不活一方人”的问题。坚持易地搬迁、土地利用、城镇建设和产业发展多规合一，科学整合搬迁建房、基础设施配套等政策资金，积极落实搬迁地块，精准确定搬迁对象，全面加快搬迁进度。积极探索旧村复垦、沟域治理等土地利用有效路径，加大搬出村退耕还林、产业扶持力度，因地制宜规划好安置区后续产业发展，稳定增加搬迁群众经营性收入和资产性收入，确保搬得出、稳得住、能致富。

扎实推进特色产业扶贫。以创建全国农业标准化示范市和全国农业可持续发展示范市为抓手，全面落实各项强农惠农补贴政策，推进“一村一品一主体”产业扶贫行动，不断提高精准度。以功能农业为引领，主打“特色”“优质”两张牌，年内建设有机绿色无公害杂粮基地66万亩、马铃薯60万亩，发展食用菌4000万棒、中药材2.5万亩、牛羊养殖户6000个，实施退耕还草与粮改饲7.8万亩，重点打造兴县绿色谷子、临县肾型大豆、岚县马铃薯、方山中药材、交口食用菌、孝义设施蔬菜、汾阳核桃、文水交城养殖等特色产业基地县，努力把地方土特产和小品种做成带动农民增收的大产业。大力培育家庭农场、专业合作社等新型经营主体，扶持发展农村电商，开展农产品进北京、进省城、进高校活动，加快吕梁农产品“走出去”步伐。

打赢增绿与增收两场战役。我市沿黄生态环境差、水土流失严重、贫困人口集中。我们要紧紧抓住国家支持沿黄生态建设最给力的政策机遇，广泛推广政府购买式、合作式等多种造林模式，在生态治理战场上把吕梁打造成打赢增绿与增收两个战役的全国示范区。年内完成营造林105.78万亩，完成新一轮退耕还林81万亩，完成城区可视山体绿化5.3万亩，同时加大通道绿化、机场绿化、村庄绿化力度，让绿色成为吕梁的底色，让造林成为吕梁的时尚。有造林任务的贫困乡村要积极成立造林合作社，建档立卡贫困户占到合作社成员60%以上，让更多有劳动能力的贫困人口，在参与造林绿化、森林管护中获取更多的劳务收入，让吕梁山变成绿水青山、变成贫困群众增收的金山银山。

全力推进“三个一”扶贫计划。深入实施光伏扶贫，在10个贫困县（区）铺开惠及285个村、总规模189兆瓦的光伏电站，年内建成并网发电；积极探索收益分配办法，保障无劳动能力的深度贫困户优先受益、村集体收益稳定增加。扎实做好护工护理培训，加大宣传发动，年内培训1.25万人、就业1万人。继续推进经济林提质增效，实施红枣、核桃经济林提质增效20万亩、品种改良6万亩，发展沙棘、油用牡丹和构树8万亩，让荒山荒坡上的光伏扶贫、吕梁山的红枣核桃和吕梁山护工品牌一样，叫响山西、叫响全国，切实增加贫困人口经营性收入。

继续深化精准帮扶工作。大力加强“三基”建设，加大经费投入和教育培训力度，落实好“三支力量”帮扶工作责任制，实施“六个一”计划，提升基层组织和帮扶力量精准扶贫、精准脱贫的能力。扎实开展党员干部结对帮扶、技能培训、文明家庭创建等活动，提升贫困群众自身的脱贫能力，激发脱贫的积极性和主动性。完善县际结对帮扶机制，重点帮扶产业发展、学校医院等公共服务设施建设。积极引导各类企业参与贫困村产业开发，大力开展“民营企业吸纳贫困人口就业行动”“百企百村结对帮扶”等活动，积极推广大象“1+1+1+1”、泰化“三转三化”、厚通“公司 + 基地 + 合作社 + 农户”等产业扶贫模式。大张旗鼓地宣传表彰一批在脱贫攻坚战场上作出积极贡献的一线干部、帮扶企业和爱心人士，努力营造全社会关注扶贫、支持扶贫、参与扶贫的良好氛围。

着力深化脱贫攻坚系列改革。扎实推进挂图作战和痕迹管理，建立市级信息管理大数据平台，坚持在动态中识真贫、扶真贫、真脱贫。扎实推进贫困线和低保线“两线合一”兜底脱贫，让无劳动能力的贫困人口通过兜底实现稳定脱贫。改革财政专项扶贫资金使用管理方式，加大资金整合使用力度，提高财政资金的使用效率。推进政府 + 银行 + 保险 + 实施主体 + 贫困户“五位一体”的金融扶贫模式，增加产业扶贫贷款和扶贫小额信贷投放。总结推广石楼沟域经济、方山桥沟模式等资产性收益分配模式，拓宽贫困户增收渠道，努力推动户户有增收项目、人人有脱贫门路。

各位代表，脱贫攻坚是第一个百年奋斗目标最艰巨的任务。我们要把责任牢牢地扛在肩上，把任务紧紧地抓在手上，靠一项一项工作的扎实推进、靠一项一项工作走在全省前列，来确保小康路上不落下一个贫困村、不落下一个贫困户!

（二）坚持加快转型升级，实施产业发展战略。

扎实推动转型发展是骆书记对吕梁提出的“三件大事”之一，是吕梁经济振兴的必由之路和治本良方。我们要以企业为主体、产业为牵引，以一个产业一个领导组、一个行业协会、一支基金、一个发展规划“四个一机制”为抓手，依托高科技、大资本和优秀人才，积极探索转型升级路径，不断提高吕梁经济发展的质量和水平。

大力培育新兴潜力产业。大数据产业，加快“天河二号”超算中心和“吕梁一号”微纳卫星数据产业化、市场化应用。年底前建成投运华为大数据中心。加快离石与北京协同创新研究院国家数据产业园项目建设，推进支付宝 + 吕梁合作项目初步建成；推动华唐集团大数据服务外包产业基地项目落地。积极与保利通信、世纪互联等一流大数据领军企业合作，努力将吕梁打造成承接省级和跨区业务的大数据管理节点、打造成信息高速核心汇聚节点。新材料产业，重点推进山西中磁尚善科技公司软磁电感、交口兴华 290 万吨铝基新材料、孝义信发 20 万吨氯化石蜡等项目建设。光能产业，充分发挥文水晋能清洁能源和离石晶旭新能源的人才、技术优势，以企招商，重点推动晋能 1100 兆瓦太阳能电池组件、国利天能 600 兆瓦太阳能反射镜等项目投产。机械制造业，重点推进交城泰集重工 2000 辆专用车、文水华一重工重型设备制造和大型锻件及机加工技改等项目建设。

发展壮大新的优势产业。铝工业，以电力体制改革为突破口，与全国排名前十的铝深加工企业通过项目捆绑、电力参股等合作模式，推进煤电铝材一体化发展，打造兴县、孝义、交口、中阳和柳林铝工业基地。支持中铝和兴县 3 月份组织铝材加工招商引资活动，实现 9 月份中铝华润 50 万吨轻合金项目建成投产的同时，上马一批铝型材系列深加工企业的目标。电力行业，加快孝义晋能发电项目建设进度，推动离石晋能大土河、临县京能 2 个低热值煤发电项目投产。白酒产业，支持汾酒集团做大做强，支持中汾 10 万吨白酒项目早日达产，支持汾阳建立国家级白酒检验检测中心和白酒交易中心，鼓励汾阳、文水、方山中小微白酒企业与汾酒集团合作，抱团生产、抱团经营，打造全国最大的清香型白酒生产基地。

改造提升传统产业。焦化产业，以孝义和交城经济开发区为主体，积极引导煤焦企业向煤化工产品高端化方向发展，重点推进孝义金岩 250 万吨焦化、金达150万吨焦化、金州5万吨煤系针状焦项目尽快投产；推进孝义鹏飞40万吨费托合成蜡、金岩45万吨甲醇联产3亿立方米LNG、金达2×5亿立方米LNG、金晖18万吨合成氨及配套干熄焦发电等项目开工建设，加快交城宏特煤系碳纤维、石墨烯电极、锂电池项目复产。钢铁产业，重点推进中钢一期50万吨线材拔丝项目建设，推进文水海威1800立方米高炉和120吨转炉全面复产。

把文化旅游业培育成战略性支柱产业。充分利用我市丰富的自然生态、历史文化、红色文化、廉政文化等资源，将资源优势转化为市场优势、竞争优势，加快形成新的增长动能。改造提升200公里沿黄旅游公路，建设以碛口古镇为重点的百里黄河旅游带，打造"黄河·碛口"旅游目的地。支持交城、岚县争创国家级全域旅游示范县。推进交城、方山、孝义、离石创建国家5A级景区工作，重点打造北武当山、庞泉沟、苍儿会、西华镇等特色景区景点。进一步完善旅游景区标识牌、厕所、停车场和商场、酒店等基础设施。推动141公里农村旅游公路建设上等级。改造提升离石—碛口旅游公路。推动旅游业与名人、名地相结合，加快建设于成龙廉政文化园，打造中汾酒城旅游区，丰富旅游文化内涵，打响吕梁旅游文化品牌。以建立一支旅游产业基金，引进一批战略投资者，实施一批旅游基础设施项目，举办一场旅游专场招商推介会，开展一次旅游形象宣传活动，支持县市举办"枣儿红了""土豆花开了"和晋陕蒙民歌大赛等一系列活动的"六个一"旅游行动，助推文化旅游业快速发展。

推动现代服务业发展。我市现代服务业发展相对滞后，第三产业增加值仅占GDP的三分之一，对经济增长贡献率远低于全省、全国。物流、金融、电子商务等产业，是我市转型升级的重要方面，我们要依托中南铁路大动脉优势，加快沿线集运站建设。加快离石、汾阳、兴县物流信息服务平台和货物配载中心建设，在新区启动铁路货运物流区建设。深化金融开放与合作，积极发展互联网金融，探索股权众筹、债权众筹等新模式，提高企业直接融资能力，帮助解决困难企业融资问题。推广汾阳九都村镇银行做大做强的经验，推动村镇银行、小额贷款公司发展。启动离石、柳林、兴县信用社改制农商银行。积极推进电子商务进农村进社区，推进兴县、临县与阿里巴巴农村淘宝深入合作，推动岚县阿里巴巴农村淘宝项目尽快落地。大力推动实体零售创新转型，促进线上线下融合。围绕文化、体育、健康、养老等新消费热点，挖掘潜力，培育新的增长极。

各位代表，传统产业与新兴产业之间并没有万丈鸿沟，只要产业插上科技的翅膀、企业用了现代化的管理模式、企业家有了创新的精神，传统产业就一定能延伸催生出新兴产业。只要我们主动转型、创新转型、深度转型、全面转型，全市经济就一定能走出一条转型升级、集群发展的康庄大道！

**（三）坚持供给侧结构改革与转型综改相结合，推进事关发展的关键性改革。**

深化"供改"、加大"综改"既是经济工作的主线，又是改革创新的总抓手。向改革要红利，用改革促发展，我们必须大胆探索、勇于实践。

大力推进"三去一降一补"。做到"加减乘除"并用，不断提高供给体系的质量和效益。坚持去产能与推动优质产能提升相结合，引导煤炭企业退出产能60万吨，加快推进安全高效矿井建设，年内新增安全高效矿井10座，安全高效矿井数达到42座，占比达到70%。依法有序引导资不抵债、扭亏无望的水泥等行业"僵尸企业"关停退出，防止已经化解的过剩产能死灰复燃。坚持去库存与促进房地产平稳健康发展相结合，落实好出台的房地产去库存、棚户区改造货币化安置等政策，力争货币化安置比例达到60%以上。新开工棚改房1.18万套，重点推进市区凤山、世纪广场等棚户区示范区改造，加快全市棚户区改造步伐，确保三年棚改计划全部完成。坚持去杠杆与防范化解金融风险相结合，依法合规加快推进联盛集团金融风险化解工作，妥善处置临县白家峁矿权纠纷为重点的中诚信托风险。鼓励金融机构降低贷款利率、优化融资结构、延长贷款期限，降低企业杠杆率。坚持降成本与改善企业管理相结合，继续推进电力直接交易，以大用户直购电等模式降低耗能企业用电成本，力争完成交易电量28亿度。进一步优化企业发展环境，强化企业管理，降低企业税费负担和融资、财务、物流、制度性交易成本，切实提高效益。坚持补发展短板和补制度短板相结合，完善补短板项目储备和推进机制，重点在增强公共服务能力、加强基础设施薄弱环节、强化民生保障和生态建设等领域加大力度，切实提高补短板的精准性和有效性。

抓好关键环节和重点领域改革。深化国企国资改革，坚持市场化、法制化取向，把国企改革与国资管理改革、企业干部人事和人才制度改革统筹起来，重点推进离柳焦煤集团、吕梁中药厂等重点国有企业改革，妥善解决改制企业遗留问题。推进民企股份制改革，借鉴孝义市引导企业通过债转股、引进上市公司参与股权重组实现转型发展的经验，重点推进10户民营企业采取多种方式，与高科技和上市公司合作，试点股份制改造，着力提升企业现代管理水平。深化农村产权制度改革，基本完成农村土地承包经营权确权登记颁证任务。大力推进以光伏扶贫为重点的资产收益扶贫试点工作，探索“资产资源变股权、资金变股金、农民变股民、收益有分红”等增加农民财产性收入的新渠道。加快电力体制改革，以吕梁铝循环产业园区为试点，积极探索局域电网运营新模式，努力完成好试点任务，力争走在全省前列。加快旅游管理体制改革，推进碛口、北武当山、卦山和苍儿会等旅游景区管理体制机制改革创新，进一步理顺管理体制、经营体制和各种利益关系。引进一批战略合作者参股投资或参与管理，实施旅游景区景点专业化、公司化、市场化运营。加快投融资体制改革。积极运用产业发展基金，发行企业债券，撬动金融资本和社会资本，支持实体经济转型发展。充分发挥水务、国投、交通投资公司作用，加快推进城建、交通、水利等基础设施建设。积极推广“助保贷”等融资模式，通过政府增信、建立风险补偿金等融资方式，发挥财政资金杠杆作用，有效缓解中小企业融资难、融资贵问题。加快行政审批制度改革。深入推进“放管服效”改革，全面推行一个窗口、限时、网上办理，提高行政效能。大力推进“互联网+政务服务”，加快全市政务服务“一张网”建设步伐，着力提升政务服务便捷化和便民化水平。扎实推进城市管理执法体制改革，合理划分市区两级、部门和新区、政府和开发区及企业的城市管理事权、公共设施建设权、经营权，厘清责任，不断提升城市管理和服务水平。启动市辖区行政区划调整，稳妥推进县改区，逐步解决“一市一区”问题。

### （四）坚持以开发区建设为平台，提高开放型经济发展水平。

加快开发区建设，是先进地区快速发展的成功经验。我们要以开放的胸怀，对标一流，先行先试，把开发区建设成对外开放的桥头堡、新兴产业的聚集区、民营经济发展的示范区、科技和人才的落脚地，努力提高开放型经济发展水平。

加快开发区改革创新发展。省委省政府十分重视开发区建设，明确提出“三化三制”改革，要求加快整合改制扩区调规步伐。我们要按照要求科学修编全市开发区总体发展规划，重点推进吕梁高新技术开发区、孝义经济开发区和汾阳、交城、文水经济开发区建设；加快兴县、岚县等8县“五规合一”，力争“十三五”末，实现市有国家级经济开发区，县有省级开发区目标。孝义经济开发区先行示范，6月底前完成“三化三制”改革，理顺开发区管理体制、运行机制和各类利益关系，建立责任明确、分工协作、运作高效的社会事务管理运行模式。坚持山上县与山下县统筹、一二三次产业统筹、传统产业与新兴产业统筹，依托比较优势，突出产业特色，实施错位发展，吕梁高新技术开发区主要布局大数据产业，孝义开发区主要布局煤电铝材产业，汾阳杏花村开发区主要布局白酒产业，交城开发区主要布局煤化工和大数据产业，文水开发区主要布局新能源和装备制造业，兴县开发区主要布局煤电铝材深加工产业，岚县开发区主要布局冶金和制造业。方山、临县主要推进全域旅游文化建设。柳林、交口、中阳、石楼等功能区、限制区，当前围绕现有主导产业，抓好现有产业基地建设。

推进科技和人才支撑。“山不辞土，故能成其高；海不辞水，故能成其大”。经济结构调整越是深入，科技和人才巨大作用越是凸显。要坚持需求导向和产业化方向，每个开发区建设一个省级科技企业孵化器和省级工程技术研究中心。积极帮助企业争取省级技术改造资金，配套市县技术改造资金，支持和引导企业开展技术改造。全力推进“百千万”人才工程和“百校千人”计划，深化与国防科技大学、北京航空航天大学、北京理工大学等高等院校的交流合作，积极引进企业和高等院校、科研单位、企业家和教授共建院士专家工作站、技术研发中心、科技服务站；组织好“院士吕梁行”活动，积极推动院士专家及其创新团队在吕梁开展科研攻关、技术诊断、人才培养、项目对接等工作。加强与省科协的战略合作，推进在各乡镇、重点村、重点企业、重点中小学以及公共场所建设科普e站，力争2017年实现全覆盖，让科技的光芒照耀在各个领域、影响到各个层面。

推动民营经济发展壮大。多年来，我市民营经济在GDP贡献率、提供就业岗位、上缴税收等方面发挥了重要支撑作用，为推动吕梁经济发展作出了突出贡献。我们要认真落实习近平总书记构建“亲”“清”新型政商关系要求，毫不动摇地支持民营经济发展，理直气壮地支持民营企业家干事创业，坦荡真诚地同民营企业接触交往，让全社会感受到市委、市政府支持民营经济发展的坚决态度，形成关心和支持民营企业创新发展的良好氛围。积极与北京航空航天大学等院校合作，实施民营企业转型升级“三个一”培训工程，组织100名重点企业负责人参加国内与国外的高端培训、举办1000名企业管理人才培训、开展10000名企业技术骨干业务培训，引导民营企业家转变思想观念、思维方式和发展理念，重塑吕梁民营企业家新形象。坚持企业家市长联络员制度，加强与民营企业的联系，协调解决民营企业发展中的突出问题；举办民营企业与科技、资本融合发展论坛，推动民营经济再创辉煌。大力支持个转企、小升规、规改股、股上市，年内新创办小微企业3000户以上，新培育小升规企业30个以上，力争3户中小企业登陆“新三板”，对上市企业在省政府奖励50万元的基础上，市政府再奖励20万元。

精准招商引资。主动融入全省“东融南承西联北拓”战略，积极参与京津冀一体化、晋陕蒙沿黄经济圈，差异化承接长三角等发达地区加工贸易产业梯度转移，在产业发展、基础设施等方面开展合作。围绕产业链条、产业集群、产业目录，精心策划包装一批重点项目，积极探索在江浙沪等发达地区建立“异地孵化器”，实施专业招商、以商招商、委托招商，不拘形式引商引智。加大有效投资力度，真正形成大项目顶天立地、小项目铺天盖地，助推区域经济发展和脱贫攻坚。继续引深“迎老乡、邀客商、兴吕梁”活动，支持离石举办大数据产业发展论坛、汾酒集团和汾阳举办清香型白酒博览会、汾阳举办全国第一届作家节、兴县举办铝深加工企业招商引资会、在太原北京举办系列农副产品进城进校展销等活动，让会展、论坛和招商成为吕梁开放的舞台、创新的平台。

（五）坚持不懈推进基础设施建设，加快城乡一体化发展。

积极顺应人民群众对城乡发展的新期待，以“五城联创”为引领，以“一城十镇百村”建设为重点，着力提升城镇规划、建设、管理水平，努力建设和谐宜居、富有活力的美丽家园。

重点推进“一城十镇百村”建设。推动市区建设提档升级，以完善城市功能、提升城市品位为目标，加快智慧城市、海绵城市建设步伐，推进市政道路、地下综合管廊、集贸市场、公共文化、公共服务、小广场和小公园等设施建设，加大绿化、亮化、美化力度，打造显山露水、增绿添路、宜居宜业、功能完善的新兴城市。主城区启动凤山公园提质改造、滨河东路南延等十大工程建设，新区启动吕梁广场、两带三湖北延工程、北川河生态治理等十大工程建设。推进“十镇百村”建设。科学统筹城乡发展，重点打造产业特色鲜明、环境和谐宜居、彰显传统文化、设施便捷完善的10个特色小镇。加快推动方山大武、柳林李家湾等重点城镇发展，推进孝义、交城两个国家新型城镇化试点建设。精心培育以“环境整治示范村”、“美丽宜居示范村”为内容的100个示范村庄，争取建设“一点”、靓丽“一片”。

全面开展“五城联创”活动。坚持高标准、严要求，在全市大力开展卫生城市、园林城市、环保模范城市、文明城市和优秀旅游城市“五城联创”活动，优化城市环境，提升城市形象，增强城市综合竞争力。岚县巩固国家级卫生县城成果，孝义通过国家级卫生城市复审，市区和汾阳、交城启动创建国家级卫生城市（县城），石楼启动创建省级卫生县城，其他县结合实际确立创建目标，启动创建工作。继续深入开展城乡环境卫生集中整治，加快城市污水处理、生活垃圾处理、集中供热供气等公共服务设施建设，大力推进城市公厕、街头游园、森林公园建设，提高公共服务水平。

加快城镇基础设施建设。交通方面，以铁路、高速、国省干线、旅游公路建设为重点，形成开放大通道、旅游大走廊。全力做好北京—延安高铁吕梁段项目前期工作，太兴铁路年内开通客运，吕梁至太原城际列车上半年加开提速。全面启动93.8公里静兴高速、96公里祁离高速公路建设，加快推进103.7公里汾石高速前期工作；开工建设60公里国道209市区段、18.2公里国道307柳林城区段和72.2公里国道307线交城—汾阳段改线工程；实施500公里农村公路改造、600公里农村公路生命安全防护工程；开工建设新区客运枢纽下安汽车站。水利方面，加快推进中部引黄县域小水网10处分水口、17座调蓄水库的前期工作；完成龙门供水主体工程建设，做好峪口沟水库前期工作，争取尽早审批立项。气化方面，积极推动国新燃气公司在离石枣林、临县林家坪、兴县蔡家崖、交口温泉等乡村试点供气，进一步提高乡村气化率。城市建设是城镇化发展的重点任务，我市城市建设起步较晚，基础设施建设比较落后，我们要以基础设施建设为重点，以宜居城乡为目标，努力改善人居环境，让人民群众生活的更方便、更舒心、更美好。

（六）坚持保障和改善民生，加快社会事业发展。

加快教育事业发展。积极回应群众反响强烈的教育问题，以市区为重点，扎实推进义务教育均衡发展，通过新建一批、改扩建一批、置换一批、盘活一批、扩规一批、购买一批等办法，优化各类学校布局，提升办学质量，实现一年大起步、二年见成效、三年大提升。幼儿教育，下决心解决公办幼儿园数量不足的问题，市区筹建9所公办幼儿园，推动恒大华府等5个小区配套建设公办或普惠性幼儿园，提高公办幼儿园比例。中小学教育，重点解决区域布局不合理、师资力量不足和教育质量不高的问题，市区新建改扩建小学10所、初中4所，整体搬迁离石二中，建成投用离石盛地小学、西属巴中学、方山贺龙中学；启动新区吕梁一中建设，扩大离石江阴高中办学规模。兴县、临县、石楼通过国家义务教育均衡发展评估认定。加强与省教育厅合作，开展中小学顶岗支教；试点推进方山、孝义、离石中小学人事制度改革，加强校长、教师队伍管理，加大师资培训力度，培育优良师德师风，全面提升教育质量。中职教育，重点是找准定位，创新模式，整合发展，培养更多实用型、技能型人才。大学与大专教育，要支持吕梁学院建设省内一流高校，争取北京航空航天大学与吕梁职业技术学院合作办学。开工建设吕梁高等师范专科学校。在全社会进一步形成关心教育、支持教育、重视教育、投资教育、尊师重教的良好风尚。

推进健康吕梁建设。深入实施“人才强卫”战略，利用国家卫计委在我市扶贫的机会，建立与北京医疗专家的联系合作机制，依托延安大学培训乡村医生，提高医务人员素质能力和业务水平。加强和省内外先进医疗机构的合作交流，高度重视医护人员招聘、培训、激励等问题，补齐医疗卫生服务的人才短板。加快推进新区医疗卫生园区、市人民医院综合门诊楼等医疗卫生基础设施建设，满足人民群众医疗服务需求。推进市人民医院、汾阳医院与县级医院医联体建设。继续重视基层医疗服务机构建设，加强基础设施建设和社区、乡村医生队伍建设，让老百姓在家门口就能享受到优质的基本医疗服务。加强计划生育服务能力建设，完善全面两孩政策体系。加强健康知识宣传力度，推进全民健身和全民健康深度融合，倡导健康文明的生活方式。

着力加强社会保障。全面实施机关事业单位养老保险制度改革，实现城乡居民基本医保制度并轨。实施残疾人精准康复服务行动。在全市城乡低保标准每人每月提标20元的基础上，进一步提高农村低保保障标准，逐步实现兜底脱贫。健全完善特困人员救助供养制度，供养标准达到低保标准的1.3倍。完成市儿童福利院主体工程，开工建设市社会福利院，县级综合福利服务中心实现全覆盖。深入实施高校毕业生就业创业促进和就业援助专项行动，努力增加就业岗位和创业机会。扎实推进拖欠农民工工资专项整治行动，切实维护农民工权益。深入开展食品药品安全综合治理，切实保障人民群众舌尖上的安全。

繁荣发展文化事业。深入挖掘我市丰富的文化资源和人文积淀，增强文化软实力。加快市图书馆、群艺馆建设，完善市体育场维修改造工程。加快推动县级“三馆一院”和基层综合性文化服务中心标准化建设。实施“书香吕梁”工程，推出更多有地方特色的精品力作。广泛开展群众性文化体育活动，丰富群众精神文化生活。加强非物质文化遗产保护。开展“传承好家风、争创文明户”活动，推动移风易俗，树立文明乡风村风。

重视国防教育、人防和兵役工作。加强文物保护、抗震设防、民族宗教、档案方志工作。支持各民主党派和各人民团体工作。做好统计、老龄、对台、气象、外事侨务等工作。

各位代表，今年，我们将围绕群众关心关注的热点难点问题，在完成省政府“六件实事”的基础上，集中力量办好我市的“六件民生实事”。一是孝义、汾阳、文水、柳林、方山等5个县（市）农村低保保障标准高于扶贫标准，实现低保线与贫困线“两线合一”；二是落实贫困户大病补充、意外险等扶贫保险1800万元，确保48万贫困人口全覆盖；三是市区建设公共自行车站点100个，投放2000辆公共自行车；四是完成农村危房改造14383户；五是解决14万建档立卡贫困户的饮水安全问题；六是完成4.2万座农村无害化卫生厕所改造。对这些民生实事，我们要一件不漏地办实办好，让老百姓的日子越过越好、越过越幸福。

（七）坚持全面加强生态环保和安全稳定，进一步改善发展环境。

牢记以人民为中心的发展思想，坚持标本兼治、综合治理、系统建设，坚决守住不发生重大环境事件、重大安全生产事故、重大群体性事件、重大金融风险“四条底线”，让人民群众在良好的环境中生产生活。

扎实推进“铁腕治污”行动。深刻汲取去年各类污染环境事件教训，坚持问题导向，实施大气、水、土壤污染防治三大战役，下决心解决环境污染突出问题。实施“控煤、治污、管车、降尘”等举措，从严打击重污染行业土小企业死灰复燃，强化节能降耗，持续提升全市空气环境质量。建立重污染天气预警应急响应和联动机制，实施空气质量信息共享、污染排放联合控制、联动执法，有效防止雾霾天气。改善河流地表水环境质量，重点推进工业废水处理提质、畜禽养殖粪便尿液处理和城镇生活污水处理设施及收集管网建设，全面提升辖区主要河流水质。积极开展土壤污染防治和环保隐患排查，确保环境安全。

加大生态治理力度。严格执行《吕梁市柳林泉域水资源保护条例》，强化柳林泉域保护与管理。全面推行“河长制”。加大汾河流域生态治理力度，开展重点河道综合整治。完成水土流失初步治理面积32万亩。大力推进矿山生态环境治理和地质灾害防治，积极推进“身边增绿行动”，努力营造天蓝水净、地绿山青的发展环境。

狠抓安全生产。推进安全生产依法治理，严厉打击非法违法生产经营建设行为；突出抓好煤矿、非煤矿山、危险化学品、交通运输、建筑施工等重点行业领域专项整治；对重点行业、重点领域、重点环节和重大危险源采取有效的技术、工程和管理控制措施，加快构建风险等级管控、隐患排查治理两条防线；加大安全投入力度，全面推进安全标准化建设，加强安全应急管理，建立市级危化品应急救援基地和队伍，不断提升安全生产保障能力。

维护社会稳定大局。创新社会治理方式，健全立体化社会治安防控体系，继续深化“打黑除恶”专项行动，严密防范和依法严惩各类违法犯罪行为。落实重大决策社会稳定风险评估机制，防止侵害群众利益现象发生。充分发挥社区居委会在社会管理中的积极作用，努力实现网格管理全覆盖、自治服务无缝隙。依法强化网络管理，积极防范和处置突发性群体事件。

各位代表，抓好生态环保和安全稳定，是一项长久而艰巨的任务。我们要以铁的担当尽责、铁的手腕治患、铁的心肠问责、铁的办法治本，决不要带血的GDP，决不要污染环境破坏生态的GDP，努力创造有质量有效益真金白银的GDP、可持续发展的GDP，让蓝天白云、青山绿水成为吕梁的一张“新名片”！

## 三、全面加强政府自身建设

政府系统要以习近平总书记系列重要讲话精神为指导，认真落实骆惠宁书记扎实推进全面从严治党要求，把深入学习贯彻党的十八届六中全会精神作为当前的一项重要政治任务，进一步增强政治意识、大局意识、核心意识、看齐意识。扎实推进“两学一做”学习教育，严肃认真开展党内政治生活，把《准则》、《条例》各项规定把握精、把握准，以思想到位、行动对标带动政府职能转变，努力构建符合法治精神、充满生机活力、更加廉洁高效的人民满意政府。

建设法治政府。运用战略思维、创新思维、辩证思维和法治思维，提升治理能力。深化法治吕梁建设，实施普法规划。落实公众参与、专家论证、风险评估、合法性审查、法律顾问和集体讨论决定等行政决策制度。自觉接受人大及其常委会的法律监督、工作监督，自觉接受人民政协的民主监督，认真听取人大代表、政协委员及各民主党派、工商联、无党派人士、各人民团体的意见建议，办好人大代表意见建议和政协提案。

建设担当政府。认真落实省委激励干部担当作为干事创业办法和支持干部改革创新合理容错办法，坚持“三个区分开来”，鼓励敢作为、善作为，宽容合理失误，让作风正派、敢打硬仗、锐意进取的干部在改革和攻坚的战场上有更多的底气和自信。加强政府系统干部管理，健全政府目标绩效考核指标体系和考评机制，对勤勉工作、业绩突出的干部，要予以褒奖。坚决纠正不作为、乱作为，坚决克服懒政、怠政，坚决惩处失职、渎职。继承和弘扬“吕梁精神”“胡兰精神”，始终保持奋发有为的精神状态，以“马上就办”的行动干事，以“钉钉子”的韧劲干事，真正做出经得起实践、人民和历史检验的成绩。

建设服务政府。全面清理涉及群众办事的各种不必要证明，让企业和群众办事更加便捷。推广电子政务和网上办事，力争年底前基本服务事项80%以上实现网上办理。做好“双随机一公开”与社会信用体系建设衔接工作，建设全市统一的公共信用信息共享平台，建立健全守信联合激励失信联合惩戒及红黑名单公示制度。

建设务实政府。深入践行党的群众路线，把政策向民生聚焦、服务向民生覆盖、资源向民生倾斜，带着深厚感情和强烈责任为群众办实事、解难题。全面落实“13710”工作制度，继续推进重点工程“3个24小时”工作制度，运用微信等现代工具，推动各项工作任务及时高效落实。“脚上有泥，心中才有数”。干部只有深入基层、深入实际、深入群众，到实践中经过一番捶打磨练，才能站得稳、立得住。我们要高度重视干部队伍建设，提升善谋良策、善于统筹、善抓落实、善于突破的能力，打造一支敢担当、有作为、作风硬的干部队伍，一支能够深入基层调查研究、“解剖麻雀”破解难题、推动发展维护稳定的干部队伍，努力塑造政府系统干部队伍新形象。

建设廉洁政府。认真落实各级政府党组全面从严治党的主体责任，严格执行党内政治生活准则，深入推进政府系统党风廉政建设和反腐败斗争。严格执行中央“八项规定”精神，始终保持惩治腐败、狠刹“四风”高压态势。牢固树立“过紧日子”思想，严控“三公”经费支出，把有限的资金花好用好。严肃整治关键领域、关键科室、关键人员推诿扯皮、吃拿卡要等问题，重点整治好门好进、脸好看、话好听、但事依然难办等问题。抓好廉政教育和廉政文化建设，完善防腐制度体系，着力构建不敢腐、不能腐、不想腐的长效机制。

各位代表，“弄潮儿向涛头立，手把红旗旗不湿”。让我们紧密团结在以习近平同志为核心的党中央周围，在省委、省政府和市委的坚强领导下，凝心聚力、锐意进取，勤勉工作、求实高效，以实际行动和优异成绩迎接党的十九大胜利召开！

# 吕梁市人民代表大会常务委员会工作报告

## ——在吕梁市第三届人民代表大会第三次会议上

吕梁市人大常委会主任 郝月生

(2017年2月24日)

## 2016年主要工作

过去的一年，在中共吕梁市委的坚强领导下，市人大常委会始终坚持正确的政治方向，始终把握服务大局的定位，始终注重依法履职的质量，务实创新，扎实工作，认真履行宪法和法律赋予的职责，圆满完成市三届人大二次会议确定的各项工作任务。

### 一、坚持提升监督实效，促进全市经济社会发展

着力推进脱贫攻坚。听取审议全市产业扶贫和易地扶贫搬迁、农业产业化龙头企业扶持政策落实情况报告和核桃产业发展《审议意见》研究处理情况的报告，就加快推进农业特色产业扶贫组织了专题调研，就大中型水库和灌区建设管理情况对5个相关单位负责人开展了专题询问，提出因地制宜确定搬迁点和人口规模，科学规划农业产业布局，深入推进农业科技创新，大力实施农产品品牌战略，精准培育壮大龙头企业，尽可能保证灌区灌溉用水等促进农业增效、农民增收的工作建议，支持政府坚决打赢脱贫攻坚战。

大力支持转型发展。听取审议上半年全市国民经济和社会发展计划执行、预算执行、2015年市本级预算执行和其他财政收支审计报告及全市转型综改试验区建设《审议意见》研究处理情况的报告，审查批准市本级2015年财政决算、2016年财政预算调整方案及城市基础设施建设基金投资项目政府购买服务费用纳入财政预算等事项，支持政府全面贯彻落实新发展理念，深入推进供给侧结构性改革和投融资体制改革，早日走出一条资源型贫困地区转型跨越发展的新路子；继续做好财税征管，从严控制一般性支出，不断强化预算约束和债务管理，努力让有限的财力发挥出最大效应。听取审议全市科技创新工作情况报告，支持政府深入实施创新驱动发展战略，积极营造“大众创业、万众创新”良好社会氛围，更好地为经济社会发展提供持久动力。组织开展《旅游法》执法检查，支持政府进一步做好前瞻引领和顶层设计工作，着力打造文化旅游强市。

持续聚焦生态保护。听取审议2015年度全市环境状况和环境保护目标完成情况、吕梁市区扬尘污染防治工作情况报告，组织开展以“聚焦环境问题，助力绿色发展”为主题的“吕梁环保行”活动，推动政府牢固树立绿色发展理念，持续加力，攻坚克难，进一步加快产业结构调整步伐，不断完善环保基础设施，深入开展各类污染源专项整治，狠抓山体绿化，构建齐抓共管的长效监督治理机制，扎实推进美丽吕梁建设。

深切关注民生福祉。听取审议全市农村义务教育工作情况报告，提出积极稳妥处理好农村教学点“撤与留” 的关系，继续狠抓寄宿制学校、标准

化学校的建设和管理，着力构建多渠道、多元化的经费保障机制等建议。听取审议全市基层医疗卫生机构服务能力建设情况报告，督促和支持政府进一步加强医技人员队伍建设，大力实施医疗基础信息数据和医保费用支付结算互联互通工作，不断开创双向诊疗、特色诊疗和健康养老服务的新局面。听取审议吕梁新区拆迁户安置房建设及相关设施配套情况报告、吕梁市区物业管理工作《审议意见》研究处理情况的报告，督促和支持政府继续加强工程监管，确保在建项目按期完成；以理顺物业管理体制、完善物业管理办法、整顿物业管理企业等为着力点，加快推进市区物业管理规范化、法治化。

高度重视安全管理。听取审议全市煤矿安全生产工作情况报告和食品安全监管、《社会保险法》执法检查《审议意见》研究处理情况的报告，督促和支持政府时刻把好煤矿安全生产关，不断强化企业安全生产主体责任，坚决防止各类事故发生；深入开展综合治理和专项整治活动，着力提高检验检测能力，确保人民群众“舌尖上的安全”；继续采取积极有效措施，更好地织好人民群众养老、医疗、工伤、失业、生育等社会保险的“安全网”。

## 二、坚持弘扬法治精神，加快依法治市进程

扎实开展立法工作。就城乡建设与管理、环境保护、历史文化保护等方面的事项制定地方性法规，是市人大及其常委会的一项全新工作。为确保立法工作有章可循、有规可依，先后出台《市人民代表大会及其常务委员会立法程序规定》及《基层立法联系点工作规定》、《立法咨询专家库管理办法》，编制包括9个正式项目、10个调研项目《五年立法规划》。柳林泉是6县（区）人民赖以生存的重要水资源，城市绿化是建设宜居吕梁的重要内容。常委会深入开展调研、认真负责审议，制定《吕梁市柳林泉域水资源保护条例》、《吕梁市城市绿化条例》，为着力构建涵养水源和优先利用地表水、严格控制开采地下水的长效机制，切实保护好柳林泉；坚持生态优先、科学规划、政府主导、全民参与、因地制宜、建管并重，扎实推进城市绿化，提供了法律依据。经省人大常委会批准，两部法规将于3月1日起正式施行。

不断强化法治建设。坚持常委会任命的国家工作人员向宪法宣誓制度，激励和教育新任命人员自觉做宪法的忠实信仰者、坚定捍卫者、模范践行者。全年任免国家机关工作人员70人（次）。积极探索对常委会任命人员任后监督的途径和方式，制定出台《关于对任命的市“一府两院”国家工作人员加强监督的意见》，督促被任命人员依法用权、为民用权、廉洁用权。认真落实规范性文件备案审查职责，对市政府《重大行政决策实施办法》等9件规范性文件进行了审查和报备。听取审议全市宗教事务管理工作情况报告和《治安管理处罚法》执法检查、《档案法》贯彻实施《审议意见》研究处理情况的报告，督促和支持政府不断强化宗教团体自身建设，进一步筑牢社会治安防控体系，全面提升依法治档水平。听取审议全市社区矫正工作情况报告和司法机关公正司法工作《审议意见》研究处理情况的报告，督促和支持公检法司机关充分发挥各职能部门的作用，为建设法治吕梁不断做出新贡献。听取审议全市检察机关反贪污贿赂工作情况报告和《山西省预防职务犯罪工作条例》贯彻实施《审议意见》研究处理情况的报告，支持相关部门进一步健全完善管控措施，坚决查处贪污贿赂和职务犯罪案件，着力构建“不敢腐、不能腐、不想腐”的长效机制。

## 三、坚持发挥主体作用，服务保障代表依法履职

推进与代表和群众的联系。坚持主任会议成员联系代表小组、常委会委员联系代表制度，适时听取代表对常委会工作和全市各方面工作的意见建

议，有效发挥代表来自各行各业、了解实际情况、反映群众意愿的优势和作用。坚持召开常委会会议及组织开展执法检查、专题调研、专项视察、跟踪监督等活动邀请代表参加制度，不断增进代表对常委会工作的参与度，切实保障代表知情知政权。坚持开门接访，认真倾听群众呼声，全年接待和受理人民群众来信来访887件，并及时依法依规办理。

狠抓代表建议督办工作。对市三届人大一次、二次会议代表所提379件建议及其中10件重点建议，通过召开集中交办会，印发主任会议成员按分工牵头督办、各工委按职责逐项督办的《逐月安排意见》，现场实地督办调研，常委会听取审议“一府两院”办理有关建议及相关部门办理重点建议情况的专项报告，并分别进行满意度测评等方式，着力推动代表建议的办理质量不断提高、所提事项落到实处。

强化代表履职保障和服务。认真贯彻实施《代表法》，给各代表小组安排专项活动经费，对无固定工资收入的代表执行代表职务时给予适当补贴。制定出台《吕梁市人大代表闭会期间依法履职的实施办法》，提出服务和保障代表依法行使职权、认真履行义务、充分发挥作用的10条具体措施。组织了对代表依法履职先进典型和模范事迹的专题报道，鼓励和支持代表在加快推进脱贫攻坚、全面建成小康社会中建功立业。

## 四、坚持督查指导并重，推进基层民主政治建设

认真实施换届指导。去年的县乡人大换届选举，是全市人民政治生活中的一件大事，是推进社会主义民主政治建设的一次生动实践。常委会成立县乡人大换届选举工作指导组和办公室，抽调专门的工作人员全程认真指导，有力地推动了县乡人大换届选举任务的圆满完成。

不断加强工作联系。为深入落实中央、省委关于加强县乡人大工作和建设的文件精神，组织了专题调研、专项督查。为切实增强县乡人大代表的代表意识、法治意识和提高代表的依法履职能力，根据省人大安排，协调各县市区人大举办了县乡人大代表“人民代表大会制度及相关法律知识”竞赛活动。为着力推进市县两级人大相互通报履职情况，共同交流履职经验，汇编了《人大工作探索与实践文集》，召开了全市人大新闻宣传工作培训会。

一年来，常委会自觉接受省人大的监督和指导，圆满完成省人大在我市开展的立法调研、执法检查、专题调研、专项视察等活动的配合工作，全力做好驻吕省人大代表的各项履职服务。

## 五、坚持夯实履职基础，全面加强自身建设

抓学习，建设学习型机关。组织机关党员干部认真学习了《党章》、“两准则三条例”、《习近平总书记系列重要讲话读本》及党的十八届六中全会、省第十一次党代会、市第四次党代会等会议精神，确保在思想上政治上行动上始终与党中央、省委、市委保持高度一致。深入开展“两学一做”学习教育，通过集中辅导、专题党课、会议研讨、召开民主生活会等形式，教育引导党员干部忠实践行“四讲四有”。采取“走出去”参加学习培训、“请进来”聘请专家讲授等方式，着力提高市县两级人大干部和代表依法履职的能力和水平。

抓调研，建设民意型机关。把深入开展调研作为履职行权的基本功和必修课，对列入常委会审议的46项议题，都在会前认真组织专题调研或专项视察，全面了解基层真实情况，准确掌握“第一手”资料。围绕“一府两院”工作报告年度目标任务完成情况及铝工业产业、农业产业、农村教育、吕梁新区建设、“打黑除恶”等专题，由常委会各位副主任领题和带队，首次组织省、市、县、乡四级人大代表，深入各县（市、区）和部分乡镇进行调研，并向相关单位提出了具体的意见建议。坚持召开常

委会会议实行代表列席、公民旁听和及时通过新闻媒体向社会公布制度，先后邀请14位省人大代表、53位市人大代表及20位公民参加会议，主动接受人大代表、人民群众和社会各界的监督。

抓规范，建设法治型机关。认真落实民主集中制原则，召开党组会议、主任会议、常委会会议，始终坚持集体讨论问题、集体作出决定、集体行使职权，确保各项决策的民主化、科学化。不断健全完善常委会及机关各项规章制度，严格按照法定程序组织活动、开展工作、审议议题，切实做到不缺位、不越位、不错位，着力支持“一府两院”依法行政、公正司法，努力实现对法定程序负责和对工作实效负责的高度统一。

抓改革，建设创新型机关。勇于学习借鉴，勇于探索实践，以宣传人民代表大会制度、关注民生民情民意、推动全市经济社会发展为核心，以展示代表履职风采、反映人大工作情况、促进法治吕梁建设为主线，与吕梁广播电视台联合创办每期15分钟的《人大之声》电视专题节目。自去年8月开播以来，先后制作播放25期，既丰富了人大宣传工作的平台和载体，又实现了人大监督与舆论监督的有机结合。

抓作风，建设责任型机关。始终坚持重要工作、重要会议、重要活动、重要事项主动向市委请示报告制度，自觉将市委的领导贯穿于市人大及其常委会依法履职的全过程和各方面。认真落实常委会党组全面从严治党主体责任，严格执行党风廉政建设责任制和中央“八项规定”，扎实推进思想、组织、作风、制度等各项建设，着力建树地方国家权力机关为民、务实、清廉的良好形象。按照市委统一安排，主任会议成员身先士卒、积极带头，机关全体人员以身作则、踊跃参加，扎实推进包联项目、帮扶企业、下乡驻村、结对扶贫等工作的深入开展。

市人大常委会上述工作成绩的取得，得益于中共吕梁市委的坚强领导，市“一府两院”及有关部门和县乡人大的密切配合，全体代表和各位组成人员的积极作为，常委会各机构和人大机关全体同志的不懈进取，全市广大人民群众和社会各界人士的大力支持。在此，我代表市人大常委会表示崇高敬意和衷心感谢！

各位代表，我们也深知，常委会的工作与市委的要求、法定的职责、人民的期望相比，还存在很大差距和不足。特别是履行立法职权的能力和水平提升空间很大，监督工作的力度和实效有待深化提高，重大事项决定权的行使尚需继续深入探索，服务代表工作需要进一步做细做实，常委会及人大机关自身建设永远在路上。我们一定要在今后工作中认真加以改进。

## 2017年工作安排

今年常委会工作的总体要求是：在中共吕梁市委的坚强领导下，深入学习贯彻习近平总书记系列重要讲话精神和治国理政新理念新思想新战略，紧紧围绕抓好“三件大事”，突出“六个坚持”，实现“六新目标”，依法行使各项职权，积极发挥代表作用，不断加强自身建设，努力为决胜全面小康、塑造美好形象作出新的贡献。

今年常委会工作的主要任务是：

### 一、围绕提高质量，立法工作体现新作为

牢固树立科学立法、民主立法、开门立法的理念，不断拓展人大代表和人民群众有序参与立法的途径和渠道，注重发挥基层立法联系点和立法咨询专家库的作用，广泛听取专业律师和社会各界的意见，确保制定的法规符合市情、顺应民意、切实可行。

认真组织立法理论和业务知识学习培训，大力加强立法工作组织协调和队伍建设，抓紧建立健全立法起草、论证、审议、表决、评估等方面的规章

制度和常委会各机构参与立法的运行机制，充分发挥人大在立法工作中的主导作用。

全年安排《吕梁市碛口古镇保护条例》、《吕梁市非物质文化遗产传承保护办法》、《吕梁市扬尘污染防治条例》等立法项目，同时就加强大武机场净空保护管理等开展立法调研。

## 二、立足增强实效，监督工作开创新局面

创新监督方式，拓展监督深度，通过听取审议专项工作报告、组织执法检查、开展专题调研、进行专项视察、实施跟踪监督、进行满意度测评及邀请人大代表和人民群众参加常委会会议等举措，加强对“一府两院”重点工作、重要事项的监督，加强对全口径预算决算的审查监督，加强对民生热点问题的监督，加强对法律法规实施情况的监督，加强规范性文件备案审查，着力增强工作实效，积极回应社会关切。

全年围绕决胜全面小康，听取审议市政府脱贫攻坚工作情况报告，组织开展扶贫资金使用、经济林提质增效情况专题调研，为坚决打赢脱贫攻坚战提供有力支持。围绕推动经济发展，听取审议市政府计划、预算、审计报告及审计查出问题整改报告，组织开展《农业机械化促进法》执法检查、铝工业发展及电力体制改革情况专题调研，助力转型升级的步伐不断加快、经济发展的质量不断提高。围绕促进民生改善，听取审议市政府全市公共文化服务体系建设、吕梁市区集中供热工作情况报告，组织开展《食品安全法》、《城市公共客运条例》执法检查，努力推动人民群众最关心最直接最现实利益问题的解决。围绕强化依法治市，听取审议市政府贯彻实施《事业单位人事管理条例》情况报告、市法院加强司法改革与促进公正司法情况报告，组织开展《国防教育法》执法检查，深入抓好规范性文件备案审查，更好地服务和保障全市经济社会发展。围绕建设美丽吕梁，听取审议市政府 2016 年度环境状况和环境保护目标完成情况、开展“铁腕治污”行动专项工作情况报告，组织开展林业重点工程实施情况专题调研，并积极配合省人大搞好“三晋环保行”吕梁采访检查活动，努力使全市生态环保建设提高到一个新水平。对全市培植孕育新兴产业、改造提升传统产业、推动发展基础设施等方面的重点项目建设及教育文化、医疗卫生、就业创业、社会保障、信用体系建设等人民群众普遍关注的一些民生事项，适时组织代表进行专项视察。对“一府两院”研究处理常委会 2016 年度所提《审议意见》情况，进行跟踪监督和满意度测评。

## 三、着眼凝聚力量，决定和任免工作取得新成效

紧紧抓住深化监察体制改革、推进法治吕梁建设和事关全市经济社会发展的重大问题，深入开展调查研究，广泛听取人民群众意见，适时作出有关的《决议》、《决定》，全力推动中央和省委、市委重大决策部署的贯彻落实，全力促进全市重要工作任务的圆满完成。

坚持党的领导，充分发扬民主，严格任免程序，使省委、市委推荐的干部人选通过法定程序成为吕梁地方国家机关领导人员。认真落实对常委会任命人员的任前法律考试、供职发言，任后宪法宣誓、强化监督等制度，积极为推进脱贫攻坚、决胜全面小康、塑造美好形象提供有力的组织保障。

## 四、注重优化服务，代表工作实现新突破

尊重代表主体地位，深入开展常委会组成人员与各位代表“全覆盖”的密切联系活动，规范化构建邀请代表列席常委会会议和参加调研、视察等活动的长效机制。高度重视代表建议的汇总整理、交办督办和年终考核，进一步推动代表建议办理工作由“答复型”向“落实型”转变。完善代表履职激励机制，健全代表履职档案，强化代表履职监督，积极探索代表履职情况通报、考核制度。加强代表

小组建设，使代表小组活动成为闭会期间代表依法行使职权、依法履行义务的基本形式。加强代表履职培训，重点就人大制度理论及立法、预算审查、执法检查等开展专题培训，不断提升代表依法履职的能力和水平。

**五、扭住提升能力，自身建设迈出新步伐**

不断强化“四个意识”，特别是核心意识、看齐意识，严格执行向市委请示报告制度，牢牢把握人大工作正确政治方向。认真履行常委会党组全面从严治党主体责任，进一步巩固和拓展“三严三实”、“两学一做”学习教育成果，不断积聚合力推进各项工作蓬勃发展的正能量。继续深化“五抓五建”，扎实筑牢履职基础，努力取得加强学习培训、狠抓调查研究、强化建章立制、注重改革创新、优化工作作风等方面的新进展新突破。加强人大理论研究和人大工作宣传，召开全市人大宣传工作会议，进一步办好《人大之声》电视专题节目。加强信访积案督办化解，优化信访工作渠道，组织开展全市人大信访工作人员业务培训，不断提升做好人民群众来信来访工作的质量和水平。加强与省人大的联系和沟通，做好省十三届人大代表的选举工作，服务和配合好省人大在吕梁开展的各项活动。加强对县、乡人大工作的指导和支持，不断推动全市人大工作迈上新台阶。

各位代表：时代催人奋进，使命激荡人心。让我们更加紧密地团结在以习近平同志为核心的党中央周围，在中共吕梁市委的坚强领导下，凝心聚力依法履职，继往开来服务大局，团结动员广大人民群众，为全面建成小康社会、实现更加美好明天努力奋斗，以优异成绩迎接党的十九大胜利召开！

# 中国人民政治协商会议第三届吕梁市委员会常务委员会工作报告

## ——在政协第三届吕梁市委员会第三次会议上

吕梁市政协主席　刘云晨

(2017年2月22日)

## 2016年工作回顾

2016年是全市上下提振精神、攻坚克难、砥砺奋进的重要一年。一年来，在中共吕梁市委的坚强领导下，市政协及其常委会始终围绕中心、服务大局，努力为决胜全面小康、塑造美好形象贡献力量，实现了三届市政协工作良好开局。

**一、发挥政协优势，助力全面构建良好政治生态**

坚持以落实全面从严治党主体责任为主线，以强化思想政治建设为根本，突出政协特色，发挥政协优势，持续助力全面构建良好政治生态。创办“政协学堂”学习平台，累计举办12期，组织中心组学习13次，集体学习39次，培训政协委员和政协干部3100余人次，广泛凝聚思想共识，促进良好政治生态构建。

全面落实市委构建良好政治生态的决策部署。深刻认识我市全面构建良好政治生态取得的重大成效和形势任务，切实增强全面构建良好政治生态的思想自觉、政治自觉、行动自觉。深入学习贯彻习近平总书记系列重要讲话精神，牢固树立“四个意识”特别是核心意识、看齐意识，坚定政协事业的正确方向。自觉以良好精神状态投身工作，与市委目标同向、工作合拍、步调一致，积极助力全面构建良好政治生态的各项部署落到实处。

着力构建政协机关风清气正的良好政治生态。充分发挥政协党组的领导核心作用，严肃党内政治生活，严明党的纪律和规矩，切实履行全面从严治党主体责任。强化政协班子建设，带头讲政治、讲大局、讲规矩，增强把方向、顾大局、保落实的能力。强化干部队伍建设，扎实开展“两学一做”学习教育，争做“四讲四有”合格党员；针对非中共党员干部多的实际，同步开展“双学一跟”活动，同频共振、跟党奋进。创建“学习型、廉洁型、和谐型、文化型”政协机关，形成风清气正、崇廉尚实、干事创业的浓厚氛围。

积极引导委员支持参与维护构建良好政治生态。利用每次政协常委会议，要求常委自警自律、慎独慎微、率先垂范。利用政协微信平台、网站等多种渠道，引导广大委员认真履职，珍惜维护良好政治生态，特别要求政协委员中的中共党员模范遵守《党章》，围绕“巩固、深化、提高”建言献策、亲力亲为，在各自岗位发挥积极作用，以委员的广泛参与汇聚全面构建良好政治生态的正能量。

## 二、聚焦头等大事，积极投身脱贫攻坚主战场

常委会把脱贫攻坚作为政协履职的首要任务，主动参与、积极推动精准扶贫、精准脱贫，全力助推脱贫攻坚实现首战首胜。

专题议政助推脱贫攻坚。主席会议成员带队深入13个县市区广泛调研，赴青海、贵州等贫困大省深入乡村学习考察，召开常委会议协商议政，专题讨论脱贫产业薄弱、持续增收困难、贫困户内生动力不足等现实问题，形成《关于加快推进我市脱贫攻坚工作的建议》，提出编制专项规划、完善管理机制等11个方面的工作建议，精选提炼全国9省区和市内34个方面好的做法和经验，为我市精准扶贫、精准脱贫提供参考和借鉴。市委、市政府主要领导作出重要批示，市脱贫攻坚领导小组印发各县市区和各成员单位参阅。

协商建言助推脱贫攻坚。持续关注易地扶贫搬迁工作，深入重点县、重点项目调查研究，形成《关于全市易地扶贫搬迁调研报告》，为科学制定全市“十三五”易地扶贫搬迁行动计划提供决策依据。通过社情民意信息，及时反映新问题、提出新建议。市县两级政协组织联动，共同探讨符合市情的易地扶贫搬迁路子，着力破解瓶颈制约。

精准帮扶助推脱贫攻坚。积极动员政协各参加单位和广大委员，充分发挥组织优势、渠道优势、资源优势和智力优势，主动与扶贫对象、脱贫需求对接，落实帮扶措施到户到人，累计参与1.23万余人次，以实际行动体现政协组织的履职担当和广大委员的为民情怀。

## 三、紧扣转型升级，致力促进经济企稳向好

适应经济发展新常态，认真落实发展新理念，聚焦经济稳步向好、转型升级的短板问题，积极开展调研视察和专题议政。全年共召开专题议政常委会议、专题协商、对口协商、提案办理协商会9次；征集提案663件，立案565件；开展专题调研视察监督17次；形成协商成果和调研报告20件，一大批有见解、有价值的意见建议转化为党委、政府工作举措。

紧扣转型升级咨政建言。着眼于破解“一煤独大”困局，围绕把文化旅游业培育成我市的战略性支柱产业，以旅游目的地建设切入，广泛深入调研，组织专题协商，把握文化旅游业发展的特征和规律，提出“全面打造‘黄河·碛口’主题旅游目的地，打响‘寻根黄河、梦回碛口’旅游品牌”的建议。市委、市政府主要领导作出重要批示，助推全市旅

游业进入目的地建设新阶段。

紧扣供给侧结构性改革协商建言。围绕“三去一降一补”五大任务，精心选择煤炭减量置换、房地产去库存、发展环境优化、新能源新材料培育等课题，进行专题调研、界别协商和提案督办，形成《有效化解煤炭过剩产能的建议》等五个方面的协商成果，提出一批具有较强针对性、可操作性的对策建议。

紧扣经济企稳向好建言出力。市县政协联动，开展专项视察监督活动，推动“加快民营经济发展”决策部署落实，分层分类向省市县三级反馈意见建议14类，促进相关问题解决。组织近百名政协委员和政协机关干部入企服务，为企业排忧解难。与江苏南通、陕西榆林等18个政协组织互动，大力宣传我市资源优势、发展愿景，积极为招商引资、招才引智加油助力。

## 四、坚持履职为民，营造团结民主浓厚氛围

坚持履职为民理念，搭建桥梁纽带，广泛凝心聚力，最大限度调动一切积极因素，汇集干事创业合力。

倾心汇民意，倾力为民生。拓宽社情民意表达渠道，全年编印社情民意信息专刊48期。利用政协微信公众平台，围绕重大协商议题开展意见征集、问卷调查活动，扩大政协协商参与面和开放度。高度重视教育、卫生、就业等民生关切，形成《关于大力推进基层医疗机构服务能力建设的建议》等建议。加大对民生类提案的督办力度，促进提案反映相关问题解决。连续12年开展扶贫助学工程，累计资助1890名贫困学子圆梦大学。积极支持委员履行特邀监督员、督查员、检察员职责，参与调查、检查和行风政风评议活动，反映群众呼声。

弘扬正能量，凝聚精气神。以中共党史教育为主题，集中观看学习《党史故事100讲》，组织中共界别委员到革命旧址瞻仰学习。以红色文化为主线，征集出版《吕梁南下干部·西北团》5册，刊发《文史之窗》专栏32期，刊登“红军东征在吕梁”系列文章8篇，总字数达190余万字。以核心价值观教育为重点，开展有奖荐读活动，推出《国之脊梁》《大国工匠》等一批强烈震撼的好文，唱响主旋律，传播好声音。

扩大团结面，画好同心圆。建立党组成员联系民主党派制度、主席会议成员联系界别制度，支持民主党派市委圆满换届。就加强宗教界代表人士培养和宗教团体建设协商交流，促进我市宗教健康发展。积极拓展与非公经济组织、社会组织、新媒体代表人士的沟通联系，促进社会各阶层关系和谐。

## 五、坚持创新理念，提升政协履职服务水平

按照“懂政协、会协商、善议政”要求，创新三大平台，强化委员管理，加强自身建设，推动政协事业实现新发展。

创新履职平台。按照“服务委员、提升委员、凝聚委员”的思路，开通吕梁政协微信公众平台，关注人数达到2513人，覆盖市县两级政协委员，开启委员“掌上履职”新时代。升级吕梁政协网站，设置经纬吕梁、大美吕梁等八大版块，着力构筑政协综合服务平台和“网上吕梁数据库”。改版《吕梁政协》期刊，突出委员主体地位，真正成为宣传委员、展示委员、服务委员的重要阵地。三大平台办出了特色，扩大了影响，推动了政协事业创新发展。

激发工作活力。建立专委会联系委员制度，整合委员资源开展调查研究，提出集体提案，形成整体优势。注重发挥界别纽带作用，引导各界别（组）开展丰富多样的活动，青联界走进军营共话鱼水情，妇女界参与“吕梁山”护工护理培训，工商联界助力民营经济发展，广受社会好评。积极支持各党派团体、县市区政协开展活动，联合调研视察，形成政协工作的整体合力。各参加单位、各县市区政协

协同联动、比学赶超，各专委会、各界别活动形式多样、生动活泼，广大政协委员主动作为、各展风采，推动全市政协系统形成对标一流、创先争优的生动局面。

加强委员管理。以提升“四种能力”为重点，开展多种形式的教育培训活动，帮助委员知情明政、增强本领、提升境界。注重典型引领，选树表彰“优秀政协委员”20名，多角度宣传市县两级委员42名。公开约谈6名不称职委员，着力解决个别委员“要荣誉不要责任”问题。深入开展“四型”政协机关创建，努力建好“委员之家”。

各位委员，过去一年，中共吕梁市委把政协事业纳入全市工作大局谋划部署，市委常委会研究审定年度协商计划和常委会工作报告，听取政协党组工作汇报，深入政协机关调研指导工作；市人大、市政府大力支持，各有关方面和社会各界热忱关心；各参加单位和广大政协委员以高度的政治责任感、强烈的担当意识和良好的精神风貌，认真履职，积极建言，发挥作用，实现了三届市政协的良好开局。在此，我代表市政协常委会表示衷心感谢！

回顾一年来的工作实践，我们深切感受到，做好新形势下的人民政协工作：必须坚持正确政治方向，强化思想引领，围绕市委重大决策部署研究谋划政协工作，凝聚委员共识，汇聚社会合力。必须精准选择切口，真正把问题找准、把建议提实，着力提升议政建言层次与质量。必须充分发挥政协委员主体作用，让委员干事有舞台、建言有渠道、工作有作为。必须推进工作创新，搭建好履职新平台，扩大公众参与面，提升政协的社会影响力。

面对新形势新要求，我们也清醒地认识到，工作中还存在很多差距和不足。主要表现在：看齐意识不强，从严从实要求不高；参政议政能力不足，建言献策不精准；履职责任意识不强，主体作用发挥不够，等等。真诚希望广大委员对常委会工作多提宝贵意见和建议，以使我们把工作做得更好。

## 2017年工作部署

2017年，是迎接中国共产党第十九次全国代表大会胜利召开之年，是“决胜全面小康、塑造美好形象”的深化之年。今年，市政协工作的总体要求是：深入学习贯彻习近平总书记系列重要讲话精神和治国理政新理念新思想新战略，在中共吕梁市委的坚强领导下，聚焦“三件大事”，突出“六个坚持”，围绕“六新目标”，凝聚思想政治共识，增强履职建言实效，丰富民主监督实践，深化团结联谊工作，为谱写“决胜全面小康、塑造美好形象”的新篇章凝聚智慧和力量，以优异成绩迎接中国共产党第十九次全国代表大会胜利召开。

按照上述要求，要重点做好四方面工作：

### 一、坚持党的领导，坚定正确政治方向

毫不动摇坚持党对人民政协的领导，是做好政协工作的根本保证。我们要始终坚持党的领导，与党委同心同德、同向同行。

巩固共同思想政治基础。深入学习贯彻习近平总书记系列重要讲话精神和治国理政新理念新思想新战略，增强政治定力，提高政治站位。按照市委统一部署和要求，扎实做好迎接中共十九大召开的各项工作，强化思想引领，维护稳定大局，营造良好氛围。

充分发挥政协党组作用。认真履行全面从严治党主体责任，加强和规范党内政治生活，严格执行政治纪律和规矩，深入推进党风廉政建设。主动就政协年度重点工作和协商议题向市委请示报告，与政府沟通交流，切实把市委决策部署转化为政协组织、政协委员的共识和行动。

准确把握政协性质定位。要将协商理念贯穿工作全过程，坚持“有事多商量，遇事多商量，做事

多商量”，寻求全社会意愿和要求的最大公约数，画出民心民愿的最大同心圆，做到政治协商有新思路、民主监督有新举措、参政议政有新突破。

## 二、突出“三件大事”，助推重要决策落实

紧紧围绕“三件大事”“六个坚持”“六新目标”，协商议政，务实建言，精诚出力，推动取得明显成效。

持续聚焦脱贫攻坚。围绕“发挥红枣、核桃等种养加产业在精准脱贫中的基础作用”开展常委会协商，围绕“生态扶贫”“易地扶贫搬迁”开展对口协商、界别协商和专题议政协商，出实招、谋良策。开展“我为脱贫攻坚做贡献”活动，动员各参加单位、各界别和广大委员尽己所能、扬己所长，积极投身到精准扶贫、精准脱贫中。发挥代表性强、联系面广的优势，教育贫困群众摒弃“等靠要”思想，树立主体意识，激发内生动力。引导政协委员弘扬扶贫济困、乐善好施的美德，真诚倾听贫困群众呼声，真实反映贫困群众意愿，真心解决贫困群众难题。认真做好凝心聚力工作，在动员引导中汇聚合力，在协商议政中贡献智力，在结对帮扶中增添动力，助力形成众志成城推进脱贫攻坚格局。

倾力咨政转型发展。高度关注“实施创新驱动、推动工业园区转型升级”工作，组织常委会议专题协商，为走出创新驱动转型升级新路精准献策。借力央视热播《于成龙》电视剧的契机，组织开展专题议政，深度挖掘文化内涵，助推旅游产业发展。持续关注旅游目的地建设，推动“黄河·碛口”“寻根黄河、梦回碛口”旅游品牌更响更亮。高度关注吕梁新城建设，助推中心城市发展。把全市重点工程项目建设作为民主监督的重点，组织各民主党派、工商联和县市区政协协同联动，开展专项视察监督活动，推动重大决策部署落到实处。

致力全面从严治党。充分发挥政协民主监督的作用，进一步巩固、深化、提高全面构建良好政治生态成效。围绕“三基”建设，组织开展对口协商，助推党的基层组织全面加强。教育引导政协组织中的共产党员，带头遵守党章党规，努力成为廉洁奉公的模范。教育引导广大政协委员坚定信仰追求，饱含为民情怀，弘扬务实作风，与群众一块苦、一块过、一块干，以担当品格、拼搏精神塑造良好形象。

## 三、把握两大主题，增进和谐合作共识

牢牢把握团结、民主两大主题，坚持履职为民，增进和谐合作，进一步促进民生改善和社会和谐。

高度关注民生。突出教育、医疗、就业等重大民生关切，助推群众反应强烈的上学难、看病难的问题逐步解决，为增进民生福祉发声出力。对市区基础教育开展专项视察监督活动，认真负责地提出批评性、建设性意见建议，督促解决突出问题。

弘扬吕梁精神。继承和发扬吕梁艰苦奋斗的优良传统，助力挖掘吕梁精神的丰富内涵，赋予改革创新的时代特征，让吕梁精神滋养思想、激励行为，在新的历史时期发扬光大。要加大《吕梁南下干部》资料征集和编撰力度，办好《文史之窗》专栏，刊发“吕梁抗日烽火”系列文章，挖掘红色文化，涵养新风正气。

加强团结联谊。进一步密切与各民主党派、工商联、无党派人士的沟通联系，认真做好新社会阶层人士工作，特别是年轻一代非公经济人士、新媒体中的代表人士、留学人员“新三类人”的团结联谊工作。认真贯彻民族宗教政策，最大限度把他们团结在党和政府周围。继续支持政协委员履行特邀监督员、督查员、检察员职责，增强民主监督实效。

## 四、对标一流要求，奋力开创政协事业新境界

坚持把政协自身建设作为提高履职能力和工作水平的基础工作，内强素质，外树形象，着力推动政协事业不断向前发展。

加强履职能力建设。以服务委员为中心，按照“三位一体、功能强化”的思路，进一步完善微信

公众平台、政协网站、政协期刊的功能。大兴“崇实、唯实、务实、求实”之风，坚决克服浮躁情绪和功利思想，激励广大委员满怀热情、充满激情地履职尽责。

健全完善工作机制。认真总结各级政协履行职能的好经验好做法，健全政协协商民主机制，不断增强政协履职的科学性和规范性。加强对县市区政协工作的指导，更好发挥专委会基础性作用和界别特色优势，形成履行职能的整体合力。

切实加强自身建设。持续引深“四型”机关创建活动，营造干事创业的浓厚氛围，提高服务水平，增强保障能力。健全视察、调研、提案、大会发言、社情民意信息等工作制度，完善委员履职激励约束机制和情况反馈机制，推动政协工作更加活跃有序、深入开展。

各位委员！又是一年春来到，正是扬帆启航时。让我们紧密团结在以习近平同志为核心的中共中央周围，在中共吕梁市委的坚强领导下，开拓创新，扎实工作，不断谱写我市人民政协事业的新篇章，为决胜全面小康、塑造美好形象作出新的更大贡献，以优异成绩迎接中国共产党第十九次全国代表大会胜利召开！

# 吕梁市中级人民法院工作报告（摘要）

## ——在吕梁市第三届人民代表大会第三次会议上

吕梁市中级人民法院代院长 杨泽民

（2017 年 2 月 24 日）

## 2016 年主要工作

2016 年，全市法院紧紧围绕“努力让人民群众在每一个司法案件中感受到公平正义”目标，牢牢把握司法为民、公正司法主线，忠实履行宪法和法律赋予的职责，以审判为中心的各项工作取得新进展。全市法院共受理各类案件 37582 件，审执结 32608 件，分别同比上升 32.15% 和 44.27%，均创历史新高。中院受理 5184 件，审执结 4454 件，分别同比上升 24.38% 和 26%。

### 一、依法履行职责，维护公平正义

坚持打击犯罪维护稳定，推进平安吕梁建设。全市法院共受理各类刑事案件 3576 件，审结 3213 件，分别同比上升 5.25% 和 10.2%。中院受理 705 件，审结 655 件，分别同比上升 7.47% 和 28.68%。落实市委“打黑除恶”专项斗争安排部署，重拳打击涉黑恶、涉黄赌毒、涉枪涉爆等严重危害社会治安犯罪 423 件 533 人，判处五年有期徒刑以上的占 27.95%。一审审理集资诈骗、非法吸收公众存款等涉众型经济犯罪案件 24 件 99 人，维护市场经济秩序。严格贯彻执行刑法修正案九及贪污贿赂犯罪新司法解释，一审审理职务犯罪案件 225 件 347 人，推进廉洁发展。

坚持服务保障供给侧结构性改革，促进吕梁转型发展。全市法院共受理各类民商事案件 22300 件，审结 19157 件，诉讼标的额 22.43 亿元，分别同比上升 17.99%、24% 和 3.11%。中院受理 2294 件，审结 1924 件，分别同比上升 33.37% 和 29.56%。中院出台《关于全市法院适应经济发展新常态、服务和保障"六大发展"的实施意见》，以法治手段、法治方式对接全市发展大局，促进市场繁荣。牵头召开市法制办、国资委、中小企业局、环保局等政府职能部门及金融和企业负责人参加的"法政银企"座谈会，促进中小微企业发展。一审审理各类知识产权案件57件，加强产权保护，激发经济主体创新创业动力。依法稳妥审理柳林联盛系32家公司合并重整案件。

坚持监督与支持并重，深化法治吕梁建设。全市法院共受理各类行政案件1058件，审结964件，分别同比上升49.56%和70.6%。中院受理443件，审结416件，分别同比上升84.58%和144.71%。依法保障行政相对人合法权益，一审判决撤销、变更行政行为或确认行政行为违法107件。支持行政机关依法作为，审查非诉执行案件197件，裁定准许执行187件。推进行政首长出庭应诉工作，部分市直机关和兴县、汾阳等县市行政机关负责人出庭应诉率超过90%。主动延伸司法职能，中院向行政机关发出司法建议4份。认真办理国家赔偿案件，决定赔偿13件，赔偿金额287万余元。

坚持强势推进执行攻坚，兑现群众胜诉权益。全市法院共受理执行案件9338件，执结7926件，分别同比上升57.44%和96.22%，执结标的额13.1089亿元。中院受理447件，执结182件，分别同比上升56.29%和21.33%，执结标的额2.5231亿元。开展涉民生案件、涉金融案件集中执行和执行大会战等各项行动，共执结涉民生案件378件2838.06万元，执结金融债权案件143件，清理一年以上未执结案件273件。加大"老赖"曝光力度，纳入最高法院失信被执行人名单4090人次。持续开展打击"拒执犯罪"专项行动，依法严惩"老赖"，司法拘留577人，向公安机关移送犯罪线索168人，判决"拒执"犯罪案件18件20人。

## 二、推进司法改革，提升司法公信

认真落实诉讼体制机制改革。全面落实立案登记制，做到有案必立、有诉必理，使立案难问题基本得到解决。积极适用简易程序、小额诉讼程序审理案件，适用率达34.86%，促进案件繁简分流。中院制定《全市法院推进多元化纠纷解决机制实施方案》，为群众提供更加多元化的纠纷解决途径。全市法院6528件案件得以调解或撤诉处理，调撤率达37.59%。中院落实省法院关于跨行政区域集中管辖行政案件的决定，异地管辖涉晋中市及所辖县级政府行政案件107件。

扎实推进四项基础性改革。司法体制改革涉及完善司法人员分类管理、完善司法责任制、健全司法人员职业保障、推动省以下地方法院人财物统一管理等四项内容。全市法院制定并上报机构编制上划省级统管方案。严格遴选标准与程序，圆满完成了全市法院244名员额制法官的遴选工作，其中中院45名。落实"让审理者裁判，由裁判者负责"，全面推行院庭长担任审判长主审案件，中院班子成员和基层法院"一把手"开庭审案。积极推行主审法官负责制，院庭长不再签发本人未参与审理案件的裁判文书。发挥审判长联席会议、专业咨询委员会作用，为疑难复杂、新类型案件提供参考意见。中院修改完善审判委员会工作制度，推动司法责任制的正确实施。

## 三、践行为民宗旨，增强群众获得感

深化阳光司法。推进审判流程、裁判文书、执行信息、庭审活动四大公开平台建设，加快构建开放、动态、透明、便民的阳光司法机制。全市法院公开生效裁判文书12984份，同比增长41.99%。中院公开3518份，同比增长90.88%。持续扩大人民陪审员参审案件范围，一审案件陪审率超过75%，促进司法民主公开。综合类对外委托鉴定案件全部上网公示。全市法院全部建成数字化科技法庭，实现远程视频接访、远程提讯。积极推行庭审、执行全程录音录像及同步电子存储，基层法院全部开展了网络图文或视频直播庭审、执行活动，让公正“可定格”、“可再现”、“可复制”。

化解涉法信访。中院集中清理上级法院和省市委、人大转办交办的96件信访案件，安排专人驻市委信访接待大厅接访330余人次，驻京接访50余人次，完成最高法院视频接访2人次。特别是接待了在我市有重大影响的柳林王凤连非法吸收公众存款、集资诈骗案的6名被害人代表，披露信息，答疑解惑。中院通过制定《院领导接待群众来访工作制度》，严格落实周三院领导接访，共接待群众来访350余人次，审查再审立案124件，启动再审25件，切实倾听和解决群众的合理诉求。

强化司法救助。全市法院不断强化对弱势群体的司法保护，为交不起诉讼费的群众依法减缓免诉讼费600余万元，为请不起律师的被告人指定辩护人140人次，为生活特别困难的179起案件299名当事人发放司法救助款323.81万元，使一批上访老户息诉罢访，彰显司法的人文关怀。

助力脱贫攻坚。中院依靠驻村帮扶工作队、结对帮扶党员干部、驻村第一书记三支力量，扎实开展对临县碛口镇下塔上村的精准帮扶工作。直接投入资金4万余元。申报改造吃水工程、修建田间路项目2个，协调资金50余万元，帮助销售红枣、粉条3000余斤。

## 四、强化自身建设，夯实发展根基

加强思想政治建设。始终把法院工作置于党的绝对领导之下，涉及全市法院的重大工作部署、重要人事安排、重要改革事项及时向市委和市委政法委汇报。坚持抓党建带队建促审判，制定中院党组工作规则，严格党内政治生活，严守政治纪律和政治规矩，推动班子民主、规范、科学决策。

加强司法能力提升。参加上级法院组织的各类培训调训27期，参训干警130人次。中院组织集中学习18次，参训干警1800余人次。狠抓警务保障能力建设，在全省法院司法警察技能大比武中全市法院5人次获奖。组织“庭审示范案件”和“优秀裁判文书”评选活动，努力提升法官的庭审驾驭能力和裁判文书制作水平。大力开展“向身边的先进学习”活动，涌现出“全国法院先进集体”中院研究室、“全省优秀法院”石楼法院、“全国模范法官”曹宪强、“全国法院办案标兵”马兴华等一大批先进模范典型。

加强司法廉洁防控。认真落实“两个责任”，狠抓“一岗双责”，实施省法院岗位权力风险防控“利剑工程”，筑牢拒腐防变防线。制定《2016年预防职务犯罪工作实施方案》，建立以审判岗位为点、审判流程为线、管理制度为面的惩治和预防腐败体系。全市法院共排查举报线索101件，处分中院3人、基层法院9人；给予党内严重警告2人、党内警告4人、行政警告、记过、记大过5人，通报批评1人。

## 五、自觉接受监督，不断改进工作

自觉将审判和其他工作置于人大及其常委会的有效监督下，向市人大常委会作了《关于全市法院公正司法工作情况调研报告审议意见研究处理情况的报告》，修正了与市司法局联合印发的《关于规范民事诉讼代理活动的意见》第22条，办结代表关于加强法院队伍建设和加强涉诉信访案件化解力度的建议2件。寄送信息、简报300余期。组织开展“人大代表法庭行”活动，邀请代表观摩庭审、视察法院工作。认真接受政协民主监督，利用寄送信息简报等途径及时通报法院工作情况，办结政协委员关于切实有效解决人民法院立案难问题的提案，通过邀请委员担任廉政监督员等多种方式听取意见。依法接受检察机关诉讼监督，审结抗诉案件48件，其中改判或发回重审33件。配合检察机关开展判处实刑未交付执行和财产刑执行专项检查，主动邀请检察长列席审委会，邀请检察机关现场监督庭审和执行活动。广泛接受社会监督，利用政务网站、官方微博、微信发布司法信息，畅通民意沟通渠道，及时回应舆论关切。

## 2017 年工作安排

2017 年，是全面深化司法体制改革的决战之年。全市法院将继续深入学习贯彻党的十八大及历次全会和习近平总书记系列重要讲话精神，全面落实省十一次党代会及十一届二次全会暨经济工作会议、市四次党代会及四届二次全会暨经济工作会议的决策部署，坚持党的领导，服务发展大局，全面深化司法体制改革，努力打造过硬法院队伍，充分发挥审判职能作用，司法为民、公正司法，为吕梁决胜全面小康、塑造美好形象、实现振兴崛起提供坚强有力的司法服务和保障。

**一、坚持党的领导，服从服务大局。**

始终坚持党对人民法院的绝对领导，坚持以党的旗帜为旗帜、以党的方向为方向、以党的意志为意志，牢固树立“四个意识”，始终做到维护核心、绝对忠诚、听党指挥、勇于担当。紧紧围绕市委中心工作谋划法院工作，在市人大及其常委会监督下，充分履行审判职能。坚决贯彻总体国家安全观，依法惩治各类刑事犯罪，继续深化打黑除恶等专项斗争，不断增进平安吕梁建设实效。妥善审理企业破产重整案件，淘汰落后产能，提升市场主体竞争力。加强涉民生案件审判，助推脱贫攻坚，服务保障转型发展。强化行政审判工作，促进新行政诉讼法视角下行政争议的实质性解决。

**二、加强审判管理，提升案件质效。**

充分发挥审判管理主体作用，突出信息化与审判管理的深度融合，用大数据推动审判管理向纵深发展，建立集流程监控、审限管理、质量评查、绩效评估、审判态势分析于一体的审判管理模式。完善案件流程管理、质量评查等制度，把审判管理纳入制度化、规范化轨道。扎实开展超审限案件、长期未结案件、旧存案件的清理工作，全面提升审判质效。推动构建“党委领导、政法委协调、人大监督、政府支持、法院主办、部门配合、社会各界参与”的综合治理大格局，形成工作合力，完善督办落实机制，有效攻克执行难。

**三、创新举措机制，聚焦司法为民。**

大力推进“互联网＋诉讼服务”，优化便民为民“绿色通道”，加快推进诉讼服务中心系统化、信息化、标准化建设，积极探索网上服务、自助服务和跨区域服务，促进诉讼服务工作整体优化。积极推进律师参与化解和代理涉诉信访案件和司法救助工作，努力化解涉诉信访案件。建设智慧法院，筑牢“数据铁笼”，深入推进审判流程、庭审活动、裁判文书、执行信息公开，通过信息化推广“可视化正义”。借力政务网站、微博、微信等多元渠道，及时传递司法正能量。

**四、深化司法改革，严格公正司法。**

在党委领导、人大监督和政府的支持下，积极推进以司法责任制为核心的四项基础性改革。规范院庭长管理监督职责，做到放权不放任、监督不缺位。建立审判业务法律研讨机制，通过类案参考、案例评析等方式统一裁判尺度。推进以审判为中心的刑事诉讼制度改革，以看得见的方式保障司法公正。深化探索多元纠纷解决机制，及时有效化解矛盾纠纷。创新家事审判工作机制，妥善化解家事纠纷。完善行政案件集中管辖，提高行政首长出庭应诉率，支持监督依法行政。大力推进案件繁简分流，有效缓解案多人少矛盾。

**五、坚持调查研究，增强司法应对。**

充分挖掘、运用司法大数据，加强对我市经济转型发展过程中涉及法律问题的分析研判，及时发现趋势性、苗头性问题，及时提出司法应对措施和司法建议，为党委政府决策提供参考，积极为改革提供有针对性的法律服务。加强调查研究，提高处理新类型纠纷的能力和水平，积极探索化解矛盾纠纷的新方法、新途径。加强重大敏感案件提前预判应对，预防和减少负面舆论。

六、紧抓队伍建设，保障忠诚履职。

严格党内政治生活，不折不扣落实《关于新形势下党内政治生活的若干准则》、《中国共产党党内监督条例》等制度，落实全面从严治党主体责任。坚持集体领导与个人分工相结合，对重大问题集体研究、集思广益，提高党组决定的执行力。强化教育培训，提升司法专业能力、群众工作能力、科技应用能力、社会沟通能力，造就一批复合型、专家型人才。加强廉洁建设，始终把纪律挺在前面，用好执纪监督“四种形态”，坚决以零容忍的态度惩治司法腐败。

# 吕梁市人民检察院工作报告（摘要）

## ——在吕梁市第三届人民代表大会第三次会议上

吕梁市人民检察院检察长　宁建新

（2017 年 2 月 24 日）

## 2016 年工作回顾

2016 年，全市检察机关深化"1123" 工作部署，开展 " 一院一品牌 " 争创一流活动，全面履行法律监督职责，扎实推进司法体制改革，持续加强过硬队伍建设，年度考核位居全省第二，各项检察工作取得了新的进步与发展。

### 一、聚焦全市中心工作，着力提升检察服务保障水平

积极服务脱贫攻坚。制定《关于服务保障脱贫攻坚工作的意见》，提出 6 个方面 22 条具体措施。开展 " 集中整治和加强预防扶贫领域职务犯罪 " 专项活动，查办了移民新村建设等扶贫涉农领域职务犯罪 69 人。实施 " 吕梁民生清风工程 "，录入资金项目 607 个，全程动态监管扶贫、教育、涉农资金 60 亿元。

依法保障非公经济。制定《依法保障和促进非公有制经济健康发展的意见》，坚持宽严相济，依法处理案件。开展 " 依法经营、诚信发展、检察伴你行 " 活动，营造 " 清 "" 亲 " 政商关系。开展快审快结、分类受理、专项服务等特色检察，严厉打击损害非公经济的合同诈骗、职务侵占、破坏生产经营等犯罪，依法批准逮捕 78 人、提起公诉 161 人。

努力维护民生民利。加强对生态资源的司法保护力度，开展 " 环境、国土资源保护和食品药品安全监管领域行政执法 " 专项检察，督促行政机关履行职责 10 件，监督行政机关向公安机关移送刑事案件 9 件。加强对弱势群体的司法保护，支持起诉 211 件，为进城务工人员追回拖欠工资 200 余万元。加强对民生的司法保护，积极推进乡镇巡回检察室建设，方便群众在当地控告申诉、表达诉求。

### 二、加强平安吕梁建设，着力维护社会和谐稳定

严厉打击刑事犯罪。与公安、法院等单位密切配合，严厉打击各类刑事犯罪，批准逮捕 1672 人，

同比上升3.5%，提起公诉3081人，同比上升5.7%。贯彻市委"打黑除恶"工作部署，依法批捕黑恶势力犯罪136人、提起公诉108人。突出打击影响群众安全感的毒品、严重暴力和集资诈骗等犯罪，批准逮捕566人，提起公诉894人。

积极化解矛盾纠纷。全面贯彻宽严相济刑事政策，通过刑事和解、公开听证等方式，依法不批准逮捕547人。加强民事和解息诉工作，坚持穷尽调解原则，不支持监督申请48件，办理息诉案件123件，维护司法权威。加强涉检信访工作，推行远程视频接访就地化解矛盾，落实带案下访、新任中层干部轮流接访等制度，探索律师参与信访工作机制，稳妥处理群众来信来访1611件，向刑事被害人发放司法救助金77万元。

主动参与综合治理。加强对重点人群的监督，开展社区矫正专项巡视检察，发出纠正社区矫正监管违法通知书296份，规范了社区矫正工作。加强未成年人刑事检察，落实犯罪记录封存、附条件不起诉等特别保护程序，开展"关爱留守儿童、奉献检察爱心"公益行动和"法制进校园"活动，吕梁市人民检察院未检处被最高人民检察院、共青团中央授予"青少年维权岗"，孝义市人民检察院未检科被评为"全国先进集体"。

## 三、推进廉洁吕梁建设，着力促进构建良好政治生态

严肃查处贪污贿赂犯罪。持续保持反腐败高压态势，立案侦查129人，同比上升2%，自行发现占91%；重点查办国家机关和重要职能部门案件，立案侦查县处级要案10人，查处了省晋能集团、省关帝山林业局、忻州静乐县政协等单位县处级案件；坚决惩治发生在群众身边的腐败，立案侦查基层组织人员职务犯罪59人，查处了文水郑家庄村干部贪污危房改造款、岚县高崖湾村干部挪用"五件实事"资金、汾阳西堡庄村干部贪污中低产田改造款等一批损害群众切身利益的窝串案件。

严厉打击渎职侵权犯罪。聚焦整治不作为、乱作为，开展家电下乡补贴、农业专项补贴、财政税收监管等领域渎职专项行动，立案侦查65人，同比上升10%；突出查办损害群众人身安全和财产利益的渎职犯罪，查处了重大安全生产责任事故背后的失职渎职、房管局人员滥用职权、非法集资案件背后的工商局人员玩忽职守等案件。市人民检察院承办省人民检察院专案，查处了太原市清徐县农机局、尖草坪区财政局、杏花岭区商务局、忻州市煤炭设计院、晋城高平市农委等18起外地市渎职案件，被评为全省"十佳反渎职侵权局"。

注重发挥职务犯罪预防作用。认真贯彻落实《山西省预防职务犯罪工作条例》，着力推动完善社会化大预防格局，将市预防工作领导小组成员单位由32个扩充到58个，对107个市直单位和13个县市区预防职务犯罪工作进行了责任制考核。认真做好检察环节职务犯罪预防工作，结合办案提出检察建议51件，组织"权力不可任性"为主题的渎职犯罪警示教育活动，利用警示教育基地，开展以案说法宣传515次，受教育人数达2万余人次。深化行贿犯罪档案查询工作，开通网上预约查询服务，受理查询23012次，实现了数据多传送、群众少跑腿的效果。

## 四、强化法治吕梁建设，着力构建法律监督新格局

构建刑事诉讼监督新格局。建立新型检警关系，加强源头监督，引导侦查取证，在公安机关设立14个侦查监督检察室，提前介入重大案件侦查活动36次、命案现场34次，做法被最高人民检察院推广；监督纠正公安机关应当立案而不立案61人，监督纠正不应当立案而立案52件，纠正侦查活动违法行为492件次。建立新型检审关系，严把证据关、事实关、程序关，防止案件"带病"进入

审判环节，依法不起诉288人；加强配合制约，健全案件繁简分流机制，提高诉讼效率，建议适用简易程序282件；强化刑事审判监督，提出抗诉63件，同比上升50%，纠正审判活动违法行为165件次，同比上升97%。构建民事行政检察新格局。不断完善多元化监督体系，强化对民事行政案件审判程序、裁判结果以及执行活动的监督，提出抗诉和再审检察建议48件，对执行活动提出监督建议455件，采纳率均达98%以上。组织开展打击虚假诉讼专项活动，监督纠正虚假诉讼案件2件，通过违法行为调查，将3起玩忽职守线索移送立案查处。开展“基层民事行政检察工作推进年”活动，变被动监督为主动监督，离石区人民检察院探索设立了全省首家驻法院民事行政检察室，实现了信息共享、同步监督，得到省人民检察院的充分肯定。

构建刑事执行检察新格局。立查刑罚执行机关职务犯罪8人，查处了太原市第三监狱刑罚执行科原科长为晋城市高调出狱黑社会头目徇私舞弊减刑等案件，工作连续四年全省第一。加强刑罚执行监督，重点监督“三类人员”减刑、假释、暂予监外执行，纠正减刑不当31人；加强对监管场所的日常监督和随机抽查，向监狱、看守所发出纠正违法通知书419份。开展财产刑执行专项检察，督促法院执行173案392万元，对32名财产刑未全部履行的服刑人员提出不予减刑建议。

## 五、深化改革创新，着力提升检察工作整体水平

扎实开展司法体制改革和监察体制改革试点等工作。推进员额制改革，全市选任出222名入额检察官。全力以赴配合搞好监察体制改革试点工作，全市检察机关认真做好反贪污贿赂、反渎职侵权、职务犯罪预防等部门的机构、编制、人员、装备、案件线索、档案资料等情况的调查摸底，完成了转隶相关的准备工作。加强沟通协调，积极配合司法行政机关组织开展人民监督员制度改革工作。

稳步推进基层院内设机构整合改革。完成了省人民检察院确定的基层院内设机构整合改革工作。全市9个基层检察院以大院“10+1”、小院“7+1”模式完成整合，机构数量由217个减少到150个，85%的检察官调整到了办案一线。狠抓品牌创建工作。深入开展“一院一品牌”创建活动，全市检察机关打造出服务脱贫攻坚、涉农惠民案件查办、保障非公经济发展、反渎专案办理、“蓝精灵”未成年人法制宣传教育、“于公故里，清廉检察”等19项亮点工作，通过品牌创建，夯实了检察工作基础，提升了吕梁检察工作的层次水平。

## 六、加强自身建设，着力打造过硬检察队伍

坚持全面从严治检。加强思想政治建设，牢固树立“四个意识”，扎实开展“两学一做”学习教育，强化检察职业道德，打牢严格执法、公正司法的思想根基。加强班子队伍建设，完成了13个基层院检察长换届工作，建立干部动态调整机制，开展“大比武、大练兵、大培训”活动，提升敢于担当、强化监督的能力水平。加强纪律作风建设，开展“把纪律挺在前面”专项活动，强化周末督查和八小时外监督，开展谈心提醒和关爱教育，与新任基层院检察长、市人民检察院中层干部进行了4次集体廉政谈话，夯实廉洁从检、依法履职的行为规范。

不断强化内部监督和检务公开。加强对自身办案的流程管控、监督管理、质量评查，依托统一业务应用系统受理流转案件10166件，实现了司法办案全部网上办理。扎实开展规范司法行为专项整治，梳理整改了6个方面20个不规范问题，全面落实讯问犯罪嫌疑人同步录音录像和看审分离等制度，促进严格、公正、文明、规范执法。加强“阳光检察”工程建设，充分发挥“两微一端”新媒体作用，推进检务公开，通过互联网公开案件信息、法律文书6160条，组织开展“推进阳光检察，服务精准

扶贫”“未检工作30周年”“强化侦查监督，维护司法公正”“举报宣传周”等检察工作开放活动，提高了检察公信力。

主动接受人大监督和政协民主监督。自觉将检察工作置于市人大及其常委会的监督之下，向全市人大代表寄送了《吕梁检察要况》20期，向市人大常委会报告了规范司法行为、反贪污贿赂、职务犯罪预防、社区矫正等工作情况，办理市人大常委会转交办案件17件。认真落实市人大代表提出的深化“阳光检察工程”意见，与吕梁电视台共同拍摄《清风徐来暖民心》专题片在全市播放。主动接受市政协的民主监督，定期寄送《吕梁检察情况反映》，及时通报工作情况，邀请人大代表、政协委员参加检察开放日、座谈调研、公开听证等活动。

## 2017年主要任务

2017年，全市检察机关将全面贯彻党的十八大和十八届三中、四中、五中、六中全会精神、习近平总书记系列重要讲话精神以及省第十一次党代会、市第四次党代会精神，按照市委“突出六个坚持、实现六新目标”工作部署，围绕“服务、监督、改革”三条工作主线，深化监督服务大局，以强化法律监督为根本，以深化改革创新为动力，以加强队伍建设为保障，树立新形象、构建新格局、开创新局面，打造吕梁检察工作“升级版”，为全市经济社会发展提供有力的司法保障。

**一、服务保障全市工作大局，树立吕梁检察新形象。**

强化精准监督，推进巡回检察、“吕梁民生清风工程”等建设，加强对扶贫资金、项目的动态化监管，努力在服务脱贫攻坚上取得新突破。加强产权司法保护，深化“依法经营、诚信发展、检察伴你行”宣传教育活动，稳妥处理涉及民营企业的犯罪案件，提高服务保障非公经济的针对性。推进平安吕梁建设，深化“打黑除恶”专项斗争，积极参加网络政治谣言和有害信息专项整治，严厉打击涉枪涉爆、制毒贩毒、电信网络诈骗等影响人民群众安全感的犯罪，加大对影响农村稳定的“村霸”、宗族恶势力和基层人员腐败犯罪的整治力度，努力化解矛盾纠纷，维护大局稳定。

**二、做强做实监督主业，构建法律监督新格局。**

发挥检察纽带作用，深耕监督主业，加强驻公安检察室、驻法院民事行政检察室建设，着力构建新型检警、检审、检律关系，开展专项监督活动，切实加强对刑事诉讼、民事诉讼、行政诉讼的监督。推进法治吕梁建设，坚持行政诉讼监督与行政违法行为监督并重，加大对涉及公民人身、财产权益的行政强制措施的监督，积极探索公益诉讼，与环保、国土、食品药品监管等部门建立联系机制，强化督促履行职责，加强对行政机关不移送刑事案件的监督，加强对行政机关违法行使职权或不行使职权的监督，促进依法行政。统筹推进刑事执行检察、控告申诉检察、未成年人检察等工作。

**三、扎实推进改革创新，开创检察工作新局面。**

全面落实司法责任制改革，实施检察人员分类管理，加强改革配套机制建设，落实“谁执法谁普法”的普法责任制，严格执行检察官权力清单，不断提高办案质量和效率，努力提高检察机关司法公信力。强化政治担当，推进国家监察体制改革试点，全面完成转隶工作，探索建立与监察委员会的配合、监督、制约机制。继续推进内设机构整合改革，加强“一院一品牌”创建工作，进一步优化检察监督资源配置。

**四、坚持全面从严治检，打造过硬检察队伍新气象。**

牢固树立“四个意识”，围绕市委对政法队伍提出的“忠诚、法治、服务”要求，狠抓“两学一做”巩固深化，打造学习型检察机关，努力提高干警岗位履职能力，着力培养忠诚、公正、清廉、文明的职业操守。加强纪律作风建设，从严落实“两个责任”，强化检务督查，常态化开展周末督查、谈心提醒和关爱教育，着力推进党风廉洁建设。

# 关于吕梁市2016年全市和市本级预算执行情况与2017年全市和市本级预算草案的报告

## ——在吕梁市第三届人民代表大会第三次会议上

吕梁市财政局局长 耿万林

(2017年2月23日)

各位代表：

受市人民政府委托，我向大会提出2016年全市和市本级预算执行情况与2017年全市和市本级预算草案的报告，请予审议，并请市政协委员和其他列席会议的人员提出意见。

## 一、2016年全市和市本级预算执行情况

2016年，面对复杂多变的宏观经济形势和艰巨繁重的改革发展任务，全市各级财政部门在市委的正确领导下，在市人大及其常委会的监督指导下，深入贯彻落实党的十八大和十八届三中、四中、五中、六中全会精神，坚持稳中求进工作总基调，主动适应经济发展新常态，综合运用各项财政政策措施，稳增长、调结构、促改革、惠民生，促进了全市经济企稳向好，与此同时，预算执行情况良好。

### （一）一般公共预算执行情况

1. 全市一般公共预算执行情况

2016年全市预算经市三届人大二次会议审查批准后，各县（市、区）人民代表大会相继批准了本级预算，经汇总，全市一般公共预算收入预算为958669万元。支出预算由1795816万元变动为2859745万元，变动的主要事项是：上级转移支付补助增加789839万元、上年结转151556万元、调入资金安排支出174379万元，地方政府债券安排支出110000万元，本年财政收入短收等净减少支出161845万元。

2016年全市一般公共预算收入完成895988万元，为预算的93.46%（与汇总预算相比，下同），同比下降1.19%（与上年实际完成数相比，下同）；2016年全市一般公共预算支出执行2758512万元，为预算的96.46%，同比增长0.67%。

2016年全市预算收支执行的具体情况如下：

（1）主要收入项目执行情况

——税收收入完成654730万元，为预算的97.48%，增长3.3%。其中：增值税完成275885万元，为预算的145.39%，增长79.08%；营业税完成59198万元，为预算的57.06%，下降44.85%。增值税和营业税增减变动较大的主要原因：一是2016年5月1日起，营业税全部改征为增值税；二是增值税分享比例由原来中央75%、省7.5%、市3.75%、县13.75%调整为中央50%、省15%、市7.5%、县27.5%；企业所得税完成41645万元，为预算的70.82%，下降40.29%；个人所得税完成15392万

元，为预算的103.81%，增长10.09%；资源税完成93748万元，为预算的80.84%，下降17.21%。

——非税收入完成241258万元，为预算的84.06%，下降11.61%。其中：专项收入完成75378万元，为预算的83.32%，下降56.39%，降幅较大的主要原因是矿产资源专项收入从2016年1月1日起转列国有资源（资产）有偿使用收入；行政事业性收费收入完成27864万元，为预算的103.31%，下降1.86%；罚没收入完成35310万元，为预算的105.21%，下降0.21%；国有资本经营收入完成34万元，为预算的0.21%，下降98.11%；国有资源（资产）有偿使用收入完成84672万元，为预算的96.13%，增长401.7%，增幅较大的主要原因是矿产资源专项收入从2016年1月1日起由专项收入转列国有资源（资产）有偿使用收入。2016年矿产资源专项收入完成64831万元，下降38.7%，降幅较大的主要原因是2016年全省停征“两权”收入；其他收入完成18000万元，为预算的56.34%，增长1.97%。

（2）主要支出项目执行情况

教育支出执行599429万元，为预算的97.3%，增长0.2%；医疗卫生与计划生育支出执行319071万元，为预算的97.24%，下降5.08%；社会保障和就业支出执行379277万元，为预算的97.31%，增长18.13%；住房保障支出执行118797万元，为预算的97.15%，增长22.24%；农林水支出执行415496万元，为预算的95.02%，增长13.19%；文化体育与传媒支出执行50114万元，为预算的97.55%，增长5.77%；城乡社区支出执行154805万元，为预算的97.42%，下降24.98%；科学技术支出执行16646万元，为预算的94.94%，增长55.74%；节能环保支出执行79011万元，为预算的92.63%，下降1.23%。

2. 市本级一般公共预算执行情况

2016年市本级一般公共预算收入预算为142000万元。支出预算由248736万元变动为372736万元，变动的主要事项是：上级转移支付补助增加581558万元，上年结转24454万元，地方政府债券安排支出48200万元，调入资金等净增加支出72264万元，对各县（市、区）专款、转移支付补助相应减少市级支出602476万元。其中地方政府债券安排的支出，市政府编制了预算调整方案并于2016年8月、10月报市三届人大常委会第5次、6次会议审议通过。

2016年市本级一般公共预算收入完成156756万元，为预算的110.39%，同比增长6.45%。一般公共预算支出执行355478万元，为预算的95.37%，同比下降10.14%。

2016年市本级预算收支执行的具体情况如下：

（1）主要收入项目执行情况

——税收收入完成122353万元，为预算的110.63%，增长5.2%。其中：增值税完成59117万元，为预算的179.14%，增长79.08%；营业税完成12691万元，为预算的60.43%，下降44.82%；企业所得税完成8924万元，为预算的64.67%，下降40.29%；个人所得税完成3298万元，为预算的84.56%，增长10.08%；资源税完成38323万元，为预算的98.52%，下降9.53%。

——非税收入完成34403万元，为预算的109.56%，增长11.18%。其中：专项收入完成6227万元，为预算的29.1%，下降66.21%，降幅较大的主要原因是矿产资源专项收入从2016年1月1日起转列国有资源（资产）有偿使用收入；行政事业性收费收入完成5408万元，为预算的90.13%，下降12.12%；罚没收入完成1778万元，为预算的177.8%，下降29.33%；国有资源（资产）有偿使用收入完成20096万元，为预算的2009.6%，增长1283.07%，增幅较大的主要原因是矿产资源专项收入从 2016 年 1 月 1 日起由专项收入转列国有资源（资产）有偿使用收入；其他收入完成 894 万元，为预算的 44.7%，下降 62.61%。

（2）主要支出项目执行情况

教育支出执行 34220 万元，为预算的 100%，增长 7.42%；医疗卫生与计划生育支出执行 26622 万元，为预算的 100%，下降 53.98%；社会保障和就业支出执行 45609 万元，为预算的 99.86%，增长 109.31%；文化体育与传媒支出执行 14271 万元，为预算的 100%，增长 38.86%；节能环保支出执行 14496 万元，为预算的 90.62%，增长 232.71%；农林水支出执行 34266 万元，为预算的 91.61%，下降 12.07%；科学技术支出执行 6487 万元，为预算的 100%，增长 5.04%；住房保障支出执行 11836 万元，为预算的 100%，下降 15.7%。

3. 中央和省对我市、市对县（市、区）转移支付执行情况

2016 年中央和省对我市转移支付 1605775 万元，增长 15.41%。其中：一般性转移支付 1031941 万元，增长 17.41%；专项转移支付 573834 万元，增长 11.97%。

2016 年市对县（市、区）转移支付 71408 万元，其中：一般性转移支付 14239 万元，专项转移支付 57169 万元。

### （二）政府性基金预算执行情况

2016年全市政府性基金收入完成110259万元，为预算的 112.28%，增长 1.39%；政府性基金支出执行 209250 万元，为预算的 75.08%，下降 12.41%。

市本级政府性基金收入完成 45525 万元，为预算的 227.63%，增长 121.27%；政府性基金支出执行 48159 万元，为预算的 78.25%，下降 2.56%。

### （三）国有资本经营预算执行情况

我市纳入国有资本经营预算的企业仅有离柳集团公司一户，由于受宏观经济持续下行和煤炭市场低迷影响，企业经营困难，效益下滑，因此，2016 年国有资本经营预算收支实际执行均为零。

### （四）社会保险基金预算执行情况

2016 年全市社会保险基金预算收入完成 763571 万元，为预算的 99.04%；全市社会保障基金预算支出 638042 万元，为预算的 94.4%，收支结余 125529 万元。

2016 年市本级社会保险基金预算收入完成 237173 万元，为预算的 100.5%；市本级社会保险基金预算支出 130785 万元，为预算的 107.84%，收支结余 106388 万元。

### （五）举借债务情况

2016 年，省财政厅转贷我市地方政府债券 793386 万元，其中：1. 新增债券 200000 万元，其中：市本级留用 105400 万元，转贷县（市、区）94600 万元。新增债券主要用于基础性、公益性项目建设；2. 置换债券 593386 万元，其中：市本级留用 137034 万元，转贷县（市、区）456352 万元。置换债券主要用于置换到期政府债务。

截至 2016 年底，全市政府债务限额 1918000 万元，其中市本级 591300 万元，各县（市、区）1326700 万元。截至 2016 年底，全市政府直接偿还责任债务 1878947 万元，其中市本级 581092 万元，各县（市、区）1297855 万元。市县两级政府债务均未突破政府债务限额。

2017 年，全市到期政府债券 50000 万元，其中市本级到期债券 42000 万元、各县（市、区）到期债券 8000 万元，市、县财政部门将通过一般公共预算安排、置换债券置换、调入债务单位经营收益等方式，确保政府债券按期偿还，维护政府信誉。

### （六）预算执行的主要措施

1. 坚持严格执行预算法，进一步提高依法理财水平。出台《关于进一步加强财政收支管理的意见》，印发《关于进一步做好预算信息公开工作的

通知》，强化预算约束，加强预决算信息公开的督促和指导。2016年率先建立了预决算信息公开专栏，市本级和13个县（市、区）、108个市直部门全部按规定时限公开了预决算及“三公”经费；加大预算绩效考评力度，纳入绩效目标管理的项目资金达到50.17亿元，全市绩效评价项目416项、48.35亿元。分期分批组织财务人员进行《预算法》《会计法》等业务培训，编撰了《深化预算制度改革汇编与解读》和《2016年政府预算解读》，强化各级各部门的预算意识。

2. 围绕促进财政增收，进一步积极培植税源。坚持按季召开经济分析会，不定期召开财税联席会议，建立领导包联、按月通报和重点督查的工作机制，密切关注经济形势和产业调整情况，强化收入分析、预测和管控，确保各项抓收入措施落到实处。安排中小微企业创新创业发展专项资金3000万元、科技创新发展专项资金5576万元，推动科技创新平台建设，支持吕梁“天河二号”超算中心和“吕梁一号”微纳卫星数据产业化、市场化应用。市担保公司为吕梁中药厂、山西三宝食用菌有限公司等28户中小企业提供融资担保3.13亿元；设立企业资金链应急周转保障金5000万元，累计转贷资金1.56亿元，为全市21户企业提供资金周转；清理取消、整合规范各类行政事业性收费和政府性基金38项，切实减轻企业负担。

3. 突出创新工作思路，提高财政政策的针对性和有效性。认真研究上级对“脱贫攻坚、教育文化事业发展”等方面的政策，积极争取上级支持。全年共争取上级各类转移支付160.6亿元，较上年增加21.2亿元；争取地方政府债券资金79.34亿元，比上年增加33.54亿元。对各县（市、区）2016年预算草案编制情况进行了前置审查，13个县（市、区）均按“保工资、保运转、保民生”的顺序安排预算。全市财政民生支出达到226.7亿元，占一般公共财政预算支出的82.2%。提出了《关于切实加强统筹整合使用财政涉农资金支持精准扶贫的工作意见》，将市级5类19项资金纳入整合范围，在全市10个贫困县实现涉农资金统筹使用全覆盖。

4. 加大预算执行监管力度，提高资金使用效益。出台了《吕梁市预算支出进度管理办法》《关于建立预算执行分析制度的通知》等制度性文件，切实强化财政支出管理的政策引导和制度保障。从3月份起，连续10个月对各县（市、区）和市直各部门支出进度进行通报，按月对存在问题进行整改。加大财政资金的监督力度，组织开展了财政预决算、惠民政策配套资金、涉农资金、保障性住房等专项资金检查，保障了中央、省、市重大决策部署的落实。印发《关于开展行政事业单位内部控制基础性评价工作的实施意见》，扎实开展行政事业单位内部控制制度建设，2016年全市建立内控制度的行政事业单位达到3589个，占比为95%。

总体来看，刚刚过去的2016年，全市财政收支预算执行等各项工作取得了较好成绩，但也存在一些困难和问题。一是经济增速放缓，“营改增”等减税政策全面扩围，财政增收难度进一步加大。二是各项增资政策和民生提标政策不断出台，刚性支出日益增长，财政收支矛盾进一步加剧。部分县（市、区）财政基本公共服务保障能力不足问题日益显现。三是部门（单位）履行预算支出主体责任意识不强，项目预算编报不够细化，前期工作深度不够，缺少对工作的统筹考虑，预算执行力减弱，从而影响了预算支出进度。这些问题都需要引起足够重视，采取切实有效措施认真加以解决。

## 二、2017年全市和市本级预算草案

### （一）2017年我市财政预算工作的指导思想和基本原则

全面贯彻中央、省和市委四届二次全会暨经济工作会议各项决策部署，紧紧围绕省委骆惠宁书记

对吕梁提出的扎实组织扶贫攻坚、扎实推动转型发展、扎实坚持全面从严治党“三件大事”，严格按照市委提出的突出“六个坚持”、实现“六新目标”，坚持稳中求进工作总基调，财政预算安排体现“紧日子、保基本、调结构、保战略”的要求，调整优化支出结构，压缩一般性支出，支持重大发展战略和重点领域改革，保障基本公共服务，强化民生兜底。加强财政收支管理，推进财税体制改革，促进全市经济社会持续健康发展，切实为“决胜全面小康、塑造美好形象”提供坚实财力保障。

按照上述指导思想，2017 年全市预算编制遵循以下原则：

——合理确定财政收入增幅。根据经济形势和政策调整等因素，科学预测财政收入，合理确定收入增幅，确保收入预算与经济社会发展水平相适应。

——整合压缩项目支出。加大统筹财政资金和盘活存量资金力度，清理取消项目分散、使用效益不高和政策到期的项目，改变支出项目只增不减的固化格局。按实际需求足额安排机关干部职工的工资及农业、教育、医疗卫生、社会保障等方面的民生支出，确保基本民生支出落实到位。

——突出保障重点。按照集中财力办大事的要求，增加扶贫支出、社会保障支出，推进农村低保线和扶贫线“两线合一”兜底脱贫。增加安排传统产业技术改造专项资金，助推转型发展。认真落实《关于加强农村“三基”建设助力脱贫攻坚若干措施》，加大对“三基”（基层组织、基础工作、基本能力）建设的投入力度。推动“百千万人才工程”实施，加大对引进高端人才经费的保障力度。加大投入，助推市委提出的“一城十镇百村”工程实施，加快教育、卫生医疗、文化、体育等社会事业发展。

——创新财政资金投入方式。统筹存量，整合项目，把市本级预算安排用于各类产业发展、支持中小企业等竞争性领域的财政专项资金，纳入政府性投资引导基金管理范围。通过建立竞争性使用财政专项资金机制，调整无效和低效支出，腾退重复和错位支出。转变政府财政性资金投入方式，引导社会资本进入各类产业发展，推动大数据产业等转型产业发展。

——加大绩效评价结果应用力度，提高财政资金使用效益；加强政府债务限额管理和预算管理，健全规范举债融资渠道，防范和化解债务风险；推进预算公开，强化社会监督，促进依法理财。

### （二）2017 年预算草案

1. 一般公共预算草案

2017 年全市一般公共预算收入安排 932000 万元，比上年完成数（下同）增长 4.02%，其中：税收收入安排 728700 万元，增长 11.3%；非税收入安排 203300 万元，下降 15.73%。全市一般公共预算支出安排 2216815 万元，比 2016 年预算同口径增长 3.57%。资金构成为：全市一般公共预算收入 932000 万元，返还性收入 15301 万元，一般转移支付收入 970676 万元，上级专款补助 248679 万元，调入预算稳定调节基金 51990 万元，减去援助其他地区支出 1831 万元。

上述全市预算草案为市代编预算，待各县（市、区）人民代表大会批准后，市财政将汇总全市预算，加上上年结转支出，一并报市人大常委会备案。

市本级一般公共预算收入安排 170100 万元，增长 8.51%。其中：税收收入 137900 万元，增长 12.71%；非税收入 32200 万元，下降 6.4%。市本级一般公共预算支出安排 433710 万元（不含市本级提前下达市对县的转移支付 11948 万元），比 2016 年预算增长 24.35%（增长的原因主要是原由各县市区列支的“城乡居民医疗保险”一般转移支付收入 92656 万元，2017 年按规定全部转为市本级列支，剔除此因素后，同口径下降 2.2%）。资金构成为：市本级一般公共预算收入 170100 万元，加上一般转移支付收入140400万元，上级专款补助27137万元，返还性收入6987万元，县（市、区）上解收入49396万元，调入预算稳定调节基金51990万元，减去补助县（市、区）支出11948万元和援疆支出352万元。

市本级主要支出项目安排情况是：一般公共服务支出39014万元，同口径增长3.21%；公共安全支出20206万元，同口径增长6.25%；教育支出50430万元，同口径增长0.53%，加上提前下达市对县（市、区）转移支付后，同口径增长1.43%；科学技术支出8856万元，同口径增长5.03%；文化体育与传媒支出10130万元，同口径增长17.72%，加上提前下达市对县（市、区）转移支付后，同口径增长20.01%；社会保障和就业支出30035万元，同口径下降11.6%，下降的主要原因是2017年启动机关事业单位养老保险制度改革，机关事业单位退休人员退休费转列养老保险基金列支，剔除该因素后，增长14.8%；医疗卫生与计划生育支出131552万元，同口径增长338.13%，增长较高的原因主要是原由各县（市、区）列支的“城乡居民医疗保险”一般转移支付收入92656万元，按规定全部转为市本级列支；节能环保支出7725万元，同口径增长54.44%；农林水支出35984万元，同口径增长4.53%；交通运输支出23214万元，同口径增长63.49%。

经汇总，2017年市本级行政事业单位使用财政拨款安排的“三公”经费预算4340.89万元，比上年预算减少546.64万元，同口径（下同）下降11.18%。其中：因公出国（境）经费100万元，与上年预算持平；公务接待费922.73万元，比上年预算减少9.82万元，下降1.05%；公务用车购置及运行维护费3318.16万元（其中公务用车购置100万元，公务用车运行3218.16万元），比上年预算减少536.82万元，下降13.93%。

2. 政府性基金预算草案

2017年全市政府性基金预算收入安排71656万元，比上年预算数下降30.68%；全市政府性基金预算支出安排71656万元，比上年预算数下降30.68%。

2017年市本级政府性基金预算收入安排65756万元，比上年预算增长220.76%；市本级政府性基金预算支出安排65756万元，比上年预算增长220.76%。2017年市本级政府性基金收支预算增长较大的主要原因是市本级国土出让收入计划大幅增加，支出也相应增加。

3. 国有资本经营预算草案

受宏观经济下行影响，国有企业经营状况较差，2017年预期亏损，因此，国有资本经营收支预算均为零。

4. 社会保险基金预算草案

2017年全市社会保险基金预算收入安排1359786万元，全市社会保险基金预算支出安排1150342万元，预算收支结余209444万元。

2017年市本级社会保险基金预算收入安排325244万元，市本级社会保险基金预算支出安排176292万元，预算收支结余148952万元。

以上预算安排的具体情况详见《2016年全市和市本级预算执行情况与2017年全市和市本级预算（草案）》。

另外需要说明的是：由于财力紧张，2017年到期的政府债务和城市基础设施建设项目未编入预算（草案），这部分支出拟从2017年置换债券和新增债券中予以安排。债券资金到位后，我们将编制预算调整方案报市人大常委会审议。

## 三、完成2017年预算任务的主要措施

### （一）大力做好增收节支工作。

坚持“依法征税、应收尽收、不收过头税”的组织收入原则，做好税收征管。继续实行经济分析会和财税联席会议制度，研究解决重点税源、重点项目监管中的困难和问题，及时调整工作思路，明

确工作措施，完善组织收入工作机制。规范非税收入管理。加大国土收入、排污费、水资源费、矿产资源补偿费、国有资产有偿使用收入等重点非税收入的征收管理，努力实现依法征管、足额征收、及时入库。牢固树立过紧日子的思想，严格压缩一般性支出，从严控制政府性楼堂馆所、增加财政供养人员和“三公”经费等支出。积极主动向上反映我市财政运行困难，加强政策研究，重点在脱贫攻坚、“两线合一”兜底脱贫、“三去一降一补”改革、“三基”建设、投资基金等方面争取政策和资金支持。

（二）大力推动经济稳定增长。

继续落实和完善“营改增”试点政策，扩大减税效应。贯彻落实中央和省支持“双创”、中小企业发展、促进科技创新和扩大消费的新减税措施。落实减税降费政策，进一步清理规范基金和收费，取消、调整和规范一批行政事业性收费项目，支持实体经济发展。认真做好项目储备，定期向省级基金平台择优推荐上报我市符合投向的优质转型项目，积极支持产业结构调整和科技创新，推动产业转型升级。创新财政投融资体制。努力争取设立城市基础设施建设基金二期，重点投资全市城市基础设施和公共服务项目；按照“整合存量，用好增量”的原则，对财政预算安排资金进行结构性调整和整合，设立吕梁市产业发展基金（母基金），鼓励县（市、区）政府根据发展需要设立县（市、区）产业发展基金（子基金），共同推进全市重点产业发展。

（三）大力完善民生保障机制。

着力保障群众基本生活，保障基本公共服务。认真落实国家关于支持就业、教育、文化、养老、医疗等相关政策，把握好提标扩面和长期保障的关系，增强民生保障的可持续性。着力支持脱贫攻坚。进一步提升理财能力和善作为的能力，加强财政涉农资金整合使用，新增财力重点用于脱贫攻坚，确保年度财政扶贫资金投入总量和增幅保持双增长。提高城乡居民医疗保险的财政补助标准和个人缴费标准，提升个人缴费占总体筹资比重。提升基本公共卫生服务项目财政补助标准，在财政人均补助45元/年的基础上提高5元，达到50元/年。

（四）大力深化财政管理改革。

通过早编细编部门预算、开展项目论证、完善预算标准定额等措施，进一步细化预算编制，增强预算安排和资金投入的精准性。进一步推进预算公开，规范预算公开操作规程。建立加快财政支出进度考核奖惩机制，形成各级政府主要领导亲自抓、分管领导具体抓、部门领导直接抓的工作机制。对各县（市、区）、各部门预算支出情况在一定范围内通报，对问题突出的县（市、区）和市直部门主要负责人进行约谈，对有关资金收回统筹使用，切实扭转财政支出进度缓慢的问题。加强重大财税政策实施情况和资金使用专项监督检查，严防财政资金使用过程中发生违规违纪甚至违法行为；强化对重点民生支出和重大专项支出的绩效评价，着力提升预算管理水平。

（五）大力强化地方政府债务管理。

落实政府债务限额管理，严控新增政府债务增长，严禁违规举债或出具担保承诺函。做好政府存量债务置换工作，降低利息成本开支，减轻政府偿债压力。按照债券项目与部门预算同安排、同部署的工作思路，建立债券项目库。完善项目设计、论证、审批等前期工作，及时发挥债券资金使用效益。按规定开展债务风险评估和预警，加强对中长期政府支出责任的事前审核和监控，超出财政承受能力的要“一票否决”，切实防范政府债务风险。

各位代表，2017年财政管理改革任务繁重，我们将在市委的坚强领导下，自觉接受市人大的监督指导，坚定信心、振奋精神，凝心聚力、锐意进取，努力做好各项财政工作，以实际行动迎接党的十九大的胜利召开。

# 大事记

## 1月

### 4日

市长王立伟到文水县晋能清洁科技有限公司、晋能集团国金电力有限公司调研，与晋能集团董事、总经理、电力集团董事长冯培一进行专题座谈，就加快推进吕梁光伏扶贫、微电网项目建设等进行交流。市政府秘书长梁斌参加座谈。

### 5日

由省人大常委会城建环保工委主任李平社带队的省人大常委会调研组一行到吕梁市调研，举行《山西省人大常委会工作报告（稿）》征求意见座谈会。省人大常委会城建环保工委副主任高建平，市人大常委会副主任孙晋军、秘书长王峰以及部分驻吕梁市的省人大代表和市人大常委会有关人员参加座谈会。

### 6日

全市“冬季行动”推进大会召开。市长王立伟主持会议并讲话。市委常委、常务副市长张广勇，市委常委、副市长张敬平，市委常委、副市长王海东、竟晖，副市长李建国、杨巨才，市长助理李月勤，市政府秘书长梁斌，以及市直相关部门负责人参加会议。

### 10日

由市文化局主办、市黄河艺术研究院承办的廉政教育和纪念抗日战争胜利70周年暨吕梁市第六届戏剧剧本、小戏小品、曲艺、歌词征文活动结束。这次活动共征集各门类艺术作品53件，评出大型剧本获奖作品6件，小戏小品作品7件，曲艺类获奖作品5件，歌词类获奖作品6件。

### 14日

全市脱贫攻坚大会召开。市委书记高卫东，市委副书记、市长王立伟出席会议并讲话。市委副书记雷建国主持会议，市人大常委会主任郝月生、市政协主席刘云晨出席会议。

由市委宣传部组织举办的“全市文化产业发展培训班”正式开班。这次培训从文化创意产业、国家文化产业政策、文化旅游发展、文化产业统计4个门类知识对学员进行培训。参加培训的成员有市直宣传文化系统有关单位分管领导及科室负责人，市直相关景区和企业负责人，各县（市、区）委宣传部分管副部长，各县（市、区）文化局、文物旅游局负责人等。

### 15日

副市长李建国主持召开吕梁市“十三五”规划编制工作推进会，市直相关部门负责人参加会议。会上，市发改委负责人对全市“十三五”规划纲要编制情况及基本思路进行说明。

### 16日至17日

市长王立伟到交口县部分企业园区、农业基地、转移就业培训基地等地，就经济社会发展进行调研。他强调，要把脱贫攻坚作为增加投资、发展产业、转移就业等经济社会的重大发展机遇，积极争取国家和省出台的脱贫攻坚组合拳政策措施落地，多方筹集资本，拉长产业链条，倾斜民生事业，努力加快全面小康步伐。市政府秘书长梁斌等一同调研。

20 日

由中国红色文化研究会、中国红色旅游专业委员会联合主办的“中国文化供给侧改革背景下的旅游发展论坛暨2015中国红色旅游产业荣誉榜发布盛典”在北京举行。市长助理李月勤和市晋绥边区革命纪念馆的主要负责人出席会议并领奖。吕梁市获2015年度“中国十大红色旅游目的地”称号，市晋绥边区革命纪念馆获2015年度“优秀红色文化传承示范地”奖项。

21 日

北武当山被国家有关部门评定为国家AAAA级景区。

市长王立伟会见甘肃省政协常委、中科光电控股有限公司董事局主席赵东平一行，双方就推进光伏项目建设、深化沟通合作等进行交流。市委常委、组织部长秦书义，市政府秘书长梁斌等参加会见。

25 日

市委书记高卫东、市长王立伟一行在太原与太原铁路局局长赵春雷及相关负责人进行座谈。市委常委、离石区区委书记常书铭、副市长李建国、市政府秘书长梁斌参加座谈。座谈会上，双方就调整太原至吕梁城际列车运行方式、加快吕梁铁路机务段等7个项目建设、推进离石区铁路专用线、货运站项目等相关工作进行交流，并就加快工程建设、推动项目落地等深入探讨、对接协调，达成共识，取得重要成果。

## 2 月

1 日

全市财政工作会议召开。会议总结2015年及“十二五”时期全市财政工作，并对“十三五”时期及2016年全市财政工作进行部署。

2 日

省委常委、宣传部部长胡苏平，副省长张复明带领省直有关部门负责人，到交城县走访慰问部分贫困群众和困难企业，为他们送去省委、省政府的关怀之情，送去慰问金和慰问品以及新春的祝愿。省民政厅副厅长尹也刚、省总工会副主席王荣，市委常委、副市长张敬平一同参加走访慰问。

5 日

经山西省园林城市专家考评组实地考评和山西省园林城市评审委员会评审通过，决定命名交口县为“山西省园林县城”。

16 日

市委副书记、市长王立伟在太原迎泽宾馆会见中铝华润有限公司董事长吴智明，双方就加快推进兴县中铝华润50万吨电解铝项目进行交流。副市长李建国、市政府秘书长梁斌以及兴县县委、县政府主要领导和发改、国土、环保等部门负责人参加会见。

17 日

吕梁市人社局组织举办2016年吕梁新春招聘会。共有82家用人单位参加，提供就业岗位1686个，共有3000余名求职者进场应聘。最后达成用工意向1435人。

23 日

山西省第一部反映国家级非物质文化遗产——临县黄河大唢呐的电影《黄河传人》，在临县王府影院举行首映式。

24 日

市长王立伟主持召开专题会议，研究部署护工护理培训就业、师范类院校资源整合等工作。市委常委、副市长张敬平，副市长李俊平，市政府秘书长梁斌等参加会议。

26 日

吕梁市召开全市政法工作会议。市委副书记雷建国，市委常委、副市长王海东，市人大常委会副主任郭卫民，市政协副主席刘继隆，市中级人民法院院长史红波，市人民检察院检察长宁建新，市长助理、市公安局局长权志高出席会议。

## 3 月

### 1 日

副市长李建国会见中建一局（集团）总会计师李丽娜一行，双方就中建一局在吕梁开展建设汾阳至石楼高速公路等项目合作的相关情况进行会谈。

### 2 日

全市县乡领导班子换届工作会议召开。省人大常委会副主任、市委书记高卫东强调，县乡领导班子换届要坚持德才兼备、以德为先、以廉为基的用人标准，把政治标准放在首要位置，立明规矩破潜规则，树立敢于担当导向、群众公认导向、重视基层导向，大力选拔忠诚干净担当的好干部。市委常委、离石区委书记常书铭，市委常委、纪委书记张稳科，市委常委、组织部部长秦书义，市政协副主席、秘书长闫广聪，市长助理、公安局长权志高参加会议。

### 8 日

省人大常委会副主任、市委书记高卫东，市委副书记、市长王立伟会见山西焦煤集团董事长、党委书记武华太一行，双方就加快项目建设、实现深度融合进行座谈交流。副市长杨巨才，市委常委、副市长竟晖，市政府秘书长梁斌等会见时在座。

省粮食局局长丁文禄在市长王立伟陪同下，到吕梁市离石国家粮食储备库、山川河面业、珍味谱食品公司等地，就粮食储备、粮食仓储设施建设、粮食产业化等工作进行调研。市委常委、离石区委书记常书铭，市政府秘书长梁斌等一同调研。

### 14 日

全市商务工作会议召开。会议全面总结“十二五”全市商务工作，分析吕梁市商务工作面临的形势，研究“十三五”全市商务工作思路。

市委副书记雷建国带领市扶贫办、吕梁山护工培训就业中心负责人，到中国扶贫基金会进行交流。

### 16 日

“山西品牌中华行——省内行（吕梁站）”活动在市体育馆正式启动，由省商务厅、吕梁市人民政府承办。省人大常委会副主任、市委书记高卫东，省商务厅厅长孙跃进，市委副书记、市长王立伟，副市长李建国，市政府秘书长梁斌出席启动仪式。吕梁站活动为期 3 天，精选 50 多家企业参展，设 46 个展位，分 7 大类 700 多种产品，均为山西省各市“驰名商标”“著名商标”、名优特产品、地理标志产品以及非物质文化遗产产品。

### 20 日至 21 日

全市金融振兴、科技创新、民营经济发展“三大突破”暨电子商务经验交流现场推进会召开。市委副书记、市长王立伟参加会议并讲话，市委副书记雷建国主持会议，市领导张广勇、竟晖、李俊平、李建国、杨巨才，市长助理权志高，市政府秘书长梁斌等参加会议。市直有关部门和部分驻市金融机构负责人，各县（市、区）长、商务局长，吕梁电子商务商会、电子商务扶贫协会、电子商务创业协会及相关企业代表参加会议。

### 22 日

全市统计工作会议召开，总结 2015 年工作，安排部署 2016 年任务。副市长李建国出席会议。

### 23 日

省委副书记楼阳生在孝义市就“六权治本”工作进行专题调研。楼阳生指出，孝义市和吕梁市作为山西省实施“六权治本”工作的试点市，要继续发挥试点引领作用，进一步探索深化、创新完善，为全省提供可推广、可复制的经验和范式。省人大常委会副主任、市委书记高卫东，省委副秘书长王纯，省委法制办专职副主任周涛，省农业厅副巡视员吴志宏，市领导雷建国、张广勇、马文革陪同调研。

### 23 日

由山西省作家协会会员、

方山县作协主席武有平主编点校，三晋文化研究会编纂、山西出版传媒集团三晋出版社出版的《三晋石刻大全·吕梁市方山县卷》正式出版面世。《三晋石刻大全·吕梁市方山县卷》由现存石刻与佚失石刻两部分组成，共收录方山县境内唐、宋、元、明、清、中华民国、中华人民共和国的碑刻241件。其中收录现存石刻碑文233件，佚失碑刻8件。方山县的石刻主要有记事、墓志、诗文题刻、匾额和楹联、烈士纪念碑以及其他六大类。

**24日**

市气象科普馆首次对公众开放，离石区实验幼儿园组织小朋友走进气象科普馆参观，“零距离”感知气象。市气象科普馆是全市唯一一座气象科技展览馆和青少年气象科普教育基地。

**25日**

全市环境保护工作会议召开，回顾总结全市“十二五”时期及2015年全市环保工作，安排部署“十三五”时期及2016年全市环保重点任务。副市长李建国参加会议。

**27日**

吕梁机场新增的吕梁至兰州航线正式开通，副市长李俊平参加开通仪式。该航线将由中国东方航空公司执飞，机型为空A320，从吕梁机场始发航班号为MU5141。从兰州中川机场始发航班号为MU5142。每周的周一、周三、周五、周日共发航四班。

**28日**

吕梁山护工（护理）管理人员暨培训师资首期培训班开班。吕梁市65名吕梁山护工（护理）管理人员和培训学校专职讲师到河北省涿州市的北京华夏中青总部培训基地进行为期8天的培训。市委副书记雷建国出席开班仪式。

**29日**

住建部村镇司农村污水治理处处长陈雪梅在省环保厅、住建厅、人居办及省、吕梁市农业发展银行有关领导的陪同下到孝义市实地调研农村生活污水治理工作，实地查看该市梧桐新区、下栅新型社区、中阳楼护城河环境整治工作并进行座谈。

## 4月

**5日**

来自离石区及周边县的120名贫困人员到吕梁贝亲职业培训学校进行为期20天的岗前集中培训。

**6日**

由山西省晋绥文化教育发展基金会、吕梁军分区、中共兴县县委、兴县人民政府主办的“四八”烈士殉难70周年公祭活动在兴县“四八”烈士纪念馆广场举行。山西省军区政委郭志刚、北京新四军研究会会长陈昊苏，山西省晋绥文化教育发展基金会理事长林志炎，省民政厅副巡视员李德孝，市委常委、军分区政委张选，军分区司令员赵步道，兴县党政负责人，以及“四八”烈士亲属代表王强、秦红、叶正光等参加公祭。

**6日至7日**

省委书记王儒林到吕梁市交口县、石楼县，就沿黄贫困地区生态建设与脱贫攻坚相结合、小流域治理、移民搬迁等进行调研。他强调，要坚持生态为基、脱贫为本，坚持龙头企业带动，整合资金资源，确保脱贫精准到户到人，切实加快沿黄贫困县脱贫致富步伐。省委常委、秘书长王伟中，省人大常委会副主任、市委书记高卫东，副省长郭迎光，省政协副主席、省委常务副秘书长、省委办公厅主任姜新文，省委副秘书长王利波，省民政厅厅长薛维栋，省水利厅厅长潘军峰，省农业厅厅长关建勋，省林业厅厅长李永林，省政府金融办主任郭保民，省扶贫办主任刘志杰，市长王立伟，市长助理、公安局局长权志高，市政府秘书长梁斌陪同调研。

7 日至 8 日

在山西省第十二届中小学生自制教具展评中，吕梁市师生荣获一等奖 3 个，二等奖 4 个，三等奖 8 个，获得山西省自制教具组织奖。汾阳市五中教师刘永辉、孝义市中学教师任文霞、交城县阳渠中学教师殷世雄的自制教具荣获全省一等奖。

8 日

市政府召开党组（扩大）会议，传达贯彻省委书记王儒林在交口、石楼调研指示精神和省委副书记楼阳生在方山调研讲话精神，研究部署吕梁市当前工作。会议由市委副书记、市长王立伟主持。副市长李建国、杨巨才，市委常委、副市长竟晖，市长助理李月勤，市政府秘书长梁斌等参加会议，副市长李俊平列席会议。

副市长李建国与邢台市政建设集团股份有限公司副董事长、常务副总经理宋庆波在离石座谈，双方就祁县至离石高速公路项目投资建设相关事宜进行交流。

12 日

吕梁市召开《中国地震动参数区划图》培训会议，各县（市、区）相关单位以及全市各建筑设计院的负责人参加培训。吕梁市邀请中国地震局工程力学研究所副研究员曲哲博士为参训人员进行培训授课。

吕梁市在福建省厦门市举行新兴产业项目推介对接会。会上，吕梁市共推介新兴产业项目 100 余个，总投资 1000 余亿元；现场签约项目 14 个，总投资 185 亿元，其中引进资金 85 亿元。市人大常委会副主任、市工商联主席梁来茂，副市长杨巨才以及省政府驻厦门办事处、厦门市山西商会等相关部门负责人和部分当地客商参加推介对接会。

21 日至 22 日

省人大常委会副主任、市委书记高卫东到深圳华为技术有限公司参观考察，与华为公司云业务部总裁杨瑞凯等企业负责人座谈。市委常委、离石区委书记常书铭，副市长李建国，晋能电力集团董事长冯培一一同考察。

22 日

省人大常委会副主任、市委书记高卫东在深圳与华润（集团）有限公司副总经理、华润电力控股有限公司董事局主席周俊卿，华润电力控股有限公司总裁胡敏，华润电力控股有限公司党委书记张沈文等华润电力高层就进一步深化合作、实现互利双赢进行座谈。市委常委、离石区委书记常书铭，副市长李建国，晋能电力集团董事长冯培一，山西中铝华润有限公司总经理简易参加座谈。

28 日

山西省发改委公布全省 2016 年度中南部地区风电开发建设方案，吕梁市共有 7 个风电开发项目列入核准计划，占到全省的 44%。7 个风电项目开发总规模 40 万千瓦。

29 日

离石区交警大队在离石区交口镇大昌 4S 店挂牌成立吕梁市首家道路交通事故快处快赔服务中心。驻“快处中心”的保险公司在当事人提供全相应的理赔资料后，当日结案理赔。

由吕梁市招商局牵头组织的新兴产业项目推介对接会在深圳举行。活动受到珠三角与吕梁市等 50 多家大型企业的关注，各大企业现场发布投资需求，有 5 个项目初步达成投资意向，意向总额达到 130 亿元。

## 5 月

9 日

在北京东亿国际传媒产业园天弘演播厅内，山西省旅游发展大会电视竞演初赛拉开帷幕。市长王立伟参加电视竞演初赛，并作《人说山西好风光，右手一指是吕梁》主题推介。市长助理李月勤、市政府秘书长梁斌等参加相关活动。

10 日

吕梁军分区依托岚县人武部召开精准扶贫工作观摩推进会，参观岚县人武部4个包扶点，观看精准扶贫专题片，邀请专家解读精准扶贫政策，印发《军分区部队组织扶贫工作队参与老区精准扶贫工作的意见》，军分区政委张选安排部署任务，省军区副政委喻军作出重要指示，经验做法被《解放军报》等重要媒体大幅报道，被省军区转发全区并上报军委国防动员部。

**11日**

省交通厅厅长李正印到吕梁市岚县、兴县部分乡村公路、工程工地，就交通扶贫重点工作进行调研。市长王立伟一同调研。副市长李建国、市政府秘书长梁斌等参加相关活动。

中共吕梁市委三届八次全体会议召开。会议审议通过《关于召开中国共产党吕梁市第四次代表大会的决议》，讨论《关于中国共产党吕梁市第四次代表大会代表构成比例和产生办法》《关于中国共产党吕梁市第四届市委市纪委人事安排方案》，决定2016年8月召开中国共产党吕梁市第四次代表大会。

**16日**

为期5天的全市首期农产品上行电子商务培训班在吕梁市农校开班，吕梁市部分电子商务企业、农业龙头企业业务骨干150余人参加培训。市委副书记雷建国、市人大常委会副主任刘凯、副市长李俊平、市政协副主席白荣欣出席开班仪式。

省政府法制办规划指导处处长王素梅一行围绕深入推进“六权治本”，进一步完善权力运行机制在吕梁市调研并召开座谈会。市委副书记雷建国主持会议。市财政、发改、住建、交通等部门负责人参加座谈会。

**18日**

吕梁市开发区审核申报暨承接加工贸易产业转移工作会议召开。会议对吕梁市经济技术开发区及工业园区的审核申报工作进行部署，并对吕梁市承接加工贸易产业进行摸底。

市委召开全市干部大会，宣布山西省委关于吕梁市委主要负责人职务调整的决定：省委研究决定免去高卫东吕梁市委书记、常委、委员职务；王清宪任吕梁市委委员、常委、书记。省委常委、组织部部长盛茂林宣布省委决定并讲话。省人大常委会副主任高卫东主持会议并讲话，市委书记王清宪讲话，市委副书记、市长王立伟作表态发言。

省委常委、常务副省长高建民在市长王立伟陪同下，到省重点工程临县三交煤层气项目进行调研。省政府副秘书长闫晨曦、省发改委巡视员王晓胜、省国土厅副巡视员王晓艺、市政府秘书长梁斌等一同调研。

**22日**

由吕梁市公安局民警闫兴华、离石区公安局民警滕芸组成的“双警”家庭，当选全国“五好文明家庭标兵”。

**29日至30日**

市委书记王清宪赴深圳华为技术有限公司和中兴通讯股份有限公司考察，并与华为公司云业务部总裁杨瑞凯、中兴通讯股份有限公司副总裁史立功等企业负责人座谈，就推进吕梁云计算数据中心建设和吕梁智慧城市建设深入交流。市委常委、离石区委书记常书铭，副市长李建国一同考察。

**30日**

市委副书记雷建国会见厦门山西商会会长柴明强一行，双方就推进劳务输出领域合作进行交流。

省农业科学院党委书记李斌带领该院专家到吕梁市就脱贫产业规划进行调研。市委副书记雷建国主持调研座谈会，副市长李俊平就吕梁市农业产业基本情况作介绍。会上，双方就科研基地建设、科技协作攻关研究、科技培训、科技信息交流等方面以及关于制定脱贫产业规划的指导思想、重点内容作交流。

**31日**

市委书记王清宪与华润集团有限公司山西区域党工委书记、华润煤业有限公司总经理简易就深化合作、互利共赢进行座谈。副市长李建国参加座谈。

市委书记王清宪、市长王立伟与山西焦煤集团副总经理、霍州煤电集团董事长、党委书记王永革就吕梁脱贫攻坚和企业转型融合发展、互利共赢进行座谈。副市长杨巨才，市政府秘书长梁斌，霍州煤电集团副董事长、总经理戎生权参加座谈。

## 6月

### 2日

市委书记王清宪、市长王立伟与晋能集团党委书记、董事长王启瑞就深化合作，互利共赢进行座谈。副市长杨巨才、市政府秘书长梁斌参加座谈。

### 9日

吕梁市第二届黄河（西湾）当代影像双年展在临县碛口镇西湾村开展。20余家省内外的摄影家协会参加展览。这次影像双年展由吕梁市委宣传部、市文联、市对外宣传办公室、临县县委县政府共同主办，活动主题为“美丽乡村等你来”，共分摄影艺术展、包粽子比赛、绘画展示、摄影讲座、摄影论坛、民歌和健排舞展示等10项活动。共展出摄影作品近3000件，书法、刺绣、版画等艺术作品300余件。

### 14日至15日

副省长郭迎光带领省直有关部门负责人就防汛工作和新一轮退耕还林工作，先后到吕梁市临县、兴县调研。市委书记王清宪，省水利厅副厅长白小丹、省防汛办主任龚孟建、省林业厅总规划师张云龙、省林业厅造林局局长黄守孝、省财政厅副厅长黄庙、省发改委总经济师魏茹生、省国土厅副厅长王晓立、省扶贫办副主任张伟勤、副市长李俊平等先后陪同调研。

### 18日至19日

市委书记王清宪带领市发改、经信、环保、招商、军民研究院等部门和柳林县委主要负责人，到浙江、江苏省学习考察、招商引资。市委常委、常务副市长张广勇一同学习考察。

### 19日

离石区城北街道办苏家崖村的吕梁医疗卫生园区项目工地上，施工单位组织施工人员、机械进场，破土动工，项目进入施工阶段。吕梁医疗卫生园区项目占地面积14.64公顷，是一所集学科及医疗、急救网络、健康管理、高端康复为一体的现代化大型综合医疗服务中心。园区包括市中心医院（设计床位1000张）、市妇幼和计划生育指导中心（设计床位400张）以及市疾控中心、120指挥中心等。该项目建设内容包括门诊综合楼地下1层、地上4层，住院楼地下2层、地上12层和16层各两栋，总建筑面积24.8万平方米，投资概算17.82亿元。园区项目建设分两期进行，一期建设内容为市中心医院门诊、住院楼，市妇幼保健计生指导中心门诊楼，市疾控中心和体检中心等，建筑面积约20.29万平方米。

### 25日

吕梁市首次PPP（政府与社会资本合作）项目推介会召开。会议吸引山东莱钢建设有限公司、杭州锦江集团有限公司、上海浦东环保发展有限公司、北京桑德环境公司、北京华帆集团等企业参加。推介会面向社会推出20个重点PPP项目，计划总投资500亿元，涵盖市政、公共服务、交通、保障性住房等4大类8个投资领域。其中，吕梁市第二污水处理厂、吕梁市垃圾焚烧发电、兴县北山过境公路等17个项目达成初步投资意向。

### 27日

市委书记王清宪、市长王立伟会见回到老家参加“迎老乡、邀客商、兴吕梁”活动的著名导演贾樟柯。双方就打造吕梁文化旅游整体形象、定期开设高端讲座等进行商谈。副市长李建国、市长助理李月勤、市政府秘书长梁斌参加座谈。

市委书记王清宪与麦肯锡（上海）咨询有限公司全球董事合伙人吕文博一行座谈。双方就吕梁市编制全市整体产业整合发展提档升级行动方案有关事宜深入座谈交流意见。副市长李建国参加座谈。

**28 日**

在离石区国税局税务人员指导下，编号为“10000001”的吕梁市第一张增值税电子普通发票，在吕梁市晨星环境技术咨询有限公司成功开出，这标志着增值税电子普通发票在吕梁市范围内正式推行。

**29 日**

在“迎老乡、邀客商、兴吕梁”恳谈会期间，市委书记王清宪、市长王立伟会见中国工程院院士岳光溪、刘吉臻。双方围绕教育、发展等话题进行座谈。市政府秘书长梁斌参加座谈。

**30 日**

吕梁市军民融合协同创新研究院无人机视觉巡查实时综合应用系统验收会议在吕梁宾馆召开。吕梁市和国防科技大学等单位的 22 名专家和代表参加验收会议。会议听取国防科技大学航天科学与工程学院作的《无人机视觉巡查实时综合应用系统工作总结报告》和《无人机视觉巡查实时综合应用系统技术研究报告》。通过审阅相关文档，专家组认为，系统测试结果表明该系统功能和性能满足研制任务书要求，系统设备齐全，资料完备，符合项目设计要求，一致同意项目通过验收。

## 7 月

**1 日**

市委书记王清宪、市长王立伟会见甘肃天庆集团董事长韩庆。双方就文化、金融、基础设施建设、教育等领域的合作进行商谈。市政府秘书长梁斌参加座谈。

**5 日**

市委书记王清宪、市长王立伟与省旅游局局长冯建平一行就加快吕梁市旅游产业发展、打造富民产业进行座谈。

市委书记王清宪、市长王立伟会见中国农业发展银行山西省分行行长刘文平一行。双方就交通道路、城市基础设施建设、生态建设、扶贫工作等方面金融创新合作事宜进行座谈。市委常委、常务副市长张广勇，市委常委、副市长竟晖，市政府秘书长梁斌参加座谈。

市政协召开文化旅游产业开发专题座谈会，市政协副主席薛爱平出席座谈会并讲话。部分政协常委、委员和民主党派人士，市发改委、交通局、住建局、文化局等有关市直单位负责人就吕梁市文化旅游产业开发在会上进行研讨交流，并提出意见和建议。

**6 日**

市委书记王清宪、市长王立伟与中兴通讯股份有限公司副总裁、中兴网信总经理史立功就建立信息服务平台、智慧城市建设、精准扶贫脱贫等合作事宜进行座谈。副市长李俊平、李建国，市政府秘书长梁斌参加座谈。

**9 日**

凌晨 3 时 15 分，武警吕梁市特勤消防中队接到指挥中心出警命令称：离石区交口街道交口大桥附近一辆出租车陷进河中。接到命令后，特勤消防中队立即出动两辆消防救援车及 14 名官兵赶赴现场。凌晨 3 时 59 分，事故车辆被找到，被困人员被救出。

**10 日**

山西省第十一届精神文明建设“五个一工程”颁奖仪式在山西大剧院举行，市委宣传部获组织工作奖，吕梁市民间艺术团创作生产的舞剧《吕梁英雄传》、歌曲《把自己寄回家》，吕梁黄河民间艺术有限公司创作生产的电影《伞头和他的女人》、吕梁人民广播电台创作生产的广播剧《大清廉吏于成龙》获优秀作品奖。

11 日

省政协副主席、卫计委主任卫小春到吕梁市离石区信义镇就基层医疗卫生服务工作进行调研。市委常委、离石区委书记常书铭陪同调研。

12 时 32 分，离石区交通路蔬菜加油站后山方向发生山体滑坡，一栋居民宅被埋压，两人被困。特勤消防中队接到报警后，迅速出动两辆消防车和 18 名官兵火速赶往现场进行救援。经过 1 个多小时的紧急救援，被困人员获救。

18 日

北京理工大学党委书记赵长禄及中恒集团董事长秦亚良一行到定点扶贫点方山县峪口镇桥沟村调研慰问。省扶贫办副主任张晓红、副市长李俊平陪同调研。

20 日

市委书记王清宪、市长王立伟与到吕梁市进行投资考察的昆山实业联盟及江苏紫光考察团客人就开展投资合作等事宜进行座谈。市委常委、常务副市长张广勇，副市长李建国，吕梁教育学院党委书记、市委常务副秘书长张耀峰，市政府秘书长梁斌等参加座谈。

23 日至 30 日

市城管中心对市区各主次街道夜市、露天烧烤摊点进行集中清理整治。在整治行动中，该中心按照“疏堵结合、管导相济”的原则，组织 300 多名执法人员，兵分两路从南、北两个片区同时开展、同步推进。针对市民反映强烈的丽景街、永宁路、新华街、袁一路、长治路、久安路等重点区域路段，采取“地毯式”整治。

26 日

市政协组织“吕梁政协学堂”学习活动，邀请中国社会科学院农村发展研究所所长、研究员张晓山教授作专题辅导报告。市委书记王清宪，市长王立伟出席听取讲座，并在讲座开始前与张晓山座谈。市政协常委、驻市的十一届省政协委员、市直各单位主要负责人、各县市区政协主席、离石城区的市政协委员，共计 300 多人参加培训。

27 日

市人大常委会主任、汾阳至石楼高速公路总指挥郝月生会见中国铁建投资集团有限公司副总经理刘青林一行。

28 日

《吕梁市人民代表大会及其常务委员会立法程序规定》获山西省第十二届人民代表大会常务委员会第二十七次会议批准，于 8 月 1 日起施行。这是山西省批准设区的市拥有立法权后，吕梁市出台的第一部地方性法规。

## 8 月

1 日

市委书记王清宪、市长王立伟与北控水务集团副总裁于立国、裕腾集团董事长周惠明就开展水务领域项目合作进行座谈。市委常委、常务副市长张广勇，副市长李建国，吕梁教育学院党委书记、市委常务副秘书长张耀峰，市政府秘书长梁斌参加座谈。

2 日

北控水务集团副总裁于立国、裕腾集团董事长周惠明一行到吕梁市洽谈项目合作对接事宜，双方就排水、水环境综合治理、垃圾固废及环境一体化、城市综合管廊、市政道路桥梁、园林绿化等投资建设运营，及设立环境建设产业基金等进行交流。副市长李建国主持座谈会。

3 日

副省长、省公安厅厅长刘杰，省公安厅副厅长李玉生到吕梁市交城县、汾阳市，调研督导以打黑除恶、铲除黄赌毒、治爆缉枪为内容的“三大战役”和公安队伍建设工作。市委书记王清宪，副市长、市公安局长李安林陪同调研。

4 日

市委书记王清宪、市长王立伟会见中铁交通投资集团有限公司总经理徐坤甲一行，双方就加强交通项目建设合作进行交流。市人大常委会主任、静兴高速指挥部总指挥郝月生，中铁交通投资集团有限公司副总经理王建龙，吕梁教育学院党委书记、市委常务副秘书长张耀峰，市人大常委会秘书长王峰，市政府秘书长梁斌等会见时在座。

8日

市委、市政府在太原举行以“山河多娇，英雄吕梁”为主题的吕梁市旅游推介暨项目招商大会。项目推介会推出临县碛口景区综合开发项目、交城县果老峰景区开发项目、文水县苍儿会景区开发项目、离石区千年景区建设项目、汾阳杏花村旅游开发项目等65个旅游招商项目。大会现场共签约18个项目，总投资71.69亿元。

9日

市委书记王清宪与山西晶旭新能源公司专家、英国赫尔大学能源技术研究所所长赵旭东教授就加快推进吕梁市光伏光热产业发展进行交流座谈。市委常委、离石区委书记常书铭，市长助理李月勤，吕梁教育学院党委书记、市委常务副秘书长张耀峰参加座谈。

10日

市委书记王清宪、市长王立伟与山西建筑工程（集团）总公司董事长、党委书记孙波，总经理白原平就基础设施建设等合作事宜进行座谈。市委常委、常务副市长张广勇，吕梁教育学院党委书记、市委常务副秘书长张耀峰，市政府秘书长梁斌参加座谈。

11日

省商务厅厅长孙跃进、副厅长李志胜一行就吕梁市商务工作发展进行调研。副市长李建国陪同。孙跃进一行先后到吕梁野山坡食品有限责任公司、山西山宝食用菌生物有限公司、汾阳贾家庄贾街，详细询问各地建设、生产销售、运营管理和发展思路等情况，了解吕梁市商务工作发展情况。

17日

吕梁市召开农村路网改造及旅游路建设推进会议，副市长李建国带领汾阳、文水、岚县等县市负责人，市发改委、财政局、农发行吕梁分行及市县两级交通运输局相关负责人在汾阳、文水实地观摩调研。

市委书记王清宪主持召开市委常委会，审议《关于学习贯彻强化失职失责工作的通知》《吕梁市环境保护工作职责规定（试行）》，听取晋陕蒙宁民歌大赛筹备情况汇报，讨论研究王清宪在全市领导干部大会上的讲话（征求意见稿）。

18日

山西离柳焦煤集团与山西都宝洁能源公司在吕梁市进行瓦斯发电项目签约。

19日

泰化集团举行资助第11批贫困大学生仪式，21名贫困大学新生领到助学金，往届一次性资助的5名大学生2016年再次受到资助。市政协主席刘云晨、市人大常委会副主任梁来茂、市长助理李月勤出席。

20日

吕梁市举行公交运营体制改革投资签约仪式，这标志着市政府与山西汽车运输集团有限公司在吕梁市城市公交运营体制改革的合作合资方面迈出关键一步，标志着吕梁市公交运营体制改革工作正式进入实施阶段。市长王立伟，副市长李建国，山西能源交通投资有限公司董事长武强、总经理于喜东，山西能交投副董事长、山西汽运集团董事长张海清，山西汽运集团副董事长、总经理武艺等出席签约仪式。市政府秘书长梁斌主持仪式。

22日

省政协副主席、九三学社省委主委刘滇生到吕梁市调研，并就农业集成技术和小杂粮发展进行座谈，市政协副主席薛爱平，市委统战部、九三学社吕梁支社、市农委、扶贫办相关负责人及部分小杂粮企业代表参加座谈。

**23 日**

安徽省铜陵市政协港澳台侨和外事委员会到吕梁市，就精准扶贫和脱贫攻坚先进经验进行考察学习，市政协副主席刘继隆等陪同考察。

省督查组到吕梁华为云数据中心、离石区信义镇归化村进行考察调研。市委常委、组织部长秦书义，副市长李建国陪同调研。

**28 日**

中国粮企山西行活动吕梁对接会在汾阳召开。省粮食局副局长马珩、副市长李俊平、中华粮网、市农委、粮食局负责人、省外各相关企业代表参加会议。

## 9 月

**1 日**

市委书记王清宪会见杭州鼎盛实业集团董事长周贤海一行，双方就铝工业合作进行交流。副市长李建国，吕梁教育学院党委书记、市委常务副秘书长张耀峰参加座谈。

吕梁市食品药品监督管理局举办合理用药千人大培训。培训会分别设临县、柳林、汾阳三个主会场，特邀全国知名教授、中国药学会合理用药科普传播专家、天津市药品不良反应监测中心专家讲授，全市乡镇以上医疗机构医师、药师、护师、基层食药监管站负责人、药品不良反应监测中心业务人员、有关单位推荐的药品不良反应监测专家等共计 1000 余人参加培训。

**5 日**

吕梁市 2016 年“中华慈善日”帮扶行动慈善晚会在吕梁电视台演播大厅举办。晚会以“牵手慈善、与爱同行”为主题，以文艺演出穿插贫困典型人物事例贯穿整个晚会，期间市直部分单位、企业和社会各界爱心人士共计 60 余人为全市慈善事业捐款 13 万余元，捐赠物资折合人民币 33 万余元。现场还对两位贫困留守儿童代表捐赠生活、学习用品 3 件，并对两位中国美术家协会会员的 3 幅画作进行慈善义拍，拍卖所得 6 万元全部进入市慈善总会账户。“中华慈善日”当天所得善款共计 53 万余元。

**6 日**

市委书记王清宪、市长王立伟共同会见招商新能源集团有限公司开发投资部总经理邵坚、上海宝冶集团新能源工程公司总经理刘奉军一行，就建立产业基金、光伏电站以及推进吕梁市光能产业集群发展等进行座谈交流，共商战略合作事宜。副市长李建国，市政府秘书长梁斌等一同参加。

第五届中国（太原）国际能源产业博览会在太原煤炭交易中心开馆，以“坚持五大发展理念，展示低碳发展成果”为主题的吕梁展区，展出 20 余家企业的低碳节能新产品、新技术，传递“绿色生活、低碳发展”理念。

中国铝业、华润煤业、西山煤电、晋能电力举行四方合作签约仪式，合作共建吕梁煤电铝材产业基地。省经信委主任张华龙、市委书记王清宪、市长王立伟、副市长李建国、市政府秘书长梁斌等见证签约。中铝公司董事长葛红林、总裁敖宏；华润煤业董事长葛长新、总经理简易；山西焦煤副董事长曹晨明，西山煤电董事长王玉宝；晋能集团董事长王启瑞，晋能电力集团董事长冯培一等出席签约仪式。

**6 日至 7 日**

团中央书记处第一书记秦宜智就电商扶贫、教育扶贫、农业扶贫等工作到吕梁市石楼县的部分乡镇及企业进行实地调研。团省委书记赵雁峰，市委书记王清宪，副书记雷建国，吕梁教育学院党委书记、市委常务副秘书长张耀峰，市政府分管领导李月勤等先后陪同调研。

**10 日**

在吕梁火车站站前广场上，吕梁市举行新兵入伍欢送大会。市征兵领导组副组长、吕梁军分区司令员赵步道，市委常委、市征兵领导组副组长、吕梁军分区政委张选，副市长李俊平出席欢送大会。

20日

吕梁鑫田农林物资再生有限责任公司在离石正式开业。该公司的拆解汽车项目是吕梁市山上民营第一家。

21日至23日

"走进山西看发展"——第十一届全国网络媒体山西行60余家来自中央新闻网站、全国门户网站和地方新闻网站的编辑记者们首站到吕梁，先后参观碛口古镇、吕梁军民融合协同创新研究院、苍儿会生态旅游项目、文水晋能清洁能源科技有限公司、贾家庄村、汾酒集团、孝义梧桐新区和下栅新区城镇化建设、鹏飞实业有限公司等地。其间，市委书记王清宪举行见面会并热情推介吕梁，市委副书记雷建国参加见面会。

23日

山西（运城·临汾·吕梁）特色农产品展示展销活动吕梁市招商引资与贸易项目签约仪式在北京农展馆举行，吕梁市共落实签约项目57个，签约总额93.6亿元。市委书记王清宪，市长王立伟，省政府副秘书长刘星，市委常委、离石区委书记常书铭，市人大常委会副主任刘凯，副市长李俊平，市政协副主席白荣欣，市政府秘书长梁斌参加签约仪式。

27日至29日

中国共产党吕梁市第四次代表大会在离石召开。来自吕梁市各条战线的近400名党代表出席大会。大会选举出第四届市委委员、候补委员和市纪委委员。大会通过关于三届市委报告的决议，通过关于市纪委工作报告的决议。

28日至29日

临县碛口古镇举办中国·碛口首届"枣儿红了"红枣旅游文化节。这次旅游文化节活动，以"黄河、古镇、红枣"为主题，开展枣区生态观光游等10项活动。

## 10月

10日

2016山西粮食（小杂粮玉米）产销衔接会在汾阳举行。会议主题是"拓展惠农服务渠道、助推粮食产业经济"。省委常委、常务副省长高建民，国家粮食局科学研究院院长杜政，中国粮食经济学会副会长尚强民，中国粮食行业协会副会长宋丹丕，中国粮食行业协会杂粮分会理事长田鸿儒，中华粮网总经理傅宏，省粮食局局长丁文禄等出席会议。市领导王清宪、王立伟、郝月生、刘云晨、雷建国、刘凯、李俊平、白荣欣，市政府分管领导李月勤，吕梁教育学院党委书记、市委常务副秘书长张耀峰，市政府秘书长梁斌等参加。这次产销衔接活动内容丰富、形式多样、客商云集，吸引了全国10个省（区、市）粮食局以及省内外187家企业参加。

吕梁市在汾阳举行吕·梁市招商引资与贸易项目签约仪式。市政府分管领导李月勤主持签约仪式。在签约仪式上，方山县政府与山西新大象公司、临县政府与杭州姚太太食品公司、岚县政府与双塔食品公司、汾阳市政府与北京雏菊资产管理公司等四家签约代表上台签约，其他31个项目的双方代表分别在现场进行签约。吕梁市共落实签约项目35个，签约总额17.95亿元。

11日

市委书记王清宪、市长王立伟会见华润电力控股有限公司总裁胡敏一行，双方就深化合作、互利共赢进行座谈。市委常委、政法委书记、市委秘书长李小明，市政府秘书长梁斌参加座谈。

市委书记王清宪、市长王立伟会见山西省经贸投资控股集团党委书记、董事长高建光一行。双方围绕吕梁转型发展九大产业集群，探讨合作共赢模式。市委常委、政法委书记、市委秘书长李小明，市政府秘书长梁斌参加会见。

市委书记王清宪、市长王立伟与中建交通建设集团董事长周宇鼰一行座谈，双方就基础设施建设、创新合作模式改善民生等事宜进行交流。市委常委、政法委书记、市委秘书长李小明，市政府秘书长梁斌参加座谈。

**19 日**

交城县与中国华能集团清洁能源技术研究院有限公司、山西美锦能源集团和山西华气能源科技有限公司正式签署四方合作框架协议，共同在交城经济开发区创建高灰熔点、高灰分煤清洁高效利用——大型干煤粉加压气化技术研发示范科研基地，这是全省规模最大的双高煤深加工科研示范基地。

**21 日**

市委书记王清宪与无锡国联环保能源集团总经理缪强一行座谈，双方就推进产业转型发展、加强能源产业深度合作等事项进行座谈。市委常委、离石区委书记常书铭参加座谈。

省重点项目北京新瑞利邦交城高端肉牛养殖基地在交城县现代养殖园区开工建设。

**24 日**

市政府召开沿黄扶贫旅游公路工作会，副市长李建国、市政府分管领导李月勤听取并研究市沿黄扶贫旅游公路及生态绿道规划项目方案的规划、规模、融资、运行实施计划等方面的情况。

**25 日**

“山西光彩事业中阳行”活动在国家级贫困县、革命老区中阳县举行。省委常委、统战部部长孙绍骋出席并讲话。市委书记王清宪致辞，省委统战部副部长、省工商联党组书记、省光彩事业促进会会长杨临生，省工商联主席李武章及各市民营企业家等 400 余人参加活动。

全市 2016 年采煤沉陷区综合治理搬迁安置工作推进会召开，副市长李建国、市直相关单位负责人、相关县（市、区）分管领导及发改局长参加会议。会上，市发改委对全市 2016 年采煤沉陷区综合治理搬迁安置工作的推进情况进行通报，涉及治理搬迁的离石、孝义、中阳等 8 个县（市、区）对有关工作的近期情况进行汇报。

**26 日**

市委书记王清宪、市长王立伟与到访的中国中铁股份有限公司总裁张宗言，就加强基础设施建设等合作事宜进行座谈。市人大常委会主任郝月生，吕梁教育学院党委书记、市委常务副秘书长张耀峰，市人大常委会秘书长王峰，中国中铁副总裁周孟波参加座谈。

市委书记王清宪、市长王立伟与保利协鑫能源公司首席执行官朱战军一行进行座谈，双方就合作发展光能产业进行交流。副市长杨巨才，吕梁教育学院党委书记、市委常务副秘书长张耀峰，市政府秘书长梁斌参加座谈。

**27 日**

市委书记王清宪、市长王立伟与中国国际晋商联合会主席李振环一行座谈，双方就推动脱贫攻坚、高科技产业、大数据产业发展等相关事项合作进行交流。市委常委、离石区委书记常书铭，副市长李俊平，吕梁教育学院党委书记、市委常务副秘书长张耀峰，市政府秘书长梁斌，华大基因副总裁许四虎，谷歌中国北方大区经理范建斌参加座谈。

副市长杨巨才会见山西经贸投资控股集团有限公司党委书记、董事长高建光一行。双方就吕梁中药厂、岚县继亨铸造有限公司等项目合作进行会谈。

## 11 月

**1 日至 2 日**

吕梁市召开平安文化市场建设推进会暨文化市场行政综合执法培训会。各县（市、区）文化局局长、文化市场行政综合执法业务骨干等共 130 余人参加会议。

**2 日**

吕梁市召开“双随机一公开”（随机检查事项、随机选派执法检查人员、抽取情况及查处结果及时向社会公开）工作推进电视电话会议，市委常委、常务副市长张广勇出席会议并讲话。各县（市、区）在吕梁各自的分会场参加会议。

7 月 31 日至 11 月 2 日，由省人大常委会教科文卫工委主任李洪带领，省卫计委副主任冯立忠、部分省人大常委会委员及省人大代表组成的省人大常委会视察组到吕梁市就农村医疗卫生工作情况进行视察。市人大常委会主任郝月生，市委常委、常务副市长张广勇，市人大常委会副主任郭卫民，市人大常委会秘书长王峰陪同视察。

3 日

《吕梁日报》全文公布《吕梁市柳林泉域水资源保护条例》（草案），开始面向社会公开征求意见。

公安部下发文件，命名吕梁市孝义市公安局为“全国公安机关执法示范单位”。

5 日

吕梁市光能产业协会在文水挂牌成立，大会审议通过《吕梁市光能产业协会章程》《吕梁市光能产业财务管理制度》，选举产生首届会长、副会长和秘书长，晋能清洁能源科技有限公司总经理杨立友当选为协会第一届会长。

7 日

市政协副主席闫广聪主持召开重点提案督办座谈会，对市政协三届一次、二次会议上所提出的《关于推进非物质文化遗产保护和利用的提案》和《关于发展我市文化传播产业的建议》两项重点提案进行督办。市文化局、民进、民盟负责人及部分政协委员相互交流提案办理情况意见和建议。

10 日

吕梁市召开全市领导干部大会。省委常委、组织部长盛茂林宣布省委决定：李正印任中共吕梁市委委员、常委、书记。省委常委、组织部长盛茂林宣布省委决定并讲话。省委常委、原吕梁市委书记王清宪主持会议并讲话，市委书记李正印讲话，市委副书记、市长王立伟作表态发言。

央视戏曲音乐频道的春节特别节目《美丽中国唱起来》大型演出活动走进吕梁市的碛口古镇西湾村录制，活动增加本土民俗展演和参与体验环节。

国网山西省电力公司副总经理、党组成员沈同一行到吕梁市召开“问需求、送服务、促发展”大走访活动座谈会。副市长李建国出席座谈并讲话，市发改、经信、商务、重点办、供电公司等相关部门负责人参加会议。

14 日

市委书记、市委人才工作领导组第一组长李正印主持召开市委人才工作领导组会议。市长、市委人才工作领导组组长王立伟，副组长张广勇、秦书义、李小明出席会议。市委常委、组织部长、统战部长秦书义领学中央《关于深化人才发展体制机制改革的意见》。会议听取第三届吕梁市优秀人才评选工作情况的汇报，审议第三届吕梁市优秀人才拟命名表彰人选名单。

14 日至 16 日

市人大召开《吕梁市柳林泉域水资源保护条例（草案）》审查修改会，市人大常委会副主任郭卫民主持会议。根据专家论证会上的各方意见，形成《吕梁市柳林泉域水资源保护条例（草案）》的报送稿。

15 日

市政协召开秘书长工作座谈会，全市各民主党派、工商联、各县（市、区）政协秘书长参加并交流经验。市政协副主席、秘书长闫广聪主持会议。

16 日至 17 日

中国农业发展银行副行长鲍建安在市长王立伟的陪同下，到吕梁市兴县、吕梁新区、交城县等地进行专题调研。农发行山西分行行长刘文平、副行长尹继君，市委常委、副市长竟晖，市政府秘书长梁斌等一同调研。

20 日

吕梁市 101 路和 301 路两条

新公交线路正式开通运行。这两条公交线路共投入30辆新能源电动公交车。

24日

市政协召开推进法治吕梁建设对口协商座谈会，市政协副主席刘继隆出席座谈会并讲话。座谈会上，市普法依法治理办公室负责人汇报吕梁市“六五”普法规划执行情况和“七五”普法规划的制定及启动情况。与会的市政协常委、委员与市普法办成员单位及部分县（市、区）普法办负责人重点就“围绕加快实施‘七五’普法规划，助推法治吕梁建设”进行对口协商和研讨交流。

30日

市长王立伟会见伊电控股集团董事长霍斌一行，双方就合作推进铝深加工产业进行交流。副市长李建国、市政府秘书长梁斌参加会见。

## 12月

6日

市委书记李正印与省环保厅厅长郭长青到山西华兴铝业有限公司，就企业安全生产和环境保护工作进行调研督导。市委常委、军分区政委张选，市委常委、政法委书记、市委秘书长李小明参加调研。

7日

吕梁市召开冬季城乡环境集中整治专项行动电视电话动员会。会议安排部署全市城乡环境卫生集中整治工作，动员全市上下要明确集中整治活动的目标要求、具体内容、时间节点和保障措施，集中利用冬闲40天的时间，努力推进8项集中整治行动，着力营造整洁、靓丽、文明的宜居宜业环境，确保短期内改变城乡基本面貌，塑造吕梁发展新形象。市委常务、常务副市长张广勇出席会议并讲话，市政府秘书长梁斌主持会议。

9日

市文联组织机关全体人员和各文艺家协会的主要负责人召开贯彻第十次全国文代会精神座谈会，传达学习习近平总书记在文代会开幕式上的重要讲话精神。

市长王立伟主持召开市长办公（扩大）会，专题听取环境保护、招商引资、城市建设、干部入企服务、开发区“整合改制扩区调规”工作汇报，总结梳理2016年各专项工作情况，研究部署当前工作。市委常委、常务副市长张广勇，副市长李俊平、李建国、杨巨才、李安林，市委常委、副市长竟晖，市政府秘书长梁斌等参加会议。

12日

市长王立伟带领吕梁市有关人员，参加孝义市与软通动力关于城市创新综合体合作协议签约仪式，参观考察大北农集团。市委常委、孝义市委书记马文革，市政府秘书长梁斌，孝义市有关方面负责人参加考察。

13日至14日

市长王立伟带领市经信、煤炭等部门负责人，实地考察陕西省榆林市现代煤化工产业发展，与榆林市委书记胡志强、市长尉俊东等座谈交流，共话两市友谊，学习先进经验，促进交流合作，推动吕梁市煤化工产业加快发展。榆林市委常委、常务副市长钱劳动，副市长张海峰等陪同考察。副市长杨巨才、市政府秘书长梁斌等一同考察。

19日

市委书记李正印在太原红马甲集团股份有限公司暨吕梁山护工太原实训基地、吕梁山护工驻并第二联络部调研。市委副书记、宣传部长雷建国一同调研。

来自全省58个贫困县的116名贫困村党组织书记齐聚汾阳市贾家庄村，参加由省委组织部举办的全省贫困村党组织书记抓党建促脱贫攻坚示范培训班。省委组织部副部长、省委党建办主任张晓峰出席开班式并作动员讲话，市委常委、组织部长秦书义致辞。

21日

中午12时许，柳林县供热公司燃气锅炉突然发生爆裂，未造成任何人员伤亡，但导致该县青龙片区5000户左右居民供热中断。事故发生后，市委、市政府高度重视，市委书记李正印、市长王立伟分别作出批示，副市长杨巨才带领有关部门立即赶赴现场，组织指导抢险工作。柳林县委、县政府立即启动应急响应，一方面开展抢险处置工作，力争早日恢复供暖，另一方面全力保障学校、医院的取暖，决定向供暖受影响的住户免费发放电暖设备并补贴电费。

省检查组一行就重污染天气应对措施和“铁腕治污行动”工作进展情况到柳林县开展“铁腕治污”行动督查，市环保局相关人员陪同检查。检查组在华润福龙水泥有限公司和福龙煤化有限公司重污染天气应急措施落实情况检查时，发现华润福龙水泥有限公司已按规定全部停产；福龙煤化有限公司存在对标提质改造工程严重滞后，进展缓慢，二氧化硫严重超标排放等问题。检查组要求县环保部门对企业超标排污违法行为严厉处罚，下达责令改正违法行为决定书，督促企业加快提标改造工程进度，按期完成，拒不执行将实施按日计罚。

**22日**

市长王立伟赶赴柳林县供热公司锅炉爆裂事故现场，指导抢险处置，看望慰问群众，要求调集一切资源，全力进行应急处置，在最短时间内向群众发放应急取暖物资，分片入户做好群众工作，安排好居民的用电、取暖、做饭，决不能让群众受冻挨饿。同时加快设备抢修进度，力争早日恢复供暖，保障正常的生产生活秩序。副市长杨巨才、市政府秘书长梁斌等一同参加。

**26日**

吕梁大数据协会成立大会在军民融合协同创新研究院举行。市委常委、离石区委书记常书铭，副市长李建国出席大会并为其揭牌。会上，表决通过《吕梁大数据产业协会章程》《吕梁大数据产业协会财务管理制度》及吕梁大数据产业协会会长、副会长、秘书长人选。

**27日**

吕梁市召开全市脱贫攻坚工作成效考核电视电话会议，对做好当前吕梁市脱贫攻坚考核工作进行安排部署。市委书记李正印出席会议并讲话，市委副书记、市长王立伟主持会议。

吕梁市参加2016陕甘宁蒙晋沿黄地区经济合作洽谈会，来自陕甘宁蒙晋五省区沿黄河15个地市组团参会并签署《陕甘宁蒙晋沿黄地区投资促进合作倡议书》，副市长李建国参加会议。吕梁市共有两个项目在会议上签约，签约总额1.35亿元。

**29日**

市工商联合会（总商会）第二次会员代表大会召开。市政协主席刘云晨，市委常委、组织部长、统战部长秦书义，市人大常委会副主任梁来茂，市政府分管领导李月勤，民革吕梁市委主委、市政协副主席刘继隆等到会祝贺。

吕梁市同时成立吕梁市农业产业化龙头企业协会、畜牧业协会、新农人绿色农产品推广协会、杂粮行业协会，并通过选举产生第一届理事会成员。市农委负责人，各县（市、区）负责人以及龙头企业负责人参加会议。

# 市情概览

## 自然地理

【位置】

吕梁市位于山西省西部，北纬 36° 43′ –38° 43′，东经 110° 22′ –112° 19′，西隔黄河与陕北相望，东临汾水与晋中为邻，北与忻州接壤，南与临汾毗邻。吕梁市因吕梁山脉纵贯南北而得名。

【面积】

吕梁市东西最大宽度 140 千米，南北最大距离 220 千米，周边界线总长 954.3 千米。境域总面积 2.1 万平方千米，占山西省总面积的 13.5%。

【地质】

吕梁在地质构造属演化过程中华北地台的一部分。中生代的燕山运动形成山西台背斜的地廓后，吕梁复背斜基本定型；新生代第三纪的喜马拉雅运动影响本区，形成汾河地堑；下更新世，形成现代的河川二级阶地和丘陵区的梁峁沟壑地貌。

境内地层发育较为齐全，除缺失奥陶系上统、志留系、泥盆系、白垩系地层外，其余各种地层均有出露。出露地层依次为：中太古界界河口群，上太古界吕梁群，下元古界岚河群、野鸡山群、黑茶山群，中上元古界下统汉高山群，古生界寒武系、奥陶系、石炭系、二叠系，中生界三叠系、侏罗系，新生界第三系、第四系等。

基底地质构造分别为前五台构造层、五台构造层、吕梁构造层。前五台期构造表现于岚县界河口至临县务周会一带出露的界河口群，在柳林上白霜、中阳柏洼山、交口长树山、西榆皮等地也有出露。五台期构造主要分布于中北部方山县开府、马坊一带以东，岚县袁家村以南，方山县周家沟以西，交城横尖以北地区。吕梁构造层主要是岚河群、野鸡山群、黑茶山群不对称褶皱带，该褶皱带主要分布于吕梁山中北部，即方山至野鸡山一带及两侧地带。

境内岩浆分布较广，并且与主要金属矿藏有着直接关系。主要散布于山区以及西部黄土丘陵区的突出山岭地带，如临县紫金山、交城县狐偃山等地。

【地貌】

吕梁地貌属晋西黄土高原的一部分。地势北高南低，至东北方向西南倾斜，一般海拔在 1000 米至 2000 米，最高海拔关帝山主峰 2831 米，最低点在石楼县和合乡崖头村黄河岸，海拔 556 米，相对高差 2275 米，市区海拔 920 米至 940 米。

地貌大致可分为中山区、丘陵区、平川区三种类型。中山区海拔 1500 米以上，区内奇峰突立，挺拔险峻，沟壑纵横，分布着众多小山川，植被覆盖较好，包括岚县、方山、离石、中阳、交口 5 县（区）和汾阳、孝义、文水、交城 4 县（市）的山区部分。丘陵区海拔 900 米至 1500 米，黄土覆盖广，厚度大，地形破碎，坡陡沟深，平地较少，植被稀少，水土流失严重，包括黄河沿岸的兴县、临县、柳林、石楼四县。平川区海拔740米至800米，地势平坦，土壤肥沃，水源充足，适宜发展现代立体化种植业，包括汾河沿岸交城、文水、汾阳、孝义4县(市)。

【气候】

吕梁市属大陆性季风气候，具有四季分明、雨热同步、光照充足的特点。

季节气候特点：春季（3月至5月）温度变化急剧，气候干燥，少雨多风。3月份平均气温3℃左右，极端最低气温达－19℃；5月份平均气温升至17℃，极端最高气温达39℃，当冷空气入侵时，最低气温可降至0℃以下。该季降水量一般为年降水量的15%左右，干旱是主要灾害性天气。夏季（6月至8月）温度较高，雨量集中，多有雷阵雨天气。7月份平均气温为23℃左右，年极端最高气温多数出现在6月中、下旬。该季降水量一般为年降水量的60%左右，大雨、暴雨多集中在7月至8月，其间易发生洪涝灾害。秋季（9月至11月）气温迅速下降，气候凉爽，秋初多连阴雨天气。9月份平均气温为16℃左右，季末极端最低气温可降至－17℃至－24℃。该季降水量一般为年降水量的30%左右，2007年连阴雨日数曾长达半月以上。冬季（12月至次年2月）气候寒冷，降雪稀少。极端最低气温多出现在该季，高寒山区可达－30℃以下。该季降水量一般为年降水量的3%左右。

区域气候特点：北部4县(岚县、方山县、兴县、临县）十年九旱，主要灾害为干旱、冰雹，年降水量460毫米至500毫米，年平均气温7℃至9℃。中南部山区5县(区)(离石区、中阳县、柳林县、交口县、石楼县）十年九旱，主要灾害为干旱、冰雹，年降水量460毫米至561毫米，年均气温7℃至11℃。平川4县（市）（汾阳市、孝义市、交城县、文水县）年降水量420毫米至460毫米，年平均气温10℃至11℃。

日照：日照时数较长，太阳辐射较强，年均日照时数2487小时至2872小时，其中最少为2200小时/年，最多为3280小时/年。5月至6月日照时间最长，11月至次年2月日照时间最短。

太阳辐射：年均太阳总辐射量131千卡/平方厘米至151千卡/平方厘米，全年生理辐射量62千卡/平方厘米至74千卡/平方厘米。5月至6月太阳辐射最强，11月至次年2月太阳辐射最弱。

气温：年均气温9℃左右，1月份平均气温－10℃至－5℃，7月份平均气温19℃至24℃。极端最低温度－33.0℃，极端最高气温41℃。

降水：年均降水量仅472毫米，且降水季节分配很不均衡，主要集中在7—9月，年际变化较大。

无霜期：无霜期为133天至178天，初霜日期9月24日至10月15日，终霜日期3月19日至4月24日。

## 资源

【土地资源】

全市土地总面积2.12万平方千米，其中东部平川面积16.90万公顷，占8%；西部黄土高原丘陵区面积97.40万公顷，占45.9%；中部土石山区面积97.81万公顷，占46.1%。

【矿产资源】

吕梁探明40有多种矿产资源，煤、铁、铝资源储量大、品位高。全市含煤面积1.14万平方千米，占总面积的54.3%，保有储量420多亿吨，其中主要产于吕梁，被誉为“国宝”的4号主焦煤储量达114亿吨。铁矿石保有储量13亿吨，占全省的34.6%；铝土矿保有储量6.49亿吨，占全省的45.7%。

【水资源】

吕梁市年均水资源总量为14.47亿立方米，其中，河川径流量为11.1亿立方米，地下水资源量为8.9亿立方米。

## 人口

**【年度概况】**

2016年末，全市常住人口为385.5万人，比上年末增加2.3万人。全年全市出生人口4万人，人口出生率10.34‰；死亡人口1.7万人，死亡率4.45‰；自然增长率5.89‰。

**【人口构成】**

2016年，全市常住人口中，男性为199.3万人，占常住人口的51.7%；女性为186.2万人，占常住人口的48.3%。居住在城镇的人口184.1万人，占常住人口的47.8%；居住在农村的人口201.4万人，占常住人口的52.2%。

## 民族 宗教

**【民族】**

吕梁市属于少数民族散杂居区城。截至2016年底，全市共有满族、彝族、蒙古族、回族等38个少数民族，常住人口有2083人。分布在吕梁市各县（市、区），主要集中在离石区、孝义市、汾阳市、文水县、临县、兴县等地。大多在吕梁定居多年，且散居，没有明显的少数民族习惯与特征。暂住人口共200余人，主要在山西医科大学汾阳学院。

2016年，少数民族流动人口100余人，来自青海、宁夏、新疆等地，以经营兰州拉面、羊肉串、葡萄干、毛皮、皮色等为生，流动性强，有68%分布在城镇，居住分散，没有小聚居地。

**【宗教】**

截至2016年底，吕梁市有信教群众12万余人，分布在全市各县（市、区）。其中，佛教信徒3.5万人，道教信徒3万余人，天主教信徒2万人，基督教信徒3.5万余人。全市经认定备案的宗教教职人员268人，全市宗教活动场所198处，各级宗教团体共29个。

## 国民经济和社会发展

**【概况】**

2016年，吕梁市地区生产总值995.3亿元，按可比价计算，增长4.1%。其中，第一产业增加值53.7亿元，增长4.7%，占地区生产总值的比重5.4%；第二产业增加值555.3亿元，增长2.5%，占地区生产总值的比重55.8%；第三产业增加值386.3亿元，增长6.4%，占地区生产总值的比重38.8%。人均地区生产总值25896元，按2016年平均汇率计算为3899美元。

**【农业】**

2016年，吕梁市粮食播种面积351.4千公顷，比上年减少3.3千公顷；油料播种面积20.4千公顷，比上年减少3.5千公顷；棉花播种面积0.06千公顷，比上年减少0.02千公顷。在粮食播种面积中，玉米播种面积177.3千公顷，比上年减少2.2千公顷；小麦播种面积1.7千公顷，比上年减少0.44千公顷。全年全市粮食产量111.6万吨，比上年增加39.2万吨，增长54.2%。其中，夏粮0.55万吨，下降31.6%；秋粮111.03万吨，增长55.1%。

2016年，全市完成造林面积38.2千公顷，增长17%。

2016年，全市猪牛羊肉总产量8.7万吨，下降7.7%。其中，猪肉产量5.9万吨，下降12.5%；牛肉产量1.6万吨，增长6.5%；羊肉产量1.2万吨，增长0.8%。年末生猪存栏50.9万头，生猪出栏71.7万头。牛奶产量2.8万吨，增长15.5%。禽蛋产量9.5万吨，下降8.5%。水产品产量0.18万吨，下降5.2%。

2016年年末，全市农业机械总动力144.2万千瓦，下降52.5%。机械耕地面积245千公顷，增长5.8%；机械播种面积198.6千公顷，机械收获面积121.8千公顷，分别下降0.7%和4.5%。全市农机化经营总收入6.2亿元，下降48.3%。

【工业和建筑业】

2016年年末，全市规模以上工业企业448户，比上年末减少23户。全年规模以上工业增加值增长2.6%。

规模以上工业企业实现主营业务收入1482.3亿元，增长3.7%。其中，冶金工业、化学工业和医药工业分别实现主营业务收入265.3亿元、88.7亿元和2.3亿元，分别下降9.3%、6.5%和13%；煤炭、焦炭、电力、建材、装备和食品工业分别实现主营业务收入595.9亿元、182.6亿元、30.2亿元、37.9亿元、25.9亿元和245.5亿元，分别增长7%、25.3%、12.7%、4.2%、9.8%和1.6%。

全年全市规模以上工业企业实现利税100.6亿元，增长36.7%；应交增值税63亿元，增长14.6%；产成品115.2亿元，下降7.2%；应收账款310.1亿元，增长2.6%；资产负债率80.3%。

全年全市建筑业实现增加值11.2亿元，增长2.8%。具有建筑业资质等级的总承包和专业承包建筑业企业实现利润22亿元，下降18.8%。

【能源】

2016年，吕梁市一次能源生产折标准煤7345万吨，增长11.2%；二次能源生产折标准煤10948万吨，下降22.5%。

2016年，全市全社会用电总量140.2亿千瓦小时。其中，第一产业用电2.4亿千瓦小时，占全社会用电量的比重1.7%；第二产业用电109.2亿千瓦小时，占全社会用电量的比重77.9%，其中工业用电107.5亿千瓦小时；第三产业用电13.1亿千瓦小时，占全社会用电量的比重9.3%；城乡居民生活用电15.5亿千瓦小时，占全社会用电量的比重11.1%。

【固定资产投资】

2016年，全市固定资产投资（不含跨市、农户）1118.5亿元，下降4.1%。其中，国有及国有控股投资412.3亿元，下降13.6%；民间投资693.9亿元，增长2.1%。

分登记注册类型看，内资企业和个体经营投资1084.2亿元，下降7%；外商及港澳台商企业投资34.2亿元，增长2.3倍。分产业看，第一产业投资79.6亿元，增长1.3倍；第二产业投资610.3亿元，增长6.6%；第三产业投资428.5亿元，下降23.4%。

全市工业投资610.3亿元，增长6.6%。其中，煤炭工业投资140.6亿元，下降12.9%，非煤产业投资469.7亿元，增长14.2%；传统产业（煤炭、焦炭、冶金、电力）投资合计367.2亿元，增长2.3%，非传统产业投资合计243.1亿元，增长13.7%。全年全市在建固定资产投资项目1460个。其中，亿元以上项目275个，计划总投资2124.8亿元，完成投资691.7亿元。全年全市房地产开发投资70.5亿元，增长4.4%。其中，住宅投资53.8亿元，增长5.3%；商业营业用房投资9.8亿元，下降6.7%。

【国内贸易】

2016年，吕梁市社会消费品零售总额433.7亿元，增长6.8%。按经营地统计，城镇消费品零售额331.1亿元，增长8.8%；乡村消费品零售额102.6亿元，增长1.1%。按消费形态统计，商品零售额372.9亿元，增长4.6%；餐饮收入额60.8亿元，增长23%。

2016年，全市限额以上社会消费品零售额73.1亿元，下降9.8%。限额以上行业中，批发业9847万元，下降15.2%；零售业67.4亿元，下降11.6%；住宿业4775万元，增长42%；餐饮业4.2亿元，增长28.2%。

【对外经济】

2016年，吕梁市海关进出口总额2.9亿美元，下降27.5%。其中，进口额1.3亿美元，下降45.8%；出口额1.6亿美元，增长0.2%。

全年出口焦炭38吨，下降99.9%；出口镁及其制品612

吨，下降8.1%；出口钢材2万吨，增长116.7%。出口机电产品3863万美元，增长34.5%；出口高新技术产品3063万美元，增长76%。

全年进口铁矿砂154万吨，下降53.2%；进口金额6990万美元，下降60.7%。进口机电产品2403万美元，增长11.9倍。

【交通 邮电 旅游】

2016年年末全市公路线路里程17.4万千米，其中高速公路534.4千米。

2016年年末，全市民用汽车保有量32.02万辆（包括三轮汽车和低速货车2684辆），增长7.8%；其中私人汽车28.30万辆，增长8.2%。当年新注册汽车3.36万辆，增长5.6%。年末轿车保有量20.28万辆，增长8.4%；其中私人轿车18.96万辆，增长9.3%。

2016年，吕梁市邮政企业和快递服务企业业务收入（不包括邮政储蓄银行直接营业收入）3.6亿元，增长12%；业务总量3.7亿元，增长36.9%。年末全市固定电话23.8万户，下降25.6%；移动电话用户286.1万户，下降0.6%；宽带接入用户57.8万户，增长19.9%。

2016年，全市商业住宿设施接待入境过夜游客5517万人次，接待国内旅游者3443.8万人次，分别增长4.3%和28.6%；旅游外汇收入214万美元，增长5.1%；国内旅游收入292.8亿元，增长29%；旅游总收入292.9亿元，增长29%。

【金融 保险】

2016年年末，全市金融机构本外币各项存款余额1811.1亿元，比年初增加194.7亿元，增长12%。各项贷款余额950.9亿元，比年初增加58.7亿元，增长6.6%。

2016年，全市保费收入49亿元，增长21%。其中，财产险保费收入10.7亿元，增长5.9%；寿险保费收入31.5亿元，增长18.4%；意外险保费收入6884.5万元，增长23.8%；健康险保费收入6.1亿元，增长90.6%。

【教育和科学技术】

2016年年末，全市共有幼儿园710所，增加23所；小学576所，减少90所；普通中学288所，减少8所；中等职业学校19所，与上年持平；特殊教育学校6所，与上年持平。全市学前教育毛入园率为92.6%，小学学龄儿童净入学率99%，高中阶段毛入学率为95%。

按照国家高新技术企业认定办法，年末全市高新技术企业23家。

全市4个经济开发区（包括高新区）入区企业206家，其中500强投资企业4家。区内税收收入20.5亿元，下降12%；企业主营业务收入371.9亿元，增长10%。

全市有气象台站14个，开展电话天气自动答询台站1个，卫星云图接收站14个，开展人工影响天气业务的单位13个，防雹、增雨累计受益面积100平方千米。

全市有专业综合地震台站2个，市级地震台网中心1个；市县地震观测项目9台项，其中流体3个，大地电场3个，电磁波脉冲仪3个；全市共发生地震44次，最大震级为2月16日汾阳发生M2.3级地震。

【文化 卫生 体育】

2016年年末，全市共有群众艺术馆1个，文化馆13个，文化站162个（其中，乡镇综合文化站148个），农村文化活动场所3112个。专业艺术表演团体11个。公共图书馆14个。出版报纸1种（不含高校校报）、发行2.9万份。广播电视台13座，电视台13座，中短波转播发射台1座，调频转播发射台3座，一百瓦以上电视转播发射台14座。广播人口覆盖率95.1%，电视人口覆盖率99.2%，有线电视用户35万户。

2016年年末，全市共有卫生机构(含诊所、村卫生室)4784

个，床位1.22万张。卫生防疫、防治机构14个，妇幼保健院(所、站)14个。全市卫生机构共有卫生技术人员1.58万人；卫生院卫生技术员0.3万人，社区卫生服务中心(站)卫生技术人员789人，其中农村乡镇卫生院0.28万人；防疫、防治卫生技术员336人，妇幼保健(所、站)卫生技术人员628人。全市13个县(市、区)开展了新型农村合作医疗工作，有271.86万农民参加了合作医疗。

2016年年末，全市有体育场7个，体育馆3个。全年全市销售中国体育彩票2.17亿元。

【居民生活和社会保障】

2016年，吕梁市居民人均可支配收入1.44万元，增长6.2%。城镇居民人均可支配收入2.42万元，增长5.6%；农村居民人均可支配收入7644元，增长6.3%。按全市居民五等份收入分组，城镇低收入组人均可支配收入7739元，增长6.4%；农村低收入组人均可支配收入2475元，增长8.5%。

2016年年末，全市参加城镇职工基本养老保险36.18万人，比上年末增加3.58万人；参加城乡居民社会养老保险184.69万人，比上年末增加2.67万人；参加城镇基本医疗保险84.37万人，比上年末减少0.06万人；参加失业保险32.13万人，比上年末减少0.04万人；参加工伤保险38.02万人，比上年末增加0.16万人；参加生育保险33.63万人，比上年末增加0.18万人。全市13个县(市、区)开展新型农村合作医疗工作，有271.86万农民参加了合作医疗。

全年全市得到城市最低生活保障救济人数7.71万人，共发放城市最低保障资金3.22亿元。2.09万人纳入农村五保供养。

2016年年末，全市城镇有各种社区服务设施396个，其中综合性社区服务中心58个，各类收养性单位床位数1503张，收养人数1031人，国家抚恤、补助各类优抚对象1.92万人。全年销售福利彩票4.3亿元，筹集社会福利资金0.8亿元，接受社会捐赠款0.03亿元。

【资源 环境 安全生产】

2016年，吕梁市完成水土流失治理2.87万公顷、生态修复1.47万公顷。建成219处农村饮水安全工程和14个水质检测中心，10万农村人口饮水标准得到提升。

2016年，按《环境空气质量指数(AQI)技术规定(试行)(HJ633-2012)》评价，市区优良天气数达到287天，比上年增加17天，优良天数比例78.4%，环境空气质量综合指数全省排名第二，市区大气环境质量持续改善。

2016年，全市12条河流17个国、省控断面，实际监测断面16个，水质优良(Ⅰ－Ⅲ类)断面5个，占监测断面总数的31%；重度污染(劣Ⅴ类)断面6个，占监测断面总数的38%。

2016年，全市未发生重大以上事故，安全生产形势总体平稳。

(市统计局)

# 中国共产党吕梁市委员会

## 综述

### 【党的决策贯彻】

深入学习贯彻党的十八大、十八届历次全会精神和习近平总书记系列重要讲话精神。2016年，中共吕梁市委先后举办中心组学习17次，学习贯彻党的十八大、十八届历次全会精神和习近平总书记系列重要讲话精神，持续跟进学习，持续深化理解，准确把握系列重要讲话的科学体系、新理念新思想新战略，增强思想认同、理论认同、情感认同，市委领导班子成员牢固树立“四个意识”特别是核心意识、看齐意识，始终与以习近平同志为核心的党中央保持高度一致。市委常委会提出坚持以上率下“五个带头”的要求，即带头学习领会系列讲话，树立政治坚定的新形象；带头严肃党内政治生活，树立忠诚团结的新形象；带头推动经济社会发展，树立干事创业的新形象；带头践行党的群众路线，树立为民务实的新形象；带头构建良好政治生态，树立清正廉洁的新形象，为各级领导班子作出示范、当好表率。

把中央和省委的重大决策部署作为各项工作的基本遵循。市委常委会、书记专题会议，先后传达贯彻党的十八届六中全会精神、省第十一次党代会精神、全省脱贫攻坚推进会、全省全面构建良好政治生态推进会、全省开发区改革创新发展会等重要会议精神，结合实际，研究推进工作落实的具体措施，推动中央和省委重大决策部署在吕梁贯彻落实。实现“六新目标”，即在以习近平总书记系列重要讲话精神为指引上达到新境界，在打赢脱贫攻坚战上取得新突破，在推动创新驱动、转型升级上迈上新台阶，在落实全面从严治党要求、构建良好政治生态上取得新成效，在各级干部素质能力上实现新提升，在全市改革发展稳定各方面工作上开创新局面。

突出抓好各级党委（党组）中心组学习。发挥各级党委（党组）中心组学习的引领示范作用，市委中心组学习频次由原来的每月一次增加为每月两次。组织广大党员干部学习。市委先后印发《关于认真学习宣传党的十八届六中全会精神的通知》《关于认真学习宣传贯彻省第十一次党代会精神的通知》。发挥党校的主阵地作用。举办市管主要领导干部进修班等6个主体班次培训干部300余人次。抽调理论骨干组成党的十八届六中全会精神和省第十一次党代会精神宣讲团，深入基层、深入群众，开展巡回宣讲120场次。深入开展“两学一做”学习教育，增强广大党员干部的“四个意识”特别是核心意识、看齐意识，加强和规范党内政治生活，提升落实中央和省委重大决策部署的思想自觉、行动自觉。

学以致用、用以促学，把学习成效转化为推进工作的实际成效。以党的十八大、十八届历次全会精神和习近平总书记系列重要讲话精神为指导，落实省委"一个指引、两手硬"重大思路和要求，召开市第四次党代会，明确此后五年工作的奋斗目标和主要任务。制定出台《吕梁市贯彻落实省第十一次党代会精神重点工作及责任分解》，明确坚决打赢脱贫攻坚战、推动经济转型升级、落实从严治党责任等8个方面31项具体工作，由书记、市长牵头抓总，四大班子领导分工负责、逐项推进。制定出台《吕梁市激励干部担当作为干事创业实施办法》，激发全市广大党员干部干事创业的热情。制定出台《中共吕梁市委第四届市委常委会工作规则》等制度，推进市委常委会规范化、制度化建设。

【脱贫攻坚】

2016年，中共吕梁市委全面贯彻中央、省委关于脱贫攻坚的各项决策部署，强化领导，压实责任，实现脱贫攻坚首战首胜。截至年底，全市有278个贫困村实现退出、11.1万贫困人口脱贫，其中，发展生产脱贫6.5万人、生态补偿脱贫0.6万人、易地搬迁脱贫1.8万人、发展教育脱贫1万人、社会保障兜底脱贫1.2万人。岚县"合作社+贫困户、政府购买式造林"的典型做法得到国务院副总理汪洋的批示。经济林提质增效、光伏扶贫、易地搬迁、护理护工培训就业等工作走在全省前列，得到省委、省政府肯定。

坚决扛起脱贫攻坚的主体责任。加强组织领导。调整充实市脱贫攻坚领导小组，明确书记为第一组长，市长为组长，成立由市委、市政府分管领导任组长的产业扶贫等十二个重点专项工作领导组。制定出台《关于精准扶贫精准脱贫的实施意见》及《责任分解》，对十二条意见由各常委和政府副市长牵头负责，并明确具体的时间表、责任书和路线图。

全面落实精准方略。实施中央精准扶贫、精准脱贫"五个一批"，实施吕梁特色的"三个一批"。发展特色产业脱贫一批。实施小杂粮等六大特色种植业和以生猪、肉牛养殖为主的六大特色养殖业，带动全市6.5万贫困人口稳定脱贫，占全市脱贫总人口的58.6%。实施易地扶贫搬迁脱贫一批。10个贫困县共启动易地扶贫搬迁项目42个，完成投资率88%，竣工率71%，1.8万贫困人口脱贫。全省易地扶贫搬迁现场会在方山县召开。实施生态补偿脱贫一批。在全市推广"合作社+贫困户""政府购买式造林"等生态补偿脱贫模式。全市共营造林3.82万公顷，参与造林绿化的5500多名贫困人口人均增收3500元；吸纳460名贫困人口成为护林员，护林员人均可增收1万元，通过生态补偿使6000人稳定脱贫。发展教育脱贫一批。培训贫困人口3.29万人次。对贫困家庭子女上学开展教育资助，全市通过教育扶贫，使1万人脱贫。实行社保兜底脱贫一批。对全市9.22万因病致贫返贫和丧失劳动能力人口，针对性地出台16条具体救助措施，10个贫困县农村低保平均提标320元左右，使1.2万人通过兜底保障实现稳定脱贫。实施经济林提质增效脱贫一批。完成标准化综合管理示范基地建设1.25万公顷、红枣核桃提质增效工程2万公顷、品种嫁接改良3000公顷、核桃林栽植9400公顷，带动1万多贫困人口人均增收1000元。实施光伏扶贫脱贫一批。全市共落实光伏扶贫计划133.95兆瓦，光伏扶贫工程全面铺开，有10个村共1000千瓦电站并网运营，395户900个深度贫困人口，户均可获得3000元资产性收益。实施"吕梁山护工"培训就业脱贫一批。全市累计培训10474人，输出7批，实现就业3824人，就业人员人均月纯收入3000元以上，形成"吕梁山护工"品牌。

精准帮扶到村到户到人。加强调整充实精准帮扶力量。出台《农村第一书记管理办法》，共召回调整、撤换、补齐148名不胜任、不称职的第一书记，择优增派323名第一书记。组织孝义、汾阳、文水分别与临县、石楼、岚县结对帮扶。团中央、北航、北理工等中直机关或高校发挥人才、智力、技术等优势，因地制宜开展帮扶，取得成效。

【产业转型升级】

加强和改善党对经济工作的领导。2016年，中共吕梁市委对经济发展运行情况进行研判、决策。召开全市县域经济暨开发区改革创新发展推进会议，对县域经济和开发区改革创新发展做出全面安排部署。

多措并举推进供给侧结构性改革。推进“三去一降一补”，煤炭行业核减产能1067万吨；焦化行业退出落后产能446万吨；水泥行业退出落后产能45万吨；减少库存商品住房13.9万平方米；联盛集团破产重整依法有序推进；引导企业通过合资合作、债转股等方式，优化债务结构，全市共处置银行不良贷款23.7亿元。

千方百计稳定经济增长。开展“万名干部入企帮扶”活动，1328名干部深入439户重点企业开展入企服务，梳理需政府层面解决的各类问题675个，办结652个，办结率达96.6%。落实省市税费减免政策，减少企业税负4亿元。推动金融机构通过调低上浮利率、执行基准利率等方式，缓解企业资金压力。加大招商引资力度，全市共签约项目95个，总投资1911亿元。

加快产业转型发展。推进传统煤焦产业提质增效，孝义鹏飞60万吨甲醇联产4亿立方米LNG一期投产，成为全国最大甲醇联产LNG项目。加快铝产业发展，华兴铝业二期100万吨氧化铝项目投产，山西中铝华润一期50万吨轻合金项目开工建设。推进文化旅游产业发展，举办吕梁旅游推介暨项目招商大会，签约项目18个，总投资71.7亿元。推进大数据产业发展，华为企业云山西中心落户吕梁、开工建设，与国防科大合作的吕梁“天河二号”云计算中心产业化应用步伐加快，累计为中科院等500多家科研院所和国家核心部门提供云计算服务。

全年地区生产总值完成995.3亿元，同比增长4.1%，增速排名从上年的全省末位上升到第6位；规模以上工业增加值完成546.7亿元，同比增长2.6%，从上年全省末位上升到第4位；一般公共预算收入完成89.6亿元，同比下降1.2%，从上年全省第10位上升到第5位；社会消费品零售总额完成433.7亿元，同比增长6.8%。固定资产投资完成1118.5亿元，同比下降4.1%。城镇居民人均可支配收入2.42万元，同比增长5.6%；农村居民人均可支配收入7644元，同比增长6.3%。

【民主法治建设】

推进民主政治建设。2016年，中共吕梁市委支持市人大及其常委会依法履行职责，制定《柳林泉域水资源保护条例》《吕梁市城市绿化条例》等3件地方性法规。市政协围绕精准扶贫和发展文化旅游产业等进行协商议政和专题调研，形成一批有决策参考价值的重要成果。

加强统战工作。13县（市、区）统战部长全部由县委常委担任。做好民主党派、工商联换届工作，相关做法受到省委统战部4次通报表扬。开展“光彩事业中阳行”活动，签约14个协议项目，拟投资总额19.8亿元。

推进依法治市。深化法治宣传教育，提高全社会学法、尊法、守法的意识。推进以打黑除恶为重点的“三大战役”，全市共打掉各类恶势力团伙33个，抓获团伙成员202人，打击处理各类村霸、路霸、市霸、恶霸693人。全市刑事案件发案数同比下降3.4%；“两抢一盗”案件发案数同比下降14.4%，省政府副省长刘杰批示肯定。履行党管武装职责，支持推动驻吕部队现代化建设。

【思想文化宣传】

把握意识形态工作主导权。2016年，中共吕梁市委出台《党委（党组）意识形态工作责任制实施细则》，开展落实意识形态工作责任制自查抽查，对存在问题督促全面整改。

塑造对外良好形象。实施吕梁新闻网等重点网站升级改造，加强市级新闻单位“两微一端”建设。策划推出一批主题宣传和重点报道，宣传吕梁改革发展的新成效，重塑吕梁对外新形象。

培育文明风尚。完成临县中共中央西北局旧址、离石区高家沟高级军事会议旧址的展陈设计。弘扬吕梁精神，发扬艰苦奋斗优良传统，赋予吕梁精神改革创新的时代内涵，用革命精神滋养心田、激励干劲。引深道德讲堂和“善行义举榜”活动，推动文明风尚走进千家万户。全省农村精神文明建设工作经验交流会在吕梁市汾阳贾家庄召开。

推进文化繁荣发展。创作打造一批文艺精品，舞剧《吕梁英雄传》、电影《伞头和他的女人》等4部作品在省第十一届“五个一工程”评选中获奖，获奖作品数量位居全省第三。编排创作一批群众喜闻乐见、反映精准扶贫、精准脱贫的文艺节目，赴贫困乡村演出105场，收到良好的宣传效果。推动文化产业与旅游融合发展，岚县“土豆花开了”等一批文化旅游项目在省内外产生影响。

【民生工作改善】

2016年，中共吕梁市委加大民生投入，全市民生支出226.7亿元，占公共预算支出的82.2%。高度重视做好就业工作。全市城镇新增就业3.2万人、农村劳动力转移就业3.7万人，失业率控制到2.72%。优先发展教育事业。筹建吕梁高等幼儿师范专科学校，秋季招生1140名。实施义务教育“全面改薄”工程，交口、中阳等6县通过国家评估认定。义务教育阶段各项政策全部落实到位。加快发展医疗卫生事业。总投资14亿元的市医疗卫生园区项目开工建设。13个县市区公立医院改革实现全覆盖。新农合参合率达97.8%，新农合大病保险全面实施。吕梁市被确定为第二批国家级医养结合试点市，建成农村老年人日间照料中心120个。加强社会保障工作。提高城乡低保、农村五保对象补助水平。城乡医疗救助制度普遍建立，全市共为9865名城乡特困对象发放城乡医疗救助资金4386.3万元。加快推进城乡社会救助体系建设步伐，共为1.6万户困难群众发放临时救助金852.9万元。推进宜居城市建设。加大吕梁新区建设力度，新区68栋安置楼全面竣工，基本具备回迁条件。加大环境整治力度，市区优良天气数达到287天，环境空气质量综合指数全省排名第二。抓好安全稳定工作。信访形势总体平稳可控。全市到市赴省进京上访较2015年同期批次下降48.9%，人次下降30.4%。全市未发生重大以上事故，安全生产形势总体平稳。

【全面从严治党主体责任落实】

全面从严治党主体责任。2016年，中共吕梁市委汲取一度时期发生严重腐败案件的沉痛教训，把全面从严治党的主体责任抓在手上，研究部署党风廉政建设和反腐败工作。坚持以责任追究倒逼责任落实，全市有113名党员领导干部因落实“两个责任”不力受到责任追究。对89个党组织完成首轮巡察，发现共性问题1097个，移交纪委问题线索340件；正立案调查178件，给予党政纪处分97人，组织处理8人。

推进党风廉洁建设和反腐败斗争。紧盯违反中央八项规定精神问题的新动向，保持狠刹“四风”的高压态势。全市共查处违反中央八项规定精神和“四风”方面问题249件，党政纪处分243人，组织处理70人，公开曝光39次116起164人。用力强化执纪审查。全市纪检监察机关共立案1842件，党政纪处分1999人，重处分421人，移送司法机关11人。准确运用“四种形态”特别是运用好第一种形态，谈话函询类占比比全省平均值高28个百分点。推进监察体制改革试点工作。

加强干部队伍建设。市县乡三级换届完成，中组部《组工信息》、新华社《国内动态清样》刊登吕梁市县乡换届的经验做法。坚持正确选人用人导向，全市共提拔使用干部1056人，干部选拔任用工作得到广泛认可。探索推进干部能上能下，对免职待处理的16名省管干部、20名市管干部，主动教育引导，让他们在脱贫攻坚一线接受锻炼和考验。中央领导刘云山、赵乐际就吕梁市干部能上能下创造性的做法作出批示，予以肯定。

加强基层组织建设。加强对基层干部的教育培训，换届后对乡镇党政班子成员、村“两委”成员、第一书记、大学生村官培训实现全覆盖。290个软弱涣散农村党组织全部整顿完成。推进集体经济“破零”工程，全市340个村实现“破零”。加强“三基”建设，召开全市抓基层党建述职暨加强“三基”建设动员会，对全市“三基”建设工作作出全面安排部署，选择临县、孝义市、离石区先行开展试点工作。

（中国共产党吕梁市委员会）

## 重要会议

### 【市委常委会会议】

1月5日，吕梁市委常委会召开会议，传达全省经济工作会议精神和脱贫攻坚大会精神，研究吕梁市贯彻落实意见。会议由市委书记高卫东主持。

1月14日，吕梁市委常委会召开会议，传达李克强总理山西考察重要讲话精神。会议由市委书记高卫东主持。会议指出，李克强总理在山西考察期间发表的重要讲话，阐述化解过剩产能的重要性，为资源型城市的转型发展指明方向。认识李克强总理此次考察的重要意义，认真学习、深刻领会，把思想和行动统一到李克强总理的重要讲话精神上来，统一到省委、省政府的贯彻落实要求上来，推动吕梁市经济社会发展不断取得新成绩。

2月23日，吕梁市委常委会召开会议，传达全省市县乡领导班子换届工作会议、全省组织部长会议、全省统战部长会议、省委政法工作会议、省管干部专题研讨班会议精神，研究吕梁市贯彻落实意见。会议由省人大常委会副主任、市委书记高卫东主持，市领导雷建国、张敬平、常书铭、张稳科、竟晖、秦书义出席会议，市人大常委会主任郝月生列席会议。

3月9日，吕梁市委常委会召开会议，传达习近平总书记在党的新闻舆论工作座谈会上的讲话精神及中宣部、省委、省委宣传部有关要求，传达学习全国、全省宣传部长会议精神，讨论《中共吕梁市委常委会2016年工作要点》，听取2016年吕梁市主城区和新区重点建设项目建设情况汇报。省人大常委会副主任、市委书记高卫东主持会议，市领导王立伟、张广勇、常书铭、张稳科、竟晖、张选、秦书义出席会议，市人大常委会主任郝月生、市政协主席刘云晨、副市长杨巨才、市长助理李月勤列席会议。

3月28日，吕梁市委常委会召开会议，传达学习山西省委副书记楼阳生孝义调研座谈会议讲话精神及3月25日省委“六权治本”工作推进会议精神，研究吕梁市贯彻落实意见。省人大常委会副主任、市委书记高卫东主持会议，市领导雷建国、张广勇、张稳科、王海东、张选、秦书义出席会议，市人大常委会主任郝月生、市政协主席刘云晨列席会议。

4月19日，吕梁市委常委会召开会议，研究市三届人大二次会议、市政协三届二次会议有关事宜，讨论《全市“两学一做”学习教育实施方案》。省人大常委会副主任、市委书记高卫东主持会议，市领导王立伟、雷建国、常书铭、张稳科、竟晖、秦书义出席会议，市人大常委会主任郝月生、市政协主席刘云晨、市人大常委会副主任郭卫民，市政协副主席李真、闫广聪列席会议。

5月18日，吕梁市委常委会召开会议，传达省委常委、组织部长盛茂林在全市干部大会上的讲话，安排部署当前工作。会议由市委书记王清宪主持。市委领导王立伟、雷建国、张广勇、常书铭、张稳科、竟晖、秦书义出席会议，市人大常委会主任郝月生、市政协主席刘云晨列席会议。

8月4日，吕梁市委常委会召开会议，研究吕梁市综改试验实施方案和2016年行动计划，听取全市公安机关“打黑除恶”工作情况汇报，研究讨论年度目标责任考核工作。会议由市委书记王清宪主持。市委领导王立伟、雷建国、张广勇、常书铭、张稳科、竟晖、秦书义出席会议，市人大常委会主任郝月生，市政协主席刘云晨，市人大常委会副主任郭卫民，副市长、公安局长李安林，市人民法院院长史红波，吕梁教育学院党委书记、市委办公厅常务副秘书长张耀峰，市政府秘书长梁斌列席会议。

8月25日，吕梁市委书记王清宪主持召开市委常委会，专题学习《“四种形态”主责在党委》一文。市委常委会成员王立伟、雷建国、张广勇、常书铭、张稳科、竟晖、张选、秦书义出席会议。市人大常委会主任郝月生列席会议。会上，市委常委、纪委书记张稳科就《“四种形态”主责在党委》一文进行专题辅导和解读。

9月14日，吕梁市委常委会召开会议，传达省委书记骆惠宁在长治调研座谈会上的重要讲话精神，研究讨论《关于开展“一带三创”全面加强农村基层党组织建设的实施意见》《吕梁市实施村级集体经济收益“破零”攻坚工程的指导意见》和《关于全市党费收缴、使用和管理情况的报告》。市委书记王清宪主持会议。市委领导王立伟、雷建国、张广勇、常书铭、王海东、竟晖、张选、秦书义出席会议，市人大常委会主任郝月生、市政协主席刘云晨列席会议。

12月8日，吕梁市委书记李正印主持召开市委常委会议，市委领导王立伟、雷建国、张广勇、常书铭、张稳科、竟晖、张选、秦书义、李小明出席会议。市人大常委会主任郝月生、市政协主席刘云晨列席会议。会议讨论通过《中共吕梁市委第四届市委常委会工作规则》《中共吕梁市委第四届市委书记专题会议工作规则》。会议指出，加强全市各级党组织的建设，必须加强市委的建设；加强市委的建设，必须加强市委常委会的建设；加强市委常委会建设，必须加强市委常委会工作规则方面的制度建设。制定和出台有关工作规则，对于加强市委常委会规范化、制度化建设具有重要的意义。市委常委会要牢固树立“四个意识”特别是核心意识和看齐意识，要坚决贯彻落实省委“一个指引、两手硬”的重大思路和要求，要全面贯彻落实省第十一次党代会的各项部署，坚持正确的政治方向，全面贯彻执行党的基本路线，坚持立党为公、执政为民，坚持解放思想、实事求是、与时俱进、求真务实，坚持民主集中制，坚持全面从严治党，科学决策、民主决策、依法决策，加强和改进市委工作，提高市委常委会的领导水平和执政水平，促进吕梁经济社会发展在克服困难中迈上新的水平。会议审议同意《吕梁市支持干部改革创新合理容错实施办法》。会议强调，建立干部合理容错机制，是贯彻落实中央精神和省委“一个指引、两手硬”重大思路和要求、调动广大干部干事创业内生动力的重要举措。全市上下围绕全市干部大会提出的“七个坚定不移”要求，落实好《吕梁市支持干部改革创新合理容错实施办法》，引导和推动全市干部勇于改革创新、善于求真务实、更好依法办事，提高治理能力现代化水平，旗帜鲜明地保护改革者、鼓励探索者、宽容失误者、纠正偏差者，为敢于担当的干部担当，为敢于负责的干部负责，激发全市广大党员干部干事创业的热情，全面推动吕梁党的建设和党领导的各项事业迈上新台阶。会议审议通过《吕梁市激励干部担当作为干事创业实施办法》。会议指出，引导和鼓励干部勤政为民、依法办事、实事求是、勇于担当，激发干部干事创业的内生动力和聪明才智，是全面贯彻落实党的路线方针政策和省委“一个指引、两手硬”重大思路和要求的应有之义。全市上下树立正确用人导向，强化考核结果在干部选拔任用中的运用，加大绩效考评表彰奖励力度，关心干部，选树宣传先进典型，加强对干部激励工作的监督管理，激发全市广大党员干部“决胜脱贫攻坚、塑造美好形象”的积极性、主动性、创造性，全面开创吕梁各项事业新局面。

12 月 16 日，吕梁市委书记李正印主持召开市委常委会议，市委领导王立伟、雷建国、张广勇、常书铭、竟晖、张选、秦书义、李小明出席会议。市政协主席刘云晨、副市长李建国、市政府秘书长梁斌列席会议。会议认真学习习近平总书记、李克强总理和省委、省政府主要领导同志近期关于安全生产工作的重要指示批示精神。会议指出，提高思想认识，强化红线意识、法治意识，建立健全各项规章制度，系统治理、彻底排查并坚决消除安全隐患；坚持问题导向，严格落实各级政府的监管责任和企业的主体责任。汲取市内外发生的各类安全生产事故的教训，突出煤矿、建筑施工、道路交通、危化品、尾矿库、消防等重点领域，彻底排查整治、坚决消除各类隐患。各级党委、政府高度重视，党政同责，精心组织，狠抓落实，以铁的担当尽责、以铁的手腕治患、以铁的心肠问责、以铁的办法治本，把中央领导和省委、省政府关于安全生产的批示精神落到实处，确保全市安全生产形势稳定好转。会议传达学习省委书记骆惠宁、省长楼阳生在全省开发区改革创新发展会议上的讲话精神，听取全市县域经济暨开发区改革创新发展推进会议筹备工作情况汇报。会议指出，全市上下认真学习领会骆惠宁书记、楼阳生省长在全省开发区改革创新发展会议上的重要讲话精神，把思想统一到省委、省政府的决策部署上来，查找差距，抢抓机遇，补齐短板，将开发区建设作为吕梁发展的战略突破口，打造吕梁经济发展的主引擎。高度重视县域经济发展，推动县域经济加快走上创新驱动、转型升级之路。紧密结合实际，统筹考虑山上与山下、工业农业与服务业发展、传统产业与新兴产业发展、开发区及各类园区硬件与软件建设等问题，因地制宜建设特色开发区，实现市有国家级开发区、县有省级开发区目标。将县域经济发展、开发区改革创新发展和吕梁脱贫攻坚、经济转型升级有机结合起来，同步推进。加强组织领导，统筹规划，突出重点，尽快出台符合吕梁实际的实施方案。尽快召开全市县域经济暨开发区改革创新发展推进会议，安排部署相关工作，加快创新驱动、转型升级步伐，促进全市经济持续健康发展。会议研究讨论《关于加强“三基”建设的实施意见（讨论稿）》（以下简称《实施意见》）。会议指出，学习借鉴省内外加强“三基”（基层组织、基础工作、基本能力）建设的好经验，认真总结吕梁的好做法，解放思想，拓宽视野，完善提高，解决吕梁市“三基”建设中存在的突出问题。充分认识加强“三基”建设对吕梁落实省第十一次党代会精神、打赢脱贫攻坚战、实现经济转型升级、实现市委提出的“五新”目标的重要意义，完善制度，强化措施，抓好这项工作。突出聚焦乡镇、农村，突出解决工作中存在的问题，突出改革创新，出台《实施意见》，在偏远农村、乡镇先行先试，为全市“决胜全面小康、塑造美好形象”提供坚强的组织和制度保障。

12月21日，吕梁市委书记李正印主持召开常委会议。市委领导王立伟、雷建国、张广勇、常书铭、张稳科、秦书义、李小明出席会议。市人大常委会主任郝月生、市政协主席刘云晨列席会议。会议听取市委常委会班子成员履行全面从严治党主体责任情况汇报。会议强调，履行全面从严治党主体责任，认真贯彻落实党的十八届六中全会关于全面从严治党的总体部署，认真落实省十一次党代会关于推进党的建设新的伟大工程六个方面的工作要求，认真落实省委“一个指引、两手硬”的重大思路和要求，汲取吕梁一度时期发生严重腐败案件的沉痛教训，牢固树立“抓好党建是最大政绩、不抓党建就是严重失职”的理念，紧密结合吕梁实际，带着责任抓党建，提高党建工作科学化、制度化、规范化水平。会议要求，市委常委会班子成员认真学习，加强党性修养。认真学习中国特色社会主义理论体系的最新成果，习近平总书记系列重要讲话，用讲话精神武装头脑、指导实践、推动工作。对党忠诚，坚定理想信念。强化“四个意识”特别是核心意识和看齐意识，坚定共产主义远大理想和中国特色社会主义的共同理想，坚定“四个自信”。勇于担当，忠诚履行全面从严治党的主体责任。强化在党言党、在党忧党、在党为党的责任意识。市委书记作为党建的第一责任人，自觉履行从严治党主责、守责、全责，抓好班子，带好队伍，推进好、落实好、监督好、检查好、支持好全面从严治党的各项工作。常委班子成员要认真履行好“一岗双责”，全面推进党的思想建设、组织建设、作风建设、反腐倡廉建设、制度建设，把全面从严治党的各项要求落到实处。严守规矩纪律，自觉按照党章党规指导工作、规范言行。把纪律和规矩挺在前面，落实好省委全面构建良好政治生态的各项部署要求，使之在吕梁落地生根。坚持改革创新，解决突出问题。坚持问题导向，健全相关制度，找准问题，拿出对策。以身作则，以上率下，发挥表率示范作用。每位市委班子成员清醒地认识到自己肩负的政治责任、政治使命，为全市各级党的组织和党员干部树立榜样，做好表率。会议讨论同意市人大常委会党组提交的《吕梁市柳林泉域水资源保护条例（草案）》和《吕梁市城市绿化条例（草案）》，建议按立法程序通过出台。会议指出，两部地方性法规的出台，是贯彻落实中央“五位一体”总体布局和“四个全面”战略布局的重大举措，对于推进吕梁生态建设具有重大意义，标志着吕梁生态建设步入了法治化轨道。两个《条例》出台后，加强宣传，为贯彻落实营造良好的舆论氛围，增强全社会贯彻落实两个《条例》的自觉性和主动性。会议传达学习全省宗教工作会议精神，研究吕梁市的贯彻落实意见。会议指出，宗教工作是党委政府的一项重要工作，在维护稳定、增进团结，全面推进小康社会中发挥着重要作用。全市上下认真学习贯彻全省宗教工作会议精神，把思想认识统一到中央、省委抓好宗教工作的部署和要求上来。各级党委把党的宗教工作的基本方针坚持好，扛起对宗教工作的领导责任，解决实际问题，落实工作措施，开创吕梁市宗教工作新局面。

### 【全市经济工作会议】

2月3日，吕梁市经济工作会议在吕梁宾馆会议厅举行，学习贯彻中央、省经济工作会议精神、市委三届七次全会精神，分析当前全市经济形势，对2016年经济工作进行安排部署。省人大常委会副主任、市委书记高卫东，市委副书记、市长王立伟出席会议并讲话。市委副书记雷建国主持会议，市人大常委会主任郝月生、市政协主席刘云晨以及市领导张广勇、张敬平、常书铭、王海东、竟晖、张选、秦书义等在家领导出席会议。高卫东在讲话中分析当前面临的经济形势和挑战机遇，提出2016年经济工作的总体要求、预期目标、重点内容。王立伟在讲话中回顾全市上年的经济工作，着重对2016年全市经济社会发展重点工作作安排部署。

**【全市县乡领导班子换届工作会议】**

3月2日，吕梁市县乡领导班子换届工作会议召开。省人大常委会副主任、市委书记高卫东强调，此次县乡领导班子换届要坚持德才兼备、以德为先、以廉为基的用人标准，把政治标准放在首要位置，立明规矩破潜规则，树立敢于担当导向、群众公认导向、重视基层导向，选拔忠诚干净担当的好干部，完成换届任务。市委常委、离石区委书记常书铭，市委常委、纪委书记张稳科，市委常委、组织部长秦书义，市政协副主席、秘书长闫广聪，市长助理、公安局长权志高参加会议。

**【市委常委（扩大）会议】**

8月5日，吕梁市委召开常委（扩大）会议，传达贯彻7月30日十届省委第219次省委常委会议精神。会议由市委书记王清宪主持。市领导王立伟、雷建国、郝月生、刘云晨、张广勇、常书铭、张稳科、竟晖、李俊平、杨巨才、闫广聪，市长助理李月勤，吕梁教育学院党委书记、市委常务副秘书长张耀峰参加会议。

9月21日，吕梁市委召开常委（扩大）会议，传达学习省委骆惠宁书记在全面构建良好政治生态推进会和在吕梁调研座谈会上的讲话精神，传达中纪委《关于五起执纪审查中发现的中管干部违反中央八项规定精神问题的通报》，研究吕梁市的贯彻落实意见。会议由市委书记王清宪主持。

**【中国共产党吕梁市第四次代表大会】**

2016年9月27日至29日，中国共产党吕梁市第四次代表大会在吕梁影剧院召开。市委书记王清宪代表中国共产党吕梁市第三届委员会向大会作题为《决胜脱贫攻坚、同步进入小康，为塑造吕梁美好形象、实现吕梁振兴崛起而努力奋斗》的报告。来自吕梁市各条战线的近400名党代表出席本次大会。大会期间，来自各条战线的代表以对党、对人民高度负责的精神，以强烈的政治责任感和历史使命感，认真履行职责，共商发展良策，共绘宏伟蓝图。大会明确提出“围绕一个目标，扭住五大重点，实施三力引领”的总体思路。会议以无记名投票的方式，选举产生中共吕梁市第四届委员会委员、候补委员，选举产生中共吕梁市纪律检查委员会委员和出席中共山西省第十一次代表大会代表。会议宣布当选人名单。根据大会选举办法和计票结果，46名同志当选为中共吕梁市第四届委员会委员，9名同志当选为中共吕梁市第四届委员会候补委员，32名同志当选为中共吕梁市纪律检查委员会委员，48名同志当选为出席省第十一次党代会代表。大会通过关于三届市委报告的决议和关于市纪委工作报告的决议。

## 办公厅

**【以文辅政】**

2016年，吕梁市委办公厅组织起草市第四次党代会报告、全市经济工作会议书记讲话、脱贫攻坚系列会议书记讲话，省委书记王儒林、骆惠宁吕梁调研工作情况汇报，市委主要领导在市委三届八次全会、市委四届一次全会、全市干部大会、经济工作、换届工作、巡察工作、治安综治、“打黑除恶”专项斗争、“两学一做”学习教育、百日会战、招商恳谈、铝工业发展论证、云计算和大数据专题座谈、旅游推介、造林绿化、精准扶贫脱贫攻坚会议上的重要讲话、专题报告、工作汇报、交流发言、专题约稿等综合文稿300余件200余万字；对220余篇关于市委书记的新闻稿进行了审核把关；起草印发17期《市委书记专项工作安排》《市委书记近期重点工作安排》。其中，仅在市委书记王清宪吕梁工作的5个多月时间里，就处理100余万字的资料量，形成的重要书面材料60余万字。做好信息编研和社情民意工作，全年编发《吕梁信息》100期，《山西信息》采用35篇，领导作出批示7篇；社情民意通道转办96件，处置领导批示12件，全部办结。组织起草的市委主要领导《全面贯彻“一个指引、两手硬”要求、开创吕梁经济社会发展的新境界——在全市干部大会上的讲话》、在市委四届二次全会暨经济工作会议上的讲话等综合文稿，在干部群众中引起强烈反响，成为指导吕梁发展、决胜脱贫攻坚的重要指导性文献，较好地发挥以文辅政的参谋助手作用。

【公文处理】

2016年，吕梁市委办公厅修订完善公文办理流程，按照改进文风的要求，尽量减少发文，严格控制规格，规范行文规则，认真审核把关，着力提高公文质量和运行效率，全年起草印发各类文件339件，其中，市委文件103件。加强对市级党内法规制度建设的督促指导，推动党内规范性文件审核制定、备案审查工作有序开展，制定《吕梁市推行党委（党组）纪委（纪检组）主要负责同志、领导班子成员职责清单制度试点工作方案》《关于建立市县巡察制度的意见》《关于学习贯彻〈中国共产党问责条例〉强化失职失责问责工作的通知》等24件党内规范性文件，并及时按要求向省委进行了报备；受理传办向市委的请示报告184件（书记批示89次、转领导和部门400余次）；分发文件5.3万余份，提供查借阅服务600余件次，销毁文件资料7万余份。《中办通讯》征订学用工作受到中办表彰。公文处理工作规范化、科学化水平提升，推动各项工作顺利开展。

【督查督办】

2016年，吕梁市委办公厅创新督查方式，提高督查成效，切实推动领导批示精神和重大决策部署落地生根。根据市委安排及时出台从严治党相关文件，联合有关部门对全市落实“两个责任”进行了专项督查。在关键节点，紧盯落实中央八项规定精神、“打黑除恶”专项斗争、“三大突破”、百日会战、造林绿化党代会重点任务等，安排市委督查室联合有关部门开展督促检查、明察暗访。对省第十一次党代会、市第四次党代会精神进行责任分解，跟踪督办。加大市委书记专项（重要）工作及批办批示件落实情况的督办力度，先后16次组织对市委书记专项安排的124项工作进行全程督查，建立市委重大工作落实反馈微信公众平台。推进“六权治本”工作，市县乡三级同步开展党委（党组）、纪委（纪检组）主要负责人和领导班子成员职责清单试点工作；完善“两清单、两张图”，按照“减少层次、优化流程、提高效能”要求，明确职责履行各个环节的范围、要求、时限等，扩大“六权治本”的覆盖面；加强农村“三资管理”和民生服务体系建设，推动“六权治本”向基层延伸。全年组织开展大型决策督查12次，专项督查300余次，落实从严治党要求、六权治本和市委重大决策部署等，督查工作走在全省前列。

【服务保障】

2016年，吕梁市委办公厅组织完成市第四次党代会、市委四届二次全会暨全市经济工作会议、常委会会议、市委专题会议、干部大会及上级领导考察调研等各类会议和活动共278次，起草常委会议纪要40期，组织编撰《2016年市委大事记》4期，服务保障重大会议和公务活动，受到市委领导和各有关方面的充分肯定。

【应急值守】

2016年，吕梁市委办公厅修订值班制度，明确责任和时限要求，简化流程，畅通渠道，加强联系，高效处理来人来电事项，稳妥处理突发事项。全年接拨电话3万余次，处理信访事项2000余次、领导报备629人次、气象及汛情116例，协调处置紧急重大事项报告63起（上报省委29起），全部做到及时批示、处置和落实，实现重大应急处置工作随接随办、随接随报，发挥综合协调、运转枢纽作用。

【机要保密和后勤保障工作】

2016年，吕梁市委办公厅办理电报3000余件，未发生任何漏发、漏收、漏办的情况；密码通信主渠道和装备更新工作进展顺利。集中销毁18吨文件资料及硬盘、打印复印机等涉密介质；对614个保密重点要害单位和2000余名涉密人员开展检查排查，对发现的问题现场纠正。后勤、人事、财务、妇女、工会、离退休人员服务等工作强化和规范，机关办公条件改善。

【定点扶贫】

2016年，吕梁市委办公厅重新调整扶贫工作队，由副县级干部郝海平任队长，3名科级干部为队员，包扶临县林家坪镇薛家圪台村、林家焉村，机关干部52人结对帮扶92户，2016年脱贫15户37人。争取到投资180万元的200千瓦光伏发电项目、投资465万元的镇村5千米公路升级改造项目；争取财政资金16万元，新建3个活动阵地；争取扶贫资金73万元，新修9.5千米田间路；争取25万元抗旱资金，拟新建200立方米的水塔3座；争取10万元经济林项目，推动核桃林提质增效；与国家500强农业龙头企业正邦集团达成合作意向，并争取20万元用于新建万头养猪场园区建设；争取50万元，拟新建1千米高标准园区水泥路；开展测绘设计工作，合计立项和实施项目总投资900余万元，为如期稳定脱贫奠定基础。

（市委办公厅）

## 组织工作

【思想政治建设】

坚持以上率下。2016年，吕梁市委组织部制订《市委常委班子和市委常委同志“两学一做”学习教育工作安排》。市委常委班子成员带头开展专题学习讨论，带头开展专题民主生活会，带头讲党课，带头深入基层调查研究、解决问题，带头指导联系点工作，推动全市学习教育开展。创新活动载体。自下而上举办纪念建党95周年系列活动，举办李培斌先进事迹报告会、“永远跟党走”老干部专场文艺演出与庆祝中国共产党成立95周年时代先锋表彰暨党的知识竞赛。623人参加全市“两学一做”学习教育基层党务骨干培训示范班，1098名县处级干部参加党章党规知识考试。“农村第一书记、大学生村官助推电子商务进农村为农特产品代言”“争做脱贫攻坚排头兵、我为护工家庭保后勤”等活动效果良好。“两学一做”学习教育累计解决各类问题8259个。

【市县乡三级换届】

加强组织领导。2016年，吕梁市县两级党委认真落实主体责任，精心组织、科学谋划，切实做到责任到位、工作到位、措施到位。精准分析研判。市、县组织部长分别深入13个县（市、区）、所辖乡镇，近距离接触干部1500余名，深入研究分析班子运行情况和干部工作表现，把握干部思想动态。从严审核把关。对所有提名人选都进行廉政审查，最大限度地防止“带病提名”“带病提拔”。认真组织实施。研究制定《选举办法》，设计换届选举工作“流程图”，制定应急预案，选举前培训工作人员，进行实战演练，确保选举工作顺利完成。做好思想政治工作。市委书记、县（市、区）委书记分别与涉及进退留转的同志进行个别谈话，做好不再继续提名的65名干部的思想政治工作。换届后，县级班子普遍具有大学专科以上学历，148个乡镇全部配齐抓党建工作的副书记、专职纪检书记、组织委员，209名“三类人员”进入乡镇领导班子，全面实现省委关于班子职数及配备的要求。中组部《组工信息》（第58期总4694期）刊登吕梁市县乡换届的经验做法。《瞭望》《新闻周刊》《国内动态清样》《山西日报》等多家媒体对吕梁市换届工作进行报道。

【选人用人导向】

从党和人民事业大局出发是选人用人的基本要求和首要前提。改进干部考察推荐方式。采取先谈话推荐再会议推荐方式，提高推荐精准度。扩展干部考察半径，把考察范围延伸到考察对象“八小时”之外的“生活圈”“社交圈”，最大限度地把事业需要的好干部选出来。2016年，全市共提拔使用干部1056人，其中县处级干部103人、科级干部953人；平级调整1104人，其中县处级干部123人、科级干部981人。推进干部能上能下。对市管干部中符合能下情形的29人进行组织调整，坚持宽严相济，对免职待处理的14名省管干部、21名市管干部，主动教育引导，合理安排工作。

【干部锻炼培养】

2016年，吕梁市委组织部研究制定《吕梁市关于农村第一书记的管理办法》（吕办发〔2016〕31号）、《关于把脱贫攻坚一线作为锻炼培养干部重要基地的实施办法》（吕组通字〔2016〕82号）、《关于明确农村第一书记各项保障措施的通知》（吕组通字〔2016〕99号），加强对农村第一书记的管理教育和培养，充分发挥扶贫攻坚生力军作用。通报表彰优秀第一书记27名，择优提拔使用62名，召回调整72名（市13名、县59名），撤换补齐76名（市7名、县69名）。从市直机关新选派66名，从孝义、汾阳、文水选派257名干部对口支援国定贫困县扶贫攻坚，市、县选派机关干部到农村任第一书记1815名。分两期对农村第一书记进行集中培训并组织闭卷考试，颁发证书持证上岗。11月9日，中央电视台《新闻联播》对吕梁市干部驻村帮扶工作进行报道。12月13日，山西电视台以“党代会精神在基层”为专题，报道吕梁市第一书记扎根农村、服务群众、脱贫攻坚的先进事迹。

【干部日常监督管理】

2016年，吕梁市委组织部制定出台《关于对市管领导干部进行提醒、函询和诫勉的实施办法（试行）》（吕组发〔2016〕4号），明确给予提醒、函询和诫勉的28种情形，实施台账式管理。全年共审查干部档案2334件，发现问题档案18件。47名干部被终止选拔或取消提名资格。重点抽查个人有关事项报告752人，对存在瞒报嫌疑的45名干部进行函询，对存在漏报的38名干部进行提醒谈话，对瞒报属实的18名干部移交市纪检机关调查处理。完成全市986名超职数配备干部的整改、消化任务。

【干部培训】

2016年，吕梁市委组织部突出现代治理能力建设，依托市委党校，举办市管主要领导干部专题研讨班、新任市管县处级干部培训班、市管县处级领导干部进修班、优秀中青年干部培训班、乡镇党委书记乡镇长研讨班、党校系统师资培训班6个主体班次培训，累计培训干部300人次。加强党员教育管理，全省党员电教片观摩评比中，吕梁市获6个奖项，获奖数量和等级全省第一，其中《吕梁汉了》获全省唯一的特等奖。吕梁共产党员微信平台共发布信息150期、1076条，点击阅读量达93.59万人次，每天固定点击订阅人数2万人。

**【基层党建】**

2016年，吕梁市委组织部发挥市委党建工作领导小组及其办公室职能作用，牵头抓好基层党建7项重点任务落实，全市共排查出失联党员5099名，取得联系4931名；全市11770名党员共补交党费683万元。加强农村带头人队伍建设，市、县两级共培训农村、社区“两委”主干、第一书记、大学生村官等7969名。开展贫困村党组织书记集中摸底排查，对35个空缺岗位及时补缺、对31名“基本称职”的督促整改帮助提高、对23名“不称职”的予以撤换。完成290个村、187个社区（机关）软弱涣散党组织集中整顿工作。研究制定《关于开展“一带三创”全面加强农村基层党组织建设的实施意见》（吕办发〔2016〕27号）、《吕梁市实施村级集体经济收益“破零”攻坚工程的指导意见》（吕办发〔2016〕28号），提出产业带动、资源开发、资产盘活等集体经济发展4种途径10种模式。认真开展各级党（工）委书记抓基层党建工作述职评议考核，构建市县乡村“四级联动”抓基层党建工作责任体系。汾阳市栗家庄乡栗家庄村党总支被确定为全国先进基层党组织，14个基层党组织、8名党务工作者、7名党员分别被省委表彰为先进集体和个人。

**【人才队伍建设】**

2016年，吕梁市委组织部组织开展第三届吕梁市优秀人才评选工作，对110名优秀人才进行命名表彰，每人发放1万元津贴。充分发挥市军民融合协同创新研究院平台作用，引进中科院院士5名、正高级研究人员15名。以领导干部、民营企业家为主体，在市委党校、浙江大学举办3期创新转型高级研修班，253名企业家参加培训，提升企业家自身素质。

**【考核体系设置】**

2016年，吕梁市委组织部提高考核精准度和针对性。13个县（市、区）制定13套考核体系，增加50分差异化考核指标，更加注重支持地方经济多元化、特色化发展。每个市直单位设置个性化考核指标，突出吕梁特色，提高考核精准度。

（市委组织部）

## 宣传工作

**【“两学一做”学习教育】**

围绕中心组学习，形成学习理论的良好导向。2016年，吕梁市委宣传部下发《2016年吕梁市委中心组学习计划》，从学习的内容、形式、制度等方面做基本要求。为市委中心组学习提供资料、辅导、记录等服务工作，编印6期《党委中心组理论学习参考》，向全体党员干部推荐了学习书目。围绕习近平总书记系列重要讲话精神、全国“两会”精神、脱贫攻坚、“十三五”规划、十八届六中全会、省第十一次党代会精神等主题，市委中心组以集中学习、深入研讨、观看视频资料、邀请专家教授辅导等形式进行15次集中学习。在市委中心组的带动下，全市各级党组织狠抓党员干部理论学习，形成注重理论学习的良好局面。

突出“两学一做”主线，筑牢党员干部的思想基础。以“两学一做”为载体，推进党章、党规和习近平总书记系列重要讲话精神的学习。下发《关于认真组织学习<习近平总书记系列重要讲话读本（2016版）>的通知》《关于认真组织学习<习近平关于严明党的纪律和规矩论述摘编>的通知》等文件，以《学习内参》的形式编印6期“两学一做”专辑，在《吕梁日报》刊发系列学习体会文章。注重学习成效的督促检验，与市纪委、市委组织部联合举办全市党员干部党章党规知识考试和知识竞赛，共组织27批次、1万余名干部参加的考试和400余场次知识竞赛，掀起学党章党规、学系列讲话的热潮。

强化理论宣传阐释，巩固党的政策与群众实践结合的根基。组织新闻媒体常年开设理论宣传专栏，解读党的政策方针和重大决策部署，解疑释惑、澄清谬误。围绕“七一”讲话、十八届六中全会、省第十一次党代会、全市干部大会和市第四次党代会等精神，印发学习宣讲资料，组织理论宣讲员培训，开展理论宣讲“五进”活动，组织2场省委宣讲团吕梁报告会，将党的政策及时传到群众身边。推动理论人才队伍建设，强化对理论宣讲队伍的管理、培训，组织参加2期省哲学社会科学教学科研骨干研修班。围绕脱贫攻坚、产业转型、净化政治生态等改革发展课题，组织理论骨干在充分调研论证的基础上撰写《学习贯彻总书记系列重要讲话精神，坚决打赢吕梁脱贫决胜攻坚战》等一批理论文章，组织撰写并申报省社科规划办2016年度研究课题，为党委、政府决策提供参考。

【新闻宣传】

加强正面宣传，提振推动发展的信心和决心。2016年，吕梁市委宣传部定向定调宣传导向明确。围绕党中央治国理政新理念新思想新战略和省委、市委重大会议、重要决策部署，组织全面从严治党、五大发展理念、经济发展新常态、十八届六中全会、省第十一次党代会、全市干部大会和市第四次党代会精神等系列主题宣传，在新闻媒体开设宣传专栏，通过言论评论、访谈、解读文章等多种形式，推出系列深度报道，深入宣传各项决策部署的重大意义和深刻内涵，宣传各级各部门学习贯彻的进展成效，起到统一思想、凝心聚力的作用。中心工作宣传深化。围绕市委、市政府中心工作和重点工作，在《吕梁日报》、吕梁电视台重点策划推出“两学一做”学习教育、脱贫攻坚、生态建设、转型发展、农业“8+2”、吕梁护工闯天下、“冬季行动”“百日大会战”、新作为新成就等方面的主题宣传和重点报道，通过消息、通讯、评论、访谈等多种形式，全面宣传工作开展的目的、意义，深入宣传各级各部门推动工作落实采取的措施、方式和取得的成效，为促进工作开展、调动干部群众积极性主动性营造氛围。民生工作宣传及时跟进。围绕服务基层、服务群众，组织新闻媒体开展“走转改”活动，聚焦民生民事和热点新闻事件，以吕梁电视台《第一民生》等栏目为阵地，推出供暖、供水、公共交通、生活环境、食品安全、高考、春运、“3·15”等系列涉及老百姓切身利益的深度报道，反映群众呼声，推动问题解决。

加大外宣力度，重塑转型发展形象。推动外宣稿件提质增效。实施外宣稿件考核激励制度，与省级以上媒体对接，通过请进来、走出去相结合的办法，加大发稿力度。针对经济结构调整、脱贫攻坚、项目建设、生态建设、县乡换届等各项重点工作，策划推出《吕梁英雄返乡，市委书记王清宪喊你们一同勾画新吕梁！》《吕梁：选最合适干部到最恰当岗位》《吕梁精准扶贫点响开门炮》等一批重要稿件在省级以上媒体刊播。2016年1月至11月，电视台在省台发稿419.5条，位居全省市级台第三。广播电台1月至11月，在《山西新闻》和《全省各地联播》中发稿139条，全省排名第三，在中央台发稿90条。强化外宣策划整合力度。以重大活动为契机，强化宣传策划、整合宣传资源，组织形式多样、特色鲜明的系列主题宣传。围绕农产品推介、旅游推介、“迎老乡、邀客商”、护理护工培训就业等，在《山西日报》刊发12个专版。配合完成“洋眼看山西”和网络媒体山西行吕梁采访活动，组织召开山西品牌中华行——吕梁站、吕梁市第二届黄河（西湾）

当代影像双年展等数次新闻发布会。组织采制《一代廉吏于成龙族规家训》专题片，在中央纪委监察部网站和客户端推出播放。制作《人说山西好风光》2016 年山西省旅游发展大会吕梁竞演短片，助力吕梁获“最具旅游活力城市奖”。

深化媒体建设与管理，提升舆论引导能力。严格宣传管理，落实新闻通气、新闻发布、重要新闻稿件送审等各项制度，组织新闻单位对导向管理工作进行“全方位”“全流程”的自查检查，对薄弱环节和漏洞进行及时改正。加强新闻队伍管理和建设，严明党的政治纪律、宣传纪律和相关规矩，持续开展打击新闻敲诈、有偿新闻和虚假新闻行动，规范新闻传播秩序；组织新闻媒体从业人员赴中山大学进行为期一周的专业培训。积极推动媒体融合发展，制定出台《吕梁市推进传统媒体与新兴媒体融合发展的实施意见》。吕梁电视台所有自办节目、栏目在广播电视网和电视台公众微信平台上实现了当日上载推送，两个公众微信平台的关注量达 1.8 万名；《第一民生》公众微信平台，关注人群突破 310 万，单条视频新闻播放量达 60 万次，每日阅读量 5 万次左右，转发量 5000 次，在全省公众微信平台中名列前茅；开通广播电台融媒体直播互动平台，建成“掌上吕梁”手机台。《吕梁日报》推动新闻及报纸电子版建设，微信平台粉丝突破 1.5 万人，影响力和传播力扩大。

## 【核心价值观建设】

宣传阐释核心价值观。2016 年，吕梁市委宣传部开展“讲文明树新风”“图说我们的价值观”等公益广告宣传，制作一批公益广告作品，组织市县两级新闻媒体持续刊发、刊播。推动公共活动场所、户外广告阵地、公共交通工具等领域的公益广告宣传展示，拟订 220 条宣传标语，重点对市区 8 条主街道路灯杆上的公益广告牌进行更新。组织参加山西省培育和践行社会主义核心价值观演讲比赛，吕梁市获优秀奖。开展“核心价值观进校园”活动，编印《吕梁市中小学生社会主义核心价值观教育手册》，推荐 2016 年度中央专项彩票公益金支持乡村学校少年宫项目学校 9 所，组织参加全省乡村少年宫承建学校校长培训班和全省未成年人心理健康辅导骨干人员培训班，强化中小学生对核心价值观的认知、认同。

突出主题实践，核心价值观引领风尚。在全市范围内组织开展了“我们的节日·春节”主题活动。以爱国主义为主题，凝聚共识、提振信心，组织建党 95 周年、红军东征胜利 80 周年、红军长征胜利 80 周年等群众性主题教育实践活动，通过文艺晚会、爱国歌曲大家唱、书法作品展、朗诵大赛等形式，调动市民参与家乡建设的积极性主动性。推动爱国主义教育基地建设，完成于成龙故居、墓地的陈列布展和于成龙廉政文化园、兴县“四八”烈士纪念馆、临县中共中央西北局旧址、离石区高家沟高级军事会议旧址的展陈设计。以典型引领为抓手，开展吕梁市第四届道德模范评选活动，确定 58 名候选人，组织社会各界人士投票评议。组织推荐第六届山西道德模范候选人，吕梁市有 3 人进入全省公示名单。开展 2016 年度“山西好人”和 2016 年度中国好人推荐工作，编辑报送吕梁市《中国好人卷（2015 年卷）》稿件。吕梁市首届全国道德模范提名奖获得者马金莲争取到省文明办资助 2 万元。推荐 3 名美德少年材料在山西文明网集中宣传，其中 1 名在中国文明网集中宣传。组织全市脱贫攻坚先进典型循环报告会、“带领群众脱贫致富先进典型”宣传活动，掀起学习典型、争当先进的浓厚氛围。以志愿服务为突破，建成 14 个志愿服务总队、1250 个志愿分队、3.5 万名志愿者队伍，组织志愿服务注册登记、“五进”活动、参与脱贫攻坚、项目化建设、“志愿云”信息系统培训等系列活动，推动志愿服务的制度化、规范化、常态化，为市民奉献社会搭建良好的平台。以精神文明建设为重点，提高水平、丰富内涵、拓宽领域，细化充实创建标准，引深道德讲堂和“善行义举榜”建设，配合省文明办在汾阳市召开全省农村精神文明建设工作经验交流会，推动文明风尚走入千家万户。

强化行为管理。修订完善市民公约、乡规民约、学生守则、行业规范、团体章程等行为准则，组织村规民约修订完善的上墙工作。开展“幸福大讲堂”活动。加大对失德失范行为的批评教育和监督力度，深化道德领域突出问题专项治理。引导市民遵守公共秩序，践行文明出行、文明餐桌等公序良知，加大在新闻媒体对不文明行为曝光力度，推动文明风尚融入群众日常生产生活细微。开展网络环境净化整治专项行动，规范网络言行，倡导文明上网，夯实网络生态环境基础。

【文化发展】

扶持引导文艺创作。2016年，吕梁市委宣传部深入学习贯彻习近平总书记文艺工作座谈会讲话精神，以省、市“五个一工程”评选为抓手，组织引导广大文艺工作者深入基层、扎根人民，创作打造一批文艺精品。继续深化“中国梦”主题创作活动，开展“深入生活，扎根人民”主题实践活动。围绕脱贫攻坚和生态建设，组织专题文艺创作活动。加大对文艺精品创作的统筹谋划，挖掘资源、体现特色，坚持导向、面向市场，文艺创作主体的市场竞争和自我发展能力提高。组织电影《吕梁汉子》首映式暨研讨会。话剧《烽火吕梁山》、舞剧《吕梁英雄传》、歌舞剧《山里娃》、电影《密战黑茶山》《吕梁铁骨》《伞头和他的女人》等一批文艺精品获得市场青睐，得到多项奖励。在山西省第十一届精神文明建设“五个一工程”评选表彰中，吕梁市有4部作品获优秀作品奖，市委宣传部获组织工作奖。编撰《吕梁艺术之花》图册，集中展示吕梁市在戏剧、电影、电视剧、纪录片、广播剧、歌曲、图书等方面的文艺创作成果。

坚持发展文化惠民群众文体活动。按照让群众有活动参与、有场所活动的整体部署，推动公共文化设施建设，开展群众性文化活动。以市级“五馆一院”县级“三馆一院”、乡镇文化站、农村文化活动室、农家书屋建设为重点，一批标志性文化基础设施相继建成并投入使用。吕梁市图书馆建设土地预审材料备齐，规划设计方案的制定、征地拆迁等工作同步进行。吕梁市群众艺术馆项目建设选址意见书基本完成，拆迁征地补偿底数摸清。开展2016年度村级文化服务中心示范点项目建设。组织2016年春节元宵节群众文化活动，开展以节日喜庆、晋剧名家名段、非物质文化遗产展演为主的8场晚会。开展以“强健体魄·阳光生活·共享青运”为主题的全民健身活动。组织第三批“中国梦”主题30首新创作歌曲在全市的宣传与推广。开展“三下乡”“四进社区”活动，送戏下乡、农村电影放映工程推进。

狠抓项目建设，文化产业发展有新突破。坚持改革创新，组织文化领域重大改革事项专项督查工作。优化政策环境，出台以企业和政府对半补贴方式引进文化产业人才的相关政策，对有发展潜力的文化产业项目进行扶持，推荐16项产品为2017年度省级特色文化产品，20个项目受到2017年度省级文化产业发展专项资金扶持。加强文化产业人才队伍建设，组织吕梁市文化产业发展培训班，对文化产业管理干部、文化企业及景区负责人进行培训。加强项目建设，调整充实文化产业项目库，储备一批文化产业建设和招商项目，主动跟踪服务，帮助解决困难和问题。开展招商引资，组织参加第十二届深圳文化产业博览交易会，编制招商项目册，制作发放文化宣传品，20个项目入选省招商项目册，3种展品参加山西展区的现场展示。推动文化产业与旅游融合发展，将文化产业发展纳入全市旅游发展规划，支持多种形式的“文化+旅游”发展模式，岚县“土豆花开了”旅游文化月、文水县“清凉夏日”旅游文化月、离石区打造白马仙洞庙会、汾阳贾家庄举办旅游文化节、临县“枣儿红了”碛口文化旅游节等一批文化旅游品牌初露峥嵘。

（市委宣传部）

## 精神文明建设

**【社会主义核心价值观培育和践行】**

开展“我的中国梦”和“德润吕梁、共筑梦想”主题实践活动。2016年，吕梁市坚持把社会主义核心价值观作为凝心聚力、强基固本的基础工程，以宣传阐释、主题实践、行为管理为抓手，注重贯穿结合融入、落细落小落实，激发市民素质和社会文明程度提升的内生动力。开展系列宣传活动。在《吕梁日报》、吕梁电视台等市主要新闻媒体，开设“践行核心价值观”“我的中国梦”专栏专版；拟定系列宣传标语，运用多种形式，在全市城区主干道、旅游景点、购物中心、车站机场、公交站亭等公共场所集中推出；组织开展系列宣讲会、报告会、座谈会、研讨会等弘扬主旋律，传播正能量，掀起培育和践行社会主义核心价值观新热潮。开展社会宣传和“讲文明树新风”公益广告宣传。吕梁市委宣传部、市文明办制作一批融思想性、艺术性、感染力为一体的公益广告作品，在市、县两级新闻媒体刊播。推动公共活动场所、户外广告阵地、公共交通工具等领域的公益广告宣传展示，围绕中央全会、省、市党代会精神、吕梁精神、脱贫攻坚和市委的决策部署，拟定宣传标语，重点对市区主街道路灯杆上的公益广告牌进行更新。围绕纪念红军长征、红军东征胜利80周年，组织启动仪式、征文、展演活动、专题展览、红色诗文经典诵读等19项大型活动，营造浓厚的舆论氛围。组织参加山西省培育和践行社会主义核心价值观演讲比赛，吕梁市获优秀奖。

推进志愿服务制度化、常态化。2016年，吕梁市文明办狠抓志愿服务组织、队伍、活动建设工作。2016年底，全市注册志愿服务协会13个，志愿服务分队1250个，志愿者队伍突破4万人。各级各类志愿服务组织开展抢险救灾、助学助困、义务劳动、文化宣传、科技培训、医疗服务、活动保障等活动。2016年11月8日，市文明办组织全市志愿服务信息系统业务培训，邀请省文明办两位专家授课，全市80余人参加培训。

组织“我们的节日”主题活动。坚持以传统节日为重点，在全市“冬季行动”中开展群众性主题教育活动、送温暖献爱心活动、志愿服务活动、群众性文化活动、“三下乡”、“四进社区”、结对扶贫、文明旅游和倡导节俭文明过节等，为吕梁市推进脱贫攻坚、决胜小康社会提供向上向善、诚信互助的正能量。

**【公民道德建设】**

开展对道德模范等各类先进典型的评选学习宣传帮扶工作。2016年，吕梁市组织第四届吕梁道德模范评选表彰活动。5月开始组织开展第四届吕梁道德模范评选工作，经过基层单位提名，各县市区、市直文明委推荐、征求相关部门意见、主办单位审核、社会公示、群众投票评议、专家考察等程序，命名表彰28名吕梁道德模范和30名吕梁道德模范提名奖获得者，组织筹备第四届吕梁道德模范授奖仪式。组织推荐评选2016年度中国好人，吕梁市2人入选。组织推荐评选2016年度山西好人，吕梁市2人入选。组织推荐评选第六届山西道德模范，吕梁市3人为正式候选人。帮扶部分道德模范解决实际困难，为吕梁市1名山西道德模范争取省文明办资助2万元。配合中央、省文明办组织2015年度中国好人系列图书的编辑工作。安排各县（市、区）、市直有关部门组织本地道德模范组成巡讲团，深入社区、村镇、机关、学校、企业、军营等基层单位开展巡讲活动。

推进道德讲堂和善行义举榜建设。深化道德讲堂工作，突出规范有效常态，推进道德模范、身边好人的宣传，倡导良好道德风尚。推动建立流动道德讲堂，深入农村、社区、企业、学校开展活动。各县（市、区）、市直机关全面设立善行义举榜，宣扬好人好事，展示善行义举，引导广大干部群众自觉履行法定义务、社会责任、家庭责任，形成“人人做好人，好人做好事，好事就上榜，好人有好报”的社会风尚。

**【群众性精神文明创建活动】**

提高文明城市创建水平。2016年，吕梁市文明办结合推进以人为核心的新型城镇化，不断提高创建水平。坚持统筹规划，更加注重突出软环境建设、社会风尚建设、市民素质建设、城市文化建设，打造城市精神，对外树立形象，对内凝聚人心。坚持区别对待、分类指导。各县（市、区）争创全国、省、市级文明城市（县城），吕梁市分别有3个县（市、区）和4个县（市、区）迈入省、市级文明县城行列，扩大文明城市创建的覆盖面和影响力。加强督促检查、动态管理。推动全市文明城市创建工作迈上新台阶，达到新水平。

推进农村精神文明建设。贯彻落实全国农村精神文明建设工作经验交流会议和市文明委《以美丽乡村建设为主题、深化农村精神文明建设的实施意见》精神。安排部署以美丽乡村建设为主题、深化农村精神文明建设的各项任务分工，强化统筹规划，狠抓督促落实，推动社会主义核心价值观在农村落地生根，努力实现乡风民风、人居环境、文化生活“三个美起来”，以精神文明建设的新成就扮靓美丽乡村、美丽吕梁。6月23日，全省农村精神文明建设工作经验交流会在汾阳市贾家庄村召开，吕梁市作典型发言。开展“推动移风易俗、树立文明乡风”活动。11月28日，中宣部、中央文明办召开全国“推动移风易俗、树立文明乡风”活动视频会议。为贯彻落实会议精神，市委宣传部、市文明办于12月20日联合下发《关于在全市开展“推动移风易俗、树立文明乡风”系列活动的实施方案》，重点实施移风易俗“六大行动”。市文明办向全市发出倡议书，动员全市广大干部群众、农民朋友投身到“推动移风易俗、树立文明乡风”活动中去。倡议书印制发放到市、县（市、区）各单位、各乡镇（街道）、各行政村，在醒目位置张贴悬挂，实现全覆盖；组织市、县（市、区）新闻媒体刊播《倡议书》。开展十星级文明户、文化广场、集贸市场等创建活动，在“十三五”时期分步推进实施文明村镇创建达标。把文明创建与脱贫攻坚结合起来，大力开展好儿媳、好公婆、好邻居、好妯娌评选活动，开展孝老敬老、勤俭节约、禁毒禁赌、移风易俗教育，倡导家庭和睦、守望相助的文明风尚，倡导现代文明理念和生活方式。组织全市脱贫攻坚先进典型巡回报告活动，以各行业带领群众脱贫致富带头人和驻村第一书记、支部书记为主体，组建了巡回报告团，深入各县（市、区）进行巡回报告13场，受教育人数6000余人。在乡镇、村（社区）层层推出身边好人，层层设立善行义举榜，培育新乡贤文化，健全完善村规民约，建设文明乡风。

深化拓展文明单位创建。抓好示范带动，以窗口服务行业为重点，把社会主义核心价值观融入各种服务守则、行为准则、规章制度、行业规范中，坚守职业道德，提升服务水平，树立行业新风。探索在新经济组织、新社会组织、科技创新单位等开展文明单位创建活动。引导各级文明单位积极履行社会责任，开展结对扶贫，推进精准扶贫。市文明办向全市发出《关于在“冬季行动”中充分发挥各级各类文明单位模范带头作用的倡议书》，推动全市“冬季行动”深入开展。深化文明家庭创建。贯彻落实习近平总书记关于文明家庭建设的重要指示精神，按照《吕梁市“文明家庭”创建实施方案》，开展文明家庭创建活动，以好的家风支撑起好的社会风气。推进诚信建设。贯彻落实省文明委《关于推进诚信建设制度化的实施意见》精神，推动重点工作的落实，开展诚信主题实践活动，大力宣传诚信人物、诚信企业、诚信群体。

强化制度建设，增强创建活力。修订出台吕梁市精神文明创建管理办法。市文明委经过反复调查、研究，重新修订印发吕梁市文明城市、文明村镇、文明单位、文明社区等4个创建管理办法，要求具体，领域广泛，指导性和操作性强。命名表彰2014—2015年度省、市精神文明创建先进典型。在上年底组织对2014—2015年度吕梁市精神文明创建先进典型测评验收的基础上，12月16日，市文明委召开全体会议，审议通过2014—2015年度吕梁市精神文明创建先进典型名单，命名表彰245个吕梁市精神文明创建先进集体。10月，省文明委命名表彰吕梁市推荐的100个2014—2015年度山西省精神文明创建先进集体。首次落实市直的文明单位物质奖励政策。市财政局筹措资金发放由市级财政负担的2014—2015年度市级文明单位奖金。

**【未成年人思想道德建设】**

深化主题活动。2016年，吕梁市文明办组织开展“社会主义核心价值观”进校园活动。利用微博、微信等新媒体，在中小学校园内发布有关文字、图片、视频等宣传资料，营造认知、认同、践行社会主义核心价值观的浓厚氛围。各中小学校紧紧围绕培育和践行社会主义核心价值观这一主题，结合实际开展主题团日、宣讲报告、演讲赛、上团课等活动。开展“我的中国梦”主题教育实践活动。组织清明网上祭英烈、“六一”学习和争做美德少年、“七一”童心向党歌咏活动、“十一”网上向国旗敬礼活动。在中小学校开展“洒扫应对”“认星争优”“日行一善”“文明小博客”等主题活动。组织开展中华经典诵读活动。推荐3名美德少年在山西文明网集中宣传，其中1名在中国文明网集中宣传。组织开展优秀童谣征集推广活动，吕梁市1首获全国第六届优秀童谣优秀奖，3首分别获得山西省优秀童谣一、二、三等奖。

加强课外阵地建设。建好、管好、用好乡村学校少年宫建设项目。会同有关部门组织对全市2011—2015年度乡村学校少年宫建设运行情况的年度测评；组织推荐确定2016年度中央专项彩票公益金支持乡村学校少年宫项目学校9所，组织参加2016年度全省乡村学校少年宫承建学校校长培训班学习；提前组织推荐确定2017年度中央专项彩票公益金支持乡村学校少年宫项目学校9所。组织参加全省未成年人心理健康辅导骨干人员培训班学习，推动加强未成年人心理健康教育阵地和辅导员队伍建设，开展学校、社区心理健康辅导活动，加强青少年人文关怀和心理疏导，培育青少年健康向上的阳光心态。加强城乡特殊群体未成年人、农村留守儿童的教育管理服务。

净化社会文化环境。组织开展寒暑假期社会文化环境专项治理，重点加强网吧、电子游戏厅等游艺场所管理、优化网络环境、净化荧屏声频和少儿出版物市场和整治校园周边环境，集中解决一批群众反映强烈、反复举报的突出问题和违法违规行为，确保未成年人度过一个安全、健康、快乐的假期。加强青少年网站、校园网站管理，维护青少年合法权益。集中开展“扫黄打非”行动，抵制低俗媚俗现象，营造良好的社会文化环境，促进广大未成年人健康成长。

（市精神文明建设指导委员会）

## 统战工作

**【加强统战力量】**

2016 年，县级党委换届时，县（市、区）委统战部长全部由同级党委常委担任，实现了党委常委担任统战部长的全覆盖。市委组织部、统战部联合下发了《关于在各级党组织中设置统战委员的通知》，4 个县市已完成统战委员的设置工作，103 个市直单位设置 147 名统战委员。强化工作保障机制，对基层统战工作全面推行《基层统战工作目标任务百分考核测评办法》，山西统战《情况通报》〔 2016 〕第 4 期给予转载。市委统战部联合市委督查室对各县市（区）委贯彻落实中央、省委关于统一战线一系列重大决策部署情况进行了督查调研。各县（市、区）均建立党委统一领导、统战部牵头协调、有关方面各负其责的大统战工作机制，为推动全市统一战线事业蓬勃发展提供了坚强保障。

**【党外干部工作】**

2016 年，吕梁市启动实施党外干部“育苗工程”。市委组织部、统战部联合下发文件，对全市党外干部进行全面调查摸底，全市 854 名科级党外干部全部建档立卡，形成党外后备干部人才名册，建立重点代表人士档案。在县（市、区）换届中，13 个县（市、区）人大、政府、政协领导班子中应配备党外干部 52 名，实际配备 48 名。孝义市、汾阳市、离石区各配备 1 名党外干部担任乡镇（街道）行政正职。这项工作《山西统战》刊发，给予充分肯定。

**【政党协商】**

2016 年，制定出台《吕梁市加强政党协商的实施意见》（吕办发〔 2016 〕 21 号），对政治协商议题的确定、协商活动的计划安排、协商活动的组织实施、协商成果的报送、意见建议的处理及反馈等环节作出明确规定，为提升政党协商水平提供了保障机制。制定下发《吕梁市 2016 年政党协商计划》，对开展政党协商作出具体安排。

**【民主党派市级组织换届工作】**

2016 年，吕梁市委统战部下发《关于协助各民主党派市级组织做好换届工作的实施意见》，经过多次与各党派市委会主委、专职副主委沟通、交换意见，协助民主党派市委会出台《各民主党派基层组织建设有关问题的纪要》（吕统发〔 2016 〕 28 号）、《各民主党派市委关于 2016 年全市代表大会人事工作程序问题座谈会纪要》（吕统发〔 2016 〕 26 号）、《各民主党派换届工作纪律》（吕统发〔 2016 〕 25 号），在民主党派换届中坚持把纪律和规矩挺在前面的做法，省委统战部给予充分认可并在《山西统战》全文转发推广。民主党派各级组织换届工作有序推进，2016 年年底前陆续完成。

**【工商联换届】**

2016 年，吕梁市委统战部按照省委要求推动工商联换届工作。报市委转发了山西省《关于工商联（总商会）换届工作的实施意见》，提出吕梁市工商联换届人事方案，召开市县工商联换届工作安排会议；坚持凡进必评，开展非公有制经济代表人士综合评价，将综合评价结果作为对非公有制经济代表人士进行政治安排的前置程序，年底前完成市工商联换届。

**【宗教团体建设】**

2016 年，经多方协调，解决了吕梁市基督教“两会”登记办证10年之久的难题，7月19日吕梁市基督教“两会”第一次代表大会圆满召开，为基督教活动的引导、规范建立组织保障。及时制止非法活动，妥善处置天主教吕梁教区主教企图私相授受主教事件，并共同选定天主教吕梁教区助理主教人选，启动选圣祝圣程序。协调解决天主教吕梁教区教堂危房改造工程及柳林县天主教活动场所建设长期以来久拖不决的问题，确保宗教领域的和谐稳定。

【脱贫攻坚】

2016年，市委统战部、市工商联、市扶贫中心、市光彩会四部门联合出台了《关于引导民营企业开展“百企百村结对帮扶”精准扶贫行动的实施意见》，市县两级党委统战部牵头，与工商联、扶贫办、光彩会联合开展行动，统战部长担任行动领导组组长，推动该行动成为党委、政府的重点工作任务，有201户民营企业与294个建档立卡的贫困村的近万个贫困户结成了帮扶对子，通过产业扶贫、就业扶贫、技能扶贫、公益扶贫等形式帮助贫困人口精准脱贫。在全省“千企帮千村” 精准扶贫结对视频培训会上，离石区工商联、中阳厚通科技养殖公司作典型发言。

【经济发展促进】

2016年，市委统战部积极争取，开展了“省光彩事业中阳行”活动。省内外民营企业捐款捐物2726.92万元，签约14个协议项目，拟投资总额19.76亿元。参与“迎老乡、邀客商、兴吕梁”对接邀商系列活动，市委统战部、市工商联分3组分赴16个省（市、区）22个城市，邀请吕梁籍老乡85人、外省市客商94人。为扩大对外开放、促进经济发展提供支持。

（市委统战部）

## 政策研究

【决策服务】

2016年，吕梁市委政研室主动配合市委办公厅参与市委三届七次全体扩大会议、全市脱贫攻坚大会、全市干部大会、市第四次党代会报告的起草工作。承担以市委、市政府出台的《关于深入推进全市“六权治本”的实施意见》《关于贯彻落实中央一号文件做好2016年农业农村工作的实施方案》《关于进一步加快行业协会商会改革发展的意见》《关于进一步加快县域经济发展的意见》（讨论稿）。根据市委“六权治本”工作部署，完成报省纪委典型材料，参与乡村“六权治本”试点工作，总结提炼7个试点乡镇各具特色的经验和模式，形成全市乡村“六权治本”的范式，牵头召开全市乡村“六权治本”经验交流会，推动全市“六权治本”向乡村延伸。根据市委专项工作安排，组织编写《吕梁市工作概要·干部读本》，负责市委“吕梁学习”微信平台运行管理工作，参加学习平台的县级以上领导干部达到280余人，学习点击率达到2.3万余次，推荐学习文章52篇，领导干部回帖1020篇。负责《吕梁日报》“吕梁新声”评论文稿整理，累计发表18篇，与市委督查室联合管理“专项工作”微信平台。

【专题调研】

2016年，吕梁市委政研室围绕脱贫攻坚、党的建设、县域经济发展和深化供给侧结构性改革等重大事项，组织完成调研课题13项。精准脱贫方面，组织开展易地搬迁、驻村帮扶、产业帮扶、沟域经济助推脱贫等调研，其中《吕梁市易地扶贫搬迁调研报告》《石楼县发展沟域经济助力脱贫攻坚的实践探索》两篇调研报告分别经市委书记、市长批示印发全市。组织全市县级领导干部开展脱贫攻坚主题调研，收到调研文稿500余件。改革发展方面，开展县域经济发展和深化供给侧结构性改革两个课题的调研，其中吕梁市供给侧结构性改革调研报告经市委办同意报省委办公厅。党建研究方面，参与市委组织部严明党的纪律和规矩课题研究，撰写的《发挥农村基层党组织在精准扶贫中的作用研究》，推荐上报参加省优秀课题评选。围绕市委创新社会治理，系统梳理形成县级领导干部专题讨论报告，实地调研形成《关于农村基层治理症结的乡村调查报告》。围绕市委推进社会中介组织发展，形成《吕梁市行业协会（商会)发展情况的调研报告》。协助市政协完成《关于加快推进我市脱贫攻坚工作的建议》《关于建设吕梁“黄河·碛口”主题旅游目的地几个重要问题的建议》起草工作。根据省委政研室安排，完成两个主体责任、吕梁民俗庙会文化专题调研。

【改革工作】

2016 年，吕梁市委政研室根据中央和省委年度改革工作安排，结合吕梁实际，突出抓 3 项工作。狠抓改革任务落实。制订出台《市委全面深化改革领导小组 2016 年工作要点》，提出 7 方面 73 项改革任务。配合市责任制办确定报省年度目标责任制全面深化改革 5 项考核指标。市第四次党代会之后，制订《贯彻落实市党代会 5 项重要改革任务责任分解》，将电力体制综合改革、建立全民造林绿化机制、发挥社会中介组织作用、建立开放发展机制、创新社会治理机制 5 项任务，分解成 41 小项，落实到市分管领导、牵头部门和配合单位头上。强化督促检查。制订出台《全面深化改革督察工作实施办法》《重大改革类文件报审办法》两个试行办法。制订上半年督察工作方案，与市委督查室联合组成 3 个督查组，选择 25 项重要改革事项进行专项督查，形成督查报告报省委改革办。配合省委改革办对吕梁市纪委派驻机构建设、从严管理干部和“六权治本”3 项重点改革事项进行实地督查，书面调研督查 8 项改革事项。督促 9 大产业集群启动行业协会组建工作。抓好改革信息报送。全年编发改革类信息 20 期，其中被省采用 7 条。

【《山区经济》质量提高】

《山区经济》是吕梁市委主办的唯一双月党刊。刊物围绕市委中心工作，把党建工作和思想建设作为灵魂和内核，突出体现党委对经济工作的领导，每期选定一个主题并配发导语，组织稿件，设置栏目。2016 年发行 6 期，刊发各类稿件 80 余篇。在办刊上调整新增特稿、脱贫、特产、旅游、学习 5 个栏目。脱贫的稿件有 13 篇，篇幅和数量居各栏目之首；特产栏目特约领导署名稿件，在彩封中配发图片，重点宣传马铃薯、小杂粮、经济林 3 大产业。发挥办文办刊相结合的优势，自行撰写刊发稿件 12 篇。

（市委政研室）

## 机构编制

【重点领域体制改革】

纪检监察体制改革。2016 年，吕梁市编办建立党委巡察工作机制。2016 年，吕梁市编办分别为市、县巡察办和巡察组调整行政编制；与市纪检委一道重新科学设置纪检监察机构，实现纪检监察全覆盖；推进监察体制改革试点工作，市编委会、市委常委会研究通过市纪委、市监察委员会的“三定”规定。推进事业单位分类改革。批复市直事业单位分类意见，报省编办备案。第一批分类的事业单位共 417 个，其中全额事业单位 316 个、编制 6580 名，差额事业单位 25 个、编制 2282 名，自收自支事业单位 76 个、编制 1364 名；各县(市、区）除孝义市外均已完成分类批复工作。开展综合行政执法体制改革。对涉及的执法机构、领域、依据、人员编制等事项摸清底数。成立综合行政执法体制改革领导机构，多次赴省编办沟通协商。《吕梁市综合行政执法体制改革方案》市编委研究后，初步意见综合执法队伍由市统一设置。推进其他相关领域改革。合并市工商局与市质监局，空出一个机构限额，设置市扶贫开发机构，报省审批，为市扶贫开发中心、贫困县扶贫机构增加编制；推进司法体制改革，完成市、县法检两院编制、职数、内设机构、实有人员等信息的审核工作；探索旅游体制改革，赴安徽黄山、江西三清山等风景区实地考察，提出吕梁市景区管理权限下放、领导班子加强配备、转变经营模式等符合吕梁旅游发展实际的意见。

【“放管服”改革】

2016年，吕梁市编办落实取消中央指定地方实施的行政审批事项共67项，落实省政府取消行政审批中介服务事项共31项，市政府取消和下放行政审批事项共19项。以省审计组督查为契机，对未落实“两集中、两到位”涉及12个单位的24个审批项目下发整改通知，全部整改到位。制定出台《关于规范市政府部门行政审批行为，改进行政审批有关工作的实施意见》《关于深化行政审批制度改革加强事中事后监管的意见》，解决各部门普遍存在的重审批轻监管、取消审批后既不愿管又不会管等问题。建立由市编办牵头，市政府督查室等部门配合，对行政审批事项进行督查落实的工作机制。清理规范市政府工作部门行政审批中介服务事项，保留行政审批中介服务事项38项。

【市县乡村权责清单全覆盖】

2016年，吕梁市编办为县（市、区）编制《工作指南》、权力和责任清单模板、职权运行流程图和风险防控图模板；对县级权责清单成员单位、县级编办进行两次集中培训，对部分地方部门领导和承办人进行业务培训，县级权责清单在2016年3月底全部公布；参与了乡村“六权治本”试点工作，形成了吕梁市乡村“三清单”“两图”工作范式，并在全省推广，全市乡村的“三清单”“两图”于6月底全面完成；实行权责清单的动态调整机制。对承接和落实国务院、省政府取消下放和调整的审批事项，及时在权责清单中进行动态调整。对权责清单公布以来，因法律、法规及规章等新立、修订、废止需增减的行政职权，及时审核完成，经市政府同意后调整。

【机构编制管理】

控编减编任务完成。2016年，吕梁市编办对市直编制长期空缺的事业单位，对职责相近、设置重复的事业单位整合、精简。严格执行控编增人制度，严格审核招录计划，行政机关招考人数由223名减少为110名、事业单位招考人数由698名减少为506名。完成省下达的2016年度全市核减事业编制总量2%的任务，市直共核减事业编制270名，县级共核减事业编制1813名。事业单位监管加强。全面贯彻落实统一社会信用代码制度，为市直233个事业单位换发新版“事业单位法人证书”、40个行政机关及群团机关发放“统一社会信用代码证书”。2016年事业单位设立登记17个，变更登记97个，注销登记1个，实行年度报告公开216个。机构编制信息化管理水平提升。健全机关保密制度，完善保密防护措施，做好机构编制实名制管理系统的日常更新和维护，确保实名制系统安全稳定运行。全市党政机关、事业单位中文域名注册2838个，党政机关网站标识申请通过356个，事业单位网站标识申请通过2296个，受到中央编办通报表扬。

（市编办）

## 直属机关工委

【“两学一做”学习教育】

2016年年初，吕梁市直属机关工委分别邀请延安干部学院王诚安教授作《党章》专题辅导，市纪委梁俊兰 机关党委、总支、支部书记142人听讲，为开展“两学一做”学习教育作思想准备。市委动员会后，市直工委结合实际，起草《市直机关“两学一做”

学习教育实施方案》，明确目标任务，提出专题教育的10项具体措施和要求。5月10日，工委召开市直机关“两学一做”学习教育会议。会后，各大口、各单位召开动员会议，层层宣传发动，制订实施方案，成立工作机构，订购学习资料，组织党员干部有计划、有步骤开展学习教育。建立师资队伍，开展专题辅导。工委充分利用市直机关师资资源，挑选10名党建专家和理论骨干，下发聘书，成立理论学习指导小组，组成市直机关“两学一做”学习教育宣讲团，采用分口包片的辅导办法，负责市直机关学习教育专题辅导工作。10大口分别举办“两学一做”学习教育专题宣讲会，市直130余个单位安排学习教育专题辅导，市直机关8200余名党员干部接受培训，为学习教育深入开展奠定思想基础。开展“读书月”活动。下发《市直机关第一届“读书月”活动方案》，4月22日，在机关大院五层综合楼前举办市直机关“读书月”活动启动仪式，市委副书记雷建国作动员讲话，代表市委向各大口赠送书籍。市直机关共建起60余个图书角或图书室，开辟导读交流的活动阵地。举办市直机关文摘微评活动，共评出37篇优秀微评，以评促学，营造浓厚学习氛围。开展基层党务干部专题培训。6月7日至8日在市委党校，工委配合市委组织部，举办全市“两学一做”学习教育基层党务骨干培训示范班，市直机关196名支部书记和党务干部参加培训，重点学习《党章》《准则》《条例》、习近平总书记系列重要讲话精神和“两学一做”等具体业务。组织“两学”知识竞赛。工委按照市纪委、市委组织部安排，组织市直10大口的“学党章党规、学系列讲话”知识竞赛，党群口“两学”知识竞赛。组织党章党规知识考试，以考促学。工委与市纪委、组织部、宣传部，共同组织县处级和部分科级党员干部的党章党规知识闭卷考试，市直机关542名县处级党员干部和108名科级党员干部参加考试。安排10大口的正科级党员干部党章党规考试，通过13场闭卷考试，对市直机关1482名正科级党员干部进行党章党规知识检验。市直各单位自行组织副科级以下党员干部闭卷考试百余场，5059名党员干部参加考试。建立机制，强化督查。成立工委领导任组长，各大口负责人为成员的市直机关“两学一做”学习教育协调小组，每口分别确定1名联络员和督导员，组建5个督查指导组。下发《关于市直机关“两学一做”学习教育督促检查的通知》和督查提纲，采取包口督查和交叉督查相结合，以看、访、查等多种形式并用的方法展开督查工作，挖掘典型，发现问题，以督促学，把学习教育工作不断引向深入。强化宣传，营造氛围。在《吕梁日报》、吕梁电视台等媒体开设“两学一做”学习教育专栏。各单位利用橱窗、板报、电子屏、门户网站等形式，开展宣传报道。学做合一，以学促做。开展“党员先锋行”活动。市直机关各级党组织组织动员广大党员立足岗位、争做贡献，创先争优、勇当先锋，由细微处入手，从每件小事、实事做起，从服务对象、群众做起，做党的宗旨忠实践行者。机关、学校、窗口单位以及服务行业的党员干部率先行动，在实际工作岗位中亮身份、践承诺，比服务、讲奉献，市委组织部、老干活动中心、卫校、国电公司等单位先后涌现出一大批爱岗先锋、服务先锋、育人先锋和扶贫先锋。

**【全市干部大会议精神学习贯彻落实】**

2016年，吕梁市直工委下发《关于学习贯彻落实全市干部大会精神的通知》（吕直工发〔2016〕22号），市直机关各级党组织把贯彻落实市委书记王清宪讲话精神与“两学一做”学习教育相结合，与落实全面从严治党的主体责任相结合，通过开展“落实'九个如何'、我能干什么"大讨论、领导干部讲党课、专家作辅导、落实"九个如何"专题研讨等多种方式，把全体机关党员干部思想聚焦到学习贯彻大会精神、深化"两学一做"学习教育上来。

【市直机关第四次党代会】

2016年，按照市第四届党代会的总体安排部署，吕梁市直工委下发《关于市直机关第四次党员代表大会代表选举工作方案》，成立工作领导组，分60个召集单位，严格规范推选工作，经过酝酿推荐、考察审核、初选预选等程序，推荐产生161名市直机关党代表、56名出席吕梁市第四次党代会代表预备人选。9月22日，举办吕梁市直机关党代表会议，市直机关全体党代表参加会议，按照各项选举程序，选举产生郭红波、薛波、郭银屏等45名市党代表，参加吕梁市第四次党代会。在市第四次党代会召开期间，完成市直代表团的各项下组工作任务。完成市直机关出席省第十一次党代会代表推荐工作。

【吕梁市第四次党代会精神学习贯彻落实】

2016年，吕梁市第四次党代会全面总结五年来的工作和经验启示，确定此后五年的指导思想、奋斗目标和重点任务。大会结束后，市直工委及时下发《市直机关学习宣传贯彻市第四次党代会精神的通知》（吕直工发〔2016〕26号），发挥市直机关理论学习教育指导小组的师资力量，以大口为单位，组织开展市直机关大口宣讲会，通过中心组领学、党员集体学相结合；邀请专家辅导学、单位内部专题研讨学相结合等形式，掀起市直机关学习贯彻市第四次党代会精神的热潮。

【基层组织建设】

集中排查工作。根据市委组织部的统一部署，2016年，吕梁市直工委制订《关于认真开展党员组织关系集中排查的工作方案》，2月29日，工委召开专门会议，对组织关系集中排查活动进行安排部署。以党员身份信息准、组织关系顺、底数清、档案全为目标，以党支部为单元，对党员信息进行"五查五看"、比对核实，建立10705名党员的信息档案。市直机关共排查出29名失联党员，纳入正常组织管理。无党员档案的涉及11个单位99人，未按规定按期转正的涉及10个单位17人，按程序按规定处置。

"五类"人员排查清理工作。经过几个月的排查清理，涉及违法违纪的3人受到相应处理，1人处理之中。

基层党组织换届工作。以设置合理、班子健全、及时补缺、到期必换为目标，加强换届管理。截至年底，按时换届的基层党组织共有551个，占总数557的98.92%，还有6个基层组织（教育局党总支及4个下设支部、政务大厅党支部）未按期换届，督促落实。

党费收缴工作。9月中旬，工委组织和动员市直机关对2008年4月以来的党费收缴工作进行"回头看"，要求各单位进强化党费收缴工作，统一建立每名党员2008年4月以来党费应缴实缴台账，逐月上报补交进展情况。10月8日及时传达省委组织部《关于离退休人员党员补交党费工作中需注意事项的通知》，做好离退休党员的党费收缴工作。截至年底，市直机关补交回党费1246041元。

非公企业和社会组织"两个覆盖"专项行动。在市工商、民政、工商联等职能管理部门的配合下，市直工委对市直机关的社会组织进行全面排查摸底，排查出社会组织290余个。这些社会组织党组织关系分布特点是：党员人数少，多数党员组织关系仍保留原单位，其中：民办医院8家，吕梁松鹤老年医院已注销，春雷康复医院党组织关系在原单位，吕梁学院附属医院党员关系在吕梁学院后勤支部，属于省级单位，不属市卫计委管辖。春珍齿科医院等5家医院均没有党员；民办学校31家，高级实验中学和残疾人技能学校已有党支部，吕梁宏达职校、吕梁奥华职业技能培训学校、吕梁青年人力开发服务中心等学校均没有党员；律师事务所11家，2家成立党支部，其余各家都指派党建工作指导员。

党建促脱贫攻坚工作。市直机关各级党组织以脱贫攻坚为统揽，狠抓机关各项工作，做好党员深入农村结对帮扶，把“每个党员为贫困户至少做一件实事”落到实处。广大机关党员深入帮扶联系点，从小事做起，从点滴做起，不拘泥于形式，为建档立卡贫困户做一件件实实在在的好事，在扶贫一线践行“四讲四有”合格党员标准。截至年底，市直机关所属的557个党支部8643名在职党员，采取一帮一、多帮一、一帮多等形式，结成5482个对子，制订帮扶计划5370份，落实10168项帮扶措施。

机关党员干部学习教育工作。2016年，市直工委以“两学一做”为抓手，加强党员学习教育。分级分层培训。落实市委组织部干部培训教育规划，依托市直机关干部教育总校、各大口分校、单位班组3级网络开展大规模培训，6月7日至8日工委配合市委组织部，在市委党校举办全市“两学一做”基层党务骨干培训班。市直工委坚持举办机关支部书记、党务干部、入党积极分子3个主体示范班。开展市直机关党员教育“灯下黑”问题专项整治。推动机关党建走在前、作表率，督促指导各基层党支部对忽视党建工作、“三会一课”和组织生活会等基本制度落实不到位、党员教育管理宽松软等问题，进行重点整治，建立整改台账，限期整改，确保党员教育制度落实到位。

典型推广工作。为把基层党建7项重点任务落到实处，市直工委在全面安排部署，督查推进的基础上，要求以各大口为单位，每口培养选树一个典型样板，以口召开现场观摩交流推进会，基层党组织负责人、党务工作者参会，工委领导、大口负责人现场指导。召开8场推进会，效果明显。省委组织部督导组抽查了市发改委和市档案局的工作情况，给予肯定。

党组织书记管理考核工作。落实《机关基层组织工作条例》和市委《关于进一步加强机关的党的工作的意见》精神，强化对基层组织负责人履职情况的管理，制定《市直机关党委、总支、支部书记的责任清单》和《考核办法》，采取平时考核和年终考核相结合，日常工作和重点目标考核相结合，从班子建设、党员教育管理、党内活动、发展党员、发挥作用等方面进行考核，考核结果一条龙排队通报，对排在后三名的进行约谈，限期整改。

联述联评联考工作。按照工委《关于在市直机关开展“联述联评联考”工作的实施方案》，组织县级独立单位党组织负责人述职评议大会，基层组织负责人的述职报告在《吕梁机关党建网》定期公示，选择部分党组织负责人现场述职，对所有参评人员按照“好”“较好”“一般”“较差”四个等次做出评价，提出意见建议。工委对考评结果统一汇总和反馈。

“七一”表彰活动。市直工委下发《关于开展纪念建党95周年活动的通知》，推荐5名优秀共产党员、3名党务工作者、5个基层党组织受市委表彰。6月29日召开纪念大会，举行党员宣誓仪式，表彰市直机关70名优秀党员、43名党务工作者和9个基层党组织。

### 【“身边的榜样”宣传教育活动】

2016年，吕梁市直工委下发《关于选树第三批市直机关“身边的榜样”的通知》（吕直工发〔2016〕7号），各级党组织广泛宣传发动，采取个人自荐、群众推荐、组织举荐等办法，推选出本部门本行业，在基层一线勤政务实的优秀共产党员，工委按照好中选优、优中选精的原则，确定市直机关第三批“身边的榜样”优秀共产党员初步候选人，报送市委组织部和市委常委会审议表彰。

【机关作风建设和党风廉政建设】

举办道德讲堂。2016 年，吕梁市直工委建立市直机关道德总堂，在市级以上文明单位建立 66 个讲堂。市直总堂每月举办一次讲座，按照省自身、唱歌曲、诵经典、讲故事、谈感悟、送吉祥 6 个流程开展，邀请身边的道德模范、理论专家等走进讲堂，向干部职工传播道德的力量。全年总堂举办 5 期，共办 13 期。

强化党风廉政建设。案件查处。2016 年共接收市纪委转来的案件线索 31 条，33 人次，转办 9 件。处理完毕 20 条，核查 2 条，6 条未处理，诫勉谈话 2 人，党纪处分 4 人。专项督查检查。在元旦春节、中秋国庆等重要节点，对市直机关执行“八项规定”、纠正“四风”情况进行督促检查。先后对75个市直单位公务用车、“三公”经费使用等进行督促检查，上报市纪委党风室案件线索 36 条。廉政审查工作。对市直机关评先评优、选拔任用的 196 名科级干部进行廉政审查。专题民主生活会审核和指导。按照市委组织部《关于以“严肃换届纪律、确保风清气正”为主题召开专题民主生活会和组织生活会的通知》要求，先后对 125 个市直单位“严肃换届纪律、确保风清气正”专题民主生活会，进行审核把关和现场指导，为换届工作提供思想保证。

（市直属机关工委）

## 老干部工作

【贯彻落实《意见》精神】

2016 年，中组部印发《关于进一步加强和改进离退休干部工作的意见》出台后，组织全市老干部工作人员和离退休干部及时收看相关新闻报道。“吕梁老干部之声”微信公众号转载发布新华社新闻通稿和《人民日报》刊发的中组部负责人答记者问全文。春节期间，市县老干部工作部门和离退休干部党支部组织集体学习 30 余场次，680 余人参加。市局两次召开全体工作人员会议，集中传达学习《意见》和《中组部负责人答记者问》，组织局领导班子成员和科室负责人，结合自身工作实际，畅谈贯彻落实《意见》的途径、措施和意见。与市委组织部联合转发中组部关于认真学习贯彻《关于进一步加强和改进离退休干部工作的意见》的通知。印发中组部《<意见>学习辅导提纲》200 份，发放到各县局和市直单位。组织市县老干部工作部门开展“我对《意见》有话说”专题征文活动，征文在老干部工作网站和微信公众号上刊登。组织市局全体工作人员学习研讨《意见》精神，每人撰写一篇心得体会，进行大会交流。市委组织部部务会听取全国老干部局长会议、全省老干部工作会议精神及《关于进一步加强和改进老干部工作意见》精神专题汇报，研究吕梁市贯彻落实的具体措施：将老干部工作纳入对各县市区和市直单位及领导干部责任制考核内容；老干部支部书记培训列入组织部门培训计划；结合县市区换届全面实行老干部局局长兼任组织部副部长等。召开全市老干部工作会议，市委常委、组织部部长秦书义出席会议并作重要讲话，对全市深入学习贯彻《意见》精神和全国、全省老干部工作会议精神作安排部署。吕梁市贯彻落实《意见》和两个会议精神做到“三个结合”，即与老干部工作重点课题调研相结合、与“两学一做”学习教育相结合、与推动当前工作相结合。

【离退休干部“两项”建设】

落实离退休干部各项政治待遇。坚持市委、政府主要领导向老干部通报情况制度、重大决策征求意见制度和老干部工作报告制度。新任市委书记李正印走访看望原市人大主任岳培民等5位老领导，听取他们对吕梁发展的意见和建议。2月5日，市委召开情况通报会，传达省“两会”精神，通报全市经济社会发展情况，50余名老干部参会。4月22日，市长王立伟主持召开《政府工作报告》老干部征求意见座谈会，段丽卿、郝有亮等7名老干部对《政府工作报告》提出意见和建议。6月24日，召开全市组织工作情况通报会，市委组织部常务副部长郭红波向老干部通报全市上半年组织工作情况。9月22日，市委召开《市第四次党代会报告》老干部征求意见座谈会，张国彪、成久生等6名老干部提出意见和建议。春节期间，市县两级四大班子领导带队看望慰问离退休干部，七一期间，市县老干部工作部门通过走访慰问、参观学习、重温入党誓词、文体活动等形式，庆祝党的生日。年内，市县两级组织800多名老干部列席党代会、人代会、政协会、市县干部大会等重要会议；召开情况通报会31次，在春节、七一、重阳节等重大节点走访慰问离退休干部27080余人次，发放慰问金、慰问品352万余元。

开展“两学一做”学习教育，加强离退休干部思想政治工作。转发省委老干部局《关于组织离退休干部党员参加“两学一做”学习教育的指导意见》（晋老发〔2016〕4号），制订《实施方案》《学习计划》，在吕梁老干部工作网站、“吕梁老干部之声”微信公众号开设“两学一做”学习教育专栏，在市老干部活动中心设立“图书角”，为老同志参加学习提供便捷平台。组织机关离退休干部党员参加党总支“两学一做”学习教育会议，并发放《习近平总书记系列重要讲话》等学习资料，对年老体弱、身体不便的的老党员开展送学上门，为流动党员寄送学习资料，确保学习教育全覆盖。年内，市县两级共举办政治理论学习报告会、座谈会、研讨会等157场次。组织74名老干部理论骨干宣讲84场次。孝义市举办“两学一做”学习教育专题讲座。柳林县开展“送书到家、送学上门”活动，为行动不便的离退休干部老党员送去《习近平总书记系列重要讲话读本》、笔记本等学习资料。文水县在全县离退休干部中开展“四讲、两发扬、一合格”活动。汾阳市工商质监局老干支部建立微信群，创办《夕阳红》小报，每日转发党建网、共产党员网等党建平台的文章，充实“两学一做”学习内容。

加强离退休干部党组织建设。开展离退休干部党（工）委试点工作。建立党委的交城、汾阳、方山、孝义，对照新要求查找差距不足，完善体制机制，规范离退休干部党员的教育管理和党组织生活；柳林县、临县、中阳县为离退休干部党（工）委建设试点县，各项工作运转良好，发挥作用。组织离退休干部开展创先争优活动。年初，与市委组织部联合下发《关于做好全市离退休干部红旗党支部和优秀党员推荐评选工作的通知》（吕组通字〔2016〕17号）。6月24日，召开全市离退休干部红旗党支部、优秀党员表彰暨先进事迹报告会，表彰15个离退休干部红旗党支部和70名优秀党员，孝义市老干部活动中心离退休干部党支部、汾阳市退休干部张树振、市政府退休干部范引禄作先进事迹报告，市委常委、组织部长秦书义出席会议并作讲话。做好离退休党支部书记培训工作。9月，组织市政协和交城、汾阳、孝义、柳林、中阳、方山、临县等地8名老干部支部书记，参加省局举办的全省离退休干部党支部书记“两学一做”示范培训班。12月7日，举办全市离退休干部支部书记十八届六中全会精神培训班，离退休干部党支部书记和离退休干部党员代表、老年大学学员、市局全体工作人员共200余人参加。

**【正能量活动开展】**

在年初召开的全市老干部工作会上，把开展增添正能量活动作为一项重要工作进行专题部署，市县老干部门实行正能量活动月报告制度，将正能量活动纳入年度责任制考核项目。市委常委、组织部部长秦书义对开展好正能量活动提出明确要求。7月，在全市老干部局长座谈会上，各县局长重点汇报正能量活动进展情况，在总结推广正能量活动好做法好经验的基础上，研究解决活动中存在的问题，对开展正能量活动作再动员、再部署。印制《正能量活动宣传提纲》等学习资料800余份，发放到各县、市直单位及离退休干部党支部。利用集中学习、走访慰问等时机，向老同志宣传《意见》中关于正能量活动的新精神、新要求，教育引导广大离退休干部在日常言行和实际行动中汇聚正能量。组织宣讲讨论。市县两级通过专题辅导、座谈讨论、调研走访等形式，组织老干部和老干部工作人员座谈讨论，交流学习心得。8月25日，在方山县召开正能量活动老干部座谈会，听取老干部对开展正能量活动的意见和建议。兴县组织5名老干部深入17个乡镇、社区巡回宣讲《宣传提纲》。

注重舆论引导，营造良好氛围。利用老干部活动中心、老年大学、离退休干部党支部等阵地和党报党刊、网络电视等新闻媒体，宣传正能量活动的主要内容和有关要求，宣传老干部为党和人民事业增添正能量的先进事迹，营造氛围。在吕梁老干部工作网站、“吕梁老干部之声”微信公众号开辟专栏，集中登载正能量活动动态、“晒晒我的退休生活”征文专辑以及在正能量活动中涌现出的典型事迹，总结推广先进经验，推动正能量活动的深入开展。年内，《吕梁市老干部工作信息交流》、“吕梁老干部之声”微信公众号、吕梁老干部工作网站共发布全市开展正能量活动的信息800多条、图片500多幅。《求是》杂志采访孝义市离休干部武正锦，以《我的入党志愿书——永不褪色的赤子之心》为题，报道他珍藏入党志愿书60多年，不忘初心，永远跟党走的事迹。《山西日报》以《铅笔画“话”孝义》为题，报道孝义市退休干部陈守钦、任贵宪创作的反映孝义城市风物、人文情怀的600多幅铅笔速写画《孝义景观》画册。黄河新闻网宣传报道兴县退休干部高华处坚持15年开展小流域治理的先进事迹。汾阳市编印出版老干部开展“两学一做”为党的事业增添正能量专题画册，展示85名老干部在文化养老、关心下一代等领域发挥作用的200多件典型事迹。

创新活动载体，确保活动效果。根据老同志的特点和需求，紧扣“三句话”主题，搭建务实管用的平台载体，激发老同志参与活动的主动性，提升正能量活动的影响力。注重选树典型，带动更多的老干部参与活动。在全市组织开展“增添正能量——晒晒我的退休生活”作品征集活动，征集到反映老干部老有所乐、老有所为的摄影作品80幅、文学作品60多篇，广大老同志以亲身经历和切身感受畅谈发展变化，向社会传递正能量；组织开展向王焕杰同志学习活动，凝聚为老服务、推动工作的正能量。11月16日，市老干局组织李步福等4名老干部赴太原参加省局“讲述励志故事 传递耆年力量”网上宣讲活动的录制。孝义市电视台采访12名退休干部，就如何丰富退休生活，发挥正能量宣传报道。引导老干部发挥余热，释放正能量。2016年，市县两级召开政府工作报告、“十三五”规划、党代会工作报告老干部征求意见座谈会，260多名老同志参加座谈，为党委政府建言献策、帮智出力。交城老干部党委以“晚霞映党旗，余热献交城”为载体，开展“老干部党员志愿服务老干部”“践行两学一做、争当余热先锋”活动。汾阳市关工委坚持19年开展入监帮教活动，帮助数百名失足青年开始新的人生。孝义市府东社区离退休干部党支部倡导开展“学雷锋，做好事”活动，半年时间做好人好事99人次270件。方山县40多名退休干部参与到精准脱贫攻坚战场。离石区依托老年人才协会下属的核桃协会，举办培训班6期，培训贫困劳力1330人，为26个村修剪核桃树3万余亩。组织开展文体活动，传递正能量。市县老干部工作部门以老年大学、老干部活动中心为阵地，围绕建党95周年、红军长征胜利80周年、国庆节、老年节等节点，组织老同志开展才艺展示、文艺汇演、体育比赛等多种形式的主题活动百余场次，近万名老干部参加，展示广大老干部增添正能量的良好形象。6月16日，组织举办纪念建党95周年老干部健身展示活动，市老年大学和活动中心700多名老同志展示15个健身项目。6月28日，与市委组织部、老干部局联合举办纪念建党95周年暨红军长征胜利80周年老干部文艺晚会，300多名老干部演出18个精彩节目，市四大班子领导同近千名干部群众观看演出。重阳节，组织市老年大学300多名学员举办“情满重阳节、最美夕阳红”唱红歌快闪活动，演唱《长征》等15首经典红歌。9月28日，市老干部活动中心组织老干部文艺队走进离石阳光东岸小区和市光荣院演出，为光荣院老人和社区居民送去丰盛的文化大餐。10月19日，邀请原吕梁地区政协工委主任郝有亮，举办“感悟老年养生”专题讲座，市直机关老干部和市老年大学学员200余人听讲。在全省离退休干部为党和人民事业增添正能量活动推进会上，吕梁市作交流发言。

**【离退休干部服务保障工作】**

推进离休干部医药费单独统筹。3月2日，市委常委、组织部部长秦书义出席全省完善离休干部医疗费保障机制推进会视频会议。移交医保的柳林、中阳、方山、岚县、交口、交城、汾阳、文水、石楼等9个县市，按省要求筹集资金、理顺资金运行渠道，完善相关制度、制定单独统筹保障措施。未移交医保的兴县、临县、孝义、离石4个县和市直企业正在和有关部门研究，制订具体的移交方案。

离休费保障。市县离休干部离休费均能按时足额发放。年内，为46名老干部增加离休金。为4名市直离休干部提高护理费。全年为48名市营企业离休干部发放各项生活费340.85万元，为31名遗属发放遗属补助28.76万元。发放冬季取暖补贴24.44万元。慰问看望8名异地安置离休干部，督促落实5名易地安置离休干部的公务费和特需费。

医疗待遇保障。全市离休干部医药费按人均不低于5000元的标准列入预算。年内，全市共组织1.35万名离退休干部进行健康体检。市直离休干部体检费标准提高为1000元/人/年，实行菜单式自主选择体检项目，为老干部健康体检提供多样化个性化服务。

健全完善帮扶机制。市直和10个县市区建立和完善帮扶机制，帮扶资金逐年增加。2月，市局对市直单位生活特殊困难的7名离退休干部及离休干部遗属进行救助，发放救助金2.5万元。全年全市共救助特殊困难离退休干部367名，发放救助金37.61万元。

加强活动阵地建设。年内，汾阳市老干部活动中心建成投入使用，临县、兴县新建老年大学完成立项审批、招标等前期工作。市老干部活动中心与老年体协新建1600平方米的乒乓球馆，接管市门球协会莲花池4块门球场，统一纳入市老干部活动中心管理，扩大市直老干部活动场地。孝义市投资1800万余元，完成两块门球场改造和一个网球场新建工程，启用新建的棋牌室和医疗室。

（市委老干部局）

## 信访

### 【概况】

2016年，吕梁市上访1223批次13226人次，与上年同期2398批次19020人次相比，批次下降48.9%，人次下降30.4%。其中到市上访981批次9174人次，与上年同期2062批次14630人次相比，批次下降52.4%，人次下降37.2%；赴省集体访156批次3922人次，与上年同期169批次4173人次相比，批次下降7.6%，人次下降6%；进京非正常上访86批次130人次，与上年同期167批次217人次相比，批次下降48.5%，人次下降39.1%。受理网上投诉案件1731件，与上年同期829件相比增加109%。受理群众来信2015件，与上年同期2263件相比下降11%。中央和省市交办的46件要结果案件，结案率100%，其中中央和省交办的20件要结果案，结案率、化解率均排名全省第一。信访事项及时受理率达到81.66%，按期答复率达到87.13%，信访事项处理群众满意率达到97.37%，“三率”较上年同期均上升。总体看，全市信访形势平稳向好，实现“三个坚决防止”和“双零”工作目标，被省信访局评为“G20领导人杭州峰会期间信访维稳工作先进集体”。

### 【信访制度改革】

2016年，吕梁市开展法定途径分类处理信访投诉工作。年初全省“通过法定途径分类处理信访投诉请求”电视电话会议之后，吕梁市信访局按照省委市委要求确定31个市直单位对本系统、本领域依法行政所依据的现行法律、法规、规章、规范性文件、工作职责和“六权治本”责任清单进行全面梳理，列出符合条件的法定途径清单。6月底前，31个市直单位在市政府门户网站公示通过法定途径分类处理信访投诉请求清单，在接待场所以图板及资料形式进行宣传公示，印制装订1000余册下发各县市区和各单位；各县市区此项工作同步推进，确保法定途径分类处理工作落地见效，减少各级矛盾积累、信访上行。实行诉访分离。按照信访工作体制机制改革的总体要求，成立专门的涉法涉诉信访分流接待窗口，对涉法涉诉信访实行“三不”原则，即不受理已经进入或应该进入司法程序解决的信访事项；不交办群众来信中反映的涉法涉诉信访事项，转由政法机关按程序处理；不协调涉法涉诉的信访事项。经过努力，涉法涉诉类信访问题在党政信访部门接访总量中的比重下降，占比不达10%。推行律师参与信访工作制度。下发《关于进一步加强律师等法律服务工作者参与信访工作的意见》（吕信发〔2016〕11号），通过政府购买公共服务给予适当补助等方式，在市、县信访部门和重点单位聘请专门的法律顾问，在群众来访接待场所设立律师服务窗口，推动律师全面参与信访事项的各个环节，为上访群众提供便捷高效的法律服务。市信访局分别与山西晋凯律师事务所、山西驰闻律师事务所、山西宏文律师事务所签订《聘任法律顾问合同书》，聘任6名律师参与信访事项化解工作，明确参与律师的工作职责和工作方式，实行信访大厅坐班值守制和首访律师负责制，推进依法治访工作。全市共有170余名法律顾问参与信访事项化解工作，累计参与化解赴省进京越级访和进京非正常访案件97件，提供法律咨询1202人次，出具法律意见书22份，引导信访人通过法定途径解决85件，信访人息诉罢访27件。

### 【“责任信访”】

2016年，吕梁市强化主要领导责任。明确要求各级各部门把信访工作作为“一把手工程”

抓在手上。年初，市委书记与各县市区委书记、市直重点部门一把手签订工作“责任状”。年中，市委市政府主要领导多次听取专题汇报，作出指示。原市委书记王清宪3次听取税务助征员、涉军信访事项专题汇报，7次对有关信访案件作出批示，促使全市基本形成“书记抓、抓书记”的工作氛围。市委书记李正印多次对重点上访案件作出重要指示。市长王立伟先后5次专题研究市游泳馆信访事项，妥善化解长达八年、经历五任市长的疑难案件。压实分管领导责任。市委常委、政府副市长和法检“两长”率先垂范，亲自督促，对包联县市区和分管领域的信访负总责，落实基层信访责任。市联席办定期将各县市区和市直相关单位的信访突出问题向有关包联领导进行报告，由包联领导亲自督促，推动信访突出问题较好解决。市级领导全年共协调疑难复杂信访事项37批次1724人次。市委副书记雷建国，市政府副市长杨巨才、李安林、副厅级领导李月勤5次听取涉军信访事项专题汇报，共同研究解决办法；市政府常务副市长张广勇多次听取市游泳馆信访案件进展汇报；市委常委、政法委书记、秘书长李小明接待第四纺织厂和非法集资案件上访群众代表；市政府副市长杨巨才多次听取岚县选矿场上访问题，落实稳控责任。县（市、区）领导累计接待5582批次25134人次，重点信访事项到期办结率和息诉率分别达到85.61%和75.12%。市联席会议交办县市区委书记、县市区长疑难复杂信访案件101件，化解99件；进京非访130人次全部落实“四个责任”。严肃信访工作纪律。制定出台《关于加强信访工作的十条意见》，对处理信访问题不力、接返劝返不及时的干部不姑息、不迁就，追究责任。8月23日，市联席会议召集人对13县（市、区）委书记进行集体约谈，对发生进京5人以上、赴省10人以上、到市20人以上的越级集体访，必须由县（市、区）委书记、县（市、区）长和市直单位一把手亲自带队接返，对接返工作不到位的实行实名制通报；对有影响的重点人员，单位主要领导必须亲自入户联络感情；对重大活动敏感节点期间发生的有影响的非访高套1-2个档次进行责任追究；对发生的5人以上进京集体非访，由县（市、区）委书记和市直单位一把手向市委常委会作出检查。将涉及县市区的重点领域、重点人员、重点信访案件交由县（市、区）委书记进行落实，提高信访事项的办结进度和化解质量。在严肃问责上，方山县因接返劝返工作不到位，建议市委对县委书记、县长进行全市通报；兴县、临县、汾阳、交口、方山县委因排查、化解、稳控、接返等工作不力，导致发生有影响的非访案件，向市联席会议做出书面检查；G20峰会期间，交口县对14名稳控工作不力的干部给予党政纪处分。全年全市共对58名违反信访工作纪律的干部进行责任追究。

【“阳光信访”】

2016年，吕梁市推进信访信息系统建设。按照国家和省要求，市、县两级投入400万元建立信访信息系统，实现市、县、乡信访系统和同级主要职能部门全覆盖、全应用，为群众网上投诉、阳光信访创造条件。市信访局先后3次邀请北京中软信通公司和省局信息中心专业人士对13个县市区、32个市直单位、165个乡镇（街道办）、720个县直单位的1188名技术骨干进行培训。全市上下共同建立“网下办理，网上流转”的群众信访事项办理程序，把来访接待、来信办理、督查督办、网上投诉等信访事项全部放在网上流转，把受理、办理和结果等重要环节通过网络公开，实现信访事项“可查询、可跟踪、可督办、可评价”。网上信访成为群众反映信访问题的主渠道，网上及时受理率、按期办结率和群众满意度评价率均达90%以上。太原致远中学500余名学生家长通过网投渠道，反映学生学籍问题，其中涉及吕梁市10个县、43名学生。市联席办报请省联席办后，由省联席办牵头，会同办信处、网投处、接待处、督查处，召集省教育厅、太原市教育局、太原市联席办等部门及时召开专题会议，化解该信访案件。集中开展“清网行动”。对2015年“没有答复意见书”的2018件信访案件，2016年“超期未受理”的910件、“超期未提出处理意见”的162件，共计3090件信访件进行集中清理。根据集中清理清单，明确由一名副局长牵头办理，逐案落实责任单位、责任人，查找未办结、未录入的原因，对未办结、未录入的信访件集中进行清理。在国家信访局举办的“县委书记谈信访”论坛上，市委常委、离石区委书记常书铭代表吕梁接受访谈。

【积案化解】

2016年，山西省先后两次排查交办信访积案64件（兴县6件合并为1件），全部由市委、市政府分管领导签字后交责任单位主要领导办理。截至12月底，结案69件，化解67件，结案率100%，化解率97%（省考核目标为结案率100%，化解率85%）；市自行排查交办148件，结案140件，化解109件，结案率95%，化解率74%。

【重点领域信访突出问题治理】

2016年，吕梁市按照“系统抓、抓系统”的要求，由市级分管领导牵头抓总，对城市建设、土地征占用、劳动社保、非法融资、复退军人、沉陷区治理、物业乱收费等7个信访问题突出领域，责成住建、国土、人社、民政等相关部门进行专项治理，探索形成长效机制。市房产局起草《解决全市物业管理问题的指导意见》；市人社局出台《治理拖欠农民工工资的实施意见》；汾阳市政府制定出台《关于进一步严厉打击土地违法违规行为的实施意见》；文水县通过采取主动监察和各项专项检查相结合的方式，共检查各类用人单位156户，审查用人单位规章制度54条，纠正违法条文13条，补签劳动合同309份，维护农民工的合法权益。市联席办牵头对特殊群体、重点领域的挑头人员进行摸底排查，共排查涉军、e租宝、泛亚等群体重点人员899人，对其中175名利用互联网、QQ群、微信群等新媒体平台串联上访的重点人员，协调公安机关落实了技侦监控，对所属县（市、区）的重点人员全部交由县委书记带头稳控，遏制重点领域信访问题。

【信访秩序好转】

2016年，吕梁市制订出台《吕梁市进京非正常上访专项治理工作方案》和《市委、市政府门前秩序专项治理工作方案》，明确由各级政法委牵头，公检法司配合，统一执法思想和执法理念，对幕后组织策划煽动集体上访和非正常上访的挑头人员，要求在刑事处罚上见实效，提升依法处置的水平和质量。全市全年依法处理违法违规上访人员509人，其中训诫80人，行政拘留405人，刑事拘留24人，信访秩序好转。

【重要敏感节点信访工作】

2016年，在党的十八届六中全会、全国“两会”、全省“两会”、G20峰会和中国国际能源博览会以及全市重大活动期间，吕梁市围绕确保不发生大规模集体上访和群体性事件、确保不发生极端恶性事件、确保不发生损害吕梁形象和被媒体炒作的事件“三个确保”工作目标，强化摸排、细化措施，狠抓落实，实现重要节点期间的工作目标。“零报告”“日分析”“日通报”成效明显。各县区和市直重点部门紧紧盯住重点群体和重点人员，确定专人负责，每天17时前向市联席办报送当日本地区、本部门的重要信访信息，对串联上访、择机上访基本做到预知预防。实行"日研判"工作机制，做到"分析研判不隔天、消除隐患不过夜"，确保耳聪目明、反应灵敏。全市全年预警299次，248批赴省越级上访提前妥善处置。应急工作预案有效落实。市联席办和公安部门配合，及时启动应急处置预案，同时抽调相关人员充实劝返稳控工作力量，各责任单位认真落实"五包一"教育稳控措施。对重点人员，由县市区委书记亲自入户，进行感情联络，一旦发生上访，确保及时处置。主动与民航、铁路、公路和相关出境关口对接，及时提供645名重点人员的信息，防止越级上访的发生。重大活动敏感节点期间，全市未发生有重大影响的信访事件，50个先进集体、120个先进个人受到市联席会议表彰。

（市信访局）

## 党校教育

### 【党校工作会议】

2016年，吕梁市委党校及时召开校委会，成立全市党校工作会议筹备领导组，多层次地召开座谈会和征求意见。10月20日，全市党校工作会议暨市委党校2016年秋季开学典礼召开，市委书记、副书记分别作动员报告，市直各单位主要负责人，各县（市、区）委书记、副书记、党校常务副校长，第一期6个主体培训班学员，共计450余人参加会议。全市党校工作会议就当前和今后一个时期的党校工作作具体安排和部署，为全市党校工作的开展指明方向。代市委起草的《中共吕梁市委关于加强和改进新形势下党校工作的实施意见》出台。《意见》明确细化各部门在培训工作中的职责；对党员领导干部在党校进行主体班培训进行更明确的规定，将培训情况作为干部考核、任用的重要标准；明确教师外出培训和挂职锻炼制度；提出不能独立办学的县级党校及同城合并办学的区委党校，挂市委党校分校牌子后，所属干部职工继续享受原有的工资待遇及相关的政策待遇。

### 【干部培训工作】

2016年，吕梁市委党校坚持把干部教学培训作为工作重点来谋划、来部署、来落实，推进教学内容更新、课堂模式创新、教学基地规范建设，提升教学培训质量和水平。市委党校在2016年秋季学期开办学制1个月的新任县处级干部培训班、学制7天的乡镇党委书记研讨班班、学制7天的全市党校系统师资培训班、学制1个月的县处级领导干部进修班、学制2个月的优秀中青年干部培训班、学制6天的党群机关新录用公务员培训班6个主体班次，学员共计399人，改变吕梁市、县两级党校多年未正常开办主体班的被动局面。在主体班的培训过程中，吕梁市委党校共外请教师授课78课时（其中市级领导授课18课时），本校教师授课68课时，井冈山延伸教育30课时。6个主体班的举办得到省委党校、社会各界及参训学员们的一致好评。吕梁市委党校利用党校教育培训资源和阵地，开展社会培训，配合各机关、企事业单位开展各级各类人才技能培训，发挥党校的主阵地和大熔炉作用。

### 【科研工作】

2016年，吕梁市委党校发表论文5篇，分别是发表于《创新型领导人才培养与开发理论文集》的《创新型领导人才的培养与使用》、发表于《中国水土保持》2016第2期的《关于水土保持国策宣传进党校试点活动的思考》、发表于《中共山西省委党校学报》2016年第2期的《着力营造风清气正的政治生态》。选报优秀论文、专著参加山西省委党校系统优秀成果评奖活动。参加评选的论文有《如何提高领导干部语言修养研究》等。编撰经典著作简易读本《我们的初心》，该书较为系统地介绍马克思主义基本文献和科学社会主义诞生的过程，作为党校教学培训的重要学习资料。

**【教师队伍建设】**

2016年，吕梁市为加强师资队伍建设，组织第三届吕梁市委党校、行政学院系统的教师赛讲活动，通过组织赛讲，加强教学经验的交流，激励中青年教师的成长。组织各处室负责人和骨干教师到长治、运城、晋城、山东临沂市委党校考察学习，重点学习4个党校的设施设备建设、教学科研工作、学员管理、行政管理和后勤服务等方面的做法和经验。组织10位骨干教师赴鄂尔多斯市委党校参加国家行政学院送教下基层培训。多次组织骨干教师赴中央党校、省委党校学习。8月，开展全校试讲活动，校领导及全体教师台下听讲，借助录播系统现场回放，大家共同点评、共同分析，提出修改意见，授课教师对授课内容进行“再加工”，提高授课水平。此外，还选派4名教师参加第五届山西省委党校、行政学院系统教师赛讲活动，取得优异的成绩。

**【理论宣讲工作】**

2016年，吕梁市委党校抽调理论骨干组成宣讲小组，深入群众、深入基层、深入一线，开展理论宣讲和形式多样的宣传活动。先后分赴各县（市、区）及有关乡镇进行宣讲，为各县（市、区）和市直各部门、有关乡镇、农村、学校及企业作辅导20场次近5000人次。编辑刊发《党校通讯》7期，配合网站等形式全方位宣传阐释党的十八届六中全会精神、《准则》、《条例》和省第十一次党代会提出的“五个山西”“六个新形象”及治晋理政的各项决策部署，为学习宣传贯彻落实十八届六中全会、省第十一次党代会和市第四次党代会精神营造氛围。

（市委党校）

## 讲师团

**【市、县两级党委中心组理论学习】**

2016年，吕梁市根据中央省委和市委关于加强和改进党委中心组学习的意见，结合吕梁市2016年工作重点，以吕办函〔2016〕10号文件下发《2016年吕梁市中心组学习计划》。对市委和各县市中心组的学习形式、内容、制度做基本要求。规定专题学习内容21次，推荐中宣部、中组部向党员干部下发的第十一批学习书目及简介。

为市委中心组十五次的集体学习和专题研讨作好服务，提供学习资料和部分发言稿。做好中心组集中学习的签到、记录、资料发放和学习情况整理等工作。

为市委常委“两学一做”讲政治、有信念；讲规矩、有纪律；讲道德、有品行；讲奉献、有作为四个专题学习讨论编印有关学习资料。中心组成员围绕专题谈心得体会，作主题发言。

结合全年理论学习专题，全年编印6期《党委中心组理论学习参考》。向市县中心组印发《学习内参》6期，内容为“两学一做”专辑、“从严治党”专辑、学习贯彻地方党委工作条例专辑、供给侧改革专辑、纪念红军长征胜利80周年专辑专题学习讨论材料，提高各级中心组学习的质量。编印吕梁市委中心组《理论学习参考》十八届六中全会专辑2期。编写《十八届六中全会暨山西省第十一次代会精神学习宣讲资料》，内容包括《关于新形势下党内政治生活的若干准则》《中国共产党党内监督条例》、习近平总书记关于《准则》和《条例》的说明、山西省委书记骆惠宁在中国共产党山西省第十一次党代会上的报告等。资料印刷5000册，分发至各县市（区）、市直各单位。编印《吕梁市领导干部大会学习宣讲资料》《吕梁市第四次党代会精神学习宣讲资料》《习近平总书记“七一”讲话宣讲提纲》。

**【理论宣讲工作】**

2016年，吕梁市委讲师团

组织和倡导吕梁市理论宣讲员到市直单位，县（市、区）和乡镇学习宣讲。组建全市理论宣讲人才库，培养309人的理论宣讲队伍，强化日常管理，为组织开展理论宣讲进机关、进学校、进农村、进企业、进社会奠定基础。10月13日，市第四次党代会精神基层理论宣讲员培训会召开。在全市范围内以县（市、区）宣讲员为主体，开展市第四次党代会精神进机关、进学校、进企业、进乡镇、进农村（社区）“五进”基层宣讲活动。吴新元团长和任晓莉、李华强、张世雄主任到市直10大口进行宣讲。11月25日上午由市委副书记雷建国专题安排部署十八届六中全会、省党代会和市党代会的宣讲工作，成立14个宣讲组，安排到13县（市、区）和市直单位开展宣讲，主要由综合部门的正县级领导主讲。会议对宣讲重点、宣讲时间、宣讲时的具体报道等要求做了安排。12月初，市委宣讲团基本完成宣讲工作。《吕梁日报》、吕梁电视台等市、县（市、区）主要媒体进行报道。

（市委讲师团）

## 党史工作

### 【党史编研工作】

2016年，吕梁市委党史研究室征编2014年、2015年《市委工作记事》和报送《中共山西年鉴》（吕梁卷）相关内容，总计70余万字。

征编并刊印《习仲勋在吕梁》一书，总计4万余字。摄制并审改《习仲勋在吕梁》3集文献纪录片，总计3余万字。审改并出版《中央后委在吕梁》一书，总计26万。审改完善《中共吕梁历史》三卷本，字数总计80余万。征编并刊印《习仲勋在吕梁》一书，总计4万余字。完成《中共吕梁历史大事记述》（1925—2015）三卷本资料征编工作，审核完成初稿49万余字。

根据市委安排，起草“从延安到西柏坡之间——中共中央战略转移中的吕梁”的实施方案并提出相关资料征集提纲；启动资料征编工作，建立资料征编网站，分赴北京、四川、陕西等地走访查阅，采访整理老干部口述史，征集珍贵图片资料数百张。

### 【党史宣教工作】

2016年，吕梁市委党史研究室为纪念“红军东征80周年”、“四八”遇难烈士70周年，借助新闻媒体、报刊杂志、网络平台等做宣教工作。策划并审改吕梁革命山博物馆展陈纲要及内容。对高家沟会议旧址的建设修缮、场馆内部布展进行指导把关，参加高家沟会议旧址开馆仪式。指导配合临县县委对习仲勋在临县的旧址修复及布展工作。在市委主要领导的带领下，与省党史办就“习仲勋在吕梁”的布展工作召开座谈会。会同省党史办专家、临县史志办主任就“习仲勋在吕梁”的布展脚本进行为期一周的研讨。多次赴兴县指导配合”习仲勋在晋绥”的布展工作。

（市委党史研究室）

## 台湾事务

### 【对台交流工作】

2016年4月28日，台湾新同盟会工商业者山西参访团一行30余人在国台办、省台办相关人员陪同下对汾阳市杏花村汾酒集团、孝义市经济开发区参观考察并座谈。

借助“华夏文明看山西”品牌，8月12日吕梁市迎来“高雄里长山西行”参访团一行36人。通过参访汾阳市贾家庄、杏花村酒业集中发展区，展示吕梁市特色民俗文化和汾酒文化，促进两岸文化的交流与发展。

8月22日至25日，山西省吕梁市酒文化专题采访活动做为国台办确定的重点新闻交流项目，随着“台湾记者三晋行——酒文化专题采访活动”的开启，迎来由台湾高雄新闻记者公会、《旺报》等近20位记者组成的采访团。此次采访团在省台办副主任徐爽志陪同下，先后到吕梁市汾阳、临县、方山进行酒文化专题拍摄采访。此次采访活动对促进晋台两地新闻和文化交流、让台湾民众认识山西、了解吕梁，感知中华酒文化的魅力。

9月9日至15日，由中天电视台、《民众日报》、《旺报》三家联合组成的“山西魅力市县”拍摄组深入吕梁市交口、石楼进行实地拍摄采访。此次魅力市县拍摄活动的开展对宣传交口、石楼，促进本地旅游产业和投资兴业有重要意义，对岛内民众认识吕梁、认识大陆起到推动作用。

【涉台招商引资】

台湾鑫钿公司做为一家老字号团队公司，主要从事高级皮革和高级铝型材生产设计。7月，在通过电台得知吕梁市的招商引资政策之后，有意向在吕梁市建立首家合资铝制品加工企业。吕梁市台办及时响应，联系相关经济部门，建立畅通的沟通协调渠道，争取该项目的落地。

各县市区台办也主动参与到涉台招商引资工作之中。中阳县台办搭建信息平台，发布有关政策资讯。柳林县台办坚持将经贸工作寓于接待服务之中，对来本县考察的台胞统一登记在册，对他们的考察意向予以重视。

【涉台信访维稳工作】

2016年8月10日，吕梁市台办在接到台胞陈羽靖反映吕梁市大台北婚纱影楼拖欠工资的情况后，在掌握双方分歧的基础上提出办法，通过协调沟通稳妥解决这起因工资纠纷引发的信访案件。8月16日，台湾高雄籍王顺宏因电信诈骗案件一直没有结果，反映到吕梁市台办后，市台办及时进行妥善处理，遏止事件的恶化。针对两岸日益增多的涉台事务处理案件，市台办根据市应急办的意见和建议，完善健全《吕梁市涉台突发事件应急预案》的相关资料，确保处理涉台应急事件有章可循。

（市委台湾工作办公室）

## 吕梁市孝义办事处党委

【党建工作】

2016年，按照《中国共产党发展党员细则》和《吕梁市发展党员全程纪实制度》的要求，吕梁市孝义办事处党委严把党员入口关，发展党员倾向于一线工人，注重入党积极分子的年轻化、知识化，按照此条件，共发展党员4名。2016年年初工作会上，党委与基层各党支部书记签订《党建工作责任状》，用规范的格式、量化的标准、将党建工作的各方面任务分解，落实到基层各党组织。半年之后，党委统一组织专人到各公司，各基层党务工作者和党员进行考核，按责任状内容，督促落实，在此基础上，评选出系统先进党务工作者18名，优秀党员21名。向市组织部推荐省表彰基层组织单位1名，优秀党员1名。孝义办事处党委邀请孝义市委党校副校长李开晋、原孝义办事处党委办公室主任崔井凉，为办事处党委全体党员及基层党支部书记辅导《党章》《党规》、习近平系列重要讲话精神。组织机关党员及基层支部书记观看警示教育片。办事处党委为基层购买《党章》《准则》《习总书记系列讲话》学习资料。组织党员干部进行学习、记笔记、写心得。组织基层公司经理书记等党员领导干部进行学习考试。2016年，按上级要求，组织开展党员组织关系排查工作，共查出失联党员10名，未落实组织关系回执2名，全部找到并理顺关系。按照《党章》规定做好基层支部的换届工作。结合党委基层实际情况，采取严格秩序正常换届、党委直接任命过渡、党委组织换届等多种方式进行基层换届工作，2016年未换届基层支部3个，其中，百纺公司改制计划党员分流转孝义市党组织进行撤销，五交化公司党支部、工业品公司党支部正在进行中。

【工会工作】

2016年，按照市总工会《关于扎实推进保障工作的指导意见》（吕工发〔2016〕14号）和《清理审核困难职工档案、健全完善帮扶工作信息》（吕工发〔2015〕16号）文件精神，开展困难职工申报审核工作。将审核后的困难职工档案信息填入帮扶工作管理系统，附件录入申请、身份证、户口等证明，一人一档。排查建档困难职工，对退休、调离、脱贫、死亡或无法联系的困难职工不在进入困难职工档案，排查出32人，其中2016年到退休年龄的16人，调离、病愈、脱贫16人，共退出困难职工档案32人。形成工作制度，每年4月底前清查审核困难职工档案，完善帮扶信息，11月底前形成摸底调查，为"两节"送温暖做好前期工作。各基层在排查中摸清困难职工情况，帮助有困难的职工提出救助申请，按照规定标准和要求建立困难职工档案，在本单位公示一周后，报办事处工会联合会。全年新增档案4人。印制《财政专项资金帮扶情况实名制汇总表》和相对应的《困难职工银行卡信息采集表》。按照各基层工会困难职工资金分配方案，采取网银支付的形式，为11个基层112名困难职工支付送温暖资金3.7万元。资金发放完成后于2月3日前将送温暖发放资金信息录入《全国工会帮扶工作管理系统》，将银行对账单、帮扶情况实名制汇总表和相对应的银行卡信息采集表一起报市总保障部。按照市总工会"金秋助学"活动资助对象条件，对基层工会困难职工进行摸底调查，共有2名困难职工子女符合条件。经审核相关证明并公示1周后，推荐到市总工会保障部，每人救助助学金3000元，采用网银支付，救助信息填入帮扶工作管理系统。困难职工医疗救助。按照市总工会关于做好2016困难职工医疗救助工作的通知，按照救助对象、救助病种、救助要求，对基层困难职工进行摸底，共有两名大病患者，经本人申请、单位证明、审核材料并公示后报市总工会保障部。

（吕梁市孝义办事处党委）

## 下乡办工作

【概况】

2016年，吕梁市共辖行政村3112个，农民人均纯收入2736元以下的村1439个，共确定市级领导包扶村31个，市直单位主要领导包扶村180个，县直单位包扶村1567个。

农村生产生活条件改善。2016年，全市帮扶单位直接投入（含无偿和有偿）共3.27亿元，其中资金2.51亿元，物资折款5341.55万元。直接投入用于基础设施6481.48万元，产业扶贫2.40亿元，文化教育2390.75万元，医疗卫生740.8万元，人力资源培训516.8万元，赈灾救济送温暖815.43万元。帮助引进各类资金（含无偿和有偿）3.14亿元，帮助引进项目数（含全额、部分资助或引进）1051个，受益建档立卡贫困人口116819人。其中市直单位直接投入（含无偿和有偿）共4749.74万元，其中资金1727.59万元，物资折款722.15万元。直接投入用于基础设施1930.02万元，产业扶贫7374.98万元，文化教育149.97万元，医疗卫生50.8万元，人力资源培训30.8万元，赈灾救济送温暖82.43万元，帮助引进各类资金（含无偿和有偿）1.74亿元，帮助引进项目数（含全额、部分资助或引进）318个，受益建档立卡贫困人口20785人。县市区直单位直接投入（含无偿和有偿）共2.80亿元，其中资金2.33亿万元，物资折款4619.4万元。直接投入用于基础设施4551.46万元，产业扶贫1.66亿元，文化教育2240.78万元，医疗卫生690万元，人力资源培训486万元，赈灾救济送温暖733万元，帮助引进各类资金（含无偿和有偿）1.40 亿元，帮助引进项目数（含全额、部分资助或引进）733 个，受益建档立卡贫困人口 96034 人。

培育农村主导产业，促进农民增收致富。2016 年，吕梁市各工作队发展核桃、红枣、杂粮、畜牧、蔬菜、马铃薯、林下中药材、食用菌 8 大产业，抓好市场建设和龙头企业建设两个关键环节，加速农业产业化发展，推动农业转型升级。各级包村领导围绕市委、市政府确定的农村产业发展布局，结合包扶村实际，发展设施蔬菜、红枣、核桃、小杂粮种植和养殖等主导产业，促进农民增收致富。吕梁卫校投资 30 多万元，将化肥、种子、农药、地膜等送入村民手中，解决所包村全部村民的种植问题。市接待办与文水大象集团联系给所包村引进建成 2 万头大型养殖场，使得所有建档立卡贫困户全部受益。

加大科教扶贫力度，提升农民整体素质。2016 年，各级包村领导始终把兴学育人、农民技能和素质培训作为一项重要工作，改善办学条件，开展农村实用技术培训和务工技能培训，提供信息，牵线搭桥，组织劳务输出，取得成效。全市全年用于资助贫困学生的投入 2174.8 万元，受资助贫困学生 39849 人次，举办培训班 1958 期，共培训各类人员 88040 人次，其中：贫困户劳务就业培训 31326 人次，各级干部 36298 人次，医生教师等专业技术人才 7015 人次，创业致富带头人 6417 人次，帮助贫困户实现劳务就业 10149 人次。其中：市直单位用用于资助贫困学生的投入 74.2 万元，受资助贫困学生 1549 人次，举办培训班 270 期，共培训各类人员 8886 人次，其中：贫困户劳务就业培训 4435 人次，各级干部 1235 人次，医生教师等专业技术人才 544 人次，创业致富带头人 805 人次，帮助贫困户实现劳务就业 2803 人次。县（市、区）直单位用于资助贫困学生的投入 2100.6 万元，受资助贫困学生 38300 人次，举办培训班 1688 期，共培训各类人员 79154 人次，其中：贫困户劳务就业培训 26891 人次，各级干部 35063 人次，医生教师等专业技术人才 6471 人次，创业致富带头人 5612 人次，帮助贫困户实现劳务就业 7346 人次。

（市委干部下乡办公室）

## 接待办

【概况】

2016 年，吕梁市接待办公室接待省领导、省直有关部门、兄弟市来宾、外出考察、“冬季行动”签约、换届督查组、“迎老乡、邀客商、兴吕梁”恳谈会、旅游推荐、北京农产品展览、招商引资活动等来宾 457 批，7830 人次；组织服务全市各类会议 373 批，36011 人次。

（市接待办公室）

# 吕梁市人民代表大会常务委员会

## 综述

【概况】

2016年，吕梁市人大机关各机构服务市人大常委会全年召集代表大会1次，召开常委会会议9次、主任会议17次，制定地方性法规3件，听取和审议“一府两院”专项工作报告16项，组织执法检查1项，开展专题询问1次，满意度测评7次，决定重大事项5项，任免国家机关工作人员70人次，为推进全市经济、政治、文化、社会和生态文明建设，发挥地方国家权力机关的积极作用。

【监督工作】

2016年，吕梁市人大常委会贯彻落实市委重大决策部署，围绕强化依法行政，审议通过《吕梁市人大常委会关于对任命的市“一府两院”国家工作人员加强监督的意见》；围绕促进全市经济健康持续发展，先后听取审议科技创新、环境保护、转型综改实验区建设、旅游发展、煤矿安全生产等5个专项报告；围绕推动民生改善，先后听取审议全市易地扶贫搬迁和产业扶贫、农业产业化龙头企业扶持政策落实、农村义务教育工作、基层医疗卫生机构服务能力建设情况、食品安全监管工作情况、吕梁新区拆迁户安置房建设及相关设施配套工作情况、市区物业管理工作、《社会保险法》执法检查情况报告《审议意见》研究处理情况等7个专题报告；围绕推进法治建设，先后听取审议公正司法工作、反贪污贿赂工作、社区矫正工作、《治安管理处罚法》执法检查情况、《档案法》贯彻实施情况报告《审议意见》研究处理情况等5个专题报告；围绕国计民生问题，对全市大中型水库和灌区建设管理情况进行专题询问；围绕群众关切的问题，通过人大代表提议案和人大信访接待等渠道，收集研判解决反映集中的问题，累计接待和受理人民群众来信来访835件；围绕代表建议落实情况，对档案法、社会保险法、治安管理处罚法等9个执法检查情况报告审议意见研究处理情况报告进行满意度测评，确保法律法规得到有效贯彻执行。

【地方立法】

2016年，吕梁市人大常委会围绕立法启动，通过发布公告、定向征集、召开座谈会等形式，征集各类立法建议138条；围绕科学立法，对立法项目进行充分论证筛选，制定市人大五年立法规划和年度立法计划，确定一批立法联系点。出台吕梁市第一部程序性法规《吕梁市人民代表大会及其常务委员会立法程序规定》，制定《吕梁市柳林泉域水资源保护条例》《吕梁市城市绿化条例》等两部地方性行政法规；围绕依法履职，在完善机构设置的基础上，建立健全市委领导、人大主导、相关各方有序参与的立法工作机制和工作制度。

【重大决定和选举任免工作】

2016年，吕梁市人大常会

委围绕正确行使重大事项决定权，审议通过2016年上半年全市国民经济和社会发展计划执行情况、2016年市本级财政预算调整方案、第二次调整方案和市城市基础设施建设基金投资项目政府购买服务费用纳入财政预算等6个报告。围绕依法行使人事任免权，坚持党管干部原则，严格法定程序，充分发扬民主，依法任免国家机关工作人员70人次，补选2名省十二届人大代表，全面体现市委人事安排意图。围绕县乡人大换届选举工作，加强工作指导，制订工作方案，明确工作重点，落实具体措施，6月底前完成工作任务。

【代表工作】

2016年，吕梁市人大常委会围绕拓宽代表参与面，调整主任会议成员联系代表小组、常委会委员联系代表名单。常委会委员依工作侧重分组，参加各工作机构组织开展的专题调研、执法检查和跟踪监督。邀请代表列席常委会会议，参加常委会组织的调研、视察等活动。与吕梁广播电视台联合创办《人大之声》电视专题节目，自2015年8月开播以来，先后制作播放17期，丰富人大宣传工作的平台和载体，实现人大监督与舆论监督的结合；围绕代表建议落实效果，对市三届人大一次、二次会议代表所提240件、139件建议及其中10件重点建议，通过召开集中交办会，印发主任会议成员按分工牵头督办、各工委按职责逐项督办《逐月安排意见》，向所提建议的代表发放“办理情况满意度测评卡”，主任会议听取市政府及有关部门对重点建议办理情况的专题汇报，常委会听取审议“一府两院”办理代表建议情况的专项报告等方式，推动办理质量提高、所提事项落到实处。

【常委会和机关自身建设】

2016年，吕梁市人大常委会建设学习型机关。深入开展“两学一做”学习教育，组织机关全体党员专题召开了“讲政治、有信念，讲规矩、有纪律，讲道德、有品行，讲奉献、有作为”四个研讨会。认真贯彻落实中央、省委、市委的有关会议，及时召开机关全体人员专题会议，深入传达学习党的十八届六中全会、省第十一次党代会、市第四次党代会等会议精神。提高依法履职能力，在浙江大学继续教育学院举办常委会全体组成人员及各县人大主任、部分市人大代表、常委会机关副县级以上干部履职能力专题培训。建设民意型机关。把深入开展调研作为行使职权基本功和必修课，凡列入常委会审议事项，都要采取明察暗访等多种方式，认真组织实施会前的专题调研或专项视察，全面了解基层真实情况，准确掌握“第一手”资料。坚持召开常委会会议实行代表列席、公民旁听和及时通过新闻媒体向社会公布制度，主动接受人大代表、人民群众和社会各界的监督。建设法治型机关。按照法定程序组织活动、开展工作、审议议题，做到不缺位、不越位、不错位。高度重视常委会及机关工作制度的健全完善，出台《基层立法联系点工作规定》《立法咨询专家库管理办法》，修订机关《考勤管理》及办文、办会、办事方面的一些规章制度。建设创新型机关。围绕铝工业产业、农业产业、农村教育、吕梁新区建设、“打黑除恶”等事关全市发展的重大问题，组织部分省、市、县、乡人大代表进行全面深入调研。四级人大代表参加，这种调研形式在吕梁市人大史上是第一次。建设责任型机关。牢固树立政治意识，坚持重要工作、重要会议、重要活动、重要事项主动向市委请示报告制度。推进包联项目、帮扶企业、下乡驻村、结对扶贫等工作的深入开展。牢固树立规矩意识，严格执行党风廉政建设责任制，建树地方国家权力机关为民、务实、清廉的良好形象。履行对县乡人大的工作联系和业务指导职责，为依法指导县乡人大严格按照法定程序，完成换届选举任务，成立县乡人大换届选举工作指导组和办公室，组织“全省县乡人大换届选举工作学习培训视频会议”的集中收看，抽调专门的工作人员全程认真指导；为推进中发〔2015〕18号和晋发〔2015〕24号关于加强县乡人大工作和建设文件精神的贯彻落实，督促协调有关部门解决好县乡人大履职中的突出困难和实际问题，开展专题调研、专项督查；为深入推进市县两级人大相互通报履职情况，共同交流履职经验，汇编《人大工作探索与实践文集》，召开全市人大新闻宣传工作培训会。自觉接受省人大常委会的监督和指导，做好组织驻吕省人大代表开展会前调研视察、按时出席省人代会、赴北京进行履职培训以及专门组队参加全省“人民代表大会制度及相关法律知识”电视竞赛等省人大常委会交办的各项工作任务；精心安排、完成省人大常委会在吕梁市就《山西省永久性生态公益林保护条例》《山西省实施〈老年人权益保障法〉办法》进行的立法调研，就《中华人民共和国食品安全法》贯彻实施情况组织的执法检查，就立法工作、扶贫开发工作、历史文化名镇名村保护工作及经济运行情况等开展专题调研，就农村医疗卫生工作进行专项视察。

（吕梁市人大常委会办公厅）

## 调研活动

**【省人大调研组赴中阳钢铁有限公司走访调研】**

4月13日，由省人大常委会副主任、市委书记高卫东带队的省人大调研组深入中阳钢铁有限公司走访调研。省人大法制委主任委员邓永明、省人大常委会法工委主任高国顺，市人大常委会主任郝月生、市人大常委会副主任郭卫民、市人大常委会秘书长王峰一同调研。高卫东一行实地参观并详细了解中钢公司中钰热电3×135兆瓦炉外脱硫脱硝项目、四五高线及1780立方米高炉生产运行情况。

**【省民营经济调研检查组在吕梁市进行专题调研】**

4月18日，由民盟省委副主委、晋城市副市长王维平带队的省民营经济调研检查组一行到吕梁市，就推进民营经济发展工作进行调研并召开汇报会。市人大常委会副主任、市工商联主席梁来茂，市政协副主席、民盟吕梁市委主委刘本旺出席会议。会上，梁来茂汇报吕梁市民营经济发展的基本情况、存在的主要问题以及下一步的工作打算。在详细了解吕梁市民营经济当前发展存在的困难和需要解决的问题后，检查组指出，民营经济在繁荣经济、增加就业、推动创新、富民强省等方面都发挥着不可替代的作用，是增强山西省经济社会发展活力的必然选择。通过此次调研，让政策落实、落地、落细，让政策真正发挥出效应，在全省形成鼓励支持民营经济发展的良好氛围，推动民营经济加快发展、突破发展。

**【省人大调研组调研吕梁市地方立法工作】**

7月12日，省人大常委会法制委主任高国顺一行到吕梁市，就吕梁市地方立法工作专题调研。市人大常委会主任郝月生，副主任刘凯，秘书长王峰参加座谈会。调研组在听取吕梁市关于地方立法工作情况的汇报后，认为吕梁市法制委成立以后立法工作组织严密、思路清晰、效果明显。要求吕梁市在下一步工作中提高认识，明确肩负使命，提高立法能力，履行职责，增强做好地方立法工作的使命感和责任感；把立法能力建设作为搞好地方立法工作的一项长期任务牢牢抓在手上，加强机构和队伍建设，为科学立法、民主立法，立好法、立良法，提供有力支撑和保障，推进地方立法工作。

**【市人大常委会就基层立法联系点工作在离石区调研】**

8月8日至9日，市人大常委会副主任郭卫民一行就基层立法联系点工作先后到离石区吴城镇、滨河街道办、城乡环境卫生管理中心调研。座谈会上，市人大法工委负责人介绍了基层立法联系点选点的原因、联系点的主要任务、要求和必要的保障。郭卫民指出，立法联系点要及时采集立法意愿，为吕梁市立法提出更具针对性的意见和建议，在立法工作和法律条文中体现更多的“群众智慧”。他强调，基层立法联系点要积极配合市人大立法工作，认真履行职责，发挥街道办事处作为基层组织在地方立法工作中的作用。离石区人大加强对基层立法联系点的指导工作，健立完善基层立法联系点工作机制，收集和反映基层群众的立法意见和建议，推动基层立法联系点工作规范有序开展，拓展基层立法的有效途径，把党的群众路线贯彻到基层立法工作的全过程，为法规的科学制定和实施做好基础工作。

**【省人大在吕梁市召开立法调研座谈会】**

8月9日，由省人大常委会农工委主任谢海，省人大常委会农工委副主任王杰敏、杨文章、曹晋芳、祁玉林，省林业厅副厅长常光明组成的调研组一行到吕梁市，召开《山西省永久性生态公益林保护条例（草案）》（以下简称《条例（草案）》）立法调研座谈会。市人大常委会主任郝月生，市人大常委会副主任刘凯，副市长李俊平，市人大常委会秘书长王峰参加座谈。《条例（草案）》是山西省在全国范围内首次提出划定永久性公益林予以立法保护。《条例（草案）》以国有林场、自然保护区、森林公园、湿地公园林地范围内的生态公益林地为主体，以及插花或毗邻于其中和生态区位重要集中连片的、权属为集体的生态公益林地，划定为永久性生态公益林地。座谈会上，省人大立法调研组听取吕梁市关于《山西省永久性生态公益林保护条例（征求意见稿）》立法调研情况汇报，详细了解吕梁市现有公益林管理状况，就《条例（草案）》中具体条例的调整范围、划定依据、保护管理等修改意见广泛听取意见建议。谢海对与会人员的发言给予肯定。

**【省人大立法调研组到吕梁市调研】**

8月23日，省人大常委会法工委主任成斌一行到吕梁市，就关于《山西省实施〈中华人民共和国老年人权益保障法〉办法（修订草案）》进行立法调研。市人大常委会副主任郭卫民出席座谈会，相关职能部门负责人参加会议。在听取吕梁市相关部门负责人关于老年人权益保障工作情况汇报及对《山西省实施办法（修订草案）》的修订建议和意见后，郭卫民表示，吕梁市将在全省养老服务工作上做好表率，使养老制度更加贴近社会、贴近群众，让全市老年人更好地享受改革红利。成斌对吕梁市在老年人权益保障方面的工作给予肯定，他表示，将对此次调研中征求到的意见和建议作梳理归纳和认真研究，在与有关部门协调沟通后，使修订后的《山西省实施〈中华人民共和国老年人权益保障法〉办法》更加符合省情实际，更加具有针对性和操作性。

**【孙晋军在方山县、离石区调研】**

9月22日至23日，市人大常委会副主任孙晋军带领市人大常委会委员、市人大代表及市直有关部门负责人，就吕梁新区建设和方山县、离石区贯彻落实2016年市人代会精神情况进行走访调研。孙晋军一行深入方山县积翠乡刘家庄村18兆瓦集中式地面光伏电站、峪口镇易地移民搬迁项目、于成龙文化园区、北武当山风景区游客集散中心，离石区盛地小学、新安社区、下安一区、学苑路两带三湖工程、苏家崖沙麻沟社区、霜雾都两山防洪工程进行实地调研。在听取方山县、离石区关于落实市人大常委会工作报告精神的汇报后，孙晋军表示，要坚持和完善人大制度，加强和改进监督工作，激励和发挥代表作用，多谋民生之利，多解民生之忧，强化对社会事业协调发展和社会保障体系建立健全的监督，推动全市社会事业全面发展。

**【《吕梁市柳林泉域水资源保护条例（草案）》立法调研】**

11月10日，市人大常委会副主任郭卫民带队，组织市、县两级人大代表以及市法制办、市水利局、市环保局主要负责人对柳林泉域水资源保护工作进行立法实地调研。调研主要采取听取汇报座谈、实地视察、征求意见座谈等方式进行。《吕梁市柳林泉域水资源保护条例（草案）》（以下简称《条例》）由吕梁市第三届人民代表大会常务委员会第六次会议进行初次审议，为做好《条例》的修改工作，调研组对交口镇三川河汇合口——下白霜柳林泉域重点保护区标志碑——柳林泉（刘家圪塔、杨家港泉组）——柳林泉（青龙自来水公司泉组）等地展开立法实地调研，听取基层群众及人大代表的意见。

**【农村医疗卫生工作调研在吕梁市开展】**

10月13日，由省人大常委会科教文卫工委副主任王进喜带队的省人大常委会调研组就农村医疗卫生工作开展情况听取吕梁市汇报。市人大常委会副主任梁来茂、市政府分管领导李月勤出席汇报会。在详细了解吕梁市医疗基础设施建设和新农合政策执行等情况后，调研组对吕梁市农村医疗卫生工作取得的成绩予以肯定，要求吕梁市认真贯彻落实习近平总书记在全国卫生和健康大会上的讲话精神，坚持政府主导，以深化医药卫生体制改革为统领，健全乡村三级医疗卫生体系，提升基层医疗服务综合能力，保障农村居民享有更好的医疗卫生服务；要高度重视省人大常委会组成人员和省人大代表将于近期对吕梁农村医疗卫生工作的视察工作，坚持实事求是的态度，完善报告内容，做好各项准备协调工作。

## 重要会议

**【市三届人大一次会议代表建议交办会】**

1月19日，市三届人大一次会议代表建议交办会召开。市长王立伟，市委副书记雷建国，市人大常委会主任郝月生，市人大常委会副主任孙晋军、梁来茂、卫成印、刘凯，市中级人民法院院长史红波，市人大常委会秘书长王峰，市政府秘书长梁斌出席会议。会上，代表们共提出建议、批评和意见240件，其中市人大常委会办理的6件，市政府办理的227件，市中级人民法院办理的2件，市人民检察院办理的1件，其他部门办理的4件。

**【市三届人大常委会第三次会议】**

4月20日，市三届人大常委会召开第三次会议。市人大常委会主任郝月生，副主任孙晋军、卫成印、郭卫民、刘凯，秘书长王峰及委员共32人出席会议，符合法定人数。刘凯主持会议。市中级人民法院院长史红波，市政府秘书长梁斌及市人民检察院有关负责人等列席会议。第一次全体会议上，听取市人大常委会秘书长王峰所作的关于市三届人大二次会议筹备情况的报告。第二次全体会议上，表决通过市三届人大二次会议议程（草案），决定提请市三届人大二次会议预备会议审议；原则通过市人大常委会向市三届人大二次会议所作的工作报告稿；表决通过市三届人大二次会议主席团和秘书长名单（草案）、市三届人大二次会议代表议案审查委员会组成人员名单（草 案）、市三届人大二次会议计划和预算审查委员会组成人员名单（草案），决定提请市三届人大二次会议预备会议审议；表决通过市三届人大二次会议列席人员名单（草案）。郝月生就做好人代会筹备工作提出要求，确保大会召开。

【市第三届人民代表大会第二次会议】

4月28日，吕梁市第三届人民代表大会第二次会议在吕梁影剧院举行。会议应出席代表371人，实到336人，符合法定人数。会议分别表决通过关于吕梁市人民政府工作报告的决议（草案）、关于吕梁市国民经济和社会发展第十三个五年规划纲要的决议（草案）、关于吕梁市上年国民经济和社会发展计划执行情况与2016年国民经济和社会发展计划的决议（草案）、关于吕梁市上年全市和市本级预算执行情况与2016年全市和市本级预算的决议（草案）、关于市人大常委会工作报告的决议（草案）、关于市中级人民法院工作报告的决议（草案）、关于市人民检察院工作报告的决议（草案），通过《吕梁市人民代表大会及其常务委员会立法程序规定（草案）》。

【市区扬尘污染防治工作调研座谈会】

5月25日，市人大常委会专题调研组就市区扬尘污染防治工作与市环保、住建、交通、公路、交警、城管等部门进行座谈。大气污染防治行动计划实施以来，吕梁市积极开展控煤、治污、管车、降尘等综合整治措施，扬尘污染防治工作取得成效。上年，吕梁市市区空气质量达标天数290天，空气质量综合指数6.0。细颗粒物（PM2.5）平均浓度48ug/ m3，比2013年同期下降18.6%，可吸入颗粒物（PM10）平均浓度为78ug/m3，比2013年同期下降22%。座谈会上，市人大常委会专题调研组希望，各相关部门要加强联动协调，强化各司其职、联动配合的工作合力，提高工作效率。加快起草6月举行的市三届人大常委会第四次会议听取和审议的市人民政府《关于吕梁市区扬尘污染防治工作情况的报告》，做好市区扬尘污染防治工作。

【《档案法》《社会保险法》审议意见研究处理情况跟踪监督】

6月15日，市人大常委会召集市档案局、人社局、财政局、医保中心等单位，听取对市人大常委会关于全市《档案法》《社会保险法》贯彻实施情况报告的审议意见研究处理情况的汇报。市人大常委会副主任梁来茂出席会议。市二届人大常委会第五十三次会议和五十四次会议分别对全市《社会保险法》《档案法》贯彻实施情况进行审议。市政府及相关部门对此高度重视，及时采取措施，全面落实审议意见各项内容。梁来茂肯定全市档案和社会保险工作所取得的成绩，要求各级政府贯彻实施《档案法》，有关部门支持档案部门开展好正常的工作，加大投入力度，确保档案工作适应吕梁经济社会发展的需要，发挥好档案服务于政治、经济、文化发展，服务于人民群众的功能。加大对非公企业从业人员、个体工商户和灵活就业人员社会保险费的收缴力度，强化社保基金的运行监管，推动全市社会保障事业健康发展。

【吕梁行业协会培育监管座谈论证会】

7月25日，市人大常委会在太原召开“培育发展行业协会，加强行业监管，发挥社会职能”立法座谈论证会，邀请省人大法制委主任委员邓永明、法工委主任高国顺等9位省人大立法专家参与讨论研究。市人大常委会主任郝月生，副主任卫成印、郭卫民，秘书长王峰参加座谈。会上，大家围绕准确把握吕梁市行业协会培育监管、规范监管、功能发挥进行立法的必要性、迫切性、可行性；把握政府、市场、社会三者关系，理清制约行业协会发展的体质机制问题；把握发挥行业协会作为政府与企业的纽带作用；提升行业协会社会地位；把握行业协会参与政府决策，经济运行分析中充分参与并发挥作用；把握政府购买公共服务项目，扶持行业协会；把握行业协会产生的身份不一问题并正确引导培育发展；发挥行业协会服务吕梁脱贫攻坚的作用；把握行业协会进行地方立法是否具备成熟条件9个方面的内容进行讨论。专家们认为，吕梁正处于治理塌方式腐败的政治环境和经济下行的双重压力，吕梁行业协会应该大力培育发展社会中介组织，政府部门应鼓励支持，不要压制打击，让行业协会组织起一个桥梁和纽带作用。邓永明表示，吕梁存在的问题，省人大法制委将请示全国人大法制委员会，就行业协会立法，吕梁人大常委会还可以决定的方式出台文件，推动全市行业协会的健康发展，也可以政府的名义出台加强培育行业协会的意见。吕梁地方立法一定不要照抄照搬上位法的规定，根据吕梁具体的发展情况制定出切实可行的规定。郝月生表示，省人大常委会各位主任和专家的意见对吕梁人大启发很大，更加深对行业协会培育发展、规范监管、发挥作用如何通过立法保障和促进有清醒的认识，提供很好的意见和建议。他要求，各相关部门要把参会领导和专家的建议认真梳理，为市委、市政府培育发展行业协会等中介组织，为吕梁市理清立法思路，推动政府职能转变奠定基础，充分认识中介组织在社会市场经济建设中发挥的作用，通过立法给予保障规范发展促进，通过政府出台相关政策予以支持，为吕梁行业协会中介组织充分发挥作用提供良好的法律保障和政策保障。

**【市三届人大常委会第五次会议】**

8月23日，吕梁市三届人大常委会第五次会议举行第一次全体会议。市人大常委会主任郝月生，副主任孙晋军、梁来茂、卫成印、郭卫民、刘凯，秘书长王峰及委员共34人出席会议，符合法定人数。会议由卫成印主持。市政府常务副市长张广勇、市中级人民法院及检察院负责人等列席会议。会议先后听取市发改委负责人所作的关于2016年上半年全市国民经济和社会发展计划执行情况的报告；听取市财政局负责人所作的关于上年市本级财政决算和2016年上半年全市预算执行情况的报告、关于2016年市本级预算调整方案（草案）的报告；听取市审计局负责人所作的关于上年市本级预算执行和其他财政收支的审计报告；听取市卫计委负责人所作的关于全市基层卫生医疗机构服务能力建设情况的报告；听取市林业局负责人所作的关于全市核桃产业发展情况报告审议意见研究处理情况的报告；听取市房产局负责人所作的关于吕梁市区物业管理工作情况报告审议意见研究处理情况的报告；听取市人民检察院负责人所作的关于全市人民检察院反贪污贿赂工作情况报告审议意见研究处理情况的报告。8月25日，市三届人大常委会第五次会议举行第二次全体会议。市人大常委会主任郝月生，副主任孙晋军、梁来茂、卫成印、郭卫民、刘凯，秘书长王峰及委员共33人出席会议，符合法定人数。会议由郭卫民主持。副市长李建国，市中级人民法院院长史红波，市人民检察院检察长宁建新等列席会议。会议表决通过市人大常委会《关于批准2015年市本级财政决算的决议》《关于批准2016年市本级预算调整方案的决议》；会议分别对市政府关于全市核桃产业发展情况报告审议意见研究处理情况的报告、关于吕梁市区物业管理工作情况报告审议意见研究处理情况的报告和市人民检察院关于全市人民检察院反贪污贿赂工作情况报告审议意见研究处理情况的报告进行满意度测评。

**【市三届人大常委会第六次会议】**

10月26日，市三届人大常委会第六次会议举行第一次全体会议。市人大常委会主任郝月生，副主任孙晋军、梁来茂、郭卫民、刘凯，秘书长王峰及委员共30人出席会议，符合法定人数。会议由梁来茂主持。副市长李俊平，市人民检察院检察长宁建新，市政府秘书长梁斌，市中级人民法院负责人等列席会议。会议先后听取市人民政府副市长李俊平所作的关于全市大中型水库和灌区建设管理情况的报告；听取市教育局局长康二平所作的关于全市农村义务教育工作情况的报告；听取市司法局局长王唐成所作的关于全市社区矫正工作情况的报告；听取市财政局副局长耿万林所作的关于2016年市本级财政预算第二次调整方案(草案)的报告和关于市城市基础设施建设基金投资项目政府购买服务费用纳入财政预算的报告；听取市民宗局局长王香保所作的关于全市宗教事务管理工作情况的报告；听取市新区办主任刘小栋所作的关于吕梁新区拆迁户安置房建设及相关设施配套工作情况的报告；听取市发改委主任权威所作的关于全市转型综改实验区建设情况报告审议意见研究处理情况的报告；听取市人大常委会委员、人事代表工委主任李海珠所作的关于《吕梁市人大代表闭会期间依法履职的实施办法(草案)》的说明；听取市人民政府秘书长梁斌所作的关于《吕梁市柳林泉域水资源保护条例(草案)》的说明；听取市人大常委会副主任孙晋军所作的《关于接受史红波辞职请求议案》的说明和《关于提名杨泽民任职议案》的说明；听取市人民检察院检察长建新所作的《关于提名薛金生等任免职务议案》的说明；听取拟任命人员所作的供职发言。10月26日下午，市三届人大常委会第六次会议举行第二次全体会议。会议对全市大中型水库和灌区建设管理情况的报告进行了专题询问。市人大常委会主任郝月生，副主任孙晋军、梁来茂、郭卫民、刘凯，秘书长王峰及委员共30人出席会议，符合法定人数。会议由刘凯主持。副市长李俊平，市人民检察院检察长宁建新，市中级人民法院负责人列席会议。询问环节，马冰英、李媛、武守良、薛太润等委员围绕全市大中型水库灌溉面积的萎缩，涉水规整的收取、管理，使用涉水建设相关政策的落实，水利项目的规划、立项及建设保障，水源地的管理保护等问题询问。市水利局、发改委、财政局、横泉水库管理局、文峪河水库管理局等相关部门负责人对所提问题回应。李俊平代表市政府表示，加强水利项目管理工作，明确工作重点，定期进行整改；认真采纳委员们的建议、意见，将其落实到各级各部门各单位；通过此次询问，举一反三，建立长效机制，开创水库和灌区建设管理工作新局面。10月27日下午，市三届人大常委会第六次会议举行第三次全体会议。市人大常委会主任郝月生，副主任孙晋军、梁来茂、郭卫民、刘凯，秘书长王峰及委员共34人出席会议，符合法定人数。会议由郭卫民主持。市人民检察院检察长宁建新、市政府秘书长梁斌、市中级人民法院负责人等列席会议。会议表决通过吕梁市人大常委会任免名单（草案）；听取市人大常委会副主任孙晋军所作的《关于提请杨泽民为吕梁市中级人民法院代理院长决定议案》的说明；之后会议就地审议《关于提请杨泽民为吕梁市中级人民法院代理院长决定（草案）》议案及说明，表决通过《关于提请杨泽民为吕梁市中级人民法院代理院长决定（草案）》，决定任命杨泽民为吕梁市中级人民法院代理院长，郝月生为杨泽民等新任命人员颁发任命书，随后举行新任职人员向宪法宣誓仪式。会议还表决通过了《关于批准2016年市本级财政预算第二次调整方案的决议（草案）》《关于批准市城市基础设施建设基金投资项目政府购买服务费用纳入财政预算的决议（草案）》《吕梁市人大代表闭会期间依法履职的实施办法(草案)》;对市人民政府关于全市转型综改试验区建设情况报告审议意见研究处理情况的报告进行满意度测评。会上，郝月生就贯彻落实此次会议精神提出6点意见：开创大中型水库和灌区建设管理的新局面；做好吕梁新区拆迁户安置房建设的各项后续工作；实现农村义务教育工作的新突破；推动社区矫正工作依法有序、规范高效开展；加强和改进宗教事务管理工作；落实《关于市人大代表闭会期间依法履职的实施办法》。郝月生强调，立法是地方人大的重要职责，此次会议对《柳林泉域水资源保护条例（草案）》进行初审，相关机构要本着科学立法、民主立法的原则，结合市人大常委会组成人员的审议发言，继续深入调研和征求意见，做好《草案》的修改完善。他要求，市政府及有关单位落实政府性债务管理和风险预警的相关政策规定，加强资金使用的监督管理，着力提高资金的使用效益。郝月生强调，学习培训是人大常委会履行职责的基础性工作，市人大常委会全体组成人员要在中共吕梁市委的坚强领导下，加强和改进监督工作，运用在浙江大学履职能力培训的学习成果引领和推进人大工作，为“塑造吕梁美好形象，实现吕梁振兴崛起”发挥正能量，做出新贡献。

【市三届人大常委会第七次会议】

11月10日，吕梁市三届人大常委会召开第七次会议。市人大常委会主任郝月生，副主任孙晋军、卫成印、郭卫民、刘凯，秘书长王峰及委员共36人出席会议，符合法定人数。会议由郝月生主持。市委常委、组织部长、统战部长秦书义参加会议。在第一次全体会议上，审议并通过市三届人大常委会第七次会议《选举办法（草案）》，讨论省十二届人大代表候选人名单（草案）。在随后举行的第二次全体会议上，补选出省委书记骆惠宁、省委常务副秘书长张瑞鹏为山西省第十二届人民代表大会代表。

【市三届人大常委会第八次会议】

11月24日，市三届人大常委会召开第八次会议。市人大常委会主任郝月生，副主任卫成印、郭卫民、刘凯，秘书长王峰及委员共32人出席会议，符合法定人数。会议由郭卫民主持。市中级人民法院代院长杨泽民，市人民检察院检察长宁建新，市政府秘书长梁斌等列席会议。会议听取市人大法制委员会负责人所作的关于《吕梁市柳林泉域水资源保护条例（草案）》修改情况及审议结果的报告；听取市人民政府秘书长梁斌所作的关于《吕梁市城市绿化条例(草案)》的说明；听取市人大常委会法工委负责人所作的关于《吕梁市城市绿化条例（草案）》研究情况的报告。就审议好两部《条例（草案）》，郝月生指出，《吕梁市柳林泉域水资源保护条例》作为吕梁市的第一部实体性地方法规，牵涉影响面大，社会关注度高。市人大常委会对条例的制定高度重视，采用三次审议提请表决的程序。各位常委会组成人员要本着审慎严肃、高度负责的态度，做好第二次审议，提出完善意见，确保通过高质量的立法，起到保护柳林泉域水资源的作用。制定《吕梁市城市绿化条例》，既是落实市委的重大决策部署，也是造福后代、事关全市的重大民生工程，也是人大围绕中心、服务大局，发挥立法在社会治理现代化中引领推动作用的重要体现。结合吕梁实际，根据缓急轻重，市人大常委会启动《吕梁市城市绿化条例》立法工作，各位组成人员认真审议，确保高质量立法，切实支持政府做好相关方面工作。郝月生强调，行使立法职权是市人大的一项全新任务，树立立法为民、民主立法的意识，坚持党委领导、法制统一、结合实际的原则，强化工作创新，充分运用立法咨询专家库、基层立法联系点等渠道，吸收法律专家、专业律师、精通法律的人大代表参与，通过不同形式的专门会议，借鉴各地好经验，吸纳相关部门参加等方式，提高立法能力和水平。按照安排，会议对两部《条例（草案）》进行分组审议。

**【市第三届人大常委会第九次会议】**

12 月 26 日，吕梁市第三届人大常委会第九次会议举行第一次全体会议。市人大常委会主任郝月生，副主任孙晋军、郭卫民、刘凯，秘书长王峰及委员共 32 人出席会议，符合法定人数。刘凯主持会议。市委常委、常务副市长张广勇及市中级人民法院、市人民检察院相关负责人等列席会议。会议先后听取市人大常委会民侨工委负责人所作的关于检查《中华人民共和国旅游法》和《山西省旅游条例》实施情况的报告；听取市煤炭局负责人所作的关于全市煤矿安全生产工作情况的报告；听取市扶贫开发服务中心负责人所作的关于全市产业扶贫和易地扶贫搬迁情况的报告；听取市科技局负责人所作的关于全市科技创新工作情况报告审议意见研究处理情况的报告；听取市人大法制委员会负责人所作的关于《吕梁市柳林泉域水资源保护条例（草案）》修改情况及审议结果的报告、关于《吕梁市城市绿化条例（草案）》修改情况及审议结果的报告；听取市人民政府常务副市长张广勇所作的《关于提名免去王海东职务议案》的说明、《关于提名耿万林等任免职务议案》的说明。随后，听取拟任职人员所作的供职发言。12 月 27 日，吕梁市第三届人大常委会第九次会议举行第二次全体会议。市人大常委会主任郝月生，副主任孙晋军、郭卫民、刘凯，秘书长王峰及委员共 33 人出席会议，符合法定人数。孙晋军主持会议。市委常委、常务副市长张广勇、市中级人民法院代院长杨泽民及市人民检察院有关负责人等列席会议。会议表决通过市人大常委会任免名单（草案），决定任命耿万林为市财政局局长、靳东征为市住建局局长、贾誉为市卫计委主任，郝月生为耿万林、靳东征、贾誉颁发任命书，随后举行新任职人员向宪法宣誓仪式。会议表决通过《吕梁市柳林泉域水资源保护条例（草案）》；表决通过《吕梁市城市绿化条例（草案）》。会议还对市政府关于全市科技创新工作情况报告审议意见研究处理情况的报告进行满意度测评。

## 政务决策

**【“冬季行动”】**

2016年1月6日，吕梁市召开“冬季行动”推进大会，会议强调按照“新布局、新发展、新形象”总体要求迅速掀起“冬季行动”工作热潮。市长王立伟在会上强调5项要求10项重点工作。王立伟市长强调，按照5项要求部署，推进“冬季行动”。按照“新布局、新发展、新形象”总体要求，集中力量研究出台一批推进的政策措施。对“8+2”农业产业化、铝工业发展等关系全市发展大局的重点工作作出部署，出台政策，科学布局。以脱贫攻坚为主战场，开展脱贫攻坚系列活动。各级领导干部深入开展调研行动，形成扶、助、帮、兜底等指导各项脱贫攻坚工作的具体方案。以群众诉求为导向，解决一批关系群众切身利益的实际困难和问题。破解教育资源分散、农业龙头企业和农户贷款难、主城区拥挤滞后等难题。以项目为抓手，开展招商引资系列活动。加大招商引资力度，引项目、引资金、引技术。以安全发展和廉洁发展为基本要求。引深“六权治本”工作，抓好安全生产，做到廉洁发展。王立伟市长强调，推进“冬季行动”，各级各部门要从10方面重点工作关键环节入手，选准突破口和切入点，倒排时间倒排工期，压茬推进。深化脱贫攻坚十大行动计划。围绕经济林提质增效、护工护理培训、光伏扶贫等脱贫攻坚的十大行动，调查研究，明确实施重点，出台行动计划，加以推进。推进铝工业壮大行动计划。发挥吕梁市资源优势，结合电力体制改革，在拉长铝工业产业链条上下功夫，在壮大铝工业发展基础上求突破，尽快形成铝工业发展的长远规划和年度计划。加快主城区提质和新区建设行动计划。抓好居民安置、征地拆迁、公益基础设施建设3项工作，使其成为“冬季行动”的排头兵、先行官。实施教育、卫生、文化资源的利用整合行动计划。加快教育、文化、卫生等现有资源的整合，加快破解发展难题，推进社会事业发展。实施经济开发区和各类园区的提档升级行动计划。根据工作实际，狠抓技改提升产业档次，“腾笼换鸟”淘汰落后产能，上大上新引领园区发展，引进更多国内外、行业内的尖端项目、优秀企业。打赢棚户区改造、采煤沉陷区治理、易地扶贫搬迁3场硬仗行动计划。棚户区改造、沉陷区治理重点抓入住，易地扶贫搬迁重点抓土地利用规划、城市整体规划的制定。推动金融创新和化解金融风险行动计划。统筹利用金融杠杆，形成推动经济社会发展的具体操作办法。推进清香型酒工业基地建设行动计划。加快推进中汾酒业与汾酒集团的实质合作，实现酒工业与市场建设、文化旅游等的有效融合。推进“吕梁好风光”休闲旅游行动计划。发展文化旅游、健康养老产业，打响吕梁品牌，展示吕梁形象。实施项目起底推进行动计划。对全市所有重大项目进行“回头看”大起底，采取有针对性的政策措施，加快推动项目建设。在做好十项重点的基础上，要根据工作实际，铺开其他重点工作，引深“冬季行动”。

【全市经济工作会议】

2月3日，吕梁市召开全市经济工作会议，市长王立伟在会上指出年内全市就经济工作要突出抓好7方面工作。凝聚合力、持续发力，加速推进新型城镇化。加快新区建设，统筹推进中心城市发展；实施过境公路改线工程，缓解市区和县城扩容压力；以创建卫生和园林城市“双创”为抓手，提升城市发展品质；以建设智慧城市和海绵城市为抓手，全面创新城市管理；加快发展城乡便捷的道路交通网；加强城乡供水体系建设；推进气化吕梁建设；加快棚户区改造和采煤沉陷区治理。以电力体制综合改革为突破口，打造新的经济增长极。加快电厂建设，推进电力体制综合改革试点工作，加大电力招商引资力度，全面加快煤电铝一体化发展，推动煤焦化等传统产业稳定发展，培育壮大新兴接替产业。以旅游商贸物流为重点，培育区域服务业新优势。加快旅游业发展提档升级，促进现代服务业加速发展。以项目建设为抓手，增强发展新动力。加快重点领域投资和重大项目建设，完善项目推进机制，实施金融创新、科技振兴和民营经济发展“三大突破”，加快对外开放步伐，培育外贸竞争新优势，提高开放型经济新水平。以生态环保和安全生产为抓手，增强可持续发展能力。加强环境治理，推动低碳循环发展，改善生态环境；狠抓安全生产不动摇，树牢安全发展理念，落实安全生产责任，深化安全隐患排查整治，加强依法治安和基层基础工作，促进全市安全生产形势持续稳定好转。举全市之力、集全民之智，打赢脱贫攻坚战。提高思想认识，加强组织领导，发挥第一书记和驻村工作队员的管道作用，严加考核，确保精准帮扶责任全面落实。以冬季行动为契机，抓好各项工作落实。

【新区安置和市区重点项目建设工作】

5月24日，吕梁市召开新区安置暨市区重点项目百日大会战动员会，市长王立伟就新区安置和市区重点项目建设工作强调3点意见。正视突出问题，增强政治责任感，打响新区安置和市区重点项目百日大会战。正视新区安置进展缓慢、征地拆迁困难、机制不健全、重点项目手续不完善、资金到位不及时等严重影响城市建设推进的因素，积极、主动开展工作。突出重点，攻坚克难，坚决打赢新区安置和市区重点项目百日大会战。以回迁安置为重点、征地拆迁为突破、项目融资和手续办理为保障、重点项目建设为支撑，开展新区安置区建设、安置配套工程、市区重点项目、棚户区改造、征地拆迁、项目融资“六大攻坚战”。紧扣目标任务，坚持“三干三战”，掀起百日大会战高潮。坚持问题导向干，对照清单，建立台账，挂图作战，一个问题一个问题解决，一项工程一项工程推进；坚持领导带头干，离石、方山两县党政主要负责人是第一责任人，县区四大班子领导包点包事、分工分组，严格落实包联责任，带头沉下去抓矛盾、抓落实，市直相关部门“一把手”靠前站位，主动作为，做好业务范围内涉及新区建设项目审批手续办理、拆迁、安置、融资等事项，全力加快各自承载的新区建设项目进度；坚持合力攻坚干，市县两级、条块之间、部门之间强化一盘棋的思想，心往一处想，劲往一处使，形成合力攻坚的态势；坚持信息化作战，利用现代信息化手段，加快形成高效率、快节奏的城市建设推进机制，建立各个层面的城市建设微信群，利用新区建设微信群商洽工作，推动工程项目建设进度，建立重大城建项目“3个24小时直通车”制度，即重大问题24小时内向市政府主要领导和分管领导报告，市政府主要领导或分管领导24小时内批示到县区及相关部门，县区和相关部门要在24小时内提出解决意见；坚持依法依规作战，规划先行压茬推进，完善项目手续，坚持质量安全第一；坚持责任倒逼作战，把纪律和规矩挺到前面，通过严肃法纪，整肃作风，以严格的问责追责倒逼工作责任落实。

【全市扶贫攻坚推进会】

8月18日，吕梁市召开全市脱贫攻坚推进会，市长王立伟就全市脱贫攻坚强调9方面的重点工作。一是突出种养加特色产业扶贫这个根本，稳定增加贫困农民经营性收入。以发展种养加特色产业为重点，推进产业扶贫，围绕“一县一业”“一村一品”发展种养业，围绕带动贫困农户增收培育壮大农产品加工龙头企业；以拓宽农产品销售渠道为重点，加快市场体系建设；以推动农企双赢为目标，鼓励支持企业参与产业扶贫；以促进贫困群众增加收入为目的，加快乡村旅游产业发展。二是坚持以生态建设统筹脱贫攻坚，在“一个战场”上打好脱贫攻坚、生态治理“两个攻坚战”。探索完善增绿致富双赢、精准扶贫到户、专群结合机制、造林管护并重四大机制，抓好城市周边可见山体绿化、退耕还林、宜林荒山绿化、经济林产业脱贫、水土流失综合治理五大行动。三是啃下易地移民搬迁这块“硬骨头”，改善贫困群众生产生活条件。易地扶贫搬迁要突出充分尊重群众意愿、精确瞄准搬迁对象两个重点，把握建设标准、补助标准两个关键，处理好贫困户与非贫困户、移民搬迁与后续发展两个关系，确保贫困群众搬得出、稳得住、能致富。四是打好吕梁山护理护工培训、光伏扶贫和经济林提质增效3张品牌，拓宽贫困群众增收渠道。抓好护工护理就业培训，增加贫困群众工资性收入；抓好光伏扶贫项目建设，增加贫困人口资产性收入；抓好经济林提质增效，增加贫困人口经营性收入。五是抓好社会兜底脱贫这个保障，消除致贫因素。把提高贫困地区教育水平放在突出位置，加强医疗保险和医疗救助，抓好社会保障兜底脱贫。六是以基础设施和公共服务工程为着力点，增强贫困地区发展能力。重点抓好交通扶贫，加快推动气化、电力、信息扶贫，做好农村两轮“五个全覆盖”和“便民六件实事”回头看，稳固全覆盖成果，为贫困群众发展生产增收脱贫创造条件、奠定基础。七是以动员社会力量合力攻坚为重点，构建专项扶贫、行业扶贫、社会扶贫“三位一体”的大扶贫格局。整合各方面力量推动扶贫工作，充分发挥包村领导、第一书记和驻村工作队三支扶贫力量的管道作用，统筹安排，全面覆盖，明确责任，以“五个落实”为切入点，精准实施好“六个一”帮扶工作任务。八是以精准扶贫、精准脱贫为核心，抓好挂图作战和痕迹管理。实施挂图作战，为打赢全市脱贫攻坚战提供施工图和时间表，推进痕迹管理，加快建立“市有库、县有账、乡有档、村有册、户有簿”精准脱贫信息管理大数据平台；全面把握“一张图”内涵，既要制作大图，又要制作出若干小图，全程精准记录市、县、乡、村、户脱贫攻坚痕迹，确保精准扶贫的各项政策措施到村到户到人。九是以保障脱贫攻坚战顺利推进为目标，狠抓脱贫攻坚各项措施落实。健全组织领导机制、扶贫投入机制、扶贫资金和项目监管机制，建立群众参与机制，健全督促检查、考核奖惩机制。

## 重要会议

【市政府常务会议】

2016年1月20日，市长王立伟主持召开市政府2016年第1次常务会议，研究《吕梁市人民政府工作规则》《吕梁市人民政府重大行政决策实施办法》，研究2016年度国民经济和社会发展主要指标，讨论经济工作会上的讲话等。

2月24日，市长王立伟主持召开市政府第2次常务会议，研究部署加强安全生产、推进健康服务业发展等工作。副市长李俊平、李建国、杨巨才，市委常委、副市长王海东、竟晖，市政府梁斌秘书长等参加。

4月14日，市长王立伟主持召开市政府第4次常务会议，研究讨论《政府工作报告》（讨论稿）、《吕梁市国民经济和社会发展第十三个五年规划纲要》（讨论稿）和《2015年国民经济和社会发展计划执行情况与2016年国民经济和社会发展计划草案的报告》（讨论稿）、《2015年全市和市本级预算执行情况与2016年全市和市本级预算草案的报告》（讨论稿）、《吕梁山片区光伏扶贫"十三五"规划》（讨论稿）、《吕梁市城市公交运营体制改革实施方案》以及驻市省人大代表建议办理责任分解等事宜。

5月13日，市长王立伟主持召开市政府第6次常务会议，研究讨论"迎老乡、邀客商、兴吕梁"招商活动相关事宜。

5月23日，市长王立伟主持召开市政府第7次常务会议，研究部署吕梁新区安置和城市建设重点工程百日大会战、城市公交运营体制改革、吕梁山护工护理培训、电子商务暨电商扶贫等工作。市委常委、常务副市长张广勇，副市长李俊平、李建国，市长助理李月勤，市政府秘书长梁斌等参加会议。

6月8日，市长王立伟主持召开市政府第8次常务会议，研究市区扬尘污染整治等环境保护、"迎老乡邀客商兴吕梁"招商活动、国有林场改革、推进残疾人小康进程等事宜。市委常委、常务副市长张广勇，副市长李俊平、李建国、杨巨才，市委常委、副市长竟晖，市政府党组成员、公安局党委书记李安林，市政府秘书长梁斌等参加会议。

7月6日，市长王立伟主持召开市政府第9次常务会议，传达学习省委书记骆惠宁在中村煤业透水事故现场的重要讲话精神，研究重特大疾病医疗救助、政府购买棚户区改造服务等工作。

9月19日，市长王立伟主持召开市政府第11次常务会议，研究通过《吕梁市人民防空工程建设总体规划》，批准正式施行。

11月18日，市长王立伟主持召开市政府第13次常务会议，学习传达楼阳生代省长在省政府第十次全体（扩大）会议上的重要讲话精神，研究讨论妇女儿童发展"十三五"规划、治理拖欠农民工工资问题、柳林泉域水资源保护、强化政务督查问责、落实省政府"13710"工作制度等事宜。

12月16日，市长王立伟主持召开市政府第15次常务会议，传达学习国务院《"十三五"脱贫攻坚规划》、中央及省有关安全生产、环境保护重要精神，研究部署吕梁市安全生产、铁腕治污行动、信用体系建设、开发区改革创新发展等工作。

**【市长办公会】**

9月29日，市长王立伟主持召开市长办公会，认真学习市第四次党代会精神，就贯彻落实党代会精神及近期重点工作进行安排部署。会议要求，政府系统各级党组织和广大党员干部要认真学习贯彻落实市第四次党代会精神，要吃清吃透书记王清宪的报告精神，把大会提出的"围绕一个目标，扭住五大重点，实施三力引领"总体思路，体现到具体行动上，落实在具体工作中，塑造吕梁美好形象。

10月28日，市长王立伟主持召开市长办公会，研究讨论市区集中供热特许经营、公路基础设施、标准化建设、造林绿化等事宜，安排部署脱贫攻坚及当前重点工作。王立伟强调，进入四季度，各项任务十分艰巨。各级各部门要对全年目标任务进行一次梳理，查找差距、落实责任，抓住关键环节，采取有力措施，落实市委、市政府的重大部署，坚决完成好全年目标任务，提前谋划好明年工作，开创经济社会发展新局面。

【市广电新闻中心规划建设协调会】

10月25日，市委常委、常务副市长张广勇召集市委宣传部、市发改委、市国土局、市财政局、市新区办、吕梁电视台、吕梁日报社等部门负责人就市广电新闻中心选址、规划、设计等事宜进行安排部署。会上，吕梁电视台、吕梁日报社汇报广电新闻中心项目的规划建设设想，市发改、国土、财政、新区办等部门负责人就广电新闻中心前期筹备及推进情况提出意见和建议。根据吕梁新区发展规划，市政府初步考虑启动广电新闻中心建设项目，项目选址目前拟定于新区便民服务组团，规划为吕梁新区纬十九路以北、北川河以东，用地面积约190余亩。听取相关部门汇报后，张广勇指出，广电新闻中心作为吕梁新区的标志性建筑，规划设计要按照能用实用适度超前的原则，严格遵守项目的政策、程序和规定，确定建筑面积；由规划局牵头，新区办配合，电视台、报社参与，因地制宜，做好建筑的形象设计方案；考虑电视台和报社技术方面需求的基础上，聘请国内专业的技术专家，搞好前期规划。张广勇强调，新区办作为广电新闻中心项目的推进主体，要积极协调各单位争取在年前确定设计方案，办理相关手续，确保项目推进。

## 政务督查

【大气污染防治行动计划情况核查】

2016年1月26日，省政府核查组对吕梁市2015年度贯彻落实大气污染防治行动计划情况进行核查。2015年，吕梁市完成省政府下达的大气污染防治考核指标34个，完成国家确定的考核指标24个。吕梁市区环境空气质量达标天数为290天，同比增加24天，全年优良率79.5%，空气质量综合指数为6.0，同比下降11.2%，全省11个重点城市排名第二。在听取吕梁市的情况汇报后，核查组对吕梁市贯落实大气污染防治行动计划中所取得的成效给予肯定，希望吕梁市调整产业结构，改善能源利用结构，优化发展环境，打好大气污染防治的持久战和攻坚战，为吕梁经济社会转型发展提供环境支撑。

【2014—2015年度消防工作考核】

3月3日，省政府消防工作考核组对吕梁市2014—2015年度消防工作情况进行考核，并召开责任目标考核工作汇报会。副市长杨巨才出席会议。会上对吕梁市2014—2015年度消防工作开展情况进行汇报。听取有关汇报后，考核组指出，消防安全问题人人有责，吕梁要以此次考核为契机，加强基层消防安全基础工作，深入了解、掌握全市消防工作情况，总结经验做法，发现突出问题，认真研究对策，为全市社会经济建设提供有力保障。杨巨才指出，吕梁市消防工作在落实消防安全责任、经费保障投入、火灾隐患整治等方面做有效的工作，成效显著。对考核组提出的意见和建议，各部门明确整改目标和努力方向，做好整改。

【职业教育发展】

3月23日，省督察组听取吕梁市职业教育发展情况汇报，省财政厅副厅长常国华、市长助理李月勤参加汇报会。汇报会上，督察组听取吕梁市职业教育的基本情况，给予肯定，对吕梁市相关学校的基本情况进行了解。会议要求，各相关单位、学校一定要抓紧补充、补齐汇总资料，认真贯彻《关于加快发展现代职业教育的实施办法》和《吕梁市职业教育十三五建设规划(2016—2020年)》的要求,全面落实省、市职教工作会议精神,全方位做好职教宣传工作;加强领导、落实经费、强化督导,形成适应发展需求、产教深度融合、中职高职衔接、职业教育与普通教育相互沟通、体现终身教育理念、结构规模更趋合理、办学内涵更加深厚、符合吕梁市情的现代职业教育体系。督察组一行还到离石高级职业中学、吕梁卫校、离石师范学校、中阳县的部分学校进行实地调研。

**【煤矿依法合规安全生产】**

4月14日,省政府稽察特派员王华带队的省政府督察组就煤矿依法合规安全生产落实情况对吕梁市进行督察。市政府梁斌秘书长参加汇报会。根据《山西省人民政府办公厅关于加强全省煤矿依法合规安全生产的紧急通知》(晋政办发电〔2016〕8号)以及省煤炭工业厅《关于全省煤矿依法合规严格按照新确定生产能力组织生产的通知》(晋煤行发〔2016〕267号)精神,吕梁市上下进行安排部署,通过各级各部门努力,取得较好的成绩。汇报会上,督察组对吕梁市煤矿依法合规安全生产工作取得的成绩给予肯定,对下一步工作提出具体要求。督察组要求,吕梁市分管领导一定要高度重视煤矿依法合规安全生产问题,汇报资料不足的企业完善、补充,企业和有关单位要实事求是提出具体困难,凝聚力量、齐抓共管,确保煤矿依法合规安全生产落实到位。

**【新能源汽车发展】**

4月22日,省交通厅道路运输管理局局长杨吉平带队的督查组就新能源汽车发展情况到吕梁市督查。市委常委、副市长竟晖参加汇报会,市直相关成员单位负责人参加会议。会上,吕梁市汇报开展推进新能源汽车发展的情况。在听取汇报后,督察组对吕梁市新能源汽车的发展工作给予肯定,提出意见和建议。也希望吕梁市按照省委、省政府的要求,推广新能源汽车的发展;加快新能源汽车配套设施的建设;合理推进公交车、出租车、私家车的有效发展;宣传落实新能源汽车发展的扶持政策。竟晖要求,各部门吸纳督查组的意见和建议,加强组织领导,上下联动,明确职责和任务。抓好工作重点,根据吕梁市区位优势、资源优势进行招商引资,对落户吕梁市的公司进行认证评估,给予优惠政策。要把省、市出台的扶持政策宣传,坚决落实到位,学习太原发展新能源汽车的成功经验,把吕梁市新能源汽车发展好。

**【重大交通安全隐患路段督导检查】**

5月6日,省道路交通安全领导小组第二联合督导组近日在吕梁市对岚县S313线137—143KM重大交通安全隐患路段进行实地督导检查,推进预防重特大道路交通事故专项整治行动顺利展开。督导检查中,省督导组详细听取吕梁公路分局关于岚县S313线137—143KM重大交通安全隐患路段的整改情况汇报,市公安局交警支队对安装警示牌、黄闪灯、减速带等工作作说明。督导组要求吕梁公路分局要尽快制订科学有效的工作实施方案,在8月底将该路段安全隐患整改完毕,消除安全隐患,确保不发生道路交通事故。市公安局交警支队要积极配合公路部门,制订针对性、有效性整改对策,确保此路段的通行安全。加大安全隐患排查治理工作力度,把工作重点放在整治上,把主要任务放在抓落实上,做到隐患排查不留死角,整改不留缝隙。

**【省棚户区改造工作督查组到吕梁市督查】**

5月19日,由省安投公司董事长梁晓军带领的省棚户区改造工作督查组到吕梁市督查。市委常委、常务副市长张广勇汇报吕梁市棚户区改造工作情况。市发改委、财政局、住建局等部门有关负责人参加汇报会。

【煤矿依法合规安全生产督查】

5月25日，国家督查组一行到吕梁市就“五一”煤矿停产放假和落实276个工作日制度依法合规安全生产情况进行督查。副市长杨巨才参加汇报会。

【水资源管理制度工作考核】

6月4日，水利部总规划师张志彤带队，对吕梁市上年落实最严格水资源管理制度情况进行年度考核，副市长李俊平陪同检查。检查组一行查阅吕梁市、汾阳市两级政府上年实行最严格水资源管理制度工作相关资料，现场查看了重点用水户杏花村汾酒厂股份有限公司、晋能集团国峰电厂的取用水情况以及三川河开发利用水功能区圪洞水质监测断面，与市、县及重点取水企业主要负责人进行座谈交流。

【外贸稳增长政策措施落实督查】

6月14日，由山西省商务厅副厅长王来平率队的省督查组到吕梁市，就开展外贸稳增长政策措施落实情况进行督查指导。

【土地督察】

7月1日，在结束对吕梁市土地使用情况的全面督察后，国家土地督察北京局督察专员于孔让一行向吕梁市反馈督察情况。市长王立伟，市委常委、常务副市长张广勇，市政府梁斌秘书长等参加反馈会。于孔让指出，2016年以来，吕梁市委、市政府高度重视土地资源管理工作，执行土地管理工作的法律法规，依法用地管地意识增强，对违法用地整改力度大、抓得紧，取得成效。下一步，加大整改力度，对督察中发现的违法违规问题坚决查处整改到位；抓住土地调规机遇，解决遗留问题，提高集约、节约用地水平；切实完善土地管理使用体制机制，为加快发展提供保障。

【督查政府工作完成情况】

7月12日，省政府督查组到吕梁市，就2016年度上半年政府工作完成情况进行督查。市委常委、常务副市长张广勇参加汇报会。

【省“双打”办打击“土炼油”工作督查组到吕梁市督查】

8月3日，省“双打”办打击“土炼油”工作督查组来吕梁市检查指导工作。李建国副市长出席座谈会并就吕梁市“土炼油”专项整治工作作汇报。

【重大项目专项督查】

8月16日，以省科技厅巡视员郭春林为组长的督查组对吕梁市重大项目进行专项督查，副市长李建国出席会议并向督查组汇报吕梁市采煤沉陷区治理、产业扶贫、低热值煤发电、瓦斯换管、中铝基地建设5项重大项目推进情况。

【不动产统一登记工作督查】

9月13日，以省国土资源厅执法监察队队长葛建生为组长的省不动产统一登记工作督查组在吕梁市督导检查工作，听取吕梁市工作汇报。市委常委、常务副市长张广勇参加会议。

【省政府安全生产大检查督查组到吕梁市检查指导】

12月21日，省政府安全生产大检查督查组一行到吕梁市就2016年安全生产工作及重点行业领域监管进行检查指导，副市长杨巨才出席座谈会，市直相关单位负责人参加。

## 政务活动

【市政府与晋能集团光伏扶贫项目合作协议签约仪式】

2016年2月16日，吕梁市人民政府与晋能集团光伏扶贫项目合作协议签约仪式在太原迎泽宾馆举行。省人大常委会副主任、市委书记高卫东，副省长郭迎光，市委副书记、市长王立伟，市人大常委会主任郝月生，市政协主席刘云晨，市委副书记雷建国，市委常委、孝义市委书记马文革，市委常委、离石区委书记常书铭，副市长李俊平、李建国，市政府秘书长梁斌及省发改委、经信委、国资委、环保厅、国土厅、住建厅、扶贫办、林业厅、投资促进局、省电力公司等省直相关部门负责同志，晋能集团、中科光电控股公司负责人出席签约仪式。签约仪式上，王立伟和晋能集团董事长、党委书记王启瑞分别代表双方签字。交城县政府与中科光电公司也签订光伏扶贫合作协议。

**【煤炭产业基本情况及化解过剩产能工作座谈】**

3月8日，国务院发展研究中心资环所所长高世楫一行，就煤炭产业基本情况及化解过剩产能工作在吕梁市进行调研座谈。副市长杨巨才参加座谈会。座谈会上，调研组听取了吕梁市上年经济运行情况及煤炭产业发展现状、存在问题等的介绍，详细了解企业改革过程中存在的困难和问题，对意见和建议进行收集汇总和深层次研究。通过调研，调研组将把存在问题和建议向上汇报，帮助企业轻装上阵，推进经济转型发展。杨巨才指出，针对当前钢铁煤炭市场低迷，经济下行，企业压力越来越大的情况，坚持改革观念，将政府行政手段和市场手段相结合，更加注重运用市场化办法化解过剩产能；发挥企业的主体精神，优化产业结构，将化解过剩产能和企业优化升级相结合；将整体推进和重点突破相结合，下大决心、用大力气，多措并举推进“去产能”工作，加快建立化解产能过剩的长效机制，实现脱困发展。

**【王立伟到离柳焦煤集团公司调研】**

3月12日，市长王立伟深入离柳焦煤集团公司，实地了解企业生产经营状况，检查指导安全生产工作，现场研究解决困难问题。他强调，围绕“抓经营、促生产、保安全、稳运行”不放松，加强经营管理，促进集约高效生产，倒排时间节点，加快在建矿井投产达效，以煤为媒，通过金融创新、引进战略合作和企业重组，谋划长远发展。市委常委、孝义市委书记马文革，市政府秘书长梁斌等一同调研。

**【张广勇会见中基发展建设有限公司董事长崔文志】**

3月24日，市委常委、常务副市长张广勇在吕梁宾馆会见中基发展建设有限公司董事长崔文志一行。会见中，中基发展建设有限公司投资顾问简要介绍该公司拟在吕梁市投资建设“地下综合管廊”的意向说明。城市地下综合管廊，是指在城市地下用于集中敷设电力、通信、广电、给排水、热力、燃气等市政管线的公共隧道。城市综合管廊建设成为现代化基础设施建设的重要标志之一，有助于合理利用城市空间，提高城市综合承载力，带动城市投资，提高公共服务能力，助推新型城镇化发展。张广勇对崔文志一行的到来表示欢迎，介绍吕梁市基本情况。

**【高卫东王立伟会见太钢集团领导】**

2016年3月26日，省人大常委会副主任、市委书记高卫东，市长王立伟在太钢集团与公司董事长、党委书记李晓波，总经理高祥明就产业延伸、土地利用等事宜进行会谈。市委常委、常务副市长张广勇，市委常委、组织部长秦书义，市政府秘书长梁斌以及岚县县委、县政府领导参加会谈。

**【王立伟赴北京拜会中国铝业公司】**

3月26日，市长王立伟一行专程赴北京拜会中国铝业公司，对深度开发铝资源和发展高端铝型材加工业等进行了洽谈，就加快推进铝资源加工利用，建设全国重要的铝工业基地，实现铝资源产业转型升级、做大做强达成一致意见。中国铝业公司董事长葛红林，中国铝业公司副总经理、中铝股份公司总裁敖宏等会见，副市长李建国，晋能电力集团董事长冯培一，市政府秘书长梁斌等一同拜会。

【王立伟赴太原拜访国家开发银行山西分行、中国农业发展银行山西分行】

4月11日，市长王立伟赴省城太原专程拜访国家开发银行山西分行、中国农业发展银行山西分行两家金融机构，分别与国家开发银行山西分行行长周炼、中国农业发展银行山西分行行长刘文平座谈交流、洽谈合作事宜，为吕梁市重点项目建设寻求金融支持。政银双方均表示，充分发挥各自优势，在更高层次、更宽领域加强合作，共同开辟更为广阔的发展空间。国开行山西分行副行长王柱，农发行山西分行副行长尹继君，市委常委、副市长竟晖，市政府秘书长梁斌，市住建、规划、房产、财政、金融中心、国投公司以及离石区、方山县等有关方面负责人参加相关活动。

【省国开行行长周炼在吕梁市调研】

4月19日，国家开发银行山西省分行行长周炼到吕梁市，就吕梁新区、棚户区改造、脱贫攻坚等重点项目进行调研，表示要坚定不移支持吕梁新区等基础设施建设，为老区脱贫攻坚、加快发展做出积极贡献。市长王立伟陪同调研并与周炼一行进行座谈。省国开行副行长高长青，市委常委、副市长竟晖，市政府秘书长梁斌等参加相关活动。

【王立伟会见中城建三局党委书记、中阳东山过境公路建设责任公司董事长李岩】

5月11日，市长王立伟会见中城建第三工程局党委书记、中阳东山过境公路建设责任公司董事长李岩一行，双方就深入推进中阳东山过境公路项目进行交流。市政府秘书长梁斌参加会见。

【市政府与农发行山西分行、建行山西分行、中行山西分行签订战略合作协议】

5月13日，市政府分别与农发行山西分行、建行山西分行、中行山西分行签订战略合作协议。省人大常委会副主任、市委书记高卫东出席签约仪式。市长王立伟致辞。农发行山西分行行长刘文平，建行山西分行行长尚朝辉，中行山西分行行长刘旭伟分别参加签约仪式。根据战略合作协议，省农发行将向吕梁市基础设施建设、采煤沉陷区治理、重点农业产业发展等领域提供109.3亿元贷款。建行吕梁分行与吕梁市9个项目单位进行现场签约，中行吕梁分行与12个项目单位现场签约。

【何建中在吕梁市调研交通扶贫工作】

5月21日，交通运输部副部长何建中在市长王立伟的陪同下，深入吕梁市临县、兴县就交通扶贫工作进行调研。他强调，认识交通扶贫工作的重要性和艰巨性，以项目为抓手，紧扣工作重点，打造“外通内联、通村畅乡、班车到村、安全便捷”的交通运输网络，为贫困群众早日脱贫提供强力支撑。省交通运输厅厅长李正印，副市长李建国，市政府秘书长梁斌等一同调研。

【李小鹏调研帮扶联系企业】

5月22日，省长李小鹏在市委书记王清宪、市长王立伟等的陪同下，深入帮扶联系企业孝义大象农牧集团进行调研，协调解决企业生产经营中遇到的困难和问题。省政府秘书长廉毅敏、省发改委主任王赋、省财政厅厅长武涛、省金融办主任郭保民、省农业厅厅长关建勋，市委常委、孝义市委书记马文革，市政府秘书长梁斌等一同调研。

【欧青平在吕梁市调研脱贫攻坚工作】

5月24日至25日，国务院扶贫办副主任欧青平在市长王立伟的陪同下，先后到吕梁市汾阳、离石、方山等地，重点就光伏扶贫、易地扶贫搬迁等进行调研，肯定吕梁市光伏扶贫筹资、建设、管理、分配的机制和模式，要求为全国光伏扶贫现场推进会在吕梁市召开做好准备。省扶贫办主任刘志杰、国务院扶贫办规划财务司副司长杨炼、副市长李俊平、市政府秘书长梁斌等一同调研。

**【王清宪、王立伟与中铝公司客人座谈】**

5月24日，市委书记王清宪、市长王立伟与中国铝业公司副总裁许波就加快推进中铝公司兴县电解铝项目进行座谈。副市长杨巨才、市政府秘书长梁斌、山西中铝华润有限公司董事长吴智明、中铝山西分公司总经理王龙章参加座谈。

**【王立伟赴延安市考察城市建设及棚户区改造】**

6月6日至7日，市长王立伟带领市新区办、发改、住建、规划及离石区、方山县等有关方面负责人，专程赴1987年就与吕梁市缔结为友好城市的陕西省延安市，深入宝塔区、延安新区、延川县等地考察学习城市建设、棚户区改造等工作。延安市市长梁宏贤、副市长刘景堂、市政府秘书长白小平等陪同考察。市委常委、常务副市长张广勇，市政府秘书长梁斌等一同考察。

**【王立伟赴天津市武清区考察调研】**

6月12日，为做好“迎老乡邀客商兴吕梁”招商活动和承接东部加工贸易产业转移工作，市长王立伟专程赴天津市武清区考察调研，学习武清区在京津冀协同发展中主动承接首都功能疏解产业转移的经验做法、措施路径，深入洽谈了解可向吕梁转移的项目产业，接触有关方面进行招商引资。武清区高度重视此次考察活动，吕梁籍老乡、区委书记王小宁亲自规划考察路线、全程陪同介绍情况，武清区杨令生区长，区委常委、区委办公室主任王志强等一同考察，与吕梁市考察团进行座谈。市政府秘书长梁斌等参加考察。

**【王立伟赴河北、山东考察红枣产业发展】**

6月13日至14日，面对吕梁市红枣产业发展中出现的产品滞销、秋季裂果、效益不高等问题，市长王立伟率吕梁市考察团先后深入全国最大的红枣批发市场河北省沧县崔尔庄市场、全国唯一一家红枣上市企业好想你公司、行业领军深加工企业恩际生物、百枣纲目、鼎力集团等地，考察产业发展情况，探寻解决问题的办法路径。市政府梁斌秘书长及临县有关部门负责人一同考察。

**【王立伟在山东省招商、考察】**

6月15日，市长王立伟带领孝义市、临县有关负责人，到与吕梁市有合作意向和合作前景的山东省科瑞集团、魏桥创业、尧舜牡丹、保龄宝生物、龙力生物等企业进行考察调研，洽谈交流合作事宜。市政府秘书长梁斌一同考察。

**【李建国会见京东集团华北区产业发展部总监张涛一行】**

6月16日，副市长李建国会见京东集团华北区产业发展部总监张涛一行，双方就京东特色吕梁馆建设、吕梁农特产品销售等事项进行了深入交流和探讨。李建国希望双方能够共同探讨和加深合作，建设好京东特色吕梁馆，将吕梁优质资源和产品推向全国，实现共赢发展。李建国表示，吕梁市将把电商发展和扶贫攻坚、返乡创业工作结合起来，将突出地域特色，把京东平台与吕梁地域优势结合起来，围绕红枣、土豆、核桃等国家农产品地理标志产品以及白酒系列产品加深双方合作，使吕梁的特色优质产品真正走出大山。

**【竟晖、杨巨才与工银金融租赁有限公司客人座谈】**

6月23日，市委常委、副市长竟晖，副市长杨巨才会见中国工商银行直属工银金融租赁有限公司党委书记、总裁赵桂才一行，就离柳集团与工银租赁贷款事宜进行座谈。会上，离柳集团负责人就该公司总资产、负债率、融资情况、煤炭可采储量、生产情况等内容作汇报。市政府与赵桂才一行就离柳债务危机解决方案交换意见。竟晖表示，吕梁市政府支持离柳集团的发展，从政策上、资源配置上给予最大限度的支持和帮助，参与企业的发展建设。赵桂才表示愿意加强与吕梁的合作，支持吕梁的发展，将深入离柳集团调研具体工作，与吕梁市政府、离柳集团携手合作，给予离柳集团金融支持，帮助企业走出困境，实现互利共赢。

**【战略合作框架协议签约仪式】**

7月9日，市政府与国内知名电商企业阿里巴巴、苏宁云商、京东集团、贡天下、乐村淘举行战略合作框架协议签约仪式。市委书记王清宪出席仪式，市长王立伟致辞，市委副书记雷建国主持签约仪式，省商务厅总经济师赵贵全讲话。市领导卫成印、李俊平、李建国、闫广聪，市政府秘书长梁斌以及各电商平台企业负责人参加签约仪式。会上，副市长李建国代表市政府分别与五家电商平台企业负责人签订战略合作框架协议。

**【市政府与华为技术有限公司举行签约仪式】**

7月9日，市政府与华为技术有限公司举行云服务大数据中心合作协议签约仪式，标志着双方在云计算大数据产业的合作上掀开新的篇章。市委书记王清宪、华为技术有限公司副总裁刘刚出席仪式并致辞。市长王立伟主持签约仪式。市委副书记雷建国，市委常委、离石区委书记常书铭，副市长李建国，市政府秘书长梁斌等参加签约仪式。

**【王清宪、王立伟率团赴上海参观考察】**

7月12日至13日，市委书记王清宪、市长王立伟分别带领孝义、离石、交口、兴县、中阳等县（市、区）党政主要领导及发改、经信等部门负责人赴上海市参观考察2016年中国国际铝工业暨上海国际工业材料展览会。省发改委副主任李海生，省经信委副主任冀明德，市委副书记雷建国，市委常委、离石区委书记常书铭，副市长、汾阳市委书记李建国，副市长杨巨才，市政府秘书长梁斌等参观展览。

**【李小鹏调研项目建设】**

7月14日，省长李小鹏在市委书记王清宪、市长王立伟等的陪同下，到吕梁市调研项目建设和固定资产投资等工作。他强调，学习贯彻习近平总书记“七一”重要讲话精神，抓紧抓实抓好重大项目建设，确保固定资产投资持续较快增长，带动全省经济社会持续健康发展。省政府秘书长廉毅敏，省发改委主任王赋，省经信委主任张华龙，晋能集团董事长王启瑞，市领导张广勇、李俊平、杨巨才，市长助理李月勤，市政府秘书长梁斌等参加相关活动。

**【王清宪、王立伟与北京理工大学党委书记赵长禄座谈】**

7月17日，市委书记王清宪、市长王立伟与到吕梁市进行定点扶贫考察的北京理工大学党委书记赵长禄及中恒集团董事长秦亚良一行就定点扶贫、深化合作事项进行座谈。副市长李俊平、市长助理李月勤、吕梁教育学院党委书记张耀峰、市政府秘书长梁斌参加座谈。

**【王清宪、王立伟与北京首创集团客人座谈】**

7月19日，市委书记王清宪、市长王立伟与到吕梁市考察的北京首创集团副总经理兼首创股份总经理刘永政就基础设施建设等合作事宜进行座谈。市人大常委会主任郝月生，市委常委、常务副市长张广勇，副市长、汾阳市委书记李建国，吕梁教育学院党委书记、市委常务副秘书长张耀峰，市政府秘书长梁斌参加座谈。

**【市政府与麦肯锡（上海）咨询有限责任公司签署战略合作协议】**

7月27日，副市长杨巨才代表市政府，在浙江省杭州市与麦肯锡公司全球董事合伙人吕文博签署了战略合作协议。麦肯锡公司是世界上最负盛名的管理咨询公司，业务范围涵盖战略咨询、运营转型、组织与领导力发展、财务与风险等专业领域，在全球60

个国家设立100家分支机构。麦肯锡（上海）咨询有限责任公司是麦肯锡公司在中国的全资子公司。该公司将在招商引资、战略规划、人才培养、城市建设、企业管理提升等领域与吕梁市进行合作。

**【王立伟、郝月生在太原洽谈祁离高速项目】**

8月17日，市长王立伟、市人大常委会主任郝月生在太原与邢台市政建设集团股份有限公司董事长刘宗山一行就祁离高速项目有关事宜进行洽谈。市人大常委会副主任孙晋军、秘书长王峰参加会议。

**【吕梁市与中金国泰达成长期稳定战略合作协议】**

8月25日，市委书记王清宪、市长王立伟与到吕梁市投资考察的中金国泰控股集团董事长郑建龙一行就成立产业基金以及旅游开发、农业产业发展、新能源产业发展等事宜进行座谈交流，共商双方战略合作事宜。市委常委、常务副市长张广勇，副市长李俊平、李建国，市政府秘书长梁斌参加座谈。座谈中，双方就建立长期稳定的战略合作关系达成协议，对开展具体合作意向坦诚交换意见。双方一致同意，尽快分别成立专门的工作领导组，加强沟通，全面对接，推动各项合作意向尽快落到实处，早日使合作取得更大成果。

**【王立伟与杭州鼎盛实业集团董事长周贤海座谈】**

9月2日，市长王立伟与杭州鼎盛实业集团董事长周贤海一行进行专题座谈，双方就推进铝深加工、打造全产业链铝工业进行交流。副市长李建国，市政府秘书长梁斌，杭州鼎盛实业集团总经理杨一兵，吕梁市铝工业发展特聘顾问何建伟等参加座谈。

**【王立伟赴湖北省十堰市招商考察】**

9月3日至4日，市长王立伟带领吕梁市相关方面负责人，专程赴湖北省十堰市考察学习产业转型、城市建设等工作，与当地政府、企业等方面接触，招商引资，洽谈合作事宜。他指出，十堰市坚持十几年在土地、环保、奖补等方面为企业提供优惠政策，创造宽松环境，推动产业的升级转型。学习十堰市这种敢担当、敢作为的工作作风，明确目标，寻找差距，坚定做好产业转型和城市建设的信心决心。十堰市市长张维国，副市长张慧莉、杜海洋等参加相关活动。市文教工作领导组副组长李月勤，市政府秘书长梁斌等参加考察。

## 政务审批

**【概况】**

2016年，吕梁市政务大厅以推进“两集中、两到位”行政审批制度改革和“六权治本”工作为主要抓手，全面巩固这两项重点工作所取得的成果。驻厅单位共42个（有行政审批职能32个，便民服务10个），进厅的审批项目133项，驻厅人员共计183人。截至年底，共受理审批事项及政务服务事项41767件（其中，行政审批及政务服务类13157件，便民服务类28610件），办结41432件，办结率99.2%。项目办理时效稳步提高，项目平均办理承诺时限由11个工作日缩减为5个工作日，缩减率54.5%。完善相关配套制度，使政务大厅审批运行更加顺畅有序规范合理。和市审改办密切配合，按照“审批权力到窗口，大厅之外无审批”的要求，重新梳理相关单位的权力清单。“两学一做”学习教育工作有序推进，下乡扶贫工作按时完成既定任务。全年共收费3544万元（其中，行政审批及政务服务类270万元，便民服务类3274.47万元）。

**【“两集中、两到位”和“六权治本”】**

2016年，吕梁市推进“两集中、两到位”和“六权治本”工作，对照权力清单和省政府取消下放的项目，通过认真梳理，动态管理项目，配合市审改办在上年核准的32个单位

133个行政许可项目、46个行政确认项目的基础上，核准出行政许可项目62项，行政确认项目18项。全年共承接省政府下放的行政审批项目10项，对应取消的行政审批项目24项，对应下放的行政审批项目6项。固定资产投资项目实行联合审批。办理时限由原来的180个工作日缩减到42个工作日，缩减率77%。拓展服务范围，聚焦为民服务。依托一楼便民窗口办理与市区群众日常生活相关的户政、身份证、机动车注册、驾驶证、行车证、交通违章处理以及水、暖、电、煤气、通信费、有线电视费的收缴业务，真正做到“为民、利民、便民”。推行审批公开，方便群众监督。市政务大厅集中清理行政审批项目及服务类项目的审批要件，重点项目的审批条件和申报材料进行清理规范，凡是没有法律、法规依据的申报条件和材料一律予以取消。在此基础上，将所有在政务大厅办理项目的审批单位、审批内容、审批依据、审批条件、审批时限、审批程序、审批方式、审批责任人、审批监管措施、收费标准和申请书示范文本，都通过微信平台、窗口服务指南、电子触摸屏等形式全部向社会公开，主动接受社会各界和人民群众的监督。

【审批服务】

2016年，吕梁市按照吕梁市人民政府《关于规范市政府部门行政审批行为改进行政审批有关工作的实施意见》(吕政办发〔2016〕32号)和吕梁市人民政府办公厅《关于行政审批工作统一使用行政审批专用章的通知》(吕政办函〔2013〕73号)文件精神，规范行政审批行为，改进行政审批工作，使用“行政审批专用章”。建立政务服务网站，为办事群众提供网上在线咨询、相关表格下载，即时将当天各窗口接办件数量和各审批事项的办理情况在大厅平台和网上进行滚动公示，做到办事事项、办事流程、事项办理过程、办理结果一目了然。

【审批监管】

2016年，吕梁市强化“一站式”代办服务。按照“管理中心全员都是代办员”的思路，以统一受理服务台和各窗口审批科为依托，设立“一站式”代办服务窗口，为企业提供行政审批、行政事业性收费的代办服务。建立“一站受理、全程跟踪、协调督办、高效便捷”的服务机制。

强化“全过程”审批监管和项目动态管理。按照行政审批项目最新目录，全面清理登记进驻大厅的审批事项，按行政审批电子监察系统标准化要求将所有的行政审批项目纳入行政审批电子监察系统管控范围，强化对审批项目全过程实时监督管理，对即将到期件及时提醒，超期办理件及时处理。对于省政府取消下放的项目及时和审改办、各窗口沟通，该取消的取消办理，不得继续审批，该下放的及时下放到对应的市县区；对于新承接的项目，全方位研究，简化优化办理流程。

强化“全方位”窗口监督。坚持每日两次现场巡查，加强视频实时监督，坚持月度绩效考核情况通报，每月的巡查、出勤考核结果报送各窗口单位一把手，形成大厅和派驻单位齐抓共管的制度。制定完善《吕梁市政务大厅窗口工作人员日常管理办法》《吕梁市政务大厅窗口单位考核暂行办法》。形成纠正“庸懒散贪”问题的自觉性，转变工作作风，改善窗口形象。

开展行政审批中介服务调查摸底及数据库平台建设。截至年底，共编制40项行政审批中介服务事项目录，涉及14个单位，明确中介服务事项名称、设置依据等。中介机构数据库建设和软件公司进行技术沟通合作，原则上依托现有的行政审批通用软件，搭建中介机构数据库平台。

（吕梁市政务大厅管理中心）

## 公共资源交易中心

【概况】

2016年，吕梁市公共资源交易中心遵循“政府主导、管办分离、集中交易、规范运行、部门监管、行政监察”的原则，累计完成各类交易555项、交易总额48.29亿元，其中：建设工程类开标项目367项，投资额45.30亿元；国土资源类招、拍、挂出让国有建设用地使用权4宗、出让价款9410万元；各类政府采购类项目164次、中标金额1.96亿元、节约财政资金1859万元、节约率8.64%；处置国有资产20宗、成交金额886.56万元。

【规范管理】

2016年，吕梁市公共资源交易中心对进驻中心的3个交易中心（建设工程交易中心、政府采购服务中心、国土交易中心）按照国家招投标政策法规和规章依法办事，遵循“公开、公平、公正”的原则，对招投标的全过程实施电子监督管理。

【公共资源交易平台建设】

2016年，是公共资源交易平台整合年，为按时完成全省公共资源交易平台系统建设中两个时间节点（6月30日前与省对接，9月30日前与国家对接）的数据对接任务，赴省、太原市、长治市对公共资源交易平台运行模式进行学习考察，学习各地市的先进经验和先进做法；对中心运行软件进行系统维护升级；按照国家、省要求对公共资源交易系统建设。通过政府采购招投标确定山东浪潮软件公司为中标单位，系统初步研发完成，实现一平台四系统（一平台指电子交易平台，实现省公共资源交易目录要求的建设工程交易、政府采购、土地（矿业权）的电子交易；四系统指综合管理系统、电子监督系统、信息交换系统及电子开评标系统）。

（市公共资源交易中心）

## 采购服务中心

【概况】

2016年，吕梁市政府采购服务中心的采购规模达到2.83亿元，合同实际支付2.60亿元，较上年增加1197.77万元，增长率5%，全年采购节约资金2274.84万元，节约率8.04%。

从采购组织形式看，全年组织采购次数238次，其中，公开招标42次，采购金额1.25亿元，询价采购137次，采购金额1308.27万元，竞争性谈判14次，采购金额1.19亿元，协议供货34次，采购金额93.27，采购金额占比分别为48%、5%、46%、0.2%。

（市政府采购服务中心）

## 文物旅游　外事侨务

【旅游经济】

2016年，吕梁市累计接待入境旅游人数5517人次，同比增长4.29%；实现旅游外汇收入214万美元，同比增长5.09%；接待国内旅游者3443.79万人次，同比增长28.62%；实现国内旅游收入292.8亿元，同比增长29.02%；旅游总收入292.91亿元，同比增长29.01%，增幅全省排名第三。

2016年，旅游规划编制工作取得新成绩。2014年，吕梁市启动《吕梁市旅游业发展总体规划（2016—2030）》编制工作，2015年12月，省旅发委组织评审通过，2016年3月批复，同意按有关程序报批实施。5月，市政府办批复同意该规划实施。2016年启动《吕梁市沿黄旅游发展专项规划》编制工作。聘请导演贾樟柯对吕梁市旅游开发进行策划、包装、招商引资。10月9日晚，市委市政府主要领导组织相关县市区以及部分部门负责人与贾樟柯先生就吕梁市“打造一片如海的森林、来吕梁踏上一方厚土”旅游开发整体方案进行座谈。各县（市、区）相继编制旅游总体规划、景区规划。截至2016年年底，完成县域旅游总体规划的有岚县、交城县、文水县、交口县，编制完成但超过10年的是汾阳市、中阳县、柳林县、方山县。兴县启动全县旅游总体规划编制工作，方山县启动全县旅游总体规划修编工作。交城县“玄中寺＋卦山＋吕梁英雄广场”打包创建国家AAAAA级旅游景区的提升规划初稿正在完善；方山县北武当山启动国家AAAAA级旅游景区的提升规划工作；孝义市创建国家AAAAA级旅游景区规划也启动；兴县黑茶山、蔡家崖景区国家AAAA级旅游景区正在编制提升规划；岚县白龙山景区创建国家AAAA级景区工作开始启动，编制提升规划；碛口景区旅游详规编制已启动。

【旅游景区建设】

2016年，汾阳贾家庄文化生态旅游区新建设的明清传统风格特色贾街，占地12公顷，包括民俗文化展示街、地方特色小吃街、手工作坊街以及酒吧等，全方位满足游客文化、饮食、娱乐、休闲需求。3月22日，贾街正式亮相迎客，运营以来效益良好。2016年，贾家庄文化旅游景区游客人数由上年的30万人增加到230.22万人，门票收入由上年的63万元增长到386.5万元。

孝义市曹溪河欢乐城景区建成彩色滑道、牡丹园、百花园、100米彩虹玻璃桥等，集休闲娱乐为一体。在“十一”国庆节期间开放，7天假期游客人数10.8万人，门票收入43.9万元。

方山北武当山景区完成玄天大殿至后山10千米旅游线路的建设，打通香炉峰、天柱峰、金霞峰旅游步道，完成老母洼连接龙王山、龟蛇山的5千米道路，延伸旅游线路总里程15千米。并对北武当山景区环形路，渡仙桥等台阶进行维修，在险要路段修建了石质护栏，完成太和宫至第三停车场道路改造及沿路绿化工程，完成景区界桩、标牌、标志建设200余块，增设龙王山、龟蛇山、后山等多个旅游景点，新建旅游水冲厕所6个。

交城卦山景区共投资107.65万元，增设9块交通标志标识牌；安装了1200米步道安全防护栏；将县规划馆提升改造为游客服务中心；建成广告布宣传山水画档墙和生态停车场。

碛口景区购买2只气垫船和5部水陆两用汽车，在国庆节期间黄河水上漂流项目正式运营。

【旅游宣传】

8月8日，在太原市召开吕梁旅游推介暨项目招商大会，市长王立伟主持会议，原市委书记高卫东和市政府分管领导李月勤向社会各界盛情推介吕梁旅游，中央、省、市30家媒体参加，新华网进行现场直播，在省内外产生较大宣传效应。

参加“人说山西好风光”山西省旅游发展大会申办竞演活动，市长王立伟亲自上台推介吕梁市旅游，将吕梁旅游推向全国。吕梁市参加初赛、抢位赛、复赛，最终获全省“最具旅游活力城市”奖。制作45分钟的人说山西好风光吕梁特辑，在山西卫视播放。

8月1日，吕梁至太原新增列车，冠名“吕梁号”，车厢内外有“山河多娇、英雄吕梁”旅游宣传主题。

2016年在高速路上13个县（市、区）共新建旅游广告牌匾76块宣传吕梁旅游，市级也在吕梁高速路、火车站、飞机场进行旅游宣传。

11月26日，在太原召开的2016山西文化旅游产业高峰论坛会上，市政府分管领导李月勤代表吕梁市政府作“吕梁文化旅游和招商项目推介”，450多名企业家、媒体参会。

吕梁市文物旅游局组织各县（市、区）文物旅游局和部分旅游企业参加省旅发委组织的2016北京国际旅游博览会、第二十一届北方旅游交易会、2016西安丝绸之路旅游博览会等10次旅游推介会、博览会等，会上散发吕梁旅游宣传资料，进行旅游推介。

吕梁市文物旅游部门利用各种节日机会进行旅游宣传。岚县"土豆花开了"旅游文化月活动、白龙山"清凉岚县、魅力龙山"第十六届旅游文化节、面塑文化艺术节，方山县北武当山桃花节暨"三月三"春游庙会、南阳沟景区千人徒步越野大赛活动、"北武当山·那道光"首届北武当山国际旅游月活动，汾阳市杏花村汾酒厂的"醉美杏花节"、贾家庄乡村旅游节、村商贸旅游节，孝义市孝河国家湿地公园旅游文化节、首届山西（孝义）国际美食文化节，中阳县柏洼山庙会，交城县卦山端午庙会、庞泉沟旅游文化节、千年古县·山水交城摄影大赛，文水县"清凉夏日"旅游文化季，临县碛口首届"枣儿红了"红枣旅游文化节活动等都将民俗活动与旅游活动结合，扩大吕梁旅游的影响力。

【旅游厕所革命】

2016年，吕梁市推进厕所革命，在全市国家AAAA级旅游景区，AAA级旅游景区，国家级自然保护区，国家级风景名胜区，国家级工、农业旅游示范点，国家级休闲农业与乡村旅游示范点，全国历史文化名镇、名村和全国红色旅游经典景区尽量修建符合"数量充足、干净无味、免费实用、管理有效"标准的水冲式旅游厕所。全年全省共下达新建改建旅游厕所任务378座，其中吕梁市分配有130座。吕梁市在网上上报完成旅游厕所131座，提前完成省旅发委布置的任务。市政府财政补贴60万元用于旅游厕所建设，全部拨付相关景区。

【旅游扶贫工作】

2016年，吕梁市共建乡村旅游富民工程4项，总投资541万元，分别是兴县蔡家崖乡蔡家崖村乡村旅游富民工程、方山县峪口镇张家塔村乡村富民工程、临县碛口李家山进村道路及配套工程、临县碛口西湾村应急救援项目；扶持18个省级贫困村，每村补助50万元。争取到省旅发委和省财政厅乡村旅游补助432万元。吕梁市文物旅游局与市委组织部、市扶贫办共同开展为期3个月的乡村旅游和建档立卡旅游扶贫重点村调查工作，共收集乡村旅游基本资料58个，建档立卡扶贫重点村93个。组织20个乡村旅游重点村参加了省旅发委组织的杭州、唐山、汾阳贾家庄的培训会。

【旅游招商工作】

2016年5月13日，由市政府分管领导李月勤带队，市文物旅游局与文化局、招商局、工商联及各县（市、区）文物旅游局、项目单位共20余人参加由山西省人民政府主办的西安旅游项目推介会，会上吕梁市作10分钟的旅游推介，全省共有2个签约项目，吕梁市1个，即交城柏叶口水库景区和山西利虎集团签订的合作开发协议。

8月8日，吕梁市在太原举办吕梁旅游推介暨项目招商大会。会上共发布旅游招商项目65个，签约18个项目，总引资71.69亿元，涉及13个县(市、区)。有5个项目开工，进入实质性开发阶段，分别为：方山县北武当山景区客运架空索道建设项目、交城县庞泉沟千岁生态休闲度假旅游区项目、孝义市曹溪河欢乐城儿童游乐场项目、柳林县黄河母亲峰景区开发项目、交口县云梦山景区旅游开发项目。

【导游基础工作】

2016年，吕梁市加大导游人才建设，举办吕梁市"如金杯"导游大赛，组织吕梁市导游员参加2016年山西旅游师资素质提升培训班和山西省导游员大赛，提升导游人员基本素质。市文物旅游局组织专业人员编写吕梁市86个景区景点、90多万字的旅游导游词，既作为培训吕梁导游员的教材，又作为导游员介绍吕梁旅游景区景点的标准版本，规范吕梁导游词讲解内容，提高导游讲解技巧。

【行业管理】

2016年，吕梁市文物旅游

局加强行业管理与市场监管工作。加强旅游市场检查力度，维护旅游市场秩序。通过检查，各旅游企业的经营行为规范，服务质量得到提高，旅游市场秩序良好。建立旅游投诉长效机制，保障消费者合法权益。全年共接听解答各类涉旅咨询电话180余次，受理处理旅游投诉26起，均办结。发布旅游信息，引导游客文明旅游。在节假日和黄金周旅游高峰期间，通过QQ、电话、微信等媒介向吕梁交通广播台提供全市景区介绍、旅游安全知识和旅游景区道路交通情况信息，通过电台向社会发布。引导游客理性消费，依法维权，文明旅游。

【文物保护】

文物基础工作。2016年，吕梁市文物旅游局转发省文物局《加强文物保护工程项目管理工作的通知》并依据省文物局《关于下达2016年文物保护任务的通知》下达有关文物保护任务；根据吕梁市行政审批制度改革领导组办公室《关于落实国务院第二批取消中央指定地方实施的行政审批事项征求意见的通知》，取消“馆藏文物拍摄许可”“文物保护单位拍摄许可”“制作考古发掘现场专题类、直播类节目审批”3个文物审批项目；组织督促全市13个县（市、区）和碛口风景名胜管理局完成吕梁市20处建筑类全国重点文物保护单位综合管理系统试运行和信息数据按季报送工作；申请上报方山南村城址抢险加固工程和文物保护规划、交口千佛洞修缮工程、石楼兴东垣东岳庙和后土圣母庙保护规划、孝义慈胜寺和天齐庙文物保护规划等7个立项事宜；深化全市第一次全国可移动文物普查工作，开展全市第一次全国可移动文物普查查遗补漏工作，新上报100余条普查数据至文物普查平台，收集整理全市可移动文物普查原始照片（孝义除外），在省、市普查平台上审核文物普查数据1.8万余条，开展3个县区珍贵文物核查工作。

古建筑维修保护。2016年，新开工维修古建维修工程16项，完成投资近2000万元。近两年古建维修主要分布在临县、柳林、交城、兴县、汾阳等县（市、区）。

地下文物保护。2016年，配合全市建设工程文物调查面积100余万平方米，文物勘探面积60余万平方米，与省考古研究所一道抢救性文物发掘面积500余平方米，保护出土文物100余件。

【外事接待】

2016年，吕梁市接待美国SENSITY系统公司董事长兼首席执行官休米马丁、架构总监肖恩赫蒙、中国科学院云计算育成中心副主任袁峰等一行7人。双方表示希望在智慧城市建设方面互相了解，达成共识，双方都表示谈判合作事宜。接待东北亚地区地方政府联合会（NEAR）秘书长全哉垣（Jun Jae-won）先生一行3人，代表团于7月7日上午参观杏花村汾酒厂。接待以科琳娜·马科夫斯基书记为团长的法国人民援助会代表团一行6人访问吕梁兴县。在兴县期间，参观县医院和需要得到帮助的学校，并与县教育局领导见面。

【因公出国（境）管理】

2016年，根据山西省有关因公出国（境）管理规定，加强吕梁市因公出国（境）管理，禁止党政领导干部无实质性任务出访、禁止考察性出访、杜绝照顾性出访。全年全市共11批18人申报临时因公出访。

【侨眷慰问救济】

2016年，吕梁市侨外办领导一行与各县、市、区侨办有关负责人深入基层，走访、慰问、救济。每到一户侨胞家里，详细询问归侨身体和生活情况，倾听他们的意见、建议，并给他们送上节日的祝福。市侨外办2016年春节共发放慰问救济金4.34万元，涉及救济慰问人数53人，资助贫困“三侨生”2人。

（市文物旅游局）

## 碛口风景名胜区

**【规划体系】**

吕梁市碛口风景名胜区管理局于2013年启动编制《碛口国家级风景名胜区总体规划》，2015年3月18日，省住建厅组织专家和相关部门评审通过，2016年12月1日，住建部组织发改委、国土资源部等相关部门对规划审查通过。2016年5月，碛口风景名胜区管理局对碛口国家级风景名胜区详细规划编制项目进行招标，山西省城乡规划设计院中标，着手编制详规。

**【项目建设】**

2016年6月，吕梁市组织实施完成中市街基础设施建设扫尾工程；8月，完成碛口文化遗产地保护安防工程，碛口古镇、西湾村、李家山村古传统村落主街巷安装118个摄像头、配备3个机房控制室；10月份，组织实施西湾村、李家山旅游富民工程项目。

**【古建保护】**

2016年7月，碛口风景名胜区管理局组织铺开广生源、兴盛韩2处国保院落的保护修缮工程。8月，国家文物局副局长宋新潮在碛口考察期间曾视察该建筑工程，对工程建设予以肯定。该工程设计单位为山西重德古建筑规划设计院有限公司，监理单位为北京方亭工程监理有限公司，施工单位为山西省古建筑保护工程有限公司，招标价345.52万元。工程于11月竣工等待验收；完成天聚永、永顺店的修缮设计并于10月通过省内专家评审，祥记烟草、长兴店、西湾东财主院、陈家祠堂等院落的文物修缮设计工作完成。

**【环境整治】**

临县县委、政府组织开展了为期3个月的碛口景区旅游环境整治工作。整治期间，碛口风景名胜区管理局组织在核心景区新建4座标准化旅游厕所；新建东市街停车场及入口广场；硬化、美化中市街临时停车场；对西湾村入口、进村道路进行绿化并进行环境整治；拆除4户居民的不协调建筑；在临街道路安装仿古路灯100余盏并对景区部分水毁路段、挡墙、堤坝进行修复，整治工程均于国庆节前完工。

**【宣传推广】**

2016年9月27日，举办以"黄河·古镇·红枣"为主题的"中国·碛口'红枣红了'红枣旅游文化节"，塑造和强化碛口景区的整体旅游形象和品牌影响力，活跃碛口的节日气氛，拉动碛口的假日经济。根据统计，2016年的国庆黄金周共接待自驾车2.5万余辆，团队大巴约40辆，游客12万余人次，旅游综合收入约1200万元。11月10日，景区西湾村迎来阵容强大、众多明星参与的，由中央电视台音乐频道主办的"美丽中国唱起来吕梁专场"大型户外演唱节目录制。

**【引进企业开发建设】**

2016年年初，临县人民政府将意向合作投资碛口旅游的山西碛口济淼源旅游开发公司引进碛口。该公司订购4艘气垫船和5艘水陆两用舰，组织实施黄河水上漂流等旅游项目，丰富游客的亲水体验度。投资50余万元在麒麟滩广场连续7天组织多场秧歌、大唢呐、山西民歌、陕西民歌联唱、伞头对唱等文艺节目，策划两场篝火晚会，每天组织百余人的临县大秧歌扭唱，燃放烟火，邀请游客免费参与其中，深度体验，丰富旅游活动。

**【精准扶贫开展】**

2016年，碛口风景名胜区管理局以副局长、总工程师高侯平为队长的下乡扶贫工作队和第一书记高文贵同志开展驻村帮扶工作。通过实地调查摸底，完善贫困户建档立卡资料，确保每户贫困户有1名干部结对帮扶、1条脱贫发展思路、1个脱贫增收计划。通过开展党建扶贫、产业扶贫、智力扶贫等措施，促进农民增收致富。2016年，碛口风景名胜区管理局在精准扶贫工作中，争取扶贫资金中央彩票公益金90余万元，用于发展农田水利，建设机房3个，水渠1000米，排洪渠80米，挡墙150米，挖水井1口；争取碛口古建筑群文化遗产地保护资金50余万元，用于实施安防工程，保护西湾传统古建筑；争取到中央投资80余万元，用于建设旅游应急避险场所；争取县扶贫办资金50万元，对西湾贫困户陈绍红、陈爱生古建院落修缮维护。国庆、春节前夕，碛口风景名胜区管理局领导班子成员，对各自所帮扶的贫困户、五保户开展助学慰问活动。11月，碛口风景名胜区管理局局派高荣明往兴县东会乡阳崖村担任农村第一书记。

【入企服务工作开展】

2016年，吕梁市为认真贯彻落实省委“一个指引、两手硬”的重大思路和要求，根据全省万名干部入企服务的总体安排，碛口风景名胜区管理局被安排到临县奥华枣业有限公司，开展为期3个月的入企服务工作。由副局长段建国同志带队的3人入企服务工作队在第一时间深入企业所在地，与企业负责人谈心、同中层管理人员座谈、详细了解企业生产、管理、及市场营销状况。对企业进行全面系统的了解后，及时制订入企服务计划，明确入企服务目标、任务和方式。从进入企业当天开始，入企服务工作组陆续为企业购买有关生产、营销培训资料，组织相关座谈、研讨学习会，引导考察周边市场情况，重点探讨借助旅游景区宣传营销模式；9月27日至29日在碛口“枣儿红了”红枣节上为企业申请增设宣传展销摊位，进行营销推广；10月初，碛口风景名胜区管理局出资为公司在碛口游客服务中心设立奥华枣业有限公司宣传、展销部，以增强其市场营销能力。针对企业存在的银行抽贷导致运营资金短缺、申请农业生产用电等需求，碛口风景名胜区管理局予以协调沟通解决。

（碛口风景名胜区管理局）

## 北武当山风景名胜区

【概况】

2016年，北武当山管委会延伸后山旅游线路木栈道3千米。曹家沟至后山索道口旅游路路基工程全部完成。后山客运索道项目手续已经全部办结，选址经国务院专家现场评审，省住建厅办理有关手续。完成7千米曹家沟至第三停车场路面翻新铺油工程，路沿护栏及其他安全设施全部安装到位。开展景区环境卫生和市场秩序综合整治工作。北武当山管委会参照《风景名胜区环境卫生标准》制订北武当山风景名胜区环境卫生标准和工作制度，成立专门的景区卫生清洁队伍，分片分段对景区的环境卫生进行清理。2016年对核心景区内的乱建乱占现象进行专项治理，成立专项治理领导组，对北武当山风景名胜区内的违章建设进行排查，对北武当山风景名胜区内的违章商铺及临时建筑全部清理。出台在北武当山风景名胜区范围内严禁乱占乱建的通告，在周边村庄广泛散发，提高周边村民对北武当山风景名胜区的认识。抓好景区安全工作，组织好“三月三”春游庙会、“五一”“十一”黄金周等节庆活动。根据《风景名胜区安全管理标准》，制订《北武当山风景名胜区旅游突发公共事件应急预案》及游览、治安、交通、消防安全等各项管理制度。定期定时对整个北武当山风景名胜区进行安全隐患的排查，及时清除安全隐患，保障游客的人身安全。举办三月三春游庙会和“五一”“十一”黄金周旅游活动。在三月三庙会期间，组织举办大型道教活动，开展唱社戏、手工艺品展览、土特产品展销等各种民俗活动，为游客提供游览环境，又为景区旅游宣传取得效果。

（北武当山管委会）

## 晋绥边区革命纪念馆

【晋绥历史宣传教育工作】

2016年，晋绥边区革命纪念馆与驻地部队、学校和党政机关建立晋绥革命历史宣传教育平台，多次派出讲解员进行现场讲课，深化国防教育和革命传统教育。

晋绥边区革命纪念馆和山西工商学院、太原科技大学和省武警总队等高校和驻地部队开展思想政治教育基地共建和挂牌活动。

根据市人民政府旅游改革发展领导小组办公室的关于提供景区讲解词的文件精神，晋绥边区革命纪念馆组织专人对馆讲解词在挖掘和整理完善的基础上进行编写和上报。

晋绥边区革命纪念馆邀请晋绥革命历史研究学者和晋绥人文历史学者来馆对讲解员进行为期2周的学习培训，提升纪念馆讲解员的业务水平。

晋绥边区革命纪念馆利用“七一”等节假日，散发晋绥革命历史宣传资料，开展临时展览活动，配合八一电影制品厂、《谷子熟了》等剧组或阎维文现场演唱活动、专题片、纪录片拍摄组完成了在景区的拍摄和取景任务，接受电视台专题采访任务两次。配合各级党政机关开展“两学一做”教育、缅怀革命先烈、重温入党誓词93批次。

2016年，对新馆原部分展出内容与实际有出入展版进行调整，新增题为《陕晋联防、保卫党中央》的习仲勋同志专题展览。

2016年新编晋绥边区革命纪念馆纪念册一份。

【晋绥分局旧址历史风貌修复工程】

晋绥边区革命纪念馆引进的原中共中央晋绥分局旧址修复项目，投资4300万余元，到2016年年底，晋绥分局旧址修复、移民搬迁一系列工作基本完成，该工程共涉及搬迁户36户，共修移民房52套，交付钥匙42套。

【基础设施建设】

加大景区基础设施建设经费投入，对馆区旧址全部低压线路和配电设备进行维修维护。对新馆主体顶部因年久风吹日晒大面积鼓起和开裂的SBS防水材料整体重新铺设，对序厅顶部的玻璃接缝做重新处理；对新馆的采暖锅炉、上下水管道、消防管道进行维修；

【文物安全工作】

2016年，为确保景区正常、安全有序开放接待，更利于工作人员适时掌握新旧馆景区游客参观和景区安全动态，在维修改造新旧址景区原有49套监控摄像头的基础上，新增5套监控摄像头，增设2处监控支路屏显；架设新旧馆监控局域连接专用光缆，使得新旧馆54套监控摄像头完全实现总控制室整体调度与调控，加大景区文物保护力度；对新旧馆展厅的实景模拟、声光电多媒体的7处场景进行隔离栏防护；增设景区警示牌和安全通道警示标志，营造景区安全有序的参观环境。晋绥边区革命纪念馆完善并逐步规范本单位的文物安全制度，加强人防和技防的协调配合，旧址和新馆区实行24小时全程监控，配备专人夜班值守，不定期巡查景区各部位的安全情况，做好安全交接日志和记录工作。

【主题公园建设】

2016年，晋绥边区革命纪念馆位于新馆西侧的蔡家崖公园基本完工，总投资800余万元，占地1.53公顷。

（晋绥边区革命纪念馆）

## 机关事务管理

【办公用房管理】

2016年，吕梁市机关事务管理服务中心出台集中统一管理办法。针对机关单位房屋和土地管理各自为阵的现状，结合不动产登记工作，9月29日提请市政府第11次常务会议研究出台《市直机关单位房屋和自有土地管理办法》及《办公用房管理办法》，明确由市机关事务管理服务中心负责办公用房的集中统一权属登记、统一维修改造、统一调配、统一处置、统一物业等管理。加强权证管理。2016年，推进市直机关单位办公用房权证逐步移交或办至市中心名下。累计有13个市直机关单位16本房产证和5个市直单位12本国有土地证交由市中心统一管理。清理腾退办公用房。2016年，组织开展对市、县两级机关单位既有房源的调查摸底工作，对部分干部职工长期占用办公用房全面清理，全年全市共清理办公用房45579.91平方米，其中：市级清理腾退市工会、外事办、工商局旧办公楼、政研室办公楼等7处近1万平米。共调剂统筹使用办公用房27996.41平方米，其中：市级通过维修市工会、市人社局办公楼和统一租赁宾馆房屋等方式，在4个地方妥善调剂解决市扶贫攻坚领导组、市政研室、地方志、党史办、对台办、粮食局、财政局、统计局等12个省、市单位的办公用房困难问题；对市委大院以外的34个单位办公用房维修改造、物业管理进行调查摸底，为编制2017年维修改造项目预算做准备。开展资产清查。2016年，按照财政部要求，历时5个月，对机关固定资产彻底清查，摸清资产底数。针对管理薄弱环节，制订措施，维护资产安全。

【机关事务改革】

2016年，吕梁市机关事务管理服务中心认真贯彻《政府采购法》《招投标法》等规定，采取公开招标采购方式，确定保安保洁企业，对市委大院进行统一的保安物业服务。各有关单位妥善处理安置原聘用的保安或临时保洁员。7月1日保安、物业公司正式进驻市委大院，统一服务标准，统一为各单位提供服务。配备安装高清监控和执勤岗亭，配备智能车辆识别系统，结束以前各单位保安、物业管理各自为政、管理混乱的局面，降低行政成本，提高服务水平。有关县（市、区）也在这方面尝试。汾阳市向社会购买保安、保洁、电梯、弱电、消防维修等服务，石楼县也购买专业保安公司服务。离石区管理局则清退临时人员，实行保安保洁、绿化维修等岗位劳务派遣，取得效果。推进公务用车改革。2016年，全市党政机关公车改革顺利实施，进展较快，接近尾声。其中：市直机关公车改革全面完成。市直参改单位97个，参改车584辆，车改后保留382辆，取消202辆，车辆压减率34.59%，取消车辆拍卖收入398.25万元，全部上交财政；各县市区公车改革也进入收官阶段，孝义、方山等5个县已经结束，其余县取消车辆全部封存，进入公开处置程序。市、县两级建立调研接待和综合执法平台，并搭建租赁车辆平台，探索市场化保障公务出行用车的新机制。

【市委大院改造】

2016年，按照吕梁主城区提质改造规划，市机关事务管理服务中心把改造提升市委大院办公条件和环境摆在重要位置。坚持“集中、适用、经济、绿色、美观”方针，按照“拆一批、建一批、改一批、换一批”的思路，编制市委大院三年建设改造规划，经市政府通过。作为大院改造首期重点项目，地下停车场和人防项目建设进展顺利。该项目总建筑面积9985平方米，是市委市政府确定的改善大院环境、缓解停车难的重大民生工程。设计大院绿化方案，拆除政研室旧办公楼和市政协车库，启动收回市委大院南大门西侧原邮政局院和东侧欣欣商城等工作。

【重点项目建设】

2016年，吕梁市机关事务管理服务中心推进新区便民服务中心建设。该项目是新区最大的单体建筑，总建面积69580平方米，总投资3.11亿元。对吕梁市区一环路区域建设情况进行调查摸底，掌握土地房屋资产情况，委托上海设计院搞棚改规划，为该区域棚改奠定基础。对所辖的凤山底住宅区及周边的17栋楼、350余户进行调查摸底。经报请市政府同意，将凤山底家属院纳入离石城区棚户区改造范围。

【公共机构节能工作】

2016年，吕梁市机关事务管理服务中心把公共机构节能作为落实五大发展理念、带头厉行节约的重要举措。开展节能宣传。全系统开展节能宣传周、全国低碳日和中国水周等活动，宣传节能法律法规和节能知识，增强干部群众节能减排、低碳环保意识。6月14日，市、县两级机关事务管理部门分别组织开展“节能领跑、绿色发展”主题宣传活动，给广大群众发放科技节能、绿色环保、低碳生态等宣传资料，举办“能源连着你我他、节约能源靠大家”条幅签名活动。推广新能源车。牵头制定《吕梁市加快推进电动汽车产业发展和推广应用的实施意见》和《政府机关及公共机构购买新能源汽车实施方案》，明确新能源车推广计划和政府采购管理办法。规划在吕梁主城区和新区配套建设新能源汽车充电站。2016年，通过政策引导、财政投资，带动社会资本和市国投公司增加投入，在市区新购置新能源公交车100辆。强化节能工作规划和管理。为推进公共机构节约能源资源工作，贯彻国家、省有关规定，制定《推进公共机构节能促进生态文明建设实施意见》，起草《吕梁市“十三五”公共机构节能规划(征求意见稿)》。

（市机关事务管理服务中心）

## 军民融合协同创新研究院

【项目建设】

2016年，吕梁市军事融合协同创新研究院高性能云计算中心项目厘清成果转化和产业化发展思路，产业化落地取得突破进展。吕梁云计算中心明确以建设“国家超算吕梁中心”“山西省大数据中心”“山西省智能计算工程技术研究中心”为主线，以“服务于国家安全重大需求、服务于国家高端科学研究、服务于地方政务信息化建设”为特色的发展思路。在内部建设方面，投入3000余万元完成机房和政务云平台的扩容工作，“天河云”公有云计算品牌申请注册并正式开始运营，中心系统自动化、精细化运维基本实现。在产业化推进方面，累计为中科院、清华大学、山西省政府等全国500多家科研院所和国家核心部门提供高性能计算和云计算服务。先后支持90多项国家重点基础研究计划(973)项目、国家高技术研究发展计划(863)项目和山西省科学研究计划等国家级和省级科研项目，与太原理工大学共建“力学联合研究中心”和“高性能重点实验室”，知名度和影响力凸显；承担山西省政府“两平台”（政务服务平台和公共资源交易平台）、吕梁健康人口信息化系统、信用信息管理系统等地方重大政务信息化建设工作，建设连接国家、省、市、县的四级电子政务外网、吕梁全市统一的电子政务云平台和容灾备份中心。

能源互联网示范区建设全面展开。为推进能源互联网示范系统项目的成果转化落地，总投资3500万的2兆瓦能源互联网示范区建设项目在山西省发改委立项，2016年完成一期建设1700万投资的设备招标采购，开展项目建设工作。项目建成后，将成为国内首个系统内部采用分布式储能理念建设、以云计算中心为主要对象的能源互联网示范系统，为中国能源互联网的快速发展提供原始推动力，形成具有自主知识产权的能源互联网科技创新体系和标准体系。

“吕梁一号”微纳卫星地面接收站及其配套设施的建设工作有序推进。2016年，该项目完成一期设备采购工作，地面站加快开展建设。依托建成的山西省微纳卫星工程中心，谋划市场化运作方式，为做好“吕梁一号”卫星数据应用推广工作，带动卫星数据产业发展，实现微纳卫星项目成果的落地转化奠定基础。

无人机视觉巡查实时综合应用系统项目完成验收。无人机视觉巡查实时综合应用系统研发项目由国防科大于起峰院士带队，研发主体工作完成，研制无人机光电吊舱及地面站系统、无人机战场目标识别定位实时处理软件系统和无人机边境巡查实时处理软件系统，该项目于2016年6月份完成验收。

【军民融合发展模式探索】

2016年，吕梁市军事融合协同创新研究院围绕军民融合创新发展战略思想在吕梁的落地实践，与地方政府、国防科大以及项目团队沟通协调，对接成果转化技术障碍，推动政策机制发展完善。在军民融合发展的地方政策法规、体制机制、管理办法等方面提出建议，完成10余份项目发展规划、可行性研究报告等材料的撰写。

加强应用创新，完善项目技术成果转化落地前的培育和配套环节。依托山西省智能计算工程技术研究中心，承担完成“基于‘天河二号’的公共云计算平台建设”“能源互联网技术研究与示范项目”等山西省科技计划，强化项目成果成熟度培育以及与推广应用的对接，为项目成果落地和产业化奠定基础。

梳理和完善研究院内部运行体系，探索与军民融合相匹配的管理模式。明确项目支持建设平台与产业化平台之间的职能划分，深化探索依托公司化运作方式进行成果转化和市场推广的模式，实现技术平台和商业模式的有机结合，产生经济效益和社会效益，带动地方相关产业集群集聚发展。

（吕梁市军民融合协同创新研究院）

## 吕梁宾馆

【概况】

吕梁宾馆作为吕梁对外开放和创优环境的窗口，2016年，坚持不忘使命，服从大局，服务吕梁经济社会发展大局。完成市委、市政府交给的各项政务接待任务。全年实现主营业务收入5570万元，较计划任务超额270万元，占全年任务的110.52%，同比增长1089万元，增长率24.32%，实现经济低位止跌回升的态势。其中客房、会议接待宾客14.5万人次，实现收入2954.60万元，餐饮接待宾客43.86万人次，实现收入2615.7万元。接待全国、全省性会议9次，市级会议61次，VIP接待72次，其中接待副省级以上领导参加的重要活动23次。

【安全工作】

2016年，吕梁宾馆严格执行总值班和部门值班制度。与各部门签订《消防（治安）安全目标责任书》，将安全责任分解到部门；与餐饮部签订《食品安全责任书》，明确经理是第一责任人、行政总厨是第二责任人。由食安办代表宾馆食品安全领导小组行使检查监督职能，制定完善《关于餐饮食品安全监查工作的实施方案》；原材料使用过程中，由自备食品检验中心进行日常跟踪检测，确保食品安全。由保卫部牵头，每月组织一次安全隐患大排查，及时下发《安全检查情况及整改任务分解表》，以此促进隐患的整改。由工程部配合质监部门对电梯、锅炉等大型设备进行检查，保证设备的安全运行。

（吕梁宾馆）

## 驻北京联络处

【概况】

2016年，吕梁市人民政府驻北京联络处履职尽责，完成市委、市政府交办的各项工作任务。

【政务联络】

加强与中央有关部门的沟通联络，为吕梁市的经济社会发展服务；与国家级协会、商会和全国500强企业联络，为吕梁市经济转型发展、跨越发展服务。参加驻地政府开展的政治、经济、文化活动，建立联络机制，构建工作网络，搭建信息平台，完成市委、市政府交办的各项工作，在多渠道的信息融合中为市直各部门提供便携高效的优质服务。

【接待服务】

按照接待日程和工作流程，做好接待服务工作，做深做细接待要素，确保优质服务。全年接待市级领导及相关部门进出京空港、火车站，到京参加会议培训、餐宿安排等近160人次。

【维护稳定】

市政府驻北京联络处就一些突发性、重大进京上访事件参与处理相关事宜。市政府驻北京联络处将责任细化，分解到内设科室和专职人员，配合有关部门做好常规性的信访接待和各类重大会议、重大节日期间的信访维稳工作。2016年维护稳定工作总体正常。

（吕梁市人民政府驻北京联络处）

# 中国人民政治协商会议吕梁市委员会

## 综述

### 【理论学习】

2016年，吕梁市政协在市政协三届二次全会和三届五次、六次常委会议期间，均安排委员培训会，分别围绕吕梁“十三五”规划的制定、脱贫攻坚、旅游与文化，邀请有关专家进行专题辅导；引导委员开展“两学一做”和“双学一跟”教育活动；召开“讲政治、有纪律”“讲规矩、有纪律”“讲道德、有品行”“讲奉献、有作为”四次专题研讨会，组织党组中心组学习13次，集体学习39次。

### 【政协学堂】

2016年，吕梁市创设“政协学堂”，围绕提升政协委员和政协工作者思想、政治、业务素质及政协工作主题和协商议题，通过多种授课形式，举办11期政协学堂学习讲座，学习党的路线方针政策、党的十八届六中全会和省第十一次党代会精神、习近平总书记系列重要讲话、中国共产党党史知识、精准扶贫典型经验、旅游与文化发展介绍等，内容涵盖面广、针对性强，为增强委员履职意识、提高委员履职能力打下理论基础。

### 【平台建设】

2016年，吕梁市政协利用政协官方微信平台、政协期刊、政协网站3大平台，宣传政协学习和工作成果，提高政协的社会认知度，扩大政协的社会影响力。开通吕梁政协微信公众平。微信公众平台关注人数达2300余人，单条信息最高阅读人数为2373人，最高留言120条，在全国地市级政协微信公众平台中知名度和影响力名列前茅。对《吕梁政协》专刊（已出版3期）进行全面改。对政协门户网站进行改版。

### 【专题协商议政】

2016年，吕梁市政协把精准扶贫和发展文化旅游产业作为2016年的主要协商议题。7月初，组织部分政协常委、委员、市直有关部门负责人赴甘肃、贵州等贫困大省实地考察，主席会议成员带队深入13个县（市、区）专题调研，形成《关于加快推进我市脱贫攻坚工作的建议》，市委书记王清宪批示：“市政协的此件建议很有价值，调查深入、研究深入、视野开阔、案例资料典型，所提建议针对性强、可操作性强，请研究并在完善我市脱贫攻坚措施办法中吸收”。市长王立伟批示：“以扶贫领导组印发参阅十分必要，政府部门要学习这种调研方法和精神”。市脱贫攻坚领导小组于8月24日将此建议案以吕脱贫攻坚组〔2016〕4号文件印发各县市区和各成员单位。10月底召开的市政协三届六次常委会议重点围绕“加快我市旅游目的地建设”协商议政、建言献策。市政协做了大量的前期工作。组成专题调研组深入13个县市区实地调研，针对性选择与吕梁旅游资源秉赋相近的地区组织考察学习。市政协还发挥平台优势，广开渠道征求意见。收集有价值的意见建议和留言403条。《吕梁政协》第三期重点关注旅游产业，组织市内专业人士开展深入探讨，推出一批有独特见解的文章。在深入调研考察的基础上，在不同层面召开三次座谈会，听取意见，修改完善，先后数易其稿，形成《关于加快建设以“寻根黄河、梦回碛口”为“主题的旅游目的地几个重要问题的建议（草案）》，经市政协三届六次常委会议协商讨论通过，报市委、市政府。

【专题调查研究】

2016年，吕梁市围绕“十三五”规划实施的有关重点工作和重大问题开展协商议政。由经济委牵头，组织经企届委员开展界别协商，围绕农村公路养护、化解煤炭过剩产能、提升吕梁新区吸附辐射能力灯课题进行调研，形成调研报告上报市委、市政府；配合省政协开展做大做强旅游产业发展调研和推进民营经济发展专项督查工作。由农村委牵头，对全市易地扶贫搬迁工作全方位调研，形成关于全市易地扶贫搬迁的调研报告，上报市委。专门召开易地扶贫搬迁工作座谈会，研究安排此项工作；组织召开市政协农业供给侧结构性改革对口协商座谈会，农民专业合作社专题视察评议活动、农村人居环境改善界别协商活动，农资执法情况调研活动等，进行专题调研，形成关于《推进我市农业供给侧结构性改革的建议》《推进我市农民专业合作社规范化发展的建议》《推进我市农村人居环境改善工作的建议》《关于推进我市农资综合执法工作的建议》等一批调研成果报市委、市政府。由教科委牵头，组织相关职能部门开展对口协商，就乡村两级卫生院所建设深入调研，形成关于加强乡村两级卫生院所建设的调研报告。由民宗委牵头，围绕宗教团体建设和宗教人士培养及深化行政审批制度改革、抓好国家和山西省简政放权等决策部署的贯彻落实情况开展专题调研，围绕推进法治政府建设、加快启动“七五”普法工作及深化吕梁市发展环境开展对口协商，形成调研报告。

【提案工作】

2016年，吕梁市增强精品意识，提高提案质量。注重选题引导，编发《提案选题参考》；严格立案审查，提高立案质量，确定重要事项提案两件，市政协三届一次会议重点提案17件，三届二次会议重点提案18件。深化提案办理协商，增强提案办理实效。1月19日，市委、市政府、市政协联合召开市政协三届一次会议提案交办会。截至10月底，三届一次会议提案办理答复完毕，三届二次会议提案正在办理落实中。11月，由主席会议成员带队分组对重点提案进行全面督办，使提案办理真正落地生根。完善机制，加强提案工作制度化建设。召开政协提案条例制定研讨会，修订《吕梁市政协提案工作条例》。强化提案工作宣传，扩大提案工作的社会影响。编辑印刷《二届七次会议提案及答复选编》，推进信息化建设，提高提案工作科学化水平。

【社情民意信息工作】

2016年，吕梁市建立全员抓信息工作的新机制，从信息质量入手，健全和完善社情民意信息的收集、整理、报送、催办、反馈机制，促进有关问题的妥善解决。截至年底，编发《社情民意》专刊44期，信息稿件被省政协采用26篇，全国政协采用12篇。

【团结合作、友好交往工作】

2016年，吕梁市政协加强与各民主党派、工商联和有关人民团体的团结合作，支持他们通过市政协会议、平台、期刊、网站发表意见，提出建议，更好发挥作用；加强与社会各界人士联系交流，做好理顺情绪、协调关系工作；宣传贯彻党的民族宗教政策，引导宗教与社会主义社会相适应。协助上级政协在吕梁开展调研视察等活动，加强与省内外兄弟政协的联系协作。截至年底，共接待山西省政协、浙江省绍兴市政协、山东省潍坊市政协等18批次省、市、县政协到吕梁市学习考察调研。

【惠民活动】

2016年，吕梁市政协组织界别委员送文化、送科技、送医药、送法律到基层，力所能及帮助群众解决生产生活中的困难和问题。围绕医疗、精准扶贫等重大民生关切，深入调查研究，建言献策，推动改革发展成果更好地惠及人民群众。开展定点扶贫工作，积极争取资金，完善扶贫村基础设施，并选派两名年轻干部任贫困村第一书记，助推农村脱贫攻坚；开展机关干部结对帮扶贫困户工作，为群众办好事、办实事。选派12名机关干部参加入企服务工作，帮助企业解决问题。

【政协文史工作】

2016年，吕梁市政协编印完成《吕梁南下干部 西北团》3册；启动撰写《吕梁》提纲，系统介绍吕梁历史沿革、红色文化、富庶物产、旅游资源及人文资源等，打造魅力吕梁名片；在《吕梁日报》开办《文史之窗》专栏32期，刊登40余篇文史文章，在《吕梁政协》刊登红军东征在吕梁8篇文章，系统介绍红军东征在吕梁的过程和毛泽东等老一辈无产阶级革命家在吕梁的活动。

（政协吕梁市委员会办公厅）

## 重要会议

【三届一次会议提案交办会】

2016年1月19日，吕梁市政协三届一次会议提案交办会召开，会议向市委、市政府、市中级人民法院交办提案和意见317件，其中，重要事项提案2件、重点提案17件。市长王立伟，市政协主席刘云晨，市委副书记雷建国，市政协副主席李真、刘本旺、刘继隆、白荣欣、闫广聪、薛爱平，市中级人民法院院长史红波，市政府秘书长梁斌出席会议。雷建国主持会议。

【加强宗教界代表人士培养和宗教团体建设专题调研座谈会】

6月22日，吕梁市政协召开加强宗教界代表人士培养和宗教团体建设专题调研座谈会。市政协副主席刘继隆出席会议。会上，市宗教部门及各宗教团体负责人就如何在新常态下发挥好宗教代表人士的作用以及近年来宗教团体建设的基本情况进行交流发言。刘继隆希望，各级宗教部门要结合实际、突出重点，围绕坚持原则、切实重视、加强学习、主动沟通、理顺关系、理性引导、依法监管、真诚关心、有所作为、健康发展10个方面内容，坚持爱国主义原则和正确的社会主义核心价值观，传播社会正能量，推动宗教组织走向完善健全。同时，要加强宗教团体自身建设，加强教职人员教育、培养、管理，发挥代表人士表率作用展做出新的更大贡献。

【三届五次常委会第一次全体会议】

7月26日，吕梁市政协三届五次常委会议举行第一次全体会议，市政协主席刘云晨主持会议。会议应到常委会组成人员72人，实到65人，符合规定人数。会议审议通过市政协三届五次常委会议议程；听取副市长李俊平关于全市精准扶贫工作的情况通报；听取白荣欣市政协副主席所作的市政协《关于加快推进我市脱贫攻坚工作的建议》（草案）的说明；听取委员专题发言和精准扶贫经验介绍；听取李真市政协副主席所作的人事事项的说明。

【市政协三届六次常委会第一次全体会议】

2016年10月27日，市政协三届六次常委会议举行第一次全体会议，市政协主席刘云晨主持会议。副主席李真、刘本旺、刘继隆、白荣欣、闫广聪、薛爱平出席会议。市政府分管领导李月勤应邀参加会议，驻市十一届省政协委员，市委、市政府联系政协工作的有关负责人，各民主党派、市工商联负责人，市政协机关处级干部、各县（市、区）政协主席、市直有关单位负责人列席会议。会议应到常委会组成人员 72 人，实到 65 人，符合规定人数。会议审议通过市政协三届六次常委会议议程；市政协副主席李真传达市第四次党代会精神；听取市政府分管领导李月勤所作的关于全市文化旅游产业发展情况的通报；听取市政协副主席薛爱平所作的市政协《关于加快我市旅游目的地建设几个重要问题的建议（草案）》的说明。

【市政协三届六次常委会第二次全体会议】

10 月 28 日，吕梁市政协三届六次常委会议举行第二次全体会议，市政协主席刘云晨，副主席李真、刘本旺、刘继隆、白荣欣、闫广聪、薛爱平出席会议，会议由李真主持。驻市十一届省政协委员，市委、市政府联系政协工作的副秘书长，各民主党派、市工商联负责人，市政协机关处级干部、各县（市、区）政协主席、市直有关单位负责人列席会议。会议应到常委会组成人员 72 人，实到 65 人，符合规定人数。 会议通过市政协《关于加快我市旅游目的地建设几个重要问题的建议》；市政协副主席李真传达学习中共十八届六中全会公报精神。

## 调研活动

【刘本旺在孝义调研精准扶贫】

7 月 11 日，吕梁市政协副主席刘本旺在孝义调研精准扶贫运行状况。刘本旺一行先后深入孝义市千亩核桃科技示范园、阿里巴巴农村淘宝项目和力农蔬菜种植专业合作社进行实地调研。在随后召开的座谈会上，就孝义市脱贫攻坚十大专项行动推进情况及存在的突出问题和面临的主要困难，与会人员进行交流。刘本旺结合实际，对当前面临的形势和任务进行强调，对加快推进精准扶贫工作提出建议。

【刘继隆调研方山、临县精准扶贫工作】

2016 年 7 月 12 日至 13 日，以市政协副主席刘继隆为组长的视察调研组，先后到方山县峪口镇易地移民搬迁扶贫、麻地会乡后则沟村林下中药材扶贫、积翠乡刘家庄集中式光伏扶贫项目和临县安家庄乡武家湾村构树种植基地、白文镇铁芦沟村马铃薯产业示范园区、南庄村食用菌种植专业合作社、临县朝阳农牧有限公司进行视察调研，并听取两县精准扶贫工作总体情况汇报。视察调研中，刘继隆肯定方山、临县在精准扶贫工作方面的做法、经验和成效，对方山县提出希望：围绕全县产业发展布局，突出特色，统筹推进；立足实际与优势，找准定位，瞄准国内外市场；着眼长远，抓牢产业发展这个“牛鼻子”，在做大做强做精产业上下功夫；认真研究国家出台的各项扶贫政策，吃透上情把握下情，灵活运用；政府主动作为，发挥好主体作用，带领群众参与到脱贫攻坚主战场；加大宣传力度，营造氛围，坚定全民打赢扶贫攻坚战的信心和决心。

【刘继隆在离石区调研“互联网 +”电商和快递物流运行情况】

8 月 17 日，吕梁市政协刘继隆副主席一行在离石区调研“互联网 +”电商发展和快递物流业运行情况。刘继隆一行到乐分商城体验店、吕梁市乐村淘电子商务有限公司、中通快递、申通快递、顺丰快递进行实地查看。随后在吕梁市邮政管理局座谈。调研组对吕梁市“互联网 +” 电商和物流工作取得的成绩给予肯定。

【李真在方山新星冶炼集团公司调研 】

2016 年 8 月 31 日，吕梁市政协李真副主席一行在方山县包联企业山西新星冶炼集团有限公司调研。山西新星冶炼集团有限公司是山西国际能源集团有限公司（格盟国际）控股的混合型所有制企业，经过多年发展由一户单一的小高炉炼铁企业发展为集煤、焦、铁、电、物流为一体的循环经济产业格局。公司总资产20多亿元，员工1600多人，解决当地劳动力就业1300余人。李真听取企业的情况汇报后指出，山西新星冶炼集团有限公司引进项目发展，加强技术革新和产品研发，深化区域合作，拓宽市场，提高企业效益。对所包联企业深入调研工作，共同研究企业存在的困难和问题，为企业发展排忧解难，帮助企业健康发展。

# 纪检监察

【概况】

2016年，吕梁市纪委监察局按照市委第四次党代会和市纪委四届一次全会确定的任务要求，直面严重腐败问题给吕梁政治生态造成负面影响的严峻形势，担负起全面从严治党政治责任，认真履行党章赋予的职责，聚焦主业主责，实践监督执纪“四种形态”，正风肃纪、反腐惩恶，形成并保持正风反腐高压态势，净化政治生态，党风廉政建设和反腐败工作取得新成效。中央纪委先后两次到吕梁调研，对吕梁正风反腐工作肯定。8月31日，中央纪委召开部分省市推动实践“四种形态”工作座谈会，吕梁市作经验介绍。9月18日，全省召开全面构建良好政治生态推进会，吕梁市作典型发言。

【担负起全面从严治党的政治责任】

市纪委监察局把协助市委抓主体责任落实作为一项重要职责，通过约谈、问责、督导、组织“四述”等措施层层传导压力，逐级压实责任。强化约谈。坚持把纪律和规矩挺在前面，立足预防提醒，注重动态清理、甄选问题线索并集中开展常态化约谈，针对党员领导干部的苗头性、倾向性问题做到早发现、早提醒、早处置，阻止轻微问题向严重问题、违纪问题向违法问题转化。2016年，市纪委书记张稳科约谈县市区委书记、县市区长、市直单位主要负责人、县市区纪委书记56人次，为全市各级党组织和党员领导干部做出示范，也警示党员干部不踩“黄线”、不越“红线”、不碰“高压线”。从严问责。坚持把问责作为全面从严治党的重要抓手，作为倒逼“两个责任”落实的撒手锏，全年共对因落实“两个责任”不力的113名党员领导干部进行责任追究，给予党政纪处分51人，组织处理62人，对46起典型案件进行通报，使失责必问、问责必严成为常态。加强督导。针对压力传导不够到位、责任意识层层递减等问题，市纪委建立副书记包片、常委蹲点、纪检组长包县常态化督导机制，对13个县市区“两个责任”落实情况和查处群众身边腐败问题进行督促检查，推动全面从严治党向基层延伸，向纵深推进。开展“四述”。在过去述职述廉的基础上，探索下级党委（党组）主要负责人向纪委全会述纪述廉述作风述责任的路径，在市纪委三届六次全会上，4位党委（党组）书记现场“四述”，接受现场提问、现场点评、现场测评，夯实责任、传导压力的效果增强。探索发挥市委反腐败协调小组职能作用。协助市委制定《市委反腐败协调小组工作职责》，协调反腐败工作中遇到的重大问题。2016年，市纪委书记张稳科主持召开两次反腐败协调联席会议，对司法部门重大案件定性把握提出具体指导意见。全年组织部及公检法部门共移交纪委问题线索207件，纪检监察机关向公检法移送案件线索123件。严明换届纪律。2016年是换届之年，市纪委书记张稳科先后4次在相关会议上强调换届纪律，组织党员领导干部反复学习中央关于衡阳破坏选举案、南充拉票贿选案和辽宁拉票贿选案的通报精神，汲取教训。严把廉政审查关，先后对27批467名相关人员进行廉政审查，对135件举报信件进行核实，查实有问题干部18名，对反映失实的澄清；发挥包打听作用，发现和处置苗头性问题；妥善处理有问题干部，对涉案干部提出具体处置意见，严防带病提拔、带病提名；派出7个督查组，加强换届风气督导检查，确保换届风清气正。从省督导组反馈情况看，换届中没有跑官要官、买官卖官、拉票贿选等问题。发挥巡察利剑作用。2016年6月起，组织开展市县第一轮巡察。突出政治巡察，坚持问题导向，完成对89个党组织的首轮巡察和意见反馈。发现共性问题1097个，移交纪委问题线索340件；正立案调查178件，给予党政纪处分97人，组织处理8人；移交被巡察单位整改问题795个，整改436个。第二轮巡察全面铺开。加强党章党规党纪教育。围绕学习党章、廉洁自律准则、纪律处分条例等党内法规，在全市分层次开展知识考试和知识竞赛，1528名县处级干部、9200余名科级干部参加闭卷考试，6月18日《山西日报》以“一场特殊的夜考”为题作报道。组织开展《中国共产党问责条例》领导干部笔谈活动，13个县市区和市直10大口向市纪委选送130余篇体会文章，《吕梁日报》专栏择优刊发10期92篇。各县市区，市直各单位科级以上干部、重要岗位负责人、农村基层主干23000余人观看《违纪警示录》。挖掘于成龙、孙嘉淦等廉政文化基因，制作《天下廉吏第一，勤俭家风传世》于成龙族规家训专题片于6月1日在中纪委网站播发，该片在山西省委组织部全省党员教育电视片观摩评比活动中获三等奖。于成龙族规家训有关图文资料收录在中纪委出版的《中国传统中的家规》一书中。

**【落实监督责任，加大监督执纪问责力度】**

坚决贯彻中央八项规定精神，紧盯“四风”问题一寸不让，建立落实中央八项规定精神和纠治“四风”的常态化机制。全市共查处违反中央八项规定精神和“四风”方面问题249件，党政纪处分243人，组织处理70人，曝光39次116起164人，释放越往后执纪越严的信号。2016年，中纪委选用吕梁市5起典型案例进行通报，全省排名第二；全省查处违反中央八项规定精神案件，吕梁排名第二。用力强化执纪审查。严明政治纪律和政治规矩。在纪律审查中，坚持把查处违反政治纪律和政治规矩的问题放在首位，全年查处涉及违反政治纪律和政治规矩的问题120件，党政纪处分127人。坚决惩治腐败。全市纪检监察机关全年立案1842件，结案1837件，处分违纪党员干部1999人（县处级33人），其中，撤职以上重处分421人（县处级10人），移送司法机关11人（县处级2人）。实践监督执纪“四种形态”。按照中纪委、省纪委要求，立足全市实际，针对不同问题，区别不同情况，实践监督执纪“四种形态”，提高对问题线索的科学研判和处置水平。2016年市纪委选择部分问题线索，让四大班子成员分头与分管领域干部谈话，共82人（次）；市县两级四大班子及纪委班子成员约谈各级各部门主要负责人1331人（次），诫勉谈话124人（次），廉政谈话637人（次），谈话函询1761人（次）。市纪委机关谈话函询类占比由上年的24.3%提高到2016年的49.3%，比全省高出28个百分点。全市纪检监察机关处分1999人中，轻处分1578人，占78.94%；重处分421人，占20.5%；移送司法机关11人，占0.56%。稳妥处置腐败存量。在形成并保持高压态势下，坚持从党的事业全局出发，贯彻落实惩前毖后、治病救人方针和宽严相济、区别对待政策，综合考虑对党的态度、现实表现、问题性质、违纪金额、时间节点、涉案情节、群众反响等因素，慎重处理每位同志的问题，把思想政治工作贯穿始终。市纪委书记张稳科带头与61名有问题干部开展谈话，全市各级纪检监察干部与1530名干部开展谈话，督促有问题干部主动向组织交代问题。全市有免职待处理的16名省管干部和20名市管干部，主动申请到基层一线，做脱贫攻坚、生态建设、转型发展工作。全年，有3400余人次累计上交红包礼金2000多万元。重视解决涉纪信访。形成《吕梁市涉纪信访举报分析报告》，探索建立初信初访办理、重信重访复查复核、严格责任追究、诬告陷害缠访闹访惩处等四项机制，涉纪信访问题得到较好解决，重信重访明显下降。全年共梳理出上年以来重复信访问题线索469件，全部处置完成。全年，全市纪检系统共受理信访举报5960件，其中涉纪信访5445件，比上年同期的13101件减少7656件，同比下降58%，由原来的全省第2位降到全省第5位。

**【加强基层正风反腐，认真分析研判】**

市纪委对近年查处的扶贫领域违纪问题、兜底扶贫情况进行认真分析研判，形成《吕梁市扶贫领域违纪问题分析报告》《吕梁市兜底脱贫问题分析报告》，为市委加强基层正风反腐工作提供决策依据。严查扶贫领域和群众身边腐败问题。按照中央纪委、省纪委关于加大对扶贫领域监督执纪问责力度的部署要求，下发《关于落实省纪委扶贫领域正风反腐“五项工作”的安排意见》，出台《关于开展反映扶贫领域涉嫌违纪问题信访举报督办工作方案》。对下拨的扶贫资金进行跟踪监督，全市各级纪检监察机关共查处发生在群众身边不正之风和腐败问题596件，党政纪处分730人，组织处理27人。其中，查处扶贫领域违纪案件199件，组织处理3人，给予党政纪处分239人，重处分41人，移送司法机关7人。

**【坚持从严管理，加强队伍建设，深化“三转”】**

研究制定县纪委向市纪委报告线索处置和执纪审查情况办法，加强对下级纪委上报情况的综合分析和监督指导。加强班子建设。完成市纪委班子换届；开展健康的党内政治生活，班子成员带头批评和自我批评，红脸出汗、咬耳扯袖成为常态；贯彻执行民主集中制，全面履行“一岗双责”，班子的凝聚力、号召力、战斗力增强。抓好县乡换届。周密部署，提早行动，严格考察，配优配强县乡纪委班子，13个县市区纪委书记全部调整，班子结构优化。全市有14名县纪委副书记、16名县纪委常委交流到系统外，其中临县、离石、中阳、方山等4个县区的纪委副书记进入副县级干部考察人选；有10名系统外干部进入县纪委领导班子。提升干部素质。针对机关干部作风纪律等方面存在的突出问题，2016年春节一收假就开展整顿作风纪律提高工作能力活动。以“两学一做”学习教育为契机，推进“学思践悟·岗位练兵”，全面提升纪检监察干部的能力素质。2016年，市委有1名同志获“山西省五一劳动奖章”，1名同志获“中央纪委嘉奖”，1名同志获“全省纪检监察系统嘉奖”，1名同志被评为“优秀农村第一书记”。严肃查处系统内干部违纪问题。全年查处纪检监察干部违纪案件11件，党政纪处分11人，组织处理30人，纪检监察干部队伍净化。加强日常管理。制定《市纪委监察局临时借用人员管理办法》；规范办文办会程序；落实公车改革制度，出台《公务车辆管理使用办法》；实施纪检监察专网分级保护建设工程；加强纪检监察档案管理，集中一个月时间对各类档案收集整理、机读录入、分类上架，2016年市纪委监察局档案管理达到省一级标准。

（市纪检监察局）

# 民主党派

## 民革吕梁市委

### 【“双学一跟”活动】

全面启动“双学一跟”活动。2016年，民革山西省委会《关于开展“双学一跟”活动的实施方案》和中共吕梁市委统战部《关于在全市党外代表人士中开展“双学一跟”活动的实施意见》下发之后，市委随即召开主委会议，对落实相关规定与要求进行专题研究，对开展“双学一跟”活动进行周密部署。成立民革吕梁市委“双学一跟”活动领导组，制定出台《民革吕梁市委关于开展“双学一跟”活动的实施方案》，明确活动的指导思想和总体要求，明确领导机构与工作职责，规定活动的主要内容、方法步骤和工作要求。召开“双学一跟”活动动员会议。市委委员、各支部主委、优秀党员代表、副科以上党员参加动员会。民革吕梁市委主委刘继隆作动员讲话，强调开展活动的重要意义及工作要求，各基层支部主委作表态发言。“双学一跟”活动由此全面展开。

加强督促指导，加大宣传力度。6月16日至27日，市政协副主席、民革吕梁市委主委刘继隆率领民革市委督导检查组一行，赴基层全部六个支部进行督导检查，期间共召开有各支部全体党员参加的座谈会6次，参加支部活动5次，查阅“双学一跟”活动及支部工作相关资料。在督导检查过程中，针对各支部相关工作及时提出具体指导意见。专门整理《督导检查情况通报》，对先进典型进行表扬，对存在问题提出整改要求。

强化宣传工作。编印《吕梁民革》“双学一跟”专刊1期，学习交流专刊2期，编发工作简报41期，上载吕梁民革网站各栏目文章60多篇。派专人赴民革省委就“民革E家”网上平台的使用进行培训。向民革省委报送工作动态，在《山西民革》《山西民革工作动态》和民革中央网站发表各类信息40多条。年底，配合换届工作，制作《吕梁民革第一届委员会工作掠影》画册。

坚持问题导向，梳理存在问题。对工作中存在的问题逐条梳理，根据平时掌握的情况和与基层党员的座谈交流，对存在问题有较为全面深刻的了解，从政治思想、理论学习、参政议政、开展活动、党员管理、工作作风等方面梳理出突出问题20多条。弄清问题所在，学习整改更为明确，增强开展“双学一跟”活动的针对性。

成立10个专委会，丰富学习活动的载体。市委成立10个专门工作委员会，包括经济工作、理论学习、社会服务、青年工作、妇女工作、科技教育、文化艺术、医疗卫生、法律服务、促进祖统委员会。这些专门委员会整合各领域的人才资源，为集中力量搞好专题活动、参政议政奠定基础。出台《民革吕梁市委专委会通则》，对专委会开展活动的原则、方法、要求作具体规定。

组织学习培训。市委先后在离石、孝义两次召开专题报告会。主委刘继隆就开展“双学一跟”活动的重要意义、如何深入开展“双学一跟”活动、开展“双学一跟”活动要达到怎样的效果等内容作解读。邀请孝义市委党校高级讲师侯全红作题为《学习习近平总书记系列重要讲话、扎实推进“双学一跟”活动》专题报告。市直二支部名誉主委吴晋作《台情报告》。编印《吕梁民革》“双学一跟”活动学习材料专刊，向各支部分发《习近平谈治国理政》及由中共山西省委统战部编印的《全省党外代表人士“双学一跟”活动学习资料》。柳林支部还根据党员要求编印《学习文选》5本小册子，组织骨干党员撰写学习体会。

开展考察调研活动。各支部注重利用当地的特色教育资源，发挥党员的职业优势，开展集体考察、参观学习、调研座谈等活动。市直一支部组织党员在晋绥文物史料馆进行参观学习，感受晋绥边区军民在抗战时期艰苦卓绝的工作、生活、战斗细节。市直二支部组织党员赴石楼县红军东征纪念馆接受革命传统教育。汾阳支部组织支部班子成员走访慰问老党员，听取老党员对支部工作的意见建议。组织全体党员在汾酒厂开展调研活动，探讨地方经济服务汾酒发展的路径与措施。孝义支部与汾阳支部联合举办孝河国家湿地公园考察活动，党员感受生态建设的意义及成就。孝义支部还组织全体党员赴党员李国富创办的东秀川养殖场进行参观考察，了解现代农业循环利用、绿色安全的生产经营理念。

市委各专门委员会与各支部携手活动，联合行动，取得良好效果。青年工作委员会组织青年党员在吕梁汉画像石博物馆、吕梁北武当古兵器博物馆、吕梁互联网科创园参观学习，组织青年党员在八一建军节之际赴民兵基地开展国防教育活动。文化艺术工作委员会召开“学经典、创精品”研讨会。经济工作委员会就如何开展“三个一”活动开展座谈讨论。科技教育委员会开展吕梁农产品供给侧改革调研活动，在中阳等地开展为贫困家庭小学生献爱心活动。社会服务工作委员会与医卫工作委员会联合开展医疗帮扶行动和健康知识义务宣讲进校园活动。祖国和平统一促进工作委员会召开台情报告会。

## 【组织建设】

2016年，根据民革山西省委员会《关于市级组织换届若干问题的决定》和吕梁市《各民主党派市委关于做好换届工作座谈会纪要》、《吕梁市各民主党派市委关于2016年全市代表大会人事工作程序问题座谈会纪要》精神，民革吕梁市委会换届工作开展。市委会换届工作严格遵循增进政治共识、加强领导班子建设、完善制度建设、做好思想工作、注意工作衔接、严肃换届纪律的总体要求，落实领导班子规模结构、年龄界限、任期制等政策要求，在民主测评、无记名推荐、充分协商、认真考察的基础上，确定委员推荐人选，并在民革山西省委和中共吕梁市委的领导下于12月21日召开第二次代表大会，选举产生民革吕梁市第二届委员会。在市委会换届之前，根据中共吕梁市委统战部的统一安排部署，完成基层支部换届任务。12月10前所有6个支部全部换届完毕。

强化支部班子建设。各支部班子贯彻落实民主集中制原则，实行集体领导与个人分工负责相结合的工作制度，调动支部班子成员的工作积极性。各支部班子成员自觉学习，提高理论素养、工作水平，带头执行相关工作制度，落实相关工作安排，为广大党员做出表率。

规范党员发展。各支部按照《民革吕梁市委发展党员程序及审批办法》发展党员，把关严格、程序规范，保证新发展党员的质量。

党员管理常态化。强化党员的组织纪律教育，孝义支部、汾阳支部组织全体党员听取《积极参加“双学一跟”活动，做一名合格的民革党员》专题讲座。离石支部健全党员管理有关制度，包括档案管理、活动记录、党员考核都形成一套完整的管理制度。柳林支部完善推行“星级党员”管理制度，激发党员参与支部活动的主动性。

创新党员管理模式。各支部都建起微信群或QQ群，及时传达市委、支部有关工作安排，加强党员间的交流，提高工作效率，增强组织的凝聚力。

在2016年的各县（市、区）换届选举中，共有16名民革党员被推举为县级政协委员，其中政协常委7名；2名党员被推选为人大代表，并任专职常委。

【参政议政】

4月25日至27日吕梁市“两会”期间，各支部通过17名担任市政协委员的党员，提交集体提案30篇，被市政协全部立案。提交的其他提案立案28件，2件转意见。提交《创新社会救助体系，发挥政府兜底功能》《着力构建预防拖欠农民工工资长效机制》《积极应对人口老龄化，加快发展养老服务业》《实施“六个精准”方略，推进吕梁整体脱贫》《加大环境保护力度，促进生态文明建设》5篇大会发言稿，有的在大会上进行交流，有的编入《大会发言汇编》。建议切合实际、具体可行，得到市政协领导及广大委员的好评。民革吕梁市委有4件集体提案《关于进一步加强全市农村综合治理的建议》《关于对我市采煤沉陷区综合治理的建议》《积极应对人口老龄化 加快发展我市养老服务业》《关于高度重视和切实规范全市（各县市）住宅区物业服务管理的建议》被评为2016年度优秀提案。民革吕梁市委会被评为“政协提案先进单位”。柳林支部任静主委被评为2016年度优秀政协委员。市委副主委周云庆、二支部副主委王海燕被市政协评为“2016年度政协提案工作先进个人”。孝义支部主委武文启被孝义市政协评为“2016年度提案工作先进个人”。柳林支部主委任静获柳林县政协大会发言优秀奖。汾阳支部郝振玲被汾阳市政协评为“2016年度政协社情民意信息工作先进个人”，郑鹏飞被汾阳市政协评为“2016年度优秀提案工作者”。离石支部党员杨斌被离石区政协评为“2016年度优秀政协委员”。二支部党员兰冰艳，被石楼县政协评为“2016年度社情民意信息工作先进个人”。

【服务社会】

2016年，在《“双学一跟”活动方案》中，民革吕梁市委号召广大党员向张宝艳、秦艳友学习，开展社会服务。汾阳支部党员郑鹏飞创办的“汾阳市正能量联合会”，在汾阳市杨家庄敬老院开展献爱心活动，在石盘山景区参加义务植树活动。组织志愿者在石盘山景区开展以义务捡拾垃圾为主要内容的公益环保活动。为汾阳育智学校的智障孩子们送去“六一”儿童节礼物。汾阳支部委员吕万海联合社会服务委员会在汾阳市府学街小学开展齿科健康知识义务宣教活动。

柳林支部委员任静，在学雷锋纪念日来到吕梁市中心2号血站柳林采血点，无偿献血400毫升。多年来，任静先后无偿献血15余次，献血量达6000毫升，他还是中国红十字会骨髓捐献志愿者。

离石支部委员杨斌，在“六一”儿童节前夕带着家人一同前往信义镇看望一对孤儿，给她们送去学习用品和方便食品。离石支部委员赵耀利用暑假休息时间，免费为家庭贫困、学习困难的学生补习功课。

市直二支部委员王海燕，离石支部党员温福兰、赵耀、贺年才于“六一”儿童节前夕赴中阳县金罗镇水峪小学举行“城乡手拉手，捐书献爱心”公益活动。他们集资3000余元购制27套“暖心被”和“智慧包”，并将这些物资送到水峪小学的贫困学生手中。温福兰为永宁小学一（1）班贫困学生刘鸿婧同学送上300元，用于购买学习用品和新衣服。

孝义支部党员孟宪斌在孝义市驿马乡宣化原村发起“扶贫帮困暨医疗帮扶活动”。资助贫困老党员、贫困妇女、留守儿童共10名，为他们送去面、油、善款。医卫委员会副主任、离石支部党员吴国旺还组织医务人员在宣化原村开展义诊活动。对孝义市西关牌楼人曲乐队的老人们慰问。开展“健康扶贫”活动，组织医疗专家和骨干医务人员赴交口县贫困村开展妇科疾病免费筛查服务和免费手术治疗。

吕梁民革法律服务中心主任、市直二支部主委崔承宇长期坚持为市武警支队官兵提供法律服务，为维护官兵权益做出贡献。

离石支部委员、离石区法律援助中心律师冯左左，2016年为38件案件提供法律援助，其中劳动者权益保护12件，其他民事案件6件，一审重大刑事案件6件，未成年人抢劫案件3件，其他刑事案件2件，婚姻家庭纠纷9件。

汾阳支部主委、律师苏卫山，常年为慈善组织——汾阳市正能量联合会免费提供法律服务。为1名处境艰难的交通事故受害人提供法律援助，帮助其申请司法救助，还成功调解一件上访案件。汾阳支部委员、汾阳市法院工会主席郝振玲义务为两所学校做普法教育宣传。

【爱岗敬业成绩突出】

2016年，吕梁市委各支部党员立足岗位做贡献，一批优秀党员受到各级有关部门的表彰奖励。

市委副主委、市直一支部主委陈红帅2016年度在中文核心期刊发表论文3篇，分别为《山西孝义皮影戏探微》发表于《艺术评论》2016年1期；《碛口民居砖雕墀头解析》发表于《艺术评论》2016年6期；《鱼和熊掌兼得——刘长有水彩艺术评析》发表于《艺术评论》2016年8期。陈红帅被吕梁学院评为模范教师。市直一支部党员王志强当选中国检验检疫学会卫生检验与检疫专业技术委员会委员，当选吕梁市医师协会检验医师分会会长，被市人民医院评为优秀科主任。

市直一支部党员武淑红申请山西省文化厅艺术课题《山西影戏研究》获批。市直二支部主委崔承宇被山西省律师协会评为“山西省优秀青年律师”。孝义支部党员郭晓军被山西省政府评为2016年度省“两会”信访工作先进个人。汾阳支部党员、汾酒股份公司技术中心主任郭黎媛获“山西省五一劳动奖章”，获山西省工业系统“五小”竞赛（小发明、小创造、小革新、小设计、小建议竞赛活动）优秀成果一等奖。离石支部党员温福兰被省教科院评为小学课题组先进个人。离石支部委员冯左左于2016年11月被市委宣传部、市司法局、市普法依法治理办公室评为2011-2015年全市法制宣传教育先进工作者。孝义支部主委武文启的作品《沁园春·赞袁公》获袁熙坤诗歌征稿一等奖，刊登在《世界汉诗》杂志2016年第4期。孝义支部委员李怡萍的作品《迎着朝阳，奔向远方》获吕梁市戏剧、小戏小品、歌词征文评奖三等奖；作品《仰望历史天空》获“红色印记离石脊骨”文学艺术大赛三等奖。孝义支部党员侯建川被孝义市委市政府授予“孝义市第二届优秀人才奖”。党员侯建海被任命为孝义市人民法院人民陪审员。离石支部党员高七强、杨斌被离石区委、区政府评为“2016年度先进工作者”；杨斌被离石区人大任命为离石区人民法院人民陪审员。离石支部主委白海保在2016年单位年度考核中被评为优秀工作者；党员温福兰在2016年度考核中被评为优秀工作者；党员高泽全被离石一中评为“2016年度师德标兵”。市直一支部党员马宝珍被吕梁广播电视台评为优秀编辑；党员白荣芳在单位年度考核中被评为优秀工作者。柳林支部党员高宏丽被柳林县人民医院评为2016年先进工作者。

（民革吕梁市委）

## 民盟吕梁市委

### 【“双学一跟”活动】

2016年，在“双学一跟”活动中，民盟吕梁市委开展形式多样的学习活动：以盟内季刊《友》为依托，编撰“双学一跟”学习资料10万余字，印发《“双学一跟”及党史、盟史盟章学习手册》，盟员人手一册。4月15日市委统战部召开动员会之后，民盟于4月17日召开盟市委委员、各专委会、各直属基层组织班子成员参加的动员会，会后组织参会人员赴延安接受革命传统教育，参观习近平总书记曾经插队落户的延川县梁家河村。组织骨干盟员参加省委统战部“双学一跟”经验交流座谈会。开展“双学一跟”主题征文、“庆祝中国民主同盟成立75周年暨吕梁民盟成立60周年”主题征文及书画摄影作品征集活动，共收到摄影、书法、绘画、征文等作品共计26件。8月，盟市委号召各基层组织和广大盟员积极开展“聚力脱贫攻坚行动”，通过教育扶贫、医疗卫生扶贫、科技扶贫和项目扶贫、农业扶贫、护工培训和就业等多种方式进行扶贫，以务实的作风为全市决战脱贫攻坚、决胜同步小康献计出力，添砖加瓦；组织部分骨干盟员赴长治武乡八路军纪念馆参观学习，牢记革命先烈的丰功伟绩，传承先辈铸就的太行精神，接受革命传统教育。编制《“双学一跟”理论知识测试题》，考核检验每位盟员的学习成果。9月，又组织由各直属基层组织参加的“双学一跟”及党史、盟史盟章知识竞赛。

各基层组织开展“双学一跟”活动，通过丰富多彩的形式把活动精神切实落实到位。民盟汾阳总支联合兄弟党派召开专题培训会，赴刘胡兰纪念馆举行“同心宣誓”仪式，赴汾阳监狱开展警示教育活动，开展中高考爱心送考活动，开展迎“七·一”摄影展参观学习活动，赴农村开展义诊咨询活动等。孝义总支召开参政议政学习培训会、开展“互联网+教育”项目考察调研活动、赴长治武乡八路军纪念馆参观学习等。柳林支部召开活动动员大会暨专题培训会、赴革命圣地西柏坡学习考察并接受革命传统教育、赴明德小学捐赠学习用品等。离石支部组织开展预防青少年犯罪讲座。市直支部组织全体盟员赴展示吕梁精神的电影拍摄基地接受教育。

### 【服务社会】

2016年，民盟吕梁市委本着“办好事、做实事”的宗旨，发挥民盟优势，创造条件，推进社会服务工作。2016年11月被盟中央表彰为“社会服务工作先进集体”。

“六·一”儿童节组织部分盟员赴中阳县车鸣峪乡河底小学开展“六一爱心捐赠暨文艺表演”活动，盟市委会及机关工会向学校捐赠6套幼儿桌椅、40余套衣服、课外书籍、玩具等总计6000余元的爱心物资，盟市委会还寻求社会帮助，筹资2300余元为老师们购买衣服，校长陈四明代表学校向盟市委赠送“爱心资助真情无限”的牌匾表示感谢。

### 【文艺晚会】

2016年7月底，由民盟吕梁市委主办，吕梁市文化局承办，民盟山西省委协办的一场“庆祝中国共产党成立95周年和中国民主同盟成立75周年文艺晚会”在吕梁市世纪广场演出，这是2016年首次广场晚会，吸引3000余名观众到场观看。由吕梁盟员自编自导的《民盟精神薪火相传》节目，受到民盟山西省委会和广大观众的一致好评，被邀请参加民盟山西省委文艺下乡长治演出专场活动。

【组织建设】

2016年是吕梁市民盟各级基层组织换届之年，1月，汾阳总支完成换届工作，9月，其他8个基层组织相继换届完成。换届工作平稳有序，新一届领导班子呈现出年轻化、知识化态势，基层组织班子结构改善、队伍活力加强。

（民盟吕梁市委）

## 民进吕梁市委

【演讲比赛】

2016年6月30日，民进吕梁市委会举行纪念中国共产党建党95周年暨“双学一跟”演讲比赛。来自吕梁市民进各基层组织的14名选手参加比赛。中共吕梁市委统战部毛新爱调研员、白小平副部长、党派科刘文胜科长，民革吕梁市委会武守良副主委兼秘书长，民盟吕梁市委会张志强副主委兼秘书长，吕梁市工商联郭建峰副主席，中共离石区委统战部副部长、工商联党组白云峰书记，吕梁市直工委群工部刘伟部长等领导应邀出席活动。民进吕梁市委会主持工作的李媛副主委，民进吕梁市委会副主委、市直总支部李晋东主委，民进吕梁市委会副主委、离石支部刘延宁主委，民进吕梁市委会郭向勤原副主委以及市区的部分会员参加活动。

比赛开始之前，大家共同观看全国人大常委会副委员长、民进中央主席严隽琪庆祝中国共产党成立95周年寄语视频，学习严主席讲话精神，增进“跟党奋进”的决心和信心。

比赛开始后，14名参赛选手围绕“与党同心、跟党奋进”主题，回顾光辉历程，讴歌丰功伟绩，讲述先锋事迹，内省自身差距，表达民进会员以党为师、学习传承，与党同心、跟党奋进的真挚情怀，坚定政治共识，增强道路自信，提升价值认同，展现自我风采，实现政治素养和专业素质的同步提升。比赛共决出一等奖1名，二等奖3名，三等奖4名，优秀奖6名，进行现场颁奖。

郭建峰代表评委作点评，认为民进吕梁市委会“选择了最好的方式”深化“双学一跟”活动，高度评价选手的演讲“结合实际、情感真挚”，就演讲比赛的技巧等进行指导。民革吕梁市委会、民盟吕梁市委会、民建吕梁市委会和市工商联机关的同志到场观看比赛。

（民进吕梁市委）

# 群众团体

## 吕梁市总工会

【概况】

2016年，全市工会围绕脱贫攻坚大局，全心全意服务职工群众，各项工作呈现良好的发展态势。

【驱动转型升级，助推扶贫攻坚】

2016年，吕梁市工会完成全国、省“五一”表彰推荐评选工作，1个集体和两名职工分别获“全国工人先锋号”和“全国五一劳动奖章”称号，13个集体和19名职工分别获得“山西省五一劳动奖状”“山西省工人先锋号”和“山西省五一劳动奖章”称号；在全市1025户企业、17.3万名职工中开展“五小”竞赛活动，新创建职工（劳模）传统工艺（手艺）大师创新工作室9个，收集竞赛成果418项，其中42项分别获得省总工会一二三等奖，创造经济效益8200余万元；8月，召开首届吕梁市家政服务（护理护工）行业工会联合会第一次代表大会，举办以“爱我吕梁，护工（护理）光荣”为主题的吕梁市首届护工（护理）行业职工技能大赛，150名护工（护理）分别获金奖、银奖、铜奖；11月，举办“中国梦 劳动美”护工（护理）演讲比赛，最后决出金奖1名、银奖2名、铜奖3名；以家政工会为依托，建立护工之家14个，制定护工（护理）工作十条意见，建立信息服务平台27个，为411名女性护工缴纳女职工特病保险；与上海、太原、杭州等地签订联动维权协议；为市总工会扶贫点——岚县普明镇贯家庄村141户建档立卡贫困户送去291只“小尾寒羊”种羊，开展种植养殖培训2期，增设路灯17盏，启动村集体广场、阅览室、图书室建设。市总工会扶贫工作队受到岚县县委、政府表彰。

【依法履职维权，维护和谐稳定】

推动平等协商签订集体合同工作，全市共新签续签集体合同、工资集体协议523份，覆盖企业892个，职工92406人；开展“工资集体协商集中调研指导”活动，深入117户企业就工资发放情况、欠薪情况调研了解，形成调研报告；在“安康杯”竞赛活动中，全市有7个单位、2个班组、4名个人、2个优秀组织单位受到省总表彰；与“工会组建月”同步开展“职代会、厂务公开建制专项行动”，区域、行业职代会整顿整合为99个，覆盖企业2562个，覆盖职工88757人。全市13116个企事业单位中，职代会建制13063个，建制率99.6%，厂务公开13068个，公开率99.63%。

【着力精准帮扶，增强影响力和凝聚力】

服务“吕梁山护工”是吕梁市工会2016年的一项重点工作，全年新建困难护工档案1988份，跟踪服务949人次，实施结对援助行动429人次，帮扶救助262人次，发放救助金14.7万元；开展“金秋助学”活动，救助困难职工和困难农民工子女1706人，发放助学资金354.8万元；对全市1218名大病职工进行“医疗救助”，共发放救助资金353万余元；元旦、春节期间开展“送温暖”活动，走访慰问困难企业、困难劳模和困难职工家庭17800余户，发放款物525万元；划拨资金54.3万，用于女职工关爱行动和慰问单亲女职工活动；开展农民工工资支付情况专项督促检查，全年共收到省工会分转和县市区上报来访案件85起，其中78起已调解、对接或处置，涉案金额440余万元。

【加强自身建设，呈现新的活力】

在市委和省总工会的重视关怀下，于6月29日召开吕梁市总工会一届五次全委会议，完成市总工会主席的补选任务；11月召开吕梁市总工会一届六次全委会议，依法选举产生出席省工会十三大的39名正式代表，并完成省工代会安排的选举任务；将相关法律规定与市政府统一要求合理对接，配合市政府后勤管理服务中心完成市总工会办公室和职工活动中心的装修改造工程；在全市142个家政服务企业全部组建工会组织，成立吕梁市家政服务（护理护工）行业工会联合会；完成2.8万农民工入会任务；建成和完善13个群众性职工活动阵地，申报“妈咪小屋”9个；组织450名工会干部参加上级工会组织的特色培训班，全市各级工会组织培训工会专兼职干部5000余人（次）；完成省总工会分配的经费收缴任务，开展市直基层工会经费集中支付工作，市总工会集中支付的系统工会、基层工会达130户；市总工会经审委按照“两年一审，一审两年”的原则，按期完成7个县（市区）工会、7个市直系统（行业）工会和46个基层工会的的经费审查工作。

（吕梁市总工会）

## 共青团吕梁市委员会

【主要工作】

凝聚青年，筑牢主业，做实共青团工作根本任务

主题教育活动。2016年，共青团吕梁市委员会以建党95周年、红军长征胜利80周年为契机，开展吕梁市农村第一书记和大学生村官纪念建党95周年系列活动。各县（市、区）深入开展“红领巾相约中国梦”“红领巾心向党”“我们是共产主义接班人”“伟大的征程”报告会、座谈会、演讲赛、朗诵会等多种形式的主题团队教育活动100余场。开展“奋斗的青春最美丽”“向上向善好青年”“优秀护工进校园”主题分享活动20场，通过分享会、报告会等形式向2万名青少年传递青春正能量，用身边的励志榜样感召青少年。

网络引领活动。深化网上正面宣传和舆论引导斗争，在团属网站、微博、微信平台上开设主题栏目或话题，推动党的部署和要求通俗化、青年化，网络引领成为各级共青团交流工作经验、宣传工作成效的主要手段之一。截至年底，登记注册网络文明青年志愿者3200余人，团市委自建网络媒体累计发布各类信息3120余条，官微点击率达到6.4万人次，官网总访问量达到60.2万人次。

聚焦“双创”，深化服务，带领青年投身经济建设

扶持青年就业创业。发放青年创业小额贷款6505.03万元，开展青年技能培训9474人次，组织大中专毕业生上岗见习678人次。举办两场2016年吕梁市青年人才招聘会，招聘活动采取网上网下同步进行，来自市内外的262家用人单位参加招聘活动，提供6100余个就业岗位，吸引近3万余名求职者入场，其中6000余名求职者在现场与招聘单位达成意向。举行青年之声——创业青年与导师“面对面”活动，针对青年的创业经历及疑

向点评指正、答疑解惑。

举办青年创业创新大赛。全市100余个创新创业项目及团队报名参加县级初赛。最终来自现代农业、电子商务、新材料、养殖产业、旅游观光等领域的14个创新创业项目在市级大赛中脱颖而出。其中12个项目参加团省委组织的青年创新创业大赛，两个项目获得三等奖。

当好桥梁，传递声音，发挥共青团枢纽联系作用

加强维权基础工作。团市委协调各成员单位积极履职，牵头与市中院、公安局、司法局联合印发《关于办理未成年人刑事案件的办法》和《关于在刑事诉讼中合适成年人参与诉讼的办法》，为全市的未成年人刑事检察诉讼办理工作提供制度保障。与市教育局联合开展初中毕业生流向登记，联合市人社局确定市高级技工学校和市职业中专为全市重点青少年继续接受再教育、学习职业技能的基地，接收重点青少年入学。团市委、市检察院联合有关部门建立涉罪青少年帮教观护中心，聘请30名检察官和离退休老干部为帮教观护员，就县级青少年帮教观护中心面积、人员、工作内容等建设提出具体标准和要求。

优化青少年成长发展环境。开展“共青团与人大代表、政协委员面对面”活动，市、县两级全年开展面对面活动14次，撰写调研报告20余篇，向市、县“两会”提交建议提案20余篇。各级团组织以禁毒、防艾、反邪教、安全、法治为主题开展各类教育体验活动，联合市检察院开展“法制进校园”活动40余场。市级“12355”热线服务电话开通，邀请法律、心理等专家组建12355志愿服务专家团队，为青少年答疑解惑。举办全市2016首场“青春有约”单身青年联谊交友活动，拓宽青年沟通交流渠道，引导青年树立健康向上的婚恋观，服务青年婚恋需求。

夯实基础、激发活力，不断扩大团的有效覆盖面

推进服务型团组织建设。开展团员注册志愿者制度，在册团员注册志愿者比例达到50%，基层团组织服务社会力量加强。将互联网作为联系、动员青年的重要渠道，各级团组织联系青年、服务青年的手臂延伸。全市各基层团组织利用党政、社会和市场资源，新建或拓展坚持青少年综合服务平台29个。

加强青联和青年自组织建设。健全和完善青联运行机制，探索跨行业、跨系统、跨界别工作联动模式，先后开展义务清洁、捐赠慰问、现场救援、节目慰问等活动283人次。培育和扶持环保志愿者联盟、岚河爱心民间爱心社、“青悦读”吕梁青年读书会等10多个公益慈善类青年自组织。

**【重点工作】**

围绕改革创新，提升团的自身治理能力

改进团的机关干部选拔使用。2016年，团市委与市委组织部联合下发《关于进一步做好全市县、乡、村三级团组织换届工作的通知》，加强同县（市、区）委的沟通督查，严把换届程序和新提名团干部任职条件，明确要求配备挂职、兼职副书记，探索组建专、兼、挂相结合的基层团干部队伍，推动县（市、区）团组织换届顺利完成。

全面推行“4+1”“1+100”工作机制。深化“四个化”专项整治和“走进青年、转变作风、改进工作”大宣传大调研工作，市县两级每名专职团干部每周至少拿出1个工作日，向基层服务对象报到，同时经常性联系100名左右不同领域的团员青年，做到“每天有声音、每周有互动、每月有话题、每季度有线下活动、每年有面对面交流”，使团干部走出机关、深入基层、融入青年成为新常态。

推进“青年之声”青年互动社交平台建设，打造直接面向广大青年零距离联系、交互式沟通、

大数据运营的共青团新型网上工作平台。建成覆盖全市13个县(市、区)的“青年之声”青年互动社交平台，市级“青年之声·网上共青团” V4.0平台已全面开通，推动团的各类工作和活动与平台实现对接，实现团网深度融合、团青充分互动、线上线下一体运行，推动联系服务青年网络化、扁平化、即时化。截至年底，“青年之声·吕梁”青年互动社交平台已入驻专家552位，特邀专家473位，提问数3156个，专家回答率90.9%，好评数2961。

围绕党政重点要点工作，增强团的吸引力和凝聚力

开展形势教育活动。举办吕梁市纪念五四运动97周年暨青年“创业、创新、创优”论坛，组织各行各业优秀青年代表以“创业、创新、创优”为主线，围绕吕梁市推进“十三五”规划，打赢脱贫攻坚战，全面建成小康社会等议题发表看法，引导广大青少年把吕梁市“十三五”时期的发展目标、主要任务和重大举措内化为科学认知和坚定信念，转化为坚强意志和自觉行动。挖掘在脱贫攻坚、护工护理、金融科技、志愿服务等各领域涌现出的青年典型，表彰“五四青年奖状”“五四青年奖章”等一大批先进个人和集体，使全市广大团员青年赶有目标、学有榜样。

重点青少年服务管理。建立闲散青少年等五类重点青少年群体定期动态摸排工作机制，五类重点青少年的风险隐患排查整治在各级团组织统筹协调、相关单位牵头或配合下开展，坚持边排查边清理边整治，各成员单位采取召开专题会议、明确领导包案、建立台账和信息上报制度等方式，通过梳理摸底排查确定一批重点问题、重点区域，通过列出清单逐项集中整治各类分险隐患，明确，做到逐级压实责任，统筹研究化解措施，确保整改到位。截至年底，根据各成员单位上报的数据，全市共发现有不良行为或严重不良行为的青少年90名，闲散青少年56名，农村留守儿童422名，服刑人员未成年人子女65人，共计638人。

落实绿色发展理念。团市委通过采取线上线下相结合的形式，在团属官微、官网及吕梁交通广播电台开设宣传植树造林、美化环境的专题栏目，在全市450辆出租车的电子广告屏上发出号召令，为全市100多万联通手机用户发送宣传造林绿化相关部署的短信，率先启动百亩“青年林”基地建设暨树木绿地认种认养活动，举办市第二届“绿色长征——美丽大吕梁 健康阔步走”公益健走活动，分步逐年建设并命名一批“青年林”“共青团绿色长廊”“红领巾林”“校园植树实践基地”等，让植树绿化、健步出行和节俭环保，成为广大青少年参与建设美丽吕梁的自觉行动。

围绕脱贫攻坚，凝聚青年力量建功立业

公益扶贫。广泛发动全社会参与希望工程行动，向省希望办、省青基会争取专项资金，累计筹集善款140.5万元，资助281名贫困生圆梦大学；打造“小善·大爱”圆梦贫困儿童公益品牌，春节前夕先后到方山、石楼和中阳的5个贫困村，为500户贫困家庭和300名困难儿童送去价值28万余元的爱心物资；募集价值106.43万元的扶贫物资，包括现金资助、米面粮油、文具衣物等，1251名贫困老人和留守儿童受益；开展“3.5”学雷锋、共青团关爱农民工子女志愿服务行动、青年志愿者助残“阳光行动”、微善之家“暖冬行动”、吕梁市第五届“爱心送考”公益活动等志愿服务，集中开展50余次活动，帮扶720名农村留守儿童、农民工子女，其中“童心圆”留守儿童关爱行动获第三届中国青年志愿服务大赛金奖；争取中华联合财险保险股份有限公司支持，分赴吕梁市临县、岚县、方山、石楼等地，开展关爱老人、

留守儿童爱心捐赠活动，共捐赠衣物2.4万余件，书籍2000余册。

智力扶贫。主动联系全国各地6支大学生志愿者服务队开展支教活动，其中石楼团县委与中国政法大学研究生支教团队签订意向书，有12名政法大学研究生到该县进行为期一年的义务支教。方山团县委联系北京理工大、无锡太湖学院的大学生志愿者服务队开展形式多样、内容丰富的扶贫支教活动；全市各级团组织普遍开展“互联网+”电子商务知识培训，为农村创业青年提供创业平台、小额贷款支持、培训支持等全方位孵化支持，全市累计举办20场次培训，1000余名电商从业者和农村创业青年参加培训。此外，临县团县委打造集电子商务人才资源库、电商运营平台、仓储物流、信息资源库为一体的临县特色电子商务创业园区。石楼、岚县团委引进“乐村淘”项目，争取青年企业家与阿里巴巴、贡天下、乐村淘等知名电商对接，通过电商平台加快“网货下乡”和“农产品进城”的双向流通，扩大特色农产品的品牌效应，带动农副产品的种养殖和销售、运输、包装等行业的发展。

参与吕梁山护工护理工作。开展摸底调研工作，全面掌握吕梁市所有大中专学校和高中建档立卡贫困户学生；开展择业观教育活动，重点对无业青年和待业大中专毕业生进行上门家访，与青年和他们的父母面对面沟通交流，帮助他们转变就业观念；邀请优秀青年护工和家政行业青年创业代表走进全市大中专院校中开展巡回宣讲活动，在5所大中专院校开展活动，参加人数有5789人；开展护理护工培训专题讲座2场，举办首期吕梁山护工(护理)早教育婴师培训班，制作“致富新门路，收入有保障——团团给您解读吕梁山护工”微信图文手册，录制“为爱守护——我为护工家庭保后勤”宣传片；发动农村第一书记和大学生村官深入外出护工家中，帮助他们解决好行路、饮水、用电、就医、上学等方面的困难和问题，为他们的子女完成学业、就业创业提供服务。

（共青团吕梁市委员会）

## 吕梁市妇女联合会

**【精准扶贫】**

以技能培训为抓手，助力巾帼脱贫行动

思想层面。吕梁市现有贫困妇女21.6万余人，针对这些人群进行调研，了解妇女群众的就业意向、困难以及需求。宣传打造“吕梁山护工”的重大意义，营造关心妇女事业、支持妇女工作的良好氛围。发布“投身造林绿化·共建美丽吕梁——吕梁市妇联致全市广大家庭和妇女姐妹们的倡议书”，号召吕梁妇女积极投身脱贫攻坚和绿化建设，让吕梁山真正变成青山绿山、金山银山。

技能层面。动员700余名妇女参加培训，取得从业资格；举办“孕妇课堂”讲座，2000多名孕妇听取专家讲座，推动吕梁山护理护工事业的发展；依托巾帼家政培训基地，累计开展各类家政培训12期、万余人，帮助3000余名贫困妇女走上就业之路；抓龙头，建立孝义市华夏中青家政服务有限公司等8个巾帼家政服务示范基地，在推进家政市场发展、规范人员从业、安置妇女就业等方面发挥示范带动作用。

先进示范。通过举办事迹报告会、巡回演讲、召开家政企业负责人座谈会、举办家政技能比赛等方式，培养优秀家政服务人员。“三八”妇女节期间，表彰20名“吕梁市优秀护工”“优秀护工”县市巡讲展示为全市家政从业人员树立榜样。

发展生产扶贫，提升造血功能

发展妇女手工。全年，市、县共举办各类手工艺培训班26期，累计3000余名妇女参加培训；建立妇女手工艺示范基地11个；举办手工艺制品展览及比赛10场，参赛人数1000余人，参赛作品1800余件，为广大妇女通过手工艺脱贫致富奠定基础。组织妇女手工艺龙头企业参加第三届“三晋巧姐”手工艺品展评展销暨“三晋巧姐＋旅游”创新发展推进活动、“三晋巧姐”文创活动周暨2016平遥古城创意市集等展销活动，销售金额达1万余元，签订金额近万元的订单合同1个，初步达成合作意向3个，为广大妇女通过手工艺脱贫致富奠定基础。

发展农村电商，助力网络脱贫。加大电商人才的培育力度，为妇女电商与专业合作社、农产品生产基地、农业产业化龙头企业之间的联系对接提供帮助，形成“个人＋网店”“企业＋网店”“合作社＋网店”“品牌+网店”等四种运营模式，电商扶贫正逐渐成为妇联助力脱贫攻坚的重要途径，至少每县扶持一户电商带头人。

链接社会扶贫，汇聚扶贫力量

联合吕梁58同城、吕梁居然之家、吕梁交通广播电台，举办大型公益招聘会，实现供需对接。开展“留守儿童圆梦行动”，给予留守儿童更多关爱。开展巾帼扶贫志愿服务，面向贫困妇女儿童开展创业培训、生产帮扶、心理辅导、法律援助、健康教育等针对性服务。

做好“两癌”救助工作，推动社会力量扶贫

培训工作。各级妇联举办预防“两癌”健康知识培训班19期，3991人参加培训班。举办“两癌”健康知识讲座40期，参加人数7188人。宣传工作。发放宣传资料15.48万份，招贴画1.11万张。组织健康知识大篷车11次，参与人数达1.24万人。举办“两癌”知识大赛2次，参加人数540人。举办“两癌”主题活动12次，参加人数5942人。救助基础工作。严格条件，严格审查，共网上申报“两癌”患病人员774人。配合卫生部门完成筛查任务。全市项目县均超额完成项目任务。

驻村精准扶贫，助力脱贫攻坚

联户帮扶。助力教育，争取4万元经费举办两期针对家长的家庭教育讲座和一期针对教师的双塔小学教师素质提升班，争取资金17万元将学校的教室及办公场所重新进行修整和粉刷，为学校配备桌椅30套。出资6万余元重新修建了双塔小学餐厅，救助部分贫困儿童，为所有学生定制校服。发展红色旅游项目。在县委、县政府的支持下，合计争取资金1000余万，对中央后委旧址七院房子进行修缮，对村级道路进行维护。筹措12万扶贫资金，购买核桃苗，为贫困户免费栽种。聘请专家为农民讲解核桃树护理知识，另聘请专业的护理队伍对种植的核桃树三年内进行专业护理，确保核桃树种上去、长起来、结出来，真正让老百姓受益。

## 【家庭文明建设】

2016年，吕梁市妇联弘扬家庭美德。依托城乡、社区“妇女之家”，发动群众参与自荐、互荐、评议、投票等，开展寻找最美家庭活动。先后推荐评选出“吕梁市最美家庭”29户，8户家庭获评“三晋最美家庭，两户家庭获评“全国最美家庭”。

培树良好家风。开展“最美家庭·最美家风”巡讲活动。在全市开展为期一周的巡回宣讲活动，在全市家庭中形成学习最美、弘扬最美、争做最美的良好氛围。联合市委宣传部、市纪委在全市开展“传承家规家训，弘扬廉洁清风”创意作品征集活动，共征集到各类作品208件，引导领导干部及配偶争做廉洁家庭，以好的家风促进清廉政风。开展悬挂家规家训活动。共征集到优秀家规家训450余条，并由吕梁市书法家书写用于全市家庭的张贴悬挂。在全市范围内开展市级“平安家庭”及“平安家庭”创建活动先进单位评选，评选表彰吕梁市“平安家庭”示范户56户。

开展家庭教育。命名7个市级家庭教育指导中心。举办吕梁市家庭教育骨干能力提升班。500多名家庭教育志愿者参加两天的学习，为吕梁市家庭教育指导队伍专业化水平奠定基础。举办大型家教讲座120余场，受益家长达2万余人。组织“六一”儿童节慰问活动，启动“我爱我家”亲子阅读活动。各县普遍成立家庭教育指导中心，4个县重点学校挂牌成立“家长学校”。

发挥组织引领。以“三八”国际劳动妇女节为契机，表彰各类优秀女性、集体，发挥先进典型的引领作用。共评选表彰各类先进集体（个人）共147个（名）。推荐的孝义市妇联获评“全国妇联系统先进集体”。邀请全国、省、市一些知名专家做客吕梁女性文化学堂，为机关女干部、妇女群众做专题讲座，引导广大女性经营幸福家庭、实现精彩人生。编制完成《吕梁市妇女发展“十三五”规划》和《吕梁市儿童发展“十三五”规划》，为吕梁市妇女儿童事业实现新发展明确目标。为村妇代会、妇女之家赠阅《中国妇女报》《山西妇女报》《生活朝》等报刊杂志，丰富妇女精神文化生活。开通市妇联公众微信号，确保每个工作日定时定点推送妇女相关信息。

## 【妇联组织自身建设】

2016年，妇联开展改建工作。成立由市妇联主席李晓娥为组长的基层妇联组织深化改革工作领导小组，统筹全市妇联改建工作；制定基层妇联组织深化改革实施方案和村（社区）妇联组织改建指导意见，重点以村（社区）妇代会改建妇联工作为抓手，对改革工作进行全面的安排部署；将妇联系统改革工作列入年度目标责任制考核，就县（市、区）妇联开展村（社区）妇代会改建工作、县乡兼职副主席配备及乡镇妇联班子建设作为重点考核内容；召开妇联系统改革工作推进会，要求基层妇联组织要解放思想，真抓实干，因地制宜采取措施不拘一格建组织，不拘一格选人才，推进妇联系统改革工作。广泛宣传。以村（社区）“妇女之家”为阵地，通过横幅、宣传栏、海报等形式，为妇联改建工作营造良好的社会氛围。有序推进。市妇联应配备6名兼职副主席人选初步拟定。13个县（市、区）妇联，7个县市全部配备兼职副主席。167个乡镇（街道）妇联，配备率达89%。村（社区）妇代会改建妇联全部完成改建。其中，60个社区妇联主席为“两委”成员，社区兼职副主席配备519人。3082个村，改建完成率81%。其中，有1547个村妇联主席为“两委”成员，村兼职副主席已配备3078人。

妇联组织自身建设。开展“两学一做”学习教育活动和“巾帼心向党”群众性主题教育活动，在妇女群众中营造出学党史、听党话、跟党走，做党的好女儿的浓厚氛围，在全社会掀起强烈反响。按照“党建带妇建、妇建服务于党建”的工作要求，推进乡镇（街道）妇联组织区域化建设，延伸组织链条和服务触角，构建全方位、多层次、开放式妇女组织网络。加强妇儿工委办公室建设。孝义、方山、岚县、交口、兴县获批成立妇女儿童工作委员会办公室。先后选派优秀女领导干部、乡镇、村社区妇女干部60余人（次）参加各类培训班。举办吕梁市基层妇联干部综合素质提升培训班，累计培训100余人。

## 【妇女权益维护】

2016年，吕梁市妇女联合会深化维权机制建设。参与土地确权登记颁证工作。出台《关于进一步做好农村土地承包经营权确权登记颁证工作中保障妇女合法权益的通知》，确保广大基层妇女干部在农村土地承包经营权确权登记颁证过程中依法保障妇女合法权益。推动法律政策性别平等咨询评估机制在市级层面更好落实，制定出台《关于成立吕梁市政策法规性别平等咨询评估委员会的通知》。

开展系列宣传。以“万家联动、送法到家、服务到家、行动到家”为工作重点，发放宣传资料8万份，接待来信来访来电165件，结案率达95%。印发《关于做好反家暴法宣传工作的通知》，在城区主街道悬挂《反家庭暴力法》宣传标语等方式增强妇女群众的法律意识。邀请法官、检察官、律师等志愿者组成《反家庭暴力法》巡讲团，奔赴13个县（市、区）的社区、乡村举办20期《反家庭暴力法》巡回讲座。“6·26”期间举办禁毒宣传活动，组织观看禁毒警示片，3500多人在“不让毒品进我家，无毒万家兴”倡议书上签字。

做好排查化解工作。启动吕梁市婚姻家庭指导员培训工作。共培训婚姻家庭指导员70名，督促建立“婚姻家庭调解”工作站53个，使广大市民一旦有婚姻家庭方面的问题时，可以就近得到专业的帮助。联合吕梁市舒悦心理咨询中心组建妇联巾帼志愿者心理健康服务团，通过走访、心理疏导等超前预防措施，为妇女儿童和家庭提供心理健康服务，将纠纷隐患消除在萌芽状态。开展家庭婚姻、邻里纠纷大排查、大整治，成立领导组，建立社会治安风险隐患大排查大整治的台账，共化解矛盾纠纷类75起，整治率86%。

（吕梁市妇联）

## 吕梁市科学技术协会

### 【科普宣传活动】

2016年，吕梁市科学技术协会在市县电视台开办《科普大篷车》《科普大篷车》（农村版）和《沃土》3个科普类电视栏目，每周分别播放一期，每期播两次，全年播放科普电视节目时长4680分钟；编印《吕梁科普》杂志4期，充分发挥市科协科普网站和《吕梁科普》杂志的宣传作用，加强对全市科普工作和全民科学素质工作的指导与服务；利用农村、社区、学校的科普橱窗和全市1700余处科普惠农信息栏等开展科普宣传；编印宣传册共2万份，制作展板10余块，在全国科普日、科技周、食品安全周、防灾减灾日和宪法日等活动中开展科普宣传；利用市县科普大篷车车载设备仪器、立体展板等开展联合行动，深入农村、学校、社区开展科普展览；参加在离石区高家沟举行的吕梁市文化科技卫生“三下乡”活动和九三学社吕梁支社在方山县举办的科技卫生下乡活动。

### 【科普月主题活动】

2016年，吕梁市科学技术协会在全市范围内开展以“万众创新，拥抱智慧生活”为主题的“全国科普日”暨第15届中国科协·吕梁市科普月系列活动。

9月14日，由市直和离石区共计40余个成员单位200余名工作人员，在世纪广场开展现场科技咨询活动。普及科技创新的基本常识、基本方法，以及公众身边的创新创造等方面的科普知识，展示吕梁市科技创新创造的丰硕成果，激发广大公众的创新创造热情，提升公众对创新创造的了解，实现科技创新对公众工作生活的帮助。活动当天，共展出科普展板200余块，各类挂图50余幅，发放科普书籍、宣传资料共计1万余份。各县市区也按照要求相继举办全国科普日现场科技咨询和科普宣传活动。

开展科普开放月行动。组织协调吕梁学院“生物标本科技馆”、吕梁市卫校“人体科技馆”和各县市区学会、协会科普教育基地，面向公众免费开放，推出与创新发展主题相关的科普展览和科普宣传活动。活动期间，参观群众3000余人。

科普月期间，全市共举办技术咨询、科技培训、医疗义诊和学术报告100余场（期），累计展出各类展板1500余块，发放宣传资料3万余份，解决工农业生产生活中技术难题100余项，参与群众3万余人（次）。通过活动，在全市范围内营造社会关注、全民参与、学用科技、提升素质的良好氛围。市科协被中国科协评为全国科普日优秀组织单位。

【“四大科普计划”实施】

科普惠农计划成效显著。2016年，吕梁市科学技术协会组织开展农民技能培训活动，邀请省内外农业专家10余名、组织全市农业科技工作者100名，深入13县（市、区）、40个乡镇、60个行政村和10个社区，围绕核桃、红枣、马铃薯、蔬菜、食用菌等“8+2”农业产业，举办农民科技培训200余期，开展专题讲座、技术培训和现场技术服务活动，受益群众1万余人。

开展科普惠农兴村计划。组织实施中国科协、财政部“科普惠农兴村计划”项目的申报，分别有5个优秀农技协、1个科普示范基地和1个科普带头人获得中国科协、财政部表彰，共落实奖励资金125万元，起到良好的示范带动作用。有1个优秀农技协成为山西省科普惠农中心服务站建站单位，获省科协、财政厅补助建设资金20万元。

开展科普助教计划。2016年10月，邀请7位中国科学院老科学家在吕梁市孝义、柳林、文水、临县、中阳、交城、交口、兴县、岚县和汾阳等10个县（市、区），为党政机关干部公务员和中小学生举办37场科普讲座，有1万余名师生聆听报告，内容涉及低碳环保、让城市和乡村告别垃圾污染、从空中力量的发展与作战运用看信息化时代的国防建设、世界军用无人机的发展与作战运用、时尚与健康、女性健康用心呵护、是谁保护着我们地球、现代人类面临的新的环境问题、与科学结缘等主题，受到师生和干部的欢迎和好评。在除孝义、柳林外的其他11个县（市、区）开展中国科协流动科技馆巡展活动，实现流动科技馆巡展活动在13个县市区的全覆盖。流动科技馆包含9个展区，共50余件科普互动展品，包括“声光体验”“电磁探秘”“运动旋律”“数学魅力”“健康生活”“安全生活”“数字生活”“科学表演”等内容，在每个县巡回展出1至2个月，免费向中小学生和社会公众开放参观，全年有近20万名观众参观了流动科技馆巡展。配合中国科协流动科技馆巡展，市科协也派出2辆科普大篷车，携带20余件参展设备，到巡展县市区边远中小学开展巡展活动。

科普益民计划取得实效。作为成员单位参与吕梁市2016年食品安全宣传周系列宣传活动。市科协于6月13日在世纪广场开展集中宣传咨询活动。通过宣传版面展示、讲解和发放资料、宣传册等方式，针对食物中毒，识别食物中的常驻细菌、食品卫生常见误区、预防食源性疾病、识别食品安全标识、标志等内容进行集中宣传。5月12日，参加由市减灾委牵头举办的“防灾减灾日”集中宣传活动。市科协展出地震火灾洪水等自救科普知识宣传版面，发放核辐射知识手册、环境保护手册、破除迷信崇尚科学手册和食物中毒该如何急救等宣传资料共计2000多份。引导公众识别灾害风险，掌握减灾技能。开展科普创建工作，吕梁北武当古兵器博物馆科普教育基地、吕梁气象科普馆科普教育基地被省科协命名为第六批“山西省科普教育基地”。吕梁市孝义市新义街道新乐社区居民委员会被命名为山西省优秀科普示范社区，获10万元奖励。

科普强企计划有序推进2016年，以节能降耗、减排增效为重点，在企业和科技人员中深入开展金桥工程、科技奉献奖和“讲理想、比贡献”等活动，培养企业员工创新意识，提升企业科技创新能力。组织开展山西省第18届优秀学术论文评选活动，15篇学术论文获得表彰奖励，其中1等奖1名，2等奖2名，3等奖12名。为精准掌握吕梁市科技成果转化效益，在全市38家规模以上企业和38家科技型中小企业中开展企业科技成果转化调查，共发放调查问卷304份，访谈科技管理人员和科技工作者各304名。

（市科学技术协会）

## 吕梁市工商联

【调查研究】

2016年，吕梁市工商联组织大型调研3次：开展第18次上规模民营企业调研活动。就企业治理和经营情况、投资和发展战略、创新发展情况、走出去情况、转型升级情况等调研，采用全国工商联上规模民营企业调研数据软件系统进行登记，就民营企业发展中存在的困难和问题，及时向省工商联进行情况汇报，提高工商联经济服务的针对性和实践性。2016年，上报年营业收入在5亿元以上的有汇丰兴业、楼东俊安、金达煤焦、大象农牧等9户上规模民营企业，参与“2016年全国民营企业500强”评选。开展制造业民营企业发展状况调研活动。深入交城、文水，通过召开专题座谈会、实地考察、问卷调查等形式，就企业在创新能力、职能制造、质量品牌等方面存在的问题进行调查，完成1份《关于制造业民营企业发展状况的调研报告》，3份典型案例，13份调查问卷。开展促进民间投资第三方评估问卷调查统计。落实国务院促进民间投资专项督查第三方评估工作的部署要求，开展对促进民间投资政策措施落实情况开展第三方评估问卷调查，针对制造业、现代服务业、基础产业、国防科技、现代农业等10类企业就企业政策获得感、市场准入方面的感受情况、行政审批简政放权方面的感受、民间投资政策含金量以及投资安全感等方面进行调查，发放、回收、汇总、上报调查问卷27份。完成全国工商联民营企业信息直报点和省工商联五大行业民营企业经济运行观察点工作。

【参政议政】

2016年，吕梁市工商联组织全市工商联界别政协委员互相走访委员企业，了解企业发展情况。在市政协三届二次会议上，提交集体提案15件，被评为“提案先进集体”。全年报政协社情民意19条。

【思想政治工作】

2016年，吕梁市工商联搭建学习培训平台。组织两期《幸福大讲堂》，邀请中华儒学会执行会长柳河东就“三千年未有之变局：儒家文化与市场经济深情相拥”和山西金融职业学院院长崔满红就“中小企业融资”作专题报告。1月，举办会员企业投融决策培训会，全市200余名会员企业负责人参加培训。上海百业好项目平台联合创始人李建荣，针对吕梁市民营企业普遍存在的转型方向不明和融资难、融资贵等问题，进行分析讲解。4月，与市委组织部、市委人才办、市中小企业局、市委党校在市委党校联合举办为期3天的全市民营企业家创新转型培训班，150名企业家参加培训，培训围绕金融政策与上市融资、供给侧结构性改革的重要性等方面讲解。市委组织部部长秦书义参加开班仪式，市长王立伟在结业仪式上作重要讲话。组织企业家参加省工商联组织的企业家进军营活动，加强年轻一代非公经济人士国情党情教育，增强国防意识，教育引导年轻一代非公经济人士继承发扬老一代民营企业家的创业精神和听党话、跟党走的光荣传统，致富思源、富而思进。12月，组织9名非公经济代表人士参加省工商联在太原举办的十八届六中全会和省第十一次党代会精神解读暨民营企业家管理能力提升培训班。

组织开展以“守法诚信、坚定信心”为重点的教育实践活动与“双学一跟”活动。在吕梁市经济发展形势更加严峻复杂，煤焦、钢铁等传统支柱产业受到冲击，新的增长动力不足，部分企业特别是煤焦传统产业运转困难，吕梁市经济发展处于增长速度的换挡期、结构调整的阵痛期、前期刺激政策的消化期的形势下，引导非公有制经济人士正确认识和把握经济发展新常态，践行“创新、协调、绿色、开放、共享”发展理念，适应供给侧结构性改革的新要求，坚定信心，增强攻坚克难的勇气，以新状态实现新发展；引导企业把守法诚信作为安身立命之本，依法经营、依法治企、依法维权。增强非公有制经济人士对中国特色社会主义的信念、对党和政府的信任、对企业发展的信心和对社会的信誉。坚持鼓励支持和教育引导两手抓、关注思想困惑与关注实际困难相结合，推进资源型经济转型升级，加强对年轻一代非公有制经济人士的教育培养，发挥商会主阵地作用，扩大活动覆盖面，激发以创新、执着、责任为主要内容的企业家精神，调动企业家的积极性、主动性、创造性，发挥企业家才能和作用，促进“两个健康”。

【精准扶贫】

2016年1月，吕梁市工商联组织市县两级设立分会场参加全国工商联举办的“万企帮万村”精准扶贫行动全国电视电话会议，328名民营企业家和工商联干部参加会议。4月，与市委统战部、市扶贫中心、市光彩会联合出台《关于组织民营企业开展“百企百村结对帮扶”精准扶贫行动的实施意见》，提出结对帮扶的任务要求、方式途径和组织领导。围绕“六个精准”脱贫攻坚要求，形成产业扶贫、商贸扶贫、就业扶贫、智力扶贫、公益扶贫、造血扶贫、统筹扶贫等7种帮扶模式。6月，上报大象农牧、泰化石油两户企业扶贫典型案例。7月，开展民营企业投资产业扶贫开发项目情况调查摸底工作，全市41户民营企业上报项目43个，涉及总投资104亿元。9月，组织各县市区工商联干部和台账管理员在市工商联视频会议室参加省工商联、省扶贫办、省光彩会联合召开的全省“千村帮千企”精准扶贫结对视频培训会，离石区工商联、中阳厚通科技养殖公司做典型发言。11月，组织各县市区台账管理员参加全国工商联举办的“万企帮万村”精准扶贫行动台账管理工作视频会议。截至12月底，全市有201户较大规模民营企业参与行动，结对帮扶294个建档立卡贫困村的近万个贫困户，有530户小微企业和个体工商户结对帮扶2698个非贫困村的贫困户7561人。

【对接邀商和接待服务工作】

2016年，吕梁市工商联落实“全联十一届八次常委暨全国民企助推山西转型创新发展大会”在山西召开的工作，市工商联作为“市民企入晋”招商工作领导组成员，承担重要工作，策划并报市委政府开展“迎老乡、邀客商、兴吕梁”活动。梁来茂主席、赵权中书记、郭建峰副主席3人分别带队，市招商局、商务局、电视台的有关同志以及统战部经济科和工商联的同志，利用9天的时间，分赴16个省（市区）的22个城市，邀请吕梁籍老乡85人、外省市客商94人来吕梁参会。市委书记王清宪在恳谈会主旨发言中对市工商联完成邀商工作任务进行肯定。

【山西（运城·临汾·吕梁）特色农产品北京展销活动】

2016年9月，赴北京开展邀商活动，邀请天津、广东、山东等省的山西商会会长，安徽、佛山、贵州等地的农副企业，北京垡头东鹏批发市场北京新发地批发市场、中国扶贫协会、清华大学博士研究生、中国发展规划研究中心助理研究员等70余名企业家，于9月参加展销会。邀请中国扶贫开发协会博士后、扶贫工程中心张继承主任一行6人，到吕梁就合作建设“功能农业示范市”洽谈，郭建峰副主席带领考察组到临县、兴县、岚县就特色大豆产业和富硒红枣基地、特色小杂粮产业、马铃薯产业等考察。

【山西光彩事业“中阳行”活动】

2016年，在吕梁脱贫攻坚的关键时刻，省委统战部、省工商联、省光彩会决定在吕梁市中阳县开展“山西光彩事业中阳行”活动，帮助中阳创新转型、精准脱贫。在市委、市政府的正确领导下，以省委统战部工作方案为指导，市县两级统筹推进组织发动、招商引资、对接洽谈、会议组织等各项工作，把招商引资牵动转型发展作为承接活动的重点，筛选出涵盖铝工业、煤化工、文化旅游、特色农业、基础设施、医疗卫生、教育科技、农村金融、民生帮扶等九大类、142个项目，总投资403.5亿元；研究制定《中阳县招商引资优惠政策》，10月，在中阳县召开“省光彩会五届二次理事会议暨省光彩事业中阳行主题活动”，省、市领导，省光彩会理事、部分省工商联执委以上企业负责人、省级行业商会、异地商会负责人、签约代表、各市光彩会负责人以及各界爱心人士代表400余人参加。会上，省委统战部部长孙绍骋作重要讲话，市委书记王清宪致辞。会议就企业与中阳县项目合作事宜进行现场签约，为捐赠企业和商会代表发放证书，3户企业代表交流发言。参会人员集中参观中阳县厚通养殖公司、车鸣峪兵工厂旧址、中钢公司帮扶的阳坡塔村，对中阳县的转型发展、特色农业、文化旅游、企业帮扶、脱贫攻坚更深了解。活动开展以来，省内外民营企业、商会组织和各界爱心人士捐款捐物共计2726.92万元，其中吕梁籍企业家和中阳县企业及干部群众捐款捐物1340余万元。吕梁籍企业家山西汇丰兴业焦煤集团董事长、省工商联副主席、省光彩会副会长曹建军带头捐资100万元，吕梁泰化集团董事长、省光彩会副会长张子玉捐赠10万元。

【企业家对外交流】

2016年，吕梁市工商联与市委统战部共同组织25位民营企业家和工商联干部，由市人大副主任、市工商联主席梁来茂带队，赴新疆参加两个博览会和两个友好单位签约结对，分别是：新疆自治区人民政府、商务部、外交部举办的“第五届中国—亚欧博览会”，农业部、新疆生产建设兵团举办的“第三届新疆·兵团绿洲产业博览会”，市工商联与新疆建设兵团第六师五家渠市工商联友好结对、与六师共青团农场友好结对。11月，由赵权中书记带队，组织24位民营企业家和工商联人员，赴义乌参加“2016中国义乌国际装备博览会”，并赴宁波市工商联、宁波市山西商会进行考察调研，两户企业在博览会上设置展位，促进吕梁市装备制造技术推广和产品销售，初步达成合作意向。

【为民企搭建融资平台】

2016年年初，吕梁市工商联与市中小企业局、税务局、银监局和9家商业银行共同组织举行“吕梁市银税互动合作协议签订仪式”。针对解决大型民营企业融资难问题，上年推荐上报11户骨干企业，6户企业被列入省金融办、省工商联、人民银行中心支行重点扶持企业，获得融资约30亿元。10月，推荐上报25户创新型、科技型、行业领军企业。11月，推荐上报吕梁市育民食品配送公司、山西胡兰食品公司、交口县旺庄生铁公司等24户企业25个优质项目，争取省财政的基金支持。

【商会组织建设】

壮大会员队伍。2016年，吕梁市工商联注重吸收思想素质好、实力强、影响大、热心工商联工作的会员。截至年底，全市工商联会员数6190，企业会员2289，团体会员158，个人会员3743。召开一届五次执委会，加强工商联领导班子建设。5月25日，市工商联一届五次执委会在吕梁国际宾馆召开。会议对市工商联一届四次执委会以来的工作进行全面回顾，并就下一阶段的工作进行安排部署，市委组织部部长秦书义在会上作重要讲话。做好市联换届工作，指导各县市区工商联换届。5月，召开市工商联一届五次执委会。12月底，市工商联完成换届工作，选举产生新一届领导班子。方山工商联、文水工商联完成换届，选举产生新一届领导班子，孝义工商联、汾阳工商联等选好领导班子，召开换届会，其余县市也都筹备。加强“五好”县级工商联建设。出台《吕梁市工商联2016“五好”县级工商联建设工作实施方案》和《关于创建“五好”县级工商联领导联包责任制的通知》，各县市区工商联高度重视、狠抓落实，离石区工商联被评为全国“五好”县级工商联。根据《关于开展县级工商联“一个设立、五个有”回头看的通知》的精神，市工商联和市委统战部按照中共吕梁市委督查室《关于开展统一战线重点工作调研督查》（吕委督字〔2016〕92号）文件精神，于9月1日至12日，到各县进行联合大调研。通过查看文件、档案、台账等资料；实地走访会员企业和商会；听取县级工商联的汇报等方式对“一个设立，五个有”和“五好”工商联建设情况进行全面的督促检查。全联、省联到交城蹲点调研“一个设立、五个有”情况。10月24日至年底，与阳泉市工商联、临汾市工商联互查“五好”县级工商联建设情况。

（市工商联）

## 吕梁市<br>文学艺术界联合会

### 【文学书画摄影楹联征文比赛】

2016年，吕梁市文联和离石区委、区政府联合主办，吕梁市作家协会、吕梁市美术家协会、吕梁市书法家协会、吕梁市楹联协会、吕梁市摄影家协会5个协会参加，组织采风、创作活动，共征集作品300多件。9月30日，在吕梁市离石区举办高家沟高级军事会议纪念馆开馆仪式时展出，时任吕梁市委书记王清宪、市委副书记雷建国、离石区委书记常书铭等相关领导及各界代表共200余人参加开馆仪式并参观展出。

### 【“京城画家画吕梁”系列美术活动】

2016年9月17日至26日，由吕梁市文联、中国青绿山水画院共同举办的“京城画家画吕梁”系列美术活动在市群众艺术馆举行。为开拓吕梁市美术创作新领域，扩大创作视野，激发创作灵感，市文联邀请中国青绿山水画院院长顾大明、副院长赵忠仁一行到吕梁。活动期间，京城画家与吕梁市画家赴中国历史文化名村——临县李家山、中国古村落保护地——离石彩家庄进行互动采风、创作，在离石召开青绿山水创作讲座研讨会，于吕梁市群众艺术馆展厅进行为期一周的“走近自然”顾大明、赵忠仁美术作品展。通过举办该活动，构建吕梁市画家与京城画家深度交流、互动融合的平台。

### 【黄河（西湾）当代影像双年展】

2016年6月9日，吕梁市文联于山西省吕梁市碛口古镇西湾村隆重开展，时任吕梁市委王清宪书记出席该活动。活动主题为“美丽乡村等你来”，旨在交流当代影像艺术，深度展示黄河文明和黄土文化艺术魅力，激发历史古村落蕴含的精神品质。活动共展出摄影作品近3000件，书法、刺绣、版画等艺术作品300余件。该活动既有摄影艺术展、摄影讲座、摄影论坛等专业活动，又有端午包粽子比赛、茶文化展示、民歌和健排舞展示等群众性项目。

### 【“墨韵抒怀—吕梁脱贫攻坚造林绿化专题书法笔会”】

该活动旨在贯彻落实2016年吕梁市第四次党代会精神和市委有关文艺创作的要求，围绕脱贫攻坚、造林绿化两大主题，动员全市文学艺术工作者，深入基层采撷广大干部群众精准帮扶、植树造林的感人事迹和生动画面。该活动受到市委书记王清宪的充分肯定，《吕梁日报》专版刊登标题为“笔歌墨舞抒脱贫壮志，豪情满怀鼓万众雄心”专题报道。

【送春联活动】

2016年，吕梁市文联配合省文联、省书协开展“深入生活、扎根人民送万福到蔡家崖”送春联活动，在兴县蔡家崖晋绥边区革命纪念馆门前举行，现场共义写赠送春联福字600余副。市文联组织吕梁市书法家20余人，为贫困群众送去10套棉衣、棉被，500副春联，在现场开展书法家为群众现场书写春联相关活动，为村民送去节日的祝福。

【《点墨抒怀——崔建聪书法作品》邀请展】

2016年3月10日，吕梁市文联举办《点墨抒怀——崔建聪书法作品》邀请展展览，丰富吕梁市群众文化生活，为吕梁市书法家及广大书法爱好者提供一次和书法名家近距离接触学习交流的机会。

【“纪念唐山地震40周年主题书画剪纸暨第二届书法新人展”】

7月28日至8月12日，在吕梁市体育馆展出。本次活动共征集作品300余件，其中特邀作品50件，评出获奖作品30件，入展127件，其中少年入展35件，成人91件，已出版作品集。

【“赵华双花鸟画展”、“李新铭油画邀请展”】

2016年3月30日，吕梁市文联组织市美协与吕梁学院艺术系合办“赵华双花鸟画展、李新铭油画展走进吕梁高校”活动。

【“书法进万家”活动】

2016年，吕梁市文联与市书协开展“书法进万家”活动，先后组织会员到孝义金岩集团、离石白马仙洞旅游区、吕梁会计学校主办3次全市性的笔会，这3次笔会分别由孝义市书协、离石区书协和市直书协承办。组织人员赴兴县4所驾校、方山武当山景区、红色景点临县南圪垛、离石城北保安公司笔会，参加临县青塘端午节民俗文化节市、县两级书法展及笔会。

【吕梁市作协会员获奖】

12月14日，市作家协会3位副主席分别获由山西省委、省政府设立的“赵树理文学奖”，获奖名单为：白占全《下柳林》、李心丽《流年》、马明高《清欢中的悲悯与忧伤》。吕梁作家梁大智、王秀琴于2016年当选为中国作家协会会员。

（吕梁市文联）

## 吕梁市新闻工作者协会

【办好3份刊物 构筑培训阵地】

记协创办的《新闻内参》《吕梁记者》《吕梁摄影》3份刊物近年来分别从政治理论、业务素质、个人修养等各个方面成为新闻队伍提高学习的主阵地，同时也成为了全市文化新闻事业的亮点。2016年市记协以服务全市新闻战线为目标，下大力气办好这3份刊物，构筑新闻队伍培训阵地，为全市新闻工作者服务。截至年底，《新闻内参》出刊12期，《吕梁记者》《吕梁摄影》各出刊4期，完成全年任务。

【评优评奖】

2016年，为加强“吕梁新闻奖”的公正性和权威性，记协确定“严格评选、宁缺勿滥”的评奖原则，制订新的评选实施意见，共评选出68件获奖作品，其中一等奖9件、二等奖25件、三等奖34件，给予奖励。

【第17个记者节】

2016年11月7日，吕梁市13县（市、区）的新闻从业者代表，欢聚交城，共同庆祝第17个中国记者节。并对获2015年度“吕梁新闻奖”的优秀记者进行表彰。吕梁市委副书记、宣传部长雷建国到会，向全市新闻战线的同志们致以节日祝福和衷心问候。

【对外交流】

9月21日到22日，在太原市记协的组织下，大同、忻州、阳泉、吕梁记协和太原市“十佳新闻工作者”举行“走转改·右玉行”活动，与兄弟单位进行新闻业务交流，学习他们的先进做法经验，扩大吕梁市的对外影响，树立吕梁良好形象。

（吕梁市新闻工作者协会）

## 吕梁市残疾人联合会

【《加快推进残疾人小康进程的实施方案》出台】

6月8日，吕梁市政府召开第8次常务会议，讨论通过《吕梁市加快推进残疾人小康进程实施方案》（吕政发〔2016〕17号）。

【重度残疾人护理补贴发放工作】

【重度残疾人护理补贴发放工作】

发放省级补贴。2016年年初，市残联要求县（市、区）残联采取“分级负责、分级落实、分批发放”的原则，先发放省级补贴资金每人300元。截至8月底，全市9769人拿到每人300元的护理补贴。出台文件。6月29日，市政府出台《吕梁市人民政府关于建立困难残疾人生活补贴和重度残疾人护理补贴制度的通知》（吕政发〔2016〕21号）文件，文件规定市级配套每人每月5元，县（市、区）配套每人每月20元。县（市、区）政府也出台当地实施方案，落实补贴资金。发放全年补贴。截至12月5日，柳林、中阳、交口、方山、石楼、孝义、汾阳、离石、交城、岚县全部发放。

【“一店三基地”建设】

2016年，省残联下达给吕梁市的“一店三基地”建设任务为8个盲人按摩示范店、3个基地；实际完成8个盲人按摩示范店，4个基地；盲人按摩示范店足额完成，基地建设超额完成1个。在上年申报基础上，2016年，市残联严格项目申报程序，要求各县市区严格按照省残联、省财政厅《关于印发〈山西省残疾人实训基地 残疾人就业创业基地 农村残疾人扶贫基地及盲人按摩示范店建设实施方案〉的通知》（晋残联〔2015〕102号）的要求，规范申报。市残联组成由调研员刘玉印任组长的调查组，全年分两批，在申报比较集中的平川四县市、离石区进行实地调查。调查组采取见残疾人、见残疾人证、见劳动合同、见工资表等方式，对每个基地、按摩店进行填表调查登记。5月20日，理事长办公会议对照标准，再次筛选，确定申报对象。确定2016年度山西省农村残疾人扶贫基地1个，为山西铭信禽业有限公司，残疾人就业创业基地3个，分别为汾阳市鸿泰农牧科技有限公司、山西交城顺达煤机实业有限公司、交城县天福耐火工程材料有限公司；山西省盲人按摩示范店5个，分别为汾阳市小军盲人按摩店、吕梁市离石区康乐福盲人按摩店、吕梁市离石区白师盲人按摩店、中阳县惠泽丰盲人按摩馆、交口县双池镇月文盲人按摩店。11月28日，新确定盲人按摩店3个，分别为吕梁市离石区文锦康复按摩馆、吕梁市离石区康舒盲人按摩店、柳林县旭飞盲人按摩店。省下达的“一店三基地”任务超额完成。6月6日，据《吕梁市财政局关于下达2016年残疾人“一店三基地”省级补助资金的通知》（吕财社〔2016〕31号）文件，下拨相关项目县经费98万元。第二批盲人按摩示范店5.5万元补助资金市财政于2016年冬下拨。市残联下发《关于认真做好“一店三基地”管理工作的通知》（吕残联字〔2016〕55号），要求县市区加强档案资料管理，对近两年认定的“一店三基地”的企业和盲人按摩店都要建立残疾人档案，做到“一人一档”，并按照统一要求、统一标识、统一规格挂牌。

【康复救助工作】

2016年，全省对5万名贫

困残疾人进行康复救助，分配吕梁市国家、省救助指标7691名，吕梁市落实情况如下：

国家、省项目执行情况。国家彩票公益金康复救助项目（132名）。27名成人助听器验配项目验配；委托机构对60名智力残疾儿童机构进行康复训练；政府购买服务方式对45名智力残疾儿童康复训练项目进行病源筛查。省彩票公益金康复救助项目（7349名）。14名聋儿救助对象中12名落实，安置到定点康复机构；34名脑瘫患儿救助对象安置32名到定点康复机构接受训练；贫困残疾人小腿假肢装配指标15例，完成21例；贫困残疾人大腿假肢装配16例；贫困白内障患者复明手术指标367名，11月中旬收到耗材和晶体，已做124例，其余处于实施中；19名贫困精神病患者住院救助全部完成；基本辅具配发2015年度指标3100件，分别由离石、汾阳、孝义、文水、柳林、交口6县残联公开招标采购回3704件，已配发2591件，其余处于配发中；2016年度指标3780件，分别由交城、中阳、临县、兴县、岚县、方山六县残联公开招标采购回4094件，截至2016年12月6日配发303件，其余处于配发和数据库录入中。省财政专项贫困精神病服药救助210名，全部确定，接受救助。

市、县两级自筹资金项目情况。2016年度市、县自筹资金完成救助任务4292名，任务完成情况如下：市本级投入经费180.73万元对2361名残疾人进行康复救助。脑瘫患儿康复训练50名，每人补助6000元，共计30万元，确定45名并安置到机构接受康复训练。贫困精神病医疗救助370名（其中：服药补贴360名，每人500名，住院补贴10名，每人2000元），共计18万元；救助对象全部确定，项目正在实施中。对115名成年贫困听力残疾人每人适配一台助听器，每台价值5000元，验配97名，项目处于实施中。对1620名贫困残疾人进行基本辅具适配救助，市残联政府公开招标采购回并下发分配到离石、孝义、汾阳、柳林、交城、中阳、临县7县进行适配。市残联零星对来访贫困残疾人直接配发基本辅助器具206件，救助206人。购买康复宣传资料720册，宣传品10700件，印制康复档案救助卡等600册。2016年，市残联与吕梁市慈善总会共同在全市开展“站立计划”，共筛查患者135名，经严格审核，医学上符合全额救助标准的患者41名，征求患者手术意愿并在市残联网站进行公示后，全市确定23名全额救助对象，于2016年6月25日至7月1日，8月13日至16日分两批赴北京年轮中医骨科医院进行手术，术后回访满意率100%。各县市区自筹资金88.2万元，购买腋杖、手杖、普通轮椅等辅助器具对1931名残疾人进行康复救助。

省残疾人辅助器具中心和福利基金会任务完成情况。2016年省残疾人辅具资源中心下达给吕梁市大腿假肢15例，小腿假肢20例，儿童轮椅57辆，站立架15个，助行器57个，坐姿椅15个。实际完成大腿假肢53例，小腿假肢20例，上肢假肢11例，膝离断6例，髋离断1例，完成矫形器133人，266例，儿童轮椅84辆，站立架26个，助行器75个，坐姿椅20个，为30名低视力残疾人验配助视器36件；同时完成省残疾人福利基金会衣恋积善幸福同行假肢项目大腿假肢19例，小腿假肢39例，膝离断1例。

【康复人才培养】

做好基层社区康复协调员培训工作。2016年3月17日，下达2016年社区康复协调员经费，吕梁市对300名社区康复协调员进行岗前培训，补助标准200元/人，计6万元。离石、中阳、柳林、汾阳、孝义、方山、岚县、交口完成培训，培训人次

160余名。

选送各类专业技术人员参加上级组织的培训。2016年，吕梁市选派独孤症专业技术人员18名，智力残疾专业技术人员31名，脑瘫儿童康复专业技术人员14名，听力专业技术人员15名，参加省残联康复部和省直康复机构组织的为期7天的专业技术人员培训；7名康复人员参加全省第9期盲人定向训练师资班培训；4名康复人员参加全省低视力技术培训；3名康复专业技术人员参加中国残疾人康复协会举办的肢体、孤独症、视力专业技术培训；2名康复管理干部参加中残联康复部举办的全国社区康复管理人员培训班；各定点康复机构自行组织外出学习专业技术6人次；全年累计培训专业人员100人次。

## 【扶贫工作】

贫困残疾人建档立卡工作。2016年，按照中国残联《关于加紧核实比对农村贫困残疾人精准识别建档立卡有关工作的通知》（残联明电〔2016〕1号），省残联函〔2016〕13号文件精神，吕梁市残联多次与市扶贫开发服务中心对接、协商、发文，开展农村贫困残疾人精准识别建档立卡核实比对工作。结合年初全市扶贫开发建档立卡“回头看”工作，各县市区残联充分发挥残疾人专职委员作用，配合扶贫部门，深入辖区，确保符合条件的残疾人纳入建档立卡范围。全市通过市扶贫开发服务中心数据库识别的建档立卡残疾人13870人。

农村基层党组织助残扶贫工程。按照省委组织部、省残联《“农村基层党组织助残扶贫工程”实施方案》，市残联请示市委组织部，联合下发《关于认真实施好“农村基层党组织助残扶贫工程”的通知》（吕残联字〔2016〕28号），各县（市、区）残联确定帮扶对象，落实帮扶措施，申请帮扶资金，制订帮扶协议，全方位开展帮扶工作。

## 【第26次“全国助残日”活动】

2016年5月10日，省人大常委会副主任、市委书记高卫东带领残联、民政、卫计、财政等部门负责人来到市儿童福利院看望慰问孤残儿童，并代表市委、市政府向福利院送去3万元慰问金。

5月13日，吕梁市残联在临县安业乡举办基本型辅助器具发放仪式。市残联共向临县配发轮椅200辆、腋杖300副、伸缩手杖200支，共计700件。活动现场为56名贫困残疾人捐赠轮椅、拐杖等辅助器具56件。

5月15日，由市政府残工委牵头组织在离石世纪广场举办残疾人康复宣传、咨询大型活动。吕梁市残联会同吕梁市民政局、离石区残联以及市聋哑职业学校、市残疾人职业技能学校、离石区残疾人康复中心、离石区田家会康复中心、市春雷按摩专科医院、吕梁康明眼科医院等10余家部门和康复机构，在离石世纪广场设点开展残疾人康复宣传、咨询大型活动，为各类残疾人发放《残疾人康复知识手册》《残疾人法律援助宣传手册》以及印制第二十六次“全国助残日”标志的环保购物袋、围裙等宣传品。市聋哑职业学校盲生军乐队在世纪广场进行器乐演奏展演；听力残疾学生进行舞蹈表演，手工艺作品、书法、刺绣等现场展示。市残疾人职业技能学校听力残疾学生进行舞蹈表演。市荣军医院、吕梁康明眼科医院在世纪广场为残疾人进行义诊。市图书馆向市聋哑职业学校进行图书捐赠。市残联及相关部门向广大群众宣传有关残疾人的法律、法规、劳动就业、维权、康复等方面知识，接受残疾人咨询，并为残疾人及过往群众义诊300余人次，为2000余人次提供咨询服务，发放宣传袋、围裙、宣传资料共计5000余件（套）。各县（市、区）政府领导也带领残工委成员单位对福利企业、特校、贫困残疾人进行走访慰问，并给他们带去慰问品和慰问金。据统计，助残日期间，全市共张贴宣传标语

300余条；发放宣传资料3万余份，发放辅助器具1万余件。全市累计慰问品和慰问金折合人民币80余万元。

【运动员选拔工作】

2016年，吕梁市残联领导重视省残联、体育局、教育厅、民政厅四部门联合下发的《关于开展残疾人运动员选拔工作的通知》文件精神，及时将文件转发给各县（市、区）残联要求对符合条件的运动员进行筛查上报。11月17日，省残联宣文部刘素萍副主任一行7人在吕梁市对43名残疾人运动员进行选拔。

【组联工作】

重视残疾人工作者队伍的素质建设。2016年，吕梁市残联为建立一批强大的残联工作者队伍，全面提高残联系统干部综合素质和专业化水平，市残联在3月23日以会代训，对全市13个县（市、区）残联理事长、副理事长进行业务培训，培训80余人次，并按省残联的要求参加省残联各部室的业务培训。

开展全国残疾人基本服务状况和需求信息数据动态更新工作。根据省残工委的文件要求，吕梁市政府残工委高度重视全国残疾人基本服务状况和需求信息数据动态更新工作，成立领导组，配齐配强工作人员，向各县（市、区）印发相关文件，共计调查残疾人78187人，完成率为100%，其中入户调查72799人，入户调查率为93.1%，电话调查2024人，电话调查率为2.5%。

推进残疾人证核发工作。残疾人证是残疾人享受国家和地方政府优惠政策的重要凭证，关系到残疾人的切身利益。各县（市、区）残联严格按照程序办理，不做人情事，不说人情话，严格把关，认真办理。全市共为9万余名残疾人办理第二代残疾人证。

【适龄残疾儿童入学情况统计工作】

2016年，吕梁市残联根据《山西省教育厅 山西省残联关于印发山西省适龄“三类”残疾儿童少年义务教育入学情况统计工作流程的通知》（晋教基〔2016〕2号）文件精神，各县市区残联积极配合教育部门，确定专人筛选出所有年龄在6-14周岁的视力残疾、听力残疾、智力残疾少年儿童1005人，做到“全覆盖、零遗漏”，摸清底数，确保把每一名“三类”残疾儿童少年都登记在册，使残疾儿童得到受教育权利。

【维权工作】

残疾人机动轮椅车燃油补贴发放工作。2016年，对申请残疾人机动轮椅车燃油补贴的机动轮椅车进行严格审查，对不符合条件的坚决取消，不予补贴。经过筛查核实全市12个县市区（方山没有）符合条件的256辆机动轮椅车按时上报省残联，补贴资金6.66万元已下达各县。

贫困残疾人家庭无障碍改造工作。2016年，确定贫困残疾人无障碍改造汾阳、文水、岚县3个县共87户。省、市配套资金下达各项目县，各有关县进行改造户筛查、改造子项目的确定等工作。

残疾人信访工作。在具体工作中坚持三条原则：一是从市、县两级残联“一把手”做起，明确信访维稳责任，强化信访维稳意识；二是抓好信访窗口工作，以认真和蔼的工作态度，以高度负责的精神，做好信访接待工作；三是对上级批转的信访案件敢于上手，严格依法依规处理。全年，全市共接待残疾人来信来访44件,48人次，中残联、省残联转来7例信访案件，均得到化解、批转和妥善处理。其中3月29日中新网报道临县脑瘫儿童王吕红急需救助的情况，4月7日下午吕梁市残联接到省残联康复办来函，市残联立即召开理事长办公会议进行研究，提出4条处理意见，责成临县残联迅速调查核实，妥善回复社会舆情关注，维护残联形象。

【康复机构规范化建设】

2016年，吕梁市残联召开

工作会议，将加强定点康复机构规范化建设作为重点工作，并于4月派出康复科人员对全市8家定点康复机构规范化建设及“十二五”康复救助项目完成情况进行督导检查。推动定点康复机构申报与建设。开展好吕梁市0-6岁残疾儿童抢救性康复救助工作。2016年4月30日，孝义市康复中心举行揭牌仪式，启动运行。孝义市康复中心、汾阳市残疾儿童康复中心和中阳县残疾人社区康复中心对照省残联制定的残疾儿童康复救助项目定点机构准入标准，经孝义市残联、汾阳市残联和中阳县残联初审，基本符合认定标准，并正式向市残联递交申报材料和申请。2016年5月9日、8月9日和8月12日，市残联分别对以上3家机构进行实地评估后，经市残联理事长办公会议研究，同意孝义市康复中心、汾阳市残疾儿童康复中心、中阳县残疾人社区康复中心为吕梁市残疾儿童定点康复机构。

【残疾预防工作】

在全国“助残日”“爱眼日”“爱耳日”期间，组织定点康复机构共散发宣传活页资料1.1万余份，配合市卫计委对临县、兴县、岚县、石楼县4县新生儿疾病进行筛查，临县截至10月20日筛查2503名，出现1名听障患儿；兴县1月至9月筛查100名，未出现新生听障患儿；岚县1月至9月筛查884名，未出现新生听障患儿。倡导康复工作抓小、抓早、早期干预、早期康复的理念，提高公众康复与残疾预防意识。为全面加强三级预防工作，探索和创新残疾预防工作模式，根据省残联《关于申报全国残疾预防综合试验区创建试点县（市、区）的通知》（晋康复办函〔2016〕24号）文件精神，吕梁市残联申报，经中残联、省残联审核，确定孝义市为全国残疾预防综合试验区创建试点市，并下拨试点经费45.01万元。

【扶残助学】

2016年，市残联争取省福利彩票公益金助学名额26个，对贫困残疾人子女大学生进行救助。各县（市、区）通过不同形式对辖区的残疾人学生实施助学金补助，使每一个残疾贫困学生不因家庭贫困而失学。申报残疾人事业专项彩票公益金助学项目（学前教育阶段）。2016年，对辖区4所特殊教育学校8周岁以下学前教育阶段残疾儿童进行摸底，对符合条件的54名残疾儿童每人救助3000元，共计16.2万元。

【职业技能培训】

2016年，吕梁市在太原希望职校举办1期职业技能培训班，培训残疾人44人，专业有电脑初级办公、电脑高级PS、糕点制作等专业，吕梁市有8名盲人报名参加全国盲人医疗按摩人员考试，11名盲人申请盲人医疗按摩从业资格证书。

【农村贫困残疾人实用技术培训】

2016年，县（市、区）残联积极落实配套资金，全方位开展培训工作。年底，大部分县（市、区）完成培训任务，建立实名制培训档案，做好培训人员基本资料、培训内容和培训效果的登记造册工作，确保接受培训人员一人一档，并将培训花名如实录入统计台账。

【社会保障工作】

托养工作。2016年10月9日，市残联出台《吕梁市2016年度“阳光家园计划”—精神、智力和重度残疾人政府购买托养服务实施方案》（吕残联字〔2016〕91号），各县（市、区）残联根据政府购买服务的流程并结合实际情况，制订切实可行的残疾人托养实施方案。并严格按照实施方案要求开展工作。危房核实工作。按照省残联、省住建厅《关于扎实做好农村贫困残疾人家庭危房核实工作的通知》（晋残联〔2016〕71号），市残联与市住房保障和城乡建设管理局联合转发上级文件，开展核查工作。

（市残疾人联合会）

## 吕梁市红十字会

### 【人道救助工作】

2016年，吕梁市红十字会开展“冬季行动”博爱送万家春节慰问活动，通过摸底筛选、上报审核，对符合救助条件的城乡低保户、特困职工进行走访慰问，全市共慰问特困家庭800余户。2016年开展“百人复明”项目，帮助78名贫困患者进行免费白内障筛查，帮助11名白内障患者重见光明，直接为每人减免费用3400元。开展“六一”援校助学活动，汾阳市红十字会为“百惠博爱小学”，文水县红十字会为胡兰小学捐赠体育器材、学习文具、图书等价值6万元的学习用具。柳林县红十字会与县慈善总会联合筹办了“留守儿童之家”，省市慈善总会考察组实地参观留守儿童阅览室、游戏室、休息室，询问设施配备情况。在重阳节，汾阳市红十字会与汾阳市文明办、文化局、电视台和山西惠民康维大药房连锁有限公司，在城市广场举行“携手人道、与爱同行”重阳节大型公益晚会。晚会现场山西惠民康维大药房连锁有限公司捐赠东南老年公寓节日慰问礼品。开展“关爱儿童 幸福全家”先心病筛查活动。石楼县红十字会县教育科技局和石楼县卫计局组织在全县范围内开展一次筛查活动。10月14日至16日，邀请省红十字会和山医大二院的专家组成的医疗队伍走进石楼县，在留村沁园春小学举行“天使之旅——石楼县贫困先天性心脏病患儿筛查”启动仪式，会后，专家组针对全县筛查到疑似先心病的患儿，在灵泉镇城关卫生所进行复筛确诊。此次活动共自查约2万贫困家庭，实地普筛130名学生，疑似先心病有23名，4名患儿期待手术治疗。

### 【应急救护培训】

2016年，吕梁市红十字会在柳林电厂举办应急救护知识培训3期，参加培训200余人次。文水县红十字会举办5期救护员培训，8月为即将上大学的110名2016级大学生举办培训；9月，对文水中学、刘胡兰中学、职业中学的2000名高一新生进行普及性培训；在“世界急救日”期间，到武良小学、西明阳小学等3所农村学校为500名师生讲解地震、火灾、踩踏、溺水、触电的紧急避险与救治方法；文水县红十字会走进惠民大药房给企业领导和职工共计160人开展应急救护知识讲座。10月19日，文水县红十字会联合文水县运管所对200余名出租车驾驶员进行应急救护知识培训。

### 【贫困家庭大病救助工作】

2016年，吕梁市红十字会根据红十字会“优先救济最困难最紧迫的人”的原则，对因病致贫、因病返贫的特困家庭按照救助程序给予及时的人道救助，收集审核上报总会“小天使基金”30万元，救助白血病10人；市红十字会救助救助大病患者40人，救助资金5万元。

### 【“博爱一日捐”募捐工作】

为贯彻落实省红十字会《关于继续开展“博爱一日捐”募捐活动的通知》（晋红[2016]11号）精神，市红十字会对开展2016年“博爱一日捐”募捐活动做具体安排。截至年底，市、县级红十字会共接收“博爱一日捐”募捐活动捐款32.88万元。

### 【总会援建项目扫尾工程完成】

2016年，吕梁市“博爱家园文化广场”项目投入使用。“博爱卫生站”援建项目两个，一是兴县蔡家会村的博爱卫生站建设；二是文水县开栅村博爱卫生站项目，投入20万元。“百惠博爱小学”援建项目，争取总会项目资金50万元，落定汾阳市高丰村，投入使用。“博爱家园·红十字生命健康安全”项目。在文水孝义开展，争取总会项目资金30万元。以上项目资金全部到位，并已接受省红十字会的项目审计。

（市红十字会）

# 军事

## 吕梁军分区

### 【比武竞赛】

2016年10月，吕梁军分区将参加山西省军区比武竞赛作为重点工作。司令员赵步道、政委张选亲自审定比武人员，制订强化训练方案。司令部两次召开专题会议，研究分析比武竞赛各项准备。军分区将强化训练任务区分到分区司令部和离石、柳林人武部3个单位，明确要求单位领导为第一责任人，组训教练员为具体责任人。强化训练主要为两个阶段：10月13日开始，由军分区对人武部推荐的9名人员集中到民兵训练基地开展训练。10月21日后，所有参训人员共36人在民兵训练基地进行集中强化训练。训练内容根据各自的工作岗位和职责，分别按照比武要求高标准进行。10月29日至31日，36名参加竞赛的人员赴太原山西省军区教导大队参加省军区比武竞赛。军分区机关和相关人武部，以及全体比武人员发扬“5+2”（周1至周5加周末2天）、“白＋黑”（白天加黑夜）的精神投入竞赛。经过激烈竞赛，军分区全省排名第六（军分区系统排名第4），司令部参谋冯伟荣获机要专业第1名，柳林县民兵刘晨荣获民兵专业第2名，柳林县库管职工高旭中荣获库管专业第2名，其他比武人员总评达到良好以上。

### 【战备训练考核】

2016年11月，吕梁军分区成立由军政主官亲自挂帅的领导小组，制定下发《吕梁军分区军事工作考核评估方案》；结合人武部实际，细化完善人武部、民兵应急分队静态检查评估标准；将考核对象扩展到全体现役干部、战士，专武干部和库管职工；将人武部所配属的四种武器使用、分解全部纳入考核计划。11月9日至18日，军分区司令部组成考核组，结合年度军事工作总结筹划调研，采取全面普考的方法，对所属13个人武部进行检查考核。考评内容主要是现役干部的军事技能、体能训练、识图用图、一体化平台操作、战士和专武干部的岗位职责、库工的武器使用分解。考评中，评判人员从下达课目、考评实施到考评交换意见都严格按照考评规则规范组织。离石、汾阳、临县、石楼人武部高度重视组织工作，强化应考人员管理，规范考核场地设置。全区共考核现役干部43人、现役战士5人、专武干部141人、库管职工51人，平均参考率93.4%，受考单位成绩总评达到良好以上。实现以考促训、以训促建的目的，部队战备训练整体水平得到提高。

### 【仓库看管队伍教育整顿】

2016年4月至5月，吕梁军分区组织全区民兵武器装备仓库看管队伍开展一次作风纪律教育整顿。4月中旬，军分区成立由参谋长闫海亮任组长，机关军动、作训、宣保、战勤、供应科长（负责人）参加的领导小组，另抽选精干教练员和管理人员，具体负责作风纪律教育整顿活动的组织筹划、指导协调和检查督导落实等工作。各人武部和市民兵武器装备仓库为单位先行组织开展教育整顿。组织人员系统学习上级有关武器装备管理的指示要求、法规制度常识、各级各类人员职责和军分区教育整顿方案。采取随机教育或专题教育等方式，对照民兵武器装备仓库管理规范和军委国防动员部武器装备安全管理专项检查通报的4个方面（纪律意识淡薄、能力素质偏弱、日常管理松懈、自身形象不好）问题，对看管队伍开展整顿，同时，对库存武器弹药旧杂武器进行一次彻底清查。各单位逐库、逐垛、逐柜查验品种、批次、数量、包装及承载等情况，做到账物卡相符，存放条件符合相关技术标准。检修维护视频监控、钥匙管控、智能巡更、枪支离位报警等技防系统，以及避雷、防火等安防设施设备，完善请领回收、检查清点、登记统计等软件资料，修订防暴处突、抗震救灾、防汛抗洪等各类应急预案和军警民联防方案，加强防冲击、防枪击、防纵火等情况处置演练。5月3日至15日，依托市民兵训练基地和民兵武器装备仓库，分两批对师、团两级所属各民兵武器装备仓库保管员、警卫人员进行集中整训。集训期间实行连队化管理，每期集中整训时间5天。分两批对57名警卫人员、32名保管员进行作风纪律教育整顿，集中整训共10天。共完成4个课目的学习训练，动用各类枪支19支、弹药2250发，综合成绩前三名为：柳林、临县、孝义。

【武器库山体滑坡处置】

2016年8月30日，位于离石区田家会镇八一沟内的民兵武器装备仓库北侧山体发生滑坡。险情发生后，军分区展开3个回合实施紧急处置。第1回合，事后调查，汲取教训。险情发生后，立即部署安全警戒、保护现场、弹药核查等工作，并第一时间向省军区、军委国防动员部和中部战区报告情况。8月31日，省军区政委郭志刚带工作组，赶赴现场，开展处置工作。省军区副司令员于占唐、副参谋长李国军带工作组连续奋战在一线。军分区先后6次召开会议，反思教训，自下而上开展安全形势分析，梳理汇总具体问题158项，会同国土、地质等专业人员对营区及周边环境进行排查，整改各类隐患70余项。第2回合，科学论证，商讨方案。省军区成立军地领导参加的“山体滑坡险情及弹药处置指挥部”。协调聘请军械工程学院、解放军理工大学、山西省勘察设计研究院地质灾害研究中心、990厂、等军地专家20余人次，多次集体会商，制订安全处置措施和滑坡险情及弹药处置方案，并上报军委国防动员部。10月10日，军委国防动员部正式下发批复，对滑坡险情及弹药处置有关问题进行明确。11月15日，军委国防动员部、陆军装备部组成联合工作组，会同相关专家召开联席会议，就后续处置工作涉及的任务区分、进度安排、销毁机构确定、销毁力量动用等事宜进行专题研究，形成会议纪要。第3回合，精细施工，稳妥推进。11月21日，由省勘察设计院的专业施工队伍对塌落的防护水泥板进行粉碎清理，动用3台挖掘机对滑落的墟土进行加固，4台翻斗车清理墟土3万余方。按预案依次完成年内处置任务。

【民兵组织布局优化】

2016年4月，吕梁市民兵整组紧跟适龄人员流动情况调整编组，适度向城镇、高新技术企业、中小微企业等拓展。对原来编组规模较大、人员较多的大中型企业，根据企业经营和裁员情况压减编组规模；对经营不稳定、人员流失严重的煤焦、冶炼等企业，保留阵地、合并或撤销编组；对新兴的中小微企业、高新科技创业园区，主动做好民兵编组，在党组织健全的企业中建立民兵组织，严把人员出入队关口，从源头上提高编组质量。编组中坚持普遍民兵制度，党组织健全的行政村，保留组织和阵地，重点落实应急班组，对人口规模小、适龄青年在位少的行政村，采取就近集中的方式，探索连片编组模式。全市人口100人以下、适龄青年在位不足10人的“空心村”400余个，其中110个实行连片编组。民兵应急分队编组中，注重巩固交城、文水、交口、中阳、柳林、兴县等“集中型”应急分队建设成果，根据县域实际，普遍将编组规模压缩至60至80人，集中统一食宿，落实日常训练管理，平时遂行治安巡防、矿山救护、森林灭火等任务。加强基层阵地规范化建设，解决缺项漏项、要素不全问题，按照规定配套应急装备器材，各县（市、区）普遍落实乡镇武装工作经费2万元至5万元，纳入县财政预算。全市共调整基干民兵队伍67支4390人。

（张立天）

【新任专武干部集训】

7月5日至15日，军分区在市民兵综合训练基地组织一期全市新任专武干部全员集训。集训以习近平主席大抓军事训练的重要指示和省军区党委扩大会议精神为指导，以新一代《民兵军事训练与考核大纲》为依据，以增强“武装”意识、强化“武装”能力为内容，采取理论学习、专题辅导、技能训练、研讨交流、比武考核的方法，完成4个单元22个课目的训练任务。精心安排教学。聘请石家庄陆军指挥学院教授1人，省地震局、市林业局、市水利局和武警支队专家领导4人，安排机关和各人武部主官7人，充实教学组训力量、丰富教员队伍的结构层次。在训练基地现有保障条件的基础上，投入10万元购置教学用具、生活用品，为参训人员提供学习生活环境。紧盯弱项，找准症结。多法并举，提升效益。注重精讲深学；首长、专家辅导，机关干部和人武部主官授课，都紧密结合民兵基层工作和参训者实际情况，深入浅出地把理论讲明白、把道理讲清楚。开展互动交流，互助教学，采取“老带新、强帮弱”的互教互学模式，在集训队挑选业务技能精、综合素质好的优秀专武干部，组成专题教学小组，进行互动帮教，促进整体提高；座谈交流，就当前制约和影响专武干部队伍建设和武装工作发展的问题，对需要地方政府细化配套的制度规定，集思广益大家的意见；坚持以考促学；在作风上，坚持每天对各班排的一日生活、学习训练以及个人遵纪情况进行打分排队，设立流动红旗；在业务上，按时段、分内容全程组织考核，按照军事理论、军事技能、体能、队列四项内容进行评比，对单项前3名和综合前10名的个人，以及综合成绩前3名的单位进行张榜表扬。管训结合，注重养成。责任制管理；军分区成立集训队，指定队长、教导员，并成立集训队党支部，全权负责训练教学。培训103名乡（镇、街道）专武部长、20名干事，13名现役干部，共136人。

【征兵工作】

2016年5月，吕梁市征兵工作严把宣传发动、体格检查、政治考核、审批定兵、廉洁征兵等5个环节，展开征兵工作。宣传发动上，各县（市、区）采取传统手段和现代传媒相结合的方式，通过条幅、标语、短信、广播、电视、QQ群、宣传车、张贴公告等手段，深入搞好宣传发动。全市共张贴通告1500余张，悬挂横幅标语2万余条，发送短信12万余条，每天出动宣传车30余台次，扩大宣传覆盖面。体格检查上，各县（市、区）严格按步骤、按程序、按要求，组织体格检查，特别是对中央警卫团和武警北京总队五支队等政治条件兵征集任务，在提前开检、时间紧张的情况下，把思想紧起来、规定严起来、标准提起来、工作实起来，全程实行封闭式体检。政治考核上，针对第一次担负中央警卫团100人的征集任务，军分区和担负征集任务的县市把此项工作作为一项严肃的政治任务，加强与接兵部队沟通协调，重点关注，从严把关，坚决落实“政治思想一流、身体素质一流、社会家庭背景一流、组织实施一流、服务保障一流”的具体要求，把政治审核贯穿到征集兵员的全过程。审批定兵上，各级征兵领导组坚持县（市、区）、乡（镇、街道）、村三级审核，三级把关，三级定兵，实行“五优先”，即：上年度体检政审合格、当年又“双合格”（体检、政审）者优先定，高学历应征青年优先定，受过各级表彰的优先定，军烈属子女优先定，困难户子女优先定。廉洁征兵上，市、县各级始终把廉洁征兵摆上重要位置，按照军委国防动员部和省军区行业风气清理整治实施方案要求，军分区纪委和市征兵办联合下发《关于加强廉洁征兵工作的“十条”措施》，为每名体检合格应征青年发放《廉洁征兵监督卡》，军分区纪委组成工作组，不间断进行明察暗访，始终保持正风肃纪高压态势。

【现役干部训练考核】

2016年4月，军分区严密组织开展机关和人武部两级现役干部军事训练。训练开始前，军分区和人武部认真制定本级训练方案和规划，将训练内容具体化，每日实行考评检查，促进训练项目的落实。军分区常委和人武部主官全员参加，带头做好示范。5月24日，集中一天时间，全区现役干部在市民兵综合训练基地进行了全面考核。考核按基础体能、手工标图、一体化指挥平台操作和实弹射击4部分展开。参加考核现役干部57人，考核成绩总评良好，训风演风考风不断得到纯正，实现了以考促训、以训促建的目的，部队军事训练整体水平得到进一步提高。经过考核，机关三部司令部第一、政治部第二、后勤部第三；县市区人武部排名依次为：孝义、交城、离石、石楼、临县、柳林、文水、汾阳、中阳、交口、岚县、方山、兴县；个人综合成绩前5名为：孝义市人武部军事参谋吴绍昱、交城县人武部军事参谋李德谋、兴县人武部政工科长张宗华、石楼县人武部军事参谋从书友、司令部参谋段永义。

【傅永国到吕梁调研】

2016年6月13日至17日，山西省军区政治部主任傅永国到吕梁调研。傅永国先后经过交城、文水、汾阳、孝义、交口、中阳、方山等人武部，实地查看各人武部值班室、作战室、器材库等。在各个人武部听取相关情况汇报。傅永国充分肯定军分区党委在班子建设、安全管理、完成大项任务中所做的工作成绩，并对军分区下一步工作提出意见和期望。

【人武部全面建设考核】

2016年12月12日至16日，由吕梁军分区主要领导带队，分两个组对13个人武部全面建设情况进行考核考评。考核采取听、谈、测、查等多种方法步骤进行。考核组先听取各单位年度工作汇报，主要领导述职，全面了解掌握人武部全面建设情况；与此同时，组织干部、职工、专武干部对人武部全面建设及主要领导进行民主测评；接着，考评组分别与干部、职工、专武干部进行交谈，全面了解人武部建设的成绩与不足，评判班子成员政治、工作、思想状况及内处关系情况。考评组按照《等级考评办法》，以1000分为基准分，对人武部成绩和不足逐项地检查核对打分，当场与人武部主官交换考评意见，先后与66名干部、140多名职工、190多名专武干部座谈，基本摸清人武部全面建设的底数。13个人武部考评达到950分以上，最高分为998分，最低分为953分。

【国防教育图片展】

2016年6月，吕梁军分区庆祝中国共产党成立95周年、纪念红军长征暨红军东征胜利80周年之际，吕梁市国防教育委员会、吕梁军分区政治部以“传承红色基因、赓续红色血脉”为主题，在全市范围内同步组织国防教育图片展，从“历史选择”“道路探索”“战略转移”“伟大转移”“用兵如神”“红军东征”“长征胜利”“大国博弈”“改革强军”“建设国防”10个方面，全市及13个县（市、区）广大干部群众数万人受到教育。

【军地协调会】

2016年7月21日，由军分区牵头，吕梁市召开军地协调会议。会议主要是围绕各驻吕部队需要协调解决的军地热点难点问题进行梳理，并提出针对性的解决办法和措施。市委副书记雷建国、市长助理李月勤，各驻吕部队的主官和政治部主任、兴县、岚县、文水县等驻吕部队所在县的双拥领导组组长以及市民政、人社、交通、教育、卫计部门负责人参加会议。

【整风整改】

2016年，吕梁军分区党委按照省军区部署要求，推进古田全军政工会精神落地生根，定期开展问题清理整治“回头看”，对整风整改情况进行检查督促，抓好清理整治。师、团两级在官兵、职工中开展“对党说真话，让党真放心”活动，围绕党委机关在10个方面交实底、全体党员在42个方面说清楚向组织报告情况。对全区官兵使用QQ、微信、微博等社交媒体摸底排查，人人建档立卡，严防发生网络失泄密和政治性问题。

（张立天）

【房地产清理整治】

2016年3月，吕梁军分区后勤部推进空余房地产租赁清理整治。依据中央军委《关于军队和武警部队全面停止有偿服务活动的通知》精神，重点就军分区4个出租项目租金、租赁期限、经费收缴、成本性开支以及可否托底情况进行调查摸底。结合实际情况，向省军区上报《关于吕梁军分区通过法律途径停止空余房地产租赁活动的请示》，省军区批复，要求依据国家法律规定和军队相关政策妥善解决，全额收缴所欠租金，确保部队利益不受损失，相关涉法问题，与山西军事法院、军事检察院沟通联系。4月5日，组织参加省军区全面停止有偿服务暨不合理住房清理工作电视电话会议，学习上级文件和会议精神，明确工作任务，理清工作思路，成立军分区领导小组和办公室，签订责任书。按照省军区《关于明确不合理住房清理有关问题的通知》要求，邀请山西家豪房地产评估有限公司对4套转让且无法收回的经济适用住房进行评估，采取见面沟通、讲清政策等方式，督促相关人员缴纳房款差额。6月6日至7日，省军区工作组对军分区全面停止对外有偿服务和不合理住房清理工作进行检查调研，通过听取汇报、实地查看，工作组对分区“两项清理”开展情况给予肯定。

【营房专项整治】

2016年11月，吕梁军分区后勤部落实省军区《关于做好工程建设项目和房地产资源管理专项整治工作的通知》要求，推进工程建设项目整改。北公寓房、南公寓房及车库、综合楼、后勤设施新建及改造4个涉及计划外工程。按照上级批复，可维持住用、不再补办手续；家属院西侧烂尾楼属于擅自处置房地产项目，于11月22日按上级要求委托评估公司完成评估，待上级批复后，按要求整改。专武干部培训中心土地年底完成测绘，和地方有关单位协调办理《国有土地证》。

（续英军）

## 吕梁市国防动员委员会

【“四八”烈士殉难70周年公祭】

2016年4月6日，由山西省晋绥文化教育发展基金会、吕梁军分区、中共兴县县委、兴县人民政府主办的“四八”烈士殉难70周年公祭活动在兴县

"四八"烈士纪念馆广场举行。军分区司令员赵步道宣读1946年毛泽东为"四八"烈士撰写的祭文，少先队员献唱《我们是共产主义接班人》。山西省军区政委郭志刚、北京新四军研究会会长陈昊苏，山西省晋绥文化教育发展基金会理事长林志炎，省民政厅副厅级巡视员李德孝，市委常委、军分区政委张选，军分区司令员赵步道，兴县党政负责人，以及"四八"烈士亲属代表王强、秦红、叶正光等为"四八"烈士敬献花篮。

【吕梁大讲堂】

2016年7月29日，吕梁市特邀国防大学战略研究所所长、著名国际战略和国家安全问题专家、中央电视台特邀评论员孟祥青教授做客"吕梁大讲堂"，为全市广大干部、军分区部队官兵作题为《我国安全环境与国家安全战略》的专题讲座。市委常委、吕梁军分区政委张选主持讲座，市领导王清宪、王立伟、郝月生、张广勇、常书铭、张选、赵步道、孙晋军、刘凯、刘继隆、闫广聪，市长助理李月勤，吕梁教育学院党委书记张耀峰、院长赵清明及各级领导干部300多人参加。

【革命烈士公祭】

2016年9月30日是国家第3个"烈士纪念日"，吕梁市在离石区烈士陵园隆重举行公祭革命烈士活动。市委书记王清宪代表全体来宾献花篮。仪式由市委常委、副书记、市长王立伟主持。市四大班子刘云晨、张敬平、常书铭、张稳科、张选等领导，离石区四大班子领导、驻离石城区各部队首长、市区两级相关部门和人民团体主要负责人，驻吕部队和武警官兵、公安干警、各民主党派及无党派人士代表、复员退役老战士及烈属代表、学生代表200多人参加活动。

【红色文化载体打造】

2016年，吕梁军分区推进"慰烈工程"建设，政府和军队持续推进晋绥革命烈士陵园建设管理。2016年，继续集中组织晋绥革命烈士遗骸收迁安葬活动。吕梁市、兴县投资3479万元，扩建完成"四八"烈士纪念馆主副馆工程，修缮扩容烈士陵园、改造升级纪念设施、完善历史文物教育资料。柳林县在刘志丹将军殉难处基础上，投资300余万元修建1500平方米的展示广场。打造红色文化基地，全市产生兴县一二〇师学校、贺龙中学、抗日模范村石践村等一大批国防教育示范点；全市新建主题广场、公园、国防一条街22个，对170余处国防公益广告进行更新；高规格新建改建高家沟高级军事会议纪念馆、红军东征总指挥部旧址、吕梁北武当古兵器博物馆碛口馆等12处国防教育基地，打造临县、柳林、石楼、交口等黄河沿线的红色文化长廊。共74批3000余党政机关干部和青年学生到部史馆、研究院组织"军营开放日"活动。用活大数据平台，利用国防教育网发布后备动态800余条；全市开设8个国防教育微信公众号，宣传大政方针、发布军情兵事累计520余期；开展"微言微语架起连心桥，乡里乡音助力强军梦"，共同做好部队官兵思想稳控工作；全市编设2750名民兵信息员，利用短信平台为全市民兵发送国防知识、教育内容、辖区动态累计10万余条。

【军民融合】

2016年，吕梁军民融合引领科技创新。军分区协调军民融合研究院在吕梁市设立首个院士工作站，面向吕梁干部开设MPA班。云计算中心连接国家、省、市、县的四级电子政务外网、全市统一的电子政务云平台和容灾备份中心开展建设；能源互联网示范区建设项目立项，投资1700万元完成一期建设的设备招标采购；微纳卫星项目谋划市场化运作方式，为实现项目成果的落地转化奠定基础。军民融合带动老区扶贫。军分区出台《关于组织扶贫工作队参加革命老区精准脱贫的实施意见》，推广岚县人武部做法。军分区部队结对帮扶15个贫困村1131户贫困户，投资194万元扶持21个富民项目。947户参与种养殖、产品加工等项目，人均增收1000元，其余184户纳入“兜底”计划；组织民兵4000余人次改造村容村貌，援建乡村公路、过水桥等9个惠民工程；资助112名贫困学生助学金6.5万元，“小贾爱心接力团”慰问老红军、老党员、贫困学生11名共2万元。“一村一策，靶向治疗拔穷根”经验做法在《解放军报》刊发。军民融合实现“平安创建”。各县（市、区）人武部积极组织民兵参加抢险救灾，配合公安部门参与社会治安综合治理。先后遂行重大抢险、救火任务8次，在临县“7·11”黄河洪峰过境中，组织县民兵分队30人转移人员268户，642人；7月22日，孝义市人武部参与磁窑河大孝堡乡小疙塔村段河堤加固任务，出动民兵应急连125人，动用车辆10台，使用编织袋1.1万余个，动土800余方，加固河堤1500米。

（张立天）

## 武警吕梁支队

### 【新兵岗前培训考核】

2016年1月13日至15日，为检验新兵岗前培训效果，准确掌握新兵现实思想表现和执勤能力，打牢新兵单独执勤基础，顺利实现执勤无缝衔接，武警吕梁市支队派出专项考核组，赴基层单位对新兵岗前培训情况进行全面考核验收。通过考核验收，掌握新兵的能力素质，为新兵定岗定位提供依据。

### 【“学规范，用规范”活动】

2016年1月26日，为持续推进总部安全工作《武警部队八个方面安全基本工作规范》贯彻落实，强化官兵的安全意识和号令意识，武警吕梁市支队坚持在“深、细、实、准”四个字上下功夫，开展“学规范用规范”活动。通过这一活动，使执行规范成为官兵的自觉行动，官兵安全观念得到加强，号令意识得到提升。

### 【实战能力提升】

2016年，武警吕梁市支队按照上级的安排部署和要求，系统规范抓执勤，贯彻湖北会议、古交会议精神，先后组织人员到湖北、山东、广西等地观摩学习，推进应急班车辆配备和执勤“五防一体化”（人防严密、物防坚固、技防先进、联防可靠、犬防有效）建设；严密组织“两看”勤务鉴定、执勤安全教育整顿活动，总队挂账隐患实现全部销号；推进执勤方式优化改革，在临县、三中队先期试点，组建专职应急班，落实特战特训要，确保执勤工作正规有序。聚焦维稳抓战备，以“三场维稳战役”为牵引，研究“一句话命令加补充指示”，制定支队紧急出动流程，提高战备工作标准；以敏感期反恐维稳为重点，加强情报收集研判，修订完善三级战备方案，补充各类物资器材，先后组织7次实地抽组、5次网上拉动，确保部队“两个不经，一个保持”（不经调整补充、不经临战训练、保持战备常态）；以落实“广西集训”精神为契机，规划“两室两站”和战备库室建设，规范首长机关编携配装，支队机关战备试点建设推进有序。紧贴实战抓训练，贯彻“八落实”标准和总部军事训练实战化集训精神，探索实践“六种组训模式”；严密组织冬季野营拉练、首长机关网上训练、勤训轮换、“卫士～16”演习、“魔鬼周”集训、预提指挥士官集训、新训干部骨干集训和应急分队比武，累计集训857人次；先后投入112万余元，为基层配发训练器材54套，建成各类训练场地35处，基层中队场地建设全部达标。

### 【依法治军】

2016年，武警吕梁市支队注重强化法治理念，开展“学法规、用法规”活动，强化官兵法治自觉；加强基层正规化建设，落实《基层正规化管理规定》，严格规范机关办公秩序，突出抓好一日生活制度落实，纠治管理工作中的“软隐患”。强力消除安全隐患，突出抓好《武警部队八个方面安全基本工作规范》贯彻执行，严格落实“八安七问”（党委议安、合力抓安、依法维安、以人兴安、解难促安、以实求安、教育保安、问责创安，问当事人、互管人、安全定点联系责任人、检查实施人、机关相关业务部门负责人、直接领导、分管领导）安全预防工作责任体系，强化安全意识和防范能力；严密组织“三治三防”（治车、治酒、治内部关系，防事故、防案件、防自杀）专题教育整顿和“三库清理”（军械库、危险品库、油料库）整治活动，对查摆出的10类39个问题持续跟踪整改，做到清仓见底，基本实现安全可控；严格落实车辆使用管理制度，坚持每月组织行车安全教育整顿，突出车况检查、驾驶员素质、车辆派遣、带车责任“四个环节”，确保行车安全；开展枪弹管理大清查，严格落实静态枪弹管理“五控”措施，确保枪弹安全。细化安全工作责任，自上而下建立安全组织，健全安全工作领导机制；采取常委包队、机关干部包班（排），层层签订责任书；完善中队每日、大队每周、支队每月的安全检查制度，规定排查内容，细化检查流程，明确相关要求；坚持把明察暗访、突击检查作为安全检查的基本方式，促进基层制度落实常态化、隐患治理实时化。

【“两课一会”和“四小”活动】

2016年1月19日，武警吕梁市支队针对新兵“第二适应期”特点，探索给新兵讲授一堂思想稳定课、为老兵讲授一堂警示教育课、组织中队召开一次思想形势分析会的“两课一会”思想工作方法，并常态组织“支队首长大谈心”和去掉小看法、减少小磨擦、消除小误会、化解小矛盾“四小”密切内部关系教育活动，帮助新兵融入新环境、适应新岗位。

【党委二届十次全体（扩大）会议】

2016年3月8日，武警吕梁市支队隆重召开党委二届十次全体（扩大）会议。会议传达学习武警党委二届八次（全体）扩大会议和总队党委三届十次全体（扩大）会议精神，总结分析支队2015年部队建设形势，安排部署2016年度工作。党委常委、基层军政主官和全体机关干部参加会议。

【“改革强军”主题教育】

2016年，武警吕梁市支队开展“改革强军”主题教育活动。在教育活动中，支队党委探索大课领导机关讲、小课基层干部骨干讲、每个专题网上串讲等“一课多讲”的教育路子，研究尝试1小时授课辅导、1小时讨论消化、1小时常识学习的“3个1小时”规范教育措施。

【干部素质考评】

2016年4月14日至15日，武警吕梁市支队严密组织干部素质考评。支队坚持“逢晋必考”和“综合考察、听取公论、公开透明、择优选拔”的原则，主要采取体能测试、理论考核、民主测评等办法，注重考察干部的德才素质、履职情况和工作实绩，营造“靠素质立身、凭实绩进步”的良好氛围，为推动支队全面建设奠定人才支撑。

【爱国主义教育基地挂牌仪式】

2016年6月2日，武警山西省总队政治部在吕梁兴县晋绥边区革命纪念馆举行爱国主义参观见学教育基地挂牌活动。兴县县委、县政府主要领导、总队政治部宣传处处长傅海峰、干事张锐和武警吕梁市支队112名官兵参加挂牌仪式。

【应急抢险】

2016年7月19日至20日，吕梁市出现长时间强降水天气。19日23时33分，吕梁市孝义市驿马乡荆封村一蓄水量达2.5万立方米的塘坝水位超过警戒水位

80 厘米，出现渗漏险情，随时可能发生溃堤。应孝义市政府请求，报武警山西省总队批准，武警吕梁市支队共出动官兵 60 名，车辆 3 台，连续奋战 12 小时，圆满完成泄洪任务，维护塘坝安全，避免人民群众生命财产遭受损失。

【后勤综合保障】

2016 年，武警吕梁市支队加强应急力量建设，修定完善战备方案预案，优化战备物资储备方式，抓好“一组五队”（后勤指挥组，综合物资保障分队、给养保障分队、卫勤保障分队、运输保障分队、维修技术保障分队）保障模式建设，强化后勤专业兵人装结合训练，增强后勤队伍的能力素质；开展司务长、军械员、炊事员、驾驶员培训，公平公正选送 25 名技术学兵参加总部、总队培训，为后勤队伍储备专业人才。完成敏感期战备、“魔鬼周”训练、“卫士～16”演习后勤保障任务。加强规范化管理，开展“深入彻底查纠问题，严格财经管理”活动，确保问题全部解决、清仓见底。开展“伙食精细管理年”活动，落实“日凭证，周记账，月公布”要求，分批组织炊事员轮岗培训交流，推行“两个一”“1126”“6211”饮食保障模式，官兵伙食满意率普遍提高。全力加强服务基层力度，先后投入 180 余万元完善基层训练场地建设，为基层统一购置背囊、睡袋、战术套装、常用药品等物资，解决中阳中队楼房漏水问题，对一中队厨房操作间进行装修改造，更换教导队院内取暖管道，为二中队、勤务中队更换学习桌椅；开展基层医疗巡诊、军械检修、被装服务大篷车等活动，公寓房新建工程推进有序，官兵工作、生活条件得到改善。

（张　林）

## 武警吕梁消防支队

【部队整体实战能力提升】

2016 年，武警吕梁消防支队坚持从难从严从实战锤炼部队，组织攻坚组、通讯员及基层指挥员 3 期轮训 226 人次，孝义二中队、孝义中队、离石与特勤中队完成“石化、地下、高层”3 支专业队伍建设，并组织全市消防部队紧盯“一高、一低、一大、一化工、一文物”场所开展 15 次全市跨区域综合实战演练，大、中队级演练 600 余次，并成功处置“11·22”孝义新禹焦化厂着火等灾害事故。坚持因地制宜，推动全市 100% 的全国重点镇及 75% 的其他乡镇均完成专职消防队建设任务，全市专职消防队伍建设实现跨越式发展；并投入建设经费 350 余万元配发 248 部数字集群对讲机、90 台数字车载台，为全市火灾预防、灭火救援和部队管理等各项工作提供支撑和保障。

【“11·22”孝义新禹焦化厂火灾成功处置】

2016 年 11 月 22 日 10 时 55 分，119 指挥中心接到报警称，孝义市梧桐镇新禹焦化厂一洗苯罐着火。着火罐两侧为两个煤气罐（距离着火罐 2 米，一个 1000 立方米，一个 800 立方米），西南方向 120 米处为两个粗苯储罐（每个 200 吨）和两个焦油储罐（每个 500 吨），厂区有 160 余名工人正在作业，情况危急。接到报警后，孝义大队迅速调集孝义二中队、孝义中队 40 名官兵、1 辆装甲车、8 辆消防车以及 10 辆洒水车、1 辆金岩集团消防车参战，并第一时间上报支队指挥中心。支队先后调集全勤指挥部、汾阳及文水中队共 15 名官兵、2 辆消防车参战。孝义市副市长王勇、市消防支队参谋长杜明亮等领导到现场指挥调度。历经 45 小时，成功将火灾扑灭，疏散被困人员 60 余人，无一人员伤亡，挽救财产损失两千余万元，保护库区内 4 个储罐以及毗邻的 2 个煤气炉的安全，将事故损失和危害降到最低，避免重特大恶性事故和次生灾害的发生。

【基层基础设施建设】

2016 年，消防部门经费全

年预算7309.54万元。截至年底，临县、交口、兴县3个消防站建设项目投入使用；新建特勤二中队、柳林二中队开工建设；石楼、方山2个队站建设完成项目选址、立项批复、环境影响评估等手续办理。全年共投入1456.25万元用于装备设施建设，其中投资548.90万元用于消防训练设施建设；投资232.2万元购买3台消防车；投资1224.05万元购买个人防护装备、水上救援装备、火灾勘查装备等器材2859余件（套）。

【消防工作社会化】

2016年，武警吕梁消防支队签订消防工作目标任务书，出台《吕梁市消防安全责任追究实施办法》，建立火灾预警发布机制，住建、卫计、文物旅游、民政等部门均出台行业系统消防安全标准化管理文件，全市各级各类学校、养老福利机构、医院、文物古建筑单位全部实现消防安全“标准化”管理。13个县市区完成消防专项规划；15个重点镇及75%的建制镇完成消防专项规划建制工作。

【消防基础工作全面推进】

2016年，武警吕梁消防支队通过政府出资、单位出资、个人出资等方式共投资29万元购置3454个独立感烟报警器，分别安装于养老院、福利院、中小学校、幼儿园、居民住宅等场所，提高小场所的火灾自防能力；658家重点单位、104个社区微型消防站建设任务，建有率分别达到56%、100%；1176家重点单位开展“6+1”建设，148个乡镇、18个街道办消防安全“网格化”管理工作全部纳入基层社会服务管理体系；在全市商业区、旅游区、开发区等重点单位集中区域建立消防安全区域联防组织18个。全年，全市共检查单位12799家，发现火灾隐患13637处，督促整改火灾隐患13533处，临时查封111家，责令“三停”133家，罚款442.41万元，拘留95人。

【消防宣传】

2016年11月8日，吕梁市举行“119”消防宣传月活动启动仪式，市委常委、政法委书记李小明，副市长、市公安局局长李安林，吕梁学院副院长马向东，消防支队支队长田生树，政委袁威华等出席仪式，仪式由市政府副秘书长王雪平主持，来自消防安全重点单位的相关代表、社区宣传大使、消防支队官兵、派出所民警、消防志愿者共计1000余人参加。此次启动仪式拉开全市“119”消防主题系列宣传活动的帷幕，消防部门将围绕“消除火灾隐患共建平安社区”的主题，陆续开展“119进社区”、“119进农村”、新闻媒体聚焦“119”、人员密集场所逃生演练等一系列“119”消防主题宣传活动，发动全社会关注、全民参与消防工作。

（崔宏莉）

## 人民防空

【地下空间开发利用】

2016年，吕梁市人防办按照“平战结合、融合发展”的精神，结合吕梁城市建设总体规划，向市政府提出“利用社会资金在吕梁世纪广场建设大型平战结合人防工程”的项目建议报告。市政府将世纪广场地下空间开发利用项目列入2016年吕梁新区、主城区城市建设改造“双十”重点工程项目。市人防办落实市政府会议精神，拿出“利用世纪广场地下空间建设人防平战结合工程的初步规划方案”。结合市图书馆大楼建设、城北汽车站建设工程，筹划和推进市民广场和火车站站前广场开发利用地下空间建设人防平战结合工程。两项工程完成前期准备。

【城市整体防护功能完善】

2016年，吕梁市人防办结合吕梁城市建设整体规划，组织编制完成《吕梁市人防工程建设总体规划》，并经省人防办和市政府批准正式施行。全市人防工程审批、建设和管理工作步入正轨。抓住新区建设的契机，结合吕梁大医院建设项目，同步建设7000多平方米的人防急救医院，该项目通过施工图设计审查，破土动工。主动争取，市委大院地下停车场人防工程建设推进，“把人防工程建在政治中心”的目标得以落实。推进县级人防指挥所的建设。交城县、柳林县人防指挥所建设方案提交县政府审批。

【人防应急指挥和信息化建设】

2016年，吕梁市人防办健全完善人防应急指挥机制。落实人防指挥机构和具体人员，理顺指挥协同关系。继续完善指挥信息化建设。人防机动指挥系统建设方案得到市政府领导同意。抓好人民防空实战化训练工作。制定完善人防专业队伍和机关工作人员训练方案，并完成上级安排的演练任务。继续完善人防地下指挥所功能。完善和配套相关设施设备，配齐值班队伍，保持常备状态。加强防空警报维修管护，警报设施处于良好的运行状态，覆盖率达95%以上，鸣响率保持100%。

【人防工程质量和安全生产监督管理】

2016年，吕梁市、县两级人防技术人员对人防建筑工地进行全方位的质量跟踪监督和安全监管，与各相关企业签订安全管理目标责任书，对早期、在建、竣工人防工程摸底排查，发现问题即抓即改。全年共开展人防执法及工程质量安全检查136次，确保人防工程建设质量全部达标，实现全市人防工程建设全年安全生产无事故。

【人防宣传教育】

2016年，吕梁市、县两级开展人防宣传“五进”活动，并利用“5·12”防灾减灾日、9·18警报试鸣日和“12·4”法制宣传日等特定时段，上街宣传。全市悬挂人防宣传横幅标语100余条，散发宣传资料8万余份，发放人防法律法规汇编资料3000余本，受教育人数30余万人次。结合秋季中小学开学军训活动，市人防办组织教官进行人防知识宣讲，并组织城区两所小学师生开展人防自救技能和疏散演练活动。

（刘 琴）

## 文水61769部队

【军事工作】

2016年，吕梁文水61769部队根据上级“稳中求突破，安全第一”的思路，根据不同阶段的任务特点，灵活采取“一场多点”“三班轮训”等组训模式，不断提升承训能力，增强组训效益；详细制订汾阳机场各课目实施规范，调高课目训练质量，提升学员飞行技术水平；通过开展每周“四个一”教学活动，组织“砺剑讲堂”“雏鹰讲堂”“众说纷纭”等第二课堂活动，让学员登上前台，走上讲台，全面拓展学员“三位一体”的综合能力；利用“明师讲堂”“安全大讲堂”等交流平台，持续开展“知装、爱装、懂装”知识教育以及各类特情处置教育；常态化开展防暴恐演练，突出人、车、枪、弹、密和毒麻药品管理，在节假日、事故案件多发和重要敏感时期，突出抓好小远散单位、库区检查督导、跟踪问效，确保空中稳、地面稳、部队稳。

【政治工作】

2016年，61769部队开展“两学一做”学习教育，以“党旗下的誓言”系列配合活动为抓手，持续深化党的创新理论、习近平主席系列重要讲话和上级党委首长指示精神的学习贯彻。以“六小一向”活动教育为牵引，开展改革强军主题教育，机关开设“子夏山大讲堂”，组织“三新”“政治工作发挥生命线作用”大讨论，基层开办“子夏山强军论坛”“微教先锋”等微教育平台，通过短、平、快的方式，彰显小活动大教育的魅力，营造“人人受教育，人人都是教育者”的良好氛围。坚持把红色教育作为一项战略工程常抓不懈，结合纪念建党 95 周年和红军长征胜利 80 周年，制作系列专题广播，定期组织官兵到刘胡兰纪念馆、洞库参观，追寻历史记忆、传承红色血脉；挖掘驻地守墓老人任世和前辈事迹，配合上级拍摄《守墓老人》纪录片，举行“无名烈士墓”揭碑仪式。推进“子夏山特色文化建设”；利用主题团日、大型集会等时机组织集体教唱“子夏山战歌”。

【后勤工作】

2016 年，61769 部队后勤工作坚持以强军目标为统揽，扭住军队改革形势任务特点，以现代后勤“三大建设任务”为目标，秉承“精诚、精湛、精细”保障理念，综合保障能力稳步提升，“精细化保障”转型扎实推进。按照“开源节流，挖潜增效”的思路，想方设法筹资金，持续用力，改善官兵工作生活和训练条件。以培养更多更好“一人多岗、一专多能”人才为目标，指导制定后勤岗位各类人才培养方案，采取“以老带新、以训促学”的方式多措并举、齐头并进，利用飞行间隙积极组织岗位练兵。

（张 弛）

## 政法委及综治工作

【社会稳定维护】

2016年，吕梁市开展“2·17”交城县吕梁英雄广场群众大规模聚集专项稳控、调查和处置工作。对“中国至宪党”插手基层选举情况调查，对全市参与“中国至宪党”非法活动的4名人员进行专项调查、教育训诫。开展伊斯兰教领域专项调查，摸清全市伊斯兰教人员聚居地人员底数、职业、流入流出情况。开展涉众型利益诉求群体专项调查工作，对“泛亚”“e租宝”“中晋系”非法维权组织进行专项调查，掌握活跃人员网上串联活动情况。针对G20、国庆节、省市党代会等重点时期、重大活动、敏感节点，深入开展情报信息搜集、分析研判，严密防范打击非法组织、人员活动。坚持全天候街面武装巡逻，加强重点部位安全防范，严格落实重点人管控措施，开展涉恐安全防范常态化检查，完善应急处突准备，完成重大政治活动、重要敏感时期的安全保卫工作，维护全市政治稳定。

【违法犯罪打击】

2016年6月，吕梁市公安局在全市公安机关组织开展以深化“打黑除恶”、铲除“黄赌毒”、推进“治爆缉枪”为主要内容的“三大战役”。8月23日，吕梁开展为期1年的深化“打黑除恶”建设平安吕梁专项活动，借鉴纪检部门监督执纪“四种形态”工作方法，对各类重点管理和违法违规人员运用“训诫谈话、重点管控、行政处罚、刑事追究”四种形式进行教育惩戒。截至12月，全市打击处理2732人次，其中，训诫谈话558人次，重点管控686人次，行政处罚954人次，刑事追究440人次。共打掉各类恶势力团伙26个，抓获团伙成员130人，打击处理各类村霸、路霸、恶霸298人。共查处涉黄、涉赌、涉毒治安案件2657起，捣毁黄赌毒窝点124个，共排查涉枪、涉爆从业单位269家，整改安全隐患160处。

【群众财产安全保障】

2016年，吕梁市集中打击多发性侵财犯罪。组织开展打击“盗抢骗”犯罪专项行动，重点打击技术开锁入室盗窃、攀爬入室盗窃、撬盗保险柜、盗窃车内财物、街面扒窃、盗窃电动车、盗窃机动车等等人民群众反映强烈犯罪活动。严厉打击涉众型经济犯罪。针对吕梁市近年来涉众型经济犯罪突出的特点，以非法吸收公众存款、高利转贷、集资诈骗、骗取贷款为重点，集中开展专项打击行动。严密防范金融风险。各级公安、维稳、信访、综治、银监、金融服务等部门，落实监管预警责任，全面排查金融风险隐患，及时发现处置可能诱发涉众型群体事件的苗头。深入排查整治治安安全隐患。4月，全市深入开展社会治安风险隐患大排查大整治活动。全市共排查出各类风险隐患6150件，整治5510件，其中政治安全类55件，整治50件，矛盾纠纷类1698件，整治1356件，公共安全类3963件，整治3748件，内部安全类434件，整治356件。

【投资发展环境优化】

2016年，吕梁市法院系统开展执行大会战活动，对拒不执行法院生效判决的被执行人拘留577人，移送公安机关168人。两级法院共执结涉民生案件217件，执行到位金额2838.06万元。检察系统参与脱贫攻坚活动，制定《关于服务保障脱贫攻坚工作的意见》，开展“集中整治和加强预防扶贫领域职务犯罪”专项活动，立查扶贫领域职务犯罪案件96人。制定《关于依法保障和促进非公有制经济健康发展的意见》，探索快审快结、分类受理、专项服务等措施，依法打击损害非公经济发展的合同诈骗、职务侵占、挪用资金、破坏生产经营等犯罪。公安系统简政放权，完善公安便民在线服务平台功能，改进户籍管理制度，取消农业户口与非农业户口性质区分，开展居住证制发、流动人口管理、权益保障和公共服务等工作。司法部门开展各项法律援助便民服务，降低法律援助受援门槛，放宽经济困难标准，扩大法律援助覆盖面，拓宽服务领域。

【社会治理方式创新】

2016年，吕梁市坚持问题导向，着力破解重点人群服务管理、重点行业安全监管、重点领域矛盾化解三大难题，着力补齐基层基础、社会共治、科技运用、法治保障等四方面的短板。吕梁市委先后4次召开常委会听取政法综治工作专题汇报，分析、研究综治工作，两次组织全市大型会议安排部署综治工作，层层传导压力、逐级压实责任。市综治委细化《吕梁市综治（平安建设）工作重点管理县（市、区）、乡镇（街道）、市直单位（中央、省驻市单位）实施办法（试行）》（吕综治委〔2015〕5号）《关于进一步加强对各县（市、区）社会治安综合治理工作管理的实施办法》和《关于进一步加强对市综治委各成员单位管理的实施办法》（吕综治委〔2015〕9号）等3个办法，起草制定补充规定，使问责情形更为详细，更具有可操作性。市综治办严格执行中办、国办印发的《健全落实社会治安综合治理领导责任制规定》，用好用足通报批评、诫勉谈话、黄牌警告、挂牌督办、重点管理、一票否决等措施。向8个市直单位和临县下发警示函，对汾阳市、兴县、离石、岚县4个县（市）实施重点管理，一票否决1个农村支部评先资格。

加强对重点群体的管理。全市各级各部门以底数清、动态明、管得住、服务好为目标，注重民生保障和教育管理相衔接，健全了政府、社会、家庭“三位一体”的关怀帮扶体系。市综治办牵头起草了《吕梁市易肇事肇祸等严重精神障碍患者救治救助监护工作实施意见（试行）》提交市政府常务会研究讨论，加强对易肇事肇祸精神障碍患者的救治、救助和监管。卫计委牵头，公安、民政、残联、人社等部门积极配合，加强对易肇事肇祸精神障碍患者的救治、救助和监管。团市委牵头，加强对有不良行为青少年的法治教育、心理矫治、文化学习、职业培训工作。司法部门牵头，加强对刑满释放人员、社区矫正对象的服务管理。公安部门牵头，加大对吸毒人员强制戒毒力度。全市在册吸毒人员7789人，实行社区戒毒806人，强制隔离戒毒258人，社区康复196人。

加强重点行业的安全监管。强化危爆物品生产、销售、储存、运输、使用等环节的安全监管，严格实行从业人员持证上岗制度；强化对寄递物流行业的监管，市邮政管理局共检查快递企业13家，出动执法检查人员40人次，对发现隐患的12家企业下达责任整改书，责令限期整改。加大人防技防投入力度，加强对汽车站、火车站、吕梁机场、大型购物场所等公共场所的安全监管，全年未发生重特大公共安全事件。

加强重点领域矛盾化解。落实中办、国办《关于完善矛盾多元化解机制的意见》，推行文水县网上调解模式，完善县乡村三级调解中心和规模以企业调解组织，建立完善医患、劳资、煤炭等重点领域的专业性行业性调节组织，选配专兼职调解人员。全市县、乡、村三级调解中心已全部建立，政法机关建立信访接待室，重点领域普遍建立专业性行业性调解组织，50 人以上的企业依托外联部建立矛盾化解和职工维权室。全市选聘调解人员 9311 人，其中专职 1561 人，兼职 7750 人。石楼法院在全县农村建立 12 个便民服务中心，就地解决纠纷，实现小事不出村、大事不出镇、难事不出县、矛盾不上交。市检察院推行远程视频接访，构建多元化矛盾化解体系，妥善处理群众来信来访 1563 件。

推进涉法涉诉信访改革。全市各级政法部门开展积案排查化解活动，对属于本地本部门的涉法涉诉信访案件进行集中排查，共排查出涉法涉诉信访积案 202 件（其中公安系统 56 件，检察院系统 88 件，法院系统 58 件）逐案建立台账和处置方案，严格落实“四包一”的责任体系，截至年底，202 件信访案件依法处理 117 件。加大对违法上访人员的法治教育和依法处理力度，全年全市共依法打击处理涉法涉诉违法闹访人员 132 名。

强化基层基础工作。推广交口县、交城县经验，规范县、乡、村三级社会服务管理中心，社会化服务、网格化管理得到加强。加强基层综治组织建设，在乡镇层面，在 2016 年换届工作中明确由乡镇副书记兼任综治办主任；村（社区）层面，明确一名在村干部负责综治工作，健全治保会、调委会和治安巡逻队；单位层面，实行物业化管理和保安化服务。

加快推进科技强警战略。把现代科技应用作为核心战斗力来抓，有重点有步骤地推进公共安全视频监控建设、联网和应用工作，提升公共安全管理数字化、网络化、智能化水平。加大数据挖掘、人像对比等现代技术的引用力度，实现“探头站岗”“鼠标巡逻”。全市投入建设资金 1516 余万元，完成新增监控探头 4526 个，累计全市共投入资金 5.19 亿元，完成视频监控探头 3.52 万个。

加强城区专职巡防队建设。各县（市、区）按人口在 20 万以下的县不少于 50 人、人口在 20 万以上的县不少于 100 人的标准，充实城区专职巡防队伍，全年实有巡防队员 1024 人，保有量为 942 人，对城区街面、大街小巷、城郊结合部展开 24 小时不间断巡逻防范，快速反应，做到白天见警察、晚上见警灯，保证足够的巡逻密度和巡逻面，实现治安实时管控，遏制可防性案件高发态势。

深化法治宣传教育。加强国家工作人员、青少年等重点对象普法工作，从群众最直接、最现实的利益问题入手，综合新媒体等多种手段，运用身边的案例以案释法，切实提高普法的针对性和实效性，各级领导干部运用法治思维谋划社会治理，用法治方式解决、处置事关全局重大问题的能力得到提升。

## 【政法队伍建设】

加大思想政治建设力度。全市政法系统开展“两学一做”、“把纪律挺在前面”、执法司法突出问题整改、政法队伍纪律作风整顿等专题教育活动，解决敷衍塞责、推诿扯皮、为警不为、消极怠工等不作为、慢作为问题。司法系统组织开展“向李培斌同志看齐”系列活动，法院系统开展向身边的先进学习的活动，涌现出马兴华、张晓玮等先进人物。

加强领导班子建设。以县、乡集中换届年为契机，坚持正确的选人用人导向，把真正想干事、能干事、会干事、不出事的干部选出来、用起来。全市共调整12名政法委书记，交流15名法检两长，新提拔5名基层法院院长，6名基层检察院检察长，新配2名公安局长。市检察院落实中层干部轮换岗制度，调整科级干部67人，为基层院申报30名公务员招录计划，充实队伍力量。市中院交流调整10名院长，顺利进行3次人事调整，23名科级非领导、3名科级领导走上工作岗位，3名新任院长赴任。各乡镇全部明确由副书记兼任综治办主任。

提升干警履职能力。开展创建人民满意的政法基层单位，争当办案能手、争办精品案件"一创双争"活动，选出一批严格执法公正执法的先进典型，发现培育一批办案能手。中院法官吕烜撰写的商事判决书被最高院评为"全国优秀裁判文书"。市检察院健全检察业务工作考评通报制度，完善干警日常工作考核办法，结合岗位需求开展针对性培训，300余人次参加学习培训。市公安局开设"吕梁警营大讲坛"，制定《全市公安机关2015年教育训练计划》，举办司晋督警衔培训，共有149名民警参加学习培训，民警综合能力得到提升。

（吕梁市委政法委）

## 公安

### 【政治稳定】

2016年，吕梁市公安机关确保G20、十八届六中全会、国庆节、省、市党代会、"六四"、"文化大革命50周年"等重点敏感节点社会稳定。开展"大巡逻、大防控"集中行动，城区案件发案率明显下降。组织开展涉军、"泛亚""e租宝"等利益群体专项调查，侦破中央防范办高度关注、公安部督办"7·14"反邪教专案，开展吕梁英雄广场大规模聚集稳控、处置工作。维护信访秩序，市公安局被评为全省G20峰会、十八届六中全会及省十一次党代会期间信访工作先进单位，为全省唯一获此殊荣的地市级公安机关。全年未发生影响政治稳定的重大案（事）件。侦办网络浏览、传播涉恐音视频案件5起。会同邮政、交通部门开展物流寄递业整顿，柳林、离石、孝义、临县、兴县、文水开展提升最小单元作战能力演练，安防能力提高。加强虚拟社会管理，实行24小时监控，强化网上维稳和舆情导控，侦破互联网违法犯罪案件25起。柳林县、汾阳市公安局在全省网络安全保卫工作会议上进行经验交流。全市未发生暴力恐怖案件。

### 【"三大战役"战果】

2016年，吕梁市针对上半年全市刑事案件发案快速上升情况，坚持以打开路，以整促防，6月，组织开展以深化"打黑除恶"、铲除"黄赌毒"、推进"治爆缉枪"为主要内容的"三大战役"，迅速扭转治安被动局面。全年刑事案件发案同比下降1.59%，危害严重的八类案件发案同比下降8.59%，"两抢一盗"案件发案同比下降11.83%，33起命案实现全破，维护全市治安稳定。

省厅部署"三大战役"，全市各级公安机关发挥主力军作用，借鉴纪检部门监督执纪"四种形态"工作经验，实行"训诫谈话、重点管控、行政处罚、刑事追究"打击惩戒措施，坚持有黑打黑，无黑除恶，无恶铲霸，取得显著战果。共打掉涉黑、涉恶团伙46个，打击处理村霸、路霸、恶霸693人，破获刑事案件192起，治安案件306起，采取刑事强制措施305人，治安处罚389人，训诫警告102人，重点管控93人。

铲除"黄赌毒"战役、"缉枪治爆"行动战果丰硕。破获柳林"8·22"吕梁建区以来禁毒第一大案，抓获部督捕逃犯、汾阳"2·27"重大爆炸案犯罪嫌疑人李卫平。查处黄赌毒治安案件2657起，强制戒毒237人，社区戒毒337人，收缴冰毒37.5千克、毒品海洛因32.3克、甲卡西酮3千克；收缴炸药7369.1千克、雷管2.86万枚、枪支199支、子弹2353发、管制刀具83把；破获柳林“8·22”、离石“8·30”、交城“7·19”、临县“11·18”重大贩毒案、汾阳冀村刘某国重大聚众赌博案。交城、离石连续破获7起网上非法买卖爆炸物品、枪支弹药案件。

【反电信诈骗】

2016年，吕梁市在全省率先组建反电信诈骗中心，充分发挥提示、预警、止付、打击职能，严厉打击群众反响强烈的电信诈骗犯罪。共侦破电信诈骗案件45起，查询涉案电话号码98个，止付资金42万余元，劝阻群众上当受骗480余人次，避免受损300余万元。

【食品药品违法犯罪打击】

2016年，吕梁市开展食药打假“利剑”行动，发起并侦破全国集群案件6起，占到全省总数的50%以上。查处刑事案件52起，行政案件15起，捣毁生产窝点48处，破获公安部督办“8·26”文水胡某某非法制造、销售注册商标案、“10·18”汾阳冀村制贩假盐案等一批重特大案件。副省长刘杰批示：侦办及时，打击有力。

【经济领域犯罪打击】

2016年，吕梁市经济犯罪激增，组织联盛集团破产重组大会安保工作，开展打击非法吸收公众存款、高利转贷、集资诈骗等涉众型经济犯罪行动，侦办柳林“5·02”非法集资、汾阳“4·06”合同诈骗等经济案件116起，维护全市正常的经济秩序。

【民警执法规范】

2016年，吕梁市公安机关执法质量水平稳步提升，执法质量考评位列全省第6。推广孝义案管中心建设经验，推进受案立案制度改革和刑事案件“两统一”工作，全部完成案管中心建设任务。从7月起每月从分（县）局抽调10份刑事案卷和10份治安案卷进行重点考评，推进执法质量考评常态化。组织开展派出所正规化、规范化集中整治活动，及时发现和纠正一批执法不规范问题。开办9期“吕梁警营大讲堂”，举办治安、刑侦、情报、网警、刑事技术等业务培训，在市局新网站设立法制咨询栏目，围绕实战定期开展执法办案知识培训，提升公安民警执法办案水平。

【户籍管理制度改革】

2016年，吕梁市公安局协调市政府出台《吕梁市推进户籍制度改革实施办法》《解决无户口人员户口登记实施办法》，制订实施十二条办证服务措施，实行错时、弹性工作制，在正月初四放弃休假统一上岗，为返乡群众提供办户办证服务。组织开展“安全进万家，服务零距离”主题实践活动、“群众安全感、满意度”集中调查、警营开放日、“110接处警”回访等系列民生警务活动。通过办好“小案件”、调解“小纠纷”、消除“小隐患”，增进同群众的感情。

【队伍建设】

2016年，吕梁市民警违法违纪案件数、人数首次实现整体下降，分别比上年同期下降11.11%、1.32%。深入开展“两学一做”学习教育，集中推进“一整治五排查”“把纪律挺在前面”，重点警种专项治理等专题教育活动，坚持政治建警、素质强警、从严治警“三警并举”，举旗铸魂，实战砺警，创先争优，锻炼吕梁公安忠于使命、勇于担当、无私奉献、敢打能赢的过硬作风，队伍形象好转，民警纪律观念夯实。制定《落实党风廉政建设“两个责任”岗位责任清单》，强化市、县两级公安机关党委“两个责任”落实，严格执行中央“八项规定”、公安部“三项纪律”等规定。聘请社会各界100名监督员和100名督察员，定期召开座谈会广征意见。制定《关于对市局科级以下干部进行提醒、函询和诫勉的实施办法》，约谈问题单位负责人5人、问题民警14人，查处民警违法违纪案件40案75人。解决全市民警记功表彰奖励资金兑现问题，队伍向心力增强。全年，全市公安机关涌现出33个先进集体、356名先进个人。孝义市公安局被评为全国公安机关执法示范单位。离石区公安局图侦工作被列为全省4家典型之一进行经验推广。柳林县公安局袁子捷同志被推荐为中共十九大代表候选人，交城县公安局白黎明同志被评为全省劳动模范，吕梁市公安局梁文年同志被全国禁毒委评为2016年度全国禁种铲毒工作先进个人。

## ·公安局交警支队·

### 【道路交通安全治理】

2016年，吕梁市公安局交警支队提高道路交通隐患整改率，重点整改学校门口交通安全隐患。落实省政府督办隐患。针对省政府挂牌督办岚县313省道137千米至143千米处的事故多发点，市公安局交警支队多次督促公路部门进行整改。整治学校门口隐患。支队组织专门警力治理校门口道路隐患，完成辖区存在的20处校门口道路交通安全隐患整治，并向市综治办进行销号。排查整治道路隐患。通过交通流量调查、实地调研论证、安全行车测试、事故原因分析等，排查出道路交通安全隐患路段59处，下发整改通知书23份，完成整改40处。强化源头管控。全市共排查出6户隐患企业，对排查出来的交通安全隐患进行书面告知，共向相关部门抄报重点车辆违法行为437起，下达安全隐患整改通知书42份。检查1261辆“两客一危”车辆，教育培训企业驾驶人共2450名，签订安全承诺书2343份。

集中整治重点路段事故、危化运输车事故和因逆行、违反信号灯引发的交通事故。强化交通设施安全检查，推进道路交通安全专项整治行动，确保道路交通安全形势持续稳定。其中，209国道、307国道的交通事故和危化品运输车事故有所遏制，因逆行、违反交通信号灯引发的交通事故稳中有降。

降低交通事故“四项指标”，化解、清理交通事故案件。努力调控交通事故“四项指标”。截至12月25日，全市共发生道路交通事故439起，死亡233人，受伤428人，直接财产损失283.28万元；全市发生共1次死亡3人以上交通事故4起；发生逃逸事故16起，侦破16起，侦破率100%。强化交通事故人民调解工作。全市共成立交通事故人民调解委员会13个，聘用调解员89名。全市交通事故人民调解委员会受理交通事故调解1482案，调解结案1464起，调解结案率达98.79%。清理涉交通事故信访案件。对全市21起涉交通事故信访案件进行督办。共结案20起，未结案1起，办结率95%。

### 【专项整治工作开展】

2016年，吕梁市持续开展涉牌涉证专项整治、酒驾、毒驾专项整治、货运车辆行车秩序专项整治、第二季度预防重特大道路交通事故专项整治、危险化学品道路交通安全专项整治、工程车和接送学生车辆专项整治、暑期道路交通安全隐患专项整治、“查隐患纠违法”、冬季道路交通安全整治、百日攻坚行动等10项专项整治行动，营造严管、严查的道路交通秩序管理氛围，确保道路交通安全畅通。全年，全市共查处各类交通违法行为120.53万起，其中现场处罚50.90万起，非现场处罚67.36万起，查处无证驾驶5202起，超速行驶19.94万起，查处超员3536起，其中客车超员110起，货车超载1201起，酒后驾驶2089起，醉酒驾驶334起，准驾不符420起，毒驾61起，疲劳驾驶7496起，行政拘留1612人，暂扣机动车7310辆。

【运煤通道大循环交通组织】

2016年11月20日至2017年5月19日，吕梁市公安局交警支队提请市政府批准，兴县、岚县、临县、方山境内的209国道、313和218省道四轴以上货运车辆实行大循环，区域内实现微循环，缓解长时间的拥堵现象；从2016年12月1日至2017年5月31日，中阳、交口、孝义境内的340、321、224省道和209国道四轴以上货运车辆实行大循环，形成良好的通行秩序。

【部分国省道重中型货车靠右行驶管理】

2016年12月10日至2017年5月31日，吕梁市在209、307国道和217、218、223、224、252、313、320、321、340省道等11条国省道路，开展重中型货车靠右通行的交通组织专项行动，307国道文水、汾阳部分路段和交城全段，209国道方山城区至积翠段、离石大交线，243省道等双向四车道路段，严格实行重中型货车靠右行驶措施，道路通行能力提升。

【城市客运市场秩序】

2016年，吕梁市公安局交警支队联合运管部门集中对公交车、出租车市场运营秩序混乱进行整治，查处超员、无牌、无证、假牌、假证等交通违法3290起，查扣黑出租、黑公交65辆，净化客运市场，保证群众安全出行。

【城市交通秩序】

2016年，吕梁市按照全市城乡环境整治和冬季百日攻坚行动要求，以机动车和非机动车乱停乱放、违章占道、违法调头、乱穿乱插、逆行，行人违反交通信号灯通行、随意横穿马路、翻越隔离护栏为重点，集中40天时间进行城乡交通秩序整治，营造良好的交通环境。

【农村道路交通安全】

2016年，吕梁市集中排查治理农村道路交通安全隐患。组织警力深入乡镇，全面排查治理整改国、省道与县乡道交叉口、国、省道与村庄交叉口、乡村道路陡坡弯道安全隐患，向责任部门下发整改通知书，并全程对隐患整改工作进行督促，及时消除道路交通安全隐患。

集中开展农村地区交通违法行为专项整治。在农村公路的重点路口、重点路段，加大对无牌无证、假牌套牌、酒后驾驶、超速行驶、驾乘摩托车不戴头盔等重点交通违法行为的整治力度，及时查纠面包车、校车和学生接送车超员、货车和拖拉机违法载人等严重交通违法行为，减少农村道路交通事故。

加强农村“两站”“两员”建设。提请市政府办公厅出台《关于加强农村道路交通安全工作意见》，从机制上确保“两站”“两员”的到位率和管事率。支队下发《关于集中开展农村交通安全劝导员培训方案》，并对2621个行政村的3989名交通安全劝导员进行全员培训，提高安全劝导员的工作能力。

进行农村重点人群交通安全教育。把双微平台和农村交通安全管理员、劝导员结合起来，持续加大对广大农村地区驾驶人、涉农车辆驾驶人的交通安全教育力度，用身边发生的事教育身边所有的人，提高重点人群的交通安全责任意识。

【机动车驾驶人考试自主报考工作】

2016年，吕梁市在全市26所驾校推进机动车驾驶人自主报考工作，使得初领、增驾驾驶证考试业务自主报考的考生比例达到100%；全面推进学员用互联网平台用户注册和面签，为自主约考创造基本条件；全面推进向县级下放、延伸小型车考试业务，方便群众就近考试。市驾考改革顺利实现科目二、三连考，实现科目三实际道路考试联网，联网后考试数据实时上传，从报考到领证周期缩短至2个月，方便办证群众。全年，全市新增机动车1.70万辆，新增驾驶人6.86万人，代检车辆7.89万辆，截至12月

25 日，全市机动车保有量 40.38 万辆，拥有驾驶人 62.66 万人。

【互联网交通服务平台】

2016 年，吕梁市交警支队正式上线并开通吕梁互联网平台，互联网平台推行车驾管业务自助办理综合服务，为群众提供网上咨询、违章查询、选号牌等服务。在全市范围内建立开通县级以上医疗机构网上提交身体条件证明业务网点，由医疗机构通过互联网传输至公安车管部门，实现体检信息互联网传输，“一站式”完成身体条件证明提交，提升“互联网 + 交管服务”能力，满足群众需求。

【道路交通事故“快处快赔”全覆盖】

2016 年，吕梁市交警支队立足于破解城市道路交通管理难题，推进全市道路交通事故快处快赔服务“全覆盖”工作。由离石区交警大队牵头成立吕梁市首家道路交通事故快处快赔服务中心，召开全市道路交通事故快处快赔服务中心建设离石现场推进会。全市 13 个县（市、区）道路交通事故“快处快赔中心”全部揭牌运营，为群众提供快速处置、快速理赔、快速维修的“一站式”服务，受理案件 1632 起，结案率 100%。

【黄标车淘汰工作】

2016 年，是吕梁市黄标车淘汰工作攻坚年，支队把清零黄标车作为全年的重点工作进行推进。完善淘汰工作机制。在全市实行联席会议制度、县长督办函制度、工作协调和坐镇指挥制度，建立“每周一报告、两周一调度、三周一会议、一月一督查”推进机制，逐步推进黄标车及老旧车淘汰工作。部门共治联合淘汰。市环保、财政、交通、交警、商务等部门密切配合，加强领导，细化责任，把淘汰任务分解到乡镇，责任落实到人，做到每辆黄标车都有责任人，有淘汰保障措施，确保淘汰工作有序推进。进村入户引导淘汰。按照实施方案任务时间节点，组织警力进村入户和深入企业，宣传淘汰的政策和奖补标准，耐心鼓励引导群众支持参与淘汰工作。缉查布控倒逼淘汰。各县（市、区）在扩大限行区域的基础上，按淘汰名单把黄标车录入路面缉查布控系统，严格进行预警拦截和处置，压缩黄标车的运行空间。截至 12 月 25 日，全市黄标车累计淘汰 6779 辆，完成任务 100%。

【交通安全宣传】

2016 年，吕梁市抓住“春运”“全国中小学生交通安全宣传日”“4·30 道路交通安全日”清明节、“五一”小长假、中秋节、“十一”小长假、12·2“全国交通安全日”、12·4 法制宣传日，开展交通安全宣传教育“五进”活动 120 余次，受教人数 150 万人次。孝义柱濮镇中心小学被选为全国 122 所“中小学生交通安全体验课”学校，离石区袁家庄小学开展高峰时段助学岗路况微直播活动。“互联网 +”安全教育。通过“山西公安交通”手机客户端（APP）和 MAS 信息发布平台，共向社会发布文明交通主题信息 65 条，共计点击 130 万人次。“吕梁交警”新浪、腾讯微博发布信息 1679 条，“吕梁交警”微信公众平台发布信息 689 条，形成及时高效的安全教育网络。主流媒体宣传。2016 年，在媒体发布各类稿件 2300 余篇（次），其中中央电视台 3 篇，省级媒体 225 篇，市级媒体 668 篇。在网络媒体发布各类稿件 1740 余篇，其中人民网、新华网等网站 140 篇，黄河新闻网、中国网等网站 1600 篇；开通吕梁交通广播，实时传送路况信息、安全提示，营造文明行车、安全驾驶的氛围。建设道路交通安全教育基地。建成吕梁市、孝义市、文水萨能驾校、文水吉宏达驾校、兴县宏恩驾校和临县一帆驾校 6 个道路交通安全宣传教育基地，共接待中小学生、企业驾驶人等参观学习人员 500 多批（次），共计 5 万余人。开展文明交通宣传作品评选活动。活动中涌现出微电影《毒冢》、快板《请开文明车》、儿童绘本《我们的愿望》等优秀的交通安全宣传作品。其中儿童绘本《我们的愿望》获公安部二等奖。

（吕梁市公安局）

## 检察

### 【良好脱贫环境营造】

2016年，吕梁市人民检察院按照“放眼全局、领导带头、精准定位、主动出击”原则，制定出台《关于服务保障脱贫攻坚工作的意见》，提出6个方面22条具体措施，受到市长王立伟、市委副书记雷建国的批示肯定。扭住扶贫资金关键环节，开展为期5年的“集中整治和加强预防扶贫领域职务犯罪”专项活动，与市财政局、市发改委、市扶贫办联合制定《关于在扶贫开发领域预防职务犯罪工作中加强联系配合的实施方案》，因地制宜开展多个小专项行动，立查涉农惠民案件69人。按照“阳光百姓工程”要求，开展“吕梁民生清风工程”，通过互联网平台监督涉农、惠民、教育资金，防止跑冒滴漏，纳入监管资金达60亿元。开展扶贫开发预防职务犯罪示范乡（村）创建活动，抓好结对帮扶工作，协调争取407.08万元帮扶方山县圪洞镇后东旺村和黄草林村开展产业扶贫。

### 【非公经济发展服务】

2016年，吕梁市人民检察院紧贴新产业、新业态、新模式带来的经济社会发展新变化，研究出台《依法保障和促进非公有制经济健康发展的意见》，提出5个方面意见，营造“清”“亲”检商关系、明确政策界限、规范办案原则。依法打击损害非公经济发展的合同诈骗、职务侵占、挪用资金、破坏生产经营等犯罪，全年，全市检察机关受理审查逮捕案件89件131人，依法批准逮捕78人，营造良好经商环境。注重在非公经济领域中开展特色检察服务，探索实践快审快结、分类受理、专项服务等具体举措，依法稳妥处理涉及非公经济的行贿犯罪案件。

### 【社会和谐稳定维护】

2016年，吕梁市严厉打击刑事犯罪，批准逮捕1270件1652人，人数比上年同期上升3.5%；提起公诉2231件3081人，人数同比上升5.7%。通过刑事和解、检调对接、公开听证、“法制进校园”等方法措施，落实未成年人特别保护程序，贯彻宽严相济刑事政策，依法不批捕547人、不起诉288人，孝义市院未成年人犯罪检察科被高检院评为“全国先进集体”。做好矛盾化解工作，开展第九届“全国检察机关文明接待室”评比和全国第18个“举报宣传周”活动，推行远程视频接访，落实带案下访、新任中层副职挂职接访等制度，依法分流处理群众来信来访1611件。

### 【贪污贿赂犯罪查处】

2016年，吕梁市立案数量稳中有升，立查75件129人，人数同比上升1.5%，位居全省前列；办案效率提升，侦结78件131人，侦结率为86.1%，起诉74件126人，生效判决121人。查处大要案保持强势，市检察院反贪局带头办案，加大提办、领办、参办、交办力度，立查要案10人。以专项查处带动整体办案，开展涉农专项款物、扶贫教育经费、农村土地流转等小专项行动，仅在农村土地征收领域就立查53人，经验做法被省院转发推广。

### 【渎职侵权犯罪查处】

2016年，吕梁市发挥以市检察院为龙头、基层院为支点的一体化侦查优势，立查46件65人，其中重特大案件21人，占立案人数的32%，同比上升10%。结合承办省检查院“3·16”专案，立查4起异地领导干部不作为、乱作为渎职犯罪案件，2人为县处级；深挖“11·2”专案，立查晋城市高平市农委主任滥用职权，造成国家120余万元农业扶贫资金被套取案件。组织开展非法集资、财税征收、家电下乡、农业补贴等领域专项行动，立查27人，查处了孝义市工商局工作人员玩忽职守，致使发生非法吸收公众存款20亿余元案件，市检察院反渎局被省检察院评为全省“十佳反渎职侵权局”。

【职务犯罪预防】

2016年，吕梁市结合办案开展预防，进行职务犯罪案例分析59次，对24个重点行政部门和国有企业开展预防调查84次，撰写预防报告121篇，提出检察建议51件，帮助落实预防措施26件，开展警示教育和预防宣传515次，受教育1.12万人次。开展针对性预防，将市预防工作领导小组成员由32个扩大到58个，完成107个市直单位和13个县市的预防职务犯罪目标责任制考核，协调将预防职务犯罪工作纳入全市精神文明活动创建，组织开展“权力不可任性”“学习《条例》、筑牢防线”主题教育，邀请住建、煤炭、安监、林业等行政执法部门“一把手”召开专题座谈会。深化行贿犯罪档案查询工作，建立查询告知书和承诺书制度，开通网上预约查询服务，受理查询2.83万次，实现数据多传送、群众少跑腿的效果。

【刑事诉讼监督】

2016年，吕梁市以驻公安检察室试点为契机，推进由事后监督向主动监督、事前监督转变，监督公安机关立案60件61人，撤案52件，依法追捕52人，追诉33人，纠正漏罪102人，纠正漏犯121人，纠正侦查活动违法行为492件，监督行政执法机关移送案件6件7人，汾阳市院驻公安检察室经验做法被省院推广。以提高抗诉质量为重点，加强对刑事审判活动的监督，纠正审判活动违法行为165件，提出抗诉120件，支持抗诉58人，法院改判11件、发回重审17件。推进诉侦关系由“以侦查为中心”向“以审判为中心”转变，开展命案介入侦查和书面报告制度，注重对侦查行为违法的动态跟踪纠正，确保每个命案从程序到实体都能规范落实。

【民事行政检察】

2016年，吕梁市适应民事、行政诉讼监督规则新变化，推进由注重生效裁判结果监督向执行监督、程序监督转变，开展查办虚假诉讼和民事执行专项监督活动，加强同级监督力度，提请抗诉21件，提出抗诉8件，提出再审检察建议19件，对审判活动违法情形提出检察建议622件，对执行活动违法行为提出检察建议455件，采纳率达99%。开展“基层民事行政检察工作推进年”专项活动，借鉴“鹿邑经验”，探索成立全市首家“驻法院民事行政检察室”，组织对上年审判人员违法行为监督案件进行评查，开展“环境、国土资源保护和食品药品安全监管领域行政执法”专项检察监督。市检察院就市中院与司法局会签的《关于规范民事诉讼代理活动的意见》部分条款与民事诉讼法不相符的问题，向会签单位提出检察建议，吕梁市人大常委会启动审查程序，7月20日作出纠正审查意见的决定。加强民行一体化建，建立公检法联席会议制度，严查行政不作为、乱作为背后的渎职腐败案件，移交职务犯罪线索并立案18件，办理支持起诉案件211件，维护弱势群体合法权益，办理息诉案件123件，维护司法权威。

【刑罚执行检察】

2016年，吕梁市以查办案件为抓手，拓展办案领域，强化对刑罚执行活动的监督，立查6件8人，查处首例社区矫正工作人员玩忽职守案件、首例法院工作人员伙同监狱干警挪用刑事附带民事执行款案件以及太原三监刑罚执行科长为晋城市高调出狱的黑社会头目徇私舞弊违法减刑案件。加强日常监督力度，联合司法局开展社区矫正专项巡视检察工作，纠正社区矫正监管违法或不当799人，纠正监管部门违法或不当1371件，办理监管场所罪犯又犯罪案件11件。针对财产刑执行检察的新职能在全国都是新起步，无现成经验可借鉴、可复制的情况，采取对调检察、攻坚会战、渐次突破的方法，对全市范围内财产刑执行进行“大体检”，对32名财产刑未全部履行的服刑人员提出不予减刑建议，督促执行财产刑173案391.8万元，该项工作被省检察院确定为亮点进行宣传报道。

（吕梁市人民检察院）

## 法院

**【概况】**

2016年，吕梁市法院共受理各类案件3.76万件，审执结3.26万件，比上年同期上升32.15%和44.27%。中院受理5184件，审执结4454件，分别比上年同期上升24.38%和26%。

**【刑事审判】**

2016年，吕梁市法院共受理各类刑事案件3576件，审结3213件，分别同比上升5.25%和10.2%。中院受理705件，审结655件，分别同比上升7.47%和28.68%。落实市委“打黑除恶”专项斗争安排部署，重拳打击涉黑恶、涉黄赌毒、涉枪涉爆等严重危害社会治安犯罪423件533人，判处5年有期徒刑以上的占27.95%。一审审理集资诈骗、非法吸收公众存款等涉众型经济犯罪案件24件99人，维护市场经济秩序。严格贯彻执行刑法修正案及贪污贿赂犯罪新司法解释，一审审理职务犯罪案件225件347人。贯彻宽严相济刑事政策和罪刑法定原则，对具有从宽情节的被告人适用非监禁刑和免予刑事处罚，对指控证据不足的4名被告人宣告无罪，对52名未成年人犯罪记录依法封存，对1080名服刑罪犯裁定减刑、假释。

**【民商事审判】**

2016年，吕梁市法院共受理各类民商事案件2.23万件，审结1.92万件，诉讼标的额22.43亿元，分别同比上升17.99%、24%和3.11%。中院受理2294件，审结1924件，分别同比上升33.37%和29.56%。中院出台《关于全市法院适应经济发展新常态、服务和保障“六大发展”的实施意见》，以法治手段、法治方式对接全市发展大局。一审审理房地产纠纷案件157件，保障房地产市场良性发展；审理土地承包流转等涉农案件523件，服务新农村建设；审理与民间投资相关的买卖、借款等合同纠纷、非金融借贷案件6397件，营造良好的投资融资创业环境。召开市法制办、国资委、中小企业局、环保局等政府职能部门及金融和企业负责人参加的“法政银企”座谈会，探索建立全市金融纠纷案件处理协调机制，防范化解金融风险，促进中小微企业发展。一审审理各类知识产权案件57件，加强产权保护，激发经济主体创新创业动力。依法稳妥审理柳林联盛系32家公司合并重整案件，第一次债权人会议召开，管理人重整计划草案提交。

**【行政审判和国家赔偿】**

2016年，吕梁市法院共受理各类行政案件1058件，审结964件，分别比上年同期上升49.56%和70.6%。中院受理443件，审结416件，分别比上年同期上升84.58%和144.71%。依法保障行政相对人合法权益，一审判决撤销、变更行政行为或确认行政行为违法107件。支持行政机关依法作为，审查非诉执行案件197件，裁定准许执行187件。推进行政首长出庭应诉工作，部分市直机关和兴县、汾阳等县市行政机关负责人出庭应诉率超过90%。主动延伸司法职能，中院向行政机关发出司法建议4份。办理国家赔偿案件，决定赔偿13件，赔偿金额287万余元。

**【执行工作】**

2016年，吕梁市法院共受理执行案件9338件，执结7926件，分别比上年同期上升57.44%和96.22%，执结标的额13.1089亿元。中院受理447件，执结182件，分别比上年同期上升56.29%和21.33%，执结标的额2.5231亿元。落实最高法院“用两到三年时间基本解决执行难问题”决策部署，开展涉民生案件、涉金融案件集中执行和执行大会战等各项行动，共执结涉民生案件378件2838.06万元，执结金融债权案件143件，清理一年以上未执结案件273件。加大“老赖”曝光力度，纳入最高法院失信被执行人名单4090人次。持续开展打击“拒执犯罪”专项行动，依法严惩“老赖”，司法拘留577人，向公安机关移送犯罪线索168人，判决“拒执”犯罪案件18件20人。中院派出工作组对各基层法院的执行工作进行督导，邀请新闻媒体及时跟进报道。

【诉讼体制机制改革】

2016年，吕梁市落实立案登记制，做到有案必立、有诉必理，使立案难问题基本得到解决。适用简易程序、小额诉讼程序审理案件，适用率达34.86%，促进案件繁简分流。中院制定《全市法院推进多元化纠纷解决机制实施方案》，促进人民调解、行政调解和司法调解有机衔接，为群众提供更加多元化的纠纷解决途径。全市法院6528件案件得以调解或撤诉处理，调撤率达37.59%。中院落实省法院关于跨行政区域集中管辖行政案件的决定，异地管辖涉晋中市及所辖县级政府行政案件107件，继续做好离石、汾阳、临县3个法院对全市一审行政案件的集中管辖，切实解决行政诉讼立案难、审理难、执行难等突出问题。

【四项基础性改革】

2016年，吕梁市司法体制改革涉及完善司法人员分类管理、完善司法责任制、健全司法人员职业保障、推动省以下地方法院人财物统一管理等四项内容。全市法院制定上报机构编制上划省级统管方案。严格遴选标准与程序，完成全市法院244名员额制法官的遴选工作，其中中院45名，推动司法人员分类管理改革。落实“让审理者裁判，由裁判者负责”，全面推行院庭长担任审判长主审案件，中院班子成员和基层法院“一把手”开庭审案。推行主审法官负责制，院庭长不再签发本人未参与审理案件的裁判文书。发挥审判长联席会议、专业咨询委员会作用，为疑难复杂、新类型案件提供参考意见。中院修改完善审判委员会工作制度，对讨论事项前置过滤，缩减讨论案件范围，发挥宏观指导职能，推动司法责任制的正确实施。

【阳光司法】

2016年，吕梁市推进审判流程、裁判文书、执行信息、庭审活动四大公开平台建设，加快构建开放、动态、透明、便民的阳光司法机制。全市法院公开生效裁判文书1.30万份，比上年同期增长41.99%。中院公开3518份，同比增长90.88%。持续扩大人民陪审员参审案件范围，一审案件陪审率超过75%，促进司法民主公开。综合类对外委托鉴定案件全部上网公示。全市法院全部建成数字化科技法庭，实现远程视频接访、远程提讯。积极推行庭审、执行全程录音录像及同步电子存储，基层法院全部开展网络图文或视频直播庭审、执行活动，让公正“可定格”“可再现”“可复制”。通过市人大《人大之声》栏目，报道全市法院破解执行难工作纪实。中院举办“一堂零距离的法制课”公众开放日活动，邀请百余名师生家长走进法院感受司法。发挥网站、微博、微信平台作用，向社会公开法院工作动态，提高司法透明度。

【涉法信访】

2016年，吕梁市中院集中清理上级法院和省市委、人大转办交办的96件信访案件，安排专人驻市委信访接待大厅接访330余人次，驻京接访50余人次，完成最高法院视频接访2人次。接待在吕梁市有重大影响的柳林王凤连非法吸收公众存款、集资诈骗案的6名被害人代表，披露信息，答疑解惑。中院通过制定《院领导接待群众来访工作制度》，严格落实周三院领导接访制度，共接待群众来访350余人次，审查再审立案124件，启动再审25件，倾听和解决群众合理诉求。

【司法救助】

2016年，吕梁市法院强化对弱势群体的司法保护，为交不起诉讼费的群众依法减缓免诉讼费600余万元，为被告人指定辩护人140人(次)，为生活特别困难的179起案件299名当事人发放司法救助款323.81万元，使一批上访老户息诉罢访。

（吕梁市中级人民法院）

## 司法行政

【律师工作】

2016年，吕梁市律师担任法律顾问199家，办理各类案件1885件，其中，民事1106件，刑事621件，行政案件52件，非诉106件。代书981份，法律咨询5383人次，公益活动4700人次。

律师参与信访接待。2016年，市直律师事务所以所为单位，轮流坐班市信访大厅，累计接访1000余人次。

提升律师社会形象。市司法局组织引导各县（市、区）司法局、市直律师事务所开展多种形式的宣传活动。孝义市司法局组织律师深入农村、社区，参与送法下乡活动，开展法治宣传活动，通过发放宣传单、展版、法律咨询等方式，向广大群众宣传党的方针、政策、制度，宣传法律知识，宣传律师的社会功用，扩大律师工作社会影响。免费为群众解答法律咨询28人次，散发宣传资料1000余份。孝义市司法局在司法行政网上登录各所律师情况，接受社会监督。

改善律师执业环境。采取多种方式与公检法、劳动、税务等部门，就律师执业发展等问题加强沟通。

督促律师做好法律服务。围绕共享发展，突出民生优先，促进社会公正，组织律师做好企业下岗分流人员、进城务工人员的法律服务。继续引深“一村（社区）一法律顾问”工作，实现有形覆盖到有效覆盖，让更多群众共享法治建设成果。孝义市司法局以“十有五优”新要求推动法律顾问工作的常态化、机制化、规范化。加强对驻村（社区）律师的督促和服务，发挥驻村（社区）专职调解员的宣传员作用，深入家庭做宣传。利用村（社区）法制宣传栏，对律师的职责和咨询范围进行宣传。在城镇繁华地段采用发宣传资料的形式开展宣传活动。围绕安全廉洁发展，通过担任政府法律顾问，促进依法行政，依法决策，推动政府廉洁高效建设。通过企业法律顾问活动推动企业安全文明建设。

【公证工作】

2016年，吕梁市共办理国内民事经济业务约715件，涉外业务约309件，涉港澳台业务15件，收费共15万元。

完成市级公证处的设立工作。2月14日，省司法厅下发《关于同意吕梁市设立两个公证处的批复》，同意在吕梁市设立市级公证机构。4月13日，经过吕梁公证处4名公证员推选，贺小梅被推选为吕梁市公证处负责人。为使公证处成立后顺利开始执业，市司法局派4名公证员在太原市城南公证处进行为期两周的业务学习。司法局局长王唐成带领全体公证处人员赴晋中中都公证处学习该处的信息化建设。6月29日，市公证处正式挂牌成立，省司法厅副厅长张玉良和市委常委、常务副市长张广勇参加揭牌仪式，结束吕梁市30余年没有公证机构的历史。

全市公证机构推行公证业务管理软件。3月10日，按照省厅的部署，吕梁市举办公证业务软件培训班。全市13个公证处负责人和业务骨干参加培训。邀请业务软件公司的技术人员进行讲解。按照省厅的部署，逐步开展业务软件的试运行工作。提高公证管理和办证工作的效率。

推行执业区域一体化试点工作。2016 年 3 月召开全省公证工作会议，省厅确定将吕梁市作为公证执业区域一体化试点市。4 月 14 日，省厅公管处副处长王瑞鸿到吕梁市主持召开执业区域一体化试点工作座谈会，汾阳、孝义部分县（市）公证处主任参加座谈会。5 月 16 日，省司法厅下发《山西省司法厅关于开展以市辖区域作为一个公证执业区域试点工作的通知》，按照省厅的通知要求，吕梁市组织各公证处进行执业区域变更工作。

涉外公证业务。7 月 1 日，司法部同意吕梁市公证处办理涉外公证业务。

组织公证员职称评审。9 月 7 日，山西省人力资源和社会保障厅批准省司法厅《2016 年度全省高、中级公证员专业技术职务任职资格评审工作安排意见》的通知，10 月 13 日，市人力资源和社会保障局批转市司法局《2016 年度全市律师、公证员初级专业技术职务任职资格评审工作安排意见》的通知。有 6 人拟申报公证员初级职称，4 人申报公证员中级职称（其中 3 人 2015 年已经完成申报），1 人申报公证员高级职称。中、高级职称评审材料全部上报省厅审核通过。

公证队伍建设。2016 年吕梁市共组织石楼的 1 名和交城的 2 名通过司法考试的人员进行公证岗前培训。3 人进行一般任职公证员任职申报，材料上报省厅通过。完成 2015 年度公证机构和公证员年度考核工作。吕梁市对 11 个公证机构和 38 名公证员进行考核。其中柳林县公证处和孝义市公证处考核等级为优秀，其他公证处为合格。

## 【司法鉴定工作】

2016 年，吕梁市共有司法鉴定机构 5 家，核准执业司法鉴定人 188 名，可以开展的鉴定业务类别 16 类，基本上能够满足社会对司法鉴定的需要。各鉴定机构共接受委托鉴定 1667 件（其中，法医临床鉴定 1001 件，痕迹鉴定 509 件，道路交通事故安全技术与车损鉴定 128 件，涉案物品价格鉴定 2 件，房地产评估鉴定 8 件，文书鉴定 1 件，司法会计鉴定 1 件），鉴定采信率 98%，结案率 100%。

开展违法违规执业问题专项整治。2016 年 3 月，市司法局按照省厅《山西省司法鉴定行业违法违规执业问题专项整治方案》（晋司办〔2016〕23 号）安排，印发《吕梁市司法鉴定行业违法违规执业问题专项整治实施方案》（吕司发〔2016〕323 号），明确开展整治的 11 项重点内容和预期达到的目标，细化活动步骤，制订保障措施，提出工作要求，确保活动取得实效。为推进工作开展，成立由分管副局长担任组长，有关县（市）司法局局长和鉴定科工作人员为成员的市司法鉴定行业违法违规执业问题专项整治领导组，负责指导活动的开展，领导组设办公室，具体负责专项整治工作的沟通协调和具体落实。在动员部署阶段，各机构先后制定出台本机构的实施方案，建立健全领导机构和工作机构，并在司法鉴定人中开展动员部署；查找问题阶段，各机构发放《山西省司法鉴定行业违法违规问题专项整治学习资料》并组织鉴定人开展对司法鉴定法律、规章的重温学习，公示监督举报电话，接受社会监督。在学习司法鉴定法律、规章、规范性文件的基础上，查找执业中存在的问题，列出问题清单逐步整改。对违法违规执业问题专项整治督导。6 月底，市司法局成立督导组赴 5 个机构开展督促检查，检查采取听取汇报和查看资料的方式进行，听取机构负责人的工作汇报，详细查看工作中形成的档案材料，对存在的问题及时指出并要求整改。

【法律援助工作】

截至2016年底，吕梁市法律援助中心共接待当事人来电、来访咨询7377人次，代书共777份，受理各类案件1976件，其中民事1303件，刑事254件，行政6件，鉴定5件，公证408件。受援人总数达9149人次，大厅接待人数1024人次，“12348”接待人数102人次。

法律援助宣传。2016年，全市开展多形式多渠道的《山西省法律援助条例》宣传活动。印制5000份《山西省法律援助条例》及《条例》内容摘选传单进行发放，其他县市区中心将《条例》内容摘要印制在围裙、扑克等发放品上进行宣传，在广场电子屏、电视媒体、微信公众号等将法律援助宣传标语进行宣传，提高社会知晓率。10月，全市开展“敬老月”服务老年人法律援助专项宣传活动，特别针对老年人维权难的问题，在莲花池老年大学门口设立咨询台，专门为过往老年人提供法律咨询解答，并散发老年人维权读本，宣传老年人申请法律援助的事项，强化法律援助工作在广大人民群众心目中的社会意义。

经费补贴及案件质量评查工作。市司法局深入13个县（市、区）对各县（市、区）2013—2015年的中央补助地方法律援助专项经费使用情况，逐县（市、区）逐项进行检查，对发现的问题进行督促整改。9月，根据省厅工作安排，对全市2015年结案的部分案件针对法律援助案件的受理、审查、指派、案卷归档情况进行自查，对评查案件发现的问题进行督促整改。

“12348”及远程视频工作。吕梁市“12348”法律热线与远程视频系统运作情况良好。由中心工作人员及值班律师按值班表从周一到周五轮流值班，工作中市司法局加强值班人员服务群众的责任意识，对待每一个来电，做到件件有记载、事事有着落。对每一个寻求帮助的当事人，尽最大努力向他们解释清楚法律问题。对于能当场回答的问题尽量用通俗的语言给予答复，让当事人听的明白、记得清楚；对于涉及其他有关部门的问题，明确告知当事人解决的途径，帮助他们与有关部门接洽，避免他们走弯路。

法律援助服务。2016年，全市开展各项法律援助便民服务，降低法律援助受援门槛，放宽经济困难标准，扩大法律援助覆盖面，拓宽服务领域。根据国家制定实施的社会保障政策和省厅的规定，吕梁市逐步将法律援助覆盖人群从低保群体拓展至低收入群体的精神，确保更多困难群众获得法律援助。同时结合当地经济社会发展实际，及时调整法律援助补充调整事项范围，将就业、就学、就医、社会保障、环境保护、食品药品安全、推进城镇化过程中的权益保护等与民生紧密相关事项逐步纳入法律援助范围。拓展法律援助服务领域，办理涉及公证、司法鉴定和非诉讼法律援助案件，提升吕梁法律援助服务总量。

法律援助队伍培训。为提高法律援助队伍的整体素质，市、县两级中心结合自身实际，通过以会代训、集中培训、分乡、分片培训等多种培训模式，普遍对中心、站、点人员进行律援助制度、婚姻家庭、刑事诉讼等业务知识进行详细讲解培训，重点培训《办理法律援助案件程序规定》。5月底，市中心制作非诉讼案件卷宗样本，发放到每个乡镇，对全区司法助理员进行案卷归档培训。全年培训期数36期、培训196课时、培训人数300人（次）。

【人民调解】

2016年，吕梁全市设立的行业性、专业性调委会59个，涉及道路交通、医院纠纷、劳动争议、土地拆迁纠纷等13个领域，共有355名调解员。

以专项活动为载体，促进矛盾纠纷调解工作。3月，下发《“防风险、解纠纷、促发展矛盾纠纷排查化解”活动实施方案》；5月，下发“向李培斌同志学习、争做人民满意的‘好司法活动’通知”，要求各县市区司法局与“两学一做”学习教育相结合，以崔国红厅长《如何做好一名李培斌式的优秀司法所张》讲话为指引，以“防风险、解纠纷、促发展矛盾纠纷排查化解”活动为载体，履行人民调解工作职责，引导司法所工作人员充分发挥扎根基层面向群众的自身优势，创新社会管理新路径和新举措，以预防为主，防患于未然，坚持变被动调解为主动化解、事后调处为事先预防，确保对潜在矛盾纠纷早发现、早控制、早疏导、早化解，把矛盾纠纷化解在萌芽状态，充分发挥人民调解第一道防线作用，做到“小事不出村、大事不出镇、矛盾不上交”。

以专项活动巡查为抓手，提升矛盾纠纷化解实效。5月30日至6月8日，市司法局基层科一行3人对全市13个县（市、区）司法局26个司法所的“防风险、解纠纷、促发展矛盾纠纷排查化解”活动开展情况、人民调解工作进行专项督查检查。通过听取工作汇报、查阅档案资料等形式进行全面检查。

以典型模范为引领，促基层人民调解工作不断创新发展。根据《山西省司法厅关于评选推荐全国模范人民调解委员会模范人民调解员的通知》精神，下发文件给各县（市、区），从县（市、区）推荐的调委会和调解员中择优向省厅分别推荐1个全国模范调委会、3名模范调解员。

【社区矫正和安置帮教】

截至2016年底，吕梁市累计接收社区矫正人员9983人，解除矫正7368人，在册的社区矫正人员2615人。配备定位手机1661部。

开展社区矫正专项执法监督活动。大同“12·8”案件和晋城程幼泽案件发生以后，按照省、市政法委和省司法厅的安排部署，市司法局在全市司法行政系统中开展社区矫正专项执法监督活动。下发《吕梁市司法局关于开展社区矫正专项执法监督活动的实施方案》。重点对社区矫正人员中的“六类重点人员”进行排查。这六类重点人员是指原判处死缓或无期徒刑的罪犯、涉黑类罪犯、涉枪涉暴类罪犯、县处级以上职务犯罪罪犯、非法吸收公共存款和集资诈骗等涉众型罪犯以及其他有举报、有反映的服刑罪犯。另外，对社区矫正工作中可能存在的脱管漏管情况进行专项整治。

开展重点人员大排查大整治活动。按照市政法委综治办的安排部署，重点对社区矫正人员和安置帮教两类人员中存在的问题进行大排查大整治工作。各县市区司法局按照规定每周上报一次问题台账及解决问题的进度。吕梁市共排查出10起社区矫正类安全隐患，并都得以解决。市司法局对未满十八周岁的社区矫正对象进行排查，共排查出13名。要求各县（市、区）司法局做好社区服刑人员的未成年子女教育安置工作。要求把社区服刑人员的未成年子女教育情况纳入司法所的日常工作中来。在社区矫正人员报到、思想汇报和学习教育中要重点了解每一位社区矫正人员的家庭情况，特别是未成年子女情况。摸清底数，并对未成年子女的就学、就业、心理情绪情况进行充分了解；对发现的苗头性隐患及时教育，疏解消极思想情绪，帮助其树立起正确的人生观和价值观。

开展社区矫正工作大检查。5月30日至6月8日，吕梁市人民检察院会同市司法局组成3个巡视检查组对全市13个县（市、区）社区矫正工作进行专项巡视，对26个司法所下一步的工作提出针对性的整改意见。

信息化管理。吕梁市13个县（市、区），基本配备手机定位监控。115个乡镇配备指纹签到、人脸识别仪。汾阳、孝义、文水等县（市、区）司法局还启用社区矫正工作人员执法记录仪，对重点人员的谈话、教育活动、个别走访都要用执法仪全程记录，并逐步过渡到对整个执法过程的记录。文水县司法局通过监管软件的后台数据把社区矫正人员的指纹报到情况实时传输到显示屏幕，有效地解决虚管问题。实现对社区矫正服刑人员从“人防”向“人防”和“技防”相结合的转变。

从刑释解教人员安置帮教工作实际出发，完善服务管理工作各环节。2016年，各县（市、区）安置帮教工作机构结合各自实际开展帮教工作。普遍建立起排查制度、登记制度、档案制度、回访制度。对重点帮教对象，城市户口的由户藉地人力资源和社会保障部门进行失业登记，按就业困难人员给予援助，符合条件的优先安置在公益岗位就业，丧失劳动能力的报请当地民政部门审核后，安排在城市社会福利机构。农村户藉的，及时联系村委会落实责任田，落实责任田有困难的由村委会给予相应的补偿，符合“五保”条件的纳入“五保”范围。对于一般帮教对象，在其接回后，在第一时间与村或（社区）家庭分别确定帮扶责任人，签订帮扶协议书，组织党员干部、群团组织、致富能手落实“一助一”或“多助一”的帮扶措施。

## 【司法考试】

2016年，吕梁市共网络报名764人，上传照片748人，交费698人，35人未交费。报考成功人数比上年增加19人。其中本科在读17人，法律专科106人，本科599人，学士7人，硕士34人，博士1人，享受放宽政策的有451人。

## 【法治建设】

制订学法计划。2016年，根据省委组织部、宣传部、省司法厅、省人社厅转发的中组部、中宣部、司法部、人社部联合印发的《关于完善国家工作人员学法用法制度的意见》，吕梁市普法办起草《关于报送党委（党组）中心组2016年度学法计划的通知》，学法计划内容包括学法时间、学法地点、学习主题、参加人员范围、主讲人情况等，以此督促国家工作人员学法、用法制度的落实。

组织开展法治宣传教育主题活动。市司法局联合610办、少工委、安监局、科协、残联、教育、国土、农委、水利、林业、文物局等多个部门，展开多部门大联动。在“3·15”国际消费者权益日联合多部门开展一次“新消费我做主”为主题的宣传活动。活动现场，通过设立咨询服务台，悬挂宣传横幅，发放宣传资料，组织律师事务所专设台面现场接受群众有关法律咨询，提高吕梁市消费者识假能力和自我保护意识，营造健康安全的消费环境。

研究“七五”普法工作。9月，由市司法局副局长带队，对各县（市、区）就“七五”普法启动进展情况和存在的问题有针对性地开展调查研究，通过采取听取汇报、走访调查和召开座谈会等形式，获取第一手资料，经过充分讨论研究，以此作为决策参考的依据，解决“七五”普法启动和开展过程中的问题，为各项工作的开展奠定基础。

制订“七五”普法规划。市普法办在征求各县（市、区）和市直各单位的意见和建议的基础上，起草《关于在全市开展法治宣传教育的第七个五年规划》（送审稿），提请市委、市政府审议。各县（市、区）因地制宜制定普法规划后按照程序要求提请县（市、区）委、县（市、区）政府审议。

表彰“六五”普法先进集体和先进个人。“六五”普法期间，吕梁市有1个县（市、区）被表彰为全国法治宣传教育先进县（市、区），有1个单位被表彰为全国法治宣传教育先进单位，有4个普法依法治理办公室被表彰为全国法治宣传教育先进普法依法治理办公室，有2人被表彰为全国法治宣传教育先进个人，有1人被表彰为全国法治宣传教育先进工作者；吕梁市有2个县（市、区）被表彰为全省法治宣传教育先进县（市、区），有4个单位被表彰为全省法治宣传教育先进单位，有3个普法依法治理办公室被表彰为全省法治宣传教育先进普法依法治理办公室，有7人被表彰为全省法治宣传教育先进个人，有5人被表彰为全省法治宣传教育先进工作者。

强化农民法治意识。将农民常用的法律法规编印成《农民法律知识实用手册》，免费发放到全市各乡镇各农村。

（吕梁市司法局）

# 经济监督和管理

## 发展和改革

### 【经济发展情况】

2016年，吕梁市地区生产总值完成995.3亿元，比上年同期增长4.1%；规模以上工业增加值完成546.7亿元，同比增长2.6%；一般公共预算收入完成89.6亿元，同比下降1.2%；社会消费品零售总额完成433.7亿元，同比增长6.8%；固定资产投资完成1118.5亿元，同比下降4.1%；城镇居民人均可支配收入24180元，同比增长5.6%；农村居民人均可支配收入7644元，同比增长6.3%。

### 【发展经济思路】

规划编制工作推进。2016年，吕梁市《国民经济和社会发展第十三个五年规划纲要》《农业产业化十三五规划》《智慧城市十三五规划》《“十三五”现代服务业发展规划》正式印发，《新型城镇化十三五规划》《社会信用体系建设规划（2016－2020年）》《新能源十三五规划》等专项规划定印发。发挥职能建言献策。完成《关于支持铝工业发展的建议》《吕梁市开放发展实施方案》《吕梁市加快推进健康服务业发展实施意见》《吕梁市大众创业万众创新工作实施方案》等多项政策建议。完成《吕梁市产业转型之路》等调研文章20余篇，在《山区经济》《吕政参阅》等刊物、媒体发表。

### 【拓展渠道补足资金短板】

高起点定位抓好项目策划。2016年，吕梁市树立“前期就是投资、前期就是发展”理念，策划建立吕梁市“十三五”规划项目库，挑选事关长远发展的100项重大项目入库，为全市经济发展做好项目支撑。截至年底，全市项目库储备各类项目2276个，总投资17328.6亿元，为全年储备任务（12500亿元）的138.6%。抓好PPP模式运用推广。建立PPP项目储备动态管理库和PPP项目月报工作机制，分三批次向社会发布PPP项目105个，总投资1137.7亿元。承办吕梁市首场PPP项目专场推介会，推出重点项目20个，总投资达500亿元。垃圾焚烧发电、兴县北山过境公路等17个项目达成初步投资意向。PPP模式运用取得新成效，全市在建PPP项目数达到13个。向上争取资金项目。全年共争取国家、省投资资金16.61亿元（中央投资162693万元、省投资3407万元）。加大赴京、赴省汇报衔接力度，争取国家和省对碛口水利枢纽、京延高铁项目、光伏扶贫方案等事关吕梁市发展长远的项目给予支持，推进项目前期准备工作，为重大项目在吕梁市落地奠定基础。抢抓国家专项建设基金申报机遇。加大项目策划和包装力度，2016年，3批专项建设基金共安排吕梁市项目15个，基金支持15.44亿元，拉动社会投资近45亿元，为孝义市古城保护性修建、省道岢大线魏家滩至蔡家崖公路改建等一批优质基础设施项目建设提供资金保障。扩大和巩固招商引资成果。深度对接昆山实业联盟、北京首创、北控水务、中国通用、中金国泰控股、鼎盛集团等数十家来访企业、意向合作企业，寻求合作，与杭州鼎盛集团签订100万吨铝精深加工项目的框架合作协议，与中金国泰集团签订战略合作协议。

【谋发展促改革】

推进电力体制综合改革试点。2016年，吕梁市定改革任务、责任单位，细化任务和进度安排、推进措施、成果形式、预期成效等。按照国家批复的《山西省电力体制综合改革试点实施方案》，《晋能集团（吕梁）电力体制改革改革试点方案》提出“煤电网+”的发展模式，即依托晋能集团在吕梁的综合能源优势，结合“互联网+”思想，按照“煤炭生产+自有电厂+区域配电网+园区化智能供电+高载能产业”的模式，与各大高载能企业实现股权联合，形成相互参股的产业共同体。通过组建独立的地方电网，创造电力的跨省竞争优势。微电网、局域网和现代载能自备电厂建设进展顺利。推进城乡公交运营体制改革。印发《吕梁市城市公交运营体制改革实施方案》，征求吸纳群众意见，编制出台《吕梁市公共交通专项规划（2014—2030）》，规划线路30条，根据线路在全市公交线网中的定位，预测线路客流量，合理选定线路公交车型，提升吕梁市公交客运承载能力，方便群众出行。推进国家新型城镇化综合试点。围绕建设“全国一流的现代化区域性中心城市”目标，全域统筹推进孝义市国家新型城镇化综合试点。9月，清华大学受国家发改委委托对孝义新型城镇化试点情况进行综合评估。推进前期准备，争取交城县列入国家第3批新型城镇化试点。推进重点领域价格改革。贯彻落实中央有关资源性产品价格改革决策部署，市级水、气等价格改革工作顺利完成。开展扩权强镇改革试点。指导柳林、孝义、离石3县（市、区）扩权强镇试点工作，离石、孝义扩权强镇试点方案出台，推进柳林试点方案。推动“多规合一”。孝义市列入全省“多规合一”试点名单，《孝义市开展多规合一试点工作方案》基本编制完成。

【项目投资】

2016年，吕梁市建立月调度、月分析、月报告等工作推进制度，从项目分解、手续办理、资金落实、开工建设、统计入库、投资完成等六个环节抓好固定资产投资，逐月对各县（市、区）固定资产投资任务进行分解下达，深入分析存在问题，及时预警并提出具体的解决措施和建议。贯彻落实“冬季行动”。研究制定冬季行动实施方案，按月对各县（市、区）进行督促检查，及时向省报告工作进展，“冬季行动”期间报送工作信息20余条，《吕梁日报》、吕梁信息、市政府门户网站等刊登6条。推进“百日大会战”。按照全市“百日大会战”实施方案要求，配合离石区政府、方山县政府及市直相关部门做好新区安置区建设攻坚战、市区重点项目攻坚战、棚户区改造攻坚战、项目融资攻坚战等工作，制订百日大会战实施方案。领导干部包联帮扶工作。出台全市包联帮扶实施方案，建立联席会议制度。召开工作调度会，建立上下联动、分工协作、各级参与的工作机制。将包联帮扶工作与开放发展有机结合，牵线搭桥，帮助企业谋划项目，寻求合作，鼓励和支持企业以商招商。“各类项目受理大起底”。截至11月15日，全市共清理出因条件不具备未受理事项250项（发改38项、住建33项、国土153项、环保26项），涉及总投资818亿元。通过召开工作推进会，督促各县（市、区）加快前期工作，截至年底，条件基本具备的项目有25项，其中，办结20项，正在办理5项。

【产业转型提速】

加快铝工业产业集群发展。

2016年，吕梁市聘任5位全国顶级的铝加工行业专家成为市铝工业发展顾问，组织召开全市铝工业发展专家论证会，与洛阳有色金属加工设计研究院达成战略合作框架协议，《吕梁市铝工业发展实施方案》基本形成，完成“十三五”期间铝工业发展的顶层设计。华兴铝业二期100万吨氧化铝项目顺利投产，山西省最大、吕梁市第一条的电解铝生产线山西中铝华润（一期）50万吨电解铝项目取得省发改委批复开工建设，为“十三五”期间铝工业发展奠定项目支撑。瞄准全球市场、行业尖端，科学布局铝型材、铝镁合金及零配件等终端产品，集中攻坚推进总投资735.8亿元的信发110万吨轻质合金、兴安110万吨高精铝材两大项目落地，延伸铝产业商品链条，提升吕梁市铝工业经济效益。继续延伸煤焦化产业链。推进煤炭产业供给侧结构性改革，坚持“多元化、差异化、高端化”原则，做精做深焦炉煤气制甲醇、煤焦油深加工、粗苯精制三大链条。鹏飞60万吨甲醇联产4亿立方LNG一期7月14日投产，成为全省首家、全国最大甲醇联产LNG项目；规划启动40万吨费托合成蜡、2×18·30合成氨及尿素、90万吨焦油深加工项目。金岩45万吨甲醇联产3亿立方LNG、东义1.4亿立方LNG及10万吨MTG项目加快推进。加快电力建设步伐。火电方面，文水国金二期电厂建成投产，离石晋能大土河、晋能孝义等低热值煤发电项目加快建设，中铝华润2×66万千瓦自备发电机组3月取得“路条”。风电方面，截至年底，全市共有获核准风电项目13个，总装机95.45万千瓦，中电投岚县河口4.8万千瓦、大唐岚县阎家背4.8万千瓦等两个项目年内实现并网发电，中电投岚县王狮4.8万千瓦等11个项目正在加紧建设（其中7个开工建设），吕梁风电项目实现“零”的突破。光伏电站方面，截至年底，全市共有备案项目6个，总装机14万千瓦，孝义太子光伏（一期）3万千瓦8月并网发电，中阳晟阳、方山聚隆等4个项目开工建设，华润电力、晋能清洁等两个项目加紧备案工作。光伏领跑基地项目“吕梁市交口露天矿区生态恢复示范基地项目”总体规划编制完成，上报省发改委。现代农业特色彰显。坚持以工业化理念谋划农业发展，重点打造农副产品加工、畜禽养殖、设施蔬菜、核桃经济等特色产业体系。石楼县成功申请国家农村产业融合发展试点。“王老吉”顶养系列大健康产业园落户孝义，一期年产50万吨阿胶红枣汁进行设备安装。现代服务业提速进档。义乌商品博览城、天福广场等大型商贸综合体建成运营。B2R、网订店取等新业态发展，“创客”大量涌现。卦山—玄中寺启动国家AAAAA级旅游景区申报工作，“梦幻海”室内主题乐园入选国家优选旅游项目。华为吕梁大数据项目完成立项、选址等前期工作顺利完成。

**【社会民生服务】**

推进光伏扶贫行动。2016年，吕梁市抓住山西省首批光伏扶贫试点省份政策机遇，出台吕梁市光伏扶贫“十三五”规划和2016年国定贫困县光伏扶贫实施方案，寻求国家能源局、省发改委支持，在2016年山西省8个贫困市光伏扶贫总规模指标58.4万千瓦中，争取到13.4万千瓦，占到全省总指标的近四分之一，可解决深度贫困户1.63万户，“光伏扶贫行动”迈出第一步。“以工代赈”助力脱贫攻坚。全年共争取到中央、省以工代赈资金7387万元，安排6个国家级贫困县、4个省级贫困县项目62个，全部开工，主要涉及基本农田、农田水利、县乡村道路建设等3类工程。项目全部完工可为吕梁市新增基本农田385.33公顷，发展节水灌溉面积80公顷，控制水土流失面积21平方千米，新建乡村道路67条110.65千米，中小桥26座，使47个乡镇157个村9.88万人受益。采煤沉陷区治理顺利推进。起草完成《吕梁市采煤沉陷区综合治理工作方案（2016—2018年）》，帮助各县（市、区）办理项目手续，截至年底，省定2016年吕梁市采煤沉陷区治理搬迁安置任务第一批8个县（市、区）、25个乡镇搬迁目标，完成审批21个乡镇，审批完成率84%，开工建设23个乡镇，开工率92%，完成政策性投资7.93亿元，投资完成率49%。继续加大价格服务监管力度。启动吕梁市出租汽车油价运价联动机制，重新核定市域内跨区线路班车客运票价，出台《吕梁市物业服务等级与收费管理细则》，整饬物业服务行业价格乱象。打击各类价格违法行为，瞄准教育、电力、旅游、药品等民生重点领域，开展价格专项检查，截至年底，共查处各类价格违法案件15件，查处违法金额420万元，实施经济制裁420万元。“12358”价格监督管理平台运行畅通，群众价格举报投诉迅速受理及时反馈，截至11月底，共受理各类价格举报498件，办结470件，办结率94%。社会信用体系建设取得新突破。《吕梁市社会信用体系建设规划（2016－2020年）》编制完成，《社会公共信用信息管理办法》《关于在行政管理事项中使用信用记录和信用报告的实施办法》相继出台，行政许可和行政处罚双公示信息报送工作，全省名列前茅。全市公共信用平台建设主体确定，信用体系联席会议、部门职责分工完善，平台建设的基础性工作全面铺开。继续强化节能减排工作。推进吕梁市参与全国碳排放权交易市场建设，组织拟纳入全省碳市场的37家企业参加碳排放权交易市场培训，碳市场创建工作有序开展。严格控制产能严重过剩行业新增产能，严格开展产能严重过剩行业违规建设项目整顿。

（市发展和改革委员会）

## 国土资源

**【经济发展用地需求保障】**

2016年，针对吕梁市制约经济发展的土地规划指标短缺问题，多次向市政府、省厅汇报沟通，通过争取，省政府拟在解决吕梁市大部分省级以上重点项目规划指标需求的基础上，追加吕梁市规划建设用地指标，缓解吕梁市土地规划指标紧缺的压力。围绕吕梁脱贫攻坚任务要求，做好扶贫产业及异地扶贫搬迁的用地保障，对全市扶贫搬迁项目用地进行统计摸底，盘活原有规划指标的基础上，抓住土地利用规划调整，考虑扶贫开发及易地扶贫搬迁需要，确保扶贫产业、扶贫搬迁项目的落地。围绕新区安置和重点项目百日攻坚专项行动，为市医疗卫生园区、综合福利院一期、吕梁护理职业学院、新区安置保障房项目、北川河生态治理工程、市图书馆项目办理用地手续。

2016年，共上报建设用地30件、面积301.15公顷；全市累计供应土地146宗、面积2118.8公顷，出让价款9.1亿元（其中市本级供应17宗、面积41.67公顷，出让价款1.67亿元），供地面积、出让价款比上年同期分别增长928.7%、105.8%。全市2011—2015年度农转征项目平均供地率由上年的30%提高到52.18%。

**【耕地保护红线管理】**

2016年，吕梁市对25度以上坡耕地的调整、生态退耕向省政府、省厅提出具体建议，得到回应。省国土厅下达吕梁市耕地保有量核减指标7.27万公顷、生态退耕指标6.13万公顷、基本农田核减指标5.13万公顷，全市调整后的耕地和基本农田保护面积任务由原来的52.53万公顷、112.87万公顷分别减少到44.73万公顷、37.73万公顷。落实耕地保护目标责任制，报请市政府将任务分解下达至13个县（市、区），并督促签订责任状。

加大土地开发整理，2000年以来的20个逾期未完工项目完成验收16个、撤销1个，其余3个正在加快进度。加大高标准基本农田建设，全年上报汾阳、岚县高标准基本农田建设项目4个。推进永久基本农田划定，完成市本级中心城区和12个县（市）中心城区划定工作，县级永久基本农田划定实施方案通过评审并报备。

【矿政管理】

2016年，吕梁市启动非煤矿业权设置方案的实施，公开选择矿业权出让前期报告编制和采矿权评估中介单位，对中阳县1宗石灰岩采矿权出让进行审查。加大采矿权价款清缴力度，报请市政府对欠缴价款的县市区、企业进行通报约谈，全年清缴煤矿采矿权价款3.3亿元；矿产资源补偿费征收入库3003.9万元。组织完成2015年度矿山储量年报编制审查，全市116户应编制储量年报的矿山企业提交储量年报。举办3期矿业权人勘查开采信息公示系统应用培训。全年上报省级发证采矿登记资料49户，办理市级发证采矿权延续登记208户。

【地质灾害防治】

2016年，吕梁市针对地质灾害防治工作的特殊性，入汛后，在全市开展为期3个月的汛期地质灾害防治专项行动。组织人员赴忻州、临汾两市就地质灾害防治工作进行学习调研，提出建设吕梁市应急指挥平台的建议。落实汛期24小时应急值守，临县兔坂“3··19”黄土崩塌、离石“7·11”道路护坡坍塌、临县雷家碛“7·17”黄土崩塌发生后，市、县两级按规定及时启动应急响应，及时到场救援处置，最大程度减少群众生命财产损失。11月3日，在孝义市上令狐村组织吕梁市2016年度地质灾害应急实战演练。

加强地质灾害隐患排查和预警预报。全市落实群测群防人员1.2万人，对2459名监测人员实行由财政发放补助。制作地灾隐患警示牌719处，累计发放防灾明白卡和避险明白卡1.7万份。针对汛期降雨多的实际，加强与气象、水利等部门的协作配合，建立健全联合监测预警信息共享平台和信息相互通报机制。入汛后，根据雨情变化，先后进行气象会商12次，发布地质灾害气象风险预警9期、预警短信25次1.6万余条，组织避让撤离205户、614人。

推进农村地质灾害治理搬迁。省下达吕梁市2016年度农村地质灾害治理搬迁任务743户，竣工597户，竣工率80%。市级配套资金600万元，到位率43%。

【国土资源管理改革】

2016年，吕梁市推进用地新机制，全市98个矿业存量土地整合实施方案上报省厅批复80个，其余18个正在修改完善。全市51个城乡建设用地增减挂钩项目区，整体验收归还7个、面积233.33公顷，退还项目区4个、面积120.2公顷，申请延期17个、面积534.73公顷。加快不动产统一登记，截至9月底，市本级和12个县市不动产统一登记全部实现停旧发新，全市颁发不动产权证书69本，不动产证明35份，市本级建立不动产权籍信息查询共享机制。

【国土资源执法监察】

2016年，吕梁市完成对各县（市、区）土地矿产卫片执法检查工作的整改验收，全市涉及的974宗违法用地立案918宗，收缴罚款1054.5万元，没收非法建筑物面积38.5万平方米，拆除非法建筑物面积12.1万平方米，纪检部门给予处分240人，移送司法机关追究刑事责任9人，全市违法占用耕地面积比例8.13%。抓好国家土地督察北京局土地例行督察发现问题的整改，对上年认定的28宗闲置土地完成处置24宗、面积97.5562公顷，处置率97.5%；对2016年例行督察下发的118宗问题完成整改90宗，整改率76.27%。

针对吕梁市铝土资源和露天采石场存在的问题，组织开展全市整顿和规范铝土矿资源开发利用秩序专项行动和全市集中整治露天采石场专项行动，排查铝土、陶瓷粘土企业70户，下达责令停止违法行为通知书20份，取缔私开矿点23处，没收矿产品10余吨，对92处裸露隐患点进行填埋，把打击非法违法采矿各项措施落到实处，维护全市矿产资源开发利用良好秩序。

【国土资源管理基础强化】

2016年，吕梁市加强测绘管理，“数字吕梁”完成地理信息公共平台、地理信息公众服务系统等5个应用示范系统的建设；完成吕梁市领导工作用图集、吕梁市领导工作用图、吕梁市全图和吕梁市城区图等系列地图的编印，提升吕梁市基础测绘成果的社会化应用。申请市财政投资300万元完成吕梁市国土资源“一张图”综合监管平台建设。加快规划编修，《吕梁市土地利用总体规划（2006—2020年）实施评估报告》上报省厅备案批复，完成柳林、方山两个县的土地利用规划修改。推进地籍调查，完成上年地籍变更和城镇地籍汇总上交，集体建设用地使用权、宅基地使用权调查发证完成98.96%。强化干部队伍建设，在各县市党委政府的支持下，调整10个县市国土局的主要负责人。

（吕梁市国土资源局）

## 国有资产投资集团公司

【概况】

2016年在全市经济下行的不利形势下，公司拓展多元化发展空间，立足实际，稳中求进，求真务实，攻坚克难，完成年初的既定目标任务。

发挥融资功能。公司坚持融资为第一要务，在利用政策性银行贷款、使用政府置换债券、基金设立等方面都取得收效。

2016年，公司累计为吕梁市重大城市基础设施建设项目融资32.6亿元，其中争取国开发展基金2.2亿元，补充城投公司资本金，增强公司的融资能力；与市政府签订吕梁市2016年城市基础设施和社会公益事业建设项目（第一批）《政府购买服务合同》，得到国家开发银行30.4亿元的授信，贷款用于北川河综合治理、医疗卫生园区和社会福利院等12个建设项目；推进融资工作，利用政府置换债券资金提前归还国家开发银行贷款11.4亿元，优化债务结构；与中国农业银行合作设立吕梁市第一支城市基础设施建设基金，总规模为50亿元，首期募集10亿元。

服务吕梁市经济社会建设。根据吕梁市“十三五”铝工业发展规划和铝土资源优化整合的相关意见，5月，公司出资1500万元与中国铝业股份有限公司共同设立中铝山西吕梁矿业有限公司。通过对吕梁区域内的矿产资源调查研究，踏勘核实，制定《中铝山西吕梁矿业有限公司资源获取进度计划》；通过对吕梁市县发证的861个采矿权与拟申请矿区进行全面梳理，形成《吕梁矿业关于铝土矿矿产资源整合建议》；从6月底开始分别与离石区、中阳县、临县、方山县、交口县、汾阳市等6个县（市、区）政府和国土资源局开展20个矿区的矿权申办工作。启动矿产品贸易业务，达成合作意向贸易商8家，与5家贸易商签订贸易合同，并于8月开始向山西华兴铝业供矿，截至11月底，累计供矿5.78万吨，实现净利润50万元。

参与吕梁市公交运营体制改革。9月，公司出资3500万元与山西汽运集团有限公司共同设立吕梁公共交通有限公司，重新规划路线，重新设定和增加站点，收回旧公交车94台，新能源公交车也投入运营，于11月20日先开通101、301两条线路，12月15日开通302、303两条线路，初步达到2016年100台车辆投入运营的目标任务。

服务全市稳定发展。截至年底，公司拥有全资子公司5个、控股子公司1个、参股公司3个，从业人员1351人。实现经营收入7918.3万元；上缴各类税金792.71万元；实现净利润706.6万元。11月，国投房地产开发有限公司出资5205万元通过吕梁市公共交易中心受让国有建设用地XC-30、XC-32两宗，地块位于离石区西属巴街道盛地村，吕梁大道西，新安大道东，纬十九路北，纬十七路南，处于新区核心地带。土地出让均价181万元/亩，对新区土地指导价格的确定有示范意义，并起到好的带头作用。信源拍卖行参与市直机关和县（市、区）公务用车制度改革后的公务用车拍卖，全年共举办拍卖会19场，累计完成成交额886.6万元，平均溢价率80%。国投保安服务有限公司推进人防技防建设，深化服务内容，2016年及时制止各类违法活动10余起、平息斗殴事件1起，为客户单位发现和消除各类不安全隐患20余次，完成承担大型活动安全保卫任务5次及各类接待安保任务数30余次。吕梁押运护卫有限公司2016年以“保安全、强素质、讲信誉、增收益、上科技、抓规范”为总目标，围绕安全第一、开拓思路、持续发展的原则，深化公司管理体制，做到人、车、枪、弹、款的安全，实现全年安全生产目标。

（市国有资产投资集团公司）

## 工商行政管理

### 【商事制度改革】

2016年，吕梁市深化商事制度改革，促进市场主体总量持续快速增长。市工商行政管理局降低准入门槛，在放松名称管制、优化企业经营范围登记方式、放宽住所登记、开展简易注销等方面按照省、市总体布局，提高工商注册便利化水平。在上年推行“三证合一”改革的基础上，实施“五证合一”，并推行远程电子化核准企业名称和注册登记，实现冠吕梁市名称企业在各县市和各县市区都可以在本县市网上申请冠省名企业的名称核准登记和注册登记。在实行商事制度改革后，激发“大众创业、万众创新”的积极性。2016年，新登记各类企业4629户，企业总数达2.85万户；新登记农民专业合作社1601户，总数达9031户；新登记个体工商户2.15万户，总数达13.59万户。推荐认定国家级守合同重信用企业27户，为企业办理动产抵押67件，融资18.02亿元，拍卖备案39件，成交金额1530万元。在持续实施商标品牌战略，引导企业树立商标意识，广泛开展“一企一商标”“一村一品一商标”活动中，共帮助企业申请商标注册190件，帮助企业注册商标91件，全市申请注册商标1654件，注册商标756件，累计有效注册商标7698件。为完善“山西省民营企业微信公众号订阅号”功能，吕梁市民营企业协会在全市工商、民协和民营企业中加以推广，并组建“吕梁民营企业协会微信群”，完成新设市场主体法规培训、展示市场监管部门服务民营经济发展，传递协会工作交流的平台。

### 【市场监管】

2016年，吕梁市为加强事中事后监管，维护公平竞争市场秩序，贯彻落实好国务院《关于“先照后证”改革后加强事中事后监管的意见》，把握“谁审批、谁监管，谁主管、谁监管”的原则，履行“双告知”职责，严格执行“双随机”抽查机制。争取政府的支持，建立完善市场主体信用信息公示制度，强化市场监管体系，企业年报工作和市场主体信用建设得到推进。2016年初，山西省网络交易监管服务网和监管系统上线，市工商行政管理局及时邀请省内专家和技术人员，对全系统40多人进行网络交易监管培训，并对国家工商行政管理局通过的主体结果搜索和外部数据接收的事2238条数据进行核实比对。针对年报初期吕梁市企业年报工作被动的局面，市工商行政管理局向市政府汇报，与政府职能部门联动，多次召开推进会，强化县（市、区）政府的组织领导，协调解决企业年报公示工作中的困难和问题。加强各类媒体宣传相关政策力度。全系统加班加点，摸清企业底数，掌握公示动态，逐一拉出没有年报公示的企业名单，分到科室、分到人头，上门指导。在短期内形成政府推动、工商主导、社会关注、企业主动参加年报公示的氛围。截至6月底，吕梁市企业年报公示率由2015年5月底的36.06%，全省倒数第一，提升到93.02%，位居全省第一。企业年报工作推进。《山西市场导报》《吕梁日报》和吕梁电视台等省市主要媒体作专题报道。在建立完善市场主体信用信息公示制度方面，健全成立市、县两级商事制度改革领导小组，建立市场主体名录库，对全市523个商改成员单位2148人次进行为期20天的业务培训，并对企业许可、备案、良好、失信、经营异常、抽查等信息录入信息242623条，对公众公开，实现信息互联共享。市工商行政管理局于12月14日邀请市政协领导和商改领导组成员单位负责人，到单位调研指导商事制度改革和信用体系建设、查无照经营等工作，市场主体信用信息公示工作有序推进。《山西市场导报》《吕梁日报》和吕梁电视台等省、市主要媒体做专题报道。

【“双创”服务】

2016年，市工商行政管理局贯彻落实《国务院关于扶持小型微型企业健康发展的意见》，加大对小微企业的扶持力度，提高服务水平，提高初创企业活跃度。推动大众创业、万众创新，促进经济稳定增长和民生改善。推进工商登记便利化，方便企业注册登记，提高工作效率，全面推进网上注册登记，10月31日，市工商行政管理局举办启动仪式进行动员，邀请省局和网络专家组织全系统相关人员业务培训，做到网上网下稳步推进。引导申请人通过互联网申请企业注册登记，帮助指导申请人完成注册登记工作。执行工作纪律，按规定时限完成网上初审，依法行政，高效服务。做好网上注册的各项相关工作，确保全市网上注册登记工作顺利开展。新设企业不出户就能办理注册登记。简化企业的办事成本，优化市场环境。

【发展新平台构建】

2016年，吕梁市在努力构建促消费扩内需、护民生保稳定新平台方面，开展“红盾护农、商标兴农、合同帮农、经纪人活农、经济组织强农”为主要内容的“五农工程”，打击农资销售中的坑农害农行为，加大涉农产品商标注册和涉农龙头企业商标争创工作力度，推行农业合同示范文本，维护农民合法权益，培育经纪人队伍，提高经纪人能力，促进农村经济组织扩大经营规模，积极支持优势产业、优势品牌做强做大，推动产业结构调整优化，促进农村发展、农业增效、农民增收。

从上年年底开始，市工商行政管理局班子成员带队对基层调研考核，集结全局人力，对辖区内市场秩序开展专项执法行动，并对全系统438人次，分15期参加各级各类执法和业务培训，开启全系统以“六个一批”为重点的“冬季行动”等专项执法行动。截至年底，在“集中帮扶一批企业方面”，推进“五农工程”，服务新农村建设，帮扶企业3650户，指导涉农企业410户，开展集中培训18期，参加培训1200人次。登记股权质押25份，融资额8.54亿元。登记动产抵押38件，抵押物价值36.29亿元，融资额16.37亿元；在“集中规范一批市场主体”方面，推进商事登记制度改革，对1030户新登记各类市场主体进行即时信息公示抽查，并结合市场整治，开展市场秩序整治，查处黑网吧39户，取缔无照经营226户。离石分局规范直销企业行为，查处涉及非法聚集销售宣传净水机、“益宝来”保健品等案件的经营活动，遣散非法集会人员500余人次；在“全力调解处理消费者投诉方面”，开展新消法和消费维权“五进”、“12315”护民生、构建安全放心消费环境活动，全市“12315”工作机构受理申诉1270件，举报253件，受理咨询5334件，办结率为93.23%，为消费者挽回经济损失79.26万元。各县市局完成上年抽检不合格商品案件68件，配合余杭市、秦皇岛市工商局和江苏省睢宁县、杭州市等外地消费者投诉举报消费者，妥善处理网购消费投诉；在“集中申报商标方面”，落实“一村一品一商标”“一县一业一品牌”要求，全系统共帮助企业申请商标注册190件，帮助企业注册商标91件，帮助农户申请商标注册53件，帮助农户注册商标12件；在“集中查处一批违法案件”方面，全系统共办结各类案件279件，一般程序案件214件，简易程序处理案件65件，法制机构核审案件214件，核审率100%，属于听证范围的案件38件，当事人未申请听证36件，申请听证2件。立案查处农资案件5起、无证照经营8起、非法储售煤场4户、涉嫌经销假冒汾酒和不合格产品案2件、涉嫌侵权16起侵犯“汾青”“汾酒”“山花”等注册商标案。查处不正当案件4起，配合公安机关查处传销案件2起，驱散非法集会9起，驱散人员920多人；在“集中组建非公企业党组织方面”，市工商行政管理局吸取开展集中组建的有效经验，抽调578人组成289个党建工作指导小组，常态化指导非公企业党组织规范化建设。2016年，全市正常经营的非公企业有1.40万户，职工20.80万人，党员7612名，其中流动党员5487名，占72%，新发展党员162名。共建立党组织1510个，其中，党委18个，党总支33个，党支部1459个，采取单独组建形式的有1054个，采取联合组建形式的有454个，党组织有效覆盖企业8558个，覆盖率为61%。并开展以抓领导班子建设，抓队伍思想建设，抓党建业务骨干培训为手段，全面加强工商机关和非公企业党组织队伍建设，对商事制度改革以来新登记的非公有制企业调查摸底、逐户排查，对辖区内非公党建情况进行专题调研。

（市工商行政管理局）

## 质量管理

### 【特种设备安全监管】

2016年，吕梁市特种设备安全工作以“一书一法”（《吕梁市特种设备安全工作目标责任书》、《特种设备安全法》）为根本遵循，以落实“三方责任”为主要措施，以“三个战役两项行动”为重点任务，主要工作情况是：

#### 落实政府、部门、企业三方责任

落实政府监管责任。根据省政府“分级负责、属地为主”的要求，市县两级政府分别把特种设备安全任务列入政府年度安全生产目标考核体系，市政府同各县（市、区）政府签订《吕梁市特种设备安全工作目标责任书》，明确特种设备安全工作考核要求。全面落实部门监管责任。按照“管行业必须管安全、管业务必须管安全、管生产经营必须管安全”的要求，市政府与30个行业主管部门签订《特种设备安全工作目标责任书》，明确相关各部门特种设备安全监管的任务和责任。落实企业主体责任。以实施主体责任承诺制和法定代表人约谈制为抓手，加大监督检查力度，督促企业严格落实特种设备安全生产主体责任。

#### “三个战役两项行动”5项重点工作

开展电梯安全监管攻坚战。组织对全市电梯进行安全风险大排查。对存在隐患多、故障率高的“问题电梯”评估、建档，组织力量集中攻坚、消除风险。对“无物管、无维保、无维修资金”的电梯，实行挂牌督办，对老旧电梯加快更新改造。活动开展期间，全市共排查电梯使用单位397户，在用电梯2470台，涉及老旧电梯、“三无”电梯、配置水平低电梯共184台全部登记建档，4台“三无”电梯挂牌督办，12台申龙出事同一型号品牌自动扶梯全部整改到位。15年以上老旧电梯30部电梯全部排查到位，对发现的其他349条安全隐患基本整改到位。

开展油气输送管道质量安全监管攻坚战。组织对油气管道使用单位专项监督检查，重点检查使用单位是否选用符合国家安全技术规范的产品和具有相应资质的安装施工单位，是否落实注册登记和监督检验制度，是否对在用管道按时进行定期检验。截至年底，全市共检查油气管道使用单位27户，涉及油气管道680千米，共发现安全隐患23条，下达安全监察指令12份，其中整改19条。

开展锅炉安全攻坚战。对2吨以下小锅炉组织开展一次全面的拉网式排查，检查设备注册和定期检验情况，操作人员持证上岗和规范操作情况、企业管理制度建立运行、安全隐患整改情况等。截至年底，全市共排查2吨以下小锅炉142台，发现安全隐患锅炉8台，下达安全监察指令21份，停用锅炉5台，取缔土锅炉3台，保证全市小锅炉安全运行。

开展特种设备安全管理标准化示范行动。2016年，组织全市100家企业开展全市特种设备管理标准化示范建设，进入第四阶段（监督抽查）。确定孝义市为全市特种设备安全管理标准化示范市。4月10日，在孝义市召开全市特种设备安全管理标准化示范活动动员会。

开展隐患排查整治行动。先后开展特种设备安全“冬季行动”，特种设备安全大检查，特种设备安全领域“反三违”等专项行动，全市共出动执法人员3500人次，检查各类特种设备安全隐患496条，检查发现特种设备严重安全隐患179条，市局督办的特种设备安全隐患215条，整改安全隐患433条，其余63条安全隐患正在整改中，整改率87%。整治“三无”电梯4部，更换老旧电梯4部，检验未注册老旧压力管道40千米。

## 【农业标准化示范区建设】

2016年，孝义市承担的国家级农业标准化示范市（县）建设工作得到国家标准委抽查组的好评。7月7日，国家标准委指派抽查组对由孝义市政府承担的农业综合标准化示范市建设工作进行抽查，通过现场查看、走访调查、查阅资料、实地汇报等形式，抽查组最后给予吕梁市质量技术监督局高度的评价。柳林联盛集团承担的第八批国家级农业标准化示范区在企业逆境中发展，通过省局的中期评估，迎接年终验收。由吕梁市文水、孝义、石楼承担的3个省级农业标准化示范项目于5月19日至21日全部通过省局的考核，孝义铭信禽业和文水野山坡，分别以95分和93分的顺利通过验收。2016年，市质量技术监督局对第八批省级农业标准化示范项目，石楼县谷子栽培标准化示范区、方山县绿色马铃薯种植标准化示范区、柳林设施蔬菜综合标准化示范区进行督查指导，并受省局委托，对试点单位进行年度审查。根据《国家标准委办公室关于开展第二批农村综合改革标准化试点项目申报工作的通知》(标委办农函〔2016〕47号)文件精神，申报孝义市胜溪新村美丽乡村建设标准化试点，国家标准委基本通过。

## 【标准化工作服务】

2016年，孝义市社区基础公共服务标准化试点建设顺利通过终期评估。吕梁市质量技术监督局形成一整套基本覆盖社区管理和服务的全过程标准体系，内容涵盖：服务通用基础标准体系、服务保障标准体系、服务提供标准体系和服务工作标准体系。截至12月，收集国家、行业标准123项，制定社区服务标准243项，共计366项。文水乡镇卫生综合服务标准化试点作为第二批社会管理和公共服务综合标准化试点项目，在上年底全面启动建设工作，聘请标准化专家进行指导。3月15日、6月2日，召开两次专门座谈会推进标准化建设，试点单位根据自身特点按照GB/T 24421系列标准要求，搭建适合试点单位实际的标准体系框架，分为服务通用基础标准体系、服务提供标准体系、服务保障标准体系和工作标准体系。共编制标准445项，其中包括医疗类标准183项，护理类标准112项，公共卫生类标准78项，行政后勤管理类标准47项，医疗类标准中有肿瘤诊疗技术标准26项，中医技术类标准11项。体系建设较完善，9月5日，通过中期评估。

## 【标准体制改革】

2016年，吕梁市将《山西省人民政府关于进一步推进标准化工作改革发展的实施意见》(晋政发201546号)下发到各县(市、区)局，并对各县(市、区)政府收文批示情况进行汇总上报。对全市标准化管理人员就标准化改革的相关内容进行培训。在市政府领导下，协调各有关部门成立全市标准化领导小组。印发《吕梁市人民政府关于深入推进标准化工作改革发展实施方案》。协助市政府筹备召开全市标准化工作会议。

## 【质量提升服务行动】

2016年，吕梁市质量技术监督局研究印发《吕梁市质监局强化监督服务职责推进质量技术兴企实施方案（试行）》。通过整合监督、质量、计量、标准、特设、认证等质监业务力量，确定50户企业作为重点服务对象，提供科学、高效、优质的质量技术服务，力争这50户企业实现企业创品牌、产品创名牌的目标，引领全市工业企业逐步升级上档，提高企业的核心竞争力和对全市经济社会发展的贡献力。市质量技术监督局成立服务企业工作领导组。按照摸底建档、集中创建、验收分类和总结提升4个工作步骤推进。3月11日，专门召开动员会暨培训会，各县(市、区）局相关领导及50户重点企业的负责人和具体工作部门的负责人共130余人参加会议。2016年，完成第一阶段对50户重点企业的摸底建档工作，正在根据摸底情况采取“一企一策”的办法运用帮扶、限期整改、行政处罚、移送相关部门处理等不同措施，开展第二阶段的创建优质企业、帮扶较好企业、教育违法企业、惩治不法企业的各项工作。

## 【工业产品生产许可证获证企业的检查】

2016年，吕梁市对获得生产许可证的56户企业和62个产品实施检查，检查认定合格企业数占66%，发现有19户企业的23个产品不合格。对全市13个县（市、区）特种设备使用单位检查重点和各县（市）特种设备安全管理标准化示范活动进行督查，督查22单位，发现12条隐患，下达安全监察指令8份，责令限期整改。配合省质监局对21户水泥获证企业和2户钢材获证企业进行抽查，对12家存在问题的水泥企业提出整改要求。

## 【产品质量监督抽查】

2016年，吕梁市质量技术监督局共对水泥、煤焦、车用燃油等93个批次的产品实施监督抽查，其中抽查汽油41批次，合格率为83%；抽查柴油31批次，合格率为52%；抽查水泥5批次，合格率为100%；抽查煤焦产品16批次，合格率为100%。

## 【认证认可实施】

2016年，吕梁市针对全市检验检测机构资质认定组织专项监督检查。推进孝义市氧化铝质检中心建设，该中心通过“二合一”认证。在石楼县发展有机产业规划中提供政策和技术服务。

【诚信市场环境营造】

2016年，吕梁市加强“五大领域”“四大行业”的监管。在全市集贸市场、超市、眼镜店、加油站、医疗卫生机构等五大领域，自来水、电力公司、燃气公司、热力公司等“民用四表”四大行业，全面组织开展诚信计量活动，确保所有计量器具100%检定，100%合格使用。在超市设立公平秤，为消费者提供计量自测平台，杜绝缺斤短两现象。开展计量器具检定工作，市检验测试所全年累计检定计量器具1.86万台（件），其中强制检定计量器具1.63万台(件)，发放计量检定证书1.86万份。加大检查频次，打击计量欺诈行为，铲除不法分子生存土壤，增强社会计量诚信意识，2016年，共抽检企业201户，委托检验484户，出具检验报告685份。加强对计量检测技术机构的考核检查，提升计量管理技术支撑能力。

【市场经济秩序规范】

2016年3月4日至4月10日，吕梁市开展农资打假“质监利剑”专项行动，组织开展以复混肥、磷肥、钾肥、农药等化肥农资等为重点，开展“质监利剑”行动月集中行动。对有效含量不足、虚假标识、无证生产以及农药中掺杂掺假等违法行为进行严格查处。与各乡镇工商质监所密切配合，开展“农资打假下乡”行动，深入田间地头和农户家中开展“进千村、入千户、抽千样”行动。处理农民投诉举报，宣传相关法律法规、农资产品识假辨假等知识，公布投诉举报电话，建立农资案件举报、处置、反馈的快速反应机制。

2016年，全系统共出动执法人员600余人次，农资打假下乡188个，农资打假入户561户，农资打假抽样6个，接受群众咨询186人次，组织宣传活动20余次，发放宣传资料1.1万余份，各新闻媒体报道25次。

开展消费品“质监利剑”质量提升行动。以“提升消费品质量，改善消费品供给”为主题，以纸巾、餐洗剂、食品用塑料包装袋（膜）、学生服装、厨具、床上用品、家具、装饰装修材料等8类消费品为重点，摸清质量状况、推进企业实现“同线同标同质”，整治消费品质量违法违规行为，为创建消费品质量提升示范项目、力争8类重点消费品抽查合格率达到90%以上做出各方面的努力。

开展重点物资“质监利剑”质量提升行动。以建材等为重点，推进质量提升行动；以家用电器、童装、洗涤用品等产品为重点，推动相关企业开展产品质量承诺；以车用汽柴油品为重点，开展产品质量定期监督检查工作。

全年出动执法人员2000余人，对150余家企业进行执法检查，开展宣传活动20余次，发放宣传资料1万余份。

（市质量技术监督局）

## 安全生产监督管理

【概况】

2016年，吕梁市安监系统强化红线意识，落实安全责任、完善体制机制、强化依法治理、夯实安全基础，提升安全预防能力和水平。开展安全生产大检查、专项整治、专家会诊和打非治违，多措并举，强化工作落实，全市安全生产形势继续保持持续稳定的发展态势，为吕梁市经济社会发展创造安全发展环境。1月至11月，全市共发生各类生产安全事故226起，死亡160人。死亡人数控制在“十二五”时期平均数以内。发生较大事故2起，死亡7人，同比事故死亡人数减少1人、下降12.5%。比“十二五”平均数少2起。未发生重大以上生产安全事故。

【安全生产工作】

2016年，吕梁市按照省、市1号文件要求，每月召开一次安全生产工作例会，贯彻落实国家、省、市领导关于安全生产的一系列指示和批示精神，传达上级会议和文件精神，分研判安全生产形势、部署阶段任务、推动工作落实。

【安全生产责任体系】

2016年，吕梁市按照省政府1号文件要求，落实党政同责"五级五覆盖"和工商注册备案生产经营单位安全监管责任全覆盖工作。全市13个县（市、区）、165个乡镇、1126个有工矿企业的行政村全部落实党政同责五个全覆盖，全市工商注册的14万多户生产经营单位的安全监管责任全部落实到各乡镇和有关部门。

【隐患排查治理】

2016年，吕梁市对上年未整改的164条存量隐患进行集中整治，全部整改销号。继续深化煤矿、非煤矿山、危险化学品、道路交通、油气管线等重点行业领域的专项整治，不间断开展安全生产大检查，按照"全覆盖、零容忍、严执法、重实效"的要求，对全市各行业领域所有生产经营单位开展一次地毯式检查。全年全市共成立7186个检查组，出动6.14万名检查人员，检查企业5.88万户次，发现5.62万条隐患，整改5.47万条隐患，整改率97.3%，发现重大安全隐患18条，挂牌督办18条，整改18条，落实整改资金2218.2万元，实施行政处罚1459.69万元。

【"反三违"专项行动】

2016年，吕梁市针对近年来发生事故多由"三违"行为引发的实际，在全市安全生产领域集中开展"反对违章指挥、违章作业和违反劳动纪律"专项行动，要求企业建立健全全员、全过程、全方位安全生产责任制，严惩"三违"行为。严格落实"班组日查、车间周查、厂矿月查、集团公司季查"制度，及时发现和消除隐患。全市成立检查组694个，出动检查人数5000余人次，领导带队检查170余次，检查企业1.79万户次，发现和纠正各类"三违"行为2847起。

【重特大事故遏制】

2016年，吕梁市制定下发《吕梁市标本兼治遏制重特大事故工作方案》，煤矿、非煤矿山、危险化学品、冶金工矿等行业领域分别制定专项工作方案，开展安全风险分级、分类管理工作，把安全风险管控挺在隐患前面，把隐患排查治理挺在事故前面，逐步构建点、线、面有机结合无缝对接安全风险分级管控和隐患排查治理双重预防工作体系。严肃事故查处，按照"四不放过"原则，严肃查处每一起事故，及时开展警示教育，让广大干部职工从中吸取教训，严防类似事故发生，做到"一厂出事故、万厂受教育，一地有隐患，全市受警示"。

【重点行业专家会诊工作】

2016年，吕梁市安监局继续在非煤矿山、尾矿库、危化生产企业、烟花爆竹和冶金工矿等直管行业企业中开展专家会诊工作，截至11月，全部完成会诊任务，共会诊非煤矿山企业25户，尾矿库17座，危化生产企业8户、经营企业3户，烟花爆竹经营单位17户，冶金工矿企业40户；共排查出各类隐患1750条，整改1747条，整改率为99.8%。

【安全生产法治化建设】

2016年，吕梁市根据《国务院办公厅关于加强安全生产监管执法的通知》（国办发〔2015〕20号）以及《山西省人民政府办公厅关于加强安全生产监管执法工作的通知》（晋政办发〔2015〕88号）精神，结合吕梁市实际制订《吕梁市人民政府办公厅关于加强安全生产监管执法工作的实施意见》。按照"六权治本"要求，集中时间、集中力量，编制安全生产权力和责任清单、执法流程和风险防控图，向社会公布；建立"双随机"和重点监督检查相结合执法制度，建立"两名录库一清单"，制定了安全监管年度执法计划，依计划开展检查。推进安全生产行政审批制度改革，按照“两集中、两到位”的要求，行政审批事项全部集中到审批大厅，成立行政审批科，完善制度、规范程序、简化流程，建立矿山、危险化学品、烟花爆竹等行业领域取消下放行政审批事项事中事后监管制度，做到取消、下放审批项目接管到位，防止出现监管真空。加大源头治理，开展企业新建、改建、扩建项目安全设施“三同时”的审批和监督检查，严把市场准入关，严防企业带病组织生产。严厉打击各类非法违法生产经营建设行为。安监部门集中对危险化学品非法违法生产经营储存行为进行清理整治，汾阳市关闭取缔41户非法化工企业，文水县关闭取缔50户非法化工企业。

【基层基础工作】

2016年，吕梁市加大宣传教育。市安监局、市委宣传部、市教育局、文化局、总工会、团市委和妇联七部门联合出台《关于加强全社会安全生产宣传教育工作的意见》和《吕梁市安全生产宣传教育联席会议制度》，为做好宣传教育工作、强化安全意识、提高安全素质，提供制度保障。围绕“强化安全发展观念，提升全民安全素质”主题，组织开展安全生产宣传月活动，印制散发各类安全生产宣传资料10万余份，制作展板160多块，发放宣传画册2万多册，发送安全知识短信6万多条。参加全省“安全在我心中”演讲比赛，并获优秀组织奖。

强化安全培训。组织全市领导干部安全生产知识培训班，对各县（市、区）分管安全工作的副县（市、区）长、安监局长、乡镇长共计192人进行培训，副市长杨巨才作主题讲座。狠抓“三类人员”人员培训，全面提升安全管理能力和水平。2016年，共培训各类安全生产培训班12期，培训主要负责人、安全管理人员和特种作业人员共计2402人。

完善职业卫生基础工作。组织开展工业企业粉尘和化学毒物危害状况抽查调查。全面开展职业危害申报备案、职业卫生“三同时”及职业卫生监督检查工作。2016年，吕梁市通过职业病危害申报与备案管理系统完成申报的企业1194家，申报率达到85%。608家企业正常开展职业病危害因素日常监测工作，粉尘、高毒物品等主要危害因素日常监测合格率达70%。

加强科技成果应用。全市煤矿全面完成“六大系统”建设任务；所有露天采石场实现中深孔爆破、机械铲装，25户非煤地下矿山企业全部完成通信、供水、压风、监控、人员管理等6大系统建设任务；5座尾矿库在线监控系统投入使用，有4座赤泥堆场安装视频监控系统；涉及危险工艺自动化改造11户企业完成改造任务；11处危化品存储重大危险源实现在线远传监测监控；市内所有客运和货运车辆全部安装GPS定位系统。

开展安全生产标准化建设工作。全面开展岗位达标、专业达标和企业达标创建活动。全市煤矿企业52个生产矿井中32个申报省一级标准，20个申报省二级标准，非煤矿山企业481户达到三级、2户达到二级、1户达到一级；危化生产经营单位480户通过安全标准化等级认定，5户生产企业完成三级标准化延期换证；冶金等工矿行业17户企业达到二级标准化，36户企业达到三级标准化，8户为小微企业。

开展安全文化示范企业创建活动。2016年，向省安监局提请验收安全文化示范企业共计6户。

强化应急管理。督促各级、各部门和生产经营单位，按照分级备案原则开展预案备案工作，6户企业在市级备案，备案率达到95%以上。非煤矿山、危险化学品企业和规模以上企业应急预案备案率达到100%。按照“企业建设、政府补贴、市场化运作”的思路，正在组建“由离柳集团注册成立离柳危险化学品应急救援有限公司，加挂吕梁市危险化学品应急救援大队牌子”的危化应急救援队伍。组织开展不同形式、不同种类、不同规模的应急演练1000余次，检验预案的针对性和操作性，提升应急处置能力；加强应急值守，坚持24小时双人双岗值守，及时受理群众举报、组织突发事故的应急救援。

（吕梁市安全生产监督管理局）

## 煤矿安全监察

【概况】

2016年，吕梁市辖区持有安全生产许可证主体企业14个，共有各类煤矿132个，其中总设计生产能力20215万吨/年。其中煤与瓦斯突出矿井2个，高瓦斯矿井34个，瓦斯矿井97个，水文地质类型复杂矿井10个。持有安全生产许可证矿井71个，核定能力9079万吨/年；建设矿井61个，其中在建27个，停建35个，建设能力10430万吨/年。2016年未发生煤矿事故，事故起数和死亡人数双下降，同上年相比减少事故3起，少死亡7人。

【主要做法】

以制度建设为保障，发挥目标责任制考核的杠杆作用。修订完善分局行政和党务的有关规章制度，重新修订并印发《党风廉政建设制度汇编》《行政管理制度汇编》《行政执法制度汇编》《会计制度汇编》，为监察工作提供制度上的保障。严格按照年度目标责任分解考核办法开展工作，分工明确、责任到人、考评有据，充分发挥目标责任考核的杠杆作用，各项工作顺利开展。

以防范和遏制较大以上事故为目标，强化瓦斯、水害防治，加强对重点对象的监察。根据国家局、省局开展七项专项监察要求，将辖区1个突出矿井、35个高瓦斯矿井、10个水害严重矿井列为重点监察对象。瓦斯防治方面，共监察42矿次，查处“抽、采、掘不平衡”、瓦斯抽采不达标等瓦斯管理类隐患268条；水害防治方面，进行防治水专项监察25矿次，查处落实探放水不严格、技术管理不到位等方面隐患120余条。对地质资料不清、图纸资料不实和隐蔽致灾因素不明、防治水采用通用规程、探放水记录弄虚作假等问题，对5座矿井下达停止生产作业和施工作业的行政指令，向煤炭管理部门下达建议书。

以“三同时”为抓手，对标新规程，严把安全准入关，严厉查处违法违规行为。所有安全许可审批事项统一由政务窗口对外，执行“内转外不转”。对安全专篇审查、安全设施验收和安全生产许可申请等项目坚持现场检查或监督。2016年，涉及变更安全、煤层配采项目专篇16个，办理《安全生产许可证》有关手续40矿次，对专篇未经审查同意开工建设和未经验收投入生产的6座矿按照重大隐患责令停产整顿并大额处罚，对不符合延期条件以及取得安全生产许可证擅自降低安全生产条件的5座矿井暂扣安全生产许可证。

“双随机”监察制度化，约谈、通报常态化，开展责任监察。制定下发《煤矿安全监察随机抽查工作实施细则》，开展双随机监察，建立基础数据库和执法单元库，通过随机抽取人员、随机抽取矿井，“四不两直”方式，发现煤矿真实存在的问题和隐患。2016年，共开展双随机监察43矿次，占全部监察矿井的1/3，对8座矿井的违法违规行为进行处罚。

吕梁煤监分局从责任监察角度强化“约谈”机制，对存在重大隐患矿井的矿长、总工以及主体企业总经理等人开展责任监察，实名进行通报，促进辖区煤矿矿长、总工程师履行矿井第一责任人和技术第一责任人意识。7月，在对荣欣高家庄煤矿进行重点监察中，发现该矿擅自降低安全生产条件，经调查核实并经分局局务会研究决定，暂扣该矿井证件，约谈保利山西能源公司总经理及分管安全负责人、矿井矿长及分管负责人，并要求中阳县煤炭局领导参加，对中阳县政府下达加强和改善安全管理的建议书并进行通报。

严格对标新规程，开展宣贯落实工作。分局开展新规程宣贯活动15次，参加人数1000余人次。8月，下发《关于做好煤矿安全规程施行前相关配套工作的通知》，要求辖区所有矿井对照自查和整改。10月至11月，对辖区柳林、中阳、离石、孝义等5大产煤县市区对标检查3轮，共抽查28矿次，对整改不彻底、整改不及时的矿井进行通报并进行约谈。新规程在吕梁辖区得到贯彻执行。

事故警示教育与监察执法同步，深刻吸取事故教训，警钟长鸣。“3·23”事故后，采取“四不两直”方式对辖区14座国有重点兼并重组矿井进行突查；按照近期5次煤矿事故紧急视频会议部署和省局“紧起来、动起来、严起来、急起来”利剑行动的要求，分局立即成立“利剑行动”领导组，与吕梁市煤炭工业局开展联合执法。12月6日，分局5个执法小组由局领导带队，全部监察员奔赴煤矿安全生产第一线，以“准、严、狠、实”的态度、“六个紧盯”、“十五查”要求开展突查，完成对辖区20座长期停产停建矿井的排查。警示教育与监察执法工作开展，对暴露出的问题举一反三，不放过任何一个薄弱环节。

严格按照要求开展事故警示教育周活动，在高阳煤矿开展贺西11·17事故警示教育反思会、在吕梁市世纪广场开展安全生产宣传月活动，发放宣传资料1500余份；参加汾西矿业集团水峪煤矿应急救援演练活动；11月，按照省局开展煤矿事故警示教育活动要求，组织开展警示教育活动4次。

加强与地方政府沟通，构建执法分析平台。吕梁煤监分局主动向市政府主要领导及分管副市长汇报煤矿安全监察工作，建言献策。2016年，吕梁煤监分局与市政府主要领导一同进行安全生产调研6次，并受邀参加市人大组织的安全生产调研活动。

吕梁煤监分局每月选取一个县开展一次执法分析会，要求各县分管煤炭副县长、煤炭局长以及辖区主体企业、煤矿负责人参加，会议通报监察执法情况提出监察建议、传达落实国家局省局会议精神并开展事故案例警示教育，以座谈方式对听取各方面对煤矿安全监察的意见和建议，并对各监察执法小组开展执法监督工作。通过开展执法分析会，与地方政府煤炭管理部门共享执法成果，与煤炭企业共建沟通平台，开展“事后”执法监督和廉政监督工作。

“苦练内功”，规范文书制作，提升监察员业务素质和执法水平。利用“吕梁煤监微信群”构建学习平台，发布煤矿安全生产方针政策及新闻要闻。全体监察员还通过关注“国家安监总局宣教中心”“共产党员”“新华网”“中国党风廉政建设网”等公众号，扩宽获取主流信息的渠道；邀请煤矿企业通风、地测、防治水、煤层气技术人员等技术人员开展专题讲座；组织参加省局组织的新规程、防治水等专项培训。

按照《山西煤矿安全监察局煤矿安全监察执法文书制作规范》和《国家煤矿安全监察执法文书样式》新要求，吕梁煤监分局开展集中学习讨论，严格执行。按照省局执法监督和文书评查意见，每月开展一次执法文书评议活动，对存在问题进行积极整改，规范和提高执法文书制作水平。全年共开展执法评议11次。

（山西煤矿安全监察局吕梁煤监分局）

## 食品药品监督管理

### 【食品药品监管体系】

2016年，吕梁市食品药品监管体制改革持续推进。全市13个县（市、区）中，有6个县（市、区）（文水、汾阳、孝义、离石、临县、兴县）独立设置食品药品监督管理局，有7个县（交城、交口、方山、石楼、岚县、中阳、柳林）设置市场与质量监督管理局（加挂食品药品监督管理局牌子），全部为县级政府工作部门。各县组建副科级建制的直属全额事业单位食品药品稽查队（加挂“食品药品投诉举报中心”牌子）和股级建制的全额事业单位药品不良反应监测中心；在163个乡镇设立123个基层派出机构“乡镇食品药品监督管理站”，基层站所覆盖率达75.5%；设置县（市、区）政府直属正科级建制的综合检验检测中心13个；在各县（市、区）公安局成立食品药品犯罪侦察大队。基层食品药品监管力量明显加强。各县（市、区）局争取政府支持，县、乡、村三级监管、协管人员到位率显著上升。全市县级食品药品监管机构共核定编制505名，实有人员381名，到位率为75.4%；乡镇（街道办）监管站核定编制692名，实有人员582名，到位率为85%；应聘乡村协管员3376名，实聘人员4068名，到位率为120.5%。乡镇监管站装备配备改善。落实省政府对乡镇（街道办）监管站“五个一”标准基本配置的要求，全市各乡镇站由当地乡（镇）政府安排办公场所，部分县（市、区）局为乡镇站监管人员配备执法设备。临县局投入资金20余万元，购置笔记本电脑14台，执法仪14台，便携打印机14台，移动执法终端14台，高拍仪14台，全部投入使用。

### 【“八化”监管】

2016年，吕梁市食品药品监督管理局出台《关于创新食品药品监管机制的实施意见》，分级实施“八化”监管。严格履行职责，认真落实网格化监管。以行政村、片区、乡镇（街道）、县、吕梁市为纵向标，以属地管理和监管对象分布情况为横向标，划分5级网格。建立底清数明的网格化监管对象数据库，逐一确定安全风险等级和信用等级，最终判定监管对象的检查频次。通过网络化监管，建立横向到边、纵向到底、责任到人、监管到位、运转高效的监管网络，属地管理责任得到进一步强化。统一监管尺度，严格执行格式化检查。各级网格制定详细的执法计划，保持频次合理、覆盖全面的市场巡查。在日常检查时，严格按照省局《格式化监督检查记录表》规定的检查项目逐条逐项进行检查，统一监管尺度和执法标准。村级协管员也要按照既定的项目进行巡查，发现问题及时报告。加强监督检查，严格实行痕迹化管理。健全完善监督检查档案管理，各级监管人员网格进行检查后，及时填写监督检查记录卡或撰写现场检查报告，每次监督检查都记录在案，提高监督检查的规范性；对监管人员的检查频次，利用移动执法终端的GPS定位功能进行跟踪和确认，确保检查规范、到位、无遗漏。及时公布产品信息，开展常态化抽检。下一级网格协调、配合、保障上一级网格抽检任务完成，完成本级抽检任务。评价性抽样要有代表性，监督抽样要有针对性，均衡选择抽样样品，及时抽取群众反映的可疑食品和药品，将各县区地方特色食品进行抽样送检，分析吕梁市食品安全突出问题，针对性采取措施消除安全隐患。强化技术支撑，深入开展信息化建设。坚持把信息化监管作为创新监管方式、提升监管效能的重要举措。利用监管工作平台进行检查记录管理、抽检结果公布等工作；完善产品追溯平台和企业信用平台，加强产品追溯与信用信息收集、把严重违法企业、列入黑名单的企业，通过企业信用信息公示平台向社会公示，形成信息共享、业务协同、统一高效的食品药品监管体系。引导依法经营，落实标准化规范。分行业建立标准，以示范建设为基础，打造各领域示范典型，引导“四品一械”生产经营企业在各环节按标准建设、按标准规范。以各类创建为推动，帮扶企业发展壮大，引导食品行业向集约化、规模化、标准化发展。孝义市打造天福广场“一街一路一广场”3大示范街区34户食品示范单位，为企业诚信经营、阳光操作、透明服务提供样本。依法行政，提供法治化保障。推行依法行政，树立法治理念，善用法治思维；监管权力依法、规范、公开运行，各项工作全面纳入法治化轨道；推动行刑衔接，有效打击违法行为。发挥各界力量，推动社会化共治。动员农村老党员、老干部、老教师、老军人、老劳模“五老”人员进入相应网格，发挥协管作用；发挥协会作用，强化行业内部管理，做到合法、规范、诚信经营；加大新闻媒体监督，发挥正面宣传和舆论监督作用；建立有奖举报制度，发挥职业打假、全民打假的积极作用。通过政府监管、企业自律和群众参与，形成群防群治的社会共治体系，共同维护食品药品安全。3月，吕梁市食品药品监督管理局“八化”监管创新监管机制现场会在汾阳召开，7月，在省局座谈会上作经验交流。

【食品药品监管信息化建设】

2016年，吕梁市投入专项资金，全面提升监管信息化水平。在监管信息化平台上，市食品药品监督管理局投入40万元进行系统全面升级，建成市、县资源共享、高效便捷的行政许可系统，将食品生产经营许可、制证等一系列必要操作模块全部嵌入系统平台，实现许可信息与监管信息的有机融合。投入16万元，为市局所有执法人员配备执法终端移动设备40台，同步开发监管执法终端系统，并完成对全市13个县（市、区）1000余名执法人员的运行操作培训，基本实现监管数据实时录入和检查信息的自动生成。创新监管信息化手段，实现食品追溯风险可控。在监管部门层面，孝义市深化优化“智慧食安”食品安全区域性追溯系统建设，实现可自动生成产品购销路线图，进货查验和索证索票管理电子化，发现“问题食品”即可快速追溯，实现对食品的远程监控。食品生产经营单位入网累计注册2860户，2016年新增入网累计注册单位300户，系统生成销货单据15.7万条，销货台帐记录45.9万条。柳林县持续推行食品源头监管“一票通”制度和实行餐饮服务电子化监管，共对21户食品生产加工企业、小作坊和93户食品批发企业发放“一票通”。升级“餐饮服务食品安全电子监管系统”，全县大中型餐饮服务单位全部实行电子监管，实现部门“动态监管”与企业“实时监测”的同步对接。鼓励典型引路，企业食品追溯体系建设成效凸显。在市场主体层面，方山县建设农产品质量安全监管平台，全县比较大的两户农产品企业建立追溯平台并进行了信息录入，实施蔬菜检验检测全覆盖、准出产品全贴标工作；汾阳市开发餐厅索票索证食品安全监管信息化试点，把索证索票手工申报，变成使用手机APP实现的移动数据及时申报，对有问题的餐厅，系统会实时报警，便于执法人员及时排除食品安全事故隐患，实行电子化索证索票餐饮单位有200余户；汾阳市和文水县89家食品生产企业全面建立食品原产地信息化追溯系统，汾阳市31家食品批发企业建立流通追溯系统，生产单位和流通单位的食品安全追溯系统做到无缝对接；交城县2家白酒生产企业、临县1家配制酒生产企业等8家企业2016年全面建成食品原产地信息化追溯系统；柳林县11家食品生产企业、20

家食品加工小作坊、20家流通企业与柳林县食药监局签订协议，柳林县局将出资20万元以政府集中采购的方式，免费为企业提供信息化追溯系统软件。辽宁省局、天津市局先后到吕梁市考察调研、实地观摩食品原产地追溯体系建设。

**【食品药品风险隐患排查整治】**

2016年，吕梁市开展食品安全监管。食品生产方面，完成80家重点食品生产企业监督检查和产品抽样检验任务；采取资料审查与现场检查相结合的方式，对省局质量审计中存在问题的7户白酒生产企业整改情况进行现场复查；对检验能力验证结果不满意和未及时取样、提交测试结果的的34户白酒、食醋、食用油生产企业启动责任约谈，对风险高、影响大的3户肉制品、2户食用油生产企业进行直接约谈；开展食品生产加工小作坊监督检查工作，责令整改生产不规范的小作坊50户，关停存在严重隐患的小作坊29户。食品经营方面，以市场巡查为基础，以“八化”监管为手段，围绕小作坊、城乡接合部、旅游景区等重点场所，肉制品、乳制品、酒类等重点品种，对索证索票、贮存运输、食品添加剂使用等关键薄弱环节开展全覆盖、无缝隙的市场巡查，共检查食品经营单位1.42万户，责令改正5211户，立案查处97户；加强和规范餐饮安全监督量化分级管理工作，规范量化分级结果公示，全市6482户餐饮服务单位评定餐饮单位6158户，监督量化分级率达到95%；倡导和推广“明厨亮灶”工作，截至10月底，全市共有196户餐饮单位完成“明厨亮灶”工程建设，完成年度目标任务98%，截至年底全部完成任务。

药品医疗器械安全监管。将特殊药品作为检查重点，对麻醉、一类、二类精神药品是否按规定购进、储存、销售和记录进行核查；继续推行医疗机构制剂室配制制剂申报制度，共现场监督医疗机构制剂配制3批次；加强对药品经营企业购销渠道、票据管理的排查，严厉打击不按药品特性要求储存、挂靠、走票等违法违规行为；加大对药品经营使用单位监督检查力度，严查非法渠道购进药品、中药饮片违规分装等违法行为；全面推进药品经营企业新版GSP认证，全市300家药品零售企业的跟踪检查工作全部完成，共约谈药品零售企业31户，收回GSP认证证书10户。加强医疗器械生产、经营、使用各环节监管，重点对无菌、植入类医疗器械经营、使用单位开展质量安全风险排查，加大监督检查频次，及时清除安全隐患，加强对需要冷藏、冷冻医疗器械的质量管理，确保需要冷藏、冷冻医疗器械在贮存、运输过程符合要求，共检查需冷藏、冷冻医疗器械经营企业16家、使用单位3家，体外诊断试剂经营企业检查覆盖率达到100%；集中整治医疗器械流通领域违法违规经营行为，注销《医疗器械经营许可证》6户。

保健食品化妆品安全监管。对辖区内的各保健食品、化妆品专营店、美容美发店等单位进行监督检查，对检查中发现的未建立索证索票、购进验收记录、为及时索取供货方资质材料及检验报告等行为进行责令整改；在全市范围内加大对保健食品非法添加和虚假宣传的排查整治力度，严厉打击违法违规生产经营保健食品化妆品的行为，共办理保健食品化妆品案件24起；对中阳等6个县的保健食品化妆品监管工作进行了督查。

开展“四品一械”抽样检验。全年全市食品安全计划抽检250批次，完成500批次（超额完成250批次），共检出9批次不符合食品安全标准的食品；各县市区食用农产品计划抽检共计3120批次，10月底共完成2000余批次，截至年底完成食用农产品抽检工作任务。顺利完成药品医疗器械监督抽检工作。2016年药品计划抽检490批次，完成497批次，完成率达102%；医疗器械抽验8个品种20个批次；配合省局完成保健食品5批次抽检工作。

药品不良反应监测工作。全年吕梁市不良反应监测工作基本实现以医疗机构为报告主体，报告质量逐步实现真实、完整、准确。全市药品不良反应报告上报总数2791例，其中，新的一般报告908例，新的严重报告98例；医疗器械不良事件上报总数408例，其中严重报告数为6例；化妆品不良反应报告上报85份。

加强食品药品各环节监管，狠抓食品药品违法案件的查处，保障公众饮食用药安全。截至10月底，全市共检查各类食品药品生产经营单位2.87万家次，责令改正9603家，停业整顿36家；共查处各类食品药品违法案件827起，罚没款223.99万元。其中，食品违法案件632起，罚没款173.67万元；药品违法案件148起，罚没款36.46万元；保化违法案件24起，罚没款2.26万元；医疗器械违法案件23起，罚没款11.61万元。全年，市食品药品监督管理局直办案件29件，比上年同比增长262%，罚没款41.7万元，比上年增长323%。全系统共侦破7起食品安全犯罪案件，捣毁食品生产黑窝点5处，查获涉案食品价值90余万元，抓获犯罪嫌疑人18人，取保候审15人，移送起诉3人。

## 【食品药品专项整治】

吕梁市肉制品食品生产企业兽药残留重点整治。市食品药品监督管理局深入肉制品食品生产企业，严查企业原料肉进货把关情况，是否按照规定进行索票索证，是否索取原料肉的合格证明、检验检疫合格证明、原料肉供应商资质等，填写《日常监督检查要点表》。重点检查企业原料肉的来源，检查企业是否存在使用来历不明或者未经检验检疫的原料肉的情况，共检查肉制品食品生产企业12户。

开展旅游景区餐饮服务食品安全专项检查。市食品药品监督管理局联合市文物旅游局重点检查旅游景区餐饮服务经营单位持证情况，餐饮服务加工、制作、储存及从业人员情况，餐饮服务单位管理情况等。全市出动执法检查人员1280人次，触动执法车辆625车次，检查旅游景区餐饮单位483户，责令整改210户，立案查处1户。

开展酒类销售市场百日整治专项行动。重点对酒类经营主体资格、进口酒销售情况等进行检查；对散装白酒销售商的的进货渠道、经营场所、贮存条件等销售情况进行监督检查；对企业“三无”、劣质等问题酒类召回、下架、封存情况和各县（市、区）局违法经营酒类食品案件查办、进展、移送、结案等情况进行全面督促和检查。

特殊药品生产经营专项检查。对药品生产经营企业麻精药品质量管理体系、安全管理体系和生产经营情况进行全面检查；重点检查含可待因复方口服液体制剂等滥用和流失问题比较突出品种的销售情况、购买方资质证明材料审核和留存情况、销售票据管理、票货是否一致以及销售流向等情况；整改麻精药品生产经营环节管理存在的隐患15起。

开展购销“回收”药品专项整治。以药品批发企业、连锁总部、单体药店及个体诊所为重点单位，以超低价药品、购进或者销售价格明显低于市场价格又无税务票据的药品、治疗糖尿病及老年人常用药品为重点品种，对全市农村、城乡接合部、社区、医院周边等重点区域的1020家药品经营使用单位进行地毯式核查，严查购销“回收”药品行为。对石楼县东庄卫生所3家药品使用单位进行立案查处。

开展口腔义齿质量安全隐患专项监督检查。在全市范围内对所有口腔义齿生产、加工、使用单位进行集中排查，抓住口腔义齿生产源头、使用终端两个环节，围绕产品的合法性和产品质量，对口腔义齿加工企业和口腔诊所的持证情况、加工检验条件、产品清洁消毒状况、原材料的购进验收、产品的销售使用和可追溯性等情况进行检查，共出动执法人员174人（次），排查口腔诊所65家，发现问题企业13家，责令整改11家，对2家未取得《医疗机构执业许可证》非法开展口腔诊疗业务的口腔诊所移交卫生部门立案查处。

保健食品等3类食品非法添加、非法声称专项治理。重点对保健食品、配制酒、玛咖制品等食品生产经营企业非法添加药物、非法宣传功效的问题进行监督检查，共排查生产企业3家，经营企业1583家次，检查产品品种988种，限期整改568家。

## 【食品医药产业发展】

2016年，吕梁市食品药品监督管理局牢固树立“寓服务于监管之中，在监管中体现服务”的工作理念，以企业需要为导向，以精准服务为手段，主动对接、高效解难，全力助推辖区内食品药品企业健康发展。跟踪服务，配合打造“柳林碗团”小吃品牌。提高柳林小吃知名度，打响以碗团为主的柳林小吃品牌，柳林县委县政府引导鼓励有实力、产品相对成熟的企业先行先试，决定走出去开拓京津等大中城市市场。市食品药品监督管理局成立帮扶领导组，及时与柳林县政府、柳林县食药监管局联系，进行跟踪服务，为“吕梁小吃”快速健康发展保驾护航。出台行业标准扶持特色产业发展。市食品药品监督管理局牵头出台枣夹核桃行业标准。聘请专家起草吕梁市枣夹核桃行业标准，联系省食药局、卫计委组织专家论证，开展行业标准评审工作。支持医药经济发展。吕梁中药厂上年停产改造，市食品药品监督管理局多次邀请省内专家深入企业，进行现场培训指导，扩大吕梁中药厂的规模，增加中成药品种，提高中成药质量，优化中成药配比，打造中医药“吕”字品牌，把“吕”字中成药品牌推向全国，扶持吕梁中药厂成为名优中成药品牌；开发吕梁市的中药材资源，协助山西聚仁堂中药饮片有限公司筹建建立中药饮片生产企业。简政放权，深化行政审批制度改革。结合“六权治本”工作，市食品药品监督管理局共梳理行政审批项目18项，明确市食品药品监督管理局行政审批权力与承担的责任。在全面落实“两集中两到位”的基础上，对市食品药品监督管理局的行政许可事项和收费标准进行全面自查；在法定办结时限的基础上，落实承诺办结时限，优化审批流程，简化办事程序，提高行政相对人办事效率。截至10月底，共办理各类行政审批事项695项，全部按时办结。

## 【食品安全工作】

2016年，吕梁市落实部门监管责任和属地管理责任。落实市级分管领导定期听取食品安全工作汇报制度；出台《吕梁市食品安全委员会工作规则》和《吕梁市食品安全委员会成员单位工作职责》，下发《吕梁市2016年食品安全重点工作安排》，全面部署全年重点工作，推动各部门、各县（市、区）履行好责任，强化食品安全工作落实。明确地方政府的食品安全工作目标和任务，将其纳入到年度目标考核，完善责任追究制，将食品安全纳入问责范围，推动食品安全“地方政府负总责”的工作格局。

强化食品安全综合监督职能。对交口县、石楼县、方山县、岚县、中阳县5个县的食品安全监管工作审议意见的贯彻落实情况进行跟踪调研，并向市人大提交《关于全市食品安全监管工作情况报告审议意见》的调研报告；组织抽调市农委、公安局等部门业务骨干组成3个检查组，由市局副局长带队，对13个县（市、区）食品安全工作进行督查。

强化食品安全组织协调职能。组织农业部门对全市农药、化肥及农业投入品的市场开展拉网式打假工作，严格控制农药、化肥的使用量，按照无公害农产品的要求，规范无公害农产品生产、流通和销售各环节的生产经营秩序；组织畜牧部门整治畜禽产品市场，抓好饲料兽药、“瘦肉精”等违禁药品的整治，强化动物检疫和监督，严格做到栏前检疫、栏前出证、栏前收费和动物防疫审核，组织工商等五部门开展农村食品市场综合治理，加强对农村食品各环节监管，保障公众饮食安全。

（市食品药品监督管理局）

## 审 计

【概况】

2016年，吕梁市审计机关共完成审计项目789个，出具审计报告、审计调查报告和综合报告830余份，下达审计决定300余份，提出审计建议1141条；全年完成审计项目900余项。通过审计，查出违规金额32.84亿元，管理不规范金额215.44亿元，非金额计量问题3514个；核减工程决算金额1.88亿元；移送纪检监察机关和主管部门处理案件46件。

【中央和省市重大政策措施落实情况审计监督】

2016年，吕梁通过审计共发现主要问题288个，督促相关单位整改问题147个，其中督促完善和出台相关制度24项；拨付滞留资金9.25亿元；收回、筹集资金1131.72万元；盘活财政存量资金1.82亿元；督促29个项目加快建设进度，落实其他政策措施49项。

【公共资金审计监督】

2016年，吕梁市开展市、县两级预算执行审计，对137个预算执行单位的2015年度预算执行情况进行审计；结合预算审计对全市矿产资源保护、水利基础设施建设、科技研发创新、抚恤救助等专项资金进行审计；对市中级人民法院、总工会、吕梁日报社等20余个单位财务收支情况进行审计。

【重大民生资金与项目审计监督】

2016年，吕梁市、县审计机关上下联动，对上年城镇保障性安居工程的投资、建设、分配、运营等情况，全市扶贫资金管理使用情况，全市采煤深陷区综合治理专项资金管理使用情况，十二五期间水污染防治资金管理使用情况，晋中市基本医疗保险基金和医疗救助资金管理使用情况等专项资金进行审计。

【政府建设项目审计监督】

2016年，吕梁市审计机关贯彻落实市政府工作要求，深化政府投资建设项目“必审制”，共完成竣工决算（造价）审计433项，核减工程决算金额1.88亿元，其中市审计局完成34项，核减2250.53万元，核减率11.39%。审计对部分工程建设程序不合规、财务管理不严格、工程管理不规范等问题进行严肃查处，规范建设行为，节约建设资金。

【领导干部经济责任履行情况审计监督】

2016年，吕梁市对135名党政领导干部实施经济责任审计，包括县处级干部26名，乡科级干部109名。

【财经领域各类违法违纪问题查处】

2016年，吕梁市审计机关严肃查处经济领域重大违法违纪行为，以及项目建设、资金使用、资产资源管理方面侵害群众利益的严重行为，共查出违规资金和管理不规范资金248.28亿元，移送案件46件，其中移送纪检监察机关21件，移送主管部门25件。

【全市审计机关审计项目复审工作】

2016年，吕梁市对上年完成的14个审计项目进行复审，检查在审计工作中是否存在审计人员违反法律、法规、审计准则、审计纪律、廉政规定等问题，严防给审计机关造成不良影响的现象发生，规范审计行为，提高审计质量，防范审计风险。

（吕梁市审计局）

## 统计管理

### ·统计局·

#### 【统计法治环境建设】

2016 年，吕梁市统计局将依法统计依法治统贯穿于统计工作始终。开展整治“数据造假、以数谋私”专项行动，与县市区局长、市局各科室签订《抵制统计数据造假承诺书》《坚决抵制“数据造假以数谋私”承诺书》《统计依法行政承诺书》3 个责任书。发放《告企业统计法律权利和义务告知书》1346 份，清理纠正违反统计法精神文件 5 份、做法 1 起；制定实施《保障统计数据客观权威2016年行动计划》吕梁实施方案，提出 6 个方面、22 项工作措施，把好数据采集、生产、使用 3 个关口；制定《数据质量评估管理办法》《统计检查随机抽查实施方案》，建立月度数据集体评估、季度数据公开评估等制度。全面推行全员执法、落实执法责任制，聘请法律顾问 2 名，创新法治与专业人员协同查办案件的工作机制。截至年底，全市依法查处 45 起统计违法案件，其中，市局查处 10 起，县（市、区）局查处 35 起。邀请国家统计局政法司巡视员宋德家、省工商局纪检组长马春生、省局法规处长卫永杰、市质监局法规科长武建威等同志作 4 期执法讲座，全局干部进行《中华人民共和国统计法》闭卷考试，提高全局干部的法律意识和执法能力。

#### 【统计服务】

2016 年，吕梁市统计局坚持主动服务、创新服务，制定并实施《创新统计监测服务 2016 行动计划》。建立统计联席会议制度。由分管副市长为召集人，市政府副秘书长和市统计局长为副召集人，24 个单位组成的统计联席会议制度，定期对新常态下经济运行发展态势和结构变化分析研判。丰富统计产品，加强经济运行监测。市统计局把全市经济运行态势、产业发展演进、结构调整优化等事关全市经济社会发展情况，用统计专报、党政专报、统计报告和快报等形式，及时报告市委、市政府领导和经济管理部门。截至 2016 年底，共编印《统计简报》11 期，《统计专报》18 期，《统计快报》48 期，《吕梁经济运行监测》10 期，《党政专报》16 期，编辑完成《统计知识百问百答》《住户调查手册》《辅助员调查手册》，《统计年鉴》付诸印刷。加强重点领域监测分析。针对 2016 年复杂多变的经济形势，围绕党政决策重点、各界关注热点和经济社会发展难点，组织工业、投资、财贸、能源、服务业等专业共 110 人次，定期分批次深入县（市、区）和企业调研经济运行情况，定期分析研判经济形势。共撰写 112 篇统计分析报告，为党委、政府科学决策提供统计支撑服务。市统计局在市委、市政府有关重大发展节点、重要发展阶段的谋篇布局中，统计的预测预警、信息搜集和深度分析等重要服务作用得到发挥。

#### 【统计方法制度改革】

2016 年，吕梁市推进核算、投资、服务业、能源等领域的统计改革。紧抓“五证合一”机遇，加强与发改、经信、商务、住建、税务部门的对接，推进名录库实时更新维护，加强调查单位管理，加大新入库单位的实地核查力度，确保调查单位的真实性和单位信息的准确性。截至年底，完成 2016 年月度和年度第一批入库单位 146 户。探索统计专项监测。先后开展煤炭企业清查、重点服务业调查、两项收入调查、月度劳动力调查、非公企业人才资源抽样调查、交通能源消费调查等。做好“三去一降一补”重点领域监测。加强对煤炭、钢铁等重点行业、重点企业生产、库存、运输、销售等环节的监测，分析去产能、去库存政策实施对企业经济的影响，开展原煤产量重点监测，建立分县原煤产量数据库。推进“三新”统计监测。按照国家、省局关于“三新”统计工作的部署要求，联合市商务局开展批零、住餐企业电子商务经营情况调研，摸清全市批零、住餐企业电子商务发展状况及存在的问题。通过部门行政记录、基本单位名录库、电商平台等资料搜集、筛选、核查，组织开展“四众”企业摸底排查，共清查出商业综合体9家，电商贸易企业60家。

【第三次全国农业普查】

2016年，吕梁市按照省局《山西省第三次全国农业普查2016年行动计划》及吕梁实施方案，推进普查机构组建、经费落实、人员选调、农普试点、宣传动员、业务培训、物资配备、数据处理等前期准备工作，建立农普成员单位包县、市局领导包片制度，签订农普工作责任状。市政府重视农普工作，市长王立伟、副市长李俊平分别作出重要批示，先后两次召开农普领导小组会议，两次召开农普办主任会议，召开由市人大、政府、政协领导参加的农普宣传月活动启动仪式，两次组织市政府督查室、统计局、财政局、农委等部门对全市13个县（市、区）进行督查。

【业务培训】

2016年，吕梁市政府出台《关于进一步加强和完善部门统计工作的意见》，落实省政府加强企业统计部门联席会议精神，按照五部门部署，集中对全市1204家“四上”企业统计人员进行业务法治培训，市级统计部门培训705人，各县（市、区）分别对其他联网直报企业统计人员全部进行培训，实现业务培训全覆盖。推进联网直报单位规范化建设。按照规范化建设标准，制定验收工作方案，加强对县（市、区）相关工作的业务指导和督促检查，截至年底，县（市、区）普遍抽查验收企业60%，验收合格企业达85%，对于未达验收标准的企业，责令限期整改。

【市委市政府新部署要求落实】

2016年，吕梁市第四次党代会对统计工作提出新要求。市统计局贯彻落实省委“一个指引、两手硬”重大思路要求和市委常委会、市政府常务会精神，分专业、分指标逐项研究制定贯彻落实措施。组织全市统计系统“抓数据、抓分析、抓能力”，“抓数据”就是在数据的“全、准、实”上下功夫，提升数据的及时性、全面性、准确性，推进依法统计、依法治统，推动各项工作提质提速提效。“抓分析”就是围绕市委市政府的经济工作任务要求，加强统计分析，努力做到统计分析更加深入、对策建议更加精准。“抓能力”是加强学习和培训，加强统计基层基础建设，提升统计服务经济社会发展的能力和水平。强化数据质量全流程管理，加强部门统计和企业统计，提升经济运行监测分析和预警预测精准服务，发挥统计在全市经济社会发展中的基础信息服务作用。

（吕梁市统计局）

## ·国家统计局吕梁调查队·

【现代化服务型统计建设】

拓展调查服务产。2016年，吕梁市调查队坚持紧跟省总队综合处政务信息报送要点内容，开展调查研究，增强调查信息的针对性；加强与市委、市政府“两办”的沟通联系，针对地方党政领导关注的重点、热点问题开展调查，及时报送信息；继续打造统计调查品牌，办好《吕梁调查》，坚持实事求是原则，在调查分析质量上狠下功夫，为各级领导提供一批有情况、有观点、有价值的调查分析。坚持编印调查刊物，在继续做好《比较与发展》和《吕梁国调信息》编印的基础上，收集并整理《全省十一地市2015年统计报表公报汇编》

《部分革命老区2015年统计公报汇编》，编印《调查·思考》，国家统计局吕梁调查队与吕梁市统计局联合编印《吕梁经济运行监测》和《2015年吕梁市经济运行监测——两会特刊》。

加强调查研究能力建设。选派青年干部参加国家统计局及山西调查总队的各类统计业务知识培训班；定期举行统计知识讲座；邀请总队综合处、办公室及吕梁市政府办公厅专业人员进行经济分析和政务信息的写作培训。在吕梁国调系统培养一批精通统计科学，掌握现代信息技术，熟悉调查研究的专门统计调查人才，更加适应新时期基层统计调查工作的要求。加强与高校合作，快速提升调查研究能力。与山西财经大学统计学院就《收入差距和财富差距问题研究》《金融支持产业转型的路径研究》《CPI与PPI走势背离的影响因素分析》签订课题研究合同，推进各项课题调研工作。

突出调查服务重点。发挥统计调查监测功能，加强农民工监测、采购经理调查和重点调查户畜禽生产情况的监测预警，撰写一批预警信息，及时向市委、市政府领导及社会公众报告相关情况。加大居民收入监测分析力度。结合住户收支和生活状况调查，密切关注城乡居民收支等指标的运行情况。通过季度分析，加强对城乡居民收支走势的分析和研判。发挥国调队自身优势，跟踪当前社会经济生活中的重点、热点和突发事件，及时组织专题调查。全年全队共撰写各类经济信息254条，工作动态92条，调查分析89篇，其中国家局内网采用7篇（次）。

**【统计调查工作规范化】**

2016年，吕梁市严格执行调查工作规范化标准。要求各专业将国家统计调查方法制度和总队出台的《业务规范化标准》作为业务工作的最高准则，严格按照统计调查方法制度开展调查工作，完善“一套表”环境下的统计调查业务规范化体系，保证统计调查业务工作在新环境下规范开展，将核实更新基本单位名录库、催报基层报表、审核企业数据、规范企业基础工作和培训基层统计人员作为重要任务，提高源头统计数据质量控制能力。

规范调查台账建设。严格按照总队的要求，建立各专业相关调查台账，将调查台账拓展至调查工作的各个层面、各个环节，努力做到以台账落实制度、以台账规范调查、以台账评审数据、以台账检验成效，发挥台账在业务工作中的重要作用。

理顺业务工作机制。贯彻执行国家局和总队关于统计调查业务分工的规定与要求，坚持“三勤”，即部门之间协调勤、通气勤、交流勤，加强与地方统计局的沟通协调，理顺调查业务工作机制，明确责任分工与报送渠道，为严格执行国家统一的统计调查方法制度、确保调查数据的可比性和真实性奠定基础。

规范数据审核评估。结合各专业调查工作规范化标准和考核办法，完善和规范各专业数据质量审核评估制度，事关民生的收入、畜禽指标，以及小微企业调查数据，明确辅助调查员、调查业务人员、科室负责人、分管领导、队长，层层数据分级审核评估的原则和方法，发挥数据审核评估对保障数据质量的作用。在报表的基础上，加强对各类宏观经济运行指标的趋势性比较与分析，做到主要调查数据与宏观经济指标间的匹配和衔接。

加大样本核实，做好零报告。严格按照“零报告”制度要求，组织力量分赴各县，对规模以下工业和服务业样本企业的营业状态、经营情况进行地毯式走访，详细了解企业经营情况。将营业企业纳入报表范围，并做好培训工作；对停产、筹建企业，持续进行跟踪调查，及时准确反映企业经营状态；对地址错误的企业，通过工商信息查询、全国企业信用信息公示系统查询、网络查询等多种方式进行查找；对消亡、关停样本进行实地核查。

**【法治建设】**

增强法治意识。2016年，吕梁市通过组织召开党组中心组专题学习会议、全队例行集中学习活动、科室集中学习、干部职工自学等方式，加强政治理论和政策制度学习，增强法治意识，做到坚持原则不动摇、履行程序不变通、遵守规矩不放松。

强化法治宣传。将普法工作与业务工作紧密结合，把握每一次专项调查、回访调研和各专业报表培训会等机会，通过进机关、下社区、入乡村、访企业宣讲统计法律法规，向基层辅助调查员、基层统计人员和调查对象进行统计法治宣传，提升基层统计人员和调查对象的法治意识。国家统计局吕梁调查队巧借“重阳节”向吴城镇街上村民众宣传统计法律法规，实现统计调查宣传的“倍增效应”。12月1日，组织召开统计法治座谈会，队长邸彦明就全面推进依法治统和做好现场普法宣传做动员讲话，强调要全面提升公众对统计法的认识，提高执法能力，营造依法调查的良好氛围。12月2日，在吕梁世纪广场开展现场宣传活动，以宣传统计法律法规、全国农业普查知识为重要内容。通过设立咨询台、发放宣传单，向过往市民生动讲解统计法律知识，宣传统计法的重要意义，解答他们所关心的有关经济、社会、民生等统计指标内容和问题，扩大统计法律法规的社会影响面，扩大统计知识的普及面，提高社会公众对《统计法》的知晓度及人们对统计工作的关注和重视。本次活动共发放宣传单1000余份，便民宣传袋1000余个。

加强法治培训。推进全员学法、懂法、执法，采取“请进来、走出去”相结合的方式，邀请总队法规处领导授课，将培训范围扩大到市队及辖区县级队的全体干部职工，通过多次传达全省国调系统法治培训会议精神、讲解统计法律法规相关知识、结合统计执法实践讲解统计执法详细流程及文书制作要点等，提升干部职工执法技能。

加大案件查处。完善统计调查执法监督工作机制，健全统计调查违法案件约谈、曝光制度，实施《统计上严重失信企业信息公开暂行办法》。2016年初，召开专题会议研究布置统计法治工作，以全员执法为基本形式，共检查企业24家。发现统计违法行为为2起，重点查处汾阳市鑫源发动机修复有限公司和孝义市压缩天然气有限公司提供不真实统计资料的违法案件，被罚企业按期缴纳罚款，其余22家下发结论书。通过积极探索统计执法新形式，坚持处罚与教育结合，管理与服务并重，将事前预防、事中检查和事后整改结合起来，以统计执法推动统计调查业务工作。

**【信息化建设】**

强化载体建设，筑牢统计调查信息化根基。2016年，吕梁市加大专项资金向信息化建设的倾斜力度，加大提升硬件水平力度，对信息化设备进行升级改造，建成标准化机房，添置路由器、服务器、核心交换机、大容量移动硬盘等设备，升级30兆光纤互联网专线，确保上网速率和保密工作的需要。通过定期升级网络防火墙系统、机房空调系统、配备UPS不间断电源和专用灭火设备等安防设施，提升设备安全级别，筑牢网络运行“长城”。

完善管理机制，深化统计调查信息化改革。组织技术骨干成立信息化工作小组，并建立健全《吕梁国调队信息化建设工作实施方案》《吕梁国调队信息化应急管理机制》等一系列工作制度和机制。

（国家统计局吕梁调查队）

# 工业经济

## ·综述·

### 【工业经济总体运行】

2016年，吕梁市规模以上工业企业工业总产值1381.7亿元，比上年同期增长5.2%；工业销售产值1372.2亿元，同比增长5.4%，产销率99.3%；工业增加值546.7亿元，同比增长2.6%，增速高于全省1.5个百分点。从轻重工业看，轻工业增加值69.4亿元，同比增长23.4%；重工业增加值477.3亿元，同比增长1.9%。从行业分类看，采矿业增加值283.2亿元。煤炭开采和洗选业增加值265.3亿元，同比增长3.3%；其中，烟煤和无烟煤开采洗选业增加值265.3亿元，同比增长3.3%。黑色金属矿采选业增加值10.8亿元，同比下降6.8%；有色金属采选业增加值6.9亿元，同比增长3.5%。

制造业增加值244.1亿元。农副食品加工业增加值23.5亿元，同比增长8%；其中，饲料加工业增加值14亿元，同比增长5.6%；酒、饮料和精制茶制造业增加值41.2亿元，同比增长41.6%；酒的制造业增加值40.7亿元，同比增长41.8%；石油加工、炼焦和核燃料加工业增加值43.4亿元，同比增长17.3%；炼焦业增加值43.4亿元，同比增长17.3%。化学原料和化学制品制造业增加值53.2亿元，同比下降5.6%；基础化学原料制造业增加值48.3亿元，同比下降6.8%。非金属矿物制品业增加值12.1亿元，同比增长6.1%；水泥、石灰和石膏制造业增加值1亿元，同比下降9.5%。黑色金属冶炼和压延业增加值22.4亿元，同比下降9.9%；炼铁业增加值2.5亿元，同比增长28.1%；钢压延加工业增加值15.3亿元，同比下降14.1%。有色金属冶炼和压延业增加值38.3亿元，同比下降10.8%；常用有色金属冶炼业增加值38.1亿元，同比下降10.6%。

电力、热力、燃气及水生产和供应业增加值19.4亿元。电力、热力生产和供应业增加值18.3亿元，同比增长20.6%。电力生产业增加值17.8亿元，同比增长21.2%；热力生产和供应业增加值0.5亿元，同比下降0.4%。

分经济类型看，国有企业增加值6.5亿元，同比增长56.3%；集体企业增加值9.7亿元，同比下降8.3%；股份制企业增加值465.2亿元，同比增长2.8%；外商及港澳台投资企业增加值55.8亿元，同比下降0.2%；其他经济类型企业增加值9.5亿元，同比增长19.7%。

从主要产品产量看，原煤10453.9万吨，同比下降9.1%；炼焦用洗精煤6970.8万吨，同比增长9.5%；其他洗煤3259万吨，同比下降7.2%；焦炭1741.9万吨，同比增长12.4%；铁矿石原矿2661.3万吨，同比增长2%；铁矿石成品矿716.6万吨，同比增长2.8%；铁精矿496.4万吨，同比增长1.3%；铝土矿414.3万吨，同比下降30.7%；饲料70.8万吨，同比增长10.8%；饮料酒8.51

万千升，同比增长33.2%；白酒8.16万千升，同比增长31.1%；氢氧化铝549.2万吨，同比增长17.9%；农用化肥12.7万吨，同比下降11.2%；水泥414.2万吨，同比增长1%；生铁398.1万吨，同比增长3.1%；钢材270.1万吨，同比下降8.6%；氧化铝743万吨，同比增长19.4%；发电量155.2亿度，同比增长20.7%。

从经济效益看，规模以上工业企业亏损195户，同比减少36户，下降15.6%；亏损总额75.9亿元，同比下降13.9%；产成品115.2亿元，同比下降7.2%；应收账款310.1亿元，同比增长2.6%；主营业务收入1482.3亿元，同比增长3.7%；利税总额100.6亿元，同比增长36.7%；应交增值税63亿元，同比增长14.6%；资产负债率80.3%。

从煤焦库存看，原煤库存280.8万吨，同比下降16.1%，比上年同期减少53.9万吨；炼焦用洗精煤库存516.4万吨，同比增长29.4%，比上年同期增加117.3万吨；焦炭库存134万吨，同比下降18.4%，比上年同期减少30.1万吨。

## 经济和信息化

### 【主要工业指标完成】

2016年，吕梁市工业增加值增幅，目标任务是增长1.1%。1月至11月，全市累计完成工业增加值476.2亿元，同比增长1.6%，高于全省平均水平（0.7%）0.9个百分点，全省排名由年初的第十回升到第六。

万元GDP综合能耗，目标任务是下降3.2%。前三季度全市全社会能源消费量1334.29万吨标准煤，同比下降1.88%；全市万元GDP能耗1.764吨标准煤，同比下降3.2%，达到目标进度。

非煤产业增加值占比，目标任务是达到35%。前三季度，非煤产业增加值比重达到52.4%，超目标任务17.4个百分点。

新兴产业固定资产投资占比，目标任务是达到33%。1-11月份，全市新兴产业投资完成223.77亿元，同比增长18.2%。工业新兴产业投资占比39.4%，超省下达目标任务6.4个百分点。

大宗工业固废利用率，目标任务是达到67%。前三季度，固废利用率达到68.32%，超目标进度1.32个百分点。

### 【项目建设】

新兴产业投资项目，2016年，吕梁市推进146个项目，总投资2610亿元，当年完成投资131.27亿元。1月至11月，累计完成投资140亿元，超年度目标任务6.6个百分点；建成投产或部分投产47个，设备购置安装23个，土建施工26个，前期准备50个。

转型升级重点项目，推进166个项目，总投资2999亿元。1-11月份，累计完成投资231亿元；建成投产或部分投产49个，设备购置安装24个，土建施工33个，前期准备60个。

输变电工程项目，3个续建的110千伏输变电项目，孝义迎宾完工，岚县新安、柳林孟门在建。6个新建220千伏输变电项目，临县霍州煤电、云顶山、汾阳杨家庄等5个开工，晋能离石电厂输变电项目待批复。5个500千伏送出线路前期工作，临汾西、古交三期等4个项目完成选址，孝义西输变电项目启动前期工作。

### 【工业经济调控指导】

2016年，吕梁市经信委健全监测体系、加强运行调控，强化目标管理、跟踪督促检查，促进工业经济平稳健康发展。加强调查研究。委领导带领相关科室人员，分别对经济运行、煤电铝材一体化发展、工业园区建设、白酒产业、光伏产业发展进行专题调研，形成5个专题调研报告。加强运行调控。坚持“六个一”制度，即一月一例会、一分析、一通报，一季一点评、一排队、一督查，及时检点运行情况，落实工作措施。完善帮扶工作机制。

市、县四大班子领导，经信系统负责人包联困难企业，及时了解企业困难、研究解决实际问题。现场解决企业项目建设、节能工作中的问题40多个。推进大用户直供电。经市经信委多次向省经信委积极争取，全年吕梁市有17户用电企业分四批次参加电力直接交易，交易电量23.08亿度（超年度计划10.08亿度），为企业节约电费1.158亿元。加强电力需求侧管理。将汾阳市星宇化工有限责任公司等4户企业的节电改造项目列入吕梁市电力需求侧管理项目库，验收岚县太钢和孝义兴安化工2户企业的电力需求侧管理平台建设项目。加强行业管理。协调组建“吕梁区域水泥企业自律监督委员会”，成立自律督查工作组，推进水泥错峰生产，上年12月15日零点至2016年3月15日零点停止水泥熟料煅烧。9月到11月期间，组织全市的水泥熟料企业累计停窑一个月。

## 【入企服务工作】

加强组织领导。2016年，吕梁市成立由市委常委、组织部长秦书义和市政府副市长杨巨才任组长的干部入企服务工作领导小组。从市、县选派干部1328名，成立438个入企服务小组，入驻439户企业实施帮扶。完善工作机制。制定《入企服务工作方案》《入企服务工作指南》，坚持“七个一”工作制，各县（市、区）各协调组每周书面汇报一次工作开展情况；市领导小组办公室每周向省领导小组汇报一次进展情况；随时向省领导小组办公室汇报进展情况；市领导小组办公室每周发一期简报、一期通报；市县每半月召开一次问题协调解决会；入企服务小组每半个月向单位主要领导汇报一次入企服务情况；两个月工作结束时，分别写出调研报告和工作总结报告。解决问题。按照“谁负责、谁落实”的原则，实行“逐一销号”制度，梳理汇总需政府层面解决的问题675个，办结652个，办结率96.6%。

## 【供给侧结构性改革】

2016年，市经信委把供给侧结构性改革作为促进工业稳增长和实现产业转型升级的重要抓手，落实“三去一降一补”政策，抓好去产能、降成本、补短板各项工作。严格执行国家产业政策，控制焦化、钢铁、水泥等产业新增产能，淘汰落后产能。严格把好审批关，杜绝以技术改造为名新上扩大产能的项目。印发《吕梁市化解钢铁、焦化、水泥行业产能过剩，实现脱困发展实施方案》（吕经信综合函〔2016〕75号），代市政府起草《吕梁市化解钢铁过剩产能实现脱困发展工作方案》（吕经信投资字〔2016〕53号），明确化解过剩产能具体的办法和措施。对传统主导产业进行摸底调查，掌握具体情况。36户焦化企业全部建档立卡，对在建的11个焦化项目和4个焦化企业提出了分类处置建议。钢铁行业的3户企业均符合《钢铁行业规范条件》，没有列入淘汰范围的生产设备，中钢集团申报去粗钢产能140万吨，市政府与省政府签订责任书，于2020年淘汰。水泥行业退出落后产能45万吨，报省经信委。对环保违法违规建设项目进行审查。根据市清理整改环境保护违法违规建设项目领导小组办公室安排，对文水海威钢铁有限公司高炉技改，山西三雍实业有限公司高炉及配套工程，孝义市兴安化工有限公司技术升级改建砂状氧化铝、化工原料和4阻燃级氢氧化铝，岚县盛华冶金有限公司锰铁高炉，文水海威钢铁有限公司转炉、转炉及轧材生产线技术改造，山西古冶实业（集团）有限公司铸造产品，山西宏特煤化工有限公司炭黑及尾气综合利用等8个项目提出审查意见，后续违规项目将根据市环保局意见逐步进行清理。帮扶钢铁企业脱困发展。市经信委主要领导带队，3次到吕梁市钢铁企业，先后6次召开各种形式的推进会，全面推进中钢和太钢的战略合作，推进中钢打造太钢的螺纹不锈钢加工基地。太钢为中钢提供精矿粉100万吨，中钢为太钢加工螺纹不锈钢5000吨。帮助文水海威钢铁公司复工复产，推动企业于9月复产。帮助焦化企业拓展市场。推动交城华鑫与太原理工大学合作，利用高硫、高挥发劣质煤生产洁净焦。促成孝义鹏飞实业有限公司与北京三聚创洁科技发展有限公司就60万吨焦炉煤气制甲醇、40万吨费托合成蜡项目签订合作协议，60万吨焦炉煤气制甲醇一期30万吨投产，40万吨费托合成蜡项目开展前期工作；孝义市金岩电力煤化工有限公司与山东科瑞石油工程服务有限公司就焦炉煤气综合利用联产45万吨甲醇和3亿立方LNG项目签订合作协议，正在开展前期工艺设计和设备订购工作。为帮助企业拓宽市场，邀请建龙集团负责人来吕梁市进行实地考察，到孝义鹏飞、楼东等企业了解情况，与孝义楼东签订每月6000吨焦炭供货合同。全年全市焦炭产能4500万吨，其中，生产运行产能2800万吨、在建产能1000万吨、拟建产能500万吨、停产产能200万吨。全年累计生产焦炭1780万吨，比上年同期增长14%；产能利用率达到63%，同比增加12个百分点。推进煤电铝材一体化发展。起草《关于促进铝工业发展壮大的实施意见》报市政府。打造兴县、交口、孝义、柳林和中阳现代铝产业基地，推进煤电铝材一体化发展。推进晋能集团所属电厂与中铝、孝义兴安、信发等在氧化铝、电解铝、铝型材深加工等项目上合作联营，协助交口信发、孝义兴安化工等铝系产业项目完善相关手续。交口晟安20万吨铝硅合金项目省经信委备案。

【节能降耗】

加强节能工作考核。2016年，吕梁市经信委把节能降耗作为提升发展质量的重要抓手。将2016年度目标任务分解落实到各县（市、区）。对各县（市、区）上年及“十二五”节能目标任务进行考核，各县（市、区）达到“完成”等级。对全市省千家企业上年度节能指标完成情况进行考核。推进节能技术改造。重点推进18个节能产业和节能改造项目，截至11月底，18个项目累计完成投资33.4亿元，完成投资11.1亿元，超额完成投资1亿元，有9个按计划建成投产。转发《山西省燃煤电厂节能改造实施计划（2016-2018）》，要求30万千瓦以上常规燃煤发电机组开展节能改造，组织山西华光发电有限公司编制《节能改造实施计划（2016-2018）》，并按月调度其进展情况。组织交城国锦煤电、文水国金煤电、柳林宏光发电等3户单机容量30万千瓦以上的低热值电厂编制3年节能改造实施计划。推动孝义杰鑫耐材有限公司回转窑天然气替代燃煤改造工程建成投运。申报山西国锦煤电一期供热网工程为2016年资源节约循环利用重点工程中央预算内投资备选项目。向省级政府投资基金推荐山西昊阳新能源有限科技公司1000万平方米太阳能光伏背板、50兆瓦伏组件项目。做好固定资产投资项目节能评估审查。对晋能清洁能源科技有限公司太阳能电池及太阳能组件项目节能评估报告组织评审。多措并举，完成节能目标任务。做好节能监察。出台《吕梁市2016年节能监察工作计划》，明确全年工作任务。市、县两级节能监察队伍对部分重点用能企业落后机电设备淘汰情况、燃煤工业锅炉进行专项监察，配合省节能监察总队开展水泥、铁合金企业现场监察。

【招商引资】

2016年，吕梁市按照市政府《民营企业助推山西转型创新发展大会吕梁市招商工作方案》总体部署，市经信委借助“2016年厦门工业博览会”（简称“工博会”）和“山西省制造业项目（厦门）对接推介会”平台，在厦门组织举办“吕梁市新兴产业项目推介对接会”，共推介新兴产业项目100余个，总投资1000余亿元，现场签约项目15个，总投资185亿元，引进资金85亿元。为推进签约项目落地，市经信委重点抓好3项工作。印发《关于扎实推进吕梁市新兴产业（厦门）推介对接会签约项目的通知》，要求相关县（市、区）经信局高度重视签约项目的推进工作，明确专人负责，确保完成招商引资目标任务。将签约项目推进情况列入全市新兴产业项目调度范围每月调度，掌握项目进展。积极推进项目落地，跟踪服务，协调解决具体问题。15个项目中，山西新龙科技公司高射速注塑机、岚县三鑫继亨铸造公司铸造及矿物棉保温材料2个项目部分投产，方山县庞泉工贸公司扩建提升矿山机械、孝义金岩精细化工公司焦炉煤气联产甲醇和LNG、文水县纸箱包装工业有限公司快速纸板生产线、山西中鹰大红枣产业公司新建红枣产业化4个项目开始土建施工，其余9个项目开展前期工作。

【资源综合利用】

2016年，吕梁市经信委推进以清洁生产为重点的绿色改造，推动资源综合利用和清洁生产项目建设。申报新型墙材绿色改造示范项目。根据省经信委《关于申报2016年中小学既有建筑新型墙材绿色改造示范项目的通知》要求，申报交口县第一中学、兴县实验小学和岚县岚城小学3个项目，争取到394万元省墙改扶持资金。推动绿色制造体系建设。按照《山西省绿色制造体系建设实施方案》要求，筛选推荐山西国金电力有限公司、文水县振兴化肥有限公司、山西益鑫泰生物科技有限公司、中铝集团山西交口兴华科技股份有限公司等8户企业为重点“绿色工厂”。根据国家绿色产品认定标准体系，筛选推荐苯扎溴铵等7种产品作为绿色产品，推荐山西北阳冶金有限公司煤矸石综合利用、山西利天下新材料有限公司费托合成蜡、山西中阳钢铁有限公司能源规划综合利用热电联产、山西利虎玻璃（集团）有限公司浮法玻璃生产线烟气脱硫、脱硝、除尘技术改造项目等11个省级绿色改造重点项目。推进资源综合利用和清洁生产重点项目。推进山西卦山水泥有限责任公司矿渣微粉综合利用，山西北阳冶金能源有限公司陶粒、陶沙、保温板，山西国峰煤电有限责任公司粉煤灰综合利用等10个重点项目建设，方山县衡宝复合板有限责任公司石膏板技改、交城义望铁合金有限公司液态锰渣制矿棉等两个项目建成投产。

【“两化”融合】

实施“互联网＋工业”行动。2016年，吕梁市出台《关于推进“互联网＋工业”的实施意见》，明确目标任务、工作内容和工作要求。开展示范试点创建工作。交城宏特、文水晋能、柳林华润3户企业被确定为省“两化”融合示范企业。文水晋能、汾阳裕源土特产、孝义兴安化工等3户企业被确定为省级“两化”融合管理体系贯标试点企业。开展培训工作，组织县（市、区）经信局和部分企业参加了“电子信息产业高级技术及管理培训班”“2016年度山西省两化融合管理体系贯标推进培训会”“全省经信系统智能制造专题培训班”，配合柳林县经信局开展“两化”融化知识培训。组织申报信息化发展项目。向省经信委报送文水晋能光伏太阳能电池、文水大象农牧畜禽服务体系建设、柳林微联科技便民服务平台、中阳鑫琪物流信息体系建设等7个信息化发展项目。提升信息基础设施水平。全年全市宽带网络建设任务是完成投资9亿元、新增固定宽带接入互联网用户4.6万户、新增4G用户40万户。市经信委印发《关于进一步做好2016年吕梁市改善城市人居环境报表工作的通知》《关于2016年吕梁市改善城市人居环境工作任务分解的通知》《关于加快完成改善城市人居环境工作任务分解的通知》《关于全市2016年改善城市人居环境工作后两个月任务分解的通知》等文件，推进项目建设。截至11月底，累计完成投资7.43亿元，占任务目标的82.54%，新增固定宽带接入互联网用户和新增4G用户两项均超额完成。推进公共场所无线局域网建设。印发《关于我市第五批公共场所无线局域网试点名单的通知》《关于做好我市公共场所无线局域网建设全面验收工作的通知》《关于转发省加快实施公共场所无线局域网建设与服务项目的通知》《关于做好全市公共场所无线局域网建设与服务验收工作的通知》《关于转发省开展公共场所无线局域网服务验收全面测试工作的通知》等文件，推进公共场所无线局域网建设。山西省“i-Shanxi”公共场所无线局域网整体验收测试小组对吕梁市26个试点的建设与服务进行测试，除1个试点（生态园）因设施被人为破坏，已拍照留视频说明报省待定外，其余25个试点均合格。

【行业安全监管】

完善工作机制。2016年，吕梁市出台《市经信委（国资委）安全稳定风险隐患大排查大整治工作方案》和《吕梁市经信委（国资委）突发事件应急处置实施意见》，加强安全生产工作。开展安全大检查。印发《关于下发吕梁市电力安全生产大检查实施方案的通知》《关于印发〈吕梁市电力行业集中开展“反对违章指挥、违章作业和违反劳动纪律”专项行动实施方案〉的通知》和《关于印发〈在全市范围立即开展电力行业安全生产大检查的实施方案〉的通知》等10个文件。成立电力安全工作领导组，召开专门会议安排部署电力行业安全生产，3月15日至18日，5月30日至6月3日，12月12日至18日，开展3次安全督查，对13个县（市、区）经信局、供电公司，58户发用电企业进行电力安全、反三违情况及无人值守铁路道口安全检查，共发现问题240个，现场下达整改通知书，全部整改到位。

【技术创新】

2016年，吕梁市鼓励企业实施《产业结构调整指导目录（2011年本）》（2013年修订）中推广的新技术、新工艺，对现有生产线进行升级改造；并研究开发新产品，提升产品附加值和企业核心竞争力。在市经信委门户网站开辟投资规划、科技创新、转型升级、绿色低碳专栏，及时发布产业政策、新技术、新工艺以及行业最新动态。完成4户省级技术中心2016年度评价工作，认定山西道尔铝业有限公司、山西信发化工有限公司、孝义兴安化工有限公司、山西华鑫肥业有限公司等8个企业的市级企业技术中心。

【产业集群发展】

2016年，吕梁市经信委按照市委、市政府“四个一”工作要求（一个产业集群制定一个产业规划、建立一个推进班子、成立一个行业协会、搭建一个基金平台），推进焦化、白酒、光能、机械制造4大产业集群稳步发展。提出4个产业集群化发展领导组成员名单报市政府。成立4个行业协会。焦化、白酒、光能3个行业协会挂牌成立。机械制造行业协会由吕梁市铸造行业协会变更设立。制定4个产业集群发展意见。《关于加快焦化企业转型升级，发展壮大煤化工产业实施意见》《关于推进机械制造产业转型升级发展壮大的实施意见》《光能产业发展实施意见》《白酒产业发展实施意见》，报市政府。

【规划编制】

2016年，吕梁市经信委以市政府吕政办发〔2016〕83号文件印发《工业和信息化“十三五”发展规划》。推进《吕梁市产业经济发展战略规划》编制。市经信委配合麦肯锡公司专家开展

《吕梁市产业经济发展战略规划》编制工作，组织听取麦肯锡公司就产业经济发展战略规划项目《整体思路》的汇报和《落地路径》的专题汇报，征求并吸纳相关单位意见、建议。规划设计的“五大思路支撑区域愿景，四大集群寻找产业动力，八大平台改善营商环境，走出‘以开放引创新、以创新促改革’的转型路径”，为吕梁市“十三五”经济发展制定“路线图”和“作战图”。

【国资监管】

加强国有资产监督管理。2016年，吕梁市印发《关于进一步加强国有资产监督管理的实施意见》，加强对国有资产的监督管理，对离柳公司《资产转让管理制度》进行备案。帮助企业解决困难和问题。帮助离柳集团化解部分金融债务，保障企业的稳定运行。为中药厂争取资金，促进新版GMP认证工作完成。推进中吕公司股权理顺工作。协调解决上访问题。解决原地区煤机厂职工生活补贴发放和原地区砖厂工伤人员待遇问题，解决市建筑安装总公司退休职工成某生活困难问题和市建筑安装总公司债权转让纠纷问题，推动解决四纺机厂职工养老保险参保缴费问题，解决四纺机厂等4户企业2016年度留守费用的问题。对企业办医疗机构情况进行调查摸底。根据省国资委《关于调查国有企业办医疗机构有关情况的通知》，对企业办医疗机构情况进行了摸底，山西离柳焦煤集团有限公司下设山西离柳焦煤集团有限公司医院，有在册职工94人。

【“冬季行动”】

2016年，吕梁市经信委成立“冬季行动”领导组办公室，办公室主任由市经信委主任王子康担任，副主任由委领导担任，成员由各相关科室负责人组成。办公室下设综合组、任务推进组、督查考核组，组长分别由相关领导担任，成员由相关科室负责人担任，强有力的领导机构保证“冬季行动”的开展、顺利推进和取得实效。出台《市经信委（国资委）“冬季行动”工作方案》（吕经信综合字〔2016〕15号）。细化梳理市经信委承担的企业帮扶、国企改革、落实“三去一降一补”、工业园区提档升级等九个方面44项工作任务，每项工作都明确牵头领导和责任科长，确保任务到人、责任到人。督导组对“冬季行动”开展全过程督导。确定一人为市经信委落实“冬季行动”信息员，定期向活动办报送市经信委“冬季行动”进展情况，共报送信息23期。形成《全市煤焦钢等主导产业破题治本走出困境的调研报告》《煤电铝材产业一体化发展调研报告》《工业园区提档升级调研报告》《白酒产业发展调研报告》。推进企业帮扶、供给侧结构性改革、国有企业提质增效等工作。

【提案、建议答复办理工作】

2016年，吕梁市经信委承担市人大10件建议、政协9件提案的答复办理工作。各承办科室与代表、委员充分联系沟通，完成答复后，统一格式制定答复意见，报市人大、市政协、市政府督查室，送达每位代表、委员。

（市经信委）

## 民营经济

【概况】

2016年，全市新创中小企业5746户，全市中小企业总数发展到28538户（不含个体工商户和农民合作组织），其中，规模以上企业471户。全市中小企业完成营业收入1086亿元，比上年同期增长3.01%；实现利润总额101.2亿元，同比增长3.94%；上交税金79.8亿元，同比下降2.91%；为劳动者提供报酬87.7亿元，同比增长1.37%；全年完成固定资产投资68.34亿元，超额完成省局下达的年度目标任务10亿元。主要产品产量完成情况。统计范围的主要产品产量大部分保持正增长，其中，原煤完成 3040.05 万吨，同比增长 24.94%；洗精煤完成 3534.94 万吨，同比增长 10.16%；生铁完成 404.32 万吨，同比增长 9.21%；生钒铝土完成 129.60 万吨，同比增长 113.86%（上年停产的生钒铝土矿 2016 年恢复生产）；水泥完成 283.71 万吨，同比增长 62.76%。金属镁完成 3469 吨，同比下降 63.00%，耐火砖完成 4.71 万吨，同比下降 33.76%；磁性材料完成 709 吨，同比下降 23.76%。

## 【主要工作及成效】

**强化政策支持，优化营商环境。**

2016 年，吕梁市中小企业局收集国家、省、市扶持中小微企业发展的政策文件，编制印发《中小微企业法规政策汇编》《中小微企业政策百问百答》，在乡镇、社区、高校和小微服务站广泛宣传。市委、市政府重视中小微企业、民营经济发展，各县(市、区)扶持中小微企业、民营经济的浓厚氛围正在形成，如：汾阳市出台《关于加快民营经济发展的若干政策措施》，文水县将国家、省、市的一系列扶持中小微企业发展的政策、法规装订成册，向县直各单位和企业进行发放等。通过落实政策、加强舆论引导等方法，为中小企业、民营经济营造发展环境，舆论氛围。

2016 年 5 月，市中小企业局起草并分别请示市委、市政府和市促进民营经济发展工作领导小组印发《关于印发 < 全市领导干部联系民营企业工作制度 > 的通知》（厅字〔2016〕12 号）《关于印发 < 吕梁市促进民营经济发展市长联络员工作制度 > 的通知》(吕政办发〔2016〕29 号）和《吕梁市促进民营经济发展工作领导组例会制度》（吕民发〔2016〕12 号），形成推进中小微企业、民营经济发展的长效工作机制。

2016 年 2 月，市中小企业局以市民营经济工作领导小组办公室名义印发《吕梁市民营经济“待批项目大起底”活动工作方案》。按照省、市要求，各县(市、区)对全市民营企业待批项目进行摸底排查，之后依规加快手续办理工作，对于不能及时办理的项目，限时告知，确保各类项目尽快开工建设，根据统计，活动开展以来起底待批项目 235 个。贯彻省政府《关于推进民营企业办理完善土地使用和房屋产权登记手续的通知》（晋政办发〔2015〕77 号）精神，印发《吕梁市关于推进民营企业办理完善土地使用房屋产权登记手续》的通知。全市共为 449 户民营企业办理完善土地使用登记手续，涉及面积 664.5 公顷，改善中小企业和民营经济生产经营环境。

**加大培训力度，提升企业经营者素质能力。**

市中小企业局将“三个一”经营者素质能力提升工程作为重中之重来抓。100 名民营企业董事长或总经理的高端培训。市委组织部与市中小企业局于 7 月、9 月在浙江大学联合组织举办两期民营企业创新转型高端培训，涉及煤炭、化工、冶炼、铸造、农副产品加工、旅游、医药、电子商务等行业的 130 余名董事长或总经理以及各县（市、区）分管领导和中小企业管理部门负责人参加培训。1000 名企业经营管理人员的专题培训。市中小企业局分别于 4 月、8 月、12 月在市委党校和吕梁国际宾馆组织举办民营企业创新转型、品牌建设和中小微企业服务能力提升专题培训班，市级层面共完成专题培训 500 余人次。省局下达 700 名小微企业经营者素质和创新能力提升培训，分别由汾阳、柳林、临县、兴县、岚县、交口、石楼各 100 名进行培训，10 月底前完成。全年全市完成小微企业经营者素质和创新能力提升培训 1200 余人次。企业自主进行的 1 万名职工专业技能提升培训。全年，通过企业报备培训方案，县市区局跟踪监督，指导服务，企业自主培训专业技术人员 1.1 万人次。

培育"小升规"企业，推动中小企业健康成长。

市中小企业局把"小升规"作为工作的重中之重来抓。2016年确保培育22户"小升规"企业。为保证这项工作顺利实施，市中小企业局综合考核各县(市、区)经济总量和2015年"小升规"完成情况，将任务全部分解到各县（市、区），同时按照不低于1:1.5的比例，扩大培育库，确定30户"小升规"重点培育企业，并根据市中小企业局要求，每季度报送培育库信息，确保检测服务到位。截至年底，培育"小升规"企业31户。

强化基地建设，实现"大众创业、万众创新"。

贯彻落实国家和省市鼓励引导"大众创业、万众创新"的政策措施，开展创业大讲堂、创业训练营等丰富多彩的创业创新活动，激发民间创业创新的活力。加大力度推动创业基地建设，实现为广大创新创业者提供良好的工作空间、网络空间、社交空间和资源共享空间，为创业创新者缓解创业场地难、创业成本高等问题。2016年建成山西省新世纪中小企业创业基地和孝义市胜溪科技创新城创业基地，共两个市级中小企业创业基地。

根据山西省中小企业局《关于做好山西省中小微企业创业创新基地示范县相关工作的通知》（晋企发〔2016〕74号）的精神，经市中小企业局实地考察论证并报请市委、市政府同意，推荐孝义市为吕梁市中小微企业"双创"基地示范县。为推进"双创"基地示范县创建工作顺利进行，市中小企业局成立吕梁市中小微企业创业创新基地示范县创建工作指导组，加强对"双创"基地示范县创建工作统筹协调指导监督。孝义市"双创"基地示范县通过省局评审认定。为支持孝义市"双创"基地示范县工作，争取省级配套资金900万元/年，市级配套资金500万元/年。

实施民营企业就业精准扶贫行动。

2016年6月，市政府办公厅印发全市民营企业实施就业精准扶贫行动方案》（吕政办发〔2016〕39号）。规划用3年时间共计吸纳贫困劳动力不少于1.2万人（2016年规划吸纳贫困劳动力2000人；2017年规划吸纳贫困劳动力4000人；2018年规划吸纳贫困劳动力6000人），按照"吸纳就业1人，稳定脱贫1户"的总体思路，可直接带动4.8万人实现稳定脱贫。根据市政府《关于对各县市区贯彻落实全市民营企业实施就业精准扶贫行动进行专项督查实施方案》要求，8月，市中小企业局、扶贫办、人社局相关单位抽调专人，组成督查组，就各县(市、区)政府贯彻落实吕政办发〔2016〕39号文件工作进展情况进行专项督查，督查结果显示各县(市、区)工作推进态势良好，就业精准扶贫行动取得积极成效，行动实施以来，吸纳贫困劳动力近6000人。

提升公共服务能力，完善公共服务体系。

提升公共服务平台服务能力。市中小企业公共服务窗口平台按照国家建设要求建成，按照边建设、边运营的原则，加快孝义市、离石区两个县级窗口服务平台和交城铸造、汾阳白酒产业集群窗口平台建设步伐，提高平台网络覆盖面。按照"政府支持中介、中介服务企业"的要求，推动优秀服务机构向民营企业服务联盟集聚，建成260个专业服务机构的服务联盟。12月2日，召开吕梁市中小企业服务联盟成立大会暨第一届会员代表大会，旨在协助各级政府贯彻落实国家促进中小微企业发展的法律法规和方针政策，建立和完善中小微企业服务体系，优化企业发展环境，促进全市中小微企业持续健康发展。大会审议并通过《吕梁市中小企业服务联盟章程》，选举产生第一届领导机构。加强基层小微企业服务站建设。全市建成小微企业服务站93个。

强化结构调整，推进中小企业转型升级。

2016年，市中小企业局以结构调整为主攻方向，加快推进中小企业转型升级。推进产业结构调整。支持中小企业实施技术改造，开展节能降耗，淘汰落后产能，退出传统行业，进入新兴产业领域。推进企业技术创新。实施中小企业创新能力建设计划，开展产学研合作，研究制定市级中小企业发展专项资金对民营企业技术中心奖励政策，鼓励具备条件的民营企业自主建设技术中心，对获得市级认定的技术中心，给予一定额度的中小企业发展专项资金奖励。8月，印发《关于开展2016年吕梁市中小企业技术中心认定工作的通知》（吕企发[2016]28号）。认定金晖兆隆高新科技有限公司技术中心等11个中小企业技术中心为2016年（第三批）吕梁市中小企业技术中心。经市中小企业局审核并实地考察，推荐山西星耀建材设备制造有限公司技术中心等7户企业技术中心为2017年山西省级中小企业技术中心。推进企业循环发展。按照全循环、多联产、抓高端的总体思路，引导中小企业参与到大型骨干企业循环经济链条的延伸中，培育形成一批以中小企业为主体的循环经济示范园区。

深化政银企保合作，创新融资模式。

4月，市国税局、市地税局与工商银行、中国银行、民生银行、邮政储蓄银行、招商银行、信用联社、中信银行、晋城银行签订《银税互动》合作框架协议。多数县市银税合作启动。岚县丰达焦化、继亨铸造企业，通过《银税互动》合作分别贷款500万元；交城县2016年为35户民营企业融资5000余万元；临县为5户企业放贷900万元，全县中小微企业贷款余额达3亿多元；孝义市1586户企业纳税信用国地税联合评定完成公示，评定结果推送到相关银行业金融机构；文水县在市财政配套300万元的基础上，县政府注入300万元的风险补偿金与银行合作开展融资模式的创新工作，帮助中小微企业走出困境、做大规模、提升质量。政银企保合作、银税互动、“新三板”上市培育等工作的实施，缓解企业融资困难。

强化运行协调，促进全市中小企业平稳发展。

按照新的中小企业划型标准，建立完善中小企业分类统计、监测、分析制度，密切关注国际、国内宏观经济形势、结合国家金融、货币、产业、环保政策的调整，突出加强对重点行业、主要产业集群的调查研究，完善中小微企业经济运行监测平台，重点监测企业由年初的36户扩大到年底的110户，实现每月数据网上直报，了解中小微企业生产经营动态。每月召开中小微企业经济运行分析会，全面掌握中小微企业发展情况，周密进行经济运行信息数据分析，密切跟踪变化情况，为各级各部门指导中小微企业发展提供决策依据。每季参加市政府召开的经济形势分析部门联席会议，及时做好预警预测分析工作，协调解决企业生产经营中遇到的困难和问题。加强对全系统统计人员的业务培训，完善中小微企业统计信息数据库。

（吕梁市中小企业局）

## 煤炭工业

【经济目标和安全生产责任制完成情况】

2016年，吕梁市经济目标和安全生产责任制完成情况如下：

原煤产量：2016年，全市原煤产量目标为6500万吨。受国家减量化生产政策调控影响，全年地方监管矿井累计生产原煤6340.23万吨。

矿井改造建设：2016年，全市矿井改造建设目标为实现3座矿井联合试运转和8座矿井竣工验收。全年完成4座矿井联合试运转和8座矿井竣工验收，分别完成目标任务的133%和100%。

原煤销售收入：2016年，煤矿销售收入目标200亿元。全市地方监管煤矿全年累计完成销售收入213.05亿元。

矿井建设质量：2016年，全市共申报32座一级质量标准化矿井，18座二级质量标准化矿井，新投产矿井全部达到二级以上标准要求；完成8座现代化矿井和32座安全高效矿井建设，安全高效总产能达4425万吨/年；组织申报先进产能矿井7座。

安全目标任务：2016年，全市地方监管煤矿实现零事故、零死亡。

**【防范和遏制重特大事故】**

2016年，吕梁市继续完善责任体系。根据2016年初下达目标任务，各县局、离柳集团与各自监管煤矿层层签订安全生产责任状，实现安全责任横向到边、纵向到底全覆盖；强化县级煤炭部门属地监管责任和煤炭企业安全主体责任落实，严格县级政府和煤炭部门挂牌包片包企包矿责任制、“五人”小组包保责任制的管理；重点督促主体企业副总经理以上领导包矿责任制、董事长和总经理下矿下井检查制度、矿领导下井带班制度和矿长“双七条”规定的落实，推动安全生产责任体系落地生根。

开展隐患排查治理。始终将隐患排查治理作为夯实煤矿安全生产根基的重要抓手，逐步规范排查方式、排查内容以及销号闭合管理。全年重点突出以煤矿瓦斯和水害防治为重点，开展安全隐患企业自查自改、县级全覆盖检查和市级督查检查。各县（市、区）、离柳集团全年共排查各类隐患9377条，整改9354条，整改率99.8%。发挥瓦斯防治中心、水害防治中心、机电运输中心和信息调度中心的专业力量，重点督查各县（市、区）属地监管责任和抽查检查煤炭企业安全主体责任落实情况，全年累计完成检查449矿次（含市五人监管小组220次），下达执法文书154份，发现问题及隐患2161条，其中重大隐患30条，责令停产停建（或局部停掘停采）矿井20座。落实一般隐患“五到位”整改要求和重大隐患分级挂牌督办制度，强化责任落实和治理标准，防范事故的发生。

开展专项整治。全年以执法检查、专家会诊、专项检查、“打非治违”、违法违规建设项目清理等各类专项整治为抓手，严厉打击非法违法生产建设行为；加大煤炭纠察跟踪执法力度，严厉查处假整改、明停暗不停等行为，全市煤矿生产建设秩序得到整顿规范。

**【帮扶解困、稳定市场】**

2016年，吕梁市组织开展调研帮扶。年初，针对煤炭市场疲软、价格持续下跌、煤炭企业亏损运营的现状，组织开展煤炭经济运行系统性、深层性调研活动，全面了解掌握企业运营面临的困难和问题，派驻入企服务工作组，主动服务、施策帮扶，为企业排忧解难。

加强日常调度调控。完善经济运行调度统计指标和定期分析制度，每半月对煤炭产量、销量、价格、库存等统计一次，每月对煤炭经济运行进行分析研判，及时掌握全市煤炭企业生产经营状况，加强对煤炭经济运行工作的统筹、指导、协调和调控。

上下联动拓市场。多次组织煤炭企业负责人召开协调会、座谈会，鼓励企业主动走出去和下游用户进行面对面交流、点对点对接，实现产品、价格、流向最优配置，扩大市场份额；为吕梁市煤炭企业与山西焦煤集团牵线搭桥，研究拟定焦煤联合销售和价格协商机制，抱团取暖，合作共赢，防止扰乱市场、恶意竞争行为发生。

全年，地方监管矿井累计生产原煤6340.23万吨，原煤库存（40万吨）处于较低水平，产销率近100%。全市正常生产的矿井从9月底全部实现扭亏为盈，煤炭经济运行总体保持平稳态势。

【吕梁市煤炭过剩产能化解工作推进】

2016年，吕梁市根据时间节点和任务要求，在企业申报、县级审核确认的基础上，组织开展吕梁市产能退出矿井基础资料的收集、整理和汇总工作。通过多次会议研究，制定全市化解煤炭过剩产能总体方案，并经市政府同意，以吕煤发〔2016〕148号文件上报省煤炭厅。

落实276个生产工作日和节假日公休制度。将省煤炭厅重新核定的矿井生产能力统一组织进行登记公告，同时，加大市级督查检查力度，严厉打击非法违法生产行为，确保新制度落到实处。

【目标任务完成情况】

2016年，吕梁市对照省、市下达的各项目标任务，推进、狠抓落实，顺利完成瓦斯抽采全覆盖工程年度任务和非金属瓦斯抽采管路改造计划。

全市具备正常开展水患补充调查条件的矿井49座，完成46座，另外3座签订合同推进中。

按照省厅确定的时间节点和任务标准要求，倒排工期、抓紧实施，坚持时间任务同步和质量效果达标，全市煤炭综合监管信息平台顺利按期建设完成并投入试运行。

【煤炭管理体制改革】

2016年年初，吕梁市煤炭局将配采审批权下放到县局；10月底，根据省煤炭厅《关于生产煤矿水平延深等项目管理有关事项的通知》（晋煤行发[2016]773号）要求，又将生产矿井水平延深、增加或变更开采煤层全部下放到主体企业审批；同时创新思路和方法，加快转变全系统职能体制改革，便于更好地服务于煤炭行业发展；下发《关于加强全市生产煤矿水平延深等项目管理的通知》，对各类下放到主体企业的审批事项，强化落实和衔接工作，完善事中、事后监管，提高管理效能，确保“放得下、接得住、管得好”。

（吕梁市煤炭局）

## ·山西离柳焦煤集团有限公司·

【主要经济指标完成情况】

2016年，全年生产原煤376.74万吨，完成全年计划的102.77%，其中：兑镇煤矿170.07万吨；佳峰煤矿115.44万吨；鑫瑞煤业16.19万吨；内蒙古杨家梁煤矿56.44万吨；朱家店煤矿4.31万吨；宏岩煤矿14.29万吨。

累计入洗原煤231.88万吨，产出精煤116.85万吨，原煤入洗率为61.25%，精煤产出率为50.39%。

全年计划发电量8500万度，实际完成9590.26万度，完成年计划的112.83%。

全年计划进尺15067.5米，实际完成14635米，完成年度计划的97.13%，其中：兑镇煤矿2565米；佳峰煤矿3251.2米；鑫瑞煤业2257米；朱家店煤矿1213.9米；宏岩煤矿5312.8米；内蒙古杨家梁煤矿35.1米。

计划销售原煤（含精煤）378.55万吨，实际完成386.83万吨，完成计划的102.19%。

实现销售收入7.17亿元，其中：原煤销售收入2.63亿元，精煤销售收入4.5亿元，电力及三产收入约400万元。全年累计亏损4.72亿元（财务成本及管理费用亏损2.14亿元），和上年同期相比减少亏损2.66亿元。

全年共缴纳税款8217.58万元（其中国税4939.48万元，地税3278.10万元），是上年全年缴纳税款（6209.63万元）的132%。

【安全生产】

2016年，山西离柳焦煤集团公司坚持“安全第一，预防为主”的安全生产方针，从零做起，从基础做起，进行安全管理工作，实现全年安全生产无事故。实行常态化安全检查。全年，安全处室联合对矿井进行 11 轮 55 次安全检查，发现问题隐患 2172 条，三定 560 条；对地面生产单位进行 11 轮 80 次安全检查，发现问题隐患 545 条，三定 218 条；“五人小组”检查 33 轮 165 次，省第三督查组检查 1 次，市局检查 12 次。查出的隐患除朱家店煤矿有一条正在整改外（首采工作面设计不符），其余全部整改销号。全面推广安全生产应急处置卡。在集团公司各煤矿和地面生产单位全面推广安全生产应急处置卡，明确每个岗位人员的安全致灾因素、防患措施以及处置方法，让每个岗位的工作人员都熟知本岗位存在的危害，熟知怎样规避风险，确保安全。应急处置卡已经在全公司范围内投入使用。强化岗位人员培训。2016 年共培训“三项岗位人员”561 人（其中：煤矿 334 人，非煤生产单位 227 人），全年内部培训“三项岗位人员”以外的其他从业人员 2481 名，培训合格率 100%。开展应急演练专题活动。安全生产月，组织各煤矿和辅助生产单位积极开展不同科目的应急救援演练活动，组织各单位参加全省“守护生命”安全知识大赛。通过以上活动，强化提高广大干部职工的安全防患意识和抗灾救灾应急处置能力，检验应急救援方案的可行性，提升应急救援队伍的实战能力。加大安全检查督查力度。公司纪检委全程介入、全程参与安全检查，把纪委监督工作贯彻到安全检查的全过程。

**【矿建项目】**

2016 年，山西离柳焦煤集团公司推进西部三矿建设进度，集团公司成立重点项目推进工作领导组，由公司主要领导担任组长，牵头组织项目建设，采取倒排工期、挂图作战、逐项落实的工作方法，明确时间、进度和责任人，制订严格的奖惩措施，确保基建项目工程按期推进。派驻专人蹲点行业主管部门，协调各种手续的办理。全年，鑫瑞煤业省厅挂牌督办的两条重大隐患得以销号，基建延期手续办理完成，可以按照批准的建设工期开展后续工作。

**【生产矿井单井产量】**

2016 年，山西离柳焦煤集团公司共生产原煤 376.74 万吨，兑镇、佳峰、杨家梁 3 个生产矿井承担主要生产任务，3 矿共生产原煤 341.95 万吨，完成集团公司近 91% 的任务，为集团公司的生产运转提供资金保证，兑镇、佳峰两矿的单井产量均刷新两矿原煤生产的全新记录，分别达到 170.07 万吨和 115.44 万吨，年计划产量、进尺指标都超额完成。

**【内部经营管理】**

2016 年，山西离柳焦煤集团公司经过调研论证，按吨煤指标单价，对内蒙古杨家梁煤矿实行内部经济责任制考核，年内实现减亏 6000 万元。逐步清退井下农民工队伍，兑镇、佳峰两矿的农民工队伍已全部退出，从内蒙杨家梁煤矿调回的 220 名职工充实到朱家店煤矿和宏岩煤矿，组建两支自己的综采、综掘队伍，取代原外包农民工队伍约 1000 余人，节约 6000 万元人工费用。成立经营办，开展经销活动，盘活现有闲置资产，充分利用铁路专用线、化肥厂、储煤场、砖厂、面粉厂等资产和场地，引进战略投资者，争取为企业的生产经营走出一条新的路子。孝南铁路专用线租赁经营。按照“机构精简、人员精干、监管分离、运转规范”原则，6 月，集团公司对销售系统进行机构的规范设置调整，将原来的 8 个销售处合并为 4 个销售处，并进行明确的经销区域分工，避免企业内部损耗，优化机构设置和人员配置，促进销售工作的有序开展。

**【环保工作】**

2016 年，山西离柳焦煤集团公司根据国家、省、市环保要求，完成矸石山的环保整治及改造建设，对原兑镇煤矿储煤场、佳峰煤矿储煤场、洗煤厂储煤场进行联合改造，储煤场改造工作基本完成，待改造完成后公司矿区环境将得到改善。兑镇煤矿、佳峰煤矿、矿井水处理厂、生活污水处理厂、汽源厂、洗煤厂等久试未验的环保项目经改造后通过验收。全年共完成环保投资近1亿元。

【民生保障】

2016年，山西离柳焦煤集团公司保证职工基本工资的正常发放，年度的工资全部发放到位。1月，开始启动中断两年多的职工医疗保险、生育保险和工伤保险缴费工作，每月需缴费210万元；同时协调社保部门解决上年后半年至2016年底210名到龄职工的退休问题，为他们补缴养老保险共计785万元；垫资235.6万元解决上年所欠退休职工和在岗职工的医疗费用；8月起，启动职工养老保险（个人缴费部分）的缴纳工作。全年共缴纳各项社会保险3883.3万元。采取分期退款的方式（分8期），逐步退还职工在二小区缴纳的房屋集资款（1293万元），9月开始退还4期共517.2万元。鉴于集团公司现有工作岗位紧缺的实际，经市政府分管领导协调，与鹏飞集团达成外派劳务工作人员的合作协议，解决集团公司北大资源学院150名大学毕业生的就业问题。全年共接访受理25批次信访事件。信访工作稳定。

（山西离柳焦煤集团有限公司）

## ·华晋焦煤有限责任公司·

【主要指标完成情况】

2016年，华晋焦煤有限责任公司主要指标完成情况如下：

安全：煤炭生产杜绝瓦斯、煤尘、顶板、水害、火灾等重大事故；杜绝了多人事故和二级以上非伤亡事故；地面生产建设消灭重伤及以上人身事故；百万吨死亡率为零。

原煤产量：计划指标614万吨，实际完成520.57万吨，完成计划指标的84.78%；比上年同期增加125.56万吨，增幅31.78%；

精煤产量：计划指标220万吨，实际完成226.95万吨，完成计划指标的103.16%；比上年同期增加18.58万吨，增幅8.92%；

掘进总进尺：计划指标31000米，实际完成19869米，完成计划指标的64.09%；比上年同期减少1169米，减幅5.56%；

瓦斯钻孔进尺：计划指标62万米，实际完成66.44万米，完成计划指标的107.16%；比上年同期减少3.11万米，减幅4.47%；

瓦斯抽采纯量：计划指标19300万立方米，实际完成20844万立方米，完成计划指标的108%；比上年同期增加907万立方米，增幅4.55%；

瓦斯综合利用：计划指标8540万立方米，实际完成7678万立方米，完成计划指标的89.91%；比上年同期增加287万立方米，增幅3.88%；

发电量：计划指标21000万度，实际完成20079万度，完成计划指标的95.61%；比上年同期增加1043万度，增幅5.48%；

销售收入：计划指标45亿元，实际完成45.35亿元，完成计划指标的100.78%；比上年同期减少0.76亿元，减幅1.64%；

利润：计划指标50万元，实际完成1099.01万元，完成计划指标的2198.02%；比上年同期增加930.16万元，增幅550.88%；

工业增加值：计划指标8亿元，实际完成12.25亿元，完成计划指标的153.13%；比上年同期增加4.5亿元，增幅58.03%。

【安全生产】

2016年，华晋焦煤有限责任公司树立“838”安全工作理念，坚守安全红线，坚持精准投入，狠抓瓦斯治理、防治水和“三基”建设3项重点，强化安全责任落实和隐患治理，全年安全工作实现人员零伤亡、瓦斯零超限、水害零威胁的“三零”目标，安全生产形势持续向好。

安全根基夯实。建立健全“党政同责、一岗双责、齐抓共管、失职追责”安全责任体系，压实安全责任。狠抓“瓦斯治理”和“防治水”两项重点，深化瓦斯综合治理“五项治本之策”，形成瓦斯立体抽采模式，充实“沙曲瓦斯治理模式”的内涵。加强水害超前探测，强化基础和现场管理，探放水队伍全部实现“三专化”管理，消除水害隐患。

安全监管加强。按照“隐患整治攻坚年”活动要求，坚持问题导向，开展“四不两直”动态检查、“五人小组”检查、挂牌督导、跟班带班和专项整治等工作，全年共排查隐患2865条，整改2833条，整改率98.9%。坚持隐患分级销号闭合，对重大隐患实施挂牌管理，全年重大挂牌督办隐患23条，整改20条，整改率85%，为“治大隐患、防大事故”奠定基础。

“三基”（基层、基础、基本功）建设推进。发挥班组长“兵头将尾”的衔接作用，健全完善班组建设管理考核制度，推行准军事化管理，规范员工安全操作行为。围绕“三支队伍”建设，组织培训2.38万人次，促进人员素质提升。全年安全费用完成1.4亿元，确保经营困难形势下的安全生产。所属矿井均矿达到省一级质量标准化水平，明珠矿、吉宁矿获2014—2015年度煤炭工业安全高效矿井称号，沙曲选煤厂、瓦斯电厂达到集团公司地面安全质量标准化水平。

【降本增效】

2016年，华晋焦煤有限责任公司推进挖潜堵漏、开源节流、降本增效等工作。强化全面预算管理，以公司总部为利润中心，以各二级单位为成本中心，实施阿米巴经营管理试点工作。发挥股份制企业的优势，在整合矿率先推行成本管理。明珠公司优化生产工艺，投运原煤选矸系统；吉宁公司高产高效的生产模式正在形成。加强公司本部矿井成本管控，开展全价值链的成本费用管理。全年原煤完全成本246.59元/吨，维持在较低区间，洗煤加工费174.23元/吨，同比降低22.28元/吨。深化物资代储代销和材料配件“零库存”管理，全年代储代销物资4000余万元，回收复用2852.9万元，节约采购资金1024万元，盘活闲置资产407.17万元，对外争取资金和债权清收2.77亿元，转岗分流减员234人。

【产销衔接】

2016年，华晋焦煤有限责任公司抓住煤价恢复性反弹的有利时机，推行“订单式”生产模式，推广“华晋焦煤”品牌优势，加强产销衔接，扩大经营成果。坚持“多煤种销售”策略，协调铁路运力，提高装车效率，稳定煤炭用户，确保产运销平衡。全年自产煤总运量466.84万吨。

【内控体系】

2016年，华晋焦煤有限责任公司严格执行“三会制度”和“三重一大”决策程序，规范董事会各专业委员会工作程序，建立事前酝酿、民主讨论、集体决策的良好运行机制。增强规避经营风险能力，出台对外担保、合同管理和贸易业务风险控制等管理制度。加大审计监察力度，对沙曲矿改扩建项目进行全面审计，及时发现问题并跟踪落实整改。全年通过效能监察堵塞漏洞18个，避免经济损失17.77万元，增加经济效益419.47万元。

【重点工程项目建设】

2016年，华晋焦煤有限责任公司狠抓沙曲一矿、沙曲二矿及选煤厂改扩建项目竣工验收和吉宁矿投产见效“三大重点工程”，坚持在重点工程项目建设上持续发力，保障公司的生命工程早日投产见效。沙曲一矿、沙曲二矿及选煤厂改扩建项目完成各单项验收，进入全面竣工验收阶段；吉宁矿日产万吨的工作面形成。“三大重点工程”的投产，标志着千万吨级精品焦煤企业的发展规模形成。沙曲二矿压煤村庄搬迁工作推进，为矿井采掘衔接提供保障。推进瓦斯综合利用工程，实现煤与瓦斯共采。建成高、低浓瓦斯发电站，“煤、气、电、余热利用”循环产业链形成，为黑色煤炭绿色发展的转型跨越奠定基础。

（华晋焦煤有限责任公司）

## ·山西中吕能源（集团）有限公司·

【概况】

2016年，山西中吕能源（集团）有限公司及其所属企业主要完成以下工作：

理顺中吕公司及其所属企业产权

根据2016年3月9日市政府市长办公会议纪要精神，市政府成立“山西中吕能源（集团）有限公司理顺产权工作领导组”，负责理顺山西中吕能源（集团）有限公司及其所属企业的产权工作。5月12日，市政府采购中心顺利完成中吕公司及其所属企业理顺产权工作所需的律师事务所公开招聘工作。5月17日至18日，市国资委、中吕公司与律师事务所进行对接，全面介绍中吕公司及其所属企业基本情况和委托项目的有关情况，并起草《山西中吕能源（集团）有限公司及其所属企业产权（股权）关系理顺法律服务合同》，5月20日正式签订合同。北京市中伦文德律师事务所出具工作报告，待继续完善后在出具法律意见书。

办理沙炭湾煤矿出资人变更手续

办理沙炭湾煤矿出资人变更手续，首先须解除吕梁中级人民法院、天津二中院、太原铁路运输中级法院的五个股权查封警示，即通过3家中级法院尽快与山西中吕焦化有限公司债权人达成和解并解除股权冻结禁令，方可进行沙炭湾煤矿出资人的变更。出资人变更有关资料全部上报陕西省工商局。

完成沙炭湾煤矿的复工验收准备工作

8月1日开始，根据榆阳区煤炭局要求，中吕公司召开会议就加快推进复工验收工作进行部署。组织工作人员就沙炭湾煤矿存在的问题整改，存在的安全隐患仔细排查，机械设备全面维护。与主管部门沟通有关事宜，完成有关启动技改建设的人员培训和设备检修、更换等软硬件准备工作，并专题行文申请榆阳区煤炭局对煤矿技改建设进行复工验收。

推进沙炭湾煤矿技改建设

陕西基泰集团煤业有限公司2013年9月通过天津二中院购买沙炭湾煤矿13%的股权（债转股），该公司通过陕西省、市、区有关部门主张其13%的股权一直未得到落实，该公司派人进驻煤矿，一直阻挠煤矿技改建设工作。

在吕梁市政府与榆林市政府的协调下，12月15日，中吕公司和陕西基泰集团煤业有限公司就13%的股权确认及沙炭湾煤矿技改建设复工验收等事项进行座谈，并签订《框架协议》。

完成沙炭湾煤矿的“一停四不停”年度工作

公司在年初就煤矿的启动准备、安全、稳定及2016年度“一停四不停”工作等各项工作进行部署。2016年，沙炭湾煤矿完成公司交给的任务，完成煤矿的留守工作，确保煤矿的安全、稳定。

（山西中吕能源（集团）有限公司）

## ·山西煤炭运销集团吕梁有限公司·

【经济运行】

2016年，山西煤炭运销集团吕梁有限公司原煤产量完成120.8万吨，生产进尺完成6310米，公路煤炭贸易量完成380.5万吨，铁路煤炭贸易量完成360.2万吨，铁路煤炭发运量完成311.85万吨，营业收入完成17.90亿元，利润总额亏损4.21亿元。

【煤炭产业推进】

2016年，山西煤炭运销集团吕梁有限公司以落实安全责任为主线，以提升管理水平为抓手，强化红线意识和底线思维，夯实“三基”建设，健全“六个体系”，加强隐患排查治理，全年实现安全生产和健康发展。

金达煤业在严格执行限产措施的情况下，通过实施工艺和环节能力改造，实现原煤高产稳产；持续保持一级安全质量标准化生产矿井水平。新工煤业初步设计优化工作完成，为矿井开工创造条件。锦瑞煤业对复工复建及后续建设进行所需资金测算，做好复工准备。龙峰、龙山煤业三方股东经过长时间的协商沟通，就资源整合中遗留问题解决方案、矿井复工方案、二次资源整合框架方案等事项达成一致；股东会的顺利召开，为煤矿下一步的推进奠定坚实的基础。其他停缓建矿井，矿区内仍坚持巡视检查，节假日24小时轮班值守，确保安全万无一失。

【贸易物流探索】

2016年，山西煤炭运销集团吕梁后勤服务分公司与离石大土河电厂、孝义新建电厂达成后勤服务合作意向，标志着“煤电一体化”运作模式取得阶段性突破。孝龙园区与柳林鑫飞集团达成百万吨的洗、选、加工配送业务。县区公司市场化贸易推进工作亮点频出：方山公司依托蓝图洗煤厂开展电煤业务。兴县公司探索新的贸易模式，与河北邯郸电厂、山西国锦电厂签订供煤合同。临县、中阳等公司充分利用贸易融资优势，发展信誉好、回款快的终端用户。离石、兴县公司作为“煤炭订单池”融资业务重点单位率先运行。

聚晟公司走访用户，做到“走出去”“走上门”，巩固供需双方的合作；安排专人订合同、盯发运、催回款，提高货款回收率，加快资金流转；调整工作思路，主动与非聚晟户头的单位沟通，服务协议纳入归口管理，实现贸易量与发运量同步增长；利用兴县北发煤站地域优势，占领市场份额；推进各站点清理历史库存工作，盘活资金。

【旧欠清收】

2016年，山西煤炭运销集团吕梁有限公司通过进行债权摸底、召开清欠工作推进会、对大额债权单位约谈督促、列入绩效考核、运用法律手段等措施，共清回欠款38.8亿元。

【企业改革】

2016年，山西煤炭运销集团吕梁有限公司内部改革重组要求，作为“一号工程”抽调精兵强将全力推进。对各单位在办理企业注销、资产过户工作中遇到的问题和困难，结合实际，对症下药，内部重组整合工作取得实质性的进展。注销企业31户、变更股东4户、房产过户6处、土地过户1块、车辆过户26辆，减少法人单位，消化僵尸企业，简化管理环节。

【转岗安置】

2016年，按照山西煤炭运销集团吕梁有限公司关于做好煤焦公路体制改革职工转岗安置工作要求，公司落实安排，打通煤炭贸易、后勤服务发展路径，1110名职工实现就地就近转岗，完成集团公司转岗安置任务。后勤服务分公司发挥职能作用，通过礼仪、消防、应急等知识培训及理论考试，从物流板块分流的11名职工顺利在机关安保岗位上岗。

（山西煤炭运销集团吕梁有限公司）

## 电力工业

### ·国网吕梁供电公司·

【概况】

截至2016年底，国网吕梁供电公司服务客户56.11万户，拥有固定资产42.37亿元。全年，完成固定资产投资8.3亿元，其中电网投资7.53亿元，比上年同期提高12.56%。售电量123.08亿千瓦时，线损率4.58%，售电单价453.85元/兆瓦时，市场占有率95.33%，营业总收入47.84亿元，资产总额46.98亿。全口径劳动生产率39.23万元/人·年。同业对标排名省公司第9位，较上年前进2位。2016年，吕梁公司荣获2014—2015年度全国“安康杯”竞赛优胜集体、2014—2015年度山西省文明单位标兵、2015—2016年度山西省“安康杯”竞赛优胜单位、山西省“六有”工会红旗示范单位、吕梁公司团委荣获团市委“综合工作先进单位”称号。公司总经理郭贺宏获国网公司“劳动模范”荣誉称号，公司员工侯勇才获山西省委“优秀共产党员”称号，并先后被推选成为吕梁市和山西省党代会正式代表。

【电网建设】

吕梁电网位于山西中部电网西端，是山西省北电南送西通道的重要组成部分，经过多年的规划建设，初步形成以500千伏站为电源支撑点、220千伏分三块运行、110千伏和35千伏及以下电压等级辐射供电的网架格局。500千伏电网，由临县固贤和中阳吕梁2座变电站作为区域电源，通过云吕线北接云顶山500千伏变电站，向南通过吕稷线、吕霍线与山西南部电网相连。220千伏电网网架可分3部分：岚县区域2座变电站与太原电网连接，通过静乐与忻州电网互通；由汾阳等山下4县市8座220千伏站与晋中、太原相连形成的中部大电网；由地电公司所属柳林龙花垣等5座变电站与中南铁配套的10座变电站（兴县蔚汾等4座国网所属，北坡等6座电铁用户）形成的西部电网。电网资产中国网公司约59.57亿元，地电公司20亿元。按区域划分，地电经营区内资产总额61.46亿元，其中国网公司资产为41.46亿元，占比67.45%，且主要220千伏及以上输变电设施，是吕梁西部电网的主网架。吕梁电网共有500千伏变电站2座/350万千伏安，线路6条/585千米；220千伏变电站25座/702.6万千伏安，线路71条/2323.65千米；110千伏变电站122座/1034.45万千伏安，线路234条/2957.435千米。2016年，吕梁电网发电机组总容量485.15万千瓦，包括火电机组439.7万千瓦、新能源13万千瓦、其他32.45万千瓦，其中晋能集团所属电厂3座/155万千瓦。全区最大负荷214.3万千瓦，同比增加6.04%，全社会用电量140.15亿千瓦时，同比增加4.34%。

2016年，国网吕梁供电公司坚持把完成特高压建设属地协调任务作为重中之重，促成市政府多次召开推进会并开展多次专项督查，紧密依靠市、县、乡各级政府，克服重重困难，榆横—潍坊、上海庙—山东特高压工程720基铁塔属地协调任务全面完成，陕北—武汉特高压直流工程取得路径协议，各项前期工作进展顺利。编制完成“十三五”农网发展规划，古交三期送出工程等10个基建项目完成前期工作。霍州煤电临县电厂送出等7项工程按期开工，建成投产电网基建工程15项。孝义西盘梁等7宗土地证办理工作进展顺利。配电网建设全面提速，与各县（市）政府签署战略合作协议，总投资5.98亿元的180项配电网工程按期投运，全面完成44个中心村电网改造、1639眼机井通电任务。成立领导小组和工作组，对接帮扶西藏昌都市开展新一轮农网改造升级工程。编制的《配电网工程档案标准化管理手册》，被省公司评为标准化范本在全省推广运用。孝义公司荣获省公司配电网标准化建设改造先进单位，仁义村台区改造工程入选标杆工程。文水冀州变电站工程获国网优质工程，汾阳白石变电站增容等13项工程获省公司优质工程。加强工程质量管控，1项工程获国网优质工程、13项工程获省公司优质工程。文水冀周110千伏变电站工程获省公司2016年输变电工程设计评优变电站新建项目二等奖。"装配式母线桥支架"创新施工方式，获得省公司职工技术创新竞赛小组"五小"项目中二等奖。

【经营管理】

2016年，国网吕梁供电公司落实法治企业"三全五依"要求，被省公司评为"六五"普法先进单位，制定实施法治宣传教育第七个五年规划，强化通用制度执行，清理废止制度25项，制定实施"六凡六必"案件管理新机制的各项措施，全年处置公司系统新发案件5例，受省公司委托组织应对案件2例。配合完成国网公司人力资源管理审计和省公司集体企业经营管理、工程物资内部控制以及公司原任总经理任期经济责任审计工作，开展大修、运维等7项审计，共审计各类工程项目281项，金额9680万元。成立农网工程跟踪审计组，重点对工程现场、资金使用等环节进行检查，发现问题立即组织整改，确保工程建设依法合规进行。上报物资需求计划9863条，金额6.45亿元，处置废旧物资257万元。5个基层基础专业组积极探索，57项任务清单扎实推进，孝义公司作为省公司电网发展工作试点单位，在配网规划、工程档案资料管理、建章立制等方面成绩突出。专业管理深度延伸，光伏并网客户电费发票开具等一批问题得到解决；成功开发物资电子档案信息管理系统，岚县公司赵朝舍仓库被省公司评为标杆县仓储点。推进本部建设，全面整改国网公司巡视检查、人资审计发现的问题，27项省公司反馈意见全部核实处置。全面完成2016年任期经济责任审计2项，上年大修、专项运维、日常运维等项目及预算执行情况审计5项。对所属25个党支部（总支）党风廉政建设"两个责任"落实情况进行检查考核。开展国网公司巡视和省公司巡察问题整改，共整改问题6类21项，组织处理4人，全面梳理巡视巡察、内外部审计检查各类问题38项。开展监督执纪问责专项监督，开展监督执纪问责专项监督，督办处理4个经济处罚不到位的问题。

【安全生产】

2016年，国网吕梁供电公司严格各级安全责任，开展"三查三强化"等专项活动，治理安全隐患1093项，查处各类违章147起，隐患排查治理、现场风险管控机制初步建立，顺利通过能监办安全生产标准化达标评审。加强精益运维管理，修编90座变电站运规、典票，完成220千伏灵泉等14座变电站综合检修；认真落实输电线路"三跨""七防"措施，输电线路跳闸频发的状况得到遏制。加强配网规范管理，加装智能柱上断路器877台，配网供电可靠性明显提高，文水、交城、岚县公司通过标准化县级城网验收。发布电网风险预警146份，修编各专业24项应急预案，成功组织17次反事故应急演练，应急保障能力得到增强。圆满完成了春检、秋检、迎峰度夏和各项保电任务。全年未发生人身、电网、设备事故和信息安全事件。

【电力运行】

2016年，国网吕梁供电公司加强生产管理，提升电网运行水平。发挥备调职能，实现"应急备用"向"全业务备用"转变，按要求开展主备调切换演练。依托OMS系统一体化停电计划平台，有序平衡停电计划，推进地县一体化调度自动化系统实用化工作，完成孝义县调7座35千伏变电站AVC闭环控制工作。完成35千伏至220千伏变电站调度数据网二平面接入地调、地县备调及内网监视平台工作。

【电力市场】

2016年，国网吕梁供电公司积极应对经济持续下行、售电增长乏力的严峻形势，快速响应客户需求，全年受理报装容量83.19万千伏安，比上年同期增加52.92%；努力挖掘用电需求，电能替代电量完成13.72亿千瓦时，完成省公司下达任务的300%。构建全方位电费回收责任体系，实施一户一策、驻厂催收等措施，当年电费回收率实现100%，促成公司、客户、政府、社会多赢的还款方案，圆满解决海威钢铁公司7546万元的陈欠电费难题，受到省公司高度赞誉。抓住“三供一业”分离契机，与4个国有企业小区签订接收改造协议，竣工送电2个，编制上报22个职工小区1.2亿元改造接收计划；接收用户资产4291万元，打开合表用户28390户，“多表合一”接入系统1756户，市场份额得到巩固。开展打击窃电及违约用电专项行动，累计查处违约电费187.18万元，追补电费80.38万元。全省率先完成高速快充站送电任务。全省首座密集柜智能电表库通过验收，实现计量表计的自动存取；营配调数据全面贯通，有效推动各专业协同和各业务融合。服务转型成效初显，网上营业厅微信公众号绑定3.48万户，“掌上电力”APP注册5.2万户，“互联网+”线上报装应用率达到68.1%。全面完成“账卡物”一致性专项清理，开展储备项目可研经济性与财务合规性评审，夯实项目预算编制基础；促成市发改委出台电动汽车充电服务费及用电价格标准。

【农电工作】

2016年，国网吕梁供电公司成立星级乡镇供电所建设工作领导组，研讨制定《国网吕梁供电公司关于开展星级乡镇供电所创建工作的实施方案》。经省公司验收通过四星级供电所3个，评定三星级乡镇供电所8个，二星级19个，一星级11个，无星级9个。7月1日，吕梁市众辉供电服务有限责任公司顺利通过国家能源局山西监管办公室的资质审批及验收，正式取得有效期6年(2016.7.1至2022.6.30)的承装（修、试）电力设施许可证，许可类别和等级为：承装类四级、承修类四级和承试类五级。强化配网精益化管理。严格检修计划管控，制定下发《配网停电检修计划管理办法》，实施“一停多用”，统筹安排业扩、检修、基建等需求。城市供电可靠率稳步提升，中压用户平均停电时间由二季度月度平均4.5小时降到三季度月度平均1.6小时，共发现缺陷2382条，消除2382条，消缺率100%；共开展红外测温2065次，超声波局放158次，地电波局放82次，通过状态检测发现缺陷173项全部消缺；配网PMS2.0数据治理全面完成，完成图数治理、营配贯通工作；重点开展绝缘杆作业法、绝缘平台作业法、绝缘支架作业法，提升配网带电检测水平。常态化开展公变运行治理，整改8台重过载、29台三相不平衡、15台低电压配变。依托配网规划辅助决策系统开展“一图一表”配网前期规划，吕梁作为3个市公司先进做法之一在省公司参加成果展示；在省公司配电网标准化创建验收中，孝义、汾阳公司在全省38家县公司中排名第2和第6名，顺利通过验收；交城、文水、岚县公司通过省公司标准化县级城网验收，至此国网吕梁供电公司所有县（市）公司全部通过验收。

【科技与信息化】

2016年，研发科技项目“基于智能单兵作业装置的交互式变电检修综合布控系统”，在3D交互式变电检修综合布控系统前期建设成果基础上，引入世界先进的增强现实技术（Augmented Reality，简称AR），开展增强现实交互式智能单兵作业装置研究；深化应用网络协同与三维仿真技术，实现多人模拟、交流，增强变电检修系统实用性，具备现场检修应用条件。申报基于场路耦合的高可靠性输电线路感应取电装置研制项目。申报推荐管理创新成果4项，完成省公司下达的全部2项科技研发任务计划。申报优秀管理论文18篇。申请专利28项，其中发明专利

10项，实用新型专利18项，当年获得授权专利15项，完成省公司下达的知识产权与计划任务。申请并上报下年度群众性创新项目10项，获得审批通过8项，为公司2017年青年创新工作奠定基础。扶持现有创新工作小组，通过加强对电力孵化室、信通公司ICT创新工作室、配电运检室（二次）专家工作实验室等创新小组的理论、知识、宣传等扶持，为职工创新营造氛围。

【企业内质外形建设】

2016年，国网吕梁供电公司履行社会责任，完成4个城市营业厅24小时自助化、互动化改造，全面提升实体营业厅信息化、互动化服务能力。新增收费网点166个，达2104个，其中农村收费网点1259个，网点覆盖率100%。“网上营业厅电力微信公众号绑定3.2万户，“掌上电力”APP注册5.1万户，“互联网+”线上报装应用率完成24.68%，“互联网+”账单推送应用率完成1.95%，“互联网+”线上缴费应用率完成0.81%。全省首家率先完成吕梁—太原高速快充站的送电任务，成为国家电网积极高效履行社会责任的典范。全面落实接收国有企业职工家属区供电设施“三供一业”分离移交工作指导意见，公司营业区域内现有共有国有企业职工家属区未移交小区共27个，合计居民20771户、非居民596户。框架协议签订和方案制订完成4个小区（641户）。竣工送电2个小区（118户）。重新完善《业扩报装实施细则》，优化报装流程，全年实施电能替代项目39个，增加售电量12.1亿万千瓦时，完成省公司4.572亿千瓦时目标的264.65%。开展电能替代“电网连万家、共享电气化”主题的“购电器·送电费”“用电器·享服务”惠民便民活动，售电器30台，送出电费1000元。

（国网吕梁供电公司）

## ·山西地方电力有限公司吕梁分公司·

【主要经济指标完成情况】

2016年，山西地方电力有限公司吕梁分公司主要经济指标完成情况如下：

供电量：完成51.978亿千瓦时，同比增长6.35%.

售电量：完成48.688亿千瓦时，同比增长5.30%。

其中，工业用电量32.688亿千瓦时，同比增长6.06%。

【电网重点工程项目建设】

2016年，山西地电公司所属8县（区）分公司重点项目有3个，柳林孟门110KV输变电工程续建项目，投资0.8726亿元；吕梁新城电力配套设施项目，投资1.74亿元；全年农网升级改造工程投资1.138亿元。3个重点工程项目总投资共计3.75亿元，完成工程量81%，完成投资3.044亿元。

柳林孟门110KV输变电工程 主变容量2*40MVA，线路长度21.2KM，概算批复8726万元，2016年计划完成投资8276万元，完成工程量31%，完成投资2565万元。线路工程于2014年10月开工建设，全线有铁塔59基，其中Ⅰ回30基，Ⅱ回29基全部完成组塔；本周因组好的铁塔中有3基发生塌陷需移位，开挖2基，1基完成组塔，全部完成开始挂线。站址土地完成出让成交相关手续。土建具备开工条件，与政府协调征地款下拨到村委组织开工，确保12月底完成线路导线架设。

吕梁新城电力配套设施工程总投资1.74亿元，完成工程量95%，完成投资1.65亿元。离石片区工程全部完工。方山片区完成工程量的98%。

全年农网升级改造工程投资1.138亿元，完成投资1.138亿元，完成工程量100%。

【安全监管及用电服务】

2016年，山西地电公司吕梁分公司开展春检、春试工作。开展春检、春试“安规、两票”培训工作，合理安排春检、春试停电时间，制订2016年春检、春试停电检修计划。开展春检、春试及夏季迎峰检修跟踪督查工作。

落实安全责任。吕梁分公司与八县区分公司签订安全目标责任状。

加强应急管理。按照省地电公司及吕梁市政府应急办要求，及时修订完善各项应急预案并开展应急演练，提高系统对各种突发事件的应对能力。

开展安全生产活动。6月6日，举办“安全生产月”签名仪式活动，组织开展“安全生产月”宣传咨询日活动；组织开展“百日安全生产大讨论活动”；每周定期召开安全生产例会，安排安全生产各项工作。

重新调整吕梁分公司安委会成员，建立完善地电吕梁分公司各级领导安全职责、安全消防管理制度和安全到位考核制度，

重视防汛工作，加强应急值班，制订全年防汛工作方案，建立地电吕梁分公司汛期微信群，及时发布吕梁市防汛信息、通知及明传电报，及时了解八县区公司安全生产、巡查值守等工作，确保汛期系统安全运行。

以服务地方经济为宗旨，充分征求各类客户意见及建议，并利用各种活动，印发安全、服务宣传资料数万份。

根据市委、市政府及地电公司要求，确保春节、高考等各大节日、重要活动、重大会议以及重要用户的可靠供电，完成各项保电工作。

组织实施吕梁城区公交站点充电桩电力设施建设，10月底完成城区南侧电力线路及充电桩投运工作。南口（客运总站）充电站投入运营。

审查并批复吕梁机场第二供电电源接入方案；向国网吕梁供电公司致函方山、临县光伏扶贫项目接入系统方案，进行审查。

**【吕梁新区“百日大会战”电力设施工程】**

2016年，山西地电公司吕梁分公司制订工作方案和督查方案。根据市政府5月24日召开的关于吕梁市新区安置和市区重点项目建设“百日大会战”动员会及有关文件精神，地电吕梁分公司讨论并制订地电吕梁分公司新区安置电力设施建设百日大会战工作方案和督查方案；定期召开工作例会。组织离石、方山分公司有关人员，定期召开吕梁新区电力设施建设工作例会，汇报工程施工进度及存在的问题。加强督查检查。公司领导及有关人员会同离石、方山分公司有关人员，多次到新区安置电力设施工程现场督查、调研，了解工程施工进度、解决存在的问题。加强配合沟通。与市百日大会战督察组保持沟通，推动离石区委23路工程受阻问题及方山县大武镇阻碍电力管线施工的建筑拆除问题的解决。在市政府的支持及各有关单位配合下，吕梁分公司按期完成“百日大会战”各项工作任务。

**【吕梁分公司电能计量检测中心工作】**

7月31日，山西经地电公司批复成立山西地方电力有限公司吕梁分公司电能计量检测中心，主要职责是负责所辖吕梁八县（区）分公司关口计量的安装与检定以及对各分公司计量工作的业务指导管理工作。

电能计量检测中心成立后，公司领导多次与吕梁市质量技术监督局相关负责人协调沟通，召集各县(区)分公司营销经理、计量主任召开计量工作推进会，并聘请计量专家进行指导，对各分公司计量标考前准备工作做安排，要求各县（区）分公司对计量标考工作进行自查自纠，针对校验环境、建标资料等方面存在的问题，进行彻底整改。

11月25日前协同市质监局完成对所属各分公司校验室的计量标准考核工作，对标考中存在的不足向各分公司提出指导意见。

（山西地方电力有限公司吕梁分公司）

## ·山西华光发电有限责任公司·

【主要生产经营指标完成情况】

截至2016年11月30日，山西华光发电有限责任公司主要生产经营指标完成情况如下：

发电量：39.45亿千瓦时；

供电标准煤耗：329.95克/千瓦时；

等效可用系数：89.62.%；

综合厂用电率：9.1%%；

非计划停运：2次；

标煤单价：350.09元/吨；

发电单位成本：100.58元/千千瓦时；

利润完成情况：1.17亿元。

【安全管理工作】

2016年，山西华光发电有限责任公司围绕安全监察体系和安全保证体系建设，按照安全生产的法律法规及集团公司指示精神，加大投入，创新管理模式，党政同责、一岗双责，严格执行安全生产责任制，开展各项安全生产专项整治活动和隐患排查治理工作，截至11月30日，发生一类障碍2次，二类障碍4次，实现全年安全生产无事故，杜绝人身伤亡事故的发生。

季节性安全大检查活动及各种专项安全检查是安全工作的重点。公司坚持“以人为本”的原则，做好人的安全为工作出发点，将工作重心放在生产现场，坚持做好维护单位、公司员工每两周的安全汇报，总结分析每周的安全工作。充分利用每周四安全培训时间进行安全知识学习培训，开展以“强化安全发展观念、提升全民安全素质”为主题的安全生产月活动。加强“两票一卡三制”管理，开展“安全隐患大排查、大整治”活动，组织学习“两票”的有关规定，举办“两票”展评，完善“站班会、技术交底会”。截至11月共下发《考核通报》5期、《安全简报》11期，下发整改通知单19份，考核金额20.65万元，奖励金额4.6万元。

引进BOT模式对#3、#4机组进行超低排放改造、尖峰冷却器改造是2016年安全工作的难点，BOT模式施工时间紧，任务重，安全管理存在一定薄弱环节，而尖峰冷却器施工面积广，工程难点多，施工人员水平参差不齐，公司针对性开展工作，加大对外发包工程的安全管理力度，从参加所有工程建设的项目和进入生产现场作业人员入手，建立资质检查、作业人员安全教育、三措编制、安全技术交底、危险因素识别控制、现场安全监督等健全的安全管理体系，确保各施工单位、人员、生产作业的工作场安全，通过对#3、#4机组超低排放改造现场、尖峰冷却器改造现场进行不间断安全检查，利用每周安全学习、生产碰头会、早晚交接班会进行安全理念、知识学习培训，发现问题及时曝光，下发限期整改通知单23份。

完善华光发电安全管理微信群，运用现代信息管理手段加强安全管理，各部门和各维护单位员工工作中随时对生产现场的违章行为进行曝光，管理人员立即进行处理，形成安全生产时时监督、事事处理、件件落实的安全文化理念。

【设备技术改造】

2016年，山西省发电企业面临发电能力过剩，售电市场深化改革，针对运行机组完成电泵改造为汽泵后图纸修编、操作规程学习、运行规程培训，开展防止电气误操作，电气开关专项培训，组织锅炉燃烧调整，化学运行人员组织清洗二级反渗透系统压差明显减少，为公司节省大笔费用；严格执行内部考核制度，争取双细则奖励，通过调整机组运行方式，截至11月底累计奖励900多万元。机组停运后，运行人员加强学习培训，与检修人员一起认真检查设备，开展输灰系统技术改造、电除尘器、脱硫系统分析检查，提高设备的可靠性。

2016年，山东三融公司、瑞源公司、洋山公司等外委单位相继加入公司生产检修、运营、维护队伍，设备管理部通过加强对外委单位的管理，深入各班组指导，提高外委单位班组管理水平，加强外委单位基础技能培训，组织外委单位检修技能人才参加集团技能大赛，提高员工实际检修水平。

针对2016年设备的改造施工现状，依据机组停备时间合理制定检修计划，对运行设备加强点检和巡检，完善运行设备缺陷统计报表工作，对排查出缺陷进行认真处理，共处理缺陷9342条；定期召开技术监督会议和设备治理分析会，先后完成#3、#4机组励磁装置定值检查校验、#3机高调门杆断裂、#3A定冷水泵振动大等重大缺陷的处理。

落实集团公司“环保优”战略，持续推进BOT模式下#3、#4机组进行超低排放改造，2015年底完成完成#4机组改造工作、3月完成#3机组超低排放工作，7月，通过环保厅验收，完成电泵改造为汽泵工程等多项技改，汽泵投运后，厂用电率比同期下降约3%；供电煤耗相比同期下降4.46克/千瓦时。

【依法治企】

2016年，山西光华发电有限责任公司完成#3、#4机组煤场改造竣工结算、脱硫增容改造竣工结算等工作，与省、市经委、省电网公司加强沟通，在发电量持续下降的情况下，主动出击，对接直供大用户，寻找利润增长点，抓住省入企服务组入企服务机会，合理向省电网公司提出诉求，争取特高压增供、向河北网送电等模式多发电量，为公司持续盈利打下基础。

面对2016年单机运行时间长，发电量收入减少的不利因素，财务管理通过加强资金的运营管理，提前安排，多方筹集资金，先后与交通银行、中国银行签订授信协议，保证工程资金顺利结算，确保公司在最低现金流下顺利运营，提高资金使用效率；按照集团公司下发的综合预算管理办法，实行最严格的预算管理制度，每月对经营指标完成情况进行跟踪分析，坚持费用管控，合理使用资金，为全年完成利润目标奠定基础。

及时调整燃料采购渠道，及时开通陕、蒙供煤，满足9月双机组运行，发电量增加，煤炭价格大幅上涨局面，要求集团所属4个煤炭企业原煤增供，有效维护集团公司整体利益。采购山西焦煤华晋公司、吕梁山煤电公司、双柳煤矿等省内大矿及当地价格较低的中煤、煤泥，保证锅炉燃烧稳定性与经济性。截至11月30日，公司燃煤采购量为186.5万吨，入厂标煤单价与去年同期相比基本持平。加强煤场管理，对所有煤场存煤进行掺烧和配煤，烧旧存新，合理配煤。配合煤场质检、收煤系统及磅房自动化系统，根据煤种、硫份、灰份开展针对性强的燃煤配烧试验，对入厂、入炉煤样的分析化验更加科学、有效，根据各煤种的实际情况和公司锅炉燃烧的特点，将柳林当地的煤泥、洗中煤和各类型原煤进行合理的掺烧，提高机组燃煤稳定性与经济性。

（山西华光发电有限责任公司）

## 白酒制造业

### ·汾酒集团有限责任公司·

【概况】

2016年，汾酒集团有限责任公司完成工业总产值53.62亿元，比上年同期增加12.21亿元，增长29.47%。营业收入143.39亿元，与上年相比增长11.54亿元，同比增长8.8%。完成国资委年度考核指标的110%；其中酒类出口创下新高，完成391万美元。实现利税22.15亿元，同比增长11.08%。利润总额6.35亿元，同比增长6.1%，完成国资委年度考核指标的127%，其中剔除投资收益和营业外收支等非经常性损益因素后，经营利润增长1.95亿元，同比增长42.94%。商品酒销量6.52万千升，同比增加1.07万千升，增长19.60%；其中汾酒的销售量创下历史最好水平，达到3.67万千升，同比增长17.22%；商品酒产量6.45万千升；同比增加1.81万千升，增长了38.94%。企业资产总额达到114.01亿元，同比增加5.09亿元，增长了4.7%。企业净资产65.19亿元，同比增加1.81亿元，国有资本保值增值率102.85%。从各项主要经济指标完成情况来看：工业总产值、收入、利税、利润、商品酒销量、商品酒产量等各项指标全面增长，超额完成国资委下达的年度考核指标，积蓄增长动能，落实“稳中求进”的发展要求。保持产销两旺的势头，无论名酒、还是个性化品牌，商品酒销量增速均超过15%，产量增速均接近40%，安全生产达标，没有发生重大生产责任事故，运营成本显著降低，节能降耗指标超额完成。结构调整及增长质量效果明显。酒业板块增速达到13%；高端产品青花汾酒成功提价，实现销量稳定，收入和效益增长；金奖汾酒销量快速增长，价格小幅上扬，实现收入增长16.34%；普汾系列实现市场销量和价格双提升，促进收入显著增长，市场占有扩大。

（汾酒集团有限责任公司）

# 农林水利

## 农业

【概况】

2016年，吕梁市围绕“全面小康”发展目标，坚持以脱贫攻坚为统领，以农业供给侧结构性改革为动力，以转变农业发展方式为主线，落实组织领导，创新发展思路，采取合理措施，推进工作，全市农业农村经济保持良好发展态势。

发展农业经济。2016年前三季度，全市农民人均可支配收入达5843元，比上年同期增长6%，较第二季度增幅（5.8%）提高0.2个百分点。1月至11月，全市完成农业增加值51.48亿元，同比增长3.6%；完成现代农业投资35.4亿（其中农业11.6亿、畜牧23.8亿），占年度任务35亿元的101.14%。

粮食生产丰收。落实惠农政策，落实粮食补贴、省十项强农惠农政策等各项扶持政策。累计争取十项强农惠农补贴2615万元，下拨粮食补贴资金3.69亿元到各县市区。突出粮食高产创建，坚持以统一整地播种、统一肥水管理、统一技术培训、统一病虫防治、统一机械收获“五统一”的技术路线，推进“万、千、百、十”精品工程，全市共建成高产创建示范片27个，推广地膜覆盖23万亩。实施高标准农田建设，以加强农业基础设施建设、改善农业生产条件、提高耕地综合生产能力、增加农民收入为重点，全市累计实施高标准农田建设规模11.15万亩。

养殖存出栏实现双增。1月至11月，全市牛、羊、猪、家禽存栏分别达到20.74万头、142.8万只、62.9万头、2028.5万羽，同比增长5.98%、2.86%、1.93%、4.11%；出栏分别达到10.88万头、62.61万只、69.2万头、4440.57万羽，同比增长30.77%、21.43%、1.45%、1.21%。肉蛋奶总产37.4万吨，同比增长8.25%，占年度计划40万吨的93.5%，超时序进度1.83个百分点。

推进“8+2”农业产业化。绿色杂粮产业：计划发展9万亩，实际种植9.1万亩（其中有机谷子2200亩），直接带动5县1.26万户、5.04万人（其中贫困户7025户、2.8万人）致富。兴县山花烂漫公司采取订单方式，建立有机谷子种植基地1913亩，带动农户133户，仅此一项预计户均增收1.33万元、人均增收4180元。绿色马铃薯产业：计划发展7万亩，实际种植7.3万亩（其中有机马铃薯700亩），直接带动2.6万户、9.7万人（其中贫困户1.72万户，7.13万人）致富。岚县采取“借薯还薯”模式，解决贫困户种薯需求。具体做法是：向企业每借4000粒原原种，2017年还500公斤原种，农户能剩余1000公斤原种。食用菌产业：截至11月底，全市完成2030.5万棒，占全年计划2700万棒的75.2%。计划种植中药材5万亩，完成4.1万亩，占计划任务的82%。其中交城完成1.1万亩、超计划任务1000亩，方山、离石、临县全部完成计划。石楼任务1万亩，完成10亩发展规划的前期准备工作。2016年计划示范推广设施蔬菜新品种1.45万亩，完成新品种示范推广1.48亩，超计划2.1%，直接带动1795户、4667人（其中贫困户261户、贫困人口850人）。畜牧产业。2016年重点实施四大工程：关帝山片区肉牛养殖工程，计划扶持建档立卡贫困户4450户，各购买1头能繁母牛。落实贫困户1871户，购买能繁母牛841头，完成任务的18.9%；肉牛提质增效工程，计划改良黄牛2.4万头。改良黄牛2.53万头，超计划任务5.4%；湖羊提质增效工程，计划调购纯种杜泊公羊345只。引进296只，完成任务的85.8%；沿黄肉羊养殖工程，计划扶持建档立卡贫困户1450户，每户购买能繁母羊10只或新建圈舍50平方米。新建圈舍1.5万平方米（每户50平方米）、共涉及贫困户300户，购买能繁母羊3000只、共涉及贫困户300户，两项共扶持贫困户600户，占计划任务的41.4%。

推进农产品加工。1月至11月，农产品加工量达125万吨，龙头企业销售收入132.5亿元，占年度任务141.28亿元的94%，超时序进度2.33个百分点。开展动态监测。组织开展农业产业化龙头企业监测管理，全市累计培育国家级重点龙头企业4户，申报省级重点龙头企业54户，拟订市级骨干龙头企业100户。争取政策支持。争取省财政贴息资金1320万元，根据审核情况下拨到县、兑现到企业。开展调查研究。先后组织开展专项调研4次。组织企业家培训。组织农产品加工“513”工程省级梯次以上龙头企业参加全省龙头企业董事长专题培训活动。5月上旬，组织全市市级以上龙头企业董事长、总经理以及市县两级农业系统干部190余人，赴农业部干部管理学院开展培训活动。5月中旬，组织全市从事电商业务的龙头企业负责人和业务骨干开展电商培训。10月31日至11月3日，组织全市农业领导干部与农业龙头企业营销负责人培训班，对全市龙头企业营销队伍及市、县两级农业系统干部180余人进行专题培训。

拓展农产品销售市场。2016年，市级财政安排500万元，支持特色农产品营销宣传和参与国际、国内各类农产品展示展销、贸易洽谈和招商引资等活动，提高市场知名度和占有率。组织开展农产品展销活动。组织参展企业75户，参加北京、汾阳两个大型农产品展销活动，落实招商引资项目33个，总投资127.321亿元，招商引资额94.308亿元；贸易洽谈签约项目47个，贸易成交额10.811亿元。对吕梁特色农产品进行鉴定和宣传推介。协调农科院、农业部等科研机构的专家对吕梁马铃薯、小杂粮等进行品质鉴定，在北京农展会期间组织召开马铃薯、小杂粮推介暨命名发布会。会上由权威专家进行宣传发布，为今后拓展农产品销售市场提供依据和基础。筹建山西（吕梁）杂粮交易中心。10月10日，省粮食厅在汾阳举行山西（吕梁）杂粮交易中心挂牌启动仪式。组织开展10大精品农产品销售活动。

开展农业标准化示范市创建活动。按照“2016年规划申报、三年全面推进、2019年通过验收”的总体安排，市县两级全部出台实施方案，成立专门机构，启动此项工作。吕梁市农业委员会于8月底，申报农业标准化示范市创建项目，省质监局上报国标委。吕梁市方案通过国标委专家论证，按程序审批。2016年全市制定或修订标准100项，创建农业标准化示范区56个、面积43.8万亩，标准化养殖小区35个，申报“三品”认证基地30万亩、产品50个。

改善农村人居环境。市、县两级制定出台《2016年改善农村人居环境行动计划》，四大工程、

16个项目整体进展顺利。完善提质工程方面，完成县乡道路改造351公里，全部完成任务；建成190处农村饮水安全工程，解决3.6万人饮水安全，占年度任务86.7%；完成营造林45.97万亩，50个村开展村庄道路、环村、街巷、庭院绿化和公共绿地建设，年度任务全部完成；改扩建农村幼儿园26所，完成26所；组织51名主治医师以上人员对口支援基层卫生院，完成基层医疗卫生机构全科医生转岗培训19人；完成148个乡镇综合文化站和3112个村级文化场所建设任务；完成广播电视卫星户户通提质工程19462户，全部完成验收；建成农村社区老年人日间照料中心117个，占年度任务98%。农民安居工程方面，启动第一批采煤沉陷区搬迁治理任务，涉及8县、25个乡镇、70个村、1.34万户、3.86万人的搬迁安置工作。截至11月，第一批项目25个乡镇开工建设5个乡镇(汾阳市石庄镇、中阳县金罗镇、离市区红眼川乡、柳林县王家沟乡和柳林镇)，审批完成2个乡镇(汾阳市石庄镇、中阳县金罗镇)，进行可研评审2个乡镇(兴县魏家滩镇、交口双池镇)，开工率仅为20%，其余项目仍在办理前期手续，项目推进滞后，开展地质灾害治理搬迁743户，开工率92%，竣工率51%。对1.89万户农村困难家庭实施危房改造，开工1.82万户，占年度任务96.4%；竣工1.41万户，占74.6%。实施易地扶贫搬迁，启动项目37个，涉及10县9297户2.80万人，开工项目27个。环境整治工程方面，孝义市、离石区计划投资2.7亿元，启动农村生活污水综合利用试点建设项目，编制实施方案；开展乡村清洁工程，全市配备农村保洁人员9785名，乡镇环卫监管人员1821名，配备农村垃圾收集、清运车辆2973台，累计清运农村垃圾15.7万吨，集中清理农村“四堆”4.73万处。宜居示范工程方面，投资1416万，启动建设美丽宜居示范村87个，其中省级12个，市级42个，县级33个，完成投资7267万元。

制定“十三五”产业规划。根据市委、市政府安排部署，吕梁市农业委员会按照“土地规模化、技术现代化、组织企业化、经营市场化、服务专业化”的发展思路，制定出台《吕梁市“十三五”其间特色农业产业脱贫工程行动计划》(吕政发〔2016〕28号)，发展杂粮、马铃薯、食用菌、中药材、设施蔬菜、休闲观光农业、生猪、肉牛、肉羊、蛋鸡、特种养殖、肉驴、饲草业等特色产业，全市农民依托特色农业产业人均收入达4600元以上，其中新增2436元以上。在农业产业集群发展上，提出成立农业产业集群发展领导组建议名单；组建行业协会。“吕梁新农人绿色农产品推广联盟(协会)”“吕梁市农业产业化龙头企业协会”“吕梁市畜牧业协会”(内设猪、牛、羊、鸡、驴、特种养殖分会)“吕梁市杂粮产业协会”4个协会正式登记注册，马铃薯、食用菌、中药材、蔬菜4个产业协会在筹备中。筹建农业产业发展基金，与中金国泰控股集团有限公司多次对接，起草筹建方案(初稿)，呈送有关领导。起草汾阳小杂粮产业园区实施方案，上报省粮食局。

开展农产品质量安全。推动责任落实。市政府给各县市区颁发《农产品质量安全监管监管责任书》，吕梁市农业委员会下发《关于进一步明确委属行政、事业单位农产品质量安全监督管理职责的通知》《2016年吕梁市农产品质量安全专项整治与执法监管工作方案》。开展专项整治。先后组织开展禁限用农药、兽用抗菌药、农资打假、瘦肉精、生鲜乳、生猪屠宰等6大专项整治行动，推动农产品安全工作。组织检验监测。1月至11月，农业部和省农业厅共计抽检全市蔬菜40批次，兽药45批次，鸡肉、猪肉等畜产品72批次，总体合格率98.7%，比省厅下达合格率96%高出2.7个百分点。全市自行速检蔬菜、豆芽、食用菌等样品5134个，样品合格率99.08%；市级抽检猪肉、鸡肉、牲畜尿样等样品1720个，样品合格率100%。

（市农业委员会）

## 农业综合开发

【概况】

2016年，吕梁市开展农业资源遥感动态监测工作，实施农业遥感监测技术的应用。采用现代遥感系统技术手段对全市13个县市区的农业种植业结构和玉米样方情况进行全面监测，记录上报省遥感中心。完成对玉米播种期、出苗期、三叶期、七叶期、拔节期、大喇叭口、抽雄期等7个阶段的监测工作。开展国家级地面样方网点县监测工作。对国家级地面样方网点县进行监测调查，获取信息，拍摄图片，定期向国家农业资源区划办上报，为全省农业资源数据库建设及农业规划决策提供科学依据。全年共完成监测调查22次，获取信息66组，拍摄信息图片330张。

（吕梁市农业综合开发局）

## 农机

【概况】

2016年，吕梁市农机工作各项目标任务完成情况如下：

农机装备总量完成情况。2016年，全市农业机械化原值达10.6亿元，农机总动力144万千瓦，同口径同比增长3.5万千瓦；机械化综合水平达50.2%，增加2个百分点。经营效益总收入12.7亿元，实现利润4.4亿元。拖拉机保有量达2.09万台。其中大中型拖拉机达8716台，小型拖拉机达1.22万台，各类配套农机具达2.80万台。（2016年农业部对农机统计进行调整，将农用运输车、三轮车去除在外）

农田作业完成情况。2016年完成机耕作业面积367万亩，完成机播作业面积298万亩，完成机收作业面积183万亩。

农机新技术实施情况。玉米生产全程机械化作业：完成作业面积111万亩，占年计划任务110万亩的101%。新增玉米收获机122台，完成任务120台的101.6%。马铃薯生产全程机械化作业：完成作业面积26.96万亩，占年计划任务26万亩的103.7%。新增马铃薯全程机械化装备134台，完成任务120台的111.6%。机械化农作物秸秆综合利用：完成还田面积116.7万亩，占年计划任务100万亩的116.7%。

农机重点工程建设情况。机械化保护性耕作：累计实施面积达100万亩，新增保护性耕作面积5万亩，完成全年计划任务100%。农机深松作业：完成深松面积33.1万亩，占年计划任务32万亩的103.4%。跨区机收小麦工程：6月18日至7月8日，夏收工作共投入联合收割机51台，完成机收小麦面积5.3万亩，夏收期间全市共组建跨区机收服务队2个，签订跨区作业合同56份，成立跨区机收接待服务站4个，培训机手、修理工89人，检修各类收获机械40台件，投入服务人员53人，保证机收工作完成。

农机购置补贴工作情况。全年全市使用购置补贴资金3081.63万元，购置农机具1.04万台，完成目标任务6800台的152.7%，受益农户9196户，完成目标任务6000户的153.2%。

农机监理培训工作情况。全年全市共新注册登记入户拖拉机、联合收割机1059台。其中，大中型拖拉机698台，手扶拖拉机204台，联合收割机157台，完成省农机局下达指标任务的211.8%；新训新考驾驶员404人，新注册登记入户拖拉机、联合收割机全部配备正式驾驶员，完成省农机局下达指标任务100%；年度安全技术检验各类机车4031台，全市未发生农机事故。

农机社会化服务体系管理工作情况。农机合作社：全年新建农机合作社指标数6个，实际完成6个，占计划任务100%。创建示范合作社任务2个，现被省局确定培育对象2个，占目标任务100%，全市农机合作社总数达168个。新增农机维修服务网点指标任务3个，实际完成5个，占任务指标数166.7%，全市农机维修网点总数达173个。创建示范机械化家庭农场任务数2个，现被省农机局确定培育对象3个，占目标任务150%。新增农机大户任务15个，实际完成15个，占目标任务100 %。创建农机示范大户任务2个，现被省农机局确定培育对象2个，完成计划任务100%。

【农机化技术推广】

组织项目年度申报。按照省农机局安排，市农机局年初印发《2016年吕梁市玉米丰产方机收秸秆还田作业补贴项目申报指南》《吕梁市农机局关于申报2016年现代农机推广项目的报告》通知。组织项目申报，上报省农机局。

加大财政资金支持力度。市农机局与财政局联合出台《吕梁市2016年农业机械购置市级财政累加补贴实施方案》，争取市财政资金100万元，对新购播种机、玉米收获机、薯类收获机、谷物收获机进行累加补贴。完成市补各类播种机147台、玉米收获机109台，薯类收获机91台，谷物收获机14台，完成市补资金近100万元，促进农民购机积极性。

开展宣传演示培训。全年召开各类新技术、新机具现场会12次，参加现场会1030人；组织新技术、新机具培训21次，共培训1152人；分发各类宣传资料4000余份。5月18号，柳林县组织召开残膜回收现场演示培训会；9月23号，交城县组织召开秸秆机械化青贮现场演示会；9月30号，岚县组织召开丘陵山区农机化现场演示会；10月11号，兴县组织召开马铃薯机收现场会；10月12号，柳林县组织召开谷物联合收割机现场作业演示会；10月13日，交城县组织召开果园机械化管护技术现场演示培训会；11月11日，临县组织召开农作物秸秆综合利用机具演示现场会。

开展重点项目。吕梁市2016年承担丘陵山区农机化推进试点建设、农田残膜回收技术装备引进试验考核、果园机械化管护技术装备应用示范区建设、物理农业技术装备应用示范、无人机植保飞防示范点创建、马铃薯生产全程机械化解决方案示范区创建、农作物秸秆机械化综合利用示范点创建共7类项目，分别在吕梁市岚县、临县、柳林县、交城县4县安排实施。截至11月，全年涉及的项目县（除岚县）按照项目建设任务书要求基本完成，包括建设示范区、机具的选型购置、现场培训会的召开，各项目县完成项目档案建立工作。

【农机安全生产】

2016年，吕梁市共出动执法检查车辆610余车次（其中：市农机局出动28车次，局长带队突查6车次），出动执法检查人员1960余人次（其中：市农机局出动110人次，局长带队突查18人次）。共检查农机经销企业8户（市农机局检查）、农机合作组织152个（其中：市农机局检查56个）、农机户2370户(其中：市农机局检查74户）。共排查治理各类安全隐患2830起（其中：市农机局排查治理172起）。其中，责令办理拖拉机、联合收割机注册登记手续980台,责令参加年检1236台(其中：市农机局责令参加年检119台），责令驾驶人参加培训考取驾驶证350人，消除其他安全隐患264起（其中：市农机局消除其他安全隐患53起），隐患整改率达100%。

出动宣传车140余车次，上街咨询展示28次，出动咨询人员170余人次，印发各种宣传材料7.5万余份（其中：市农机局出资1.5万余元，编印1万册《拖拉机、联合收割机安全操作规程》和1.5万张拖拉机、联合收割机安全宣传画，免费发放各县（市、区），制作宣传版面30余块，悬挂横幅标语50余条，发送手机短信、微信2600余条，赠送安全生产宣传画5000余张、《农机安全知识手册》1600余本、《拖拉机、联合收割机安全操作规程》3000余份，电视台滚动播放电视字幕1300余次，广播400余次。举办各种培训会议40余次，培训农机驾驶操作人员2500余人次。

**【农机购置补贴政策规范实施】**

调整充实吕梁市农机购置补贴工作领导组，各县（市、区）相继成立购置补贴领导组，按照政策实施和监管分离的原则，明确农机购置补贴手续审核具体承办人和机具核实人员职责，确保农机购置补贴政策规范实施。

落实程序要求，规范操作到位。按照省、市实施方案和细则要求，规范操作到位，减少农机购置补贴审批环节过多问题，方案和细则中没有要求的审批环节不得增加，减少群众购买农机的时间和奔波费用，降低群众购买农机成本。与财政部门协调配合，督促财政部门及时将资金拨付到卡到户。

推进监督管理。按照要求，结合工作实际，市农机局制定下发《吕梁市2015—2017年农机购置补贴廉政风险防控机制建设实方案》《吕梁市农机购置补贴工作责任制度》。与13个县（市、区）农机局长签订《吕梁市农机购置补贴实施工作责任书》《吕梁市农机局农机购置补贴廉政风险防控承诺书》，印发吕梁市农机购置补贴廉政教育警示材料。

出台相关规定，推动补贴政策规范实施。在省农机局出台相关农机购置补贴配套制度的基础上，结合吕梁实际，制定下发相关工作制度，规范约束农机购置补贴行为，建立农机购置补贴政策实施长效机制。出台《吕梁市农机购置补贴廉政风险防控机制建设实施方案》《吕梁市农机购置补贴政策落实监督检查工作方案》等配套管理制度，与每位干部职工签订《吕梁市农机购置补贴廉政承诺书》。

开展电动农机工作。电动农机奖补项目是2016年山西省农机方面的重点项目，通过组织与争取，吕梁市临县、交城县、柳林县获得省农机局的电动农机新产品奖补项目，其中临县获得项目资金超1000万元。吕梁市获得资金位列山西第一。

**【农机“示范社场户”建设】**

根据《2016年农机社会化服务管理工作目标任务》，2016年初吕梁市农机局给各县（市、区）农机局下发任务分解目标及工作实施方案，分解任务到位，责任落实到人，完成工作任务目标。

提升管理人员、服务人员素质。从2015年冬季到2016年春季，各县开展对管理人员及合作社、农机大户人员的培训活动。

抓农机维修网点的规范化建设。对2010年—2014年享受过省级扶持资金的农机维修网点进行督促落实，对于资金落实没有到位的项目，市农机局重新考核验收，使资金尽快落实到位。要求各县依法依规为符合条件的农机维修网点及时办理、换发“农机维修技术合格证”，督促各县及时将维修网点的信息录入全国和省农机维修信息管理系统。

提升组织管理质量。要求基层合作社及维修网点做到证照齐全，管理有序，制度上墙，规范作业台账、维修记录等，提升管理能力，保证维修质量，做到不误、不错、及时、可靠、有效。对完不成计划任务的合作社与维修网点进行合理化的变更调整。

开展农机示范社场户创建活动。2016年市农机局“示范社场户”创建工作以发展和壮大农机合作社、机械化家庭农场、农机大户等农机新型经营服务主体为着力点，以提升能力、创优服务、提高服务对象的满意度为主攻点，推进农机服务规范化、制度化，推进“示范社场户”创建工作。在创建示范社场户活动中，各示范社场户扩大作业面积3.5万亩、增加机具30余台，提质提效等方面均有所突破。巩固2015年“示范社场户”，带动开展扩规模、抓质量，提高服务效能。加大宣传力度，提升工作技能。

（市农机局）

## 农村经济

### 【农村土地承包经营权确权登记颁证工作】

2016年，吕梁市农村土地承包经营权确权工作累计完成清查面积852万亩，完成省下任务100%。共受理农村土地承包经营纠纷2372件，化解2243件，发放宣传资料84.99万份，培训工作人员3.04万人。3月、5月、6月、10月，市委、市政府先后组织召开由各县（市、区）副书记、分管副县长、农经局长和副局长、农经业务科长、各乡镇长参加的土地确权推进会，市长王立伟、副书记雷建国、副市长李俊平分别强调确权工作。确保工作经费。追加确权经费1584万元。加大督查。市委市政府督查室、市确权办分别于4月、7月、10月3次组织专人对确权工作进行督查，对工作进度缓慢的6个县（市、区）长由市长王立伟进行电话约谈。市确权办技术组对各县（市、区）确权技术问题进行抽查指导，最少的县乡抽查3次。加大培训力度。省农业厅、省确权办、市政府、市农经局多次举办确权登记颁证工作培训。市县两级在全市范围内开展矛盾排查，逐一建立台帐。配备检查车辆。深入乡村检查督导确权工作，为解决县级取消公务用车给工作带来的不便问题，市农经局与市政府和管理局多次沟通协调，为县级农经部门配备车辆。

### 【农村集体产权流转交易市场建设】

5月底和6月初，吕梁市农经局两次组织召开全市不同层面的农村产权流转交易市场建设工作推进会。7月初，组织各县市区农经局长赴运城参观学习盐湖区农村产权流转交易市场建设的经验和做法。10月底，市委、市政府组织召开全市深化农村改革会议，副书记雷建国在会上重点强调农村产权流转交易市场建设工作。截至12月底，县级农村产权流转交易市场全部建成，完成省下任务13个（每县1个）的100%；乡级农村产权流转交易市场建成156个，占乡镇总数95%。

### 【农民专业合作社建设】

截至2016年年底，吕梁市农民专业合作社累计发展8515家，专业合作社成员数14.01万个，占全市农户总数113.27万户的12.5%，带动周边农户19.271万户，带动率为17.1%。培育省级示范社42家，完成省下任务30家的140%；市级51家，完成任务50家的102%；县级130家，完成任务80家的163%。开展核查工作。按照“以规范促发展”的原则，2016年，根据省厅《关于对全省农民专业合作社示范社进行检查及调查粮食类合作社的通知》精神，市农经局对各县（市、区）示范社逐一核查、打分，上报省厅。省厅下发《关于取消不符合标准的省级示范社资格的通知》（晋农经发〔2016〕4号），取消吕梁市39家省级农民专业合作社示范社资格。提供政策扶持。全年，市级财政安排专项资金150万元，扶持农民专业合作社38个。根据《2016年“8+2”实施区域农民专业合作社项目申报通知》要求，对73家合作社给予补助，每家补助3—5万元，补助资金310万元。组织专题培训。5月25日，市政府组织召开“农民专业合作社规范化建设专题讲座”。召集各县（市、区）委副书记、副县长，各县农经局长、副局长、业务骨干，各乡镇长、农经站长参加，受训人数达480人。6月14日至15日，市农经局组织举办“全市农民专业合作社辅导员培训班”。各县（市、区）农经局分管副局长、各合作社辅导员、各乡镇农经站站长，部分2015年省市示范合作社负责人参加，受训人数170余人。

【家庭农场建设】

2016年，吕梁市新发展家庭农场109个，培育省级示范家庭农场2家，市级示范家庭农场39家。

【农村土地流转】

2016年，吕梁市为贯彻落实中共中央办公厅、国务院办公厅印发的《关于引导农村土地经营权有序流转发展农业适度规模经营的意见》（中办发〔2014〕61号）和山西省委办公厅、省政府办公厅《关于引导农村土地经营权有序流转发展农业适度规模经营的意见》（晋办发〔2015〕13号）精神，引导吕梁市农村土地（指承包耕地）经营权有序流转，发展农业适度规模经营，市农经局结合本地实际制定实施意见。针对吕梁市土地流转现状，市级制定出台《关于引导农村土地经营权有序流转发展农业适度规模经营的实施意见》。发放奖补资金。为鼓励农户依法采取转包、出租、互换、入股、委托及代耕等多种方式流转承包地，2016年市财政安排资金300万元，对“8+2”实施区域内开展流转土地直接建立基地且流转期限长、连片经营面积大的龙头企业、合作社和专业大户，给予一定数额奖补，助推农业供给侧结构改革。开展土地入股。为增加农民收入，引导农民以自己的耕地入股合作社，秋后按股分配，风险共担，利益共享。截至10月底，全市土地流转面积74.38万亩，占家庭承包面积的11.13%。其中：转包52.97万亩，转让0.3万亩，出租9.44万亩，互换3.13万亩，股份合作0.02万亩，其他方式8.52万亩。2016年流转面积较2015年的66.49万亩，增加7.89万亩。签订流转合同，经乡镇农经站备案。

【流转服务仲裁体系完善】

2016年，吕梁市离石区、柳林县2个重点推进县区按照规范化和示范县建设标准，完成省下任务。其间召开推进会，举办仲裁员培训班，提高吕梁市仲裁员素质。市长王立伟对11个县（区）政府主要领导仲裁约谈。

【“三资”管理】

2016年，吕梁市完善相关制度，建立“三资”台账。各县市区完善农村会计、“三资”委托代理相关制度。在县级范围内统一会计凭证、票据和账簿，统一建立财务操作流程。全市165个乡镇街道办3135个行政村建立资金、资产、资源台账，设立会计档案柜，防止集体资产管理混乱、流失问题。推进农村集体三资管理规范化建设。确定孝义市为农村集体三资管理规范化建设示范市，完善内部设施、人员和相关制度，引领带动其余县市区“三资”规范化建设步伐。开展审计监督，确保涉农资金足额到位。全市2016年开展审计村1050个，完成省下任务1003个村的105%。

（市农村经济管理局）

## 林业

【概况】

2016年，吕梁市林业局任务指标完成情况如下：

造林绿化。全年全市共完成造林57.34万亩，其中人工造林40.24万亩、封山育林17.1万亩，分别占省任务的100%。完成吕梁山生态脆弱区造林35.52万亩，占省任务的100%。

推进城区可视山体绿化。全

年完成城区可视山体整地2.3万亩、栽植1.24万亩，分别占市任务5万亩的46%、25%。

实施经济林提质增效。全年完成核桃林栽植14.12万亩，占市任务20万亩的70.6%；完成红枣、核桃标准化综合管理18.8万亩，分别占省任务8.3万亩、市任务10万亩、县任务1.7万亩的100%、100%和29%；完成品种改良4.525万亩，占市任务6万亩75.4%，其中完成红枣品种改良1.1万亩、核桃品种改良3.425万亩。

实施新一轮退耕还林。全年，在完成前期摸底调查的基础上，提前启动实施2017年退耕还林任务55万亩，截至12月底，完成地块落实和合同签订工作，兑现第一年国家补助和第二年省级配套补助。

推进森林资源管理。森林防火形势平稳，全年，全市共核查卫星林火监测热点7个，未发生森林火灾。开展打击非法侵占林地等涉林违法犯罪专项行动，通过排查，共接收线索114条，其中非法侵占林地案件103起、盗伐森林木案件8起、滥伐林木案件3起。全年行政处罚34起，移送追究刑事责任13起，罚款78.74万元，行政处罚43人，刑事处理10人。实施有害生物防控措施，在全市范围内实行网格化监测预报工作，对松材线虫、美国白蛾和枣树、核桃树病虫害重点监测，全年未发生较大有害生物灾情。

【资金筹措】

2016年，吕梁市、县两级拓宽筹资渠道，形成以项目投入为支撑，市、县财政投入为主体，社会投入为补充的多元投入机制。全年全市用于林业建设的投资达4.09亿元，其中市、县财政投资3.48亿元，占地方公共财政预算总收入23.99%。市级财政预算1.03亿元，占市级公共财政预算6.7%。兴县计划三年投入资金2.6亿元，实施城区可视山体绿化1.6万亩，实现综合治理、一次绿化、一次成林、一次成景的效果，把城周山体建设成集生态健身、森林康养、休闲娱乐多功能于一体的综合性、公园式、大众化活动基地。

【创新机制】

2016年，吕梁市为建立社会力量参与造林绿化新机制，在全市开展栽植"家庭亲情林""企业生机林""社会和谐林"活动，创新认建认养、林权交易流转方式。为增强林业发展活力，提高造林成效，推动生态扶贫，扶持成立扶贫攻坚造林专业合作社，推行购买式造林，吸纳更多群众参与植树造林，让广大农民特别是贫困群众在参与造林绿化、森林管护中获得更多劳务收入。全市注册扶贫攻坚专业合作社300个，社员户数7249户，其中贫困户数5532户，办理造林资质证81个。全年共有31个扶贫攻坚造林专业合作社实施造林3.3万亩，涉及584户贫困户，1737人贫困人口，平均劳务收入8570元。岚县共组建扶贫攻坚造林专业合作社91个，涉及贫困户1722户，贫困人口5338人，其中办理绿化资质证47个。全年有31个合作社承接造林工程，完成造林3.3万亩，涉及贫困户584户，贫困户增加劳务收入500余万元，人均劳务收入8570元，育苗户增加苗木收入400万元。

【管护改进】

2016年，吕梁市拓宽森林管护路径，为贫困人口提供管护岗位，落实生态护林人员5635人，其中建档立卡贫困护林员3042人，涉及建档立卡贫困人口8713人。护林员工资根据生态区位和管护难易程度，年均6000—10000元。柳林县推广3000亩专人、1万亩建站、3万亩建场的管护办法，在新造林集中区域龙门垣、军渡、金家庄、南山、梁家山建设5个管护站，护林近20万亩。中阳县进行规模化低产低效林改造，以6万亩规模推进核桃林管理，提高林分质量和效益。

【科学营林】

2016年，吕梁市在工程建设上，执行各项工程营林技术规程和标准，杜绝移植大树，杜绝使用裸根苗、低规格苗、劣质苗搞“应付式”造林。在市级审批造林作业设计和实施方案中，严把苗木标准和投资标准，保证资金使用效益最大化。按照一次规划、逐步实施、系统治理、整体推进的综合开发思路，实行沟、滩、梁、峁、坡同步绿化，山、水、田、林、路同步治理，生态林、经济林、村庄绿化同步推进，全年建设一批规模化工程，集中连片1000亩以上的工程有85处、18.13万亩。

（吕梁市林业局）

## 水利

【概况】

2016年，吕梁市完成省市考核的7项目标任务：

县域小水网规划工作。

全年目标任务是推进小水网配套工程的批复、复核工作。工程涉及9县（市、区）的小水网供水规划全部上报省厅通过专家论证，经过争取，10处分水口的设置基本确定，4座调蓄水库、2处配套工程纳入国家“十三五”有关规划。

农田水利建设工作。

全年全市农田实灌任务是182万亩，全年完成实灌面积182.22万亩，完成任务。

农村饮水安全巩固提升工程。

全年目标任务是实施农村饮水安全巩固提升工程，完成市级农村饮水安全工程水质监测中心的建设任务。截至年底，219处农村饮水安全巩固提升工程全部完成建设任务，完成投资4787.7万元，受益人口10.02万人，市、县两级14个水质检测中心全部建成，具备水质检测条件。

水土流失治理工作。

全年目标任务是全年完成水土流失治理面积43万亩。截至年底，完成水土流失治理面积43万亩，占任务100%，完成生态修复面积22.28万亩，占任务22万亩的100.1%。

水资源管理工作。

全年目标任务是压减地下水开采量512万立方米，万元地区生产总值用水量下降1%。全年压减的地下水开采量达522万立方米，万元地区生产总值用水量同比下降1.2%，超额完成任务。吕梁市第三届人大常委会第九次会议全票表决通过《吕梁市柳林泉域水资源保护条例（草案）》，在经山西省第十二届人民代表大会常务委员会第三十四次会议审议，正式予以批准。作为吕梁市授予立法权以来第一次通过的实体性地方法规，标志柳林泉域水资源保护走上依法治水的轨道。

防汛抗旱工作。

2016年汛期，吕梁市遭遇50年来最大范围的降雨过程，全市平均降水量635.7毫米，同期增长41%，6月至8月，平均降水量446.2毫米，占全年降水总量85%。在“7·08”、“7·19”“8·12”3次降水过程中，实测降水超过200毫米。受降雨影响，全市多条河流出现大洪水，临县湫水河洪峰最大时流量每秒1700立方米。国家防总派专家到吕梁市指导工作，市委书记、市长抵达现场，适时启动应急响应，县乡村组户多级联动，全行业未发生重特大安全责任事故。

农村小型水利工程产权管理体制改革。

2016年，作为国家级小型水利工程产权管理体制改革试点县，汾阳市完成202个村的改革任务，成立农民用水协会182个，完成任务。

【重点水利工程项目建设和前期工作】

推进龙门供水工程，除380米的二次衬砌工程外，其余尾工全部结束；离石千年水库建设任务全部完成，分部工程、单位工程和下闸蓄水验收工作全部结束，具备蓄水运行条件；为争取启动碛口水利枢纽工程前期工作，市委、市政府成立碛口水利枢纽工程领导组，为后续工作奠定基础。

**【《吕梁市现代水利发展规划》编制】**

为保证吕梁市未来10至30年水利发展的整体规划符合国家投资政策，推动吕梁市水利项目的资金争取，邀请水利部直属的水利水电规划总院为吕梁市编制发展规划。经过实地勘察和专家论证，初步形成“一横两纵三支四区”的规划思路，与水规总院的合作为吕梁市与水利部的沟通搭建桥梁，经过水规总院的协调，吕梁市6个小型水库纳入国家《“十三五”抗旱应急小型水库规划》，总投资7.5亿元。

**【国定贫困县建档立卡贫困户饮水安全调查工作】**

2016年，根据省政府的要求，省水利厅决定对全省36个国定贫困县开展建档立卡贫困户饮水安全调查和技术帮扶工作。市、县两级水利部门抽调160余名干部分赴吕梁市6个国定贫困县，对3191个自然村、13.44万户、35.51万名建档立卡贫困户逐户进行饮水安全实地调查，掌握国定贫困县建档立卡贫困户饮水安全的第一手资料，为争取扶贫资金奠定基础。

**【沟域经济规划工作】**

2016年，吕梁市水利局把全市50条基础条件较好的沟道作为沟域经济发展的试点进行规划，与吕梁电视台制作沟域经济发展专题宣传片。市水利局组织发改、林业以及13县（市、区）水利（水务）有关人员赴北京考察学习，申请加入北京沟域经济发展联合会，与全国沟域经济规划专家建立联系。

**【新区北川河治理一期工程建设百日大会战】**

2016年，吕梁市新区北川河治理工程进展显著。全年浇筑混凝土底板19.2万平方米，新建箱涵4.8千米，完成2.25千米的河道治理任务，完成建设投资2.2亿元，截至2016年底，北川河治理工程累计完成河道治理长度11.6千米，占总任务98.73%，完成箱涵建设22.43千米，占总任务98.08%，累计完成投资9.88亿元，占总任务86.97%，河道内主体工程全部完工，加紧完善泵房景观设计、机电设备安装等附属工程。为解决资金短缺问题，与国家开发银行多次磋商，争取贷款10亿元。

**【水利扶贫工作】**

2016年，吕梁市围绕市委、市政府脱贫攻坚战役的总体思路，市、县两级成立水利扶贫领导小组，由市、县水利部门主要负责人担任组长，明确水利扶贫工作任务，推进水利扶贫工作。研究讨论水利扶贫的方向和目标，形成全市水利扶贫“375”工程思路（实行三大区域划分，建设七大重点工程，落实五项保障措施），为加快补齐脱贫攻坚水利短板，解决贫困区的“五水”问题奠定基础。根据上级“十三五”水利扶贫规划的指导思想、基本原则和目标任务要求，上报总投资为143.22亿元的“十三五”水利扶贫规划项目，其中6个国定贫困县总投资118.27亿元，4个省定贫困县总投资24.95亿元。

（吕梁市水利局）

## 水文

**【概况】**

2016年，吕梁市水文工作如下：

水文情报预报工作。受厄尔尼诺现象影响，全年汛期大范围强降水过程频发，多地降雨量超历史极值。面对严峻的防汛形势，吕梁市水文分局按照省局精神的要求，推进水雨情监测和预测预报工作，开展洪水预报，组织应急监测，完成测报任务，特别是“7·19”特大暴雨洪水中，各水文站预报洪峰流量，为吕梁市、县防汛部门防洪抢险提供决策依据。

水文基础设施建设。全年，中小河流水文监测系统建设项目和防汛水文能力建设项目全面完成，申请竣工验收。国家地下水监测土建任务全部完工，仪器设备安装工作正在进行。这些基础设施建设工程，为防汛抗旱减灾、应急水事件处置、水利工程建设提供水文水资源预测预报信息和服务产品。

发挥技术优势，为水资源管理保护和水生态建设提供重要支撑。全年，完成全市国家重要水功能区全覆盖水质监测，开展水生态监测等，完成黄河流域入河排污口调查监测，完成浅层地下水及重点区域地下水水质监测工作，连续8年做好地下水考核评价指标监测任务，完成应急监测任务，为保护水生态环境发挥基础性和关键性作用。

山洪灾害调查评价工作超额完成。成果经省、市、县审核，通过国家项目组的技术审查。

【第三次水资源评价】

该项目是由水利厅党组确定，以水文局为主体，水利厅直属相关单位参加的重大科研项目。2016年11月，省水利厅批准项目实施方案；12月，技术大纲通过省水利厅审查。此次评价水质普查先行，按照省水文局的安排部署，自2016年11月20日开始，吕梁市水文分局启动水质普查“百日大会战”，以“白加黑”“5+2”工作模式，在100天内完成吕梁境内包括地表水、地下水等水体近400个水样的野外调查、水样采集、实验室分析检测、资料分析汇总工作，汇编普查报告，为第三次水资源评价工作顺利开展奠定坚实基础。地下水水质评价初评成果基本完成。

（吕梁市水文分局）

## 文峪河水利管理局

【概况】

2016年，吕梁市文峪河管理局完成财务总收入1581万元，占预算收入1430万元的111%，占2015年收入1923万元的82%。其中农业供水收入394万元，占预算收入380万元的104%；工业供水收入509万元，占预算收入450万元的113%；发电收入169万元，占预算收入150万元的113%；其他收入13万元；财政补贴496万元。完成财务总支出1553万元，占预算的108%。

2016年，完成春、冬浇引水4423万立方米，占年初计划4500万立方米的98.3%；完成灌溉面积22.64万亩；完成工业供水2157万立方米；发电供水8664万立方米（包括重复用水3034万m3）。

截至12月20日，水电站安全生产无事故，完成发电665.7万度，占年初计划550度的121%。

【防洪保安工作】

文峪河水库是吕梁市管理的唯一一个大型水库，承担下游6个县（市）、22个乡镇、182个村、45万人口、20千米铁路、公路干线的防洪保安任务。在安全运行管理和流域防洪安全方面，水库发挥重要枢纽作用。2016年受超强厄尔尼诺现象影响，水文气象形势十分异常，入汛提前，雨区“北抬东移”，局部暴雨、大暴雨频发。7月19日，全省经历有气象资料记录以来最大范围的强降雨过程，文峪河上游最大洪峰流量达144.4立方米/秒。面对雨情、汛情，文峪河管理局领导一线指挥。局防办安排值班，传递信息，传送指令。水库管理站按照市防指批复的《文峪河水库2016年汛期控制运用计划》进行决策，合理调度，将下泄流量控制在80立方米/秒以内，远小于下游河道安全泄量150立方米/秒，极大地缓解文水、汾阳河段的行洪压力，未对下游河堤、沿岸村庄及农田造成灾害损失。7月20日，接到省防指《关于汾河流域16座大中型水库控制下泄流量的通知》后，文峪河管理局将下泄流量减少到30立方米／秒，在全省防汛抢险的关键时刻，为保证汾河干流最大洪峰安全入黄河，最大限度地发挥水利工程的削峰、错峰、滞洪功能和防灾减灾效益。7月22日，孝义市反映河水暴涨，文峪河管理局负责人赴孝义市五楼庄节制闸及孝义市南姚村文峪河入汾口实地了解情况，同孝义市政府领导、水利部门负责人联系，安排文峪河、特别是磁窑河入汾口的防汛抢险。针对上游柏叶口水库初期蓄水运行、汛前蓄水较多、库水位较高、汛期滞洪能力较弱的实际，文峪河管理局建立柏叶口水库、龙门供水工程与文峪河水库的三方会商制度，建立雨前排查、雨中巡查、雨后核查的工作机制，掌握天气情况和汛情、险情，采取有针对性的防范措施，保证水库大坝安全，保证下游河道安全，保证人民群众的生命财产安全，实现防汛工作大坝不出险、人员不伤亡的目标。

【工农业供水】

2016年，吕梁市春浇，水库蓄水仅为2490万立方米，可用水量为1000万立方米，这与2500万至3000万立方米的用水需求差距很大。受水库降速影响，不可能大流量放水。春浇其间，柏叶口水库向下游放水1700万立方米，基本满足用水需求。6月文峪河地区异常干旱，在水库严重缺水的情况下，通过挖潜对地处上游的北徐、宋家庄、南徐、中舍、龙泉、沟口、乐村等村的1万余亩农田进行适时灌溉。2016年冬浇，受土墒充足、粮食跌价、村干部思想不稳等诸多因素影响，各村灌溉积极性普遍不高，面对有水无人用的困境，文峪河管理局逐村逐户动员，发挥先进典型引领作用，冬浇供水从11月12日开始，至12月底，累计供水1540万立方米。在2016年的冬浇工作中，文峪河管理局执行市人大三届六次会议提出的要求，节约水资源，杜绝水浪费，灌溉亩用水量由300立方米减少为200立方米，为后续灌溉工作奠定基础。

【水力发电】

2016年，吕梁市水电站增效扩容改造项目竣工验收。水电站的首要任务是安全运行多发电，文峪河管理局根据水库来水合理调度，保证机组运行平稳，发挥最佳效益，截至12月20日，共计发电665.7万度，综合效率达94%。水电站以“水电安全生产标准化达标评级”复核为契机，健全完善安全生产的组织机构和规章制度，将有关措施落实到班组、落实到职工，与各班组长、责任人层层签订安全生产责任书。

【工程项目】

2016年，吕梁市文峪河灌区续建配套与节水改造2013年度项目，省级配套资金到位后，完成永田渠改造650米，建筑物4座，完成投资140万元。

文峪河灌区续建配套与节水改造2015年度项目，分7个标段同步建设，共完成渠道防渗改造67.4千米，建筑物208座，完成投资10231万元，占批复总投资78%，占到位资金90%。

水闸除险加固是2016年实施的重点项目。渠首闸、古贤闸完成全部建设任务，完成竣工审计、上报竣工验收申请报告。跃进闸、汾孝闸、汾平公路桥闸完成水闸下部结构和闸室上下游翼墙等，共完成投资625万元，占批复总投资的57%，占到位资金的69%。

财政水利资金维修养护工程，2015年项目完成斗渠维修12千米、建筑物72座，完成287万元投资的全部建设任务。2016年项目完成渠道维修2千米，建筑物20座，完成48万元投资的全部建设任务。

【安全生产】

2016年，吕梁市文峪河管理局安全生产办公室正式纳入编制，为正科级建制单位。文峪河管理局出台《关于做好2016年水利安全生产工作的通知》，按照“党政同责、一岗双责、失职追责”的要求，健全完善安全生产监管责任制度，按照业务分工明确责任清单，使安全管理责任“横向到边、纵向到底、职责明晰”。文峪河管理局组织开展安全隐患排查治理，消除事故隐患。组织开展安全生产月活动，下发《关于开展2016年安全生产月活动的通知》《关于集中开展“反对违章指挥、违章作业和违反劳动纪律”专项行动的通知》。把防洪保安作为安全工作的重中之重，研究出台《2016年文峪河流域防汛工作安排意见》《2016年文峪河水利管理局在建水利工程安全度汛方案》，逐项予以落实。针对高位蓄水，水库管理站专题研究，专门部署，责任到人，加密观测和巡查，共完成加密观测62次，加密巡查102次。开展水库标准化建设，配齐水库照明设备、抢险救生设施、应急备用电源灯附属设施。抓电站安全生产，建立设备安全管理制度和岗位安全作业规程。抓渠道安全管理，永田灌区对12处渠道塌方、淤积、渗漏等险情做出处理。东干灌区组织受益村义务清於四支、六支共14千米。全年文峪河管理局共安排安全隐患排查整治资金87万元，实现安全生产无事故的工作目标。

（吕梁市文峪河水利管理局）

## 横泉水库管理局

### 【水库安全运行及度汛工作】

健全水库防汛安全制度。2016年，吕梁市横泉水库管理局对横泉水库防汛联防指挥部领导及成员单位进行调整。根据防汛工作实际，修订完善《横泉水库防汛抢险应急预案》《横泉水库大坝监测制度》《闸门及启闭机养护制度》《防汛值班制度》等制度，为水库的安全运行提供制度保障。

分解落实安全防汛责任。落实防汛责任制。针对水库日趋严重的防洪任务，根据实际制定和落实“行政负责制、技术责任制、分级责任制、岗位责任制、值班责任制”等各项责任制，明确从领导到职工每个人在防汛工作中的责任。实施防汛值班执勤。开展监测预报工作。按时完成水库安全管理信息月报。通过洪水预报系统和上游雨量站实时观测，预知雨情、洪水。

加强巡查检查工作。对大坝、库区每天进行两次以上巡查。汛前，对水库枢纽工程进行地毯式隐患排查工作。对闸门启闭设备、发电机、通信设备、预警预报设备、警示碑牌进行维修维护。汛后，组织安全大检查，发现问题及时处理，确保水库安全度汛。

科学调度保安全。根据省水利厅、市水利局防汛要求，横泉水库管理局储备充足的防汛物资，对组建的20余人防汛抢险队伍进行两次防汛应急演练，提升横泉水库防汛处置能力。

通过协调处置、错峰调度等措施，化解因强降雨带来的险情，7月中旬，与气象、水文等部门沟通协调拦截建库以来249立方米/秒的最大洪峰，保证下游人民群众的生命财产安全，发挥水库防洪保安作用。

加大基础设施维修养护力度。下汛以后，横泉水库管理局对水库的设施设备进行检修维护，消除安全隐患，保证设施完好。争取运行维护费30万元，完成泄洪洞和供水洞进出口共4个闸室中6个闸门、5台启闭机、2台柴油发电机、2个箱式变压器和1套吹冰系统的维修工作。向市财政争取资金169万元，实施泄洪洞右岸高边坡削坡工程，以解决因山体滑坡存在的安全隐患，完成土方工程。向省水利厅争取资金27.9万元，完成坝体渗流自动化改造，对工作人员进行业务培训。针对突出问题，完成四方面的前期工作：大坝下游护坡马道及排水沟改造项目设计完成；横泉水库防汛抢险指挥中心项目土地、环评、选址规划确定或完成；大坝左岸坍塌地段浆砌石护坡项目由设计院编制实施方案；水源地围栏建档工程初步设计完成。

**【水库供水管理工作】**

2016年，横泉水库被确定为吕梁市城市生活饮用水水源地。横泉水库供水功能包括城市生活供水和工业供水两部分。

城市生活供水试运行。按照市政府领导指示精神，横泉水库管理局配合市供水公司完成新区供水工程建设水库水源对接。新区供水工程管网全部建成与水库水源成功对接，12月正式给市区供水，总计供水130万吨。

鼎横供水公司股权改制基本完成。经过多轮谈判，陕西鼎铭工程有限责任公司与云南水务投资股份有限公司于11月达成股权转让协议，陕西鼎铭工程有限责任公司占吕梁鼎横供水公司70%股权转让云南水务投资股份有限公司的移交工作基本完成。其余30%的股份为吕梁市所有。

工业供水取得重大突破。全年供水330万吨，其中城市生活供水130万吨，工业供水200万吨，工业供水水费收入48万元，实现多年来水费收入"零"突破。

**【水源地建设】**

横泉水库作为吕梁市新的城市生活饮用水源地，承担对新城及市区20多万人的供水任务，库区水质涉及市区人民饮水安全，是市区人民生活的头等大事。

起草《吕梁市横泉水库饮用水水源地保护管理办法》。8月，横泉水库管理局起草《吕梁市横泉水库饮用水水源地保护管理办法》，市环保局出具审核意见，报市政府法制办审核。

启动水库围栏建档工程。为保证水库安全高效管理，针对当前存在的难以管理的问题（如钓鱼、游泳、游玩等），横泉水库管理局请示市政府，拟建设沿库区周边围栏工程以加强水面保护。工程设计由市水利勘测设计研究院设计完成，总投资约350万元，其中包括预备费用约32万元，独立费用约49万元。

水质监测等水源地保护项目。12月，正式开始城市生活供水，为保证水质安全、达标，根据规定，每月进行常规水质监测，监测项目62项，每季进行一次全面监测，监测项目126项，每年约需经费30万元。

**【遗留问题解决】**

水库占地问题。经过协调，水库征用土地使用手续办理费用（432万元）及已占未批土地的征地费用（1265万元）共1697万元得到市财政局批复。完成横泉水库土地使用权规划拨定桩和横泉水库国有土地使用权划拨地籍图与宗地图报告编制，缴纳方山县政府征地管理费201万元，完成征地报批勘界报告编制，支付方山县政府一次性征地补偿费556万元，解决当地村民多次上访诉求。

环保验收。横泉水库枢纽工程竣工以来未进行环保验收。11月9日，通过方山县环保局备案，11月21日，通过市环保局备案。《山西省横泉水库工程环境保护验收调查报告》编制工作进行中。

大坝注册登记。横泉水库下闸蓄水以来，因水库大坝注册工作没有完成，每年的岁修基金得不到省、市水行政主管部门的支持。通过与省、市主管部门沟通，上报相关资料，7月取得中国水库大坝注册登记证，标志着从2016年开始，横泉水库正式纳入全省水库管理体系。

**【上级支持】**

水库大坝下游护坡马道及排水沟改造工程。该项目约需资金400万元，经省水利水电勘测设计研究院设计，市财政评审中心评审完成，391万元建设资金文件下达。

大坝左岸坍塌地段浆砌石护坡工程。该工程长600米、基础深2米、侧墙高7.5米的浆砌石护坡，约需资金190万元。该项目资金由省水利厅下达至市财政。

横泉水库防汛抢险指挥中心工程。横泉水库防汛抢险指挥中心工程前期选址工作，经过市水利局专家会审，得到市住建部门批复，可研及立项报告编制完成上报市发改委。市建筑设计院对横泉水库防汛抢险指挥中心工程进行现场勘测和设计，施工图纸经评审中心评审，建设资金约需450万元。

大坝安全鉴定项目。为查找安全隐患和造成下游地下水位抬升的主要因素，及早实现水库设计效益，满足下游工业、生活用水需要，发挥水库综合效益，委托省水利水电勘测设计研究院对大坝安全鉴定项目进行前期设计，估算资金约60万元。该项目得到市政府分管领导同意，申请市财政列入2017年度重点项目预算。

（吕梁市横泉水库管理局）

# 交通运输

## 交通管理

**【公路建设融资】**

2015年，根据交通运输部、中国农业发展银行《关于充分发挥农业开发性金融作用支持农村公路建设的意见》（交财审发〔2015〕129号），吕梁市交通运输局抓住农发行加大涉农基础设施建设支持力度的契机，创新融资模式，破解资金短缺难题。市政府成立融资工作领导组，市主要领导多次听取融资工作汇报，政府常务会议研究两次，出台《吕梁市“十三五”农村路网改造及贫困地区道路建设项目融资方案》。市财政、交通、农发行联合出台《吕梁市农村路网改造及贫困地区道路建设资金（农业发展银行贷款）管理办法》。市交通运输局组建吕梁市交通基础设施建设投资开发有限公司，作为融资主体，以朔州路桥、大原路桥等国有企业“融资担保＋施工总承包”方式提供担保，向农发行申请贷款，由吕梁交投公司统贷统还，市县政府以政府购买服务的方式，支付贷款本息。在“十三五”期间，预计从农发行贷款40亿元（融资总额50亿元），用于全市农村路网改造和贫困地区道路建设。“十三五”期间，可改造农村公路6000千米，实施安全生命防护工程5000千米，改善农村公路路况，让广大群众出行更加安全便捷。每年投入农村公路建设资金10亿元。2016年，共申请贷款18.69亿元，批准9.01亿元，到位3.49亿元。融资工作得到交通部和省交通运输厅的肯定，成为全省创新融资典型，大同市交通局、晋城市交通局等多个单位到吕梁市交通运输局考察学习。

**【重点项目建设】**

公路建设是拉动经济增长的重要引擎，是实施脱贫攻坚的重要抓手。2016年，吕梁市交通运输局把重点项目建设作为交通工作的重中之重，年初围绕“续建项目早复工，新建项目早开工”目标，安排前期部署，年中围绕“抓进度、保质量、完任务”要求，推进公路建设监督管理。市政府两次组织召开会议，推动融资和项目的安排落实。8月17日，市政府组织召开全市农村路网及旅游路建设推进会，贯彻落实全省“四好农村路建设”推进会议的要求，在全市掀起“大干100天”的农村公路建设高潮。各县（市、区）组织调动各方力量，加快项目进度，推动农村公路建设工作。截至12月底，全市共完成农村公路新建和改造769千米，超额完成省厅（647千米）和市政府（600千米）的目标任务，完成投资10.09亿元，是省厅（6.21亿元）市政府（6.5亿元）目标任务的1.5倍。完成安全生命防护工程643千米，超出目标任务143千米。全省排名第一。高速公路方面，兴静高速全长93.86千米，总投资106.5亿元。按照省高速网市建的原则，市政府成立兴静高速公路建设指挥部，由人大主任郝月生任总指挥，指挥部成立3个专项评估工作小组，组长由对口部门领导担任，加快项目核准等前期工作。市长王立伟协调土地规划指标，通过招标确定中国中铁股份有限公司为项目BOT投资人，中国中铁与两县政府顺利签订连接线合作框架协议。截至12月底，工程可行性研究报告经山西省交通运输厅初审，土地规划指标基本落实，项目水保和环评报告报水利和环保部门审查。土地预审通过，项目选址研究报告编制完成。投资人招标的完成、土地规划指标的落实以及连接线合作框架协议的签约，标志静兴高速公路推进到一个新阶段。加快设计审批和征地拆迁工作。白龙山特长隧道（全长10980米）控制性工程开工。农村公路方面，省厅下达吕梁市农村公路建设351千米、旅游路59千米、完善提质工程237千米，安全生命防护工程500千米。农村公路建设任务超额完成，全省排名第一。为充分利用农村公路建设融资贷款资金，发挥资金使用效益，农村公路建设项目统一由“吕梁交通基础设施建设投资开发有限公司”作为主体组织实施，各县下设项目部，负责具体实施。为规范建设程序，保证工程质量，市交通运输局通过公开招标确定6家有经验、有实力的工可编制单位和具有乙级资质以上的设计单位，通过公开招标确定省内知名专家组成技术咨询组进行技术把关，保证农村公路按照规范等级标准设计；通过公开招标确定以朔州路桥、大原路桥等实力强的国有企业以“融资担保＋施工总承包”方式，由专业队伍施工，改善以往农村公路施工队伍素质参差不齐、施工质量难以保证的局面；通过融资贷款，保证农村公路建设项目足额投资，按照公路功能需要确定建设标准，做到配套防护设施和安全标志等一步到位，保证行车安全。旅游路方面，市交通运输局落实省、市关于促进旅游业发展的意见，顺应旅游消费升级、旅游需求多元化发展趋势，提出新建改建一批通往全市各类景点的农村旅游公路，将区域内A级景区国家森林公园、风景名胜区、文物保护单位、自然保护区、历史文化名村、工农业旅游示范点用旅游公路连通。市交通运输局与省交通运输厅沟通，推进农村旅游公路规划建设工作。

“十三五”期间，山西省预计安排投资20亿元，建设吕梁市470千米农村旅游路。全省农村旅游公路由省交通运输厅委托省路桥集团采用政府购买服务的方式委托代建，9月1日，市政府与省交通运输厅签署《山西省农村旅游公路建设政府购买服务委托协议书》。9月6日，省交通厅与山西路桥集团签订农村旅游公路项目政府购买服务协议。省厅预安排吕梁市农村旅游公路建设计划159.4千米，总投资8.3亿元。截至12月30日，实施的有10项150.5千米，其中，文水县刘胡兰纪念馆旅游公路22.8千米、交口县209国道至云梦山旅游公路5千米，两个项目完成，完成投资6447万元。汾阳文湖景区旅游公路7.1千米，具备开工条件；石楼县辛关至花地湾旅游公路8.3千米，可研批复，进入设计阶段；兴县灰灰山至四八烈士纪念馆旅游公路18.4千米，可研编制完成，进行报批；其他项目抓紧工可编制。市交通运输局按照市领导的指示，启动沿黄扶贫旅游公路及生态绿道项目的前期工作。拟建里程320千米，总投资30亿元，进行工可编制，预计明年开工。场站建设方面，吕梁新区客运枢纽下安汽车站，项目总占地103公顷，建筑面积10.9万平方米，估算投资6.7亿元。5月，市交通运输局成立汽车站建设百日大会战领导组，制定百日大会战实施方案，落实责任单位和责任人，明确时间节点和工作任务。6月，成立项目拆迁领导组。9月，通过公开招标选定下安汽车站及综合配套设施建设工程PPP咨询机构——山西华安建设项目管理有限公司，编制《PPP 项目初步实施方案》，截至年底，12 家企业与市交通运输局进行 PPP 模式接洽商谈，3 个企业与市交通运输局签署正式投资意向书，提出融资建设方案，与投资意向者展开 PPP 项目前期谈判。

**【公交优先发展】**

加快公交改革工作。2016 年，为落实公交优先发展战略，提升城市公共交通服务水平，吕梁市政府启动公交运营体制改革工作，市交通运输局进行前期调研考察，征求各方面意见，制定改革方案，不断调整完善。吕梁市城市公交运营体制改革确定为市委、市政府 2016 年综改转型重大改革目标之一。5 月 25 日，市政府第七次常务会议通过。6 月 1 日，市政府办公厅印发《吕梁市城市公交运营体制改革实施方案》（吕政办发〔2016〕32 号）。市政府成立公交改革领导组，多次召开会议研究推动，推进公交改革工作。7 月，完成招标，选定山西省汽运集团为公交改革的投资人。8 月，制定《吕梁市区公交财政补贴暂行办法》，出台《吕梁市 2016—2018 年公交站场规划建设工作方案》和《吕梁市公交收购工作实施方案》，重新规划公交线路。9 月 29 日，根据《吕梁市城市公交运营体制改革实施方案》，吕梁市国投集团和山西省汽运集团以 35% 和 65% 的比例共同出资 1 亿元组建吕梁公共交通有限公司，办理工商注册登记手续。截至 12 月底，市交通运输局按照改革方案确定的时间节点完成公交改革的各项工作。新组建的吕梁公共交通有限公司正常运行；完成对原有 96 辆公交车辆的收购；公交线路由原来的 7 条调整为 12 条，线路里程由原来的 120 千米增加到 175 千米；公交运力由原来的 96 辆 85.8 标台增加到 150 辆 135 标台，其中新购置纯电动公交 100 辆。第一批 6 条线路 30 辆新能源电动公交车于 11 月 20 日投入运营，第二批 26 辆新能源电动公交车辆于 12 月 15 日投入运营，其余 44 辆电动公交车于 12 月底投入运营；为保证运力，市交通运输局将收购的 45 辆原有车辆改造后，在 11 月底投入运营；基础设施建设同步跟进，2016—2018 年计划建设公交首末站、停保场 8 个，2016 年建成 2 个，其中，客运总站首末站（调度中心）、火车站首末站建成投入营运，包括充电线网铺设和充电桩安装完成投入使用；公共交通指挥调度系统、IC 卡系统、GPS 监控系统全部安装到位，投入使用。开通的 12 条公交线路的公交站点 152 对，候车厅（牌）304 个全部建成投入使用。

推广新能源汽车应用。落实省政府新能源汽车推广应用的安排部署，市政府印发《吕梁市城市汽车客运行业新能源车推广应用实施方案》，市交通运输局专题召开全市新能源公交车推广应用工作促进会。加快老旧公交车报废更新步伐，要求公交企业更新、新增公交车必须为新型纯电动公交车。2016 年，省政府给吕梁市下达的新增、更新公交车辆任务 50 部，新增公交运营线路里程 80 千米，总投资 2400 万元。截至 12 月底，吕梁市共新增、更新新能源公交车辆 487 部（其中：市区 30 部、交城 36 部、文水 30 部、汾阳 110 部、孝义 50 部、方山 10 部、交口 60 部、兴县 11 部、中阳 30 部），柴油车辆 2 部，新增公交运营线路里程 405 千米，总投资 6150 万元，三项指标任务超额完成。

加快城乡客运一体化发展。省政府将吕梁市确定为全省城乡客运一体化示范工程建设试点城市。市交通运输局抓住这一契机，结合吕梁市公交运营体制改革，出台《吕梁市城乡客运一体化实施方案》（吕交综运〔2016〕130 号），召开城乡客运一体化工作促进会，开展督导考核工作，推进城乡客运一体化发展，试点工作取得初步成绩。市交通运输局编制《吕梁市公共交通专项规划》，完成吕梁市区城市公交运营体制改革工作。对市区公交线路进行大调整，由原来的7条调整为12条，新增公交车辆54部，延长公交线路80多千米，线路通达离石区西属巴、东属巴、田家会、五里铺、交口镇、枣林沟、贺家塔等30多个村镇，方便城区周边老百姓出行，带动周边中阳、柳林、方山县的城乡客运一体化工作。县市城乡客运一体化进展明显。汾阳市购置110辆新能源公交车，实现城乡公交“全覆盖”；交城和交口县分别购置36辆和30辆新能源车，对现有的农村客运班线进行公交化改造；方山新开通公交车10辆，结束不通公交的历史；文水、孝义对部分城乡道路班线进行公交化改造，改造率达30%，与城市公交衔接，实现零距离换乘；临县筹划制定将现有公交线路向乡镇延伸方案；离石区、兴县、岚县的工作都有不同程度的进展。2016年，消灭方山、兴县、岚县等城市的公交空白，新增公交车辆，开通公交线路，初步建成方便快捷、安全舒适、节能环保的城市公共交通线网。逐步推广城际公交运营经验。以离石至中阳城际公交改造成功为经验，市交通运输局逐步对道路运输安全运行条件符合的县与县之间的道路客运班线进行公交化改造。汾阳至孝义工作进展明显，两个市的交通管理部门达成共同开通意向，推动各项具体工作的落实。加快村村通客车工作。市交通运输局结合精准扶贫、精准脱贫要求，对全市贫困村的“两通”情况进行大摸底，针对未通客车的行政村制定精准脱贫方案，做到交通扶贫精准到位，构建覆盖全面、运行稳定、安全规范、经济便捷的农村客运系统，实现全市乡镇通班车率达100%，使未通客车的259个建制村截至2020年实现全部通客车。

【交通运输服务能力提升】

推进农村公路养护工作。贯彻落实交通运输部出台的《农村公路养护管理办法》，按照全省“四好农村路”建设的要求，完善农村公路养护体制机制，落实养护管理责任，养护逐步实现日常化、制度化、规范化。推进养护改革工作，对于日常保洁、绿化等非专业项目，鼓励通过分段承包、定额包干等办法，吸收沿线群众参与。对于大中修等专业性工程，逐步通过政府购买服务的方式交由专业化队伍承担。开展汛期水毁防治工作，及时修复路基路面早期出现的病害，做到补早、补小、补好，确保路面畅通，保证农村公路安全畅通。截至12月底，全市共整修路肩868千米，处理路面沉陷9850平方米，清理边沟313千米，疏通涵洞156道，清理淤泥52立方米，清理边坡塌方23867立方米，对翻浆、坑槽等路面病害及时进行小修保养。共完成养护投资1720.21万元。在汛期，市交通运输局防大汛、抗大洪、抢大险，投入防汛抢险治理水毁资金达393万余元。对临水临崖等险要路段的行车安全隐患进行排查整治，全年共发现整治路基悬空26处，砼路面破损115处，边坡松动13处，塌方落石118处，边沟损堵73千米，路面翻浆187处，标志缺失846处，安全设施短缺32处，确保行车安全。截至12月底，全市县乡公路优良路率为76.82%。按照绿色发展的理念，开展文明路创建。结合吕梁环境整治，开展农村公路通道绿化和文明路创建工作，修整绿化带215千米，栽植行道树6000余株。全年创建农村公路养护示范县2个、示范乡13个，创建市级文明路600千米。推进路政与治超工作。推进路政管理，提升公路路政管理和综合服务能力。截至12月底，共发现路政、超限案件2830起，均依法办结，罚款43万余元，收取路产赔补偿费451万余元，路政案件发现率达95%以上，查处率、赔偿率、结案率100%。治超方面，共检测车辆340余万辆，查获短途超限车2570辆，卸转货280余吨，超限超载率控制在0.2%以内，无超限超载反弹区域。实行源头治超。加大对950家源头企业违规装载行为的查处力度，监督覆盖率为100%。全市无人值守治超检测系统达15个。8月出台治超新标准后，8月30日市交通运输局派专人到北京交干院进行培训，9月对全市治超人员进行集中培训。推进运输管理工作。按照“道路运输平安年”活动要求，开展为期3个月的道路运输市场秩序整治，重点打击非法经营、不规范经营和不诚信经营的行为，其间，查扣非法营运车辆326辆、查处违法违规行为1273起，运输市场秩序明显好转。开展为期7个月的交通运输行业社会治安风险隐患大排查大整治，重点对货运物流风险隐患和公共交通安全风险隐患进行排查整治，共排查出风险和隐患394个，整治388个，整治率98.5%。交通运输服务监督电话开通运行，依托原“96566”运政服务热线资源，开通12328交通运输服务监督电话，2月，完成调试正常运行，8月，对服务监督电话工作人员进行全面业务素质培训，建成“吕梁市12328交通运输服务监督电话中心”，电话答复及时，答复率100%。实行客、货运输企业、维修企业和汽车客运站的质量信誉考核和车辆的审验，促进规范经营、诚信经营，保障道路运输和乘客出行安全。推进节能减排工作，建立淘汰的营运车辆台账，召开营运类黄标车淘汰推进会，截至12月底，营运类黄标车8343辆全部淘汰，任务完成率100%。

## 【平安交通建设】

推进企业安全生产标准化建设，围绕“平安交通”创建活动，开展“安全生产月”、“打非治违”专项行动、“道路运输平安年”和安全隐患大排查、大整治活动。

落实安全生产责任。建设单位与施工单位、运管部门与运输企业全部签订安全生产目标责任书，确保安全责任落实到位。落实各监管单位、生产企业及相关领导的安全职责和责任，树立安全生产“红线”意识，杜绝违章指挥、违章作业、违反劳动生产法的行为，做到“知责制度化，履责规范化”。开展客运驾驶员安全“承诺”服务，客车开行前，驾驶员向乘客承诺做到“五不两确保”。

实施道路运输各环节的安全监管。督促各汽车客运站落实“三不进站、六不出站”安全管理制度；规范长途客运车辆夜间运行，保障长途客运运输安全；实施农村客运特别是对校车的监管，严格农村客运班线的审批；实施对危险货物运输企业和车辆的监管，杜绝非法危货运输，推进全市道路运输安全生产状况稳定好转。

开展安全隐患大检查大整治。按照“全覆盖、零容忍、严执法、重实效”的总要求，全市交通运输系统组织开展安全隐患大检查大整治活动。道路运输方面，对道路客运、危货运输、客运汽车站等重点企业全覆盖检查，开展对危险货物运输车辆的安全检查。水上交通方面，重点查安全防护不到位、非法载客、超载等安全隐患。工程施工方面，重点查隧道、桥梁工程，施工危险地段，爆破作业、机械设备等环节设施安全隐患。道路养护方面，重点查落石路段、急弯陡坡、临崖临水、道路坑槽等安全隐患。特别是在汛期，市交通运输局按照国务院以及交通部、省厅的有关精神，开展安全生产大检查和水毁安全隐患排查整治工作。全年吕梁市交通安全生产形势基本稳定。

实行节假日客运安全检查。在“春运”“清明”“五一”“端午”“国庆中秋”等黄金假期，采取多种形式的安全监管措施，层层落实责任，落实“三关一监督”和市、县两级运管、海事机构24小时值班制度，实施进、出站车辆、船舶和旅游客运车辆的监管，确保重要节日的全市道路、水路运输安全。

【法制交通建设】

完善“两清单、两张图”工作。依法履行法律法规授权的各项行政审批、行政许可工作。推动健全法律法规体系，将交通运输部门重要权力纳入法律规范，实现部门权力法定化；建立权力清单、责任清单动态调整机制，根据法律、法规制定修订和国务院行政审批制度改革情况，调整权力清单、责任清单，优化“两张图”流程。完善行政审批工作。按照市政府“两集中、两到位”的要求，规范政务大厅各项行政审批工作，组织人员赴省厅就交通部门行政审批工作进行学习考察，研究出台市交通运输局进驻大厅工作实施意见。推进“七五”普法工作。制定“七五”普法学习规划，推动“六权治本”向基层延伸，开展执法案件评议工作。推进简政放权、放管结合、优化服务，开展对县级交通部门及下属单位的工作指导，帮助基层提高承接能力，建立事中事后监管机制，确保行政审批事项“放得下”“接得住”“管得好”。

（吕梁市交通运输局）

## 道路运输管理

【道路运输安全生产】

完善安全管理制度。2016年，为开展全市道路运输安全生产监管工作，完善市道路运输管理处安全生产监管工作组织机构，明确职责，按照“党政同责，一岗双责”“管行业必须管安全”“管业务必须管安全”“谁许可、谁签字、谁负责”的原则，结合市运管处实际情况，根据工作需要，调整安全生产监督管理组织机构，明确组成人员、成员单位以及各自的工作职责，重新修改《安全生产会议制度》《安全生产监管“一岗双责”工作制度》《安全生产督导检查制度》《安全隐患排查与治理制度》《安全生产约谈制度》等5项安全管理制度。

开展各项安全专项活动，提升道路运输安全生产治理能力和发展水平。开展一系列道路运输安全生产专项行动，如“平安运输”建设行动、道路运输系统安全生产大检查活动、道路运输行业社会治安风险隐患大排查大整治活动、道路危险货物运输专项整顿活动、“反对违章指挥、违章作业和违反劳动纪律”等专项活动，这些活动的开展进一步夯实道路运输安全基础，预防和遏制重特大道路运输行车事故的发生，确保道路运输行业安全形势的稳定。

夯实基础，落实安全监管职责。推进全市道路运输安全生产工作，提升道路运输安全生产监管能力。3月24日，召开全市道路运输安全工作会议，对全年全市道路运辆重点安全工作做出安排部署。召开10次安全工作例会和3次全市季度安全工作例会，做到安全生产工作警钟长鸣，遏制道路运输安全生产事故的发生。

针对山西省汽运集团汾阳运业有限公司“6．14”交通事故、吕梁顺达运业有限公司“5．9”迟报存在的问题，5月25日，市运管处对辖区运管所和两个公司进行约谈，按照“四不放过”原则进行事故调查处理。

截至12月，全市25家普通货物运输企业全部使用符合标准的卫星定位系统监控平台。汛期应急车辆131辆（其中客运车辆18辆，货运车113辆），随时做好应急快速反应准备。

【重点工作】

2016年8月1日，制定印发《吕梁市城乡客运一体化实施方案》（吕交综运〔2016〕130号）。8月15日，在国际宾馆召开开展城乡客运一体化工作促进会。11月3日，市局印发《关于开展城乡道路客运一体化发展水平评价考核工作的通知》（吕交综运〔2016〕192号），市运管处在8月底至10月底深入各县（市、区）对工作进展情况进行督导。

截至年底，全市城乡客运一体化工作稳步推进。汾阳市购置110辆新能源公交车辆更新，在年底完成客运一体化四级网络建设；交城县和交口县分别购置36辆和30辆新能源车辆，对现有农村客运班线进行改造，年底改造完毕；方山县新开通新能源公交车10辆，结束没有公交的历史；临县决定在安全运行的前提下延伸现有公交线路，延伸至乡镇，扩大服务范围；汾阳至孝义、文水至祁县之间的城际公交推进中。

为解决“通返不通”问题，根据省局和市局新增通客车建制村20个的工作目标任务，市运管处进行合理分配（离石3个、交城1个、文水1个、石楼2个、交口1个、柳林2个、临县2个、方山3个、岚县2个、兴县3个）。10月底，完成3个新增建制村，其余的由于部分县道、乡道的新建、拓宽改造进行中，12月全部完成目标任务。

1月，市运管处成立12328交通运输服务监督电话建设领导组，依托原“96566”运政服务热线资源，于2月初步完成12328电话系统建设调试工作并投入正常运行。为提高12328交通运输服务监督电话座席人员素质和业务能力，8月，6名电话坐席人员参加省道路运输管理局组织的关于座席人员基本素质规范、专业知识培训、系统操作等业务培训。9月，投资13万余元将原政务大厅改建为“吕梁市12328交通运输服务监督电话中心”，于11月正式投入使用。

印发《吕梁市交通运输行业社会治安风险隐患大排查大整治活动实施方案》（吕交综运〔2016〕63号），从2016年5月至11月在全市范围内开展交通运输行业社会治安风险隐患大排查大整治活动，重点是货运物流风险隐患和公共交通安全风险隐患。5月10日，下发《关于对全市交通运输行业社会治安风险隐患大排查大整治活动进行督查的通知》（吕交综运〔2016〕67号）。根据市综治委要求，5月，市运管处开始按时于每周五汇总并上报相关资料报表。

截至12月，全市交通运输行业共排查物流风险和公共交通安全隐患394个，整治隐患388个，整治率为98.5%。

## 【“六权治本”】

2016年，吕梁市运管处针对权力运行中存在的问题，在2015年的基础上完善“一表一图一清单”的运行制度和流程，探索推进分岗设权、分事行权、分级授权，建立完善权力制衡机制，实现流程再造。为进一步利民便民，简化办事环节，提高办事效率，重新调整各科室工作职责，将原属于各业务科室的行政权力（日常监管除外）全部集中统筹整合到市政务大厅，确保服务对象所办业务在市政务大厅一个窗口完成。

## 【源头治超】

2016年，吕梁市全体运管人员贯彻落实上级有关精神，推进货运源头治理，按照“立足源头、依法严管、标本兼治、长效治理”的原则，行使监管职责。坚持“惩防并重、教罚结合”的理念，执行“五不准”和“六条禁令”，实行查处分离、罚缴分离、处罚结果公示，加大对源头企业违规装载行为的查处力度。8月出台治超新标准后，8月30日市运管处派专人到北京交干院进行培训，9月7日至9日，在市委党校对全市110名源头治超执法人员进行集中培训。

截至2016年底，全市运管系统共出动执法人员2.27万人次巡查货运源头企业1.87万次，没有源头企业、驾驶员或车辆被列入黑名单。

## 【运输市场秩序净化】

2016年，为规范吕梁市区

客运市场秩序，保护客运经营者和消费者的合法权益，提升行业窗口形象和城市品位。5月10日至8月10日，在市区范围内开展为期3个月的客运市场秩序专项整顿行动。通过联合整顿行动，吕梁市区的非法经营的“黑车”得到遏制、客运经营行为规范、客运经营者守法、诚信、规范经营意识提高。其间出动法人员420人次，共检查车辆102辆，其中查扣非法营运车辆14辆，纠正违规班线车38辆，出动宣传车60辆次，印发张贴政府《通告》及宣传单2000余份，印发工作简报4期；文水所开展危货品运输车辆、电动三轮车、客运市场等4次专项整治行动，查处非法从事客运车辆、非法危货运输车辆、非法出租电动三轮车、违规旅游车辆、违规客货运车辆等各类非法、违规营运行为387起。

截至12月，全市出动稽查人员22350人次，出动稽查车辆5650辆次，查处违法违规行为1273起，查扣非法营运车辆326辆。

**【质量信誉考核和车辆年度审验】**

2016年，吕梁市运管机构共依法对18家客运企业（包括2家旅游客运企业）、182家货运企业（其中：普货162家、危货20家）、86家维修企业、15家综合性能检测站、10个汽车站（7个二级站、3个三级站）、14家汽车租赁企业进行质量信誉考核，对存在问题的企业责令其所在地运管所监督其限期整改，对不合格的建议各县所依法进行处罚。其间，共审验县际以上客运车辆582辆，其中：跨省班车29辆、跨市班车305辆、跨县班车206辆、旅游客运车辆42辆。

**【营运类黄标车淘汰】**

2016年，吕梁市为进一步加强对全市营运类黄标车淘汰工作的组织领导和工作协调，根据省运管局下达的2016年吕梁市8329辆营运类黄标车淘汰任务，市运管处成立工作领导组，把治理淘汰营运类黄标车工作作为讲政治、惠民生的具体攻坚任务来抓。召开淘汰工作推进会，细化分解淘汰任务，建立要淘汰的营运类车辆台账。截至11月底，全市淘汰营运性黄标车8329辆，占淘汰总数100%。全部完成淘汰任务。

（吕梁市道路运输管理处）

## 治超工作

**【科技治超】**

2016年，吕梁市、县两级治超平台建立实现市和县（市、区）联网，具备召开视频会议、实时监控企业的功能。全市883户公示企业中，正常运行402户。联网企业242家，联网运行的59户，其他企业由于效益不景气，部分企业停产，部分企业缴不起相关费用，导致联网企业的网络暂时停止运行。

吕梁市按计划安装21套公路无人值守检测系统。截至年底，全市21处无人智能监控系统建设完成16处，其中11处投入运行，5处在调试阶段。石楼2处、汾阳1处招标中，孝义和兴县2处建设中，整体公路无人值守治超检测系统建设正常进行。

**【站点建设】**

截至年底，吕梁市经省政府批准的站点有20个（高速入口治超点21个）。运行的15个站点全部为不停车检测系统（汾阳牧庄、庄子，文峰、交口辛庄、石口、靳家沟，中阳南大井，柳林雅沟，离石吴城、崔家崖，临县歧道、孝义南船头，交城大岩头、文水成子、石楼李家畔），升级改造的1个（兴县西洼），在建的2个（临县青凉寺、石楼郭家河）。现运行的15个站点中，庄子、文峰、大岩头、成子、李家畔由公路局管理，南大井由中阳县交通局管理，剩余站点全部由当地治超办管理。全市站点都是联合执法机制，其中路政222名、运政21名、交管44名、治安32名、协管323名，共有驻站工作人员642名。

【源头治超和短途治理】

2016年，吕梁市各县（市、区）治超办发挥组织协调、监督指导作用，督促、指导成员单位落实好部门职责，定期召开联席会议，通报情况，对相关部门的落实情况进行检查，研究解决源头治超中存在的突出问题，推进治超工作。

各县（市、区）治超领导组成员单位领导和督促本部门、本行业的工作，加强部门合作，共同落实省政府提出的治超联合执法、违法信息互相抄告等制度，形成齐抓共管的网格化治超工作格局。

市、县（市、区）组织以工商、交警、运管等主要部门牵头，相关成员单位联合的专项执法行动。工商部门牵头，经信、国土、运管、质监等部门参加，对非法货运源头及时取缔，对车辆生产、维修企业非法改装行为及时查处打击；交警部门牵头，路政、环保、运管、工商等部门参加，依法查处路面非法改拼装和无牌无证货运车辆；运管部门牵头，煤炭、安监、工商等部门参加，对公示货运源头企业进行明查暗访，对企业联网设施完好情况彻底摸底排查整改。5月下旬，市治超办组织以“交警部门牵头，路政、环保、运管、工商等部门参加，依法查处路面非法改拼装和无牌无证货运车辆”的为期10天的专项行动，共查获非法超限超载车辆24辆次，非法改拼装车辆11辆，非法货运源头3户，及时进行纠正处理，对短途超限超载治理起到震慑作用。

（吕梁市治超办）

## 高速公路

【通行费征收】

2016年，吕梁市抓住经济企稳回升的有利时机，吸引社会车辆上路，全年5个路段均超额完成通行费征收任务，其中交城至军渡段完成通行费收入10.997亿元，完成年度计划任务的112.21%；临离段完成通行费收入1.115亿元，完成年度计划任务的232.32%；岢临段完成通行费收入5544.5万元，完成年度计划任务的168.01%。落实鲜活农产品“绿色通道”和重大节假日小型客车免费及“三减两免”政策，2016年仅交城至军渡段“绿色通道”减免通行费达5205.17万元，减免车辆14.3万余车次。

【养护管理】

2016年，推进预防性养护，打造路容优美、道路畅通的行车环境，2015年四季度公路质量状况指数夏汾段90.7、汾离段93.3、离军段93.4、临离段96.9、岢临段97.2。实施养护工程和桥梁管理，完成夏汾段K921+926处60米路基路面的沉陷处治和岢临段兴县南康宁互通匝道边坡滑塌处的保通处治；完成汾离、离军段互通匝道及服务区路面病害处治工程；在对各路段桥梁进行安全隐患排查的基础上，完成离军段冒塔河大桥、三川河7号桥等桥梁墩台防护工程病害的处治，在离石高架桥主桥设置健康监测及运营安全预警系统。针对2015年汛期连续降雨水毁频发的情况，各路段抓水毁应急处治。完成汾离段K1009+020处路基沉陷和离军段雅沟隧道土体滑坡的应急处治；完成临离段安家圪埨大桥0号桥台、K245+400和岢临段K127+600、龙王庙1号隧道洞门墙等多处水毁应急处治，保证道路安全畅通。

【路政治超】

2016年，吕梁市汾柳路政大队自主研发的“路政巡查管理系统”各项功能逐步完善，在实际工作中见到成效。2016年吕梁高速公路有限公司5个路段路政案件发现率、查处率、赔偿率和恢复率均达100%，共收取路产赔偿款286.82万元，18个治超检测点共检测车辆638.73万辆，超限超载率控制在0.1%以内。

按期完成全公司5个路段治超检测点称重系统、轮轴识别系统和处理软件的升级改造，全公司5个路段按期全部按国家治超新标准开展工作。

【服务区升级】

2016年，吕梁市实施杏花服务区南、北区公厕改造工程，完成北区广场路面硬化和服务区卡口、监控工程，对北区超市和餐厅进行装修改造，在薛公岭服务区西区入口新增绿化面积1.04万平方米，种植国槐、杏树、桃树等260余株。杏花服务区LNG加气站建设进展顺利，充电桩建设项目基本完成；薛公岭服务区13桩位充电项目完成8座充电桩的安装和顶棚的建设工程。在实施服务区硬件设施提档升级的同时，定期组织服务人员文明礼仪培训，推进商品“同城同价”，鼓励餐厅超市菜品商品的多样化经营，提升服务品质和综合效益，全年两个服务区共完成营业额1.23亿元，较2015年略有增长。

【信息化建设】

2016年，吕梁市完成各收费站防雷升级改造和军渡收费站站级监控升级改造工程，为公司核心机房安装消防设备，对监控中心和12个收费站的UPS蓄电池进行更换，完成18处防雷装置的防雷检测工作。推动出行信息服务与互联网的融合，完善吕梁高速微信公众平台建设，该平台拥有固定用户2500余人。注重通信网络的日常维护，营造良好的通信环境，全年通信系统骨干网、接入网完好率100%，计算机网络完好率99.8%，监控视频图像上传完好率99%，机电设备运行良好，未发生责任事故。

【安全生产】

2016年，吕梁市成立以各单位“一把手”为组长的冬季道路安全隐患排查小组，重点突出对急弯陡坡路段、连续下坡路段、易积雪背阴路段、隧道内部以及出入口的安全隐患排查。面对军渡出省口严峻的安全形势，推进军渡收费站出省口迁建和军渡入省口治超检测点改建进程，公司领导多次赴军渡调研，召开专题会议，明确专人抓迁建工程。按照局长尹新平军渡调研指示精神，公司抓落实。完成军渡收费站迁建项目的项目规划调整，办理土地预审；军渡入省口治超检测点改建项目由第三方对原煤检站房屋进行评估，完成房屋质量鉴定。

（吕梁高速公路有限公司）

## 吕梁公路分局

【公路养护】

2016年，吕梁公路分局完成路面改造工程共5项，安全生命防护工程4项，危桥改造工程5座，事故隐患治理工程1项，灾害防治工程1项，隧道安全隐患治理工程4项，中修工程完成投资5046.56万元，水毁工程完成投资4657万元，安保工程完成投资620.64万元。保持和创建文明路218.544千米，PQI值79.5。

【公路工程建设】

2016年，省重点工程计划目标任务投资为9.09亿元，其中太克一期3.72亿元，太克二期3.74亿元，孝辛线1.63亿元。三项工程的征地拆迁费缺口远远超过可用征地拆迁费批复的投资，征地拆迁工作异常艰难，严重制约工程推进，市公路分局沟通联动，在市政府和当地政府的支持下，解决太克一期、孝辛线新增费用，太克二期新增费用临县政府沟通协调中。分局加大每月工程督查力度，对项目的进度、安全、质量和廉洁情况督导检查，紧盯不放。太克线一期于11月顺利交工；太克线二期完成年度目标任务；孝辛线完成投资2.01亿元，占年度目标任务的123.6%。3项省重点工程项目全年预算全部执行，执行率100%。

【路政治超】

2016年，吕梁公路分局治超站点规范建设，实现“六统一”，全部安装两套不停车动态快速检测系统和一套静态检测称重系统。城子、庄子、李家畔、大岩头等站与地方交警联合安装车牌抓拍和视频监控系统，确保新标后治超工作的顺利开展。全年共查处损坏公路案件448起，收取赔(补)偿费154.42万元，发现率、查处率、结案率均达100%。办理超限运输通行证3104份。超限固定检测点检测车辆225.54万辆，超限率0.001%。截至12月底，完成通行费收入5111万元。

（山西省公路局吕梁分局）

## 山西汽运集团汾阳运业有限公司

### 【主要经济指标】

营业收入：集团考核指标是1亿元，2016年1月至10月，完成2842.47万元，完成进度计划的34.11%。利润总额：集团考核指标是120万元，1月至10月，完成17.95万元，完成进度计划的17.95%。上交服务费：集团考核指标是50万元，1月至10月，完成42万元，完成进度计划的100%，全年预计完成50万元，完成年度计划的84%。增加值：集团考核指标是1600万元，1月至10月，完成1315万元，完成进度计划的98.63%。换算周转量：集团考核指标是3亿吨千米，1月至10月，完成17425.53万吨千米，完成进度计划的69.7%。安全生产：发生“5·14”“9·6”两起共死亡3人的一般交通事故。

### 【创新发展】

云仓汾阳分仓项目，于7月19日投入运营，引进本地土特产品电商企业2家，日发800单，活动期日发2000—5000单左右。

晋韵美公司酒品销售，经过市场运作，在全省建立15个稳定的区域直销商网点，截至10月底完成销售147万元，实现利润18万元。与大型电商平台“仁和易购商城”合作，开展打包“大礼包”促销活动，进入实质运营阶段。

客运定制化服务，按照集团发展小汽车指导意见，参照外省实际运作经验，8月，汾阳运业有限公司筹备开展汾阳至太原，孝义至太原小汽车客运定制化服务，建立微信服务平台，一期33台瑞风（7座）小型车，完成上户等前期手续，11月20日正式上线运营。

### 【绿色发展】

2016年，抓住山西省发展新能源公交，吕梁市作为试点市，汾阳又列为先行市的契机，10月26日，汾阳市政府常务会议审议通过，由汾阳运业有限公司投入90台新能源纯电动公交车，开通汾阳至孝义，汾阳至平遥，汾阳至文水城际公交客运线路，迈开公司城际公交客运规模化发展第一步。

### 【协调发展】

客运班线，应对铁路、黑车冲击，柳林至太原，汾阳至太原，孝义至太原等班线客车，采取票价打折来吸引旅客的方式，降价后客车实载率上升。协调政府职能部门加大打击黑车力度，查扣处罚黑车40余台，落实二检补票收入，巩固客运经营规模。

资产管理，取得柳林汽车站房屋资产租赁收入71万元；收回汾阳西大街18间门店产权，通过整体招租竞标，除偿还原公司向房屋租赁人的借款265万元外，获得门店租赁、服务费收入140万元（含税），增加公司资产租赁收入，保障国有资产保值增值。

争取政策资金支持，文水汽车站向当地政府申请站场安全补助资金30万元到位。石楼汽车站申请国家级扶贫县站场维修补助资金45万元，获得省交通厅审批，办理相关手续。柳林汽车站向当地政府申请站场安全补助资金100万元，获得批准，列入县财政拨付计划。

### 【改革发展】

2016年，汾阳运业有限公司货运物流，进行市场调研，掌握物流信息，利用自开票优势，与孝义金晖、柳林联鑫、方山外贸铝矾土公司3个大型货源基地开展业务对接，建立稳定的合作关系，全年新增车辆20台，1月至10月完成营收940.76万元，实现利润26.03万元。对接市运管处申请建立吕梁市无车承运物流试点单位，办理公司经营范围增加无车承运物流业务。

旅游客运。率先占领区域旅游客运市场，形成比较优势，发展旅游客运车辆，全年新增49座旅游客运车辆2台，填补现有车型空挡，车辆总数达30台，壮大经营规模，完成全年上交指标30万元。

旅游集散。在建立汾阳旅游集散分中心的基础上，2016年建立文水分中心，开通榆次“乌金山”灵石“红崖大峡谷”旅游直通车，开展全国景点组团业务，全年累计接待游客3500人，实现营收90万元。

汽修驾培。汽修厂在建立宇通、中通、江铃、四川现代等服务站和客车二级维护点的基础上，引进轿车维修、钣金烤漆项目，增加服务功能，提升服务质量，汽车后服务能力逐步增强。驾校，完善设施升级为考试场，举办纪念成立30周年暨考试场启动仪式，对外宣传展览发展历程，联合市交警队举办“省运驾校杯”知识竞赛活动，扩大社会影响力，提升品牌知名度。

**【安全发展】**

在4个月内连续发生“5·14”“9·6”两起事故，给集团安全生产带来负面影响，汾阳运业有限公司通过反省，连续召开安全工作紧急会议、安委会议、安全整改专题会议，找问题、查隐患，制定整改方案，明确各级领导干部及安管人员的责任，完善安全工作流程，重点在考核责任上下功夫，加大经费投入，落实整改措施，汲取事故教训。

健全机构。各单位于9月20日根据整改要求调整并健全完善各基层单位安全管理领导组机构。公司各级领导、安管人员进一步明确各自安全管理责任。

充实人员。各单位于9月20日按照安全管理要求全部充实安管人员，明确一名专职档案管理员。

重建安全管理体系。修订完善公司《安全管理制度汇编》，根据新《中华人民共和国安全生产法》和集团检查组意见，结合企业特点，重新制定《安全管理工作流程》《安全管理考核办法》等制度。

监督到位。贯彻落实“一岗双责、党政同责，失责追责”，落实接受集团对两起事故的处理决定，根据集团要求对两起事故的责任人给予问责处罚。对违反安全操作规程、违反制度流程、负有安全管理责任者要进行经济处罚和行政问责。对安全管理执行到位、落实到位、安全管理稳定的单位和责任人要给予奖励。

隐患排查到位。对站外发车、报停车辆、停驶车辆进行治理。对私自在站外发车的车辆，进行专项整治，对不服从管理的车辆采取过户措施。对报停车辆、停驶车辆统一由公司机务处管理，进行造表登记、收回线路牌、行驶证等车辆运行手续并封存，整改率达100%。

开展“五不、两确保”安全承诺和“安全带—生命带”专项监督检查及隐患排查工作。整改到位、监督到位，公司主要领导、分管包保领导加大对各单位安全生产督导检查频次，国庆期间，重点对各汽车站、客货车队、旅游客运、DBS监控中心和驾驶员“五不、两确保”安全承诺和“安全带—生命带”制度的落实进行专项监督检查，对累计发现的30余项问题，跟踪验证安全隐患整改，进行回头看。

实施车辆保险管理。明确提出，保险管理是安全管理的一项主要内容，对保额不足、险种不全车辆即视为不符合安全运行条件，公司将采取强制查扣、强制整改措施，直至符合运行条件，否则强制停止运营。

开展全员安全警示教育培训。组织学习新《安全生产法》《安全警示教育宣传片》，提高思想认识，规范安全操作，明确安全管理责任，重点对驾驶员、安管员进行针对性的安全教育培训，累计培训600人次。

（山西汽运集团汾阳运业有限公司）

## 山西孝柳铁路有限责任公司

### 【安全生产】

2016年，山西孝柳铁路有限责任公司树立“安全第一”思想，把安全生产工作放在首要位置，以“安全管理规范化、现场作业标准化、检查整治常态化”为主线，规范提升安全管理质量。推进安全生产标准化建设。制订实施安全生产标准化建设实施方案，建立30个安全标准化示范岗位；清理规范现场岗位规章，修订《公司技术规章目录》，废止失效规章21项，明确有效规章127项，编写《技术规章汇编》6册。实施安全问题整改复查制度。对安全问题整改采取督办检查、现场复核、通报考核等形式进行复查，实现闭环管理，促进安全问题整改。实行安全“红线”管理。制订实施《红线管理办法》，通过考核追责，树立“红线”思维和“底限”意识，防范减少容易“砸锅惹祸”严重安全问题的发生。加大安全检查和考核奖惩力度。修订完善《干部安全管理量化考核办法》，完善现场检查，关键时间节点两级机关三分之二的干部下到现场盯控检查。全年公司各级干部下现场7214人次，发放安全问题通知书7292张。公司对防止事故和好人好事给予一次性奖励，对50名防止事故和发现事故隐患人员给予表彰。开展安全专项活动。把安全生产大检查活动贯穿全年，根据不同时期、不同季节特点，确定安全检查重点，推进隐患排查和问题整治，全年共检查发现各类问题2281件，整改2232件；相继实施《站细》与《货细》、施工安全、线路桥隧、调车作业、LKJ（GYK）、环境治安、劳动安全、供电设备质量共8项安全专项整治，开展列尾装置、岗位规章、人身安全、汛期防洪、站区设备、安全问题考核落实共6项安全专项检查。重新修订完善14项应急预案，其中《安全生产预案》在吕梁市通过报批和备案；全年组织开展机车、车辆脱轨应急演练，共316人次参加，对救援队人员及器具进行补充配备。实施沿线治安整治。在加大日常治安防范的同时，开展环境治安专项整治活动，对沿线各类机动车辆、大型牲畜进行摸排，有针对性地进行安全宣教，与沿线21个乡村养殖户签订安全协议书118份，保证铁路行车安全。

全年公司实现无铁路交通一般B类责任事故1837天，未发生任何责任铁路交通事故。

### 【运输工作】

2016年，营销人员共计走访企业378家，回访企业190家。全年汾西、华晋、霍州、中钢等10大户累计完成装车184215车，货物发送量完成1158.03万吨，占公司发送总量的84.8%。推进95306货运平台用户注册，实行敞开受理，广泛“拓源揽新”，挖掘新货源、新客户，全年共注册立户1361户，展示337户。发动职工开展全员营销，于3月实施《新增货源营销奖励办法》（试行），打破常规，“上不封顶、多营多得”，对营销新增货源的职工给予运输收入5%的奖励，调动全员营销积极性，2月至9月完成新增营销货源收入591.2万元。公司针对市场实际，把握客户需求，成立公司运价管理领导组，依照铁路总公司相关政策，在上半年相继对煤炭运费下调0.01元/吨千米，对到达公司管内的铁矿粉等重车费用下调1.5分/吨千米，对发运钢铁类货物的中阳钢厂、发送焦炭货物的五麟、大土河实行阶梯性下浮价格和“一口价”协议运输，使矿粉到重和焦炭发运自2015年下半年基本为零的情况下，吸引焦炭货物、到重货物重新回归铁路发运，全年完成焦炭发运193万吨，完成到重313.8万吨。8月，实施《货运增量增收阶段性考核办法》，8月至9月，共完成运输收入8332万元。累计组织短倒运输720车共4.7万吨。

全年向路局争取备用车共计30万车，较2015年增加17.61万车；累计产生货车占用费2616万元，较2015年减少1620万元，同比降低38.2%。合理调配机车运用。停止租用机车2台，封存公司机车2台，及时安排机车入厂中修，加大在用机车的使用效率。在减少机车台数、降低机车费用的同时，机车平均日产量提高到55万吨千米，较2015年同期增加9.4万吨千米；在2016年施工作业封锁时间增加的情况下，列车平均旅速达到25.1千米/小时，较2015年同期提高0.4千米/小时。减少国铁机车运用。跨局机车牵引费支出23.96万元，较2015年减少125.81万元，同比降低84%。实施《综合维修天窗作业兑现率和利用率考核办法》。提高天窗作业兑现率和利用率，全年天窗利用率和兑现率高达99%。

全年货物发送量完成1365.6万吨，货物到重完成313.8万吨，货物周转量完成145956万吨千米，平均运距86.9千米，综合收入完成46833万元，上缴各种税费4355万元。

【经营质量提高】

完善管理制度。全年制订完善公司《经营业绩考核办法》《新增货源营销奖励办法》《全周转时间考核办法》等60余项经营管理制度。理顺管理机制。推行“下管一级”机制，制订实施《公司基层单位领导干部月度绩效综合考评办法》，将基层单位领导干部纳入公司机关月度绩效考核，落实干部逐级负责制和安全风险管理责任。创新考核激励机制。以“转变作风、提高效能”为原则，推行全员绩效考核，将全员岗位工资的50%加月度生产奖，按照每月公司运输收入实际完成比例进行考核，将职工收入与公司经营收入紧密挂钩，全年累计考核降低人工成本196万元；在全员绩效考核的基础上，针对不同岗位分别实施《机关部室综合评价考核办法》《机车乘务员计件考核办法》等制度，对月度工资进行二次捆绑考核，形成“岗位靠能力、收入靠效益”的薪酬分配导向，调动干部职工增收创效的积极性。强化降本节支，压缩各项费用。推动机车运用，延长机车中修周期，节省4台机车中修费用556万元。推动依法经营，规范合同管理，履行招投标程序，全年共组织召开18次经济合同审定领导组会议，集中审定通过38份重要经济合同，组织招投标35次；成立合同谈判小组，压缩新签、续签合同费用，全年节支220万元。与太原铁路局协商并取得支持，综合服务费支出由2.38元/吨降至1.38元/吨，全年节支1365万元。完善财务管理，落实营改增政策，降低税费成本300万元。规范物资管理，全年压缩材料采购支出200万元。全年完成大修、基建、更新改造计划累计74项。开展三角庄变电所室外高压场地大修及电缆沟排水工程、离石站轨道衡基础工程及（光）电缆沟挖填工程、三角庄马力车库改造工程等重点项目，完成小景、朱家店、柳沟、枝柯4站区道岔更换施工和7台机车的大中修，建成东槽机车检修基地。全年完成设计及预算审核96项，总计审减933.6万元。优化人力资源配置。减少委外业务人员、外聘人员38人。

【职教培训】

重新修订公司职工教育培训管理办法。结合实际，与时俱进，对执行长达六年的《公司职工教育培训管理办法》进行全面修订，明确公司职工教育培训的基本原则，细化培训管理体系和职责分工，对培训基地、师资队伍建设、日常管理、经费使用及工作考核进行明确。组织开展年度职业技能竞赛。共安排43个理论、实作竞赛项目，21个工种、178名选手参赛，对53名优胜者进行表彰奖励。开展专项培训。组织全员学习《电气化铁路有关人员电气安全规则》和《电气化区段防止触电伤亡事故措施》；开展全员防洪防汛学习培训和防寒过冬专项培训，对352人进行随机抽考；组织开展《营业线施工安全管理实施细则》《安全生产法》《车站行车工作细则》和消防安全培训；印发《营业线施工安全管理实施细则》800册，组织专项学习；全年累计7450人次参加各类专项学习培训及考试。开展骨干外送培训。选送173名技术人员和业务骨干参加铁路总公司、太原铁路局、地铁集团公司等单位在全国各地组织的供给侧结构性改革、物流发展、危险货物运输、机车司机资格考试、工程造价、信号设备履历簿、工务线路养护等26项技术业务专题培训，提高干部职工素质。

（山西孝柳铁路有限责任公司）

## 吕梁机场

【概况】

2016年，吕梁机场暂停呼和浩特—吕梁—长沙航线，保持4条航线(吕梁—北京、上海—吕梁—兰州、重庆—吕梁—天津、吕梁—西安—广州)的运营，通航城市7座，参与运营的航空公司2家。全年旅客吞吐量21.38万人次，货邮吞吐量20.5吨，飞机运输起降2906架次。机场运输保持快速发展的势头，比2015年增长超过40%。

【安全管理】

2016年，吕梁机场坚持安全发展的原则，落实民航上级、省、市和集团公司各类安全生产会议精神，加强组织领导，明确安全职责，完善安全管理制度，强化日常监管，开展隐患排查与专项检查，强化岗位作业指导书落地，开展应急能力建设等，夯实安全基础，提高管理和应急水平、风险防范防空能力，完成“春运”“五一”“十一”黄金周以及“G20峰会”等各项保障工作。全年未发生机场责任原因的不安全事件和事故征候，整体安全形势平稳。

【市场开发及宣传】

2016年，吕梁机场发挥媒体宣传功效，借助微信互动平台发布信息，开展航线抢票宣传活动。开展吕梁各县区航线航班及优惠产品宣传。利用高考、节假日等节点，借助嘉润杯五人制足球赛，携手同程旅游等开展航线航班促销活动。通过旅行社、导游等媒介，采取补贴和奖励政策激活航空市场。开发引导中转团队，发展客源。向航空公司争取优惠政策，使旅游客源成为拉动客运市场新的增长点。

【人才队伍建设】

2016年，吕梁机场公开竞聘选拔三级干部1名，班组长17名，选拔安全监察员14名，完善管理队伍梯队建设。组织班组建设交流会，推进内训师、师傅和新闻通讯员等队伍的落实，启动岗位操作流程微视频活动，推行管理人员带头授课的培训模式，邀请兄弟机场业务骨干开展相关专业知识和业务技能培训工作。公司鼓励专业技术人员多取证，对于通导、气象机务等双岗兼容即一人取得多证且能独立上岗的，给予一定金额的补助，调动人员考证取证的积极性，组织完成华北局职业技能鉴定考核工作。

【基础项目建设】

2016年，吕梁机场针对汛期对飞行区土面区、排水系统、护坡造成的较大破坏，协调地方政府完成飞行区抢修工作。

完成安检信息系统改造，优化PBN飞行程序；二路供电改造工程主体完工，相关设备到位；生产保障用房建设项目进入施工阶段；飞行区防洪防汛系统改造工程完成立项可研，争取民航发展基金和吕梁市政府配套资金支持；开展通用机坪等储备项目前期工作。

（吕梁机场有限责任公司）

# 邮政信息产业

## 邮政

【概况】

2016年，吕梁市邮政贯彻落实"一体两翼"经营发展战略，加快重点高效业务的发展；压实传统业务，调结构，降规模，管库存，清欠费。全年全市邮政实现业务收入2.56亿元，完成省公司计划的94.38%，列全省第8位，实现利润1197万元，完成省公司计划的114.5%。

【"一体两翼"完善】

金融翼。2016年，吕梁市邮政全年净增储蓄余额达14.06亿元，储蓄总余额突破120亿元，达122亿元，两项指标创邮银独立运营以来历史最高，新增余额市场占有率11.14%，比上年同期增长7.34%，在全市金融机构中列第2位，仅次于农信社，储蓄业务收入实现15827万元，同比增幅5.89%，代理保险业务收入实现2754.58万元，电商业务收入实现1727万元。寄递翼。2016年邮速"合体发展"，在全省率先完成"尖刀排"组建工作，全年实现业务收入1020万元，完成省公司计划的102.06%，同比增长31.61%，列全省第4位，连续两年保持高速增长的态势。渠道平台建设。2016年注册开通"村邮乐购"站点777个，其中，A类达标店258个，完成省公司计划的243.9%，全年交易规模与纯A类店综合占比均列全省第3位，站点规模实现快速扩张，为22个A类店统一配备门头标识和广告灯箱。自主开发"吕邮乐购"线上平台，上线销售地方特色产品19款，月均销售近万元。"邮惠购"项目发展粉丝数10.11万户，累计下单2307单，下单金额12.7万元。发展农村金融服务站417个，绿卡村120个，提升邮政金融农村市场占有率，争取到银监部门专项建设补贴资金6.8万元。成功破题代办税票业务，在代收种类、手续规范和业务规模上树立全省典范，全年累计代收税额7649.58万元，实现收入382.48万元。传统业务。2016年函件专业与市地税局达成账单寄递项目实现收入29.43万元，报刊专业2017年报刊一次性大收订实现流转额5562.73万元，完成省公司计划的104.76%，集邮专业组织周末邮市37场，开展邮展、集邮品鉴活动12场，实施集邮"四进"活动23场。

【经营效果完善】

2016年，吕梁市邮政高效业务收入占比提升。全年金融、电商和寄递业务实现收入1.99亿元，绝对值增加1288万元，同比增长7.4%，高于全市收入增幅11.9个百分点，均超额完成省公司计划目标，收入占比达76.69%，同比提高12.4个百分点。整体财务状况向好。成本支出2.4亿元，同比下降3.7%，企业现金流达4863万元，较上年末增加2596万元，同比增长114.5%，清缴历史欠费574.25万元，企业资金运转水平提升。执行禁止向职工摊派任务的经营禁令，清理全员摊派营销。

【能力投入】

2016年，吕梁市邮政装修改造金融网点6处，新建离行式自助网点5处，将交城沙河西街打造成为VMD特色网点，新增CRS和ATM机16台，自助填单机24台，配备营业终端200台，PC机46台，票据打印机30台，身份证鉴别仪18台，验钞机100台，捆钞机28台，多功能一体机40台，增强金融网点服务能力。推进县以下投递网组建工作，2016年新增外包人员45人，增配邮运车辆40辆，电动三轮车106辆，三轮摩托车36辆，手持PDA376部，省、市分公司共投资725.83万元，提升投递能力。重点乡镇全部实现党报当日递，投递考核指标大幅提升，邮件当日妥投率的四项考核指标完成率均在98%左右，投递信息上网率达99.17%，标快当日妥投率、投递信息实时反馈率两项指标城市均位居全省第二，农村均位居全省第一。全年，推进各县分公司大班组交叉作业，完成9个县分分拣封发场地改造，改造场地2000多平米，增配分拣封发格口36组，皮带机12台，小型推车19辆，全部实现分拣、转运、投递作业三合一，优化内部处理流程，加快处理速度，提升处理能力。确保安防设施配备到位，全年，新增和更换监控探头251路，更换监控主机28台，显示器18台，存储硬盘285块，完成孝义和方山两个县分的金库异地值守。组织开展服务质量专项检查和无着邮件清理整治活动，全年用户服务满意度达94.3分，位居全省前列。

【转型发展】

开展产能提升工作。完成剩余32个网点的产能提升工作，验收合格率达85%，与卓越公司展开合作，对交城、交口两个余额持续倒负的县开展对口帮扶。做实绩效分配。对中阳、临县、方山等网点绩效分配存在问题的单位进行“上追一级”的问责考核。落实分户管户。分户管户率达100%，新增客户20819户，新增存款68765万元，其中5万元以上客户新增4127户，新增存款64256万元。推广“客户节”活动。落实对标学习成果，累计开展“客户节”活动1250次，吸引到访客户23506人次，组织开展网点沙龙活动612次，增加网点客流量。开展主题营销活动。生肖主题存单活动新增客户占比28%，达标户数占比61%，均在全省排名第一；“百年邮政，福享万家”交通出行险活动受理客户3248户，完成计划目标112%，受理金额1.86亿元，全省排名第一；“活过一百岁”活动受理客户3675户，金额3.12亿元，全省排名第二。试点推行双向选择办法。

【竞赛排位提高】

2016年，首季金融跨赛中，吕梁市邮政公司实现考核余额72436万元，完成省公司首季计划的178.85%，列全省第3位，完成省公司跨赛计划的188.05%，列全省第2位，提前38天完成省公司下达的双计划目标任务。四季度金融跨赛中，实现考核余额3.72亿元，完成省公司跨赛一阶段计划的178.47%，列全省第6位，提前51天完成省公司跨赛考核目标。在寄递业务首季“开局亮剑，王者归来，唱响品牌”竞赛活动中，实现收入565万元，完成省公司计划的143.38%，同比增幅74.98%，均列全省第1位；在二季度“提速增效、开拓创新”竞赛活动中，累计实现收入871万元，完成省公司计划的56.83%，列全省第1位，同比增幅52.92%，列全省第2位；在三季度“做实项目、抢夺市场”竞赛活动中，累计实现收入1289万元，完成省公司计划的84.11%，列全省第1位，同比增幅39.2%，列全省第2位。

（吕梁市邮政分公司）

## 无线电管理

【概况】

2016年，吕梁市无线电管理局服务经济社会发展，各项工作取得成效。开展无线电频谱使用评估专项活动。活动期间，利用固定站和监测车对市区及其他12个县城建成区约170平方千米范围内的频谱使用数据进行采集，其中3座固定站集中监测时长10天，监测车累计监测时长550分钟、行程1100余千米，数据采集量137GB，按时上报。基本完成监测巡查任务。根据《吕梁市无线电管理局2016年无线电监测计划》，行程2600余千米，完成市辖13县（市、区）91个重点乡镇、5个工业区、3个制高点（木弧台、黑茶山、马西平川台）及主要航线、铁路线区域的监测巡查任务。以县为单元出具巡查报告，对发现的3个问题及时进行处理。完成省局下达的各类监测任务，完成特殊时期监测值班任务，全年累计监测时长达3000小时。全年较高质量完成频谱监测月报12期。干扰查处。全年，及时排查无线电干扰5起，干扰排查率为100%。其中3起分别来自交城、临县、文水群众举报的卫星电视干扰，1起来自驻吕部队反映的雷达干扰，1起来自柳林县手机信号放大器对电信公众网的干扰。考试保障。全年应有关考试主管部门邀请共组织19次考试无线电保障工作，共出动人员299人次，出动车辆72车次，动用设备177台（套），查处作弊信号11起，没收作弊器材11台（套），压制12起作弊信号，作弊分子2人由公安部门进行处理。推进频率台站管理和行政执法工作。规范吕梁机场设台，获得省局认可，吕梁机场被评为示范台站；审查吕梁人民广播电台新增音乐台、文水人民广播电台迁址，报省局组织电磁环境测试，通过省局审批；联合市文化局对全市各类广播电视台站设置使用进行检查核实和重新登记，对增设（变更）提出要求；完成年度频占费征收任务；派人参加吕梁市反诈骗中心集中办公，监测“伪基站”“黑广播”，形成查处非法设台高压态势；完成省局下达的4处地球卫星站核查任务。完善应急机制建设。吕梁市无线电管理局从300余名无线电爱好者中每县挑选3至5人，组建一支61人的无线电安全保障应急处置队伍，出台《吕梁市无线电安全保障应急处置预案》，召开全市无线电安全保障应急处置工作培训会议，构建吕梁市无线电安全保障应急处置工作机制，无线电应急机制纳入吕梁市应急体制，提高吕梁市应急工作水平。

（吕梁市无线电管理局）

## 通　信

### ·电　信·

【概况】

2016年，吕梁市电信业务经营及市场拓展情况良好。

拓展渠道。2016年通过和代理商重建信任、适配资源、保姆式帮扶，截至11月，吕梁新建实体渠道208个，新建专营店74个，有量渠道增加82个，活跃渠道增加73个，渠道单店效能月均提升2户；结合新业务拓展，在开放渠道搭建翼支付体验区51个，天翼高清演示区81个，渠道拓展取得成效。

加强宣传。重点解决网格小区和支局农村的宣传覆盖问题。针对网格2016年共制作1500块楼号贴，3000块平房贴，覆盖小区583个；针对支局投放墙体广告2150面，覆盖乡村280个。每个网格不少于每周3天的进小区上门宣传，接触用户2.4万户，上门给客户面对面细算账、讲融合、留资料。政企进单位进科室围绕续约、融合、高清、支付、理财开展159场智能秀。尝试在用户微信朋友圈宣传，扩大宣传面，提升客户对电信产品的知晓率。

树立标杆。全年通过走出去向兄弟单位学习，结合吕梁实际，在多个领域树立标杆，为业务培训、销售模式创新、规模发展奠定良好基础。中阳网格和维系经理实时数据互动，上门跟踪等规定动作的执行，实现宽带当月离网率从前半年均值2.37%降至后半年的均值1.06%，趋势向好。投诉处理中，柳林公司以客户思维解决问题，不以归属论利益，值得学习。石楼网格执行公司各项决策，坚持上门规定动作，收入同比提升70%；校园中心探索发展新模式，开放合作，账号经营，实现市场份额达36.8%，收入同比增幅72.3%的效果。县域政企也有所发展（岚县政府云主机、交口旺庄大单）；孝义高阳支局全业务加载翼支付，转换销售路径，使融合率达95%；交城商圈强厂商，勤互动，多培训，促使商圈店面合作率达85.7%。

细化执行。以投诉、倒三角支撑、现场调研反映问题为源点，梳理48个流程，优化11个流程，完善9项管理制度。

【网络能力建设】

2016年，吕梁电信分公司共新增自建端口5.33万，驻地网端口4.83万；针对政企客户83个集中住宅区进行专项覆盖，和第三方合作对校园WIFI进行无缝覆盖。这些网络能力为2016年宽带净增2.24万户奠定良好基础；有资源、有政策、有终端，结合互联网销售的冲击，加强代理商与电信公司合作的意愿和信心。

（吕梁电信分公司）

## ·移　动·

【市场经营】

2016年，吕梁移动分公司完善经营，“守住一份，关注一份，拓展一份”，稳抓市场份额，提升市场竞争力。

把推进4G规模发展作为推动转型发展、提升公司流量经营能力的关键核心，实施“4G终端销售+换卡+转资费+应用推广”四位一体发展策略，加快4G渗透，将网络优势转化为市场优势。全年4G用户渗透率28.2%。4G保持良好发展态势，扩大4G领先优势，巩固区域市场把控力和市场主导地位。

全年，围绕“信息化收入提升”和“成员价值提升”两条主线，落实九项举措。通过公开市场销售助力小微发展，圈定小微清单进行精准营销，拓展小微企业3841个，完成比例全省排名第一。提升公开市场集客业务销售能力，集客主导、渠道协同，落实省公司各项举措，实现营业厅商机预约覆盖率全省第一。

【渠道转型】

推进服务管控，服务优势领先。2016年，吕梁移动分公司秉承“大服务”理念，开展服务协同工作，将无形服务有形化，利用微信等多种平台，开展4G优势服务宣传。创新开展NPS传播学习活动，在吕梁移动微信平台开发内部学习专栏，全年一线学习人数达698人次，答题合格率为89%。加强渠道管理，深化转型，助推公司业务发展。公司从“转型 运营 支撑”三方面入手，实施精细化运营，提升实体渠道的掌控力和销售力，促进实体渠道效能和效率的提升，推动实体渠道的转型发展和智慧经营。

【基础管理】

2016年，吕梁移动分公司完善各项流程落地、优化工作，落实制度，推进部门间协同及对县市公司帮扶与指导，提升公司整体工作效能，提高部门协同与支撑能力。推进预算项目化管理，从项目立项、合同签订、项目审计、付款等方面进行跟踪，提升整体预算管理水平。强化成本管控，资源配置重点保障生产经营，提升公司4G、宽带等重点业务发展。推进资产“挖潜增效”，取得全省第二的成绩，提升资产效能。

（吕梁移动分公司）

## ·联　通·

### 【收入完成指标】

截至2016年10月底，吕梁联通分公司主营业务收入累计完成4.91亿元，完成全年预算的81.16%，全省排名第4，比上年同期增长1.91%，全省排名第1；通信服务收入完成4.85亿元，同比增幅为1.69%；ICT收入完成549.7万元，同比增幅为25.65%。其中，移动业务收入累计完成23967万元，同比增幅为-4.01%。固网业务收入累计完成24551万元，同比增幅为7.96%，全省排名第1，其中，数据及网元收入完成2643万元，同比增幅为13.29%，宽带业务收入完成18028万元，同比增幅为22.33%。全市利润总额累计完成-492万元，完成年度预算目标的-29.88%，全省排名第8。截至2016年10月底，全市收入市场份额达26.67%，全省排名第10，较上年年末下降0.98%，全省排名第9。其中，宽带收入市场份额达67.08%，较2015年年末提升1.55%，全省排名第3；全市宽带用户市场份额达62.95%，较上年年末下降4.03%，全省排名第2。

### 【经营发展】

截至2016年10月底，吕梁联通分公司移动业务累计发展用户18.5万户，同比增幅为-0.5%，出账用户达62.24万户，本年累计净增出账用户-2.25万户。其中，2G用户净增-10.1万户，出账用户达18.49万户；3G用户净增-7.78万户，出账用户达3.32万户；4G用户净增15.64万户，出账用户达40.4万户。4G网络用户数达21.2万户。固网宽带累计发展用户6.25万户，同比增长13.66%，出账用户达30.6户，较上年年底减少37户；宽带50M及以上速率用户占比达19.45%。融合业务累计发展用户18.03万户，其中，智慧沃家业务发展13.93户，3G沃融合业务发展2.21万户，4G沃B业务发展1.89户。智慧沃家业务共拉动4G新增10.71万户，拉动宽带新增4.02万户。IPTV业务累计开通11万户，IPTV用户达11.85万户，开通率为93%；有效使用用户达8.15万户，有效使用率为73.9%；渗透率为32.3%，较上年年底提升15.8%。

### 【网络支撑能力建设】

提升网络能力。截至2016年11月底，吕梁市宽带接入能力达73.26万线，其中，FTTH端口占比达88.16%，端口实占率达56.04%；全市基站总数达5230个，其中2G基站1351个，实现市区、县城、乡镇、名单制旅游景区以及1000人以上行政村全部覆盖，人口覆盖率84.61%，面积覆盖率67.77%；3G基站达2373个，实现市区、13个县城、139个乡镇、18个名单制旅游景区以及3000人以上行政村的全部覆盖，人口覆盖率达80.2%，面积覆盖率79.69%；4G在网运行基站达1506个，实现市区、13个县城、139个乡镇的全部覆盖，人口覆盖率达61.29%。

改善网络运行质量。截至11月底，全市装移机及时率、修障及时率、装移机撤单率分别由上年同期的89.12%、56.47%、7.5%改善至91.82%、90.35%、2.21%；2/3/4G基站24小时零业务小区占比较上年年底分别改善0.26%、1.01%、0.22%；2/3G业务掉话率由上年年底的0.31%、0.37%分别改善至0.20%、0.22%；4G驻留比由上年年底的71.03%提升至86.00%；语音回落成功率由上年年底的94.62%改善至96.6%。

### 【服务指标改善】

截至11月底，吕梁市联通分公司服务KPI指标完成5.23分，全省排名第6，较一季度排名提升4名。三季度固网NPS绝对值得分13分，全省排名第5，自改善值36.1，高于全省平均水平，移网NPS绝对值得分-7.6

分，全省第 7。投诉处理时长为 5.01 小时，较 1 月提高 4.35 小时；限时办结率达 97.86%，较 1 月提高 10.2%；一线承诺履约率达 94.65%，较 1 月提高 9.42%；投诉问题满意率达 88.96%，较 1 月提高 4.92%。

（吕梁联通分公司）

# 住房和城乡建设 环境保护

## 城乡规划

**【概况】**

2015年9月，市委、政府正式启动规划局组建工作，2016年吕梁市规划局各项工作总体比较顺利。组建工作进展：机构“三定”情况。2015年11月30日，《吕梁市城乡规划局主要职责内设机构和人员编制规定》经市政府批准下发。市编委研究下发《关于市城乡规划局设置事业单位的通知》。根据“三定”方案，市规划局设置内设机构5个，分别为办公室、规划监督科、行政审批科、规划管理科和政策法规科。核定行政编制20名；领导职数为1正4副（局长1名、副局长2名、总规划师1名、纪检组长1名）；科级职数5正1副。规划局下属事业单位5个，分别为规划编制处、总规划师办公室、规划信息中心、勘察测绘所和规划执法支队。核定全额事业编制52名（从市住建局连人带编调整21名，新区建设管委会连人带编调整24名，在市级编制总额中调整7名）；差额事业编制60名（从市城建综合执法支队连人带编调整25名，在市级编制总额中调整35名）；自收自支事业编制20名（从市住建局连人带编调整16名，在市级编制总额中调整4名）；科级职数5正11副。全年到位人员23人，总规划师1名，包括新区指挥部调入的15名研究生。业务情况：全年规划局主要业务工作以市新区规划委员会办公室为主体，接收办理新区内规划编制及项目“一书两证”审批情况。规划编制方面：组织省城乡规划设计研究院编制《吕梁市高师幼儿师范学院选址论证咨询报告》《市广电中心选址论证咨询报告》，通过市长办公会议研究。组织上海同济规划设计研究院编制新区加油站专项规划，对新区现状加油站进行分析及重新布局，通过市长办公会，加油站布局基本确定。规划审批方面：全年办理吕梁康寿养老中心、吕梁市救灾物质储备库、吕梁市群艺馆等8个项目的选址意见书；办理方山县安置区六区、九区、离石区西属巴学校、吕梁市救灾物资储备库、市群艺馆等18个项目的建设用地规划许可证。办理市医疗卫生园区、新区雨污水配套工程、市儿童福利院、方山安置一区、市消防支队特勤消防站等5个项目的建设工程规划许可证。组织对办理项目的建筑工程设计方案进行专家评审。

（吕梁市规划局）

## 住房和城乡建设

**【城市人居环境改善】**

2016年，吕梁市改善城市人居环境设施提升、城市安居、城中村改造和环境提质四大工程。截至12月，累计完成投资170.533亿元，占年度总计划164亿元的103.98%。设施提升工程年度计划投资49.9亿元，截至12月，累计完成投资54.544亿元，占年计划的 109.3%；城市安居工程（含城中村）年度计划投资 105 亿元，累计完成投资 106.1 亿元，占年计划的 101.05%；环境提质工程年计划投资 9.14 亿元，累计完成 9.889 亿元，占年计划的 108.19%。

【市政基础设施建设】

2016 年，吕梁市共实施水、气、热、路、污水、垃圾等市政建设项目 117 个，其中新建（改造）100 个、续建 17 个，截至 12 月开工 108 个，累计完成投资 46.38 亿元，占年度任务的 115.95%。新建供气管网 74 千米，完成目标任务的 98.6%；新建供热管网 86.13 千米，完成目标任务的 69%; 新增供热面积目标 240 万平方米，实际完成 450 万平方米；新增城市（含县城）绿化面积 124 万平方米，共投资 2.67 亿元，完成年度目标任务的 91.86%；新建和改造城市道路 130.315 千米，占年度目标任务 100%；新建和改造城市供水管网 65.72 千米，占年度目标任务 100%；新建和改造城市雨水管网 150.66 千米，占年度目标任务 100%；新建污水处理配套管网 91.81 千米，完成率为 102.01%。

【房地产去库存】

2016 年，吕梁市商品房累计可售（批准销售未售出）面积 233.44 万平方米，同比减少 11.98%，比 2015 年底减少 16.4%。其中商品住房 198.52 万平方米，15923 套，同比减少 23.59%，比 2015 年底减少 21.52%。吕梁市区累计可售商品房 56.03 万平方米，其中累计可售商品住房 44.88 万平方米，3789 套。全年，全市商品房累计销售面积 79.41 万平方米，商品住房累计销售面积 78.29 万平方米，6741 套，同比下降 11.1%。

【农村危房改造】

截至 2016 年 12 月，吕梁市农村危房改造竣工 18067 户，占年度任务的 95.5%，累计完成投资 3.40 亿元，占年度任务的 99.8%。

【新区市政配套和市区重点项目建设】

2016 年，吕梁市共铺开项目 18 个，开工 15 个（新区 10 个，主城区 5 个），开工项目总投资 28.38 亿元（新区项目投资 25.82 亿元，主城区项目投资 2.56 亿元），累计完成投资 21.62 亿元（新区完成投资 19.62 亿元，主城区完成投资 2 亿元）。开工项目中新区安置区供水工程、新区雨污分流工程、新区通讯、吕梁大道一期绿化工程、学院路、站前广场、碧水桥、主城区 4 座人行天桥、高速东口提升改造工程、龙凤南大街雨污分流工程等 10 个项目基本完工。新区供热：管网建设具备供热条件，安置区换热站总计 17 座，13 座具备安装条件；新区供气：管网建设完成总工程量的 95%，小区基本具备入户供气条件。北川河生态治理工程：可施工区域完成全部工程量约 69%。沿河景观一标：可施工区域完成全部工程量的 80%。沿河景观二标段：开工区域完成全部工程量的 80%。知春湖（4 号湖）：完成全部工程量的 55%。如意湖（5 号湖）：完成全部工程量的 55%。吉祥湖（6 号湖）：完成全部工程量的 60%。新区桥梁：共建设 9 座大桥，除 7、8 号桥外全部竣工，7 号桥完成全部工程量的 80%；8 号桥桥主体工程全部完成，完成全部工程量的 86%；北川河 2 座人行天桥：桥梁主体工程基本完成。未开工项目除世纪广场人防工程暂缓外，城南农贸市场工程进行开工前准备工作、新安大道地下综合管廊工程前期工作基本完成。

（吕梁市住房保障和城乡建设管理局）

## 重点工程建设

【概况】

2016 年，吕梁市重点工程建设取得成效。项目储备。全年项目储备任务 9495 亿元，完成 12445.81 亿元，储备项目数 271

个，综合得分88.23，全省排名第5。项目签约。全年项目签约任务1606亿元，签约95个，完成1911.15亿元，完成率119%，全省排名第10。项目落地。全年项目落地任务1896亿元，完成1243.2亿元，完成率65.6%，全省排名第9。项目开工。全年项目开工任务1384亿元，完成1404.2亿元，完成率101.5%，全省排名第9。项目建设。全年省市重点工程投资全年任务984亿元，累计完成投资994.2亿元，完成全年任务的101%，全省排名第3。其中省重点工程投资全年任务328亿元，累计完成投资350.93亿元，完成全年任务的106.99%。项目投产。全年，全市2016年项目投产任务983亿元，完成1022.6亿元，完成率104%，全省排名第3。项目开复工情况。全年，全市362个省市重点工程项目中开复工项目284个，开复工率78.2%。其中新建项目212个，开工143个，开工率67.5%；续建项目150个，复工141个，复工率93.4%。重点工程使用钢材、水泥和用工需求的情况。2016年，省市重点工程使用钢材32.53万吨，其中省内28.38万吨，占87.25%；使用水泥70.97万吨，其中省内66.00万吨，占93.01%。全市重点工程用工4.1228万人，其中本省人数2.7603万人，占66.95%。

【脱贫攻坚】

2016年，吕梁市重点办脱贫攻坚主要完成以下工作：走入所驻扶贫村，逐户开展调研，了解村情村貌，摸清底数，建档立卡。对96户贫困户走访调研，对其家庭情况、致贫原因、收入状况、脱贫愿望等进行调查，建档立卡。研究制定出台3年帮扶规划和2016年度行动计划，通过多种方式开展扶贫政策宣传。将社会保障、护理护工培训、教育扶贫、光伏扶贫、雨露计划等党的扶贫政策和扶贫精神宣传到户，对符合政策条件的给与争取、落实。利用本地养殖大户厚通科技养殖优势，采用“公司＋基地＋农户”的模式，成立生猪养殖合作社。生猪养殖合作社建成，协商沟通种猪入圈。利用第一书记和驻村工作队扶贫专项资金，通过协调市扶贫办争取到4万元扶贫经费，共16万元，投资12.25万元为背崖底和翟家岭两个自然村安装35盏路灯，解决村民夜晚出行困难问题。利用剩余资金解决村里旱井抽水问题，为全村83户建档立卡贫困户和养殖合作社购置旱井水泵85个。

【入企服务】

2016年，吕梁市重点办派出由副主任马健旺为组长，王伟和高辉为组员的入企服务小组，到孝义市金晖煤焦有限公司开展为期2个月的入企服务工作。为企业彻底解决两件实事：一是企业工会费用的缴纳与返还问题。经与市、县总工会沟通了解，该问题由省工会与省地税局规定引起，须在省级层面协调。二是企业生产过程中产生的煤气销售问题。通过向孝义市政府领导和相关部门进行反映，走访政府办、住建局、煤气化公司、重点办、梧桐工业园区等部门进行协调。孝义市委常委薛厚华组织相关煤焦企业、供气公司和用气企业召开协调会，初步解决该项问题。

（吕梁市重点办）

## 房地产管理

【保障性住房】

2016年，吕梁市棚户区改造新开工建设15379套，占省年度目标任务1.2万套的128%，其中：城中村改造1.17万套，占省年度目标任务6777套的173%；货币化安置开工6054套，占省货币化安置任务达50%要求的101%；重点镇477套，完成省下达年度任务250套的191%。基本建成各类保障性住房15040套，完成省下达年度任务6000套的251%。共完成投资55.56亿元，完成省下达任务50亿元的111%。

推进廉租住房租金补贴发放工作。市直单位及各县市区都制定《2016年城镇低收入住房困难家庭租金补贴发放工作实施方案》，经报名、资格审查、入户调查、公示等程序，核发租金补贴，其中市直单位共发放租金补贴234户102.4万余元。加强市本级廉租住房的管理，一期廉租房的租金管理纳入财政体制，实现有效运转；二期廉租房工程通过验收，进入审计决算阶段。

2016年，有28个棚改项目（片区）取得专项贷款授信51.44亿元，资金到位16.58亿元。

【房地产市场管理】

2016年，吕梁市完善房地产去库存和市场预（销）售管理工作。5月，在全面大起底的基础上，抽调16名同志分5组对市区已完与在建开发项目的开发建设、销售、入住与产权办理等情况进行排查，掌握市区商品房、存量房、空置房的情况。期初市区商品住房可售面积有55.8万平米、4491套，5月至12月新增商品住房可售面积2.9万平米、240套，累计销售商品住房13.4万平米、1175套。截至年底，市区商品住房可售面积有45.3万平米、3556套。为完成市区房地产去库存工作，根据市人民政府办公厅《关于化解房地产库存的实施意见》(吕政办发〔2016〕60号)，结合实际，制定《吕梁市规划区鼓励购买新建普通商品住房实施方案》，出台购买商品房的优惠政策，鼓励购买市区新建普通商品房，引导开发企业降低房价。为配合去库存工作，开展住房贷款担保业务，全年共为48户个人提供贷款担保，贷款金额1457万元。

全年，共办理商品房预售许可证5件，批准预售面积15.3万平方米。全年房地产开发项目完成备案面积16.89万平方米、备案房屋1495套。对办理预售许可证的开发项目在“吕梁市住宅与房地产信息网”公布。

房地产市场执法检查。2016年共出动300余人次，检查企业83户，下发整改通知61份、停止违法行为告知书23份。对全市房地产行业进行大起底，按片区对开发企业、开发项目、商品房、存量房、手续办理情况等进行调查摸底，为规范执法提供依据。

实行产籍产权信息化管理。市本级个人住房信息系统基本建成，进行纸质档案数字化管理。房产交易全部实行阳光操作和电子化流程，即“一次性告知、一个窗口收件受理、一站式审核服务、一网式审批”的办事流程；全年完成测绘项目19项，测绘总面积约235.5万平方米；完成产权登记及交易5000户（62万平方米）、抵押登记500户（抵押金额6.72亿元）；配合住房保障办、市公积金管理中心、各街道办、民政局及税务机关完成房屋档案查询3万余份；配合省住建厅、市组织部组建干部房产查询电子系统，完成干部有关事项申报工作中的房产核查工作；规范房屋租赁市场管理，对单位出租房屋进行调查、摸底，核实租赁双方的实际情况，限期办理房屋租赁证；完成不动产登记人员调整及部分不动产业务移交、衔接工作。

物业服务管理。实施“六个一”工程，2016年年初出台安排意见，借市人大审议市区物业管理工作的契机，理顺市区物业管理体制，落实行政责任主体，提升审议满意度；修订《吕梁市物业管理办法》，经过多次征求意见、讨论，提交市政府审查下发；全年核发物业资质证82件，包括暂定29件、转正28件、换证14件、变更11件；对市区185家物业服务企业进行大整顿，建立诚信档案，强化日常监管，实行信用评价制度，有8户企业降级，吊销10户企业资质；先后集中组织物业企业及从业人员培训5期1400多人次，企业自主组织多形式的学习培训83期（次），培训人员2270人次，提升物业从业人员素质；指导完善市区业主组织，由上年6家发展到38家。

【脱贫攻坚】

2016年，吕梁市房地产管理局开展党员干部“一对一”帮扶活动，全局59名党员对方山县马坊镇磨地湾村的114户贫困户进行结对帮扶，全部建档立卡，年底分别对帮扶对象进行慰问。实施产业扶贫，争取到土地整理项目一个，共造地400公顷，概算投资1300万元；引导村民成立专业合作社3个；帮助贷款20万元，发展养殖牛40头、羊30只。完善基础设施建设，与交通部门争取资金20余万元，改造村通道路1.8千米；修补农田水毁道路4千米；与财政局争取资金6万元，安装太阳能路灯10盏；与通讯部门争取资金20万元，安装移动通讯铁塔2座，解决村民通讯不畅问题；按照村庄脱贫整体要求，利用市直扶贫资金组织修建村级卫生室；对温家沟自然村的24户居民争取实施易地搬迁。注重农民素质提升，培训两期60人次，建档立卡户户均至少有一个“明白人”，培养村内“领头雁”人才3人，输出护工2名。开展阵地建设，建立村级文化活动室、阅览室，充实完善相关资料；因人员划转按照“硬抽人，抽硬人”的原则，调整选派驻村第一支部书记。全年脱贫49户，98人。

（吕梁市房地产管理局）

## 住房公积金管理

【概况】

2016年，山西省保障性安居工程建设领导组办公室下达吕梁市住房公积金管理中心的目标任务有存量资金减少5亿元和个贷率达到80%两项指标。截至12月底，两项考核指标推进成效明显。结余资金减少完成情况。全年，全市住房公积金结余资金为10.27亿元，比2015年增加3.2亿元，离省下达结余资金减少5亿元的目标任务差8.2亿元。个贷率完成情况。全市住房公积金个贷率62.57%，离省下达个贷率80%的目标任务差17.43%。在原先开展的“购买、建造、大修自住住房、租房提取、偿还商业住房贷款提取”等提取方式基础上，针对上年未办理阶段性提取的单位和职工，开展阶段性提取。中心制定印发《关于继续实行住房公积金阶段性提取的通知》（吕房金计〔2016〕95号），满足广大缴存职工需求，达到减少存量资金的目的，取得较好经济效益。首次开展偿还住房公积金贷款提取模式，制定印发《关于实行偿还住房公积金贷款提取方式的通知》（吕房金计〔2016〕96号），解决缴存职工的消费需求和燃眉之急，取得较好社会效益。制定印发《关于退休职工提取住房公积金的通知》（吕房金计〔2016〕82号），为离退休职工提供更加方便、快捷的服务。全年，全市办理提取业务39737笔，提取金额7.24亿元，其中：市本级办理提取业务7439笔，提取金额2.61亿元。各类提取金额分别为：购房提取2.24亿元；离退休提取1.19亿元；终止劳动关系提取1285.84万元；调出本市提取542.77万元；租赁提取1.53亿元；偿还贷款提取1.13亿元；其他提取9746.4万元。全市累计办理提取业务27.73万笔，提取金额58.80亿元。围绕保障改善民生，贯彻落实国家房地产去库存政策，转变工作思路，全面放宽住房公积金个人贷款政策，满足全市房地产市场贷款资金的刚性需求，发挥住房公积金的积极效应，助推房地产去库存。制定印发《关于进一步放宽住房公积金贷款有关问题的通知》（吕房金贷〔2016〕56号）12条贷款优惠政策。实行授权管理。简化审批流程，简政放权。全市除个别县条件不成熟外，其余都可独立审批贷款业务，提高工作效率。扩大合作银行范围。全年，增加交通、民生两家合作银行，创新合作模式，满足更多缴存职工的住房需求。通过制定一系列宽松的贷款政策，盘活住房公积金存量资金，提高住房公积金个人贷款使用率，发挥住房公积金助推房地产去库存的积极作用。全年，全市发放贷款3439笔（较2015年增加2299笔），贷款金额9.77亿元（较2015年增加6.66亿元），其中：市本级发放贷款601笔，金额2.82亿元。各类贷款金额分别为：购房贷款1798笔，金额5.70亿元；装修贷款606笔，金额1.23亿元；商转公1035笔，金额2.84亿元。全市累计发放贷款18872笔，金额27.59亿元，贷款余额17.17亿元。

【公积金覆盖面扩大】

2016年，吕梁市住房公积金管理中心加大对公积金扩面政策的宣传，推进公积金扩面工作的实施。梳理政策依据。中心组织专门人员对近年来国家、省制定出台的公积金扩面政策性文件进行梳理，整理成册，组织全系统工作人员进行集中学习培训，为扩面工作提供政策依据。宣传形式多样。加大对外宣传力度，在吕梁市区、火车站、离石师范等大型LED屏滚动播放有关政策；印制《住房公积金政策须知》宣传册6万份。注重业务培训。请省厅领导、专家对中心工作人员进行培训和现场指导，受训达20人次。开展交流学习。先后组织人员到太原、晋中、榆林市等地观摩学习，借鉴外地好的经验、好的做法，增强中心工作人员的业务能力。全年，全市缴存职工达30.62万人（较2015年28.48万人增加2.14万人）；缴存金额17.45亿元（较2015年14.79亿元增加2.66亿元），其中：市本级缴存职工4.77万人，缴存金额4.59亿元；全市新增缴存单位46户，缴存职工2.19万人，其中：市本级新增缴存单位25户，缴存职工4346人。全市累计缴存总额86.25亿元，缴存余额27.44亿元。

【房地产去库存调研】

为掌握吕梁市区房地产库存情况，2016年9月至10月，对2011至2016年历年住房公积金贷款档案进行分类整理。集中对市区各大房地产公司库存情况进行调研。通过现场调研和走访，摸清市区当前房地产市场基本情况。2011年至2016年底，在中心备案的共有22户开发商，25个项目，1.15万套房，总面积为296万平方米。在中心备案的开发商楼盘中，已售8882套，库存2573套。

【信息化建设】

加强项目组织领导。为加强中心信息化建设的组织领导，2016年，吕梁市住房公积金管理中心成立由中心主任任组长、副主任任副组长、各科及县级管理部负责人为成员的领导组。为开展中心信息化建设工作提供组织保障。组织学习考察。8月10日至12日，由中心领导带队，一行10人赴榆林市住房公积金管理中心就信息化建设进行学习考察，形成《赴榆林市学习考察报告》。夯实前期工作基础。2015年12月1日，向市人民政府上报《关于急需购置公积金电算化管理系统的请示》（吕房金信〔2015〕27号）；2015年12月23日，向市财政局上报《关于报送“公积金电算化管理系统可行性研究报告”的报告》（吕房金信〔2015〕27号）；2016年1月，向市政府作专题汇报，得到市政府支持；2016年3月，市政府组织召开相关部门协调会，夯实前期工作基础。完成项目可研、概算、评审、建设方案等工作，与吕梁市云计算中心进行对接，拟定合作方案，签订合作协议，项目总投资668万元，进入政府采购程序。

【政策宣传】

为使住房公积金相关优惠政策深入人心，中心重视政策宣传工作，将其作为一项专门的目标责任制考核内容。全市上下联动，利用电子屏、电视、报纸、微信、街头广告、宣传手册等宣传媒介，全方位宣传住房公积金低息贷款的惠民政策。2016年，全市报纸宣传累计25次，动态宣传48次，电视台宣传10次，电子屏宣传62800次，微信宣传67次。组织专人编印《住房公积金缴存贷款宣传单》2万份；《住房公积金缴存贷款宣传彩页》2.5万份。通过各种途径发放宣传资料4万份。

【服务大厅使用】

2016年初，吕梁市住房公积金管理中心向工商银行吕梁分行提出建立综合服务大厅意见。双方议定，由吕梁市住房公积金管理中心提出设计方案，工行组织具体实施。大厅总面积720平方米，其中：服务大厅面积达430平方米；接待厅面积100平方米；办公场所20平方米；机房30平方米；公共服务场所面积140平方米。

（市住房公积金管理中心）

## 环境保护

【概况】

2016年，吕梁市环保系统围绕建设生态文明这一主题，从打好打胜空气质量稳定改善和水环境质量改善攻坚战，狠抓主要污染物减排和环境综合整治、加强环保执法监管等方面推进，各项环保重点工作取得新进展。空气质量考核指标，1月至11月底，市区PM2.5平均浓度为43微克/立方米，与2015年同期相比下降10.4%；市区优良天气数271天，同比增加21天，优良天数比例84.4%；环境空气质量综合指数5.40，比2015年下降9.5%，全省排名第二。完成省下达市区PM2.5平均浓度下降4%，优良天气比例达71.4%以上的考核任务。水环境考核指标，1月至12月，全市17个国、省控断面，实际监测断面16个，水质优良（Ⅰ—Ⅲ类）断面5个，占监测断面总数的31%，达到省考市优良水体断面比例要求（省考要求大于27.78%）；重度污染（劣Ⅴ类）断面6个，占监测断面总数的38%，达到省考市劣Ⅴ类水体断面比例要求（省考要求小于47.06%）。17个国、省控断面水质与省定2014年基准年同比，无断面恶化，碧村断面好转，与2015年同比，无断面恶化，西崖底、沙会则、碧村、裴沟、裴家川口5个断面实现好转。全市城镇集中式饮用水水源地水质达标率100%。减排考核指标：省下达2016年减排任务为：化学需氧量下降3.52%、氨氮下降3.6%、二氧化硫下降4%、氮氧化物下降4%。全年全市化学需氧量、氨氮、二氧化硫、氮氧化物排放量总体保持同比全部下降，化学需氧量下降4.12%、氨氮下降4.17%、二氧化硫下降7%、氮氧化物下降11%。

【大气污染防治】

2016年，吕梁市按照大气污染防治目标责任书要求，逐级分解任务，层层传导压力，落实监管责任，加大工作力度，取得实效。全市重点任务共31项，完成较好的有25项，主要有：全市火电、钢铁、水泥、玻璃全部完成提标改造；机动车监控平台联网试运行，尾气检测率达89.5%、发证率为87.6%；全市黄标车淘汰任务数6779辆，截至2016年11月31日，共淘汰车辆6709辆（其中黄标车4756辆、老旧车1953辆），完成任务率98.97%；原煤入洗率达77.31%；市区建成区机扫率达75%，同比增加6.4个百分点。开展吕梁市区扬尘污染集中整治，坚持问题导向，重点对市区61个建筑工地、建成区5千米外国道、省道、县乡道路、8个街道办61个行政村进行保洁扬尘治理；对560个餐饮经营场所、171个露天烧烤点进行油烟治理；对市区内2个热源厂及周边7户企业严格控制污染物排放，加大淘汰城边村、城中村小锅炉和生活燃煤力度，落实市区周边大型货车限行禁行办法，调动社会各方面的积极性，形成推动大气环境质量改善的合力。

【水污染防治】

2016年，吕梁市政府成立水污染防治工作领导小组，各县（市、区）政府和市直各有关部门按照《吕梁市水污染防治2016年行动计划》，层层分解任务明确责任，作好任务落实。全年水污染防治行动计划共17项任务，截至11月底，完成6项，推进9项。水污染治理方面，推进辖区内7条主要河流沿线水环境质量综合整治；开展黑臭水体治理，以县为单位开展对主要河流河道垃圾倾倒的清理工作；全年，全市规划建设的6个污水处理厂，1个建成试运行，2个土建基本完工，其余3个办理前期手续推进；推进以污水处理提质扩容、截污管网扩展为主的城市环境基础设施建设和重点工业企业水处理环保设施提质改造工程建设工作；加强饮用水水源地的保护工作，开展城市和乡镇集中式饮用水监测预警工作和重点水源地的划分保护工作。

【环境综合整治】

2015年5月，环保部就环境综合整治问题对吕梁市约谈之后，市委市政府，出台《吕梁市环境保护综合整治实施方案》等“两方案三通知”，市政府成立以环保综合整治领导组。在环境综合整治中，全市累计投入各类治理资金14.7亿元，其中市政府先后下达财政资金1.63亿元。2016年在2015年约谈整治的基础上，引深环保整治。对2015年环保部约谈提出的51个问题中未完成的8个问题，采取约谈督办，高压推进整治任务全面完成。对环保部会同省环保厅2015年对吕梁市环保问题整改整治后督察时提出的问题整改进行回头看，对整改存在问题的山西信发化工有限公司赤泥堆场环评问题，督促企业纳入违法违规建设项目清理整顿范围，进行整改备案；对大土河焦化脱硫提标改造工程进度缓慢的问题，督促焦化一厂建成投运，二厂、三厂启动提标改造工作。

【环境污染问题解决】

根据省环保厅《关于开展2016年环境污染矛盾纠纷大起底、大排查、大化解专项行动的通知》要求，吕梁市开展全市环境污染矛盾纠纷大起底、大排查、大化解工作，加大环境信访案件的查处力度，排查出的38个矛盾纠纷基本得到化解，全市信访案件比2015年同期下降18%，专项行动取得预期效果。

【土小企业整治】

在2015年整治基础上，2016年吕梁市高压打击土小企业死灰复燃，交城、文水、汾阳对其境内的废机油加工企业进行专项集中打击，由政府牵头，环保、公安、市场监督、供电、安监等相关部门参加，在集中排查的基础上，对重点环境违法行为和死灰复燃土小企业进行集中打击，对41户废机油加工企业实施停产，封存主要生产设备。

【环保大检查】

2016年，根据全省环保大检查开展要求，市环保局出台实施环保大检查的相关文件和政策措施，党委研究部署，政府贯彻落实，主要领导亲自抓，分管领导具体抓，牵头部门统一监管，相关部门齐心协力，大检查工作取得阶段性成效。全市所属13县（市、区）共自查出环保方面的问题71个，其中：落实党政同责方面3个，大气环境质量方面33个，水环境改善方面19个，环保自身建设方面2个，环保基础设施建设方面6个，环境安全隐患和矛盾纠纷排查化解方面8个。截至9月底，共完成整改44个，落实整改27个。

【农村人居环境污水网管建设工程】

该项工作是列入省考核的重点项目，截至2016年11月底，吕梁市2014年度开工建设的26个农村污水收集管网建设工程，全部建成完工。2015年度山西省下达吕梁市50个农村污水收集管网建设任务，建成22个，其余28个年底前完成建设任务。

【违法违规建设项目清理整改】

2016年，吕梁市、县两级政府和环保部门服务全市经济发展，在依法依规行政的前提下，简化审批程序，提高办事效率和服务质量。市政府先后印发2个通知1个方案，推进违法建设项目清理整改工作，2016年按照省政府转发省环保厅《关于加快推进环保违法违规建设项目清理整改工作方案》，召开市政府常务会研究提出具体的整改措施和要求。各县（市、区）政府强化落实责任，落实市政府的规定要求，推进整改。全市共排查出2014年12月31日之前的违法违规建设项目1173个，其中：违法建设项目216个，久试未验项目957个。全部完成整改。

（吕梁市环境保护局）

## 城市管理服务

【建筑市场管理】

2016年，吕梁市加大执法巡查力度，查处市区国有土地上的违法建设行为，坚持“发现一处、查处一处”，保持新增违法建设“零容忍”。对东山君悦、万基龙凤苑等6个单位进行处罚，对离石电缆厂职工安置楼、袁家庄村民安置楼、中央公园15、16号物业楼进行停工停建，共立案6起，下达《停工核查通知书》《责令停止违法建设行为决定书》《责令改正通知书》《违法建设处罚决定书》等各类执法文书40余份，申请法院强制执行2起，收缴罚款393.4万元。移送、告知离石区城建执法大队集体土地上的违法建设65项。起草《吕梁市区国有土地上存量违法用地违法建设集中处置办法》，经市政府审议通过后，于12月14正式发文公布。规范市区国有土地上建筑工地的标识标志牌，临街工地使用不低于2.5米的砖结构围挡。加强建筑垃圾处置、建筑物拆除，严格审批程序，要求建筑垃圾倾倒车辆必须按路线、时间消纳处置，建筑工地拆除采用喷淋降尘措施。全年核发《建筑垃圾处置证》《限期责令整改通知书》20份，查处抛洒粘带车辆50余次，清理无主建筑垃圾6000余立方米，建筑垃圾场共处置建筑垃圾20余万立方米。

【市容环境日常管理】

2016年，吕梁市清理取缔主次干道两侧占道经营、店外经营、露天烧烤摊点1500余户，拆除各类违章搭建的铝合金房、彩钢瓦房、活动板房100余户。审批各类门头牌匾150余块，整改不合格牌匾80余块，拆除违规乱设电子屏、立体灯箱、广告牌匾500余块，规范各类商业庆典、商品促销活动100余起，制止违规庆典活动、乱放鞭炮行为200余次，设置便民信息张贴栏34个，清理乱贴乱画、乱搭乱挂条幅、喷绘、橱窗小广告50000余条。加强公厕的日常维护工作，严防跑冒滴漏，开展公厕卫生保洁评比活动，提供良好入厕环境。特种垃圾管理引入市场化运作机制，划片承包，奖优罚劣，提升管理效果，投资30万元在城南新建一座罐式简易粪便处理场，日处理生活粪便约100吨。投资280余万元完成火车站站前广场防洪防汛、维修工程，对商业综合楼、站前广场损毁设施进行维修，方便广大旅客出行，提升城市对外形象。根据市长办公会议纪要〔2016〕号精神，从原在册在岗公益性岗位人员中，择优录用275名协管员，签订《公益性岗位用工协议书》，经培训后重新安排上岗，充实市容管理力量。

【露天烧烤专项整治】

2016年，吕梁市按照市政府办公厅《关于印发2016年度环保重点工作目标任务的通知》（吕政办发〔2016〕4号）精神，开展市区露天烧烤专项整治，改善市区环境，减少油烟污染。7月5日开始发放《关于对市区烧烤摊点进行规范化整治的通知》200余份，要求经营户使用环保烧烤炉规范经营。装饰2辆宣传车在市区不间断宣传《环境保护法》《大气污染防治法》《吕梁市人民政府办公厅关于印发2016年度环保重点工作目标任务的通知》等，动员经营户主动使用环保烧烤炉规范经营。取缔限期未整改的烧烤摊点80余户，其余100余户烧烤摊点全部使用环保烧烤炉。

【冬季集中整治专项行动】

2016年12月7日，吕梁市冬季城乡环境集中整治专项行动动员大会召开后，12月12日各部门分别开始集中行动，执法支队、市容、广告、建筑垃圾、公厕、协管等部门按照各自的职能职责协同配合，开展专项行动。清理取缔店外经营、占道经营摊点600余户，下发《责令限期拆除违法建筑通知书》140余份，拆除违章搭建外棚100余个，清理违规牌匾100余个、各类小广告3500余条，清倒无主建筑垃圾、渣土、废弃杂物2500余方。

【重点项目建设】

2016年，为加快主城区和新区建设，吕梁市政府决定从5月下旬开始，实施“双十”重点项目建设百日大会战，其中主城区第二污水厂、城北农贸市场、新（改）建20座公厕3项重点项目由中心负责，另外南关排洪渠整治作为环境整治的重点项目之一也由中心负责。

第二污水处理厂。厂址位于柳林县李家湾乡梁家会村（三川河北岸），一期工程占地87亩，年处理能力3万吨/日，总投资2.25亿元，于2016年9月开工。一期工程前期手续办理、土地征用、村民补偿、工程招标等全部完成，厂区内强夯4万余平米、设置围挡1200余米，厂外碧水路铺设管网500米、修建检查井8座，完成投资4200余万元。

城北农贸市场。利用原军分区废弃的武器装备仓库、修械所建设的以零售为主、批发为辅综合农贸市场，位于桥头街与文丰路交汇处，占地3.68公顷，按照市场化运作模式建设运营，约需资金1000余万元。工程于7月13日正式开工建设，11月29日完工，可设置摊位600余个，车位150余个，开始招商工作，春节前可投运。

新（改）建20座便民公厕。项目投资概算868.67万元，设计蹲位166个，小便池73个，无障碍设施15个。按照简欧、偏欧样式，一座公厕一种设计的原则进行设计修建。工程于7月23日正式开工建设，11月28日完工。除城北农贸市场内2座公厕需与市场同步运行外，其余18座公厕全部投入运行。

南关排洪渠整治。根据吕政办发〔2016〕57号文件《关于开展城市建成区黑臭水体整治工作的通知》精神，中心负责兴南市场南关排洪渠的整治工作。该项目起点在龙山路与贺昌路的交叉口，终点在芙蓉小区接入刘家湾沟污水管网，全长约2200米，工程于9月16日开工，12月13日完工，清淤1100余米计6600余立方米，修筑检查井各56座，换土绿化4800余平方米，治理边坡1100余米，完成投资163万元。

生活垃圾焚烧发电项目前期工作。根据〔2016〕37次市长办公会议纪要精神，中心负责生活垃圾焚烧发电厂项目。项目拟按PPP模式筹建，建设规模为日处理生活垃圾1200吨，投资估算6亿元。经过考察协调初步拟定选址在柳林县下白霜村沟内，占地约8公顷，建成后可处理离石区、柳林县、中阳县城区及附近地区的生活垃圾。

【生活污水处理】

2016年，吕梁市城区生活污水处理厂一期大修及技改工程全部完工，设备运行平稳。2016年共处理生活污水941.5万立方米，平均日处理2.58万立方米，产生污泥6168.7吨，含水率为73%，全部运往生活垃圾处理场卫生填埋，出水指标达到国家一级A标准。

【生活垃圾处理】

2016年，吕梁市生活垃圾处理按照倾倒、铺摊、压实、喷药、覆盖的标准规范作业，确保生活垃圾无害化处理率达百分之百，全年生活垃圾处理场累计消纳生活垃圾18万余吨，平均日处理493余吨。日处理100吨垃圾渗滤液处理工程试运行以来，全年累计处理垃圾渗滤液2.4万吨，平均日处理垃圾渗滤液65吨，出水水质符合国家垃圾渗滤液排放标准。

（吕梁市城市管理服务中心）

## 园林绿化

【概况】

2016年，吕梁市园林绿化管理局主要承担市区龙、凤、虎“三山”林木的管护工作，按照市政府投资安排，实施“三山”林木管护，确保“三山”林木健康生长，创造绿色宜居环境。从2015年12月起，吕梁市园林绿化管理局按市政府预算投资安排跨年度实施“三山”清除蒿草、护林防火、道路维护、树木移植保护、病虫害防治五大项工作。实施管护面积2533.33公顷，管护各类苗木600余万株（穴），清除蒿草面积达1991.4公顷，维修道路50千米，移植凤山天贞观庙治理周边树木。在具体实施过程中创新方式，采用政府购买形式实施“三山”管护。采取专业队清除蒿草，增派护林员分段负责，加大病虫害预防监控，确保“三山”林木全年未发生病虫害、森林火灾及盗砍事件，促进林木健康生长。先后完成林地蒿草清除，水毁道路修复，特险期森林防火等工作。随着年林木积蓄量的增加，生态功效开始显现，市区空气质量大大改善，实现市区“三山”范围内春花、夏绿、秋景、冬青的良好绿化效果。该项工程累计完成投资750余万元。按照市委城区可见山体一次成林行动动员会精神，在完成吕梁新区西山示范绿化工程的基础上，完成西山466.67公顷绿化任务的作业设计和前期招投标工作，确保2017年春季一次全部绿化。兑现2016年“三山”绿化占地补偿费530万元，受益群众覆盖离石区6个街道1个乡50个自然村。

【扶贫工作】

2016年，吕梁市园林局协调吕梁市区“三山”林木管护工队为包扶贫困村提供72万元的劳务输出用工，将30万元扶贫结余资金、驻村工作队带8万元及第一书记4万元的帮扶资金用于该村核桃经济林秋冬季修剪及综合管理以达到提质增效；完成概算投资2500万元全长5.8千米阳岔公路前期工作，投资65万元改扩建村通往核桃园区田间道路5千米；基于村里实际，特别是对个户的个性化帮扶计划，抓住下发扶贫资金的有利条件，对有意向有能力有条件搞种猪种羊的贫困户予以政策支持，探索管理办法，按政策使用好扶贫资金。审核贫困户帮扶手册。全村125户贫困户实现党员干部结对全覆盖，该村2016年底脱贫32户75人。

（市园林绿化管理局）

# 财政税务

## 财政

**【依法征管组织财政收入】**

2016年，吕梁市坚持财税工作联席会议制度，分析研判收支形势，研究组织收入的具体措施。根据各县（市、区）实际提出全市一般公共预算分月收入计划，对各县（市、区）收入完成情况进行不定期督促指导。加大非税收入征管力度，开展对执收单位收入情况监督检查，确保政府非税收入应收尽收。争取上级支持，对资金争取进行责任分解，建立资金争取季报制。全年共争取均衡性转移支付资金38.18亿元，比上年同期增长34.16%；争取地方政府债券资金79.34亿元，同比增长73.23%；争取项目性资金55亿元，完成全年目标任务。市本级争取国开行贷款57.6亿元，到位7.8亿元，用于棚户区改造和城市基础设施建设。全年全市一般公共预算收入累计完成89.6亿元，为年计划93亿元的96.34%，同比下降1.19%，减收1.08亿元。全年收入总量排在全省第4位，较上年同期上升2位，收入增幅位居全省第5位，较上年同期上升5位。

**【供给侧结构性改革】**

2016年，吕梁市创新财政投融资方式。出台《吕梁市城市基础设施建设投资基金设立方案》，设立总规模50亿元、首期规模10亿元的吕梁市城市基础设施建设投资基金。利用省级基金，推荐吕梁市优质项目。截至年底，全市共推荐项目81个，涉及物流、电商、文化等多个行业，投资总额859.97亿元。推广和规范实施政府和社会资本合作模式。全市纳入PPP平台项目共20个，总金额143.82亿元。其中，汾河流域交城县磁窑河与瓦窑河生态修复治理PPP项目入围第三批省级PPP示范项目。落实减税降费政策，帮助企业降低成本。完善收费目录清单管理机制，完成全市涉企收费清理情况专项检查工作。多措并举，支持企业发展。安排中小微企业及创新创业发展专项资金3000万元，拨付市级企业资金链应急周转保障资金2000万元。加快全市融资担保资源整合，壮大担保实力，改善小微企业融资环境。

**【精准扶贫】**

2016年，吕梁市组建吕梁扶贫开发投资有限公司，督促县市设立易地扶贫搬迁项目实施主体，基本形成账户共管、上下联动的新体系。市本级承接省级五批易地扶贫搬迁资金4.47亿元和采煤沉陷区治理项目资金7.57亿元。申请项目贷款，为有搬迁任务的9个县申报项目贷款3.02亿元，8个县提取贷款2.45亿元。其中，方山县峪口镇易地扶贫搬迁项目贷款是全省金融支持易地扶贫搬迁第一单。盘活财政扶贫专项存量资金，加强对专项扶贫资金使用的督促指导。通过督导，财政专项扶贫资金盘活使用和拨付资金比例达到结转结余资金的50%以上，2013年以前财政专项扶贫资金结余全部拨付完毕，财政专项扶贫资金直接扶持到建档立卡贫困户的比例达70%以上，2016年账面余额控制在全年资金总额的10%以下。联合监察、审计等部门拟定《关于加快结余结转财政扶贫资金支出进度的意见》。加大支农力度，落实强农惠农富农政策。全市农林水支出41.26亿元，同比增长14.33%。根据强农惠农富农项目政策要求，安排市级重点项目预算2.34亿元，下达上级安排资金18.89亿元。加大兜底投入，落实各项补助政策。在提高城乡低保标准的基础上，追加安排2000万元专项用于低保人群脱贫工作。

【民生保障】

2016年，吕梁市一般公共预算支出累计执行275.07亿元，比上年同期增长0.33%，其中，民生支出226.68亿元，占预算支出比例82.41%。保义务教育。全市教育支出60.47亿元，同比增长0.25%，义务教育阶段各项政策全部落实到位。保基本医疗。全市医疗卫生支出31.9亿元，基本公共卫生服务补助标准由每人每月40元提高为45元，足额安排基本公共卫生服务配套资金953万元，惠及381.3万人。保民生底线。全市社会保障和就业支出37.91亿元，同比增长17.66%。全市城市低保、农村低保保障标准每人每月分别提高20元，惠及41.55万人。

【体制机制创新】

2016年，吕梁市推动预算制度改革，编制四本预算，对各县市区2016年预算草案编制情况进行前置审查。推进财政预决算和“三公”经费公开，市本级和市直112个部门全部公开政府预算、本部门预算及“三公”经费预算，细化公开内容，公开时间较上年提前60余天。加强政府性债务管理，提请市政府印发《关于加强政府性债务管理的实施意见》。优化债务结构，通过提前偿还国开行贷款，节约市本级债务付息支出3300万元。完善政府购买服务管理制度。提请市政府出台《吕梁市政府购买棚户区改造服务管理办法》，代市政府完成政府购买棚户区改造单一来源采购审批事项及专家论证。加快建立内控制度，推进财政部门内控建设，出台《吕梁市财政局内部控制基本制度（试行）》等一系列制度。

（市财政局）

## 世行项目办

【亚行项目关闭】

2016年是吕梁市亚行项目交帐年，在整个实施过程中吕梁市世行项目办围绕吕梁市委提出的“打基础、利长远、惠民生”的总体要求，结合吕梁市扶贫攻坚战略规划，坚持“打造精品工程、创新机制运行、提高项目效益、增加农民收入”的工作思路，落实责任，创新理念、建章立制，强化监管，取得社会效益、经济效益和生态效益。

强管理重质量，项目工程高标准完成。完善项目竣工验收工作。为全面检验和考核项目工程质量，市项目办对历年实施的工程全部进行回头看，对项目实施标准、管理方法、资金运行、档案管理等方面都提出明确要求，完成竣工验收工作。项目实施6年来吕梁市共实施1.11万户工程，累计完成投资3.15亿元，完成率达100%。其中良种养殖基地建设项目完成投资1.64亿元，完成率100%；特色高效优质生态干鲜果基地建设项目完成投资1.09亿元，完成率达100%；设施节水高效生态农业基地建设项目完成投资3154.83万元，占年计划的100 %,6个项目县的工程全部通过项目竣工验收。加强财务监管，项目回补资金足额到位。项目实施中，市项目办加强了对县级项目办财务会计工作的指导，组织完成2015年度财务决算工作，协助完成2015项目专项审计，确保项目资金专款专用。提款报帐方面，吕梁市项目办按项目模式和设计要求，加快工程进度，严把拨付手续，做到程序清晰、手续齐备、资料完善，以最快速度将资金回补农户，确保农户早日受益。项目实施6年来，全市累计报帐1.51亿元，共回补资金1.51亿元，共支付15079.15万元，支付率达100%，在全省同类项目属前列。推广示范工程。通过6年实施，项目呈现出巨大活力，为了能使项目具有长久示范作用，在每个县都建立起为数不少能展示当地农业特色的精品亮点工程，挂上亚行标志牌，这些优质工程成为所在县同产业的典型示范工程，是省市领导调研考察时的示范点、参观点。加强工程的后续管理工作。坚持建设与管护并重，层层落实工程管护目标责任制，责任到户、责任到人、责任到地块，做到一年建成、长期受益。对完工工程进行修复完善、项目标志进行刷新维护、档案资料进行收集整理、项目效益进行总结测算，向农户推广新技术、新品种、新模式，发挥项目效益，增加农民收入。

创新四个机制，促进项目产业化进程。创新项目实施理念机制。在项目实施上，吕梁市项目办考虑当地实际，有目的、有侧重地选择实施项目种类，坚持因地制宜、合理开发、集中连片的原则。如交城县引进世界先进雪龙黑牛肉牛品种，填补山西高档肉牛繁殖空白，推动全省肉牛产业的升级换代和转型发展。交口县利用该县林草覆盖面积广、水源条件好的便利特点，发展家野猪杂交放养项目，数量达3万余只，取得较好效益。中阳、离石、交口实施集中连片的核桃林建设，形成核桃林2633.33公顷的种植规模，绿化山区荒原，为农户栽下摇钱树，点燃致富希望。创新市场连接机制。通过龙头企业，连接生产和市场，形成“企业+农户+基地+科技+管理”的新运作模式，解除农户后顾之忧。如交城县采取“企业统一建圈舍，农户租赁搞养殖”的模式。创新农户合作机制。引导农户在自愿前提下成立各种专业合作组织96个，这些专业经济合作组织在抵御风险、提供服务、技术推广、资金筹集、信息收集等方面发挥积极作用。创新服务机制。注重建设多元化的科技服务体系，多渠道为项目提供科技服务。市、县项目办不仅聘请相关行业专家，还依托相关部门原有的技术服务机构为项目服务。

培育典型示范，带动农民共同致富。亚行项目的实施者是农民，项目的直接受益者也是农民。在项目实施中，注重致富带头人、领头雁的树立，通过大户带动，提高项目区农民收入，走上共同致富的道路。

【世行项目推进】

2016年，吕梁市世行贷款节水灌溉二期项目是打捆项目，由水利部统一组织管理。涉及吕梁市交城、临县、离石3个县，项目以提高项目区节水灌溉能力以及改善农业用水管理为主要发展目标，规划建设引水渠道110多千米，可新增和改善灌溉面积5333多公顷，总投资2.8亿元。

加强协调管理，完成项目工程。在项目实施过程中，特别是在离石的剩余资金项目、临县通水工程项目、交城县可研方案变更及龙门渠通水工程上，吕梁市项目办与水利部项目办、省项目办、市政府、项目县上下多次请示协调，调整实施方案，制订符合当地实情的工程实施方案，确保整个项目顺利完成。为加强项目管理，吕梁市项目办制定项目管理办法，出台工程验收管理办法，上报2016年项目实施计划和实施方案，组织采购管理、财务管理、项目管理信息系统等多次培训，聘请项目专家进行监督指导，促进项目健康快速推进。截至年底，离石、交城、临县项目区均完成全部投资计划，临县项目主干工程通水。

加强项目监管，保证工程质量。为规范项目管理，保证工程质量，加大项目监管力度，吕梁市项目办出台《关于加强世行贷款节水灌溉二期项目监理工作管理的意见》，层层签订安全责任书，实行监理费用按施工验收进度支付，形成一套安全保证体系，加强对项目监理工作的管理。

加强财务监管，加快提款报帐进度。组织各县项目办进行财务管理和财务核算培训，协助县级项目办建立健全各项财务内控制度，监督各县按照世行项目会计核算办法完善会计核算工作，完成2015年财务决算，配合审计部门完成2015年度审计工作，协调市县财政部门按时足额到位配套资金。对完工工程按照项目模式和设计要求，按验收的程度和规范，及时组织专家进行复验，加快工程进度，加快报帐进度。

基层调研，解决问题。2016年，吕梁市项目办接待两次世行官员检查团的现场检查，在水利部项目办、省项目办指导下，市项目办深入项目县（区）检查和指导工作，对存在的项目调整、工作滞后、配套资金不到位、合同谈判、项目工程进展缓慢、工程质量差等方面的问题，进行专题调研。与项目县（区）政府领导协商座谈，协助解决问题，取得成效，受到水利部项目办、省项目办的认可。

项目效益初见，成功典型起到引领作用。项目区水资源不足，供需矛盾突出，灌溉水利用效率低。通过世行节水项目的实施，缓解吕梁市农田水利干旱缺水的状况。如交城县项目可使汾河流域交城段农田年节水370万立方米，年增产粮食384万千克。临县项目的实施提高当地的农田灌溉，解决临县多年来城区居民生活用水的紧张局面。临县庙坪大棚园区利用世行项目的农业节水措施浇灌，83个大棚实现年产值983万元，纯利润380万元，安排本村和邻村男女劳力150个，23户协会户均收入16.52万元。园区建设受到世行和中央、省、市项目办的肯定，先后接待省内外考察60余批次，近4000人次观摩学习。

（吕梁市世行项目办）

# 税务

## ·国家税务·

### 【依法收税】

落实依法征税，完成组织收入任务。2016年，吕梁市国税局在调研和掌握各级税源情况的基础上，参考主要经济指标预期增速，科学分解落实到各基层国税机关，实行组织收入目标责任制，实施欠税防控，执行和落实组织收入原则，依法征税，落实各项税收优惠政策，全年全市国税收入累计入库111.01亿元，其中市、县级收入30.02亿元。

开展税收数据分析，实施税源预测监控。在税收数据分析方面，探索开展联合分析。与市地税建立联席分析机制，明确组织机构、分析内容、联系会议、数据共享和结果运用五方面内容，推进税收合作分析。按月开展常规分析。围绕当月收入，从总量、结构、政策、征管等层面分析经济税收发展变化情况，按月编发《吕梁国税收入报告》。开展专题分析。结合吕梁市税收重点、热点和难点问题，成立课题小组，市县互动，确定3个市级课题，承接省局1个课题，经入企调研、集中讨论，完成4篇税收分析，为开展税收征管发挥指引作用。在实施税源监控预测方面，在对全市收入运行情况及存在问题分析的基础上，跟踪税源发展动态，把握税收收入发展趋势，结合基层上报和税源变化情况，通过旬报、电月报、重点税源报等形式开展对税收收入的监控和预测。完善税收预测分析工作机制。建立收入预警机制，审核把关机制，建立定期通报和沟通联系机制，增加与地方政府和财政部门的联系，开展综合预判，提升预测准确率。监控重点税源变化情况。对纳入重点监控范围的重点税源大户实时掌握税源增减变化情况和生产经营情况，开展实地调研，测算税收收入，把握税源状况。实施税收收入预测准确率考核，以绩效指标，将任务层层分解落实。形成部门合力，与稽查、征管、税政等部门掌握稽查查补税款、评估入库税款、政策性退税等相关情况，提高税收预测准确率。

落实欠税管理，实施征管措施。制定出台《吕梁市国家税务局欠税管理办法》，开展欠税摸底调查，应对欠税管理风险，落实欠税公告制度，按月制作新欠变动明细，采取以票控欠、以欠抵退等措施，提高清欠效果。召开部分重点欠税单位负责人清缴欠税紧急会议，制订清缴计划，下发清缴任务。全年共发布4期欠税公告。

【营改增“四场战役”】

2016年3月，吕梁市国税局开展管户接受确认、系统分类培训、宣传讲解政策、所有行业成功开具发票、成功申报税款、精准界定身份以及行业税负分析等工作。

打实基础，开好票。2月，组织开展营改增税源调查，3月11日，与市地税局召开联席会议，确定国地税参与部门及对接人。3月22日，召开局长办公会，明确营改增试点工作办公室下设的8个工作组的工作职责，提出6条具体工作要求。4月1日，召开全市营改增工作推进会议，全面部署动员。基层单位加班加点，分管领导带班，完成管户接收确认工作，组织安排试点纳税人分批分类开展培训，确保政策普及。4月11日，分管领导带领相关科室，对基层单位开展巡回式督导，确保工作落实。针对5月1日首日开票，市地税局安排部署，当天分别赶赴13个基层单位进行督导。5月1日零点一过，各县市区局所辖试点纳税人开出属于自己的第一张增值税发票，岚县和临县国税局也分别顺利代开营改增普票。

完善服务，报好税。多次下发文件、召开会议明确申报工作各项要求，购买中国税务出版社出版的《全面推开营改增操作指南》680本，印制《营改增一般纳税人进项税额抵扣指引》1200本、《营改增政策宣传手册》2000本，圈定纳税人及关键业务，开展纳税申报政策培训工作，申报前各项准备工作。班子7名成员带队分7组22人分赴基层开展营改增首月申报业务的指导和督导工作，帮助基层单位强化业务办理能力，提升现场服务水平，提高应急处置能力，完成申报分流，实现所有试点纳税人首月成功申报。

完善后续，分析好。与地税部门取得联系，建立联席税负分析机制，根据分析税负分析结果，开展效应跟踪和纳税辅导，落实行业税负只减不增要求，根据企业税负增减变化情况，通过走访、座谈、培训等形式，与企业联系沟通，帮助纳税人正确运用税收政策，将减税红利落到实处。

完善工作，改进好。做到4个改进，改进营改增政策辅导机制，与离石区局共同成立金融业、建筑业两个专项辅导团队，自行成立房地产业、生活服务业两个专项辅导团队；改进税负分析，按照“分析—完善—改进—提高”的要求，完善营改增税负分析工作，利用税收大数据，分析纳税人尤其是金融业纳税人在发票开具、纳税申报、政策适用等方面的运行情况，梳理存在的问题，逐条改进；改进发票管理，多部门协同配合落实发票专项检查工作，检查整改全面推开营改增试点以来纳税人发票使用情况，特别是生活服务业和商业零售业纳税人，以及国税机关代开发票、发放发票、缴销发票情况；改进营改增税收风险防控，立足营改增行业经营特点和风险特征，以税收政策为抓手，依托征管信息数据平台，发挥各级风控中心作用，利用增值税发票新系统数据，梳理风险指标。

【国地税整改体制改革】

2016年，吕梁市国税局联系市地税局，以国地税联合办税为起点，探索合作方式，推进项目联合，2016年逐步将国地税合作范围覆盖到税收工作全方位，推动国地税合作向纵深发展。

建立联合机制，形成合力。成立国地税联合工作领导小组，明确“增进互信、全面推进、深度合作、创新方式、打造特色”的工作思路，统筹组织推进各项改革。联合印发“国地税联合办税实施方案”，按月召开联席会议，由双方分管领导轮流主持，交流沟通，协调解决工作中遇到的问题，处理协作有关事宜，全年共联合组织召开10次国地税合作工作联席会议，其中包括两次“银税互动”专题会议，促进国地税合作的深入发展。建立岚县、离石区、交城县3个县级国地税合作示范区，承担合作事项先行先试任务，扩大示范区影响力，将落实《合作规范》纳入绩效管理系统实施绩效考核，促进责任落实。

完善纳税服务，快捷便民。在联合办税上，发挥各基层单位主动性，探索联合办税方式。截至年底，岚县、交口县国税、地税部门共同建立联合办税大厅，孝义市国税、地税部门筹建共同进驻政务大厅，实现全面联合办税。其余各（县、区）国地税部门通过互派人员、互设窗口等举措展开联合办税。在政策辅导培训上，国地税两部门实现共享教学资源，互通教学计划，共享培训成果，借助纳税人之家、联合办税QQ群、联合办税微信平台等，将涉及国地两部门的税收优惠政策捆绑在一起，向纳税人推送，接受纳税人的在线咨询和现场咨询。在“营改增”期间，通过重点“纳税人学堂”对迁移和新登记纳税人联合开展重点培训，培训纳税人1000余人次。在税银合作上，联合地税部门与8家银行签订合作协议，建立银税合作联席会议制度，通过“征信互认，银税互动”机制，将企业的纳税信用等级、纳税贡献和融资贷款相结合，推进征信互认，让规范纳税的小微企业享受基于纳税信用的融资服务，助力守信企业可持续发展，实现小微企业、金融、税务三方共赢。通过税银合作，全市全年完成130户企业的授信，对其累计发放贷款7.39亿元，其中小微企业113户，涉及贷款4.50亿元，缓解小微企业贷款难问题。在委托代征上，联合地税部门与邮政部门推行委托代开增值税普通发票、代征税款服务项目。全市于5月初全面铺开委托代征业务，13个县（市、区）共设置45个委托代征网点，分配89名邮政服务人员，拓宽办税服务渠道，方便纳税人，强化零散税收的征管，减轻办税服务厅的工作压力。

推进税收征管，堵塞漏洞。联合开展税收分析，利用各自的信息系统，从计划制定、税收分析、风险应对等方面进行信息交换，突出各自关注的税收风险点，做到数据共享、计划互通、共同应对、成果共享，为税税收征管以及省市政府管理提供参考依据。联合推进信息共享，共同推进实名制办税工作，利用实名制办税系统，实现信息采集全覆盖，提升办税质量，促进纳税遵从度的提高。建立信息交换制度，定期交换税务登记信息、个体户定额核定信息、重点纳税人欠税信息、简并征期纳税人信息等，确保国地税管户信息高度一致，通过对同一行业、同一纳税人纳税情况的比对，从中查找出纳税申报异常户，采取征管措施，开展税收风险应对和纳税评估。联合堵塞代开漏洞，针对代开增值税发票环节个人所得税、城市维护建设税、教育费附加、地方教育附加等相关税费征收难问题，共同明确业务流程、窗口设置和人员配置等工作内容，对代开环节相关税费实现管控。

【依法治税】

2016年，吕梁市推进依法行政。规范行政审批行为改进行政审批工作。编制《税务行政许可事项服务指南（市局本级）》

及《税务行政许可事项服务指南（县局本级）》，明确市、县两级行政审批事项，对1项市局负责审批的事项，在市局征收管理科设立窗口，对4项县级局负责审批的事项，由各单位办税服务厅集中受理行政审批申请；推行受理单制度，在办公区域显著位置设立行政审批指示路牌，建立审批“绿色通道”，实行一窗统一受理，同步绩效登记，审批时间和自然时间双限定，审批结果申请人评议的“四位一体”运行机制。税收政策执行情况反馈报告工作。配合省局开展各项税收政策研究，梳理各项政策执行情况，完成税收政策效应分析评估，完善和落实政策执行反馈机制，提出意见建议。全年共收到各基层单位上报的税收政策执行反馈意见及报告39篇，向省局报送税收政策执行反馈意见及报告4篇，撰写专题调研2篇。规范进户执法工作。对省、市、县三级国税机关计划开展的进户执法项目进行统筹。截至年底，召开统筹协调会议3次，发出转办单3份；对522户检查评估企业进行统筹协调，对比对出的5户重复企业按照信息共享原则避免重复进户，减轻纳税人负担。

开展法治税务示范基地创建活动。根据总局及省局工作要求，在全市国税系统组织开展2016年法治税务示范基地建设活动，离石区国税局被评选为全省国税系统法制税务示范基地。完善公职律师工作。设立吕梁市国家税务局公职律师办公室，制订《吕梁市国税系统开展公职律师工作实施方案》，明确吕梁市公职律师工作目标、组织机构、工作内容、工作要求等，创造机会增强公职律师参加法律实践经验。开展重大税务案件审理工作。截至年底，共受理稽查局提请审理的重大案件8件，提交审理委员会会议审理9件，其中：终审3件，退回补正调查3件，审定6件，正审1件。

防范执法风险。开展税收执法督察及疑点数据核查工作。落实“规范化督察、全方位督察和联动式督察”，注重“与疑点数据实地核查相结合，与基层全面自查相结合及与经济责任审计和执法监察相结合”，开展税收执法督察及疑点数据核查。全年共接收省局下派疑点数据657条，市国税局确认360条，整改344条；全年共接收基层单位自查发现5个方面23类38个问题，涉及纳税人71户次，对5个基层单位开展重点督察，发现5方面33类62个问题，追究执法过错责任91人次，整改问题88个，针对存在问题，完善制度和防控措施；全年共对5个基层单位开展离任经济责任审计，2个基层单位开展任中经济责任审计。推进内控机制建设，开展内部控制基础性评价工作。成立内控机制建设领导小组，在全系统内形成法规牵头，其他业务部门参与的协调联动机制，在各部门筛选37名专职内控人员，召开会议，对内控机制建设评价指标进行分解落实，明确各单位工作职责、工作要求及完成时限。

【风险评估】

2016年，吕梁市推行风险监控和纳税评估。承接总局、省局下发的风险任务。全年共接到总局、省局推送任务30期941户次，共完成应对564户次；自行开展税收风险评估应对。利用省局数据综合应用平台、金税三期核心征管系统和增值税发票系统升级版，全年共计开展风险评估880户次，实现科学防范税收风险，提升税收管理质效。

整顿和规范税收秩序。开展税收专项检查工作，确定商业、白酒、交通运输、房地产、税负异常企业作为检查重点，全年共检查218户；开展重点税源随机抽查工作，开展区域税收专项整治，研究筛选确定兴县“虚开增值税专用发票”系列案件为重点整治对象，共检查企业26户，确认涉及取得发票和抵扣凭证共2.28万份；打击发票违法犯罪活动。查办发票违法犯罪案件106起，查处非法发票1.26万份。

【小微企业优惠政策落实】

2016年，吕梁市国税局成立小微企业税收政策落实工作领导组，开设“小微企业优惠政策”专题，共发布信息270条，回复咨询190余条次，走访小微企业1400余户，发放宣传资料6200份，举办政策专题辅导班18期、培训纳税人和财务人员1080余人。在办税服务厅“咨询台”单独设置小微企业政策咨询岗位，开启专项导税服务。全年吕梁市享受减免增值税小微企业1.38万户次，减免增值税638.9万元。全市共有享受减免所得税小型微利企业9690户，其中盈利企业615户，盈利面6.35%。享受优惠的企业605户，实际受惠面100%，减免税额375.06万元。

【车辆购置税优惠政策执行】

2016年，吕梁市国税局以“三个零”为工作目标，做到服务纳税人“零距离”，接受监督“零投诉”，涉税审批“零差错”，确保1.6L排量以下乘用车减半征收政策执行到位，全年共办理减半征收车辆2.41万辆。

【税收政策执行】

2016年，吕梁市国税局健全税收政策执行情况反馈机制，搭建反馈平台，组织专题培训，采取“按季考核，绩效扣分，全市通报”的办法督促各单位开展政策调研反馈，增强调研反馈协同性，全年共组织编写税收政策执行情况反馈材料42篇。

【“便民办税年”活动】

2016年，吕梁市国税局以落实《纳税服务规范》为抓手，转变服务理念、优化服务机制、改善服务环境、提高服务效率、减轻办税负担，强化“互联网+纳税服务”发展理念，落实纳税服务规范各项措施，特别是加强纳税信用管理推进全市税收信用体系建设，拓展“银税互动”助力企业发展，组织百强民营企业研修班推动全市民营经济转型发展，推行全省通办，落实“二维码”一次性告知制度，落实合理简并纳税人申报缴税次数办法，落实首问责任、限时办结、预约办理、延时服务，筹备建设自助办税厅等等，提升基层纳税服务工作规范化、便利化、文明化、高效化水平，实现税法遵从度和纳税人满意度双提高。

【税种管理】

增值税发票系统升级工作。截至2016年底，吕梁市推行新系统1.43万户，其中一般纳税人5711户，小规模纳税人8561户；推行航天金税盘9781户，推行百旺税控盘4491户。2016年全面推开营改增试点以来，全市共推行新系统3946户，其中一般纳税人768户，小规模纳税人2758户。推行航天金税盘2380户，推行百旺税控盘1566户。完成新系统的推行工作，推行率达100%。

所得税管理。贯彻落实省局企业所得税后续管理办法，对跨年度事项、资产重组、清算、股权转让跨地区经营汇总事项、税收优惠、金融行业等重大事项实行台账管理，审核备案事项，利用专业评估团队有针对性的开展后续管理工作。依托金三系统对所得税汇算清缴中发现的问题、线索一方面进行排查核实疑点数据，另一方面进行逐户整改，开展后续管理。

出口退（免）税企业管理。针对全市27户（无外贸出口企业）出口退（免）税资格认定的生产企业，进行分类评定（二类企业14户，三类企业12户，四类企业1户），对不同类别企业，改进征退税衔接、出口货物源头管理和出口货物真实性核查等工作。通过对照省局反馈的海关报关信息，共核查检查企业15户，其中有问题企业4户。

【“互联网+税务”】

2016年，吕梁市以信息网络安全保障税收中心工作。营改增、国地税合作、金三换版前分别对市、县两级网络基础设施建设、制度、管理、运维和安全进行大排查，针对薄弱环节完善制度机制建设，更换部分老旧设备，期间进行“7×24 小时”网络监控，确保网络运维和信息安全零风险、零故障和零事故。全年保障 53 次视频会议，全市国税系统实现 360 安全桌面 100% 换版升级和注册，控制病毒爆发率同比降低 99%，推送和利用税收数据 12 次。

探索“互联网 + 税务”。推行“互联网 + 办税”，各单位在办税服务厅配备外接光纤电脑，设置专人专岗，全天候负责“网上办税”的咨询、指引和培训。响应省局“互联网 + 税务”战略布局号召，组织全市国税干部学习总局举办的“互联网 + 税务”讲座，改变传统工作思维。按照省局要求，完成市局内网网站重新建设工作。

（吕梁市国家税务局）

## · 地方税务 ·

### 【税收组织】

2016 年，吕梁市地税系统累计完成各项税费收入 69.78 亿元，比上年同期下降 12.18%，减收 9.68 亿元。其中，税收收入完成 60.15 亿元，同比下降 14.15%，减收 10.16 亿元；其他收入完成 9.63 亿元，同比增长 5.27%，增收 0.48 亿元。累计完成一般公共预算收入 52.43 亿元，同比下降 16.49%，减收 10.35 亿元，占省局调整后计划 51.9 亿元的 101.02%。完善征管措施，抓住组织收入的关键环节，采取清理漏征漏管户、加大房地产税收征管力度、深化所得税管理和清缴欠税等“十条”征管措施，挖掘税收增收潜力。开展督导检查，逐月分解目标任务，监控收入进度，通过重点检查、执法督察等方式，了解增减税因素，增强组织收入工作的主动性和针对性。市、县两级完成省地税局确定的组织收入任务。

### 【征管基础夯实】

2016 年，吕梁市地方税务局与市国税局、工商局实行信息共享，开展漏征漏管户清理，全市新增管户 2.21 万户。完成“金税三期”省级优化版管户迁移工作，全市共迁移 9.01 万户管户信息。落实税收风险管理，共推送两批次风险管理任务，入库税款 388.67 万元。共受理 2015 年度年所得 12 万元以上申报人员 1685 人次，缴纳税款 4512.25 万元。推进个人所得税全员全额扣缴明细申报工作，全市正常申报个税单位 17125 户，申报率达 99.58%。开展“互联网 + 税务”行动，完善“金三”应用系统升级换版和日常运维工作，提升信息管税能力。加强欠税管理，采取催报催缴、约谈企业负责人等方式清理陈欠，共清缴税费 1.8 亿元。

### 【征管体制改革】

2016 年，吕梁市地税局按照《深化国税、地税征管体制改革方案》的要求，细化分解改革事项，加大监督检查力度，落实各项改革任务。建立国地税合作联席会议制度，先后组织召开 7 次联席会议，就强化两税合作、落实合作规范、联合开展管户核查等重点工作进行沟通协商和安排部署。制定《联合办税工作方案》，全市 11 个县局采用“互相进驻”方式实现联合办税，有 2 个县采用“共建大厅”方式实现联合办税。继岚县国地税合署办公之后，确定交城局、离石局作为第二批国地税合作示范县，实施国地税联合稽查，整合稽查资源，提升稽查效率。推进国地税联合委托邮政公司代征税款及代开发票业务，全市邮政代征点共代征地税附加税费 1285.5 万元。完成“营改增”工作，涉及的 8383 户管户全部移交国税部门，代开增值税发票工作进展顺利。

### 【纳税服务】

2016 年，吕梁市地税局开展税收宣传，在吕梁学院举办“大众创业 万众创新”专场知识讲座，向1000余名即将毕业的大学生宣传就业创业方面的税收优惠政策。市、县两级税务机关举办“纳税人学堂”10余次，发放税收宣传资料5万余份。开展“便民办税春风行动”，升级“吕梁地税”微信公众号，落实二维码一次性告知制度，畅通纳税人评议渠道。规范、简并纳税人报表资料，实行纳税人信息一次采集、按户存储、共享共用。推进纳税信用等级评价工作，与辖区内24家银行机构签订“银税互动”框架协议，缓解企业融资难问题。

**【法治地税建设】**

2016年，吕梁市地税局规范税收执法行为。落实《山西省税务系统规范税务行政处罚裁量权实施办法（试行）》，开展“建立执法全过程记录制度”等3项法制工作，保障纳税人合法权益。根据国务院行政审批制度改革要求，结合“营改增”实际，对2015年“六权治本”工作中确定的83项行政职权调整为73项。发挥稽查以查促管、以查促收的职能作用，全系统稽查直接立案检查51户，督导企业自查162户，实现各项查补收入1.36亿元。

健全行政管理机制。推进绩效管理，印发《吕梁市地税系统组织绩效管理办法（试行）》等10项制度，编制机关和系统绩效考核指标共144项，重点工作任务分解40项，按照“一季一点评、一季一督导”的1+1模式，完善过程管理，绩效管理的“指挥棒”作用和激励约束功能逐步显现。开展督察内审工作，先后印发《吕梁市地税系统2016年税收执法督察工作方案》《2016年全市地税系统督察内审工作要点》《2016年度“三公”经费跟踪审计的通知》，向基层征收单位下发涉及三证合一办理、小微企业税收优惠等方面的22378条疑点数据，提升执法风险防控水平。方山县、中阳县、柳林县等5个县局开展领导离任审计和三公经费跟踪审计，对发现的问题责令相关单位进行整改。

（吕梁市地方税务局）

# 金融

## 中国人民银行吕梁中心支行

### 【稳健货币政策落实】

2016年，中国人民银行吕梁市中心支行加大“窗口指导”力度。制定出台《吕梁市金融支持经济发展的实施意见》《金融支持特色农业龙头企业发展的意见》等多个制度办法，编发《货币信贷政策指引》，为促进地方经济发展提供政策支持。落实差别存款准备金率定向倾斜政策，对23家考核合格的村镇银行、农信社等金融机构执行优惠1个百分点的存款准备金率。宏观审慎评估工作，对全市23家地方法人金融机构进行评估。开展发挥再贷款、再贴现等货币政策工具的作用，引导金融机构加大对涉农、小微企业和扶贫开发的信贷投入，全年累计为辖区金融机构办理再贴现4.56亿元，发放支农再贷款2.4亿元，支持金融机构加大对实体经济的投入，推动地方经济平衡健康发展。截至年底，全市金融机构本外币各项存款余额1811.11亿元，较年初增加194.68亿元，增长12.04%；各项贷款余额950.92亿元，较年初增加58.65亿元，增长6.57%。存贷比52.5%，较年初降低2.7个百分点。

推动金融精准扶贫工作。坚持“以金融支持产业带动扶贫为主，其他方式扶贫为辅，以支农再贷款、扶贫再贷款等政策工具为杠杆，以增强农民‘造血’功能，帮助农民稳定脱贫为目标”的金融扶贫工作思路，通过建立金融扶贫组织推动机制、金融扶贫“清单”管理机制、金融精准扶贫创新机制、货币政策工具引导激励机制、农村信用普惠金融促进机制等5项机制，创新工业反哺农业精准定位脱贫（交口旺庄模式）、经济富裕地区优势企业与贫困地区农民互利合作脱贫（文水大象模式）、“公司＋农业”订单农业产业化发展脱贫模式、家庭种养及个体经营脱贫等四种金融支持产业造血精准脱贫模式，交口、兴县、柳林、交城、文水支行先行先试，精准定位，靶向治疗，因人施策，推动吕梁金融助推产业“造血”精准脱贫工作的快速开展，金融精准扶贫工作多次在全省进行经验交流。截至年底，吕梁辖区地方法人金融机构使用扶贫再贷款4.99亿元，占扶贫再贷款限额的99.8%，使用率全省第一；金融机构累计发放扶贫贷款18.86亿元，支持贫困地区脱贫致富。

### 【区域金融秩序稳定维护】

2016年，中国人民银行吕梁市中心支行运用“山西省金融风险监测系统”，加强对金融风险的分析、预测和评估，按月采集银证保、小额贷款公司、融资性担保公司、典当行等286家金融机构的风险监测数据，上报风险分析报告。对23家地方法人金融机构不良贷款核销情况进行全面调查。推进存款保险制度实施工作，完成全市23家地方法人金融机构2015年后半年、

2016年上半年存款保险费上缴工作，核查孝义市联社存款保险数据。完善风险监测机制，实现对辖区经济发展、产业结构调整和转型升级等方面情况的跟踪分析，关注产能过剩行业、房地产、地方政府债务等领域的风险状况；完善大型企业风险监测制度，关注山西联盛集团重大风险事件处置进程；拟定《关于推进吕梁市金融生态环境建设的实施意见》，指导交口、文水等县（市）支行开展构建金融稳定协调、信息共享、风险预警和风险应急处置四项机制，优化金融生态环境，防范化解金融风险。组织召开辖区银、证、保金融管理与服务工作会。撰写上报上年度吕梁市区域金融稳定报告，指导交口、汾阳、文水等县（市）支行首次编写上报县域金融稳定报告。

推进金融机构综合管理工作。加强日常管理，落实金融机构重大事项报告制度和机构设立规划报备制度，严格开业申报管理，完成辖内7家新设机构的开业申报工作，推进新设机构首次会谈，履行告知义务并进行风险提示。加大综合执法检查力度，组织对交通银行、邮政储蓄银行、晋城银行、招商银行、晋商银行、农业银行吕梁分行和县支行进行综合执法检查，严厉处罚违规行为。开展金融消费权益保护工作，组织人民银行各县（市）支行、市直各金融机构在岚县举办“金融知识普及月”宣传活动，健全机制，维护金融消费者权益，全年共接到投诉39起，全部得到解决。

【外汇“绿色通道”拓宽】

2016年，中国人民银行吕梁市中心支行贯彻外汇管理“五个转变”的工作要求，出台《优化外汇管理和服务支持吕梁经济发展的指导意见》，推动贸易投资便利化，促进全市对外经济健康发展。组织召开全市银行业金融机构联席会议，对全年外汇管理工作进行安排部署。落实总分局“扩流入、控流出”各项工作措施，加强银行、企业购付汇业务监管，修订完善约谈制度，先后对4户大额购付汇企业、1家外汇指定银行企业进行约谈。推广个人外汇业务监测系统的运用工作，开展现场培训，深入辖区9家外汇指定银行的分、支机构，对个人外汇业务情况进行督查和指导。加大银行落实展业三原则和执行外汇管理规定真实性、合规性的督查和检查力度，立案查处2家银行，罚款10万元。全年全市累计实现货物贸易收付汇2.93亿美元，比上年同期下降33.91%。其中：进口付汇1.27亿美元，同比下降53.14%；出口收汇1.67亿美元，同比下降3.9%。

【金融服务】

推进支付体系建设。2016年，吕梁市农村金融服务站建设工作稳步推进，截至年底，累计完成848个农村“金融综合服务站”奖补资金申报工作，建设站（点）6051个，其中挂牌服务站3282个，覆盖行政村2826个，覆盖率达90%，满足农村地区的金融服务需求。开展对申请加入支付系统金融机构的审查，对6家接入现代化支付系统的金融机构进行初审，组织考试36人次，约见谈话6次。牵头成立市银行卡产业发展委员会，健全完善银行卡受理环境建设、市场秩序规范、业务风险防范与管理等工作机制和体系。指导督促辖区10家村镇银行建设电信诈骗风险交易事件管理平台，打击电信诈骗犯罪，优化支付结算环境。

提高国库管理和服务水平。推进国库整体移位接管工作，组织对汾阳、文水等6个支库进行国库整体移位接管，提升国库风险处置能力。以石楼支库、交口支库为试点，开展TCBS系统异地应急预案演练，提升国库业务人员应急处置能力。落实国库会计核算制度，对中心支库上年以来的业务进行全面自查，规范核算行为，提升核算质量。组织各支库对全市74个国库经收处进行检查，确保国库资金安全。推进国库直接支付电子化，推动孝义、文水支行成功上线运行国库直接支付电子化系统，得到总行和太原中支的肯定。

推进征信体系建设，改善金融生态环境。利用元宵节、“6.14信用记录关爱日”等重大节日和重要节点，组织各县（市）支行和市级金融机构开展征信宣传活动。与吕梁学院合作，开设《现代征信学》选修课，搭建大学生就业实习和银行人才供需互通平台，联合开展征信宣传和征信课题研究，建立金融机构与高校之间“大宣传、大合作”机制，推动全社会诚信体系建设。开展征信业务检查，对孝义市2个信用社、汾阳市信用联社营业部异常查询情况进行检查，对辖区信用社全部机构、交通银行等20家金融机构征信业务进行检查，对违规情况进行处罚。应收账款融资服务平台推广工作进展顺利，全年通过平台完成融资20.53亿元。发挥征信系统查询服务功能，累计为全市企业、个人提供查询5.6万余次。孝义市作为全国农村信用体系建设试点县（市），信用体系建设工作稳步推进。

加强人民币管理。加强发行库管理，落实和执行各项规章制度和操作流程，确保库款安全无事故。改进发行基金调拨工作，保证合理的现金供应，全年全市净投放现金64.2亿元，较上年同期减少8.8亿元，降低12.05%。开展人民币冠字号码信息流与现金实物流同步跨行流转工作，为反假币和残损币回收工作服务。开展残损人民币回收和反假货币工作，共回收残损币金额13.9亿元，收缴假币金额56万元。

履行反洗钱职能。完善反洗钱考核评价机制，对全市55家金融机构2015年反洗钱工作进行评估。开展宣传和教育培训，组织对金融机构反洗钱工作人员开展2次大规模反洗钱知识培训和2次反洗钱宣传，组织辖区55家银行、证券、保险业金融机构300余人参加纪念《中华人民共和国反洗钱法》颁布实施10周年演讲比赛。开展对5家银行机构、2家保险机构、1家证券机构反洗钱现场检查；完善可疑交易线索报送工作，经过甄别，向市公安机关移送重点线索3条。

提高调查统计水平。开展统计与调查分析工作，按照标准化工作要求，完善日常经济金融统计工作。完善充实《金融统计执法检查指南》，对6家金融机构开展金融统计执法检查，提出处罚意见，推进金融统计标准化建设。推进金融业综合统计工作，成功研制“金融业综合统计监测系统”，实现辖内32家保险、证券机构统计数据的自动汇总，提高工作效率。创新调研工作机制，制定《实地调研模板化作业指导意见》，建立企业、银行等机构基本信息档案库，为共享调研成果、提高调研水平提供支撑。开展专题调研和课题研究，收集反映辖区人民银行职能和对区域经济支持的调研报告46篇，汇编成《山西金融》专刊；多批次向上级行推荐优秀文章，全年发表调研文章67篇。

增强科技服务保障能力。完善科技制度建设，建立健全金融信息安全组织协调机制，落实对金融机构的行业指导。完成中心支行、县支行电视会议系统的升级改造工作，提升辖区各级行的科技综合管理水平。自主开发《双随机抽查系统》，实现随机抽查电子化。开展对信息安全工作的检查、培训，夯实科技信息安全工作基础。完善技术保障服务工作，及时处理软硬件技术故障请求，确保所有应用系统稳定运行。

（中国人民银行吕梁市中心支行）

## 吕梁银监分局

**【概况】**

2016年，吕梁市银行业稳健运行，资产、负债规模不断扩大，保持稳定发展态势。截至年末，全市银行业总资产2011.29

亿元，比上年同期增长 3.68%；总负债 1797.87 亿元，同比增长 4.08%。各项存款余额 1773.14 亿元，新增 200.09 亿元，增长 12.72%；各项贷款余额 951.52 亿元，新增 58.67 亿元，增长 6.57%。大额违约风险频发势头得到控制，风险排查治理取得进展，法人机构改革化险稳步推进。银税合作、系列活动、债委会运行、金融扶贫、降低企业成本等多项工作进展顺利。

**【实体经济服务】**

2016 年，吕梁市银行业监督管理委员会分局强化政策传导。贯彻落实银监会、山西银监局支持服务实体经济的有关精神，先后制定印发《关于做好全市重点工程支持服务工作的通知》《关于进一步提升银行业服务实体经济质效的指导意见》等文件，通过年初监管工作会议、监管会谈、文件政策传导等方式，引导推动银行业积极支持服务实体经济发展。组织汇编吕梁银行业金融服务产品名录上传至公共服务平台方便全市中小企业查询，整理监管政策发送至各银行业机构进行信息对接。

开展系列活动。组织银行业机构开展服务实体经济系列活动，与 9 家机构建立工作合作机制，签订《吕梁银行业服务实体经济发展支持供给侧结构性改革合作备忘录》，通过加强沟通协调、改进服务方式、创新金融产品、优化服务流程支持实体经济渡难关、稳回升。截至 12 月末，全市银行业各项贷款余额 951.52 亿元，较年初增加 58.67 亿元，增长 6.57%。全市银行业对接建档立卡贫困户 371619 户，落实有信贷需求贫困户 24049 户，发放建档立卡贫困户扶贫小额贷款 2881 户、2.9 亿元，发放扶贫开发项目贷款 77 笔、9.44 亿元，发放贫困地区基础设施项目贷款 19.48 亿元，发放其他扶贫贷款 5.65 亿元。

推进银税互动。与市国税局、市地税局建立联席会议制度，推动税务部门与法人机构签订合作框架协议 24 家，占比达 100%；银行机构推出“税易贷”、“银税通”等信贷产品，银税合作累计授信 167 户、10.12 亿元，累计投放贷款 180 笔、10 亿元。截至 12 月末，辖内银行业机构小微企业贷款余额 300.21 亿元，较年初增加 35.79 亿元，增长 13.54%，小微企业贷款增速高于各项贷款增速 6.96 个百分点；小微企业贷款户数高于上年同期 700 户，小微企业申贷获得率高于上年同期 9.43 个百分点，完成“三个不低于”任务目标。

改善普惠金融。督导银行业机构开展“村村通”工程等普惠支农项目和“助保贷”、集群联保贷款等专项支农业务，推动支农服务改善；以全市银行业基层网点为主阵地，开展“送金融知识下乡”“金融知识进万家”、打击电信诈骗、防范非法集资等公众金融知识宣传教育活动，改进金融消费者权益保护工作。截至年底，全市银行业金融机构涉农贷款余额 580.07 亿元，较年初增加 14.06 亿元，增长 2.48%；基础金融服务覆盖行政村达 76.19%，其中贫困县标准化网点乡镇覆盖率达 100%，贫困县利用网点、机具或流动服务覆盖的行政村占比达 75.01%。全年累计发放金融知识宣传资料 40 余万张，发送公益宣传短信、微信 2 万余条，受教育公众达 20 万人（次）。

**【重点领域风险防控】**

信用风险防控。2016 年，吕梁银监分局开展 10 大行业和 20 户重点集团客户风险监测与提示；组织银行机构开展担保圈担保链风险排查，督促其掌握企业关联互保风险底数，建立重点企业监测台账，加强综合治理；督促指导银行机构推进不良贷款“双控”工作，全年处置不良贷款 26.84 亿元；采取会议推进、分批推进等措施，推进债委会组建及运行，促进信用风险防范与化解。截至年底，全市银行业金融机构不良贷款余额148.48亿元，较年初增加28.03亿元，增长23.27%，增量同比少增12.23亿元，增速较上年同期回落8.17个百分点，不良贷款快速反弹势头得到遏制；辖区共有35户债务企业成立债权人委员会，共为企业增加授信6.34亿元，缓解企业因资金链紧张而导致不良贷款增加的局面。

法人机构风险防控。加大对重点领域风险的防控。对农村信用社，叫停社团贷款，提示重点集团客户、超标超限贷款、行业集中度等风险并督促整改，推广信贷业务关键节点实施录音录像；对村镇银行，推动“三会一层”有序运行及高管履职尽责，加强同业业务监测，开展不良贷款专项监管，在约谈高管时同时约谈主发起行高管。加大非现场监管力度。完善农村中小金融金融机构非现场监测预警体系，建立起监管指标监测台账、日常监管台账、监管意见落实台账、机构负面清单和监管措施工具箱，视风险程度不同分别采取风险提示、约谈高管、下发监管意见等相应的监管措施，推动风险防控。加大违规行为查处力度。组织开展农村中小金融机构风险排查、现场检查，加大对违法违规行为的处罚力度，遏制违规经营。在经济下行、银行风险暴露的情况下，全辖法人机构不良贷款较年初减少6.44亿元。

流动性风险防控。推动银行业金融机构密切关注市场变化，加强流动性风险管理。组织辖内银行业机构特别是同业融资占比过大、存款集中度过高的法人机构科学测算信贷、理财、同业等业务对流动性影响，制定应急预案。坚持按季对农村中小金融机构进行存款偏离度进行监测与考核。督促村镇银行建立完善与主发起行的流动性救助机制。

案件和操作风险防控。召开案防安保会议，安排部署全年案防工作；召开专门会议，组织机构对防范经营风险、案件防控治理等工作进行交流总结，互相借鉴、互相提高；组织开展“制度执行年”活动，督促银行业机构加强内部管理和员工行为管理，严防“飞单”事件和柜面业务操作风险；加大信访督办和查处力度，开展非法集资宣传教育工作，及时报送案件风险信息，推进银行业机构案件和操作风险防控。

风险防控。落实舆情值班制度，开展网评引导，处置来信来访和“泛亚”投资者等客户投诉、上访事件，组织应对负面舆情事件，督导机构开展舆情监测和宣传引导，组织机构开展与P2P网络借贷平台合作情况调查，防止外部风险向银行体系传染。

【法人机构改革】

2016年，吕梁银监分局采取党委领导班子成员包社、协商邀请兄弟分局专业人才与监管人员共同审核等措施推进农村信用社改制。孝义联社作为全市体量最大、全省体量第二大的一家农信社12月16日获省局开业批复，改制成功；兴县联社清产核资结束，邀请分局对筹建资料进行初验，筹建资料提交分局，分局受理；柳林联社以12月31日为基点开始清产核资，其他高风险社农商行改制工作推进中。

【监管工作】

2016年，吕梁市银监分局完善监管措施，提升监管效能。制定《关于明确农村中小金融机构行政许可有关事项和事权的通知》，落实属地监管责任，提升行政许可效率；制定《关于针对农村中小金融机构采取“三账一单一箱”工作措施的通知》，明确工作内容，提升日常监管效率。深化EAST系统实践运用，参加省局第三届劳动竞赛取得良好成绩。提升现场检查能力，在山西银监局系统现场检查评先创优活动中，分局“两个加强 两个遏制”回头看现场检查项目被评为优秀项目。

完善内部管理，提升保障能力。修订完善《吕梁银监分局财务及固定资产管理暂行办法》，严格费用支出限额管理，提高资金使用效率；规范政府采购行为，做到应采尽采；对分局全部资产进行彻底清查，加强固定资产管理；科学制定财务预算计划，保障各项工作顺利开展；推动公务用车改革，在全省范围内率先完成报废处置工作。

推进“双录”工作，提升消保水平。推进商业银行投资产品销售录音录像，辖区需要双录的12家机构全部实现“双录”，覆盖率达100%。推广农村中小金融机构信贷业务关键节点录音录像，出台《吕梁银监分局关于农村中小金融机构开展信贷业务关键节点实施录音录像工作的通知》，增强金融消费者权益保护。

（吕梁银监分局）

## 中国工商银行吕梁分行

【概况】

2016年，中国工商银行吕梁分行实施“资产质量管控、业务扩容增收、客户维护拓展、员工队伍建设、管理水平提升”5项工程，打胜“资产质量攻坚战、经营利润争夺战、员工收入保卫战”3场战役，全行资产质量实现风险管控，客户基础夯实，大零售贡献提升，内部管理水平提升，保持全行各项业务总体平稳发展。利润：全行实现拨备前利润34278万元；同比减少1.51亿元；完成全年保底计划3.61亿元的95%。净利润亏损1.24亿元；同比减少2.87亿元。中间业务收入：实现1.07亿元，同比减少83万元。完成全年保底计划1.20亿元的89%。存款：全部存款时点余额258.52亿元，较年初增加4.25亿元，年初任务计划为14.35亿元，任务完成率29.63%。其中：储蓄存款余额200.01亿元，较年初增加7.03亿元，年初任务计划为10.5亿元，任务完成率为66.95%；机构存款余额31.96亿元，较年初减少1.01亿元，年初任务计划为2亿元，任务完成率为 −50.61%；公司存款余额24.14亿元，较年初减少0.64亿元，年初任务计划为1.55亿元，任务完成率为 −41.50%；同业存款0.44亿元，较年初减少0.64亿元，年初任务计划为0.3亿元，任务完成率为 −214.15%。全部存款日均完成259.43亿元，较年初增加5.16亿元。存款利息支出4.53亿元，较上年减少8254万元；存款集中收入8.15亿元，较上年减少13719万元；存款净收益3.61亿元，较上年减少5465万元。存款付息率为1.79%，较同期下降0.28个百分点。贷款：各项贷款余额130.69亿元，较年初增加0.40亿元，年初任务计划为3.6亿元，任务完成率10.98%；个人贷款余额18.05亿元，较年初减少1.59亿元，年初任务计划为2.1亿元，任务完成率为 −75.77%；公司贷款余额101.21亿元，较年初减少8.97亿元，年初任务计划为1.5亿元，任务完成率为 −598.17%。各项贷款日均完成132.64亿元，较年初增加2.34亿元。贷款（含票据）利息收入5.34亿元，较上年减少2.59亿元；配置成本4.06亿元，较上年减少1.42亿元；贷款净收益1.29亿元，较上年减少1.17亿元。贷款收益率为4.05%，较同期下降1.55个百分点。其中，票据贴现22.32亿元，实现收入3133万元。贴现量完成全年计划60亿元的37%，较上年贴现量减少49.46亿元，收入减少6915万元，净收益减少4894万元。票据贴现收益率为3.42%，较同期下降1.42个百分点。资产质量：不良贷款余额22.23亿元，占比为17.01%，上升10.77个百分点，余额较年初增加13.68亿元，增长159.88%。其中：法人不良贷款余额20.68亿元，较年初增加13.45亿元；个人不良贷款余额1.07亿元，较年初增加2015万元；信用卡不良贷款余额4853万元，较年初增加333万元。全年累计清收处置转化不良贷款4.69亿元。其中：法人不良贷款清收处置3.09亿元，现金清收2.11亿元，呆账核销9857.14万元；个贷清收转化1.43亿元，现金清收871.79万元，转化1.35亿元；信用卡不良进入司法程序3691万元，占比76.05%，累计现金清收1614万元。逾期剪刀差贷款6.55亿元，较年初减少1.10亿元，其中：法人贷款逾期剪刀差5.38亿元，较年初减少1.29亿元；个贷逾期剪刀差1.17亿元，较年初增加1881万元。全年逾期贷款剪刀差控制目标为7.66亿元，较任务控制目标多压降1.10亿元。

## 【资产质量管控】

2016年，工行吕梁分行主抓资产质量管控工作，制定出台《资产质量管控考核办法》《管理人员资产质量指标控制滚动考核办法》，配套风险抵押金制度，执行管理人员考核问责机制。对法人、大额个贷不良实行名单制管理，切出200万元专项费用挂钩清收考核，实现风险前移与全过程控制。制定“一户一策”风险化解方案，成立资产质量督导小组、清收处置团队和行领导挂帅的清收工作组，工作组赴孝义、石州等重点支行，上门蹲点清收，综合运用清收欠息、调整合同要素、依法清收、平台包处置、资产证券化、核销等多种手段，全年累计清收转化不良贷款4.53亿元（其中现金清收2.19亿元），核销9857.14万元，平台包处置3.09亿元，化解风险贷款15.82亿元，压降潜在风险贷款4.66亿元，退出潜在风险贷款9156万元，实现资产质量风险最大化管控。

## 【营销拓展】

2016年，研究出台《重点对公客户营销考核办法》，行领导带队走访吕梁市政府、金融办、公积金中心等机关事业单位和辖内汾酒、烟草、兴安化工等重点企业，稳定对公存款41.7亿元，营销日均50万元以上重点对公客户54户，拉动对公存款日均增长2.39亿元。储蓄存款方面，制定出台“一个指引”“三个办法”，实行储蓄存款抵押金制度，组织开展20余项主题活动，共进驻各类市场、社区、商户等80余个，个人四星级以上客户净增6938户，100万元以上财富客户净增77户，私人银行客户净增29户，储蓄存款日均净增4.83亿元，完成省行任务的92%。

## 【贷款项目储备】

2016年，工行吕梁分行通过走访市政府、重点办、发改委，抓住全市扶贫攻坚和转型发展新机遇，加大项目梳理，市分行分管行长按月滚动收集项目进展情况，行长按季听取汇报，明确阶段性重点工作和方向，全年共筛选储备42个共计203.6亿元贷款项目，通过工银租赁、银团等投放贷款5亿元，还有8个项目共计50亿元审批中。全年围绕网贷通业务、票据池低风险业务拓展小企业客户25户，发放贷款5687.5万元；累计办理票据贴现22.32亿元，其中小微企业10亿元。落实吕梁市扶贫工作要求，发挥金融助推扶贫优势，累计支持涉农产业贷款1.18亿元。个人贷款业务方面，全年介入按揭楼盘项目18个，准入项目13个；考察并准入两家二手房评估公司，为下一步业务发展奠定基础；加大个人质押贷款业务，全年日均净增375万元，为全省4个正增长行之一；累放5笔126万元军人公积金委贷，实现此类业务零突破。

## 【中间业务创新发展】

2016年，工行吕梁分行大零售营业贡献稳步提升。结合吕梁经济发展特点，率先推动零售业务经营转型，以重点客户群为目标，以强化客户经理考核为保障，加大私人银行、代发工资、个人信贷、储蓄存款等核心业务发展，大零售营业贡献实现3.11亿元。其中私人银行、信用卡分期付款、个人理财、个人保险、集合资管产品等成为零售业务的主要收入来源。互联网金融业务保持发展，融e联注册客户净增13.17万户，融e行客户数净增

10.78万户，工银e支付客户净增14.36万户，企业网银注册客户净增1503户，二维码商户转换及拓展1670户，多项指标位居全省前列。大资管业务实现发展。机构、养老金、托管业务实现中收1276万元，比上年同期增加934万元，完成全年任务的104%，收入贡献度11.89%，同比提升8.73个百分点，成为支撑中收增长的新的盈利单元。办理全省首笔融e购商户退运险，签约2户；开创全省民办学校保证金托管、出境旅游保证金托管、二手房交易资金托管业务先河，在全省进行经验交流。

【内部案防管理】

2016年，工行吕梁分行以"基础强化年暨制度执行年"为契机，按照省分行和监管部门要求，组织开展十大重点风险领域和关键环节检查、两加强两遏制及"回头看"检查、150天案件风险专项排查、员工行为动态异常排查、钢铁煤炭行业检查等，结合工行吕梁分行实际开展个贷和信用卡专项检查、票据业务检查、实物印章管理摸底检查等，组织开展"消灭黑点"行动、零风险柜员治理活动、内控合规知识竞赛，组织全辖管理人员观看警示教育片，赴汾阳监狱开展现场警示教育，全年共发现违规问题473个，落实整改率达92%，对159名违规违纪责任人进行严肃处理。业务风险暴露水平压降至万分之1.63，风险压降幅度全省最大。重点完成市分行中心金库改造，解决多年存在的安全隐患问题。

【服务管理】

2016年，工行吕梁分行以总行"服务面貌专项整治季"活动为契机，重点解决服务环境、态度和效率等方面的痛点问题。客户投诉工单较年初下降40%，专职大堂经理配备率实现100%，客户等候时间缩短1.58分钟；超时客户占比压降1.35个百分点。完善渠道建设，通过驻点帮扶，实现2个五类网点竞争力提升，2个网点理财便利店改造，完成2个五星级网点创建。

（工行吕梁分行）

## 中国建设银行吕梁分行

【概况】

2016年，中国建设银行吕梁分行坚持合规经营，加快业务转型，增强发展能力，坚持从严治行，坚守风险底线，增强服务客户能力，推进全行各项工作健康快速发展。存款方面，一般性存款日均余额220.44亿元，新增22.66亿元，系统排名第三。其中，个人存款日均余额130.04亿元，新增11.36亿元，系统排名第四；对公存款日均余额90.40亿元，新增11.29亿元，系统排名第三。贷款方面，全行贷款余额107.91亿元，较年初增长1.77亿元，四行排名第二。其中：个人类贷款32.75亿元，新增3.31亿元，累计投放9.8亿元；对公类贷款75.16亿元，比年初减少1.54亿元。不良贷款方面，全行不良贷款余额11.03亿元，较年初新增1.46亿元，不良率9.6%。中间业务方面，实现中间业务毛收入7085.58万元，四行占比26.61%，四行排名第二。经营效益方面。实现利润收入3.45亿元，同比增加336万元，总量在系统排名第九。重点业务推进情况。百日竞赛活动效果明显，部分指标跃居系统前列。社保卡业务方面，共拓展县（市、区）社保批量代收付15个，完成率68%，系统排名第三；社保卡个人存款余额2.75亿元，较年初新增1.21亿元，系统排名第一；社保卡有资产客户新增23.88万户，系统排名第一。电子银行方面，移动柜面金融替代率全年保持系统排名第二，实现高位运行的良好态势。善融商务交易额系统排名第一。善融有效买家新增系统排名第二。推进互联网+金融创新服务，银医、银校通合作客户覆盖度11%，高于全省平均水平4个百分点；票据池业务在汾酒销售有限公司成功上线，累计入池票据852张，金额总计5.63亿元。开展源头营销，与吕梁市印章管理中心开启战略合作模式，带来结算户的快速发展，余额和新增在四行排名第一。在龙支付业务推广活动中，建行吕梁分行连续多日蝉联全省系统“今日之星”称号，龙商户新增位列系统前三甲。

（建行吕梁分行）

## 中国农业银行吕梁分行

**【概况】**

2016年，中国农业发展银行吕梁分行业务经营取得成效。

发展存款业务，增量市场份额稳居第一。截至年底，全市农行各项存款达成224.82亿元，较年初净增31.17亿元，同比多增15.18亿元，各项存款增量四大行排名第一，增量市场份额四大行占比47.42%。其中，个人存款较年初净增24.62亿元，四大行占比48.36%，排名第一；对公存款较年初净增6.54亿元，四大行占比37.16%，排名第二。

调整贷款结构明显，充实资源储备。截至年底，各项贷款余额87.15亿元，较年初下降3.15亿元；其中个贷8.6亿元，法人贷款73.54亿元，贴现1.9亿元，信用卡3.03亿元。其中个人贷款增加2.8亿元，增量四大行占比36.55%，低于建设银行1.11亿元，排名第二。在贷款结构调整上，落实“三去一降一补”的信贷政策导向，压降5户钢铁煤炭客户贷款7.75亿元。

推进网点转型，提升电子产品覆盖率。截至年底，全行装修改造人工网点38个，施工和开工的4个，占全部网点的84%，开设离行式自助网点52个，网点总量和自助网点全部领先四大行。全行贷记卡新增有效客户12705户，全省排名第三；有效特约商户净增132户，全省排名第五。掌上银行活跃客户净增28303户，全省第三；企业网银及电子商务有效客户净增599户，全省第六。

加大不良贷款清收处置力度，资产质量优于同业。截至12月底，全行不良贷款0.47亿元，不良占比0.54 %，较年初下降0.48个百分点。共清收不良贷款1410万元，核销不良贷款3824万元，收回核销贷款115万元。委托资产整体处置33138万元，现金清收86万元，确定批量转让项目46户，债权合计56310.28万元。通过协议转让方式转让给中国长城资产管理公司太原办事处。

提升经营效益，利润指标基本符合预期。截至年底，全行实现中间业务收入7837万元（含委托资产手续费收入），完成全年计划的98%；实现拨备前利润2.63亿元，完成全年计划的98%；实现拨备后利润2.54亿元，完成全年计划的261%。

**【存款和客户建设】**

2016年，按照年初制定的《吕梁分行2016年存款业务及客户建设考核办法》推动存款和客户建设。

激发网点活力，发挥个人存款支柱作用。开展网点“比贡献、上台阶”竞赛活动。市行将45个网点按照营业部级网点和非营业部级网点分序排队考核，按月通报、按季兑现。将人财物等发展资源最大限度地倾斜网点，直接配发网点维护客户、推介产品所必须的专项费用。推进代发工资专项营销。通过开展“进机关、进企业、进市场、进社区”活动，从源头上发展客户、争抢储源。开展产品培训和宣讲。

开展扩户提质，打实公存增长基础。按照“无户增户、有户增量”的基本原则，突出重点、多策并举，推进客户建设。抓住重点客户，加大“保抢挖”力度。2016年重点推进公积金收支户，城建、国土、教育等预算单位账户，医院、学校等事业单位的资金归集账户，加大高层介入、产品渗透，做大客户规模。抓住有贷客户，提高资金归行率。发挥产品对公司类存款的拉动作用，抓有贷客户的资金归行率，通过企业票据池的建立和资金运作，推进企业理财、票据融资与存款的良性互动，扩大公司存款来源。落实烟草公司及卷烟零售户专项营销方案。公司部、电子银行部、个人金融部在完成归集户、借记卡、贷记卡的考核外，现场指导和协助支行客户经理公私关联组合营销产品。推进网点办理对公业务覆盖面。对符合条件的分理处市行督促指导申办大小额支付系统，将对公业务的重点放在辖区商业客户和中小企业客户，推进对乡镇、村级站所等基础性财政帐户资金的营销。

提升渠道服务能力，完善存款营销基础工程。围绕人工网点、自助银行、惠农服务点、电子银行、移动终端，整合线上线下资源，发挥吕梁分行网点网络优势。通过改进大堂经理、客户经理建设，发挥引导客户、指导业务、推介产品、维护客户的能动作用。通过固化“千网工程”的软转成效，依托农银人寿人力资源，逐步向其他支行和网点推广。通过利用远程视频监控的技术手段，提高对网点文明服务的检查处罚频次。

【个贷、贴现业务规模发展】

2016年，吕梁分行破解贷款投放困局，顺应政策环境、市场需求变化，做到有进有退、有保有压。

促进个人贷款快速增长。以个人住房、个人生产经营、个人短期消费需求为重点，发展个人信贷市场，3月2日，吕梁分行在交城支行召开个贷业务推进会，要求各支行学习借鉴交城支行个贷业务发展的成功经验。破解思想顾虑。抓住政策机遇。利用国家“去库存”的一系列优惠刺激政策，抓住房公积金集中释放，降低首付比例，降低房贷利率，鼓励农民进城购房的政策机遇，形成后发制人优势，形成吕梁分行消费金融品牌。促进团队建设。市行抽调城区支行业务骨干，组建市行个贷营销中心，配备集中办公设施和业务用车，制定完善适合吕梁分行个贷业务发展的操作流程和管理办法，在市区率先开展直客式营销。

加快贴现业务规模发展。在经济下行、优质信贷资源紧张的情况下，吕梁分行在防范风险的前提下，加快贴现业务发展力度。通过动员全行员工找票源，安排专业人员审核贸易背景，审查票据真伪，市行发布贴现政策和利率政策，灵活指导各行提高贴现竞争力。

保证大项目、核心客户贷款需求。通过推动市县两级行的密切配合，争取省行总行的支持，紧跟产业结构调整导向，建立与当地政府相关部门定期联系机制，掌握重大建设项目的落户地和承办主体，对照吕梁分行信贷政策筛选出具有战略营销价值的优质客户。2016年成功营销山西京能吕临发电、汾阳华电风力发电、孝义市人民医院、兴县人民医院4个重点项目获批授信。

【中间业务多元发展】

2016年，吕梁市分行挖掘传统业务、产品和客户潜力。通过利用“大数据”，分析现有客户和传统产品服务，将全行所有对公帐户，按照一般客户、集团客户、机构类客户、有贷客户分类营销，对一般性客户集中营销单位结算卡、企业网银等产品，对集团客户推销银企通、资金归集业务，对机构类客户推销代收代付、监督支付等业务，挖掘客户资源价值。通过加大个人理财业务、贵金属客户的挖掘，合理进行计价激励，提高对中间业务的收入贡献度。

抢占新兴业务制高点。通过扩大企业票据池的保有融资量，推进资金管理等业务联动发展；通过国际业务的市场营销发展，开辟新的市场和扩大创利领域。择优选择门诊量在30万人次以上或等级为二级的医院营销银医通业务。

扩大互联网金融和移动金融覆盖面。通过拓展消费金融、财富管理和私人银行等个人新兴业务，扩展净值类理财、信用卡分期、网上银行、手机银行等电子业务规模。各支行通过摸清辖内潜在客户，向客户推荐吕梁分行电子结算和互联网金融服务的功能技术优势，把电子商务发展作为推动电子银行业务的重中之重。

扩展信用卡客户规模。各支行通过重点产品营销，推动有效客户提升，主要围绕漂亮妈妈卡、ETC 捆绑信用卡、悠然白金卡、环球商旅卡、房贷卡和美特好联名卡等重点产品，开展特色专属促销活动。

【“清不良提效益”百日攻坚】

2016 年，为加强不良资产经营管理，推进全行不良贷款清收、核销工作，完成全年不良贷款“双降”任务。从 8 月 20 日开始，在市分行开展“清不良、提效益”百日攻坚专题活动，将清收工作摆在全行下半年工作重中之重的位置上。总体目标是清收自营不良贷款 1060 万元，清收核销贷款 280 万元，全行不良贷款余额较年初净压 850 万元。市行班子成员各司其职，相关部门责任明确，考核到位，按月通报，奖罚分明，对清收进度缓慢或不降反增的进行问责。11 月，吕梁分行组织召开专题汇报会督促进度。截至年底，完成省行任务，清收活动取得成效。

【风险防控】

2016 年，吕梁市分行守住信用风险底线。把好新增贷款质量关。通过调查新准入客户，确保信贷资金用于实体经济、优质客户和重点业务。通过坚持合同面签制度和抵押质押品现场亲自核实制度，防止虚假合同和虚假抵质押品，防止在未落实贷款条件或客户经营发生重大不利变化情况下发放贷款。把好贷后监测管理关。明确各支行一把手是贷后管理第一责任人，前台部门是贷后管理主办部门，通过强化贷后管户责任，综合运用贷后管理例会、系统监控监测等措施，提高贷后管理水平。通过信贷前后台部门的相互监督制约，杜绝以贷谋私、虚假套贷和不按标准、流程办理信贷业务的违规现象。把好潜在风险化解关。通过关注评估潜在风险企业前期的风险化解措施和效果，开展与政府、企业和监管部门的合作，完善协调机制，应对信用风险，提前缓释和化解风险隐患。

降低案件风险。针对全国银行业发生的重大案件，吕梁分行提高案防的重要性、紧迫性知识，保持高压态势。通过案件警示教育，让广大员工严守纪律，遵规守纪，合规经营。通过落实案件防控责任制，实行“一把手”负责制和一票否决制，执行“双线问责”和“案件风险零容忍”。治理案件隐患。针对信贷、财务、运营、票据、印章、员工行为等重点领域和部门，开展案件风险排查，重点防范员工监守自盗、内外勾结、炒票谋利、出借账户、非法集资等案件风险隐患。通过开展“内控管理上台阶”工程，降低各类违规操作引发的案件风险。加强员工日常行为管理，借助现代网络技术手段，开通员工网上举报和提供线索平台，要求各业务条线要将管人管事融为一体，发现行为有问题的要及时反映，调离敏感岗位。抓安全生产责任制落实和“三化三达标”的考核验收。提高人防、技防、物防能力，对存在安全隐患的网点和离行式自助银行实施重点整治，对守押、巡检等外包业务加大跟踪检查力度，发现问题立即督促纠改，保证全行安全稳定。

（中国农业银行吕梁分行）

## 中国农业发展银行吕梁分行

【概况】

2016 年，中国农业发展银行吕梁分行贯彻落实省分行各项安排部署，围绕吕梁实际，明确思路，完善措施，落实各项工作，呈现出业务发展快、经营效益好的良好态势。中长期贷款发展。全年获批中长期贷款项目33个，金额42.07亿元，实际投放16.64亿元。截至年底，农发行吕梁分行各项贷款余额30.46亿元，较年初增长10.35亿元，增幅达51.5%，实现年初既定目标。无不良贷款。各项存款余额38.02亿元，较年初增长31.17亿元，增幅达45.5%。存款日均余额20.65亿元，较年初增长12.65亿元，增幅158%。经营效益增加。全年实现利润4843万元，完成省分行下达任务1700万元的285%。实现中间业务收入65.15万元，同比增长39.2万元，增幅152%。

【信贷业务】

2016年，农发行吕梁分行围绕吕梁实际，明思路，强措施，敢担当，抓落实，业务发展取得成效。开展项目营销，中长期贷款取得历史性突破。全年省分行审批项目33个，金额42.07亿元，为建行以来审批总和，实际投放16.64亿元，为近8年投放之和。支持领域包括棚户区改造、道路建设、医疗、水利、供热等。其中：支持兴县、柳林等4个县域棚户区改造贷款项目13个，金额15.39亿元，发放贷款金额7.03亿元；支持首批市级统贷统还农村路网及贫困地区道路建设贷款项目5个，金额9.01亿元，发放贷款金额3.49亿元；支持临县、岚县、方山等5个县域供水、道路建设贷款项目6个，金额4.3亿元，发放贷款金额2.51亿元；支持柳林、交城、孝义医院建设项目3个，金额12亿元，发放贷款金额1.97亿元。另有营销储备的项目40余个，金额100余亿元。发挥农发行政策性金融支持地方社会经济建设的作用。对于农发重点基金业务，农发行吕梁分行同市、县（区）两级发改委等部门沟通联系，筛选项目，督促指导，申报项目，完善投后管理。全年共办理此项业务6笔，投放资金5.24亿元，支付1.49亿元，发挥基金稳增长促投资的作用。结合实际支持收购，推进主体业务。农发行吕梁分行根据吕梁粮食收购实际，支持粮食储备，坚持多元收购原则，支持开户企业入市收购，维护农民利益。支持粮食储备和轮换。投放新增市级储备粮贷款3065万元，支持企业收购玉米1406.5万千克、小麦93.5万千克；投放轮换贷款2722万元，支持企业轮入小麦1009万千克、轮出小麦1015.5万千克，为维护当地粮食市场稳定发挥作用。支持粮油重要客户入市收购。把其作为市场化收购形势下承担保收购任务的重要载体，优选资信好、有实力、抗风险能力强的企业入市收购。全年累计投放贷款2.03亿元，企业的年粮食消化量占全市购销量的80%以上，解决收购问题。开展商业性贷款业务。开展风险防控，维护老客户，督促基层行改进到期贷款的收回再贷工作。稳步退出一些规模小、抗风险能力差的企业，优化贷款客户。全年共减少3户企业贷款额度，退出2户，总计涉及金额2000万元。支持易地扶贫搬迁，助推精准脱贫攻坚。农发行吕梁分行响应上级行关于脱贫攻坚工作的安排部署，把支持易地扶贫搬迁作为脱贫攻坚的“头号工程”。健全扶贫组织机构，实现对10个贫困县金融服务的全覆盖；加大宣传，形成正确舆论导向；开展营销，开展与市县两级政府和扶贫办等相关部门的沟通对接，向市政府报送扶贫项目融资方案，促进业务开展。截至12月底，农发行吕梁分行累计投放易地扶贫搬迁贷款2.32亿元，占全省系统易地扶贫搬迁贷款投放量的57.3%，惠及兴县、岚县、交城等7个国省定贫困县，建档立卡贫困人口13624人，推动全市精准扶贫工作。开展农业产业扶贫试点行工作。按照11月总行副行长鲍建安吕梁扶贫调研指示精神，向省分行请示，与市政府沟通协调，促进试点行工作的开展。《吕梁市农业产业扶贫企业信贷风险补偿基金实施方案》正式报送市政府，后续工作推进中。优化金融服务，提升支农形象。农发行吕梁分行加大信贷支农力度，将融资与融智相结合，推进金融服务工作。对政府规划的重点涉农项目，农发行吕梁分行开展与交通、住建、水利、财政等有关部门的协作，实现重点项目与农发行吕梁分行信贷资金的有效对接。对进入贷款办理流程的政府重点项目，农发行吕梁分行成立项目领导组、金融服务组，制定金融服务方案，配备专职客户经理，明确工作职责，优化办贷流程，加快项目调查、审查、审批进度。对已发放贷款的项目，农发行吕梁分行利用系统资源优势，为企业提供市场变化、价格走势、行业动态、国际结算等信息，根据不同客户和不同贷款品种，选择期限管理、封闭管理、日常监测与定期检查等差异化管理方式。对在区域市场有影响力的农业产业化龙头企业，农发行吕梁分行落实上级行指示精神，与市政府沟通，推进农业产业扶贫试点行工作，在防控风险和支持产业发展，带动农民脱贫之间找到最佳结合点，树立农发行政策支农、专业支农、优惠支农的品牌形象。

【风险管控】

2016年，采取差异化管理措施。针对不同企业，采取不同措施，将风险控制降到最低。开展风险排查。开展贷款专项检查，摸清风险底数，制定有针对性的解决措施，将风险控制在萌芽状态。加强防控措施的合规性和有效性管理。关注抵押担保风险，审核各类担保手续的完整性和有效性，防范公允值和变现值出现较大偏差的抵押担保行为出现。长年聘请法律顾问，开展法律咨询，为防范风险提供法律支持。

【业务经营核算完善】

2016年，农发行吕梁分行发展存款组织，推动收贷收息，把控费用支出，提高全行赢利能力。全年实现利润4843万元，完成省行下达1700万元任务的285%。实行多管齐下，推动存款创新高。重点加大财政性存款和企事业单位存款的组织力度。开立扶贫资金共管账户。面对商业银行的激烈竞争，市分行协调各县（市、区）书记、市长，形成全行合力，8月，完成全市系统13个行组扶贫资金共管账户的开立工作，吸收扶贫资金以及国开行、农行等他行存款12亿元，推动存款增加。完善重点建设基金、PSL资金和专项扶贫贷款等专项资金的支付管理，截至年底专项建设基金存款余额3.27亿元。抓住贷款营销办理的有利机会，发展中长期贷款拉动上下游客户增加存款13.50亿元。截至年底，各项存款余额为38.02亿元，较年初增长31.17亿元。坚持合规原则，开拓中间业务。农发行吕梁分行按照合规开展中间业务的原则，鼓励各行组围绕客户需求，拓展中间业务服务种类和收入来源渠道，重点在保险代理上下功夫，营销代理手续费较高的险种。全年实现中间业务收入65.15万元，同比增长39.2万元，增幅达152%。其中人民币结算手续费收入12.06万元，代理保险手续费收入53.09万元。增收节支，提升经营效益。推进收息管理，全行信贷、会计等部门紧密配合，加强沟通，正确计息，关注企业还本付息情况，督促企业按月、按季结息，确保利息及时收回。全年利息综合收回率达100%，交口、岚县支行实现扭亏盈利，全系统13个行组全部跨入盈利行行列。

（农发行吕梁分行）

## 中国交通银行吕梁分行

【经营业绩】

从业务指标来看，截至2016年末，中国交通银行吕梁分行本外币资产规模14.75亿元，较上年末增加3.88亿元。

人民币各项存款余额13.58亿元，较上年末增加3亿元。其中，对公存款余额7.77亿元，较上年末增加2.07亿元；储蓄存款余额5.81亿元，较上年末增加0.93亿元。人民币各项贷款余额12.04亿元，较上年末增加4.53亿元。全年实现经营利润1206.13万元，同比增长824.4万元，增幅达215.97%，计划完成率为69.81%；实现经济利润494.72万元，同比增长227.05万元，增幅达71.27%；小微业务“三个不低于”目标全面完成；个人住房贷款净增7653.79万元；个金财富重点产品、银行卡中间业务收入、人民币对公全口径低成本负债平余增量、私人银行客户净增数、达标沃德客户净增数、手机银行新增动户数均超额完成任务。从同业市场来看，2016年交通银行吕梁分行各项存款在吕梁市市场份额为1.44%，较上年增加0.18%。其中储蓄存款市场份额0.86%，较上年增加0.07%，对公存款市场份额2.74%，较上年增加0.42%。各项贷款市场份额2.59%，较上年增加0.93%。离石区金融机构中，交通银行吕梁分行各项存款市场份额3.34%，较上年增加0.33%。其中储蓄存款市场份额2.43%，较上年增加0.21%，对公存款市场份额4.57%，较上年增加0.31%。各项贷款市场份额4.63%，较上年增加1.33%。从发展历程来看，交通银行吕梁分行人民币各项存款全年稳定在10亿元以上，时点最高达到16.9亿元，资产总量由量的积累达到质的稳固；票据业务发展势头强劲，全年累计办理贴现5.06亿元；同业业务取得突破，办理同业定期存款5000万元，对接棚改资金12亿元；渠道建设取得进展，5月，8个警银亭全部投入使用。8月，第二家普惠支行兴盛路支行正式对外营业。12月，第三家普惠支行获批。

【管理质效】

从制度建设来看，2016年交通银行吕梁分行整章建制，出台《交通银行吕梁分行财务支出管理制度（2016年）》《交通银行吕梁分行洗钱和恐怖融资风险评估及客户分类管理暂行办法》《交通银行吕梁分行风险贷款清收处置管理办法》《交通银行吕梁分行一类会议管理细则》等规章制度，制度体系趋于完善。从内控案防来看，坚持按月召开内控例会，按季度召开全面风险管理委员会会议、案防监督联席会；组织开展“两加强、两遏制”回头看自查工作、五大领域专项整治排查工作和案件防控“长剑行动”；对2014年2月至2016年3月通过吕梁分行渠道办理的8000多张信用卡逐户进行排查；组织e贷通2.0风险排查，对47家单位共391个客户进行排查；应对邮币卡集中办卡、哈特支付等事件，内控案防工作有序运行。从基础管理来看，分行重视基础管理，2016年提出规范基础管理要求，对会议管理、内部沟通、行文规范、中层干部外出等事项提出具体要求，从小事抓起，促使分行各单位重基本规范、重基础管理，提升分行工作质效，活泼有序的工作氛围。从品牌形象来看，分行获“吕梁市精神文明单位”“银行业金融统计先进单位”“年度反洗钱工作A类单位”、离石区“支持地方经济发展先进集体”，分行营业部获“吕梁市青年文明号”、山西省银协“文明规范服务单位”，以及系统内外各项集体荣誉16项；分行节日活动与日常厅堂活动交替开展，以客户为中心的服务理念受到客户赞扬；履行社会责任，推进驻点扶贫工作，开展公益活动，提升社会形象；开展“安保考核办法宣传月”“安防行业新标准专项宣传月”“查安全隐患，促全面整改”等各类专项活动，下半年保卫档案被省分行评为A等；提升安保水平，分行全年未发生重大案件，员工未发生重大违规违纪行为。

（交通银行吕梁分行）

## 中国银行吕梁分行

**【主要指标】**

负债业务。截至2016年年底，中国银行吕梁分行人民币各项存款总量97.48亿元，较年初增加6.55亿元。其中，公司存款时点余额21.02亿元，较年初-0.87亿元，日均余额20.55亿元，较年初-5.27亿元；储蓄存款时点余额76.47亿元，较年初增加7.43亿元，日均余额74.33亿元，较年初新增5.97亿元，完成全年任务的104.18%；金融机构存款时点余额0.48亿元，较年初-0.31亿元，日均余额0.64亿元，较年初-0.13亿元。

资产业务。截至12月末，中国银行吕梁分行本外币授信资产余额40.02亿元，较年初增加3.63亿元，其中公司贷款35.7亿元，较年初增加3.71亿元；个金类贷款余额4.32亿元，较年初减少909万元。

资产质量。截至12月末，中国银行吕梁分行全口径不良资产余额1.96亿元，较年初下降1.66亿元，其中，公司不良贷款余额1.87亿元，较年初下降1.67万元；个金不良贷款余额938万元（其中个人零售贷款不良余额47万元，银行卡不良余额891万元），较年初上升92万元。整体不良率4.89%，较年初下降4.8个百分点，其中，公司不良率5.23%，较年初下降5.83个百分点；个金类贷款不良率2.17%，较年初上升0.25个百分点（其中银行卡不良率3.3%，较年初上升0.54个百分点）。

经营效益。截至12月末，中国银行吕梁分行实现经营净收入19295万元，完成全年任务的77.95%；实现拨备前利润1.04亿元；实现净利润-173.06万元（省行管控目标-1.06亿元），较2015年大幅减亏6359万元；实现中间业务净收入3268.89万元，完成全年任务的55.3%。

**【业务管理】**

2016年年初，中国银行吕梁分行确定“争先进位、绩效优先”的工作目标，把全员的思想和行动统一到发展上来。5月13日，促成省分行与吕梁市人民政府签署战略合作协议，与13个项目单位达成合作意向。确定公司、个人、风险3个部门分别5项重点业务或产品（各项存款、授信项目、优势业务、创新产品等），要求实现重点突破，完成省行下达的利润目标。截至12月末，中国银行吕梁分行累计叙作贴现业务11.18亿元（地市组排名第三）；叙作福费廷业务11.24亿元（地市组排名第三，全辖15个网点全部实现破零）；授信项目储备初见成效，汾酒、兴安项目获总行批复，华兴铝业报批中，中润、太药以及孝义市政府PPP项目等营销对接中。8月至12月实现营业收入7154万元，完成任务目标的96%，地市组排名由9月第6上升至第5，收入贡献度较6月末提升0.73个百分点，地市组排名第2。

**【资产管理】**

面对资产质量持续恶化的严峻形势，中国银行吕梁分行把压降存量不良、严控新增不良作为2016年全行的一项政治任务，要求打赢资产质量保卫战。充实人员、明确职责、严格考核，加强风险管理基础工作，加强授信业务日常管控，把各项规定动作做到位；前三季度结息圆满完成，公司类不良现金清收13户，本息合计金额1383.69万元；开展不良核销（已核销2户，合计1496.41万元）、资产证券化（完成7户不良资产打包处置2.23亿元）、法律诉讼（起诉16户不良企业，其中完成开庭13户，取得判决12户，进入执行阶段10户）等工作，进展顺利。在省行支持下，吕梁行风险管理水平逐步提升，不良额和不良率大幅攀升的势头得到遏制。

（中国银行吕梁分行）

## 中国民生银行吕梁分行

【概况】

2016年，民生银行吕梁分行贯彻总分行战略部署，执行各项工作安排，在经营思路上稳中求变，在困难形势中找寻机遇，在严峻风险下坚守底线，各项经营管理保持良好发展态势。

截至2016年底，吕梁分行各项存款余额47.31亿元，较年初增长5.72亿，其中对公存款余额14.96亿元，较年初增长5.45亿元，储蓄存款余额32.35亿元，较年初增长0.27亿元；金融资产75.68亿元，较年初增长13.99亿元；各项贷款余额11.10亿元，较年初下降0.01亿元。客户营销方面，全行零售客户总数25.40万户，较上年新增6.21万户，其中贵宾客户新增1546户，完成全年计划的161.44%。有效户新增883户，完成全年计划的105.89%。对公有效户558户，较年初新增170户，完成全年任务指标的340%；对公重点客户新增9户，完成全年任务指标的450%。资产质量方面，小微贷款逾期贷款64笔，金额6426万，逾期率18.73%；不良贷款25笔，金额1707.88万元，不良率4.98%。公司不良贷款为零。截至年底，小微问题资产现金清收106笔，金额827.23万元，公司问题资产现金清收1笔，金额1926.51万元。

（民生银行吕梁分行）

## 晋城银行吕梁分行

【概况】

晋城银行股份有限公司吕梁分行于2015年1月29日正式开业，秉承“爱出者爱返，福往者福来”的核心价值观和“草根银行，尊贵服务”的企业使命，坚持草根银行战略定位，服务本土中、小、微型企业客户及居民个人客户，先后被山西省总工会金融工会工作委员会授予“山西省金融系统优质服务先进单位”、中共吕梁市离石区委、区政府授予“支持地方经济发展先进集体”、吕梁市慈善总会授予“吕梁慈善捐赠爱心奖”。截至2016年底，个人客户数1.86万户，对公客户数253户；各项存款余额合计3.9亿元，其中个人存款余额1.55亿元，对公存款余额2.35亿元；各项贷款余额2.3亿元。

（晋城银行吕梁分行）

## 吕梁市农村信用社

【概况】

2016年，吕梁市农村信用社实现稳健发展。

存款增势良好，市场占有率攀升。全市农信社各项存款余额为564.58亿元，较年初净增59.34亿元，同比增多42.63亿元，完成年度任务的148.4%。其中，储蓄存款净增额为39.75亿元，任务指标为30亿元，完成年度指标的132.5%。全市农信社存款余额市场占有率33.6%，同比提高1.4个百分点，较年初提高0.8个百分点；净增市场占有率43.7%，同比提高14.1个百分点；存量、增量市场占有率实现攀升。

信贷投放力度放缓，市场占有率收窄。全市农信社各项贷款余额为350.53亿元，较年初净投−9.16亿元，存贷比为62.1%，较年初下降1.4个百分点。各项贷款余额市场占有率41.9%，较年初下降0.5个百分点，净投市场占有率−10.5%，在全市金融机构中排第9位。

不良贷款绝对额下降，但各县极不平衡。全市农信社不良贷款余额为81.31亿元，较年初净压1.58亿元，占年任务的24.3%，不良占比为23.55%，较年初上升0.5个百分点。截至2016年末，孝义、兴县两个联社的清降绝对额达12.07亿元，中阳联社持平。其余10个机构将不同程度地出现反弹，反弹额控制在4.81亿元之内。绝对清降额与反弹数两者相抵，年末不良贷款能净压7.26亿元，保证完成年度任务。

财务状况同比下滑，盈利压力骤升。完成各项收入29亿元，完成年度任务的76.2%，较上年同期增收1.76亿元。实现经营利润3.08亿元，同比减盈1.65亿元，年末预计可实现4.96亿元，差目标5.2亿元，只能完成年度目标的50%。全市13个县级机构仅有兴县、文水、方山3个联社经营利润同比增加。全市资本充足率为-7.97%，较年度目标任务差3.63个百分点；全市拨备覆盖率为33.98%，较年度目标任务差9.5个百分点。

银行卡及电子银行业务得以拓展，服务手段趋于多元。全市发卡量为224.79万张，比年初增加15.62万张，其中IC卡56.49万张,IC卡替代率37.99%，完成年度目标的126.6%；卡存款余额62.13亿元，活卡率84.3%，完成年度目标的120.4%；特约商户活动率86.2%，完成年度目标的121%；建设190个自助网点、布放251台自助设备，银行卡手续费收入972万元；手机银行客户数2.81万户；个人网银客户数1.89万户；企业网银客户数2467户；微信银行客户数9.57万户；支付宝开户数5.74万户；京东开户数2383户；财务通开户数8.31万户；电子渠道个人交易额118.52亿元；电子渠道企业交易额195.25亿元。卡中心和科技信息中心两个部门共计设置11项考核指标，除个人网银因省联社二代U盾处于测试阶段，无法订购，影响个人网银开户外，其余10项指标全部超额完成。个人网银完成98%，仅差358户。

支农、支小创佳绩，两个目标全部实现。累计发放支农贷款133.67亿元，较年初增加10.13亿元，支农"一个高于"目标实现；累计投放小微企业贷款107.92亿元，小微企业贷款余额达152.32亿元，小微企业贷款增速高于各项贷款增速6.16个百分点，小微企业贷款户数较去年增加1246户，小微企业申贷获得率与去年同期持平，完成小微企业贷款投放"三个不低于"目标任务。

资金业务稳健发展，收入结构趋于多元。全市同业投资规模达307.59亿元，较年初减少7.34亿元，下降2.33%。同业负债94.06亿元，较年初减少77.39亿元，下降45.14%。资金业务收入13.68亿元，占全市各项收入的43.25%，资金业务支出5.21亿元，占全市各项支出的17.21%。全市资金收益率达4.03 %，完成任务的92.43%, 自有资金收益率达4.63%，完成任务的94.11%。2016年1月至11月，累计营运资金4239.61亿元，同比减少909.67亿元，同比下降17.67%。实现利息总收入3.17亿元；总支出2.77亿元；盈余0.4亿元。资产收益率达4.17%，完成任务的92.67%。

（吕梁市农村信用社）

## 吕梁市保险行业协会

### 【概况】

2016年，吕梁市保费收入49.68亿元，同比增长17.71%。其中寿险市场保费收入38.06亿元，比上年同期增长21.49%；财险市场保费收入11.62亿元，同比增长6.82%。财险赔款支出达6.12亿元，累计结案11万余件。全市共有保险机构30家（新加安诚财险），其中财险公司17家，寿险公司13家，四级机构150家，保险营销从业人员11000人。

### 【诉调对接工作机制】

2016年，吕梁市保险行业协会自与市中院建立诉调对接工作机制后，为确保对接工作实施，与市中院进行一系列沟通，联合成立吕梁市涉保案件诉调对接工作领导小组，下设办公室，负责落实具体工作。诉调对接工作机制建立后，对接的诸多案件中最为突出、涉案金额最大的是为人保财险公司协调办理一起涉案金额高达908万元的诉讼案件。诉讼期间，经过与市中院沟通，出具诉讼建议书，最终被市中院采信，一审判决：由被告人保财险公司向原告赔偿363万元。

**【道路交通事故快处快赔服务中心建设】**

2016年，为贯彻落实山西保监局、山西省公安厅交管局《关于依托社会力量建立道路交通事故快速理赔服务中心的指导意见的通知》以及“市八条”文件精神，市保险行业协会通过与市交警支队相关领导多次沟通协调，4月29日，联合举行“吕梁市快处快赔服务中心”揭牌仪式；5月12日，双方联合召开推进建设会议，讨论通过《吕梁市道路交通事故快处快赔实施办法》，明确快处快赔金额、范围和标准以及各对口部门工作人员的工作职责。在全市范围内共同推进“快处中心”建设工作。截至12月14日，全市13个县（市、区）全部成立道路交通事故快处快赔中心并投入使用。

**【反保险欺诈工作站建设】**

2016年，为加强与公安部门在保险违法犯罪中的合作关系，根据山西保监局、山西省公安厅《关于加强反保险欺诈工作的意见》和“市八条”文件精神，市保险行业协会走访市公安局相关领导，商讨建立反保险欺诈工作机制的相关事宜；经过双方沟通，联合出台《吕梁市保险业反保险欺诈工作实施方案》。

为落实反保险欺诈工作，吕梁市保险行业协会建立“反保险欺诈信息工作平台”，方便各公司将疑似案件上传以供业内共享，在更大范围内打击保险欺诈行为。11月22日，市保险行业协会正式揭牌成立“反保险欺诈工作站”，工作站设在协会，经侦支队相关人员进驻，专职负责涉嫌保险欺诈案件，加强保险业与公安机关的联动配合，方便各公司与经侦部门沟通联系，保证会员公司的平稳健康发展。

**【《关于吕梁保险业助推脱贫攻坚工作的实施意见》出台】**

2016年，为响应中国保监会、国务院扶贫办《关于做好保险业助推脱贫攻坚工作的意见》和全省脱贫攻坚推进大会有关精神，贯彻“市八条”的相关要求，市保险行业协会与市扶贫事务开发服务中心联合出台《关于吕梁保险业助推脱贫攻坚工作的实施意见》，明确保险业助推脱贫攻坚的总体要求、工作任务及保障措施，精准对接贫困地区农业保险、健康保险、民生保险、教育脱贫、产业脱贫等重点服务项目。《实施意见》明确提出各单位要制定实施方案，明确分工，细化任务，落实责任，确保各项工作有序开展。为落实《实施意见》中的相关条款，协会与市扶贫开发服务中心建立会商机制和考评督查制度。通过试点先行、开展总结宣传，营造有利于脱贫攻坚保险服务工作深入开展的良好氛围。

**【保险示范县】**

2016年，为了向山西保监局争取创建保险示范县，吕梁市保险行业协会提前对吕梁市方山和临县两个国家级贫困县进行调研，了解其具体的保险承保、保险覆盖面、贫困人口状况及产业发展等情况，通过多方探讨研究，向保监局申请临县作为示范县。向保监局递送申请临县为保险扶贫示范县的相关资料，全面阐述临县基本情况、贫困状况及扶贫战略、财政收入状况、金融状况、农业保险与大病保险等情况；邀请吕梁市扶贫事务开发服务中心主任陈林强赴协会和保监局副局长侯广庆一行就吕梁市扶贫工作及相关情况进行座谈；陪同临县县长李双会拜访保监局局长朱金渭，双方就推动保险业服务经济发展和民生事业、创建保险扶贫示范县等事宜进行交流；与临县政府工作人员陪同保监局副局长侯广庆一行赴临县奶牛养殖场和食用菌种植场进行实地考察，召集临县扶贫办、人行、财政局、畜牧局等部门进行座谈，互相探讨临县保险业发展现状、扶贫工作中遇到的难题及扶贫措施落实等情况。

通过走访调研，11月底，保监局召开会议确定临县为山西保险业精准扶贫示范县，助力临县打赢脱贫攻坚战，推动吕梁保险业的发展。市保险行业协会配合保监局与市政府、临县政府沟通，于12月22日在临县宾馆召开示范县启动会议，山西保监局局长朱金渭、副局长侯广庆及相关领导、山西省金融办及扶贫办领导、吕梁市政府领导、临县县长李双会、临县属地9家保险公司的省、市、县三级主要负责人等相关领导出席会议，保监局侯局长和临县王副县长共同签署《在临县创建山西保险业精准扶贫示范县合作备忘录》。

【协会改革】

2016年，根据省协会及相关政策要求，吕梁市保险行业协会进行改革。成立吕梁市保险行业协会筹备领导组，向山西保监局递送《关于成立吕梁市保险行业协会的请示》，完成在当地民政局的备案，召开全体理事会，选举通过会长、副会长、秘书长、副秘书长及常务理事，审议通过《吕梁市保险行业协会章程》。11月22日正式揭牌成立，协会组织架构完善，规章制度健全，人员岗位到位。协会设有综合部、业务部和快处快赔服务中心3个部门，自律工作委员会下设4个专业委员会：财险专业委员会、寿险专业委员会、经费审查委员会和工作考核委员会。

（吕梁市保险行业协会）

# 商 贸

## 招商引资

【概况】

2016年，吕梁市承担的招商引资两大业务指标均完成全年任务。全年共签约项目95个，总投资1911.15亿元，完成省政府下达年度任务1606亿元的119%。全市招商引资签约项目共到位资金609.49亿元，完成省投资促进局下达年度目标任务600亿元的101.6%。

【招商引资】

2016年，吕梁市举办“冬季行动”吕梁项目推进签约仪式。签约仪式在省城太原举行，共签约项目24个，总投资420.05亿元。

组织参加省政府“民企入晋”活动。参加省举办10场活动中的8场活动。由市招商引资局、经信委、科技局、商务局、旅游局分别具体承办，在全省取得4个最多。参加人数最多。8场活动吕梁市参会人数达400人次。市领导出面推介最多。吕梁市参加的8场活动中，市领导都进行专题推介。自办活动最多。利用山西省平台，在南京、厦门、深圳、济南自行举办4场项目对接推介活动。邀请全国工商联常委企业、全国民营500强企业和中央企业负责人、全国22个省30个城市的晋商商会和山西异地商会负责人、吕梁籍和山西籍在外企业家和文化界人士180余人，在吕梁举办“迎老乡、邀客商、兴吕梁”恳谈会。签约项目最多。3月31日，由市招商引资局组织，在南京举办吕梁市（南京）项目推介对接签约仪式，现场签约5个，总投资额63.4亿元。4月12日，由市经信委组织，在厦门举办“吕梁市制造业项目对接推介会”，现场签约项目15个，总投资额196.37亿元。其中协议项目7个，总投资额98.77亿元；意向项目8个，总投资额97.6亿元。4月21日，由市科技局组织，在山西省引进技术（上海）专场推介对接会上，吕梁市签订技术合作项目5个（全省共签约6个）。4月29日，由市招商局组织，吕梁市参加山西省新兴产业项目（深圳）推介对接会，5个项目初步达成投资意向，意向总额达130亿元。5月13日，由市旅游局组织，在山西（西安）旅游投资项目现场推介会上，吕梁市签约项目1个（全省2个），总金额6.25亿元。在“迎老乡、邀客商、兴吕梁”活动中，吕梁市签约项目15个，总投资328.38亿元。在民营企业助推山西转型创新发展大会上，吕梁市签约项目24个，总投资额381.33亿元。完成省、市下达的“民企入晋”项目签约任务。

举办吕梁旅游推介暨项目招商大会。8月8日，在太原并州饭店举办，临县碛口景区综合开发项目、交城县果老峰景区开发、文水县苍儿会景区开发、离石区千年景区建设、汾阳杏花村旅游开发等18个项目签约，总投资71.69亿元。

组团参加2016太原能源低碳发展论坛暨中国（太原）国际

能源产业博览会。吕梁市成立以市长王立伟为团长的代表团，13个县(市、区)组团参加，全市参会人员1000余人。组织离石无人机、腾飞实业、东义镁业、华夏动力科技、吕梁云计算中心、协鑫新能源、离石电缆、岚县中磁浩源等20余家企业参展。重点推出8大类164个招商项目。孝义金岩集团与山西清环能创环境科技有限公司、捷克诺曼公司三方现场签约，共同签署合作示范推广环境与能源物业管理模式的整体协议。

组织参加山西(运城·临汾·吕梁)特色农产品展示展销推介会，举行吕梁马铃薯、小杂粮推介暨鉴定报告发布会。吕梁市组织71户企业申报参展，产品385种，涉及马铃薯、小杂粮、核桃、红枣、畜产品、沙棘、白酒、陈醋、食用菌、植物油及其他特色农副产品等11类。共落实签约项目57个，签约总额93.6亿元。其中，招商引资项目22个，总投资115.8亿元，签约额82.8亿元。落实贸易成交项目35个，贸易总额10.8亿元。其间，吕梁市在北京农展馆举行马铃薯、小杂粮推介暨鉴定报告发布会。中国农业科学院国家谷子糜子产业技术体系首席科学家、国家谷子品种鉴定委员会主任刁现民发布兴县谷子产品品质和产地环境鉴定报告；中国农业科学院作物科学研究所大豆种植技术专业委员会副主任委员、秘书长孙君明发布临县肾形大豆系列品种的品质分析报告；中国农业科学院农产品加工研究所传统食品加工与装备研究室主任、中式食品加工与装备创新团队首席科学家、全国马铃薯主食加工产业联盟常务副理事长兼秘书长张泓发布岚县马铃薯产品品质和产地环境鉴定报告；农业部农产品质量安全中心副主任高光发布岚县马铃薯被农业部登记为地理标志产品；中国牛人俱乐部常务副主席兼秘书长孙永利发布山西胡兰食品有限公司牧标牛排获“中国十大牛排”称号。

10月10日，2016山西粮食(小杂粮玉米)产销衔接会在汾阳市举办。共有35个项目签约，总额17.95亿元。其中，招商引资项目11个，总投资13.67亿元，签约额11.9亿元；贸易成交项目24个，贸易总额6.05亿元。

(吕梁市招商引资局)

## 商务

### 【主要经济指标】

社会消费品零售总额。2016年，山西省下达吕梁市社会消费品零售总额目标任务430.3亿元，增长6%。实际完成433.74亿元，增长6.8%，完成目标的100.79%。

外贸进出口总额。2016年全市外贸出口目标任务1.99亿美元，增长25%。9月12日，省商务厅下发《关于调整并分解2016年度全省外贸有关考核指标的通知》，吕梁市出口目标调整为1.75亿美元，增速调为10%。全市进出口完成2.90亿美元，同比下降27.5%。其中，出口完成15957万美元，增长0.2%，总量排全省第七，增幅排全省第四，完成新调整目标1.75亿美元的91.1%；进口完成13055万美元，下降45.8%。

### 【电子商务】

2016年3月20日，市委、市政府召开吕梁市“三大突破”暨电子商务经验交流现场推进会。兴县于2015年被商务部列为全国电子商务进农村综合示范县后，经过建设，建成1个县级公共服务中心、1个乐村淘运营中心、1个农芯乐运营中心，17个乡镇服务站，100个村级服务点，覆盖30%的行政村。临县被商务部列为2016年电子商务进农村示范县，建成1个县级运营服务中心和150个村级电商服务点，建起临县电子商务产业园区、临县国洋农特亨电商园区。其中临县电子商务产业园区内设有多功能办公区和近1万平米的仓储库，有16户企业进驻。开展电商人员培训。4月19日，由分管副市长带队市商务局牵头组织6个国定贫困县县长、7个分管农业、商务副书记（副县长）、部分县商务局长及商会协会共29人，赴阿里巴巴淘宝大学进行为期3天的“领路人”高级研修班学习。5月至7月，市商务局、农委、扶贫办在吕梁农校连续举办8期“农产品上行电子商务培训班”，聘请苏宁大学、太原城市职业学院、吕梁经管学校等校知名教师，对电商企业和农业龙头企业负责人、市直单位选派的农村第一书记、农村新型职业农民等进行培训，共计1300余人次。市、县两级全年累计培训电商人员1万人次以上。引进知名电商。7月9日，市政府与阿里巴巴、苏宁云商、京东集团、贡天下、乐村淘等五大电商平台签订战略合作框架协议。柳林、汾阳两县（市）政府分别与京东签订电子商务进农村战略合作协议；文水、岚县两县分别与阿里巴巴农村淘宝签订意向合作框架协议；6月1日，京东吕梁特色馆被正式授权批准上线，是吕梁市第一个市级特色地方馆；6月，孝义市阿里巴巴农村淘宝运营启动；11月28日，文水县举行电子商务创业园开园暨农村淘宝文水服务中心启动仪式；12月21日，京东柳林特色馆举行揭牌成立仪式。网络销售滞销红枣。1月22日，市政府召开销售红枣专题会议后，市商务局组织电商企业行动，在报纸、网站和电视台发布销售红枣电商企业公告，动员电商企业驻村蹲点在产枣一线组织网销红枣货源，搭建电商企业与枣加工企业合作平台。1月1日至3月22日，网络销售本地红枣105.5万千克，销售额468.8万元。开展电商营销活动。7月20日，吕梁市乐村淘电子商务有限公司在世纪广场举办回馈活动，为吕梁市加盟乐村淘体验店的部分农村店主免费赠送10辆货运三轮车和200台平板电脑，激励更多农村有志青年从事电商事业，为打通农村物流配送“最后一公里”出力。8月，联合市农委、市电子商务创业协会、吕梁市惠淘168电子商务公司共同组织各县（市、区）农特产品企业，在世纪广场举行为期1周的吕梁市百家农特产品展销暨万名微电商招商会。

**【促消费稳增长】**

2016年，吕梁市商务局坚持“四个一”工作机制，提醒当地政府采取有效措施加强企业入库、应统尽统、依法统计；以市政府名义召开社会消费品零售总额统计工作推进会；对重点县（市、区）的社会消费品零售总额完成情况进行专项督查；组织企业代表召开座谈会；赴运城市就达限企业入库工作进行实地考察；开展达限企业摸底工作。

市场监测。5个商务部市场监测系统的35家样本企业按时完成月报、周报、日报。

扩大促消费。各县（市、区）组织各类主题促销活动。组织13户企业参加“2016年山西品牌中华行”合肥、临汾（省内行）、天津、长沙、贵阳、沈阳、杭州等7站活动，现场销售76.9万元，签订供货合同1963万元，达成合作意向4640万元；组织12户企业参加“山西品牌丝路行”韩国站、澳大利亚站、波兰站、印度站活动；组织18户企业参加“山西品牌网上行”活动。3月，重点承办“山西品牌中华行——省内行（吕梁站）”活动。

改善消费环境。通过市“双打”办组织协调，开展互联网领域侵权假冒、城乡接合部市场假冒伪劣、成品油市场、中国制造海外形象维护“清风”行动等专项整治行动，推进市场环境的有效净化。

**【商贸物流和市场体系建设】**

指导重点商贸物流项目建设。2016年，省商务厅下达的重点商贸物流投资目标任务26.64亿元，实际完成31.53亿元，完成目标任务的118%。

完善农村物流体系，组织申报冷链物流综合示范工作。按照省商务厅要求，组织各县（市、区）商务局，进行冷链物流综合示范项目的申报。

成立现代物流商会。按照市委、市政府“九大产业”集群发展工作安排，成立吕梁市现代物流商会。

【开放型经济水平提升】

参与“一带一路”建设。2016年，起草《吕梁市参与“一带一路”建设总体实施方案》；全市36户企业与“一带一路”沿线42个国家建立贸易关系，全年，与“一带一路”国家出口6474万美元，增长44.51%。

推进外贸转型升级示范基地建设。对8个省级外贸转型示范基地进行绩效评估，培育18户231外贸主体企业。组织4户企业参加2016年进出口政策及海外市场说明会；组织7户企业参加中澳自由贸易协定解读研讨会；组织2户企业参加上海第四届中国国际技术进出口交易会，组织9户企业参加第119届、120届广交会。

承接加工贸易产业转移。截至年底，共报回加工贸易产业转移项目8个（在建项目5个，达产项目3个），项目总投资额11.51万元。其中，交城县2个，分别为焦化脱硫脱氢废液环保化处理项目（达产）和焦化脱硫脱氢废液资源化利用及深度开发项目（在建）。文水县2个，分别为建设年产1000吨8-羟基喹啉以及200吨哈喹诺和200吨喹啉铜项目（在建）和绣花线项目（达产）。汾阳市2个，分别为醋蛋归元液加工基地项目（在建）和山西威龙特种车辆制造项目（在建）。离石区2个，同辉重工项目（在建）和山西昌熙齿科设备及器具项目（达产）。

【省级经济开发区建设】

2016年，吕梁市申报汾阳杏花村经济开发区为省级经济开发区。5月20日，山西省人民政府下发《关于同意设立汾阳杏花村经济开发区的批复》，同意设立汾阳杏花村经济开发区，纳入省级经济技术开发管理区。

争取批复开发区机构编制。9月，省编办下发《关于山西孝义经济开发区管理委员会机构编制的通知》，批复设立山西孝义经济开发区管理委员会，正处级机构建制，领导班子职数1正4副，核定编制55名，核定正科级内设机构6个。交城、文水、汾阳3个省级经济开发区机构和人员编制方案上报省编办。

【重点行业管理】

成品油市场管理。2016年，吕梁市完成加油站新规划确认7户、新领证6户，变更38户，完成全市445户加油站年检工作；向市政府报送《吕梁市成品油分销体系“十三五”编制工作方案》；成立吕梁市“十三五”成品油分销体系编制工作领导组，明确各部门职责；全面启动“十三五”加油站发展规划编制工作。

酒类流通管理。完善对酒类市场的常态化日常监管，组织开展吕梁市范围内各类酒类专项检查、交叉检查等市场整治活动；统计上报酒类流通监测统计样本企业数据、酒类管理信息和酒类行业数据；开展酒类流通安全宣传活动，2016年“3.15宣传日”活动中，共发放宣传资料300余份。规范《随附单》的使用和管理。

典当业拍卖业管理。落实典当业拍卖业监管制度，开展经常性网上核查，开展动态性现场核查。对32户典当企业和6户拍卖企业经营情况进行年审核查。

二手车市场和报废汽车回收拆解企业管理。按照《国务院办公厅关于促进二手车便利交易的若干意见》，会同市环保局、交警支队等单位，就取消限制二手车迁入有关政策进行研究，以市政府办公厅明电下发《关于取消限制二手车迁入政策的通知》；配合环保、公安等部门开展黄标车及老旧车淘汰工作，全市共淘汰报废黄标车750辆、老旧车2090辆；2016年经商务部批准，吕梁市新增2家报废汽车回收拆解企业，全年全市报废汽车回收拆解企业达到3家。全市共回收拆解汽车4360辆。

单用途商业预付卡管理。启动备案企业资格再审机制，对停止发卡业务或停业的备案企业，履行规定程序及时退出监管名单。截至11月，规模以上发卡企业备案共10家。组织规模以上发卡企业开展季度业务信息季报工作3次。

（吕梁市商务局）

## 粮食

### 【粮食安全责任制落实】

2016年，吕梁市研究出台《吕梁市人民政府关于贯彻落实粮食安全市长责任制的实施意见》（吕政发〔2015〕15号），明确各县（市、区）政府粮食安全的主体责任。根据《国务院办公厅关于印发粮食安全省长责任制考核办法的通知》（国办发〔2015〕80号）和《山西省人民政府办公厅关于印发山西省粮食安全责任制考核办法的通知》（晋政办发〔2016〕30号）精神，研究制定《吕梁市粮食安全责任制考核办法》，发文到各县（市、区）。根据《山西省人民政府办公厅关于成立山西省粮食安全责任制考核工作领导小组的通知》（晋政办函〔2016〕90号）精神，研究成立吕梁市粮食安全责任制考核工作领导小组，发文到各县（市、区）政府。根据山西省粮食局等15个部门和单位《关于开展2016年度山西省粮食安全责任制考核工作的通知》（晋粮检字〔2016〕169号）精神，与相关部门和单位沟通协商，研究制定市粮食局等15个部门和单位《关于开展2016年度吕梁市粮食安全责任制考核工作的通知》（吕粮〔2016〕124号），安排部署全市粮食安全责任制考核工作。2016年12月，以市粮安考核领导组办公室名义研究制定《关于做好2016年度吕梁市粮食安全责任制考核自评总结工作的通知》（吕粮安考核〔2016〕1号），发文到各县（市、区）人民政府和相关部门与单位，组织开展全市粮安考核工作。

### 【粮食保供稳价和应急供应】

截至2016年11月，吕梁市粮食购进、销售、调入分别完成4.5亿千克、4亿千克、2.5亿千克，均超额完成全年目标任务。全市市级储备粮完成1亿千克，市级应急成品粮储备完成615万千克，应急小包装食油储备完成180万千克，均达到省定目标。修订完善《全市粮食应急预案》，全市建立应急供应网点186个，配送中心13个，加工企业18家，应急供应体系基本健全。

### 【“粮安工程”建设】

推进现代化新粮库建设步伐。2016年，吕梁市1500万千克新粮库建设任务全部完成，全市新建的500万千克仓容标准化粮库达到7个。推进“危仓老库”的维修改造建设，全年全市16个“危仓老库”维修改造项目全部完成。

### 【粮食质量安全】

开展储备粮日常管理和质量监管。2016年4月，吕梁市根据全省要求，完成全市粮食库存检查。经查，全市粮食库存账实相符、账账相符，数量真实、粮情稳定，粮食仓储管理规范，未发现重大违法违纪现象。

### 【产业发展改革】

推动粮食产业经济发展。2016年9月10日，吕梁市正式挂牌成立山西吕梁山杂粮（农副产品）交易中心。在汾阳市组织举办首届2016年全省粮食（小杂粮玉米）产销衔接会，取得成果。推进企业改革。市粮食局直属离石国家储备库带头发展混合所有制经济，组建成立三川河面业有限公司，日产面粉150吨。2016年，全市国有粮食购销企业，全市13个县（市、区）有12个县（市）全部按照“一县一企，一企多点”模式完成改革重组。截至11月，财务统算完成利润27万元。

（吕梁市粮食局）

## 供销合作

【概况】

2016年，吕梁市供销社系统商品购进累计完成21.24亿元，比上年同期增长36.50%；商品销售累计完成22.16亿元，较上年同期增长26.50%；实现利润610万元，同比增长18.22%。

【综合改革政策出台】

2016年，为推进吕梁市供销合作社综合改革，根据市委、市政府领导对晋发〔2016〕8号的批示精神，市供销合作社以中发〔2015〕11号和晋发〔2016〕8号文件精神为主要依据，结合吕梁实际，在对长治市、陕西省榆林市供销合作社综合改革情况进行实地考察，到全市13县（市、区）供销合作社进行调查研究，征求省供销社有关处室、市直有关单位和各县市区供销合作社意见、建议及组织市供销合作社机关全体人员讨论修改的基础上，历时4个月代市委、市政府起草《关于深化供销合作社综合改革的实施方案》，于2016年8月30日以吕发〔2016〕8号文件出台。在由市政府召开全市供销合作社综合改革推进会上，出台推进综合改革工作的10个配套文件，对深化全市供销合作社综合改革提出、完善政策规划和工作指导，促进供销合作社综合改革的有序、规范推进。

【农村电子商务体系建设】

2016年，吕梁市供销社把加快农村电子商务建设作为深化供销社综合改革的突破性工作加以推进。市供销社直属企业云合电子商务有限公司负责运营管理的“易农购”电子商务平台于2016年4月注册成立，注册资金1100万元。公司下设1家便民体验店，吸收130余种商品进店上线。汾阳市供销社“新贵网超”电子商务平台在原有日用品经营的基础上，增加白酒、核桃、小米等农产品品种上线，同山西省银联商务分公司合作，完成B2C商城系统在线支付、线下pos机刷卡支付，在刷卡时自动调取网超订单信息，月销售收入40余万元。临县供销社以城关供销社为主体，与社会电商企业合作，注册资金500万元，组建由供销社控股的“农逸社”电子商务公司，开展供销社系统农村电商工作。临县、兴县等10个贫困县和汾阳、文水2个综合改革试点县（市）农村电子商务与省供销社“农忠乐”电子商务平台完成对接，100个村镇便民服务网点进行信息化改造，具有供销特色、互联互通、功能多样、上下联动的特点。具有线上线下销售农副产品及各类工业品的O2O“网上供销社”初具规模。2016年，全系统电子商务销售额达939.90万元，比上年同期增长314.05%。

【农业社会化服务体系惠农服务工程建设】

2016年，吕梁市供销社系统惠农服务中心建设任务为9个，其中试点县汾阳市和文水县各3个，非试点县3个；惠农服务站建设任务117个；庄稼医院新建和改造任务12个；土地托管服务面积7.2万亩。各县（市、区）供销社创新农业生产服务方式和手段，创设为农系列化服务平台，拓展为农服务领域，加快经营服务网络转型升级和结构调整。铺开惠农工程建设。各县市区供销社把惠农服务中心、服务站和庄稼医院作为惠农工程建设的核心内容，按照建设要求，因地制宜，科学谋划，依托农资配送中心、基层社、专业合作社，规范化、标准化建设惠农服务中心（站）和庄稼医院，增强为农服务能力。开展土地托管工作。各县（市、区）供销社以专业合作社为依托，组织农民和各类为农服务组织采取土地托管、土地流转、代耕代种、股份合作、以销定产等多种形式，推动农业适度规模经营。全年全市供销社系统建成惠农服务中心 9 个，惠农服务站 117 个；建成庄稼医院 12 个，其中汾阳市和文水县各 4 个，非试点县孝义市、交城县、交口县和离石区各 1 个；土地托管服务面积共计完成 7.2 万亩，其中汾阳市 2.5 万亩，文水县 2.5 万亩，非试点县土地托管服务面积 2.2 万亩。

【资金互助合作社试点】

2016 年，吕梁市供销社系统资金互助合作社试点单位为新合作核桃专业合作社。该社选址在汾阳市栗家庄乡花枝村核桃加工基地，投入 10 万元进行施工改造，资金管理办法制定出台，初步具备开始营业条件。

【为农服务基层组织建设】

基层社改造进展顺利。2016 年，吕梁市供销社基层社改造任务为 13 个。全年全系统共投入资金 860 万元，完成基层社改造 17 个。各县（市）供销社通过开放办社思路，以自筹资金、职工集资、社会合作等形式，对条件好、地理环境优越、经营前景良好的基层社进行改造。汾阳市供销社投资 46.1 万元对阳城供销社和栗家庄供销社进行改造，实现硬件条件的有效改善和服务能力的提升。柳林县供销社引资 100 余万元对薛家湾分店进行改造，经营面积由 300 平方米增加到 900 平方米，成为柳林县最大的家居建材装饰城，5 年后经营权全部归还供销社。改造盘活社有资产，使社有资产实现保值增值。

加强专业合作社建设。2016 年，全市供销社规范发展农民专业合作社任务为 100 个。全年完成 102 个。各县（市、区）供销社以推动“农民专业合作社示范社”建设工作为抓手，采取多种举措推进农民专业合作社建设。各县（市、区）供销社围绕当地农业产业发展规划和特色产业，推动干果、蔬菜、种植、菌类等农民专业合作社的发展。汾阳市新合作核桃专业合作社在汾阳市供销社指导扶持和直接参与下创办起步，是吕梁市第一个正规注册的农民专业合作社，2016 年由初建时的 13 个成员扩展到 105 个，注册资金由 50 万元增加至 500 万元，固定资产达到 522 万余元，员工 60 余名，深加工生产流水线两条，注册商标 3 个，带动周边上千户农民开展核桃栽培种植加工经营，成为汾阳市核桃产业化发展的龙头企业之一。孝义、方山、临县等市县供销社专业合作社建设取得成效。根据吕发〔2016〕8 号文件精神，市供销社每年择优确定 10 户系统内农民专业合作社，在预算安排的“8+2”农业产业化资金中给予扶持。市供销社向市财政争取奖补资金 80 万元，组织项目验收，落实财政资金，为提升专业合作社竞争力、带动力提供保障。

推进综合服务社建设。根据《山西省深化供销合作社综合改革 2016 年行动计划》要求，吕梁市供销社系统建设综合服务社 100 个任务全部完成。各县（市）供销社经过调研筛选，利用基层社和便民店设施进行提升改造，建设综合服务社，实现一店多能的服务功能，密切农民同供销社的关系，扩大供销社的社会影响。汾阳市栗家庄供销社综合服务社通过改造后，经营品种达 6532 种，月销售额 30 万左右，供销社超市与汾阳市新合作配送中心合作，配送率达 100%，同配送中心实现联网。栗家庄供销社综合服务中心的经营范围由建店初期的副食、烟酒、日杂扩大到代售烟花爆竹、粮油、种子、化肥等，基本实现“一店多能”“一网多用”服务功能，让村民不出村口就能享受到各种服务；在服务方式上，建立“缺货登记牌”，开展刷卡销售，使农民手中的惠农卡一卡多用，不仅服务本村群众，还将服务半径辐射到周边

6个自然村，服务人口1万余人。栗家庄供销社综合服务中心依靠优质服务、规范经营，满足群众生产生活的需要。

【主营业务运行平稳】

2016年，吕梁市供销社系统供应各类化肥5.45万吨，比上年同期增长13.00%，完善服务体系。全市供销社对牵头领办的便民店（超市）进行提档升级，提升配送中心的配送率和覆盖率，提高市场占有率。2016年，全市供销社系统日用消费品连锁销售完成10.39亿元，同比增长13.20%。在农副产品购销上，全市供销社系统通过兴建农贸市场、发挥专业合作社的独特优势、加大收购和销售力度等手段，2016年，全系统帮助农民推销各类农副产品价值达8.03亿元，同比增长80.20%，保证农副产品购销工作的稳定发展。碘盐合格率和市场覆盖率均达95%以上。全市供销社传统主营商品经营运行良好。

【综合改革试点县（市）工作】

2016年，汾阳、文水两个试点县（市）均成立综改领导组，出台综改方案，省财政下达的试点县综改扶持资金每县200万元到位。汾阳市供销社在电子商务、农民专业合作社建设、基层社改造、惠农服务工程建设等方面取得成效，积累有益经验，初步发挥综合改革探路者的独特作用。

【“新网工程”建设】

2016年，吕梁市供销社推进“新网工程”建设。以增强配送中心实力、规范便民店经营管理、提升便民店服务水平等为重点，完善日用消费品经营服务体系。盘活存量资产，建设核心竞争力强、辐射带动力大的农产品流通企业，形成高效畅通的农产品流通体系。市供销社利用城市棚户区改造机会，向市政府争取对位于货源街的市社机关、盐业及棉麻公司旧家属院进行连片集中改造，建设13000余平方米、具有一流水准的吕梁市特色农产品交易市场。开展报废汽车、废旧家电回收拆解业务。

【“百社万户”精准扶贫工作】

2016年，按照省供销社“百社万户”精准扶贫部署和市委提出的“精准扶贫、精准脱贫”要求，吕梁市供销社实施“百社万户”扶贫攻坚活动，取得成效。省供销社分配吕梁市供销社系统“百社万户”精准扶贫帮扶任务为1000户，根据吕梁实际，市供销社下发《吕梁市供销合作社“百社万户”精准扶贫行动方案》（吕供合发〔2016〕35号）文件，把任务分解落实到各县市区。具体完成时间安排为2016年结队帮扶300户。通过“专业合作社+贫困户”形式，2016年结对帮扶300户任务全部完成，贫困户收入提高，自我发展能力增强。

（吕梁市供销合作社）

## 烟草专卖

【销量业绩】

2016年吕梁市销售卷烟13.23万箱，比上年同期14.9万箱下降11.19%，降幅全省排名第四，低于全省平均水平，实现累计降幅连续8个月收窄；单箱卷烟批发均价2.4万元，同比下降3.96%，条均价95.95元，同比减少3.95元，降幅全省排名第三，低于全省平均水平。以“稳销量、提结构、优状态”为目标，落实“三步施策”工作方针，按季度进行营销调控，将目标分解到月、细化到日，逐日跟踪，咬住日均销量，咬死时间进度，使销量进度始终控制在合理区间。销量目标完成比例，石楼、柳林超过100%，中阳、兴县、岚县、汾阳、方山、离石高于全市平均水平；结构指标同比，交口、离石实现正增长，兴县、岚县、汾阳、方山、石楼、孝义高于全市平均水平。坚持问题找准。重点围绕市场状态不振、客户经理职能不清、客我关系不佳的问题，充分发挥市场驱动作用，围着市场转，盯着市场干，贯彻落实“三精一转”工作要求，开展“客户分类分档”和“客我关系修复”工作，践行“消费者在哪里，我们就到哪里”主题活动，落实“控大、稳中、扶小、强弱”策略，实施精准监管、分类监管，全市前10%客户的销量占比由3月底的31.44%降至12月底的29.97%，单次订货量小于20条的订单个数占比从3月底的59.46%降至12月底的26%；加大低焦、细支卷烟培育力度，低焦烟销量同比增长13.51%，细支烟销量同比增长137.31%。

【专卖管理排位靠前】

2016年，吕梁市共查处各类涉烟案件983起，同比增长5.02%；查获违法卷烟1168.65万支，比上年同期增长36.06%。其中，查获真烟1114.52万支，价值522.77万元；查获假烟54.13万支，标值58.58万元；向公安机关移送案件12起，刑拘14人，逮捕5人。以季度专项行动为抓手，建立联防联动工作机制，成立包片包干3个工作组，对重点商户、重点区域、重点环节进行挂牌监控、现场监控、专人监控、连续监控，查获的大要案件数量同比增长92.68%，其中，临县、柳林、中阳、孝义、兴县强化联防合作，注重线索收集，在大要案件的查处上成绩突出。以守法经营率为核心，每月对全市无证经营、销售假私非烟等问题进行清查，守法经营率由3月份的73.75%逐步提升并稳定在95%以上，在省局市场秩序督查中排位靠前。狠抓打假破网。打掉符合国家局标准的制售假烟网络案件2起（“1.04”假烟网络案件和“7.7”假烟网络案件），其中“7.7”假烟网络案被公安部列为部督案件，兴县局和市局专卖稽查支队做出突出贡献。严格行政许可行为，念好“宽进严管”“四字经”，行政许可规范有序。加强专卖队伍信息化建设，特别是“大专卖”系统的实操培训得到国家局专卖司充分肯定。组织全市专卖管理人员卷烟真伪鉴别技能竞赛，提高专卖队伍的职业技能素质。全年共处理预警信息956起，启动异常调查956起，预警处理率达100%，维护正常经营秩序。

【降本增效】

2016年，吕梁市实现税利7.51亿元，比上年同期下降10.44%，全省排名第三；管理费用和销售费用发生2.01亿元，同比下降9.60%，绝对额下降2137万元，全省排名第五；重点管控的6项重点费用共计发生1027万元，同比减少810万元，降幅44.09%，全省排名位于前三之列。成立“降本增效”工作领导组，制定“降本增效”工作方案，细化降本增效措施，建立健全《日常办公用品购、领、存管理办法》等7项管理制度，全年全市办公费比上年同期下降52.63%，修理费同比下降60.67%，车杂费同比下降28.57%，燃料费同比下降16.34%，网络通讯费同比下降18.52%，水电费同比下降9.6%，临县、岚县、孝义“六项费用”降幅排名前三。开源增收。财务部门统筹资金安排，优化存款结构，在销售额下降的情况下，资金收益实现同比持平。

【企业管理】

2016年，组织实施采购22项，公开招标实施项目18项，项目占比为81.82%，全省排名第四，资金占比为97.02%，全省排名第二。开展审计监督，全年实施审计项目24项，节约建设资金14.03万元。开展法治宣传、案卷评查和合同审查、法律服务保障工作，确保行政处罚案卷无差错、合同签订无疏漏。抓好安全管理，坚持一季一次，组织开展安全隐患排查整改，防范各项安全事故的发生。

（吕梁市烟草局）

## 石油供销

【概况】

2016年，吕梁市系统各类成品油销售37.87万吨（其中：

汽油 18.21 万吨、柴油 19.67 万吨），完成吕梁石油分公司下达进度计划 37.57 吨的 100.8%，较上年同期的 41.39 万吨减少 3.52 万吨，减幅为 8.5%。

【精细管理】

2016 年，吕梁石油分公司落实省公司成本费用倒逼机制，结合吕梁公司实际，推进管理创效工作。对各县（区）公司的费用预算，结合费用项目管控目标、历史差异、效费比率等因素，按管理级次分类进行分解，实行统一管理、专项管理、定额管控及现金挂钩管理相结合的费用管理体系，完善月度费用预算审批，增强预算控制的刚性。面对严峻的经营形势，推行成本费用倒逼机制，对重点成本分为吨油控制、效率控制、总额控制 3 种类型，量化相应目标，实施分类控制。加大资金监管与考核力度，增强财务人员的审核力度，加快货款回笼速度。组织开展在建工程清查清理，由财务牵头，组织发规、零管等相关部门，对各项工程逐项疏理，对于完工的项目，规定时间内完善审计报告，及时进行转资。在资产管理上，规范兴县第二加油站、兴县第三站等加油站土地手续。办理土地、房产权属证照的变更，完成交城公司 7 宗土地的备注更名工作。盘活闲置资产方面，和县（市）公司相关部门合作，对即将到期的出租资产进行续租和租金的收缴，完成离石办公楼、永宁市场门市续租和租金收取工作。文水章多油库的续租合同，提交省公司审批。

【网点建设】

2016 年，吕梁石油分公司结合省公司相关制度完善项目建设管理办法。开工建设两座提量改造加油站，其中兴县第二加油站年底完工，离石交口加油站处于施工阶段。8 座歇业未投营的加油站，其中兴县晋绥加油站和兴县蔡家崖加油站投营，其余加油站进行招标工作和投营前期准备工作。推进交城兴盛加油站和孝义贤者加油站安监、消防“三同时”及相关工作，交城兴盛站于 10 月份投营，贤者加油站年底投营。116 座加油站的液位仪升级改造、联调工作基本完工。加油站视频监控设备升级改造及全区联网工程完成。孝义新油库建设完工，前置手续结束办理，符合投营。

（吕梁石油分公司）

## 盐业经营

【概况】

2016 年，吕梁盐业分公司全年购进各种盐 1.13 万吨，比上年同期减少 3894.74 吨，完成年计划 1.79 万吨的 63.56%。其中，购进食用盐 8400.32 吨，同比减少 1135.16 吨，完成年计划 1.22 万吨的 68.97%; 购进工业盐 2863.12 吨，同比减少 876.29 吨，完成年计划 4708 吨的 60.81%；购进畜牧盐 86.48 吨，同比减少 38.95 吨。截至 2016 年底，食用盐库存 772.84 吨，同比减少 173.24 吨；工业盐库存 974.48 吨，同比减少 1012.35 吨；畜牧盐库存 27.47 吨，同比减少 24.87 吨。全年销售各种盐 1.26 万吨，同比减少 3928.22 吨，完成年计划 1.77 万吨的 70.77%。其中，食用盐销售 8545.55 吨，完成年计划 1.10 万吨的 77.93%，同比减少 2041.23 吨。全年销售额实现 2699.1 万元，同比减少 634.55 万元，完成年计划 4088.73 万元的 66.01%。吨盐销售单价 3158.48 元，同比增加 9.6 元。工业盐销售 3875.47 吨，完成年计划 5801 吨的 66.81%，同比减少 1908.83 吨。销售额实现 169.04 万元，同比减少 114.34 万元。吨盐销售单价 436.18 元，同比减少 53.74 元。畜牧盐销售 111.34 吨，同比增加 11.09 吨。销售额实现 11.31 万元，同比增加 1.09 万元。吨盐销售单价 1015.41 元，同比减少 4.37 元。2016 年全年自营销售各种盐 2277.82 吨，完成年计划 2646 吨的 86.09%，同比减少 370.96 吨。其中，食用盐自营销售1212.96吨，完成年计划1295吨的93.66%，同比减少53.29吨。工业盐自营销售971.52吨，完成年计划1260吨的77.1%，同比减少323.68吨，降幅24.99%。畜牧盐销售93.34吨，同比增加6.01吨。2016年全年毛利实现828.78万元，完成年计划900.27万元的92.06%，同比减少17.19万元。吨盐毛利660.57元，同比增加147.22元，比计划增加152.92元。其中，食用盐毛利实现769.86万元，完成年计划900.27万元的85.51%，同比增加8.71万元。吨盐毛利901.54元，同比增加182.83元，比计划增加82.74元。工业盐毛利实现53.17万元，同比减少29.35万元。吨盐毛利137.2元，同比减少5.46元。畜牧盐实现毛利3.92万元，同比增加1.91万元。

【市场监管】

2016年10月，吕梁盐业分公司与市盐务局、公安局食药侦查支队等部门联合开展盐业市场整顿专项行动。在吕梁市分阳冀村和文水章多村捣毁制售假冒点盐黑窝点6个。现场查获盐产品89.675吨，其中400克成品深井海藻碘盐6.046吨，50千克精盐原盐76.729吨，20千克复合矿物质营养舔盐6.9吨；查获各种包装袋共23726条，其中400克深井海藻碘盐外包装590条，400克深井海藻盐小袋包装2.22万个，500千克精制原盐外包装964条；查获加工器具7台，其中塑料封口机5台，缝口机1台，打码机1台，电子衡器1台，小台称1台。对各县（市）区、郊区的大型、中型饭店进行检查，规范市场经营秩序；9月初，针对学校开学配合盐务局对全区中小学校和幼儿园食堂开展检查，规范使用盐行为。

【食盐运销】

2016年，吕梁盐业分公司制定执行计划，保证盐产品供应。按照省公司年初下达的各种盐购销计划，每月均衡购销，按要求上报调运计划表，保证全市仓库合理库存。关注视食盐市场供应动态，建立健全客户档案。2016年12月，开展返利活动，对县级公司、二批、特殊行业、超市、终端制定并签订不同销量的返利合同，活动开展以来至12月底共铺400克海藻盐750吨。

【城乡一体化服务工程项目及轻松益家电子商务流通体系】

吕梁市盐业轻松益家电子商务有限公司，于2016年5月26日正式上市运营，平台在售产品240个品类。累计安装APP1323户。网点覆盖公司周边30千米范围内主要街镇，包括柳林、中阳、方山等地。累计销售额444.54万元，其中盐产品收入112.56万元，盐收入所占比重25%。

（吕梁盐业分公司）

# 科技教育

## 科 技

### 【“三区”人才选派】

2016年，吕梁市科技局根据全市10个贫困县主导产业发展对科技人才的需求，从山西农业大学、山西省农科院、山西省林科院、山西省农业厅和山西省林业厅下属单位及市直科研院所、中等专业学校，组织选派具有中级以上职称的科技人员288名，到全市10个贫困县的143个乡村、145户企业开展公益性专业技术服务。开展科技培训576场次，受训人员2.9万人；实地解决技术难题1000余件，推广优良品种和实用技术成果100余项，通过微信和电话开展技术咨询2600余次，发放实用技术资料30余种10万余份。5月，在山西柳林凌志农业示范园区有限公司用日光温室种植蔬菜，苹果、梨、山楂、樱桃、葡萄中遇到技术难题时，市科技局从山西省农科院选派4名急需的大棚水肥土壤改良、大棚蔬菜植保、大棚樱桃、葡萄栽培等“三区”科技人才为企业开展为期一年的服务。

### 【科技产业引导示范项目实施】

2016年，吕梁市科技局围绕贫困县农业主导产业发展，组织实施8个科技引导示范项目。在临县与山西省农科院共同实施红枣提质增效关键技术示范，建设品种改良示范50亩，低产低效林改100亩；在临县大禹乡配合省农业厅蔬菜站等单位建设20亩设施蔬菜大棚，新建猪舍15个，种植中药材200亩，改良核桃品种200亩，新建绒山羊养殖小区5个，培训新型职业农民200人，实用技术培训1000人次；在方山县麻地会乡郝家庄村、庄上村、西坡村和焦家峪村配合中国薯网专家，推广引进马铃薯早熟晚熟四个新品种50亩、建设大田蔬菜基地50亩、脱毒马铃薯繁种基地75亩，发展温室蔬菜示范棚15亩，谷子新品种示范5亩，引进猪苓、党参、连翘、黄芪、白芍5个中药材品种，开展实用技术和种植管护技术培训130人；在岚县和石楼县重点推广马铃薯脱毒种薯生产技术及基地建设，推广种植面积5000亩；在临县引进果树良种优质种苗，示范推广良种培育、无毒快繁等技术；在临县重点推广使用优良菌种，食用菌精准化高产管理技术，无公害食用菌防控技术、四季棚周年生产技能增效技术、食用菌废料综合利用技术及配套综合管理技术；在岚县、兴县、交城县规模化养殖中推广猪牛羊全套养殖技术，选种技术，饲养管理技术、发情排卵技术、适时配种技术、幼崽育肥技术、免疫接种技术、疫病监测技术、消毒措施、废弃物处理技术等综合防控技术；在离石区、文水县示范推广鸡场疫病综合防控技术、鸡舍自动化环境控制技术，科学饲养管理技术；在中阳县推广高效种植模式应用技术、新品种应用、配方施肥技术、高垄栽培膜下灌溉技术、水肥一体化技术、病虫害综合防治技术。通过科技长夜引导示范项目的实施，带动当地农业特色产业的发展。

【高级乡土人才培养】

2016 年，吕梁市科技局根据 10 个贫困县主导产业人才培养需求，累计选送 58 名农村乡土人才到山西农业大学，进行为期半年的种植、养殖、设施农业、林果业等方面的技术培训，为当地培养留得住的乡土人才。

【科技攻关和技术创新】

2016 年，吕梁市科技局根据山西省科技厅制定的全省煤化工、煤电、煤机装备，煤基新材料和高新技术产业 2016 年版创新链设计的总体要求，结合吕梁产业实际状况，市科学技术局选择煤化工、煤层气、煤电铝、现代装备制造、光伏光热、现代农业领域中的重点企业，支持开展科技攻关和技术创新。在煤化工领域，支持孝义市金精化工有限公司在煤焦油加工工业芴基础上，不断开发工业芴下游产品，开发出 9- 芴酮，9- 芴甲醇、双酮芴、双醚芴等产品，在国内处于领先水平，产品全部出口，取得较好的经济效益。支持山西大土河焦化有限公司开发出采用纯氧和蒸汽为气化剂的连续气化炉技术，使焦炉煤气制甲醇的产出率提高 30% 以上；支持山西大土河煤层气开发有限公司开发出低浓度瓦斯提纯新技术，使矿井瓦斯由 12% 左右提高到 90% 以上，在矿井低纯度瓦斯利用上具有较高的推广价值。在铝工业方面，支持山西道尔铝业有限公司开发出铝土矿脱硅技术，使低品位铝土矿资源利用率提高 50%，铝土矿浮选脱硅生产成本降低 30% 左右。该技术在全市推广后，可将吕梁市每年开采的 1200 万吨低品位铝土矿转化为高品位矿料，将为吕梁市铝工业集群发展提供支撑。在现代装备制造业方面，支持交城新华机械有限公司开发出高精度风力发电机壳，产品销往国内外，是中航重工的供应商；支持交城正泰机械制造有限公司研发出发电风机壳新产品，产品销往国外，获得国家发明专利；支持岚县爱林农机制造有限公司研制出“爱林牌小型粮油节能环保烘炒机”和“沙棘脱粒筛选机”等系列产品，产品供不应求，中央电视台“我爱发明”专栏连续给予报道。支持吕梁市富强红枣设备科技研究所和山西跟栓机械设备有限公司研制出全自动环保节能红枣清洗机、矿料颗粒等级分筛机、碗团机等新产品，受到市场欢迎，授权国家专利。在光伏光热产业方面，支持晋能清洁能源科技有限公司研制出新型抗电诱导衰减太阳能电池组件，提高发电效率，达到国际先进水平。支持山西晶旭新能源有限公司开发“新型高效微通道光伏热一体化热电联产成果推广项目”并进入产业化阶段，在农村开始推广应用。在现代农业方面，支持山西诚信种业有限公司培育出晋单 54 号、诚信 16 号、诚信 1 号、诚信 6 号、北青 310 号 5 个具有自主知识产权的玉米新品种，通过广泛推广，取得较好的经济效益和社会效益。支持山西大象农牧集团有限公司实施“肉鸡高效养殖技术推广”项目，辐射带动周边地区肉鸡生产。支持山西农业大学教授高培芳、省农科院研究员王宝明、吕梁学院杨卫民等专家教授，在石楼、临县、兴县分别建立百亩红枣防裂果示范园，免费提供红枣防裂果喷洒液和相关设施。支持山西农科院果树研究所和吕梁市科技局红枣中心实施“红枣商品化关键技术开发”，集聚全省红枣技术研发力量，解决红枣产前品种选育和科学种植，产中病虫害防治和遇雨裂果，产后精深加工和市场营销等关键问题。扶持汾阳“裕源”“文峰园林”，孝义“昌圆”“一果”，中阳“慧仁”，文水“仙塔”等核桃加工企业依靠技术进步，实现创新发展。支持山西康农薯业有限公司实施“无公害专用马铃薯标准化生产示范”星火项目，“马铃薯脱毒种薯三级繁育体系建设”项目，提高种薯质量，扩大种薯种植面积。

【高新技术企业培育】

2016年，吕梁市科技局落实国家对高新技术企业所得税减免和研发经费加计扣除的税收优惠政策，以及市政府出台的《吕梁市人民政府关于鼓励高新技术企业创新发展促进产业转型升级的意见》，引导企业加大科技投入，开发新技术、新产品、新工艺，提高核心竞争力。全年经国家科技、财政、税务三部门认定的高新技术企业新增10户，全市高新技术企业达到26户，出现了交城义望铁合金有限公司、山西新天源药业有限公司、晋能清洁能源有限公司等最具创新能力的行业领先企业。1月至10月，交城义望铁合金有限公司实现利润1.22亿元，上交税金9614万元；山西新天源药业有限公司实现销售收入1.5亿元，上交税金1725万元；晋能清洁能源有限公司总销售收入近20亿，利税达1.7亿元。

【科技成果转移转化】

2016年，吕梁市科技局落实国家和山西省2015年以来出台的鼓励科技成果转移转化，加快技术市场交易的各项政策措施，提高企业、高校、科研院所开展科技成果转移转化的积极性，截至11月，全市技术合同交易额共完成14.54亿元，比2015年的6072万元增长23倍。

【知识产权保护】

2016年，吕梁市科技局与省知识产权局合作，在吕梁市重点企业开展知识产权创造保护与企业创新发展系列宣讲培训，深化受训企业对知识产权创造保护重要性、战略性的认识，调动企业开展知识产权创造保护的内生动力。截至12月，全市申报各类专利1200余件，国家知识产权局授权500余件，其中有效发明专利232件，有效提升吕梁市企业的创新能力和市场竞争力。

（吕梁市科学技术局）

## 气　象

【基础业务】

2016年，吕梁市气象局地面气象观测业务错情率小于0.1%，设备稳定运行率达99.99%，综合预报质量排名第七。

【业务培训和业务竞赛】

2016年，吕梁市气象局重视职工基础业务、基本技能的提高，举办7期培训班，邀请省气象局、兄弟地市、地方有关部门专家授课，提高吕梁市、县两级气象机构业务质量和管理水平；组织进行5次县级综合业务技能竞赛考试，巩固和提高业务骨干的专业知识水平。

【气象服务】

7月8日至9日，吕梁市出现历史极端强降水，区域站最大226毫米，特别是8日，离石、柳林、交口、中阳4个县（市）日雨量突破历史极值。全年发布一周天气预报50期，雨情快报118期，天气预警55次，地质灾害预警16次，城市内涝气象预警1次，重要气象信息22期，重要气象报告4期，农气专报30期，专题天气预报35期，气象应急服务2次。

【气象现代化建设】

2016年，吕梁市气象局与吕梁机场开展气象信息与数据共享服务、与环保局合作做好环境气象预报服务工作、与国土局开展地质灾害预测预报预警工作、与吕梁市住房保障和城乡建设管理局开展以城市重点建设为主的专项服务、与山西省吕梁高速公路管理公司开展薛公岭—军渡的高速公路专业气象服务工作，拓展专业服务，扩大气象信息覆盖面。落实区域站社会化保障。2016年10月10日进行竞争性谈判，确定与山西凯迈云气象设备服务有限公司签订合作协议。3月21日，以潘新民正研级高工为组长的中国气象局新一代天气雷达业务检查组，在吕梁检查雷达业务工作。检查组听取工作汇报，通过档案检查、现场检查和设备测试评估，对吕梁新一代天气雷达的运维保障工作给予肯定。加快推进市、县气象局现代化建设。在省气象局的指导和支持下，吕梁市气象局坚持以项目带动发展的理念，取得成效。2016年，市气象局争取到项目资金对所属县气象局旱厕进行改造，改善基层台站风貌；方山县气象局综合信息服务中心已经完成建设，等待验收；汾阳市气象局运用中央财政资金完成多要素小气候站安装建设；交城气象局综合信息中心建设进入尾声；临县气象局推进国家突发事件预警信息发布平台建设；中阳气象局服务楼工程和基础设施护坝项目通过验收。

【规范管理人影设施】

2016年，吕梁市气象局在建成安全射界系统基础上，完善作业指挥系统，初步实现火箭作业的自动化指挥管理。全市共有人影高炮15门、人影火箭架13套、配备专用保险柜34个、77名作业人员全部持证上岗，共有固定、流动作业点43个，建成标准化作业炮点7个，全年人工增雨作业4次。

（吕梁市气象局）

## 地　震

【地震监测预报】

2016年，吕梁市地震局推进“一县一台”建设，健全监测预报手段。岚县投资65万元的钻孔形变监测项目完成论证选址前期准备工作。离石区垂直摆监测项目完成项目选址。全市有8个县(市、区)具备地震监测手段，前兆台站覆盖率达到60%以上。加强地震监测设备的跟踪监测，确保监测设备正常运行以及数据的准确性、连续性、完整性、可靠性。全市前兆监测设备运行率98%，地震观测预报水平提高，观测资料符合省局要求。协助省地震局完成地震烈度速报与预警工程66个项目的前期工。其中，基本站15个，一般站51个。强化震情监视和短临跟踪工作。定期召开震情趋势会商会，分析研判地震趋势，会商结果按时上报省局预报中心，编发吕震信息12期。制定印发《吕梁市地震局震情会商制度改革实施方案》和《吕梁市2016年度震情监视跟踪工作方案》。及时落实宏微异常。做到有异常一起，核实一起，不遗漏任何一点有预报价值的地震前兆信息。2016年，王家坡水位两次明显异常（2月2日、7月6日水位突降），派专业技术人员进行实地调查核实。坚持24小时震情值班和零报告制度，做好震情跟踪工作，严密关注地震谣传事件的发生，做到科学应对，快速平息。依法做好地震监测站点及设施环境的保护，制止破坏监测设施行为。全年共编印震情信息、会商纪要12期。

【地震应急救援】

2016年，吕梁市地震局建立较为完备的抗震救灾组织体系、预案体系。市、县政府调整防震减灾领导机构，建立防震减灾领导组成员AB角制度，市、县（市、区）、乡、村四级地震应急预案基本完成，抗震救援指挥部成员单位、学校、企业地震应急预案逐步完善。初步建立健全地震应急信息沟通渠道，与市公安、电力、民政等8个单位建立地震应急信息共享平台，并制定破坏性应急处置流程，明确地震事件划分、响应级别、领导分级、部门职责、处置程序，各类各级地震演练和培训基本实现常态化、规范化、科学化。

开展地震应急准备和抗震设防工作检查。根据山西省防震减灾领导组办公室《关于开展2016年地震应急准备和抗震设防工作检查的通知》（晋震防组办〔2016〕1号）文件精神，市防震减灾领导组下发《关于开展2016年地震应急准备和抗震设防工作检查的通知》(吕震防组〔2016〕3号）文件。市政府5月20日召开防震减灾联席会议，安排部署地震应急准备和抗震设防工作检查工作。6月20日至

25日市防震减灾领导组组织有关部门对重点监视防御区的地震应急准备和抗震设防工作进行专题检查。

开展地震安全隐患排查。市政府组织发改、住建、交通等10多个相关单位，开展地震应急准备、抗震设防工作和地震安全隐患排查三大检查活动，对存在问题进行整改。5月20日至6月20日，吕梁市对交通、电力、通信等基础设施，大中型水库、输油气管线、天然气管网等重大工程设施，有毒有害、易燃易爆等次生灾害源等进行地震安全隐患排查，各部门根据行业地震标准，开展网格化排查，做到“四不”（不走过程、不留死角、不打折扣、不计成本）、“五落实”(落实隐患整改的责任、措施、资金、时间、预案)。经过一个月排查，排查各类地质灾害隐患点766处，整改724处；发现油气输送管道隐患点7处，整改6处；排查大中型水库6座；检查企业16226户排查隐患7898处，整改7517条，整改率95.1%；检查电信基础设施铁塔5349处排查隐患1755处，整改1753处；排查路段、涵洞、桥梁安全隐患204处，恢复118处，设立警示标志200余处，清理塌方23867立方米。

市救灾物资储备库建设启动。市物资储备库建设投资1600万元，占地1.33公顷，建筑面积4075平方米，完成前期选址设计工作。

应急救援队伍健全，演练、培训逐步常态化。全市建立各类应急救援队伍198支，1.07万人。其中，自然灾害类救援队伍50支（市地震灾害紧急救援队伍1支、70人）、事故灾难类救援队伍95支，公共卫生灶救援队伍39支、社会安全类救援队伍14支。各县（市、区）政府在专业救援队伍的基础上，经层层选拔，选调政治素质好、业务技术精、身体条件壮的青年组建综合应急救援队伍，所有应急人员实行封闭化、准军事化管理，统一领导，统一指挥，统一管理，统一训练，可适应在各种恶劣环境下连续作战。4月12日下午，邀请省地震局应急救援处处长李俊栓到吕梁市进行应急管理工作培训。11月23日，邀请省地震局专家对市直防震减灾领导组成员及各县（市、区）地震局（办）局长（主任）进行地震应急管理知识培训。

地震应急演练逐步常态化。将地震系统应急演练和各级各类学校演练做为重点来抓，全市各级学校共进行应急演练260余场次。7月26日进行省、市、县地震系统应急演练，形成各类地震信息文本188件，设置地震情景2个，处置省局预设情景6个，通过演练达到检验预案、锻炼队伍、磨合机制的目的。11月24日，市抗震救灾指挥部进行地震应急桌面推演，省地震局副局长田勇和副处长陶君丽指导，18个市直成员单位和汾阳市政府参加，重点演练震情灾情速报、应急响应启动及先期处置、决策指挥、险情应对处置4个科目11项内容。

## 【震害防御工作】

2016年，吕梁市抗震设防要求管理纳入法治化轨道。市政府建立建设工程抗震设防工作联席会议制度，5月20日，市政府召开联席会议，协调解决建设工程抗震设防工作中遇到的困难和问题。规范建设工程抗震设防要求管理程序。建设工程的选址要征求地震部门意见，避开地震活动断层等不利地段。抗震设防要求审批实行“一站式”办理，做到“一个厅进入，一个口办理，一条龙服务，一次性办结”，全年办理抗震设防审批项目21项。

交城活动断层探测推进。交城断裂（交城县段）探测完成高密度电法探测、浅层人工地震探测及新增项目探地雷达补充探测手段。

推进农村民居地震安全示范工程建设。吕梁市按照“政府引导、试点先行，逐步推开”的原则，选择有条件、有代表性的地方，采取示范区、示范村和示范户等多种形式实施农村民居示范工程，将示范工程与新农村建设、移民搬迁工程、危旧房改造工程和村镇规划紧密结合起来，新建、改造和加固一批安全、适用且对周围农民有吸引力的样板农村民居。全市建成农村民居地震安全工程示范点 60 个，5438 套，使用面积 51.17 万平方米。农村危房改造涉及 132 个乡镇、2361 个村庄，总改造面积 87.65 万平方米，经改造后的农村民居达到当地抗震设防要求。

加强“三网一员”训演工作。3 月 16 日，邀请省地震局处长尉燕普对各县（市、区）防震减灾助理员进行培训，明确其工作职责，建立工作激励机制。在 7 月 26 日省、市、县三级地震系统联动演练时，“三网一员”参演并完成灾情速报等工作。

（吕梁市地震局）

## 山西省农业科学院经济作物研究所

【科研工作】

2016 年，山西省农业科学院经济作物研究所共承担国家、省、院等各级课题 54 项，包括省级以上课题 25 项，院级项目 29 项。其中新增课题 38 项、结转课题 16 项。全年到位科研经费 1136.4 万元，其中横向课题经费 39.6 万元。

省级以上课题：科技部转基因重大专项 1 项，国家学科群建设 1 项，国家星火项目 1 项，国家重点研发计划 2 项，农业部项目 7 项，省财政支农 4 项，省专业基金 1 项，省攻关项目 8 项。

院级课题：院攻关项目 4 项，院推广项目 4 项，院育种工程项目 10 项，院博士基金项目 1 项，院重点项目 2 项，院育种基础项目 1 项，院创新工程项目 1 项，院种业发展专项 5 项，院所长青年引导专项 1 项。

年度课题

新增课题 38 项，分别为：

科技部转基因重大专项 1 项：抗病虫转基因大豆新品种培育；

国家重点研发计划 2 项：大豆优异种质资源抗旱性精准鉴定与创新利用，黄淮海大豆优质高产广适新品种培育；

农业部产业技术体系试验站 7 项：大豆试验站，芝麻试验站，高粱试验站，大麻试验站，花生试验站，向日葵试验站，谷子试验站；

省财政支农项目 2 项：汾蓖 11 号在吕梁山旱作农业去的推广与示范，绿色、优质山药新品种晋山药一号示范推广；

省攻关项目 2 项：晋山药农艺农机相结合简约化栽培技术研究，谷子优质不育系选育及杂交利用研究；

院创新工程 1 项：山西油料作物种质资源创制与利用研究；

院攻关项目 3 项：基于 GIS 的山西道地药材远志土壤养分特征时空分析及施肥效应研究，晚实核桃集约化栽培丰产机理研究，晋麦 86 号高产高效简约化栽培技术研究；

院所长青年引导专项 1 项：山西省远志病虫害动态机制研究及农药安全性评价；

院推广项目 4 项：晋产道地药材新品种新技术集成示范推广，林下规模化生态养鹅示范推广，汾阳向日葵谷子优质高效栽培模式示范推广，汾州核桃优质丰产集成技术示范推广；

院种业发展专项 5 项：远志种质资源库创建及良种选育研究，优质大粒专用型食用葵种质创新，高 CBD 新型工业大麻种质创新及多功能综合利用研究，高油核桃品种筛选及配套技术示范，强筋专用冬小麦种质资源创新及利用；

院育种工程 10 项：高产多抗蓖麻杂交种选育，抗旱优质高产花生新品种选育，食用葵抗耐菌核病种质资源创新及杂交种选育，优异黑皮大豆种质创新及新品种选育，芝麻高产、优质、抗逆新品种选育，山药诱变育种，优质、高产、多抗绿豆类杂粮新品种选育，工业大麻优异种质创新及新品种选育，应用轮回育种选育高产、优质、多抗大豆新品种，谷子抗除草剂杂交种及富硒特优新品种选育。

2016 年结转课题 16 项，分别为：

国家学科群建设 1 项：农业部黄淮海大豆产区农业科学观测实验站；

国家星火 1 项：晋葵 11 号配套简约化栽培技术示范；

山西省专业基金 1 项：大豆种质资源收集、鉴定与贮藏；

省财政支农项目 2 项：干旱半干旱区蓖麻高产高效集成技术示范，优异特色大豆新品种晋豆 47 号示范推广；

省攻关项目 6 项：晋产黄芩种质资源品质评价及规范化栽培技术研究，山西与我国主产区芝麻种质资源遗传多样性比较，食用葵抗耐菌核病种质资源创新及杂交种选育，山西与我国主产区芝麻种质资源遗传多样性比较，玉米早熟、半矮秆、耐密和适应机械化的新技术研究——高效耐旱玉米自交系的创制及杂交种选育，大豆多四粒荚种质创新及理想数据模型构建；

院育种基础项目 1 项：强冬性小麦抗白粉病种质资源创新研究；

院博士基金项目 1 项：夜蛾类害虫种群发生动态及机制研究；

院攻关项目 1 项：优质杂交谷抗早衰的生理探索研究；

院重点项目 2 项：优质谷新品种高产配套栽培技术研究，林下规模化养鹅除草生态养殖模式研究。

科研成果

全年山西省农业科学院经济作物研究所取得的成果如下：获省农村技术承包二等奖 3 项，省级审（认）定品种 3 个，获得植物新品种权 2 个，获国家专利 3 项（其中发明专利 2 项、实用新型专利 1 项），制定山西省地方标准 3 项。

全年共发表论文 35 篇。其中，国家级 8 篇、省级 27 篇。开展学术活动 13 次。

获山西省农村技术承包二等奖 3 项：

"食用向日葵综合简约化栽培技术" 获山西省农村技术承包二等奖 。

"食用向日葵综合简约化栽培技术"2015 年 4 月立项，同年在吕梁石楼县、临县、孝义市、汾阳市和忻州的定襄县 9 个县（市）乡镇开展技术承包工作，以山西省农业科学院经济作物研究所选育的食用葵杂交新品种晋葵 11 号及配套综合简约化栽培技术进行示范推广，累计推广面积达 3750.67 公顷，平均较当地 2014 年亩产量增产 37.11 千克。总增加向日葵产量 210.8 万千克，总计增加经济效益 1264.4 万元，取得显著的经济效益，完成项目任务指标，为当地农业种植结构调整、实现农业的转型跨越发展奠定良好基础。8 月，被山西省科学技术厅授予山西省农村技术承包奖集体二等奖。

"酿造高粱高产高效简约化栽培" 获山西省农村技术承包二等奖 "酿造高粱高产高效简约化栽培技术"承包项目于 2015 年在汾阳市贾家庄镇、阳城乡、杏花镇；孝义市的大孝堡乡、梧桐乡、高阳镇共 6 个乡镇开展高产高效简约化栽培技术推广应用示范，以"两增两防"（增加底肥、增加密度、防治杂草、防治蚜虫）为核心的酿造高粱高产高效简约化栽培技术和"晋杂 34、晋杂 35、晋杂 18、晋杂 23"酿造高粱品种两项科研成果为依托，累计示范与推广高粱 3323 公顷，总增收 556.83 万千克，总增产值为 3111 万元，增产率 36.39%。

"芝麻优质高产示范推广" 获山西省农村技术承包二等奖 "芝麻优质高产示范推广"承包项目实施以来，建立芝麻高产高效示范田66.67公顷。以山西省农业科学院经济作物研究所选育的国审优质两用型白芝麻品种汾芝2号和山西省审定的唯一的黑芝麻品种晋芝3号，采用芝麻套种黄芩栽培技术、麦后复播芝麻栽培技术及配套栽培技术，应用移苗器专利提高保苗率。在闻喜种植晋芝3号，采用芝麻套种黄芩栽培技术，示范面积33.33公顷，辐射面积333.33公顷；在闻喜种植汾芝2号，采用麦后复播栽培技术，示范面积33.33公顷，辐射面积333.33公顷。采用"研究所＋推广部门＋种植户"的三位一体运行模式，使多方受益，极大地提升示范区农业科技的影响力。

项目实施后芝麻保苗率达到93%，亩增产29.0%，示范田平均亩增产35.5kg，超出计划15.5kg，辐射田平均亩增产15.8kg，超出计划5.8kg。平均亩增收288.4元，超出计划18.4元，累计推广芝麻面积1129.47公顷，超出计划462.8公顷，共增加农民收入446.8万元。

省级审（认）定品种3个：

晋谷61号。"晋谷61号"2015年12月30日通过山西省农作物品种审定委员会认定。该品种亲本来源：晋谷20号×化F3-17。生育期123天左右。幼苗绿色，分蘖1.2个，主茎高157.9厘米，刚毛短，穗长20.8厘米，穗呈棍棒型，穗码紧，主穗重38克，穗粒重33克，千粒重3.3克，出谷率86.8%，白谷黄米。经农业部谷物及制品质量监督检验测试中心（哈尔滨）分析，营养品质、适口品质均达优质米标准，硒含量0.138mg/kg，为优质富硒谷。2013年被评为国家二级优质米。

产量水平及适宜区域：所内试验和区域试验产量水平为330kg以上。适于无霜期150天以上地区春播。

汾麻3号。"汾麻3号"2015年12月30日通过山西省农作物品种审定委员会认定。该品种为雌雄异株，株高2—2.5m，茎粗1.5—3cm，分枝高120—160cm，种子千粒重28—30g，叶片肥大、苗期浅绿色，后期深绿色，茎绿色，上下茎杆粗细均匀，分枝多，麻子产量较高。6月中下播种后该品种出苗快，苗期长势良好，中后期生长速度加快，群体一致性较好，全生育期为110天左右。是适合山西省生态条件的第一个籽用品种。

栽培要点：在山西省晋中地区播期为6月上中旬。高海拔或无霜期较短地区为5月中下旬。高水肥区种植密度5000株/亩；中等水肥3000-4000株/亩。深耕整地、有条件的可施足基肥、耙平整墒。苗高5cm、1—2对真叶时进行第一次间苗，在3—4对真叶时要及时定苗，结合间、定苗可进行1—2次中耕。开花完成后及时去除雄株，在雌花花序中部种子成熟时及时收割雌株。

适宜区域：适宜山西省晋中、吕梁、晋城、长治、忻州、太原等大麻产籽区种植。

汾豆93（省外审定）。"汾豆93号"大豆新品种2016年3月通过甘肃省农作物品种审定委员会审定。该品种通过有性杂交、系统选育而成。杂交组合：晋大78×晋豆39。2015年参加甘肃省大豆生产试验，4个试验点亩产水平133.92—218.34kg，平均亩产180.28kg，较对照陇豆2号平均增产14.68%，居参试品系第一位。春播生育期125—135天，亚有限结荚习性。株高74.2—115.8cm，单株结荚32.5—58.2个，单株粒重20.2—32.6g，百粒重22.1—30.0g。白花、灰毛、卵圆叶，种皮黄色，黄色脐，籽粒椭圆形。粗蛋白质（干基）42.40%，粗脂肪（干基）21.74%。

该品种分枝少，单株结荚数较多，产量高、稳产性好，抗倒伏、高抗黑斑病，综合性状优良，2016年通过甘肃省农作物品种审定委员会审定，审定编号：甘审豆2016002，适宜在甘肃省中部沿黄灌区、河西灌区和陇东旱塬区及黄土高原同类地区春播。

获得植物新品种权 2 个

品种名称：汾豆 92（大豆）

培育人：马俊奎等

品种权号：CNA20100533.0

品种名称：汾豆 93（大豆）

培育人：马俊奎等

品种权号：CNA20100534.9

获国家专利 3 项：

“一种芝麻与黄芩的套种方法”发明人：刘文萍等，

授权专利号：ZL 2014 1 0128068.8，专利类型：发明；

“一种农艺农机相结合简约化栽培山药的方法”发明人：王耀琴等，授权专利号：ZL 2014 1 0128068.8，专利类型：发明；

“一种新型谷子免间苗精量穴播机”发明人：杨成元等，授权专利号：ZL201520769918.2，专利类型：实用新型。

制定山西省地方标准 3 项

山西省农业科学院经济作物研究所制定的山西省地方标准“复播食用向日葵栽培技术规程”“红小豆、玉米间作技术规程”“远志生产技术规程”经山西省质量技术监督局审核于 2016 年 1 月 20 日发布实施。

科研新苗头：

晋汾 106 谷子：幼苗绿色，穗型筒型，紧穗，出谷率 82.5%，白谷黄米，生育期 120 天左右。在全国第 11 届优质食用粟评选中被评为一级优质米。

参加区域试验品系 7 个：

谷子新品系：“晋汾 103”；

向日新品系“杂交组 FK-0918”；

小杂粮新品系“汾绿豆 3 号”“汾绿豆 4 号”；

水地小麦新品系“汾 4519”“汾 4556”“汾 4475”。

汾牧绿豆 2 号通过山西省农作物品种审定委员会组织的田间鉴定预计 2017 年通过山西省农作物品种审定委员会审定。

汾豆 92 申报甘肃省农作物品种审定委员会审定，预计 2017 年通过甘肃省农作物品种审定委员会审定。

**【科研成果推广】**

2016 年，山西省农业科学院经济作物研究所在山西省的 30 个市（县）、区，展示 13 种作物（畜牧、果树）、32 个优良品种、28 项栽培技术，养殖 6.2 万只（头），技术培训 8526 人（次），发放各种技术资料 52577 份，建立示范点 138 个，示范面积 1970 公顷，推广面积达 10.43 万公顷，创造社会效益 11.46 亿元。

科技创新综合示范基地建设。山西省农科院经济作物研究所科技创新综合示范基地，是借助贾家庄现代农业科技园区示范引领优势，建设的具有科技领先性的 13.33 公顷高标准高端展示示范基地。示范基地集中示范展示大豆、高粱、谷子、花生、向日葵、芝麻、玉米、大麻、小麦、牧草、中药材等 11 种作物 158 个新品种（系），集成组装的 16 项简约高效现代农业栽培技术。院县共建、举办好农民科技日活动。根据山西省农科院的安排，经济作物研究所整合 7 个综合试验站和 6 个推广项目，与汾阳市农民专业合作社协会和汾阳市市人大、农委、同丰农业公司合作举办 13 场‘院县共建农业技术培训会’和“农民科技日”活动。培训人数 1000 人次。经济作物研究所与汾阳市农民专业合作社协会联合下文成立大豆、谷子、玉米、高粱、蔬菜药材、油料、养殖、核桃 8 个专家组。成员是全县合作社中评选 100 名有一定实践经验的农业专业技术辅导员，并且进行 3 场培训。共同建立 37 个示范点，面积 348.2 公顷。汾阳市电视台进行多次报道。扶贫工作。成立扶贫领导组，组织试验站和相关课题，利用经济作物研究所的技术优势和品种优势，推进精准脱贫工作。经济作物研究所参加农科院多家单位组成的产业扶贫调研组，进行吕梁 7 县的产业扶贫规划调研，编写各县“十三.五”产业扶贫规划中“杂粮产业”部分。

全年，经济作物研究所承担省科技厅三区科技人才项目10项，其中包括核桃、中药材、养殖。项目进展顺利。

全年，经济作物研究成功申请5个成果转化项目，居全院第一，取得“十三五”推广工作开门红。

**【科技创新与示范推广有机衔接的运行机制建立】**

全年，山西省农业科学院经济作物研究所共组织7个综合试验站、6个院推广项目及省推广、省财政支农项目多项。通过这些项目的有机整合和顺利实施，使一大批新品种、新技术得到快速推广，优化经济作物研究所的科技创新和示范推广的资源配置，提升示范推广工作的效率和社会效益，加强经济作物研究所与全国各农业科研单位和农业院校联系，国家产业技术体系的专家到所指导交流的人数35人次。科技创新综合基地的建设成为经济作物研究所新品种新技术的展示平台，成为与各地农业部门交流的窗口，成为广大农民朋友寻找新品种、新技术的自选平台。

**【规模化种植高产典型培育】**

2016年，山西省农业科学院经济作物研究所依靠当地推广部门、龙头企业和农民专业合作社，充分发挥各自职能和优势。大豆课题组与汾阳市晋龙核桃苗木有限公司合作，在其核桃基地—汾阳市杏花镇杜村基地建立样板田8.53公顷，从种到收标准化作业，最高平均亩产278.2千克，示范效果显著；谷子课题组在汾阳市峪道河镇坡头村的3.33公顷晋谷57优质谷高产示范田，采用渗水地膜全覆盖高产栽培技术，由农科院组织现场测产平均亩产487.6千克；黑豆课题在贾家庄示范基地种植8亩晋豆47号黑豆品种，由农科院组织现场测产244.1千克比对照增产21.3%；高粱课题组与孝义市农委合作，在孝义市示范“核桃林下套种高粱”，全年面积达到1333.33公顷；中药材课题组在汾阳市阳城乡强盛家庭农场种植柴胡、远志6.67公顷，远志亩净收入3500元；经济作物研究所规模化林下养鹅课题组与汾阳市民达苗木专业合作社，在核桃林下养鹅1500余只，总产值12万余元。

**【技术培训】**

2016年，山西省农业科学院经济作物研究所采取与农民群众面对面交流、田间地头讲解、现场答疑、示范等多途径、多渠道开展技术培训。利用各种场所，采取印刷资料、制作展览版面、多媒体幻灯片等形式，把科研成果更加形象、直观地介绍给农民。通过集中培训、现场传授、电话解答等方法缩短科技成果到农民之间的距离，及时解决农民在生产中遇到的实际问题。山西省农业科学院经济作物研究所与汾阳市农委、汾阳市人大、汾阳市农民专业合作协会联合举办的“院县共建农业技术培训会”和“农民专业合作社科技日活动”是推广工作的一种新的尝试，也是院县共建的新创举。通过培训农民专业带头人从而带动更多种植、养殖户，为山西省农业经济的健康发展提供技术支撑。

**【人才建设】**

2016年，山西省农业科学院经济作物研究所通过公开招聘的方式新进博士研究生1人，硕士研究生1人，本科生3人。调出干部1人、退休干部4人，退休工人1人。截至年底，经济作物研究所在职职工169人，其中干部131人，工人38人。全年，经济作物研究所在职硕士研究生毕业1人，在读全日制博士生5人、在读全日制硕士研究生3人，在职硕士研究生6人。截至年底有高级研究人员34名。其中，研究员6名、副研究员28名；中级研究员59名。其中，助理研究员57名、会计师2名；研究实习员23名，未聘5名。管理岗位正科5名、副科5名。技术工人中：技师29名，高级工7名，初级工2名。博士生2人、硕士生37人、本科生78人、大专生14人。

【科研条件改善】

2016年，山西省农业科学院经济作物研究所筹措资金566.17万元，加大对科研试验基地和基础设施的建设、改造力度。购置科研仪器、农机等设备。全年购置土壤水份测定仪、叶面积温度测定仪、卧式冷藏柜、智能人工气候箱、大豆专用小区脱粒机、大麻脱粒机、气吸式播种机、定位照相仪等仪器设备等204台（套、件），计44.43万元。基础设施维修、改造。投资30.93万元对基础设施进行维修、改造，改善经济作物研究所的科研条件和工作、生活环境。

（山西省农业科学院经济作物研究所）

# 教育

## 教育管理

【城区学校（幼儿园）旱厕改水冲厕工程】

城区学校（幼儿园）厕所改造是市政府在2015年和2016年实施的"聚焦民生、服务群众"的一项重要举措，集中2015年和2016年两年时间，完成94所学校、5000多个蹲位、近1.8万平方米的厕所改造任务，总投资4000多万元，其中市财政以奖代补投入1500万元。2016年，各县(市、区)需完成52所学校(包括幼儿园）、1万平方米的厕所改造任务。其中，交城县4所、文水县4所、石楼县3所、中阳县17所、柳林县6所、临县3所、兴县6所、岚县3所、方山县6所（其余4县孝义无任务，汾阳、交口、离石2015年完成），全年任务全部完成。

【学前教育资源扩大】

2016年，吕梁市教育局扩大学前教育资源。新改扩建农村幼儿园项目。全年，山西省下达吕梁市改扩建农村幼儿园任务为23所，市下达到各县新改扩建农村幼儿园任务为26所，分别是：文水、汾阳、孝义、临县各3所，交城、柳林、兴县、岚县、离石各2所，交口、石楼、中阳、方山各1所。市教育局、市政府教育督导室有计划地组织专项督查，指导并推动各县（市、区）幼儿园建设。各县（市、区）政府将幼儿园建设纳入政府工作范畴，协调各部门履行职责，保证幼儿园建设稳步推进。中央奖补资金4149万元、省级专项资金421万元下达到各县（市、区），所有项目全部完工。推进薄弱幼儿园帮扶工程。共遴选43所优质园，与146所薄弱园结成帮扶关系，帮扶期限为3年，2016年是帮扶第二年，对2015年的工作进行总结和推广。4月，在孝义市举办全市帮扶工作现场会。10月，全省薄弱园帮扶工作现场推进会在孝义召开，两次会议总结和交流吕梁市各县、园以及全省各地帮扶经验，推动吕梁市帮扶工作及农村学前教育工作。清理整治无证幼儿园。全市排查前有无证幼儿园109所，排查期间颁证2所，取缔23所。现有无证幼儿园88所。其中，待颁证14所，限期整改60所，待取缔14所。完成全国学前教育信息系统的录入和传输工作。

【义务教育学校标准化建设】

2016年，吕梁市教育局开展全面改薄和义务教育均衡验收工作。有6个县列入国家义务教育均衡验收的计划之中。分别是：交口县、中阳县、柳林县、岚县、方山县、文水县。"全面改薄"项目的实施是通过均衡验收的基础，为完成义务教育均衡验收的任务，6县"全面改薄"项目规划资金7.32亿元（包括：中央资金4.24亿元，省级资金9120万元，县级资金2.17亿元）。其中，校舍建设类规划投资4.79亿元，设施设备购置规划投资2.54亿元；6县规划建设校舍面积18.47

万平方米，购置图书97.36万册、电脑1.79万台，教学仪器1.86亿元，课桌凳5.78万套、学生用床1.27万张。截至11月底，六县校舍建设类竣工面积15.85万平方米，竣工率85.79%，设备购置类完成采购2.19亿元，完成率86.37%。根据全市义务教育均衡发展规划，1月，市教育局对6县进行专项督导检查，寻找差距，指导整改。4月，抽调专业人员对申报“全国义务教育发展基本均衡县（市、区）”的上述6县工作进行全面仔细的市级复核。市政府5月9日专门在岚县召开现场推进会，5月24日至30日，接受省政府教育督导室初步验收，6个县在9月通过省里组织的专家评估验收。11月21日至24日，国家教育部组织专家对吕梁市的6个县进行最终评估验收，6县全部通过教育部检查组初步认定，对检查组提出的意见和建议进行整改。

【吕梁高等幼儿师范专科学校筹建】

2016年，市教育局牵头开展师范类学校资源整合工作，整合吕梁教育学院、离石师范、汾阳师范、体校4校筹建吕梁高等幼儿师范专科学校取得实质性进展：省政府同意吕梁高等幼儿师范专科学校（筹）从2016年秋季开始招生，新校区未建成期间，挂靠吕梁学院下达招生指标，根据省教育厅晋教职函〔2016〕32号文件批复，同意语文教育、音乐教育、美术教育、体育教育、小学教育、学前教育等6个专业招生计划1140人，全年招生任务全部完成；为鼓励广大学生积极报考此所学校，对考入吕梁高等幼儿师范专科学校的吕梁籍建档立卡贫困家庭学生，免除学费并给予一次性补助5000元；对考入吕梁高等幼儿师范专科学校的吕梁籍农村非建档立卡贫困家庭学生，一次性补助2000元。体育类学生除免除3380元学费外，按在校200天计算，每生每天补助生活费25元。体育类学生每生每年补助运动服装费800元。6月2日，市长办公会议议定，成立市筹建领导组和领导组办公室，为确保教学质量，同意吕梁高等幼儿师范专科学校（筹）以人事代理方式招聘专任教师，解决汾阳、离石两校区的专科专业教师短缺问题，同意对学校的设施、设备进行更新、添置。经过综合知识测试、专业知识测试和面试面向社会公开招聘教师72名。吕梁高等幼儿师范专科学校选址和建设工作整体移交新区办。

【中职教育健康快速发展】

2016年，吕梁市县级职教中心建设有序推进。按照年初市政府教育重点目标任务要求，柳林、岚县完成搬迁投入使用，文水、汾阳、离石建成并接受省政府验收。根据各县（市、区）实际情况，集中利用3年时间，剩余9个县（市、区）全面完成职教中心建设任务。计划是：2016年，岚县、柳林完成搬迁并投入使用，文水、汾阳、离石建成并接受省政府验收；截至12月，岚县职教中心通过省政府验收，二期工程完工。柳林职教中心2015年通过省政府验收，等待柳林联盛中学搬迁后投入使用。文水职教中心前期手续全部办理。汾阳职教中心完成建设规划。离石职教中心综合大楼建成，与质监局合作的特种设备实训基地建成。起草《加快发展我市现代职业教育的实施办法》《吕梁职业教育“十三五”规划》，召开全市职业教育工作视频会议和全市学校校长座谈会，对吕梁市今后职业教育的发展、如何助力全市脱贫攻坚战略做安排部署和探讨。完成2016年度全市中等职业学校办学资质清查工作，全市29所中职院校全部合格，规范中等职业学校的办学行为。开展全市职业教育工作专项督查，对全市职教工作会议后各项工作进展情况进行摸底和调研。配合财政部门，按时足额下发中职免学费资金和家庭经济困难学生助学金。组织全市职业学校参加省厅组织的全国中等职业学校学生资助管理信息新系统培训，按时上报受资助学生。根据省厅安排，组织全市中等职业学校参加全省中等职业学校技能大赛。

【教师队伍建设】

2016年，吕梁市教育局起草《吕梁市乡村教师支持计划实施方案》，征求市财政、人社、编制部门的意见后，经市政府审核印发吕政办发〔2016〕46号文件，增强乡村教师职业吸引力，破除制约乡村教师队伍建设的体制机制障碍，激发乡村教师队伍活力。全面推进县（区）域内义务教育学校校长教师交流轮岗工作。2016年，省定交流任务10%以上，确定孝义、离石15%，交城、文水、汾阳、岚县12%，其余县10%。各县（市、区）出台具体实施办法，推进校长教师交流工作。全年全市符合交流条件校长601人，交流155人，占符合交流条件的25.78%；符合交流条件的教师9488人，交流1325人，占符合交流条件的13.96 %，分别超省定比例的15.78%、3.96%。提升管理人员和教师业务水平。组织市县（市、区）教育局长、特教学校校长、中小学校校长进行业务培训，共培训51人。根据“中西部、幼师”国培计划和省培计划的统一安排，组织中小学幼儿教师参加信息技术能力提升网上远程培训、教师工作坊网络高端研修培训、中小学教师置换脱产培训、继续教育全员网络远程辅导培训和网上继续教育全员培训等十多个项目的专题培训，全市参加培训的中小学幼儿教师多达4.37万余人次。开展教育信息化人员、实验教师和图书仪器装备管理人员的业务培训，实施“三优工程”和“一师一优课、一课一名师”教学能力提升工程，继续开展义务教育学业水平测试试卷评估工作，促进教师业务能力的整体提升。开展市级学科带头人、骨干教师评选工作，评选出市级学科带头人75人、骨干教师136人，评选结果以吕教发〔2016〕27号文件下发。教育人事常规管理工作有序开展。严格实行教师准入制度，完成面向社会认定中小幼教师资格工作，其中高中教师资格认定由市级负责共审核通过2752人。完成特岗教师招聘和免费师范生就业分配工作，按规定办理大中专毕业生报到和派遣工作。

【教育信息化建设】

2016年，吕梁市教育局推进教育城域网、班班通、数字化校园建设。文水、交城、孝义、兴县、中阳、交口、汾阳、离石、临县9个县（市、区）建成并开通教育城域网，岚县和方山完成招标。文城、文水、孝义、汾阳、中阳、交口、柳林、离石、方山、岚县10个县（市、区）基本实现班班通；全市389所学校有校园网，有电子备课室369座，有录播教室16个。兴县开展网络教研工作，效果明显。推动“班班通”设备在教学中的应用。吕梁市除临县、兴县和石楼3个县外，其余县完成农村义务教育薄弱校改造计划“班班通”项目。“班班通”教学应用在10个县稳步推进。狠抓教育信息化试点市、校建设。孝义市被省教育厅确定为山西省教育信息化专项试点项目市，11月10日省教育厅对孝义市进行督查，总体情况良好。10所学校通过省教育厅对吕梁市的全省教育信息化试点校验收，验收组对吕梁市教育信息化的工作给予肯定，特别表扬汾阳中学和汾阳四中的教育信息化工作。

【高考、对口升学考试和中考】

2016年，吕梁市高考二本以上达线总人数再次突破万人大关，达到1.31万人，清华、北大人数突破历史最好水平，孝义中学达清华北大录取人数4人，实现历史性突破。柳林联盛中学、兴县友兰中学、中阳中学、石楼中学等学校都有学生通过自强计划、专项生计划、高水平足球运动员等达到清华北大分数线。在报名人数下降的情况下，达线人数2452人，逐步奠定市区基础教育龙头地位。对口升学考试吕梁市一批本科达线1001人，超过2015年227人，占全省比例31%。中考高分段人数增长迅速，700分以上有3人，650分以上达1037人，占比2.4%，600分以上5057人，占比11.7%，550分以上10722人，占比24.9%，500分以上16473，占比38%。

**【计算机辅助普通话水平测试开展】**

2016年，进行计算机辅助普通话水平测试3县5学校，3000余人，主要涉及柳林县、交城县，离石师范、汾阳师范、吕梁经管校、吕梁职业中专、吕梁体校，并办理发放相应等级证书。

**【教育精准扶贫行动计划实施】**

2016年，吕梁市教育局结合吕梁市教育实际情况，初步拟定《吕梁市教育精准扶贫五年（2016—2020年）行动计划》，形成初稿等待市政府批复后开始具体实施。以扶贫攻坚重点县（村）薄弱学校为主攻方向，以建档立卡贫困家庭学龄人口为主要对象，坚持“育人为本、项目支撑、全面覆盖、上下联动”的教育扶贫思路，从基础教育、职业教育、师资队伍等14个方面推进，发挥教育扶贫的人才、智力、科技、信息优势，确保贫困资助精准到位、发展短板有效补足、弱势群体权益保障、教育功能充分发挥。吕梁市贫困县9所普通高中接受12所省级示范高中对口帮扶，13所县级职业中学接受省级、市级中专学校对口帮扶。

（吕梁市教育局）

## 招生工作

**【概况】**

2016年，吕梁市招考中心贯彻落实国家和省有关招生考试工作的方针、政策，实施招生考试“阳光工程”，按照“严格管理、规范操作、深化改革”要求，结合招生考试改革的新形势，稳步推进各项改革，规范招生考试管理，抓好考风考纪建设，提高服务质量，完成招生考试工作任务。

高考：全市普通高校招生报名人数为3.71万人，比上年减少2299人。全市共设13个考区、32个考点和1252个考场。中考：全市共有4.32万人参加中考报名，比上年减少1055人。共设考点41个，考场1445个。成考：全市共有3525人报名参加成人高考，其中，专升本2345人，高起本71人，高起专1109人。共设置考点3个，考场119个。自考：上半年全市报考人数为1947人，4676科次；下半年报考人数为1768人，4222科次。对口升学及专升本：全市对口升学报名人数为4739人。设4个考点，162个考场；全市普通高校专升本报名人数为926人。设1个考点，32个考场。教师资格证考试：全市笔试报名人数为5771人，1.35万科次，4个考点，180个考场；参加面试人数为2386人，共设离石、孝义2个考点。研究生：全市报名人数为4881人，设4个考点，178个考场。

**【招生考试工作透明度提高】**

2016年，吕梁市教育局利用新闻媒体、电视广播，各有关学校利用宣传栏、黑板报、校园广播、班会等不同形式，对考生进行考风考纪宣传教育。设立招生咨询电话，直接向考生和家长宣传招考政策，释疑解惑。加大对考生的考前教育力度，签订《诚信考试承诺书》，制定下发有关考风考纪文件，对各学校提出严格要求，加强对考生进行严格的考风考纪教育，市招委与参考学校和考点、学校与考生、考点与监考工作人员层层签订责任状，确保考试工作顺利完成。注重做好高考、中考志愿填报的咨询工作。通过宣传教育，形成强大的舆论氛围，让考生树立“诚信考试光荣，违纪舞弊可耻”的考试思想意识，提高考生对考试纪律的认识水平，打消考生违纪舞弊的念头。

**【考试管理规范】**

2016年，吕梁市规范考试管理。做好招生考试考前准备工作。制定工作计划。根据招生考试工作要求和当地的实际情况，要制定《安全工作方案》和《应急预案》，依照“谁主管、谁负责”的原则，对每个环节的工作进行认真细致的安排部署，落实到具体人头。做好人员的抽调。在2016年工作人员的抽调问题上严格把关：保密人员、试题（答题卡）接送人员由县（市、区）教育局局长负责抽调，政府分管领导审核把关。监考人员、工作人员、高考中考评卷教师由县（市、区）学校校长、招办主任负责抽调，教育局局长审核把关。做好考前教育和培训。以校为单位，提前对考生进行考风考纪、诚信考试和考试期间的安全教育，中学校长做动员讲话，通报违纪舞弊案例和处罚的力度。签订诚信考试承诺书。对监考教师等工作人员的培训由专人负责，按照工作性质进行分类培训。组织相关人员进行督促检查。5月底，市招考中心联合市教育局、保密局、无委会等单位进行一次全面督促检查，让各县（市、区）尽早准备到位，确保考试顺利进行。对考点考场的设置、监控设备的运行情况、外语听力设备的检查情况、保密室的安全问题进行全面检查，检查情况全面符合考试、保密的条件。

抓好招生考试安全保密工作。严格保密工作制度。试题、答题卡安全保密工作坚持“谁主管、谁负责”“谁使用，谁负责”原则，其运送、发放、保管、回收等环节要严格执行四部局的《国家教育考试安全保密工作规定》要求，制定严密、细致的工作程序，严格按照程序进行操作。严格执行保密值班制度。保密值班人员除要按上级要求配备外还要求新旧人员搭配，以便更好地相互监督；保密室落实24小时值班制度、零报告制度和第一时间报告制度，保密室重点时段一切活动，务必有3人（必须有一位教育局纪检的同志）通过监控来观察完成，保密室外围实行24小时值班巡逻。试题、答题卡运送、发放、存放场所实现视频监控；考务室到考场的通道实现视频监控或流动监考值班看管的办法，确保试题、答题卡的安全。加强信息安全保密。严格执行教育部和省关于信息安全方面的有关文件精神，各招办、报名站工作的任何人员不得透露考生信息，对接触考生信息的所有人员分别设定权限、明确责任，不得越级违规操作，严防信息泄露和篡改，保证考试信息安全。

强化招生考试过程的管理工作。招生考试的组织按照“属地管理，责任到人”原则，抓好各项措施落实，维护招生考试公平公正。加强考点及考务人员的管理。实行县与县交叉流动监考。全市接送流动监考人员达到1555人。把好考生入场关。严查通讯工具作弊。所有考场实施电子监控，并配置无线电信号屏蔽仪和金属探测仪，堵截通讯工具作弊渠道。

做好招生考试后勤服务保障工作。建立协调联动机制。为加强考试的组织管理工作，由市招委、县（市、区）招委牵头，组织教育、公安、宣传、保密、交通、卫生防疫、电信、环保、供电等有关部门建立高考协调联动机制。考试期间，省招委派出巡视检查团，市招委也派出由招委委员单位负责人和纪检人员组成的13个联合巡视检查组，对全市的考试工作进行督促检查。

落实招考政策，继续实施“阳光工程”。在招生考试的全过程中，开展宣传咨询和服务活动，宣传招生考试的政策规定，录取原则、程序，招生计划、志愿填报等热点问题；宣传特殊类型招生的规定和程序；宣传各考改革的内容、形式；宣传各种招生诈骗行为和防范措施，及时提醒考生不要上当受骗；宣传招生考试纪律处罚规定及诚信考试教育等内容。报考考生名单和享受照顾加分考生名单等。按照“六公开”要求，在市、县（市、区）两级招办查询录取信息；热心开展咨询，零距离、面对面解答问题，全方位、多渠道为考生服务。宣传、新闻部门对招考工作给予支持和配合，结合招考工作进程和社会关注焦点，把握宣传时机、重点和方式，及时、准确、规范地向媒体和社会公布有关信息，避免炒作误导。

（吕梁市招生考试管理中心）

# 高等教育

## ·吕梁学院·

### 【干部队伍建设】

2016 年，吕梁学院坚持科学民主决策。坚持党委领导下的校长负责制，遵循民主集中制原则，严格执行“三重一大”制度，对学校党委行政的各项权力、责任进行彻底厘清，明确 17 个重点事项方面的权责清单，并对各项权力的运行流程、风险防控进行逐一梳理。召开吕梁学院首届团代会、学代会，召开一届四次教代会、职代会，发挥教职工代表大会与共青团、学生会等组织的民主参与、民主管理、民主监督作用。

加大干部培训力度。除校内日常培训和参加国家教育行政学院干部在线学习外，利用暑假组织 121 名中层干部在省委党校参加中层干部素质提升与能力提高专题培训班，促进中层干部政治理论水平、党性修养、业务能力提升。按照程序选任 6 名分团委书记和 5 名分团委副书记，加强共青团干部队伍建设。

### 【宣传思想工作】

2016 年，吕梁学院始终把握意识形态领导权、管理权和话语权，把立德树人的根本任务落到实处。贯彻全国高校思想政治工作会议精神，完善思想政治与意识形态工作机制。成立大学生思想政治工作领导组和意识形态工作领导组，制定全校大学生思想政治教育工作方案，完善意识形态工作责任制，完善宣传思想工作考核细则，各教学系成立以党总支副书记为小组长，分团委书记、辅导员为组员的系级领导小组，推出学习贯彻全国高校思想政治工作会议精神系列活动，形成浓郁的校园思想政治教育文化氛围。壮大主流思想舆论，凝聚正能量。以新兴媒体打头阵，传统媒体做后盾，形成校报、网站、广播、官方微信、微博等多媒联动、错位发展的局面。中国新闻网、三晋都市报、黄河新闻网、山西新闻网、山西青年、中国新闻周刊、人民网教育频道等媒体报道学校 210 余条次。吕梁学院官方微信关注人数突破在校师生人数 3.8 万余人，在山西高校官方微信名列前 3 名，多次入围全国高校官方微信排名前 100 名。加强思政队伍建设，增强大学生思想政治工作针对性、实效性。继续推行“学长辅导员”制度，配备 2016 级新生学长辅导员 152 名。出台学工部长、系党总支书记接待日制度，举办社会主义核心价值观与中华优秀传统文化系列讲座，对环境育人系列项目和公寓文明创建工作优化改进，提高思想政治教育的渗透力、感召力、影响力。开展文明单位创建活动，建设博大高雅校园文化。学校连续 18 年获“省文明单位”称号，连续 10 年获“省高校文明单位标兵”。在 2016 年全国大中专学生三下乡社会实践千校千项遴选活动中，吕梁学院中文系“重温红色圣地，发展红色旅游”暑期社会实践项目获“最具影响好项目”。

### 【事业发展】

2016 年，吕梁学院领导班子在全面总结和评估“十二五”规划实施情况基础上，按照“优化结构、填补空白、补齐短板、强化服务”总体思路，完成《学校“十三五”事业发展规划（草案）》及各专项规划草案编制工作，完成《吕梁学院向应用技术大学转型改革试点方案》和《吕梁学院向应用型转变试点建设方案（2016-2020）》编制工作，省教育厅将吕梁学院列为全省向应用型转变试点候补高校。通过广泛沟通协商，提出省市共建吕梁学院的总体思路和相关事项的建议，得到省政府、省教育厅和吕梁市委市政府支持。启动专业硕士研究生培养单位申报与建设工作，省教育厅批准吕梁学院开展硕士学位授予单位立项建设。合理控制招生规模和各类专业招生比例，2016年共招收新生5708人，生源结构和质量提高，普高招生工作步入由扩展规模到优化结构、由单纯增加数量到数量质量并重的良性发展轨道。改善学校办学条件，开工建设文体馆、综合实验楼项目，全年累计完成投资7668万元。完成40余个子网站改版工作，在山西省高校信息化建设会议上获“先进单位”称号。

【人才培养】

2016年，吕梁学院以地方经济社会发展需求为导向，深化应用型人才培养模式改革。在学科专业建设方面，成功申报机械电子、物业管理、园林3个本科专业，本科专业总数达到38个，应用型专业达到全部专业的68.4%，工科类专业占专业总数50%以上，基本形成以应用型专业为主体、多学科协调发展的学科专业体系。启动新一轮人才培养方案修订工作，多次外出开展“应用型人才培养方案改革”专题调研，广泛征求、各专业和行业企业用人单位意见和建议，为深化教育教学改革，奠定坚实的基础。实施“实践教学提升工程”，深化校企合作，推进产教融合，加强实践基地建设、实验室建设、实践课程教材建设和实践教学队伍建设，培养学生的创新精神和实践能力，提高应用型人才培养质量。开展大学生学科竞赛活动，强化专业技能培养，促进学生自主发展、多元发展。全年共获得省级以上学科专业竞赛奖项147项，其中国家级奖项60项。在世界机器人大赛和中国机器人大赛中，吕梁学院机器人科技创新团队分别获得冠军1项、一等奖2项、二等奖5项、三等奖5项。

【科学研究和社会服务】

2016年，吕梁学院搭建产学研合作平台，提高科技创新和服务社会能力。出台《吕梁学院教学单位科技工作年度考核办法》《吕梁学院科研任务分解实施办法》《吕梁学院研究所暂行管理办法》等管理文件，使学校科研管理制度逐步完善，保障科研工作顺利开展。倡导和加强横向项目研究、应用型研究，与地方科研部门、企业开展科技对接与科研协作，建立产学研用紧密结合的新型机制。全年，主持各级各类项目77项，完成省级项目7项，吕梁市科技攻关项目4个和“山西省重点学科建设项目”1个。获批“山西省高校重点学科大型仪器设备建设项目”1个。立项建设教改项目16项，其中5项获批2016年山西省教学改革立项建设项目。校级项目立项68项，经费60余万元。与北京理工大学达成建立研究院、教师互访、联合申报国家基金课题等方面的合作意向。与吕梁市科技部门配合，到企业、工厂，举办多项科技对接方面活动。与山西微风无人系统科技有限公司合作，在学校设立无人机展厅。

【师资队伍建设】

2016年，吕梁学院完善符合自身特点的“引聘训评”体系，推进“双师双能型”师资队伍建设。公开招聘事业编制人员10人。其中博士3人，硕士7名，调入事业编制人员1人，完成与3名外聘专家合同续签工作。为外聘专家配置公寓，为一线专职教授配置教授工作室，改善高层次人才的工作、生活条件。

修订《吕梁学院教师进修培训管理办法》等规章制度，开展师资队伍的学历学位进修培训、课程进修培训和学术进修培训等工作。全年共有76人次外出进修培训，40人参加山西省教育厅组织的网络岗前培训，46人参加学校聘请的中国人民大学教师发展中心培训团队进行的岗前培训，154名青年教师参与青年教师"一对一"传帮带培养。学校继续投资15万元订购教育部高校教师网络培训中心"在线学习平台"资源，并组织教职工开展学习。

（吕梁学院）

## ·吕梁电大·

### 【学历教育与非学历教育】

2016年，吕梁电大按照国家开放大学建设总体部署，以筹建"国家开放大学吕梁学院"为目标，实施"六位一体"导学体制教学改革；开展网上教学工作，网上作业完成率在98%以上；严格机房管理、维护，尽量使设施设备发挥效率，保证教学和考试工作的正常进行，在全年3次近5000人次的全国网络课程统一考试中，没有发生故障事故；期末考试4.7万考次顺利完成，学历教育稳步发展。非学历教育增强，举办省委组织部部署的全省市、县党政领导干部岗位专业知识培训，举行开学典礼，组织司法专题、促进经济建设、环境保护、科技创新四个板块313人的干部在线培训结业考试，取得良好成绩。"一村一名大学生计划"进展步伐加快，方山、交口工作站自开展这项计划以来共培养"一村一名大学生"3000余名，孝义工作站的申报完成。

### 【招生工作】

2016年，吕梁电大按照有关规定严格开展招生工作，扩大学校办学的社会知名度和影响力，本学年招生人数达592人，突破年初400人招生目标，办学规模保持基本稳定。

### 【远程教育公共服务】

2016年，吕梁电大发挥国家开放大学（中央电大）、省电大、市电大系统办学优势，通过远程教学平台，把教学资源建设与共享的电大优势向下延伸到13个县级工作站，最大化挖掘系统潜力、凝聚系统合力，整体办学合力得到较好的发挥。云计算教室建设情况：设置服务器8台，新增主机10台，软件双向视频系统一套，电视2台，投影仪一台，音响两台。完善升级教学网络系统，为合作办学的东北大学等学校提供良好远程教育服务。

（吕梁电大）

## ·吕梁教育学院·

### 【科研工作】

2016年，吕梁教育学院出台并实施《吕梁教育学院教职工考核管理实施方案》和《吕梁教育学院专业技术人员科研成果考核奖励实施方案》。全年，梁淑荣、赵淑奇、白英、吕建聪、刘保宏、成小琴、冯巧平、王巧爱、郭艳君等10余位教师写出科研论文，并都在省级以上学术刊物公开发表。冯军平的《先秦时期的社会发展与变迁研究》专著，被吉林大学出版社出版发行。学院《学报》也被评为省优刊物，全年发表学术论文100余篇。为鼓励教师多出成果，出好成果，学院研究并制定奖罚办法，并将科研工作与考核挂钩，设立专门机构评定，对评定合格及优秀者给予一定物质奖励。2016年奖励科研成果及论著11项，共11人20000元。2016年，吕梁教育学院利用每周的业务学习时间，学院邀请部分专家学者到院讲学，或举办专题讲座等。11月21日，吕梁学院教授、《学报》主编、历史文化系主任赵元以《学术论文写作漫谈》为题，到学院举办学术讲座。院领导主动带头并都以专题讲座的形式与全院教职员工进行学术交流。副院长陈彦文以《如何面对转型发展中的教育学院》为题做交流，副院长薛建平以《赴上海、浙江部分教育学院学习考察情况汇报》为题进行专题讲座。成立吕梁教育学院历史文化和社会发展研究所及吕梁教育学院基础教育改革和发展研究所，所长分别由院长、教授赵清明和副院长、副教授薛建平担任。部分有业务专长的教师和一些社会人士将被吸收其中并发挥作用。如历史与名胜研究、家庭及亲子教育、心理咨询与心理健康教育等领域初步成形。通过办讲座、搞科研、建研究机构，教师素质普遍提高。

【服务社会】

2016年，吕梁教育学院利用现有师资开展教育扶贫和教学研究及指导工作。针对农村学校的师资培养，学院与市妇联等单位联合，为农村义务教育学校（临县三交镇双塔学校）培训教师。也有部分教师利用微博、微信等媒体开展学术交流，派遣一些教师在市党校、市电大等单位参与理论培训和论文指导等，全年培训党政干部240人，指导论文写作100余人。

（吕梁教育学院）

## ·吕梁职业技术学院·

【概况】

2016年，吕梁职业技术学院落实《职业院校管理水平提升行动计划（2015—2018年）》，围绕“三项目标”“六大行动”，着力制度机制的创立和完善，起草制订行政管理、教学管理、学生管理、财务管理、后勤管理、安全管理、人事管理、内部控制等基本管理制度100余项，为学院管理规范化奠定基础；着力数字校园建设，投资600余万元用于学院信息网络建设，组建学院信息技术管理中心，确定专职管理人员，初步形成教学、学生、招生就业、安全、后勤等数据管理的信息化；着力学生学籍信息核查活动，落实学籍电子注册和管理制度，确保学籍电子档案数据准确、更新及时、程序规范；开展诚信招生承诺活动，实行阳光招生，规范招生简章，组织学生、家长观摩校园，实现招生工作真实性、实在性；开展平安校园创建活动，4次进行安全大排查、大整改，确保全年无事故、无案件；开展财务规范活动，制定内部控制制度，规范采购、报账等工作流程，强化财务风险的防范；着力学院发展的计划性，起草学院《十三五事业发展规范》、起草上报《质量体系诊断改进方案》《2016年教育质量年报》《2016年学院评估自评报告》《2016年学院自评整改情况报告》《煤校教学诊断改进方案》；召开各类办公会议11次，确保工作有序推进，按时完成。学院坚持以服务发展为宗旨，以促进就业为导向，按照以需定位、突出特色、注重实用原则，结合吕梁市煤化工、有色冶金、装备制造、旅游等主导产业，兼顾经济社会发展需求，制定学院专业建设规划。完成2017年电气自动化技术、计算机网络技术、有色冶金技术、旅游管理及互联网金融等5个专业的专业申报材料的编制及专业申报工作。组织机械制造与自动化、会计、机电一体化技术、计算机应用技术、汽车检测与维修技术、物联网应用技术、建筑室内设计7个专业的人才培养方案及课程标准编写，其中机械制造与自动化、会计、机电一体化技术、计算机应用技术4个专业接近完成。组织矿山机电、工程测量技术专业11名学生参加全省煤矿安全、测绘技能大赛，获5个三等奖。

【实验实训建设】

2016年，吕梁职业技术学院组织编制学院2017年实验实训室建设规划。加强管理，及时对实验实训设备及多媒体设备进行维护、维修，确保设备正常运行，满足教学要求。完成计算机网络综合实训室、网络综合布线实训室、会计综合实训室、会计手工实训室、会计电算化实训室、沙盘模拟实训室、钳工实训室等7个实验实训室的安装、调试、验收及相关教师培训工作，组织专人对安装过程进行全程监督。配合完成煤校资产清查工作，对煤校教学实验仪器资产进行全面清理、清查。根据《山西省教育厅关于转发<教育部高等教育司关于报送2015—2016学年高等学校实验室信息统计数据的通知>的通知》，完成学院实验室信息统计数据上报工作。完成新购置计算机网络综合实训室等7个实验实训室设备入库、建账及出库等工作。建成图书馆阅览室并及时开放，满足学生阅读需要。5月下旬，组织二年级技能等级鉴定考试工作。

【学生教育管理】

2016年，吕梁职业技术学院实行目标责任制，强化岗位责任意识，定期召开工作例会，初步确立具有本院特色的学生管理机制。完善学生管理系统的功能需求和技术参数，落实以学生日常操行考核为基准、德育教育为主线的学籍管理工作，做好《班主任工作手册》和《辅导员工作手册》填写工作。坚持公平、公开、公正原则，做好学生评奖评优工作，2016年学院学生获得国家励志奖学金11名，国家助学金81名；做好生源地助学贷款工作，组建助学贷款中心，全年共为101名学生办理助学贷款并签订《借款合同》。加强学生宿舍管理，实行楼层负责责任制，班主任全天候跟班作业，定期进行宿舍安全隐患大检查、内务卫生大检查和损坏设施维修。做好学生军训工作，学院与孝义武装部配合，完成为期10天新生开学军训任务；每周利用下午活动时间组织学生日常军训，丰富学生的课余活动，培养学生德、智、体、美、劳全面发展。

【招生就业工作】

2016年年初，制定学院招生工作方案，修订和完善招生简章，制定报批招生计划。开展网上宣传、电视台宣传、刊物宣传等多种宣传方式进行招生宣传，在招生期间派出9个招生宣传组分别到吕梁13个县（市、区）以及大同、朔州、忻州、临汾、晋城等市深入学校进行宣传。努力用好自主招生政策，在报名、考试、录取各环节中，坚持强化领导、严密组织、以生为本的工作方法，保证自主招生有序、稳妥。开展校企合作、订单培养，学院同海信、凌志、金晖、思软等企业签订订单培养协议，确保学生就业。加强学生创业就业培训，把创业就业纳入课程体系，并聘请企业管理人员举办创业就业讲座。全年录取新生412人，就业200余人，基本完成招生就业工作任务。

【财务管理工作】

2016年，吕梁职业技术学院组织参加网络会计人员继续教育培训，参加财政部门组织的《行政事业单位内部控制规范》内容的培训学习，提高财务人员的业务素质。强化预决算管理，通过由上而下、由下而上等方式，编报2016年预算。严格财务决算规定，对2015年财务进行决算，并按要求进行公示。做好财务核算管理工作，全年发放工资及各项津补贴及临时工工资等819万元，按规定及时准确计算缴纳单位医疗保险、养老保险、生育保险等社会保险费175万元，缴纳住房公积金82万元，发放免学费等助学资金12万元，教职工取暖补贴34万元，办理各项公用支出317万元，其他资本性支出653万元（教学设备购置345万元，校园网络建设307万元），收学费、公寓费300万元，实现部门收支规模2092余万元。根据市财政局的安排，利用3个月时间进行全国性的清产核资，并接受会计师事务所专项审计，按时报送清产核资信息系统。加强内部控制制度建设，完成单位内部控制基础性评价工作，形成单位部门控制手册，并上报财政。

（吕梁职业技术学院）

# 中等职业教育

## ·吕梁学院汾阳师范分校·

### 【招生教学工作】

2016年，吕梁学院汾阳师范分校招收大专生530多名，加上初中起点学生，共招收720多名新生。完成招生任务。开展教育教学大讨论活动，专门成立幼师工作部，以此带动全校教育教学工作。全校从专业设置、教学计划、课程研发、教研教改、考试评价到学生教育、班级管理、师德师风等全方位查漏补缺。为增加学校文化软实力，购买近10万元的教学图书2558种，4000多册。全年订购各种杂志近420种，约5.5万元。投入资金20多万元，进行近60人的教学干部及管理人员、骨干教师的北师大培训，以适应大专办学的需要。另有长治学习19人，西安培训5人以及其他外出学习等，全年外出学习培训教师90多人次。本着一切服务于学生的办学理念，学校从2016年春季开始对教材教辅资料管理结算进行改革规范，保证学生利益。普通话测试由毕业生每年一测，改变为全校各年级学生（包括往届生）均可报名的每学期一测。配合市委、市政府推进脱贫攻坚工作，承担吕梁山护工护理培训任务。2016年后半年吕梁山早教育婴师培训项目设置在学校，并举行两期66人的培训。

### 【后勤服务及项目工作】

2016年，吕梁学院汾阳师范分校校园道路改造顺利完工。4月开工，9月完工，预算投入139万元，决算审计为165万元。对相邻区域进行硬化处理，提升学校品位。

投入资金300多万元接入集中供热网。完成校园供热网改造，并投入使用。

完善配套基础设施。学生餐厅、教工餐厅进行标准化改造并接入天然气，新建、改建灯光球场、知心广场、文化广场，对大灶后边、平房教室中间、中心花园及各楼散水部分进行硬化完善。

建设大美校园。校园环境“五化”（净化、美化、绿化、亮化、文化）工程持续推进。全校增设校园宣传栏12块，路灯宣传板15块，各楼楼道门厅全部悬挂励志教育的名言警句。

（吕梁学院汾阳师范分校）

## ·吕梁学院离石师范分校·

### 【概况】

2016年，吕梁学院离石师范分校常规教学稳步提高。经过多年探索实践，学校常规教学形成以2011年出台的13项教学管理制度为基本框架的较为科学规范的运行模式。

### 【特色教学】

为实现“培养合格的小学幼儿教师”办学目标，凸显“师范”特色，2016年，学校各系部在原有的基础上，特别注重“能力本位”教学：中文系举办“学生课堂教学技能大赛”和纪念毛泽东诞辰123周年“诗词朗读”活动；外语系在毕业班级中开展教学技能培训、粉笔字比赛和优秀教案展示活动；数计系开展知识竞赛和利用晚自习进行传统文化学习教育活动；基础部开展贴近教学实际的学生演讲比赛和汉字听写大赛；幼师部组织学生开展具有幼师特色的“讲故事”比赛、硬笔书法和手工作品展。

### 【学前教育】

2016年，学校幼师部在巩固教育教学改革经验和实习见习成果基础上，继续加强教学管理，进行专业教学改革，在高中起点学前教育专业的培养上，制定符合实际的专业课程编制工作。在校校合作上迈开新步子，加强学生见习实习力度。与市直八一幼儿园签订合作协议，与北京大风车双语幼儿园等多家规模幼儿园达成合作意向。

【教研活动】

2016年，学校各系部以各种不同形式坚持教研工作，组织教师开展教学研讨，抓好教学任务的完成、教学进度的跟进和如期完成期末考试和学年补考的出题阅卷任务。教务处牵头组织青年教师赛讲活动，做到以赛促教。各系部还组织开展不同主题的知识讲座，丰富教研方式，拓宽师生视野。

【教师队伍】

学校把提高教师业务能力作为一项重点工作来抓。为促进教师专业素养提升，学校鼓励支持教师考研，给予带薪进修、报销学费、补助差旅费等政策支持。2016年学校根据实际情况在符合学费报销制度的基础上，为77名在读和已读研究生的老师提前两年报销了学费支付近60万元。学校160多位专职教师中，讲师近90名，取得硕士学位60多人，还有40多人在读。年末，根据市政府相关政策，经市教育局同意，学校组织55名教师到北京师范大学进行为期1周的教师培训。

【教学设施】

2016年，学校通过政府招标采购方式装备计算机机房、语音测试室。为幼师部添置6架钢琴、29架电钢琴和电窑炉1座，装备手工制作室、书法专用教室和舞蹈美术专用教室。学校的全部教室、语言室、计算机机房、阶梯教室等实现多媒体全覆盖，各类专业教学设备基本完善。

【招生工作】

面对市政府决定4校合并，筹建吕梁幼儿高等师范专科学校，并借助市政府的优惠政策，与汾阳师范合作利用《吕梁日报》、电视台、手机客户端和市政LED电子屏等多种形式开展全方位招生宣传。全年共招收高中起点6个专业的学生444名，初中起点的学生243名，这在全省同类学校招生中是最佳。为适应这一招生情况，学校向教育部成功申报语文教育、小学教育、学前教育和音体美教育等6个专业。

（吕梁学院离石师范分校）

## ·吕梁卫校·

【招生教学管理】

2016年，招收2016级新生503人，完成年初招生计划，稳定学校办学规模。与市人才中心联合举办毕业生就业见面会，达成就业意向350个，对口升学和3+2转段共就业344人。继续实施学生操行成绩评定管理办法和国家资助金评定发放办法，严格学生请销假管理。实行“手机袋入课堂”，通过为班级配备手机袋，逐步完善学生手机的课堂管理工作。组建班主任、学生、家长微信群。除常规的班主任工作例会和科室例会外，开设每两周一次班主任论坛。组织全体班主任到平遥现代工程技术学校参观学习，拓展班主任工作思路，使“学生课间操文化及习惯养成教育活动”成为常态。完成本学年2.39万学时的教学任务。组织各类考试8次728场。将675名实习生全部安排在4所三级医院和5所二级医院实习。继助产专业申请为省重点建设专业后，成立助产专业建设委员会和项目领导小组，重新编写助产专业人才培养计划，拟定学科带头人、骨干教师、教学能手评选方案等；购置重点专业建设软件平台及65万元的仪器设备。着手编写妇科护理、产科护理、内科护理、护理基础学4门课程的课程标准、校本教材；准备电子教案、PPT、微课。13名教师外出参加培训，2名教师外出进修，21名教师正接受研究生教育，8名教师取得研究生学历。年内教师发表省级以上论文11篇，23人参加科学出版社全国中职护理专业数字化教学互动平台建设配套规划教材的编写，3人担任主编，11人任副主编；3人参加科学出版社全国中职助产专业教材的编写；7人参加人民卫生出版社中职检验等专业教材编写，1 人任主编。邀请“山西省重点专业建设专家库”专家李华君为全体教师授课；邀请市医院护理部主任吴旭友为护理技能大赛选手进行技术指导；邀请山西省肿瘤医院理部主任、副主任为护理教师做专题讲座。“五·一二”护士节期间开展护理知识及护理技能大赛，表彰 48 名优秀选手及 6 名优秀辅导教师。参加全省护理技能大赛，1 名教师获一等奖，2 名学生获一等奖，1 名获二等奖，1 名获三等奖；参加全国护理技能大赛，1 名学生获二等奖。坚持每两周 1 次的教研组活动。

【学生升学考试和护士执业考试培训】

2016 年，吕梁卫校开办“第五期对口升学考试培训班”和“第六期护士执业资格证考试培训班”，共招收 690 余人。采用全日制授课形式，学员签订安全协议，实行班主任分班管理制，由科室随机抽查教学秩序。培训过程中对全部教师进行教学效果评议，征集学员对教学管理的建议及意见，为教师选择和教学管理提供依据。

【“吕梁山护工”培训】

2016 年，吕梁卫校开办 7 期家政护理培训班，共培训学员 2750 名。其中，家政服务员(月嫂) 736 名，护理员（护工）2014 名。建立健全家政护理培训各类档案。严格管理，教学有序，效果良好。配合市人社局、扶贫办组织北京、山东、沈阳、太原等地相关家政服务公司、医疗机构、社区服务中心等单位在学校进行“吕梁山护工”1—5 期家政护工招聘会。招聘单位 5 次共提供 900 多个就业岗位，参加培训的 1745 名学员全部参加招聘会，实际就业人数 602 人。其中外省就业 226 人，376 人于省内就业。其间，学校举办首届“吕梁山护工”职业技能(养老护理员)大赛。培训过程中，国务院扶贫办、内蒙古自治区党委副书记、副主席、省政府领导及省人社厅、扶贫办、卫计委领导及市委书记、市长、市人社局、扶贫办、卫计委领导多次来学校视察“吕梁山护工”培训工作。《中国妇女报》《中国人力资源和社会保障报》、山西电视台等媒体多次采访报道。

【“山西护工”培训】

2016 年，吕梁卫校邀请 5 名省级优秀临床护理专家、北京协和医院博士生导师绳宇等来学校讲学。经过两周理论和实操的严格培训，165 名学员取得由省卫计委护理协会和省人社厅颁发的职业资格证书。经由省卫计委和吕梁卫校组织的面试，102 名参加培训的护理员被输送到国家卫计委和北京市卫计委直属的 14 家三甲医院就业。其间，吕梁卫校承办省卫计委“山西护工”培训就业计划师资培训会。年内培训科被省总工会评为“工人先锋号”。学校被市委、市政府授予“吕梁山护理护工培训基地”称号。

【学校安全管理】

2016 年，吕梁卫校重大工作事项有安全和应急预案。在新生入学教育时，邀请离石市检察院法治宣传志愿者队开展“预防犯罪 保护自己”讲座，聘薛永霞检察官为吕梁卫校 2016—2017 学年度法治辅导员。开展防震避险疏散演练，邀请市地震局专家进行“地震安全逃生常识”科普专题讲座。综合治理工作名列市直单位前茅，被评为“2016 年度社会治安综合治理工作先进单位”。

【附属医院工作】

2016 年，吕梁卫校安装并启动职工、居民医保住院系统；安装部分康复医疗设备。组织各科人员为扶贫下乡点村民进行义诊 72 人次；为第 5—11 期 3000 余名护工进行体检。全年业务收入 110 万元，门诊 805 人次，体检 5630 人次。无假、伪、劣药品。

【信息化建设】

2016 年，吕梁卫校更新网络设备，重新启动校园网。以党务专网、电子政务专网为基础，启动电子公文传输系统。文件收发、教学管理、助学金、财务等项工作初步实现信息化管理。百兆光纤进校园、“三通两平台”基础设施开始建设中。

【扶贫下乡工作】

2016年，吕梁卫校按照市委及市直工委的工作要求，以硬抽人、抽硬人的方式组建了下乡工作队，派出第一书记，明确包村领导，在方山县积翠乡邦罗村驻村帮扶。对全村67户建档立卡贫困人员进行结对帮扶。制订经济发展脱贫致富规划，在春耕前购置约10万元化肥，发放种植补贴18万元。投资约6万元，修缮党员活动阵地。通过市财政筹资13万元修筑130米护路坝，投资约5万元粉刷村内墙面。

（吕梁卫校）

## ·吕梁农校·

【基础设施建设】

2016年，吕梁农校增加投入，完善基础设施条件，在使用移动50兆光纤专线网的基础上，又投入5万元新接入电信100兆光纤专线网，提高学校网络信息化教学效率和教学效果；投入25万元新铺塑胶篮球场2个，解决学生课外活动场所的问题；投入220万元新建成果蔬花卉生产技术实训室，完善组织培养实训室，使园林园艺这个省级示范专业有较为先进的实训实验设备，提升学校整体办学水平和服务能力。

【脱贫攻坚保障】

2016年，吕梁农校将涉农专业招生培养工作与县域经济社会发展和产业扶贫结合在一起，为有关县市培养核桃、红枣、畜牧兽医等基层农业技术人员和农业产业化发展所需的新型职业农民。发挥厚实的农业职业教育教学资源，挖潜提效，结合县域经济发展所需，特别是农业产业扶贫所需，先后与岚县、兴县、临县、交城、柳林、中阳等6个县（市）签署合作培养协议，并承担6个县（市）送来的236人马铃薯、核桃、红枣、畜牧兽医等4个涉农专业的基层农业技术人员的培养任务。

承担市政府培训任务，服务全市“脱贫攻坚”中心工作。2016年，学校完成市政府1300人的电商培训和185人农经员培训任务，其中，电商销售千万和农业龙头企业主要负责人140人，市直机关下派的农村“第一书记”169人，市农委新型职业农民培养任务496人，市扶贫新型职业农民培养任务495人。学校成立由专业教师组成三支“三农服务”工作队，10月，开展兴县共4期基层农业技术人员的培训任务；11月，在方山举办3期肉牛养殖技术的培训；12月，为市政府办公厅在方山扶贫驻村下乡点论证产业扶贫规划方案，服务并助推全市脱贫攻坚这一中心工作。

【招生就业工作】

2016年，在市、县两级政府和涉农部门支持下，吕梁农校共招中职学历教育学生302人，完成年初确定的300人计划任务，使学校在校生规模继续保持在887人态位；成人教育完成招生59人。学校网络教育在册人数达到312人，稳定在300人以上规模。

【农业技术人员培训】

2016年，吕梁农校完成省农业厅下达的7个地市22个县共664人的基层农技推广体系4个专业技术人员的培训任务。

（吕梁农校）

## ·吕梁艺校·

【教学改革】

2016年，吕梁市艺校在教学改革方面，采取多项措施。增设专业、调整教学内容，适应精准扶贫和就业需求。开设面向农村贫困家庭子女生源的晋剧表演和唢呐演奏专业。将“教育扶贫”作为重点，对国定贫困县生源每生给予1500元助学金；对建档立卡贫困户学生再给予每生每年500元生活补贴；晋剧表演专业学生在给予助学金、生活补贴的基础上，再一次性免除6年公寓费。打破专业界限成立4个团队实现学生一专多能。学校组建管乐团、合唱团、民乐团、舞蹈团，利用课余时间进行教学排练和活动，丰富学生专业知识，增强一专多能的本领。对学生实行全封闭军事化管理。内容涵盖学生在校期间各个方面。新生入学聘请专业教官进行军训；日常学习生活中班主任和学生一起吃住，无论是跑操、上课，还是排队点名，分区进餐、就寝，时时处处进行监督和管理；节假日正常上课，不留空档；校园内包括所有教室全部安装视频监控。以学生社会实践能力，检验教学成果。7月5日，学校派出8名教师、41名学生，由校领导带队到市艺校实训基地孝义梦幻海开始为期40天演出实践。

【招生就业工作】

面对中职学校招生难，生存举步维艰的状况，2016年，市艺校创新招生模式，探出一条让市场去办的新路子。主要做法是：将晋剧班招生工作委托给对市场更了解、更具发言权的戏迷协会，该会只用短短一个月时间就推荐学生130余名，突破学校原定50名的招生计划，经过面试最终选拔其中素质较好的96人。将唢呐班招生委托在市艺校任教、并且在业内小有名气的教师。通过发挥“名人效应”唢呐班顺利招生61名。正常渠道招生39名。通过大胆改革招生工作取得质和量的重大突破，共招新生近200人，是2015年的200%以上，超额完成学校年初制定的招生目标任务。市艺校通过组织洽谈会、推荐就业等形式，就业工作取得新成效，毕业生就业率为100%，稳定率达85%以上，超过70%的要求。

【办学条件改善】

2016年，筹集资金115余万元，对7个方面进行改善。投入43万余元，对舞蹈、器乐、声乐专业教室进行升级改造，使基础设施硬件建设达到全省一流。投入10余万元，添置乐器、购置服装成立校管乐队。投资30万元，新建学生公寓消防疏散楼梯一部，解决该公寓楼的消防安全隐患。投入10余万元，为校实训用排演厅安装中央天花制冷设备6台。投入12万余元，封闭存在安全隐患的敞开式走廊3个。投入4万余元，在所有教室安装视频监控设备。投入6万元，为学生公寓购置高低床、生活用品、更换窗帘改善学生住宿。

【服务社会】

2016年6月29日，由市委主办，市纪委、组织部、宣传部承办，市艺校协助的《吕梁市庆祝中国共产党成立九十五周年时代先锋表彰暨党的知识竞赛》活动在校排演厅举办。协助吕梁日报社在校排演厅举办记者节活动。协助市财政局在市艺校举办“全市财政系统党章党规知识竞赛”活动。协助区公安局在市艺校举办“迎国庆保稳定”表彰活动。依托市艺校社会培训部，成立“吕梁市少儿艺术教育学会”，起到规范引导全市民营艺术培训业快速发展的作用。

（吕梁市艺术学校）

## ·吕梁会校·

【教学改革】

2016年，吕梁市会计学校调整教学计划，完善课程体系。根据教育部合理设置学校专业的教学标准，结合实用性、技能型要求，适时调整教学计划和教学结构，科学安排专业课程，合理设定学时比例，使课程设置更加科学、更加完善。倡导实践教学，开拓办学思路。新增新建模拟实训室，以满足实践教学需要；加大实训实践课时比例，以提高学生实操能力；将企业搬进校园，保证学生实习实训。全年吕梁会校在校生会计从业资格、初级会计师考试的通过率明显提高，在山西省职业技术院校会计技能大赛的成绩骄人。

【教学管理】

2016年，吕梁市会计学校强化日常教学运行管理。规范教学秩序，提升教学品味，保障师生利益，进行科学管理。引入教学管理系统以减轻工作量，提高教学管理的科学化；植入教学管理新理念以激发灵感，提高教学管理效能；加入人性化管理新方法以增强满意度，提高教学管理水平。完善教务网络信息化建设管理。更新设备，培训教务管理人员、工作人员，为现代化教学管理奠定基础。加大教学督导力度，加强对教师教案、教研、参加活动情况的检查，促进教学相长和教师间的交流协作。

【思想道德教育】

2016,吕梁市会计学校注重教学中德育渗透。除学校开设的《职业道德与法律》《经济政治与社会》《哲学与人生》等德育课程外，还注重在其他课程中穿插德育教育内容，秉承“课课有德育，人人讲德育”教育理念。重视学生行为养成教育。通过周一升国旗仪式、国旗下的讲话、道德讲堂、以及遍布在教学楼道里的各种名言警句书法作品等载体，为学生营造浓厚德育氛围，使德育内容与学生的成长同行。

【办学渠道拓宽】

2016年，为提高学生的就业率和就业质量，吕梁会校与北京商鲲教育控股集团、北京启辰纪元科技有限公司、达内时代科技集团有限公司等省内外若干企业签订联合办学协议，建立校企合作长效运行机制。为不影响吕梁会校“3+2”招生计划，在山西省财政税务专科学校突然停止让吕梁会校招收“3+2”学生的情况下，吕梁会校与山西省金融职业技术学院、山西省财贸技术学院分别签订合作招生协议，落实“3+2”招生计划。吕梁会校与吕梁职业技术学院达成初步协议，拟将吕梁职业技术学院会计专业交由吕梁会校承办，成为该院会计专业校区。相关事宜正在加快推进之中。与吉林财经大学、山西省财经税务专科学校函授教学稳步推进，现成为学校办学的重要组成部分。

【基础设施建设】

2016年，吕梁会校完成对两栋学生宿舍楼、一栋教学楼的维修改造。装修会计从业资格考试考场，购置会计模拟实训软件，完成机房的搬迁工作，改善学生实践的硬件设施设备。

（吕梁市会计学校）

## ·吕梁经济管理学校·

【合作办学及就业管理】

2016年，吕梁经济管理学校以联合办学促进招生。学校采用上靠下联的办法，与五寨师范学院、大同煤炭职业技术学院、山西省金融职业技术学院等院校联合办学。挂靠这些院校，在幼师、电子商务、机电技术应用、会计电算化、计算机技术应用等专业上采取“3+2”办学模式；与柳林凌志集团、离石大土河有限公司和吕梁天源物流有限公司等大型企业签署订单培养办学协议，为企业培养员工。

以就业促进招生。与省内外大型企业联系，安排毕业生就业。对不满意自己岗位的毕业生，实行5年内无偿跟踪就业服务。2016年召开的招聘会，招聘单位30多家，学生被“抢购”一空。对于不想就业的学生，学校安排专门的对口升学班，全年升学率达到100%。2016年吕梁经济管理学校招生168人，招生数量位居吕梁中专学校前列。

【校园活动】

2016年，吕梁经济管理学校开设现代礼仪、职业道德、普通话等课程，把学生的行为养成教育纳入各科室工作职责；组织学生参加文明风采大赛，利用墙报、宣传栏、图片展览，观看爱国主义影片，法治进校园活动、升旗仪式、召开主题班会等多种形式开展爱国主义教育、革命传统教育和安全教育，组织学生参加“学雷锋、树新风”等社会公益和实践活动。

开展为期1个月的第5届校园文化节、卡拉OK大赛、2014级幼师专业毕业晚会、拔河比赛、读书月活动、趣味体育活动等活动，丰富学生的课余文化艺术生活，培养学生兴趣和爱好。

【护工护理培训工作】

2016年，吕梁经济管理学校承担部分护工护理的培训任务。挑选人员外出培训，粉刷、维修、改造宿舍、教室、餐厅、实训室，保证4月15日第一期培训如期开学。完成上级部门下达的培训任务，全年共培训6期学员共计2245人，就业人数945人，学员就业稳定率在同类学校中位居前列。其中，北京139人，太原413人，本地393人。

（吕梁经济管理学校）

## ·吕梁职业中专·

【学生思想道德建设】

2016年，吕梁职业中专把学生的思想道德教育摆在重要位置。加强对班主任工作的引导和管理，以班级为单位对学生进行思想道德建设，坚持每周一下午召开班主任例会，每月召开一次班主任德育工作座谈会，了解掌握学生思想动态，抑制学生中不健康的苗头滋长，处理解决违反校规校纪的现象和问题，总结班主任工作的经验教训；坚持每周一升旗仪式不动摇，通过每位学生在国旗下的演讲，以同学教育同学，培养和树立学生的爱国主义情操和社会主义核心价值观；对刚入学的新生进行为期10天的军事化训练，培养他们吃苦耐劳的品质和良好的日常行为习惯，增强学生的文明礼貌意识；4月、5月举办春季田径运动会和师生篮球友谊赛，对取得良好成绩的团体和个人进行表彰奖励；新开辟180余平方米的思想道德教育专栏，利用伟人名言警句激发鼓励学生积极向上，奋发进取；确立学校、家庭、社会三位一体教育模式，加强学校与家长的沟通，及时反馈学生在校表现，争取家长对学校教育工作的配合和支持；依法依规对学生进行管理，明确学校、学生、家长责任，在新生入学、三年级实习初期，学校都要与学生、家长签订合同协议或保证书；聘请4名教官配合学校对学生的日常卫生、集体活动、课堂秩序以及遵守校规校纪等进行监管。

【教学管理】

2016年，吕梁职业中专加强教学管理。组织管理上，加强对各学科教学计划的管理。要求教育教学计划要做到“三贴近一创新”，即贴近学生的学习实际，贴近学生就业或升学实际，贴近学校现有条件的实际；创新教育教学的方式方法。组织教师进行教学观摩，相互交流、相互学习；开展技能比赛，4月19日组织幼师学生进行幼儿教育技能比赛，11月25日，组织计算机班的学生进行计算机图文混编技能比赛，5月7日，组织当年毕业生进行技能鉴定考试工作；高中学生助学金的发放严格实行与学业成绩挂钩；对高考辅导成绩突出的教师进行奖励；10月24日至10月28日，组织幼师学生到吕梁市春苗幼儿园进行为期1周的见习；组织幼师班学生接受市教育局语委办的普通话水平测试。

【办学条件改善】

2016年，吕梁职业中专面貌有较大改观，重新设计修建学校大门，对原临街长92米高2.7米的围墙进行拆旧翻新；对校内花园重新进行规划修整，新修路面300余平方米，补种移种6米高的松柏树8颗；对原面积5200余平方米厚18厘米的水泥操场地面全部进行翻新改造，涂刷地平漆4300余平方米；拆除影响学校整体规划的餐厅北面平房200余平方米，并在原址新修文化墙180余平方米；对综合教学楼顶层和学校厕所及车库顶层共900余平方米进行防漏水处理，其中综合教学楼顶层700余平方米由原承建单位负责处理；重新更换地下暖气管道72米，更换学生用高低床150支。

（吕梁职业中专）

## ·吕梁高级技工学校·

### 【教学改革】

2016年，吕梁高级技工学校重视一体化教学课程开发。对电气自动化设备安装与维修专业的《可编程控制器》《电动机组装与维修》两门课程作进一步的开发，增加变频器、触摸屏、传感器、气体传动、电动机的安装与维修等技术8项，训练项目完全按照世界技能大赛的要求，对应有设备组装、电路安装、编程控制3个项目。

严格执行学生学习评价制度。依据学生学习评价制度，本学期末对学生在学习过程中的纪律、作业、笔记、学习积极性、团队精神、工作计划的制定、学习任务的完成、期末理论测试和课程设计等9项项内容进行评价，成绩优良率在上一年的基础上增加8.2个百分点，达87.2%。

一体化教师素质稳步提升。机电系教师的培训采取内部理论培训与外部技能培训相结合的方式。内部基础知识培训由退休老教师张生祥主讲，青年教师参训达到180人次；外部技能培训是派青年教师去设备生产厂和省技能训练点进行柔性生产线、电子技术、电机装配、数控机床电气设备的安装与维修、物联网等5项技术和维修电工、数控加工、计算机应用等3个工种的培训。经过学习培训，专业课的主讲老师由上年的5名增加至7名。其中3名教师分别获得维修电工和数控加工的高级技师职业资格证书，2名教师获得维修电工、计算机基础操作技师职业资格证书，形成一支结构合理、素质优良、技能娴熟的教师队伍。

打造3个省级专业实训基地。投资686.91万元建起3个省级实训基地。其中，投资366.35万元建起电气自动化设备安装与维修专业实训基地，投资134.56万元建起矿山机电专业实训基地，投资156万元建起计算机应用与维修专业实训基地。建成照明线路的安装与维修、柔性生产线、电动机组装与维修、电子技术实训、物联网、矿山机电、机械加工、工厂供配电等13个实训室，共有设备101台（套）。还投资30万元建成家政服务实训室。

技能大赛成绩良好。5月24日至6月1日，吕梁高级技工学校选派李文杰、李根等6名学生分别参加山西省第10届职业院校和第12届技工院校技能大赛中机电一体化项目比赛。其中，李文杰、李根2名学生在山西省第十届职业院校的比赛中获二等奖，樊连枝被大赛组委会评为“优秀指导教师”；崔亚军在山西省第12届技工院校的技能大赛中理论成绩取得全省第一名。

### 【吕梁山护工培训】

2016年，吕梁高级技工学校主动承担月嫂育儿嫂的培训任务，被市委、市政府确定为“吕梁山护工定点培训学校”。全年培训护工1954人，到北京、天津、山东、太原等地家政服务机构就业1063人，就业率54.4%。承办吕梁市首届护工（护理）行业职工技能大赛（育婴师项目）。

### 【离石区新型职业农民培训】

2016年，吕梁高级技工学校与离石区扶贫办联合开展离石区新型职业农民培训工作，涉及核桃经济林管护、电子商务、丝网花编织等工种。培训采用集中理论知识培训和实地专业技能培训相结合的方式，组织学员在课堂上开展技术交流活动，组织学员到实地进行现场讲课。全年培训各级各类人员1077人，学校被市人社局、市财政局认定为“创业培训定点机构”，被离石区脱贫攻坚领导小组办公室确定为离石区新型职业农民培训基地。

【招生工作】

2016年，吕梁高级技工学校招生工作结合吕梁市经济转型主导产业，新开设有色金属冶炼专业，并且与中国铝业山西华兴铝业有限公司、山西中铝华润有限公司等5家大型企业签订订单培养协议；利用中考、高考期间分别到各县、市、区进行招生宣传，并在县乡设立招生联络点。通过实施走村入户、电话问询及以上各种有效措施，招收新生441人，完成年初制定的400人的招生任务。在高级技工班的46名新生中，有11名大专毕业生；在7个中级技工班的新生中，70%以上参加过中考，生源质量提高。

【开办对口升学班】

2016年，在对口升学考试中，吕梁高级技工学校学生报名34人，其中1名学生达一批本科线，4名学生达二批本科线，其余学生均在专科提档线上。暑假招生期间，学校成立对口升学部，组建11人教学管理团队，对口升学班的54名学生进入吕梁高级技工学校。

【学校质量管理体系建设】

2016年，吕梁高级技工学校着手质量管理体系的换版工作。2015版体系新标准在9月投入试运行。12月27日至29日，北京中安质环认证中心高级审核员原弘一行2人到校进行现场审核，审核覆盖学校各个部门，审核确认学校管理体系的持续符合性和有效性，确认认证范围的持续相关性和适宜性，审核结果持续满足认证标准要求，予以推荐认证资格。通过边审核边指导边完善，增强科级以上干部和所有内审员对体系的认知和了解，为学校管理体系有效运行奠定基础。

（吕梁高级技工学校）

## ·吕梁市聋哑学校·

【概况】

2016年，吕梁市聋哑学校在学前康复教育上添置近百万元设备，继续派出语训教师参加高端专业培训。派出16人次参加全国特殊学校职业教育教学视频评选暨办学成果展示会、全省特殊学校职业教育教师培训会、全国特殊教育信息技术与职业教育年会、省健身操教练培训、全省和全国听力语言康复专业技术培训和国家及省国培项目的学习，促进大家思想业务素质提升。学校个训课、集体课、区角课完全成型，开展的生动活泼。个别化教学、家长会、亲子游戏、公开评课活动有序进行。

2016年，吕梁市聋哑学校把开办高中职业阶段教育作为一项重要工作、重点项目列入计划开展工作。成立领导组，多次专题研究筹办事宜。市教育局以吕教发〔2016〕52号文下发批准开办高中职业教育的批复通知。9月，22名职业高中班同学如期入学。在烘焙和烹饪两个专业学习中，学生们专业技能、技巧得到提高。

【教育模式创新】

2016年，吕梁市聋哑学校在促进盲生体能训练和素质教育上，聘请市体校的柔道教练，投资10多万元建起柔道训练教室，开展盲生柔道训练，从培养学生对柔道的兴趣入手，强化身体的耐力、速度、柔韧性和协调性，学生身体的灵活性和运动力显著增强。11月，6名盲生被省市残联选中参加全国残奥会选手选拔训练。聘请朗诵教师，开设朗诵教学课，丰富和提高盲生文化艺术素养，引导学生对诗词美文产生学习兴趣，拓展盲生教育领域，提升学生的综合素养和参加社会实践的能力。在丰富聋生的动手能力和审美情趣，提升美育素养上，开展聋生沙画课教学与实践，得到柳林卷毛孩沙画老师支持和无偿援助，义务为聋哑学校学生每周上一堂沙画课，还与柳林县仁爱志愿者协会共同为聋哑学校捐赠6台沙画台，为沙画教学打下良好基础。围棋课教学得到强化，一方面强化师资素质，送出去培养专职教师，提升教学水平。另一方面分组分段强化学生训练，组织学生参加城区赛事活动，在竞赛中增长见识，提升能力。学校的围棋教学得到市围棋协会的重视和支持，在第八届金厦杯2016山西业余围棋联赛期间，12月17日，围棋国手、世界女子围棋第一人芮乃伟、围棋文化学者王元以及丁波、孟泰龄、陈瑞、李莹等10余位职业棋手到吕梁市聋哑学校参观指导学生围棋教学。传统的编织、手工、实用美术、美容美发、缝纫、剪纸、书法等职业教育和技能训练教学质量提升，拓宽教学领域，丰富教学内涵，取得新成绩。全年共完成各类作品1772件。有10名同学的手工美术作品在“全国第14届少儿美术杯年度艺术评选”中，2名同学获一等奖，5名同学获二等奖，3名同学获三等奖，李泽玲获指导老师二等奖。薛艳峰、李泽玲老师在参加全国特殊学校职业教育教学视频评选暨办学成果展示活动中，分别获听障教育组课堂实录作品一、二等奖。12月，薛艳峰在全国特殊教育学校信息技术与职业教育年会上现场进行课例《百搭蜈蚣辫》的展示，获得好评。

【后勤服务】

2016年，吕梁市聋哑学校建起装有大型电子屏、律动、音响设备齐全的律动教室兼会议室的多功能排演厅。为节约开支，把教学楼所用照明灯改成了LED灯。为解决学生宿舍暖气片少而寒冷的问题，利用国庆假日期间，给学生宿舍增加暖气，确保温暖过冬。为用气用电安全，对厨房天然气管路，线路进行更换。为开展职业教育，增设高中部厨师训练室。

2016年，在改善学生伙食上，完善自助餐餐饮方式，提高伙食标准，确保一日三餐四菜一汤加主食，中午配水果，早点有鸡蛋、牛奶。

（吕梁市聋哑学校）

## 基础教育

### ·吕梁市贺昌中学·

【概况】

2016年，吕梁市贺昌中学高考二本以上人数252人，600分以上6人，两个国际班实现二本达线率100%，一本达线率73.3%。成为“低进高出、高进优出”高考典范，获市教体局“年度高考成绩优秀奖”。被市社会治安综合治理委员会评为“2016年度社会治安综合治理先进单位”，被省总工会评为“六有工会示范单位“，被市直工委评为“吕梁市先进党组织”。

【教学工作】

2016年，吕梁市贺昌中学发挥特色教育资源，提升学生思想素养。在挖掘深厚历史底蕴的同时注重教育载体的创新，利用文庙、校史陈列馆、贺昌纪念馆等资源，对学生进行理想信念教育，让学生以读书为乐，以勤奋为荣。开通远程教学，分享优质教育资源。为实现以学生为中心的个性化学习目标，探索信息化环境下的教学方式，贺昌中学于2014年秋季与北京101远程教育网校合作，开设信息实验班，实行5+2高效课堂。即周一至周五除常规教学外，每天加一节101网校课，由学生自主学习，解决当天出现的问题，或者进行专题训练等。周六周日学生在网络教室或家中按照101网络课堂自主学习。这样就把网络教育与学校教学有效结合起来，打破传统课堂对时间和空间的限制，学生既能随时随地学习（自习课、休息时间、周末），又能根据自己的学习情况自主安排收听的课程，有利于培养学生的自主学习能力，快速提高成绩。教师也可利用101教师专业发展平台学习全国优秀教师的精品课堂，提高自己的教学水平。起初，在高一高二试行，效果良好，10月，拓展到高三年级，高三学生利用学校提供的网络平台挤出课余时间网上听课、网上精练、网上自主测试，学业都得到不同程度的提高。搭建平台展现才华，注重学生全面发展。学校创办校园电视台、校园广播站、校报教师版、校报学生版，让学生自采自编自录自播。校园电视台每周播出贺中新闻、时事聚焦等节目，校园广播站每日按时播报三次，校报教师版出版94期、学生版出版59期。2016年，以建党95周年、长征胜利80周年为契机，抓好节点开展爱党、爱国主题思想教育活动，强化青年学生的爱国情怀和历史使命感。社团活动丰富多彩，传统美德薪火相传。校团委依托学生社团组织开展一系列具有时代意义和德育培养的活动，促进学生身心成长。举办“我爱我家”校园讲解风采大赛、“畅想春天 畅想未来”新年新诗会、学生乒乓球联赛、毽球大赛、羽毛球大赛、师生篮球对抗赛等社团活动。继续重视志愿者队伍建设，坚持做好南关社区服务，开展“弘扬志愿服务精神 创建文明和谐校园”学雷锋主题教育活动，营造“我为人人、人人为我”的志愿服务氛围。开展“清净行动”靓化美化环境、“青春暖流”扶贫助弱送温暖、“践行雷锋精神 争做最美中学生”“清朗网络 青年力量——争做网络文明志愿者”等志愿服务活动。以爱国主义教育为主题，通过举办讲座、开辟校报广播专栏、组织学生实地参观贺昌纪念馆、召开主题班会、举办“长征——历史壮举”主题手抄报展等活动开展“红色传递”主题教育，纪念建党95周年和长征胜利80周年；通过举办法律知识讲座、法治知识图片展览开展“法制进校园”活动。通过举办“创班风 秀班采”班风学风建设PPT展示大赛、“小善大爱”志愿帮扶主题教育、慈善文化进校园、组织慈爱阳光班学生排练节目参加吕梁市庆祝首个中国慈善日“牵手慈善、与爱同行”大型慈善募捐晚会等活动引导学生争做向上向善好青年。争取各种社会资助，帮助贫困学子圆梦。贺昌中学争取各种社会资金、国家助学金，采用“奖、补、助、减”助学办法，开设捡珍珠班、慈爱阳光班等，全校每年享受各类资助的学生2815人次，资助金额220余万元。

【办学条件改善】

2016年，贺昌中学新建装备2个计算机信息教室，保证学生每班每节信息课都能上机学习。与101网校联合开通远程教学，新建7个远程网络教室。更新60个教室的多媒体设施，装备一个录播教室，全方位推进学校现代化建设。

（吕梁市贺昌中学）

## ·吕梁实验中学·

【师资队伍建设】

2016年，吕梁实验中学加强教师职业道德，举办“爱与责任”主题演讲会，开展师德师风专项整治活动。初中、高中分别开展“青年教师课堂教学技能大赛”，教师节表彰模范教师、优秀班主任130名，为106名教师办理职称晋级，全体教师按规定进行教育部教师信息管理数据录入。

组织教师继续教育、普通话培训、汉字规范书写、课件评比等活动，派出70多名教师到太原等地参加高考、中考研讨会、信息技术培训、理化生教师的培训。开展“一师一优课，一课一名师”活动，300多名教师在网上晒课。

【教学管理】

2016年，吕梁实验中学推进课程改革。组织30多名初中教师到左权县宏远学校、武乡二中进行为期一周跟班学习。初一年级、初二年级10个班进行课改实验，取得成效。

落实教学常规管理。在备课、上课、批改、辅导、考试这5个环节上，抓规范，抓落实。每月由教研室组织相关人员检查教师的教案、听课记录、教育教学笔记、学生作业以及各组根据自己的特色制定相应的检查内容，对优秀教案进行公开展评。

优化教学环节，提高课堂效率。坚持每周一次的集体备课活动，规范和完善校本课程。开展优质课评选活动，进行研究性学习，开发校本课程，鼓励大多数教师进行活动设计和讲义。

提高教育教学质量。开设“中考加油站”，高中尖子生强化训练等形式，提高教育教学质量，中考成绩和高考达线人数有新突破，接受国家义务教育质量检测。

【办学行为规范】

2016年，吕梁实验中学严格规范招生秩序。初中招生坚持“免试、就近、划片、分配”原则，根据教育行政部门安排，接收所有户籍在服务区范围的学生和符合条件的进城务工人员随迁子女就读。没有提前招生，也没有举行任何形式的选拔性考试。高中招生按照市教育局下达的计划招生，并执行高中学籍管理政策。

全面实行义务教育均衡编班。初中实行均衡编班、均衡配备教师制度，不举办“快慢班”“强化班”“特优班”“实验班”及其它变相重点班，严格控制班容量，初一、初二年级最大班容量52人。

严格执行作息时间，严格规范课程开设。严格执行国家课程设置方案，开全开足课程。不占用法定节假日、自习时间组织集体补课。

严格规范收费行为。落实国家治理教育乱收费规定，严格按照省、市教育、财政、物价等有关部门核定的收费项目和标准执行。严格教辅材料选用，严格按照一科一辅的原则，在省颁布的《中小学教辅材料评议推荐公告》范围内进行征订和选用，教师不组织学生购买《推荐公告》以外的教辅材料。

加快推进高中办学体制改革。7月2日，市长办公会决定成立领导组，推进学校公办进程。12月19日，市政府召开市长办公会，明确各部门工作职责，全面启动学校公办进程，完成两校固定资产清查工作。

【素质教育推进】

2016年，吕梁实验中学举办秋季田径运动会、第八届校园文化艺术节。学校被教育部命名为全国足球特色学校。对高一年级、初一年级学生进行军训，举办纪念红军长征胜利80周年歌咏比赛。

落实学校体育工作条例，开展阳光体育运动，完善早操、课间操活动，保证学生每天一小时的锻炼时间。7月23日，学校舞蹈队在太原五中参加山西省运动舞蹈锦标赛，舞蹈《桃花红杏花白》获得山西省高中组大集体民族舞一等奖。学校健美操队8月3日在忻州崞乡体育馆参加山西省健美操啦啦操锦标赛《有氧规定四级》和自编啦啦操分别获得1个一等奖和1个二等奖。

2016年体育统招考试中21人参加，17人合格，合格率达81.7%。

学校田径队在2016年吕梁市中学生田径运动会上获得第8名，男子4×100米第1名。篮球队在全市中学生运动会上取得较好成绩。新建体育测试室两个，全校学生体质健康测试数据上传，接受国家教育部体质健康检查。举办广播体操比赛、诗歌朗诵比赛、学生辩论赛。邀请市人民检察院检察官进行“法制进校园”预防青少年犯罪法治教育专题讲座。

【办学条件改善】

2016年，吕梁实验中学为接受国家义务教育质量检查、吕梁市高中办学条件标准化验收，投资80多万元为高中所有教室装备校园监控系统。投资100多万元维修学生宿舍楼、食堂、教学楼顶防水处理，购置部分音体美器材，配备教师电子备课室。保证每名学生都能上机操作；有线网进入每个班级，实现“班班通”；添置理化生实验室仪器设备，初二、三学生实验都能按照教学要求进行，保证每名学生都能动手操作。新建图书室一个，新购置图书4万余册，增加师生阅览用书，方便师生。争取到国家禁毒委禁毒教育图书室，国家投入8万元，学校配套4万元，购置禁毒图书及设备。争取市建设局、财政局等单位，将高中9栋宿舍楼保温节能工程列入省市改造项目，全部由国家、省、市投资，共计6万多平方米，完成立项、评审、招标等前期工作。初中部改建250米跑道操场一个，实行人车分流，保证学生体育活动及安全。学校办学条件改善，各类设施设备达到标准。

（吕梁实验中学）

# 文 化

## 文化建设

**【公共文体服务设施建设】**

2016年，吕梁市文化局加强公共文体服务设施建设。市级图书馆暨文化广场和群众艺术馆暨文化广场项目被市委、市政府列为“2016年吕梁市重点项目建设百日大会战工程”。其中，市图书馆暨文化广场项目于12月7日开工建设，市群众艺术馆暨文化广场建设项目开工前期审批、拆迁、招投标等工作有序进行。市体育馆维修工程接近尾声。市游泳馆维修改造工程完成并于12月30日通过住建局建设工程竣工规划验收。市体育场制定维修改造方案。县级图书馆、文化馆“两馆”达标率大幅提升，全部免费开放。开展“农村公共文化服务提升”活动，在148个乡镇综合文化站、健身广场，3112个行政村文化活动室、农家书屋实现全覆盖基础上，统筹推进基层综合性文化服务中心建设。完成城市社区路径工程56个。核准批复吕梁市航模协会、市射箭协会、市健走协会3个。全年举办拔河、广场舞、健身气功3期二级社会体育指导员培训，培训230人，社会体育指导员遍布全市城镇、乡村，提高科学健身的指导水平，对全民健身活动的开展起到推动作用。

**【群众文体活动】**

2016年，在春节、元宵节“两节”期间，吕梁市文化局组织安排8场文艺演出，书画摄影作品展、廉政电影展、元宵节灯谜竞猜活动共计20余场。市图书馆组织图书阅读、诗朗诵、献爱心等各类型活动、晚会15场次。市群众艺术馆组织安排9场高雅艺术进校园活动、4场画展书法展、4场惠民文艺演出。组织开展以“强健体魄·阳光生活·共享青运”为主题的全民健身活动。把8月定为吕梁市“全民健身月”，举行全市“全民健身月”活动启动仪式并举办吕梁市第二届“晋城银行杯”健身广场舞大赛，共20个队，500余人参赛，在全市掀起全民健身热潮。全年共举办乒乓球、篮球、羽毛球、门球、健身秧歌、象棋、围棋等各类体育比赛百余场，尽可能地满足人民群众的文化体育生活需求。全市开展送戏下乡演出活动450场，受益群众达23万余人；完成公益电影放映3.73万场，观众人数100万余人次。

**【艺术精品创作】**

2016年，吕梁市艺文精品创作取得新成果。围绕“中国梦”主题、纪念红军长征胜利80周年和中国共产党建党95周年节点、“三个文化”等题材，组织市、县文艺院团创作文艺作品。组织举办全市纪念红军长征胜利80周年和中国共产党建党95周年暨吕梁市第七届戏剧剧本、小戏小品、曲艺、歌词征文活动。征集作品59件。其中，大型戏剧剧本类5件，小戏小品类19件，曲艺类18件，歌词类17件。年末着手组织各艺术门类专家开展评审工作。市民间艺术团受邀参加中央军委政治工作部歌舞团创排的纪念红军长征胜利80周年文艺晚会《永远的长征》演出。重点提炼红色精典舞剧《吕梁英雄传》，廉政文化晋剧《孙嘉淦》，挖掘本土历史文化资源新创作大型晋剧《汾阳王》。《吕梁英雄传》参加第11届中国艺术节演艺产品博览交易会、迎“两节”山西省优秀新创舞台剧晋京展演，山西省旅游发展大会文艺节目展演等活动。围绕市委中心工作，开展“脱贫攻坚、造林绿化”主题文艺创作，宣传党的各项扶贫政策。结合文化部门优势，组织市、县创作单位和创作人员以多种艺术形式创作一系列以反映党的精准扶贫、精准脱贫、造林绿化和生态建设为主题的文艺节目、文艺专场。征集作品38件，其中，小戏类11件，小品类4件，歌舞类15件，曲艺类8件。组织市县文艺院团排演文艺专场下乡演出。市直、临县、交城、柳林、中阳等市县文艺院团排演文艺专场10台，到贫困村演出近50场。开展全市地方戏曲剧种普查工作。申报2016年度国家艺术基金3个。完成山西省旅游发展大会吕梁旅游形象电视竞演任务。

**【非物质文化遗产传承保护】**

2016年，吕梁市文化局组织完成第九批市级非物质文化遗产名录项目和第五批市级非物质文化遗产项目代表性传承人专家评审论证、公示等工作。推荐15个项目申报第五批省级非物质文化遗产名录项目评审。督促晋中文化生态保护区吕梁片区4个县（市）完成年度目标任务，依托传统村落和历史文化街区开展非物质文化遗产项目保护传承活动。组织完成2016年全市38个试点乡镇“乡村文化记忆工程”的普查、搜集、整理材料等工作。

**【文化体育产业发展】**

2016年，以市政府名义出台《吕梁市人民政府关于加快发展体育产业促进体育消费的实施意见》。推进文化与旅游等产业融合发展。加大文化旅游项目宣传力度。组织推介44个文化体育产业招商引资项目参加深圳文博会、西安文化旅游推介会；在新疆乌鲁木齐举办的“体育文化·体育旅游博览会”上，对吕梁市文水苍儿会景区、方山北武当、临县碛口景区、临县大唢呐、交城庞泉沟5个项目进行灯箱展板、滚动视频宣传。开展文化体育活动进景区活动。孝义皮影、木偶在三皇庙旅游景区进行集中展示，临县大唢呐专门创作整台剧目、在临县碛口景区旅游旺季集中进行演出，汾阳贾家庄贾街设置专门舞台，每周六、日进行特色民俗表演；在文水苍儿会、汾阳贾家庄等景区组织马拉松赛跑、拔河等体育活动。推动文化节庆活动与旅游融合发展。利用全市的传统庙会、节庆，将非遗项目展示、文艺演出、书法、摄影展览、体育比赛等文化体育活动融入其中，打造岚县面塑节、白龙山古会暨旅游文化节、方山北武当桃花节暨“三月三”庙会、柳林盘子会年俗文化节、孝义市“孝、义”年俗文化节、临县青塘粽子节、临县碛口红枣艺术节等品牌节庆活动。做好文化体育产业项目、资金申报工作。临县黄河大唢呐旅游演艺项目和方山于成龙廉政文化产业园项目被省文化厅确定为2016年度中央财政文化产业专项资金推荐项目。向市发改委报送3年滚动投资计划项目23个。逐步建立完善文化体育产业招商引资项目库。全市共收集整理文化体育产业招商引资项目70余个。做好体育彩票销售和渠道发展工作。截至2016年12月31日，吕梁市体育彩票实现销售2.17亿元，全省总量排名第三，新增销售终端52台。

**【广播影视事业建设】**

2016年，吕梁市历时两年的“户户通”工作完成通过省级验收。市文化局加大监管力度，开展“清理整顿非法广播电视设施”专项行动，与违规单位签订临时运行期“安全保证责任书”。

加强广告和互联网视听节目管理，对广告违规部门及时下达整改通知书。打击非法销售卫星地面接收设施违法违规行为。高山电视转播台时刻紧绷安全播出之弦，突出防范重点，加强技术培训，落实机房管理、值班等制度，严格执行设备日常操作流程，全年安全播出实现“零失误”。

【新闻出版（版权）工作】

2016年，吕梁市文化局加强新闻记者队伍建设，提高新闻采编队伍整体素质，全面规范新闻采编工作。规范全市连续性内部资料性出版物编印单位的出版行为。对全市图书零售、音像制品零售等出版物经营单位进行严格检查。开展中小学教辅材料出版发行监管专项督查工作。加强教辅材料发行和零售环节的检查力度。开展“4.26”世界知识产权日活动。倡导全民阅读，建设书香吕梁。开展春季中小学教辅材料出版发行监管专项督查工作，加大校园周边的出版物市场的检查力度和频度。检查出版物场所190家次，收缴各类非法盗版教辅材料、非法少儿出版物3200多本（册、份），非法、盗版音像制品300多盘，取缔非法游商、地摊9处，打击各类非法经营行为。

【“扫黄打非”工作】

2016年，吕梁市文化局组织开展专项行动。举行“2016年全市侵权盗版及非法出版物集中销毁”活动和“绿书签行动”。开展全市政治性非法出版物专项检查，没收非法出版物500本，非法报刊300份（册），宗教类书籍100本。

【平安文化市场建设】

2016年，吕梁市文化局继续深化行政审批制度改革。承接省下放行政审批项目7项，下放至县（市、区）审批项目3项。严格执行行政审批首问负责制、一次性告知制等制度。各县（市、区）完成全市网吧、娱乐场所年检换证工作。按行业和地区分户登记，建立全市文化市场经营单位档案库。以网吧管理为重点，升级改造网吧监管平台，落实身份证等有效证件入场核对登记、未成年人禁入、在醒目处悬挂“12318”举报牌等文化市场建设管理基本制度，提升服务水平，树立行业形象，全市网吧连锁化经营达到100%。全市文化市场执法队伍共出动车辆680台次，出动执法人员2299人次，检查网吧289家次、歌舞娱乐场所94家、印刷经营单位67家、书报刊经营单位133家、音像（电子）、出版物经营单位14家、电影放映场所22家。

（吕梁市文化局）

## 新闻办工作

【舆论引导】

2016年，吕梁市新闻办加强媒体沟通，营造良好舆论环境。共接待《人民日报》、“新华社”、《山西日报》、“山西电视台”等主流媒体记者400余名，发表宣传吕梁的稿件400余篇。接待《香港商报》、《文汇报》等港澳媒体，也有海外华文媒体高层采风团，更有“华盛顿邮报”“新鹿特丹时报”等国外媒体。针对不同的媒体性质，市新闻办向媒体介绍情况，交流沟通，取得支持和理解，为吕梁市经济发展创造良好舆论环境。

利用各种平台，重塑吕梁形象。5月，吕梁市新闻办到深圳参加第12届深圳文博会，与市委宣传部共同制作吕梁市对外城市形象片和外宣纪念品，在吕梁市新闻办官方微博、微信平台“吕梁发布”上，以图文并茂的形式，全程跟进，同步报道。6月18日，新闻办邀请来自美国、加拿大、澳大利亚的“洋眼看山西”采风团，到吕梁品味碛口古镇神韵，感受苍儿会自然风光，向世界展示吕梁的人文景观。9月21日至23日，“走进山西看发展”——第11届全国网络媒体山西行采访团”到吕梁。《吕梁苍儿会美

若仙境 全国网媒记者在华北绿肺深呼吸》等40余篇深度报道。9月23日，山西（运城·临汾·吕梁）特色农产品北京展销会期间，新闻办组织人民日报、新华社等20多家中央新闻媒体发稿26篇，其中新华网《吕梁特色农产品进京展销 市长晒出“家底”》等报道被大量阅读转载。

围绕市委中心工作，开展对外宣传。脱贫攻坚方面：新华社山西分社连续在新华社国内动态清样内参编发和公开报道6篇新闻办的工作情况，新闻办采写的《吕梁市打出“组合拳”，帮助枣农推销1.25亿公斤红枣》《“贫中之贫”，吕梁怎样如期“摘帽”》等稿件都产生影响。吕梁换届工作方面：在吕梁市148个乡镇党委、人大、政府换届工作结束之际，新闻办组织中央、省级媒体围绕吕梁市换届风清气正，换出新气象方面做宣传。新华社《瞭望》发表的《吕梁换届侧记》影响很大。招商恳谈会报道：6月25日，“迎老乡、邀客商、兴吕梁”恳谈会启幕，新华社、中央电视台等26家中央、省级主流媒体记者，通过传统纸媒、现场直播、微信公众平台推送，共计发稿30余篇，被各种媒体转发、评论数百次。《吕梁市“营销”打起情怀牌》等报道掀起热潮。

吕梁山护工。在吕梁山护工的报道中，新闻办组织中新社、农民日报对市委连续几次欢送吕梁山护工情况的报道，在全国产生很大影响，如《煤炭重地山西吕梁的新思路：从挖煤到挖人力》《市委书记为“吕梁山护工”送行》等。

外宣品制作。市新闻办印制2000本笔记本，内容涵盖吕梁市自然景观、红色记忆、吕梁名人、非遗文化、吕梁特产等，作为吕梁市外宣品，向外界推介吕梁，宣传吕梁。在深圳文博会，市新闻办与市委宣传部共同制作吕梁市对外城市形象片和外宣纪念品。新闻办自己制作的“我的城市我的家”摄影短片影响巨大。

## 【新闻发布工作】

2016年，吕梁市新闻办共召开7次新闻发布会。3月15日，新闻办召开“山西品牌中华行—省内行（吕梁站）”新闻发布会。4月25日，新闻办召开新闻发布会，就吕梁交警第二季度预防重特大道路交通事故专项整治行动，向社会公布对道路交通事故的“五个加强”工作措施。5月31日，新闻办召开新闻发布会，就“吕梁市第二届黄河（西湾）当代影像双年展”活动的基本情况，进行新闻发布。7月15日，新闻办帮助岚县在太原召开第二届“土豆花开了”旅游文化月新闻发布会。8月5日，“2016中国·文水清凉夏日”旅游文化季新闻发布会在太原召开，50余家国家、省、市新闻媒体的百余名记者前往参与报道，发稿48篇。9月30日，交城县以“醉美交城山，梦幻庞泉沟”为主题的全国摄影大展启动仪式在太原举行。新闻办组织人民日报、新华社等中央驻晋、省、市新闻媒体发表大量稿件。12月29日，新闻办与吕梁市公安局一起，举行打击毒品犯罪新闻发布会，对近期吕梁警方侦破几起毒品目标案和跨省贩毒案进行通报。

## 【新媒体建设】

2016年，吕梁市新闻办加强新媒体建设。新闻办实名认证的官方微博“吕梁发布”，截至年底，新浪官方微博粉丝数达到17万。“吕梁发布”公众微信号，在“城市掠影、大美吕梁、县市直播、时事聚焦”专栏基础上，围绕市委、市政府中心工作，开辟“百日大会战每日战报、媒体看吕梁”新栏目。在运营过程中，新闻办一方面抓吕梁发布的稿件质量，严格审核把关，同时抓新闻的时效，使得“吕梁发布”在1年中粉丝数由2000发展到10万。为弥补“吕梁发布”官方微信1天只能发1次、1次8条信息的缺陷，开通“吕梁发布”今日头条号。截至年底，“吕梁发布”头条号累计阅读量突破200万。在“吕梁发布”平台上，市新闻办举行吕梁市第四届“道德模范评选活动”“大美苍儿会”主体摄影随手拍的网络投票活动。在一些突发事件中，新闻办利用“吕梁发布”官方微博、官方微信和今日头条号，主动发声，应对媒体。针对吕梁市的一些突发事件或者媒体对吕梁的一些报道，新闻办分别及时予以回应和情况说明。如吕梁两县国土局长属正常调整并非受处分“互换”，吕梁市和兴县就媒体所曝华兴铝业污染问题展开调查，吕梁市和交口县对道尔铝业污染问题展开调查等。

（吕梁市新闻办）

## 吕梁日报

### 【主题宣传和重点报道】

2016年，吕梁日报社围绕全市中心工作，坚持团结、稳定、鼓劲和正面宣传为主方针，开展“走基层、转作风、改文风”活动，突出抓12方面的主题宣传和重点报道。

全方位立体式做好扶贫攻坚系列报道，唱好新闻扶贫重头戏。在报纸上开设“脱贫攻坚决战看吕梁”“脱贫攻坚决战看吕梁——县（市、区）委书记访谈”“精准帮扶 脱贫攻坚”“精准帮扶·脱贫攻坚——脱贫致富先进典型风采录”“全力打赢脱贫攻坚战”“全力打赢脱贫攻坚战”——县（市、区）长专访”“三级联动凝心聚力 进村入户精准脱贫”“三级书记奔赴贫困村 精准脱贫调研大行动·日志”“精准脱贫吕梁在行动·脱贫故事”“精准脱贫吕梁在攻坚”“脱贫攻坚进行时”“脱贫攻坚看临县”“脱贫攻坚看方山”等专栏，共计发稿200余篇，对全市各级各部门学习贯彻落实五中、六中全会精神的思路、措施、办法以及产业扶贫等进行深入报道，对各县书记县长进行专访。

“两学一做”学习教育报道。全市“两学一做”学习教育活动开展以来，报纸新闻报道循序渐进、点面结合、把握重点、反映亮点，报纸一版、三版开设“学习党章党规 学系列讲话 做合格党员”“学‘七一’讲话 做岗位标兵”“身边的榜样”“先锋颂”等专栏，发稿100余篇，全方位报道吕梁市“两学一做”学习教育活动开展情况、典型经验和活动成效，为学习教育活动的开展营造舆论氛围。

记者走基层系列报道。深化走转改活动，记者编辑深入基层一线，走进工厂矿区、田间地头、学校社区、群众炕头，采写大量接地气的新闻，反映群众喜怒哀乐、生活变化，开设《第一现场》《新春走基层》《行进中国·精彩故事——走基层 赞变化》《“两学一做”我们走转改》《贯彻落实第四次党代会精神——走基层看变化》等专栏，发稿100余篇。

农业产业化和农产品品牌化的报道。随着“8+2”农业产业化的推进，吕梁市农业呈现出产业特色化、布局区域化、基地规模化、生产标准化、农民组织化、产品品牌化同步发展的格局，农民参与农业产业化的积极性空前高涨，收入水平明显提高。吕梁日报社开设《大力推进‘8+2’农业产业化》《聚焦特色农业产业》《发展农业经济 促进农民增收 大力实施“8+2”农业产业化振兴计划》专栏，将“8+2”农业产业化与精准扶贫紧密结合，共发稿50余篇。

新作为新成就系列报道。报纸一版开设《新布局、新发展、新形象》《塑造吕梁美好形象 实现吕梁振兴崛起》《塑造吕梁美好形象 实现吕梁振兴崛起——以优异成绩迎接市第四次党代会》《塑造吕梁美好形象 实现吕梁振兴崛起——以实际行动贯彻落实市第四次党代会精神》等专栏，全面展示吕梁市重点项目建设、基础设施、医疗卫生、文化、教育、社会保障等方面取得的成就，发稿60余篇。

“两会”报道。吕梁日报社会前推出“代表风采”“委员风采”“重点提案办理盘点”“重点建议办理盘点”等专栏，派出记者进行全面采访报道，共刊发稿件20余篇。会议期间在做好程序性报道的同时，推出“两会见闻”“图说两会”“建议点击”“两会关注”“重点关注”“会内会外”等专栏，以数字、图片等形式生动诠释政府工作报告和“十三五”规划建议。共刊发10个专版、157篇稿件。其中，消息69篇，通讯57篇，图片27篇，社论4篇。会后结合“十三五”规划纲要以及政府工作报告内容等，对代表委员、各县市区如何贯彻落实“两会”精神进行追踪采访，反映“两会”召开在干部群众中引起的反响、普通民众对新生活的期盼和祝愿。

吕梁护工（护理）工作报道。吕梁是全省脱贫攻坚主战场。在市委、市政府提出的“三个一扶贫行动”中，以护工护理和家政培训为重点的就业行动是贫困劳动力脱贫致富最直接、最有效的途径，报纸一版推出《展示护工形象 打造吕梁品牌》《展示护工形象 打造吕梁品牌·护工故事》专栏，刊发稿件100余篇，全面报道市政府就护工培训工作出台的政策、后勤保障以及典型人物就业、创业致富的事迹。报纸刊发“吕梁山护工护理培训”2个整版，刊发有关图片共13张。推出《吹响扶贫攻坚冲锋号》《吕梁山护工培训工作纪实》《乔志红：护工培训改变了我的生活》《走出大山——石楼县百名护工千里进京就业侧记》《为雇主排忧解难就是最大的幸福》《挣着钱享受着快乐》等一批稿件，刊发《王清宪书记在吕梁山护工走出大山欢送仪式上的讲话》，引起社会广泛关注。

“冬季行动”系列报道。按照全省“冬季行动”和市委工作安排，报纸一版、三版开设《冬季行动在吕梁》《冬季行动在吕梁·山河多娇英雄吕梁》等专栏，共刊发稿件500余篇；报纸刊发“冬季行动”摄影专版1个整版，吕梁日报微信公众平台发稿60余条，吕梁新闻网首页开设“冬季行动在吕梁”专题，为全市“冬季行动”开展营造舆论氛围。

“百日大会战”系列报道。5月24日，召开新区安置和市区重点项目建设百日大会战动员大会。大会战从5月下旬开始，集中100天时间，以村民回迁安置、城市基础项目建设及城中村和棚户区改造为重点，集中打好新区安置区建设、安置配套工程、市区重点项目、棚户区改造、征收拆迁、项目融资“六大攻坚战”。报纸一版、三版开设“打好打胜百日大会战”“百日大会战·战报”专栏，共发稿100余篇。

围绕全市脱贫攻坚、生态建设、转型发展三大任务，策划形式多样的主题报道，开设“提振信心 奋发有为·大家谈”“引深三大突破 发展电子商务”“聚焦特色农业产业”“迎老乡 邀客商 兴吕梁 嘉宾访谈”“脱贫攻坚决战看吕梁”“展示护工形象 打造吕梁品牌”“创业故事”“实现优势互补 促进合作共赢——五大知名电商平台企业负责人访谈”“专家支招 顶层设计——我市铝工业专家论证会嘉宾访谈”“吕梁新声”“打好打胜百日大会战”等栏目，共发稿100余篇。

“造林绿化”系列报道。10月14日，报纸一版刊发“全市造林绿化暨城区可视山体一次成林行动”动员大会会议消息《用五年时间让吕梁不再有荒山荒地荒坡荒沟》，并配发新闻图片，刊发侧记《绿水青山就是金山银山》以及消息《干部群众看直播 街头巷尾议造林》，配发评论《全面掀起植树造林新高潮》，这一系列组合拳式的报道掀起全市造林绿化的宣传热潮。在一版开设专栏《全民搞绿化 全力抓生态》，刊发全市各部门各单位开展植树造林的安排、部署、落实等动态新闻及全市各行各业及广大群众共同参与活动的新闻，截至12月底，共刊发相关稿件50余篇，图片20余张。同时推出专访，推出李俊平副市长专访报道《采取超常规手段 全力推进全市造林绿化工作——访副市长李俊平》、林业局局长刘凤平专访报道《坚定信心 鼓足勇气 打好生态建设、造林绿化这场硬仗——访林业局局长刘凤平》。做好公益宣传广告。截至12月底，报纸一版报眼位置共推出“全民动员参与生态建设 留给子孙万代绿水青山”“让种树记录每个值得纪念的瞬间，让种树成为吕梁人的一种时尚、一种习惯、一种情怀！”“全市人民参与，大打生态建设、造林绿化仗，让吕梁不再有荒山、荒地、荒沟、荒坡。”等10余次公益宣传标语广告。为全市造林绿化工作营造舆论氛围。

全方位、大力度宣传阐释十八届六中全会特别是《准则》《条例》和省第十一次党代会提出的“五个山西”“六个新形象”及治晋理政的各项决策部署，形成规模、形成声势，营造学习宣传贯彻的浓厚氛围。在《吕梁日报》上开设专栏、专版等形式，从10月28日起，刊发全市各县市区、各单位学习贯彻落实十八届六中全会和省第十一次党代会精神动态的报道共计40余条。一版开设《来自省第十一次党代会的报道》专栏，刊发有关稿件10余条。分别对“各县市区学习贯彻省第十一次党代会精神”和“市委宣讲团在各县市区宣讲十八届六中全会和省党代会精神”的动态消息进行集中报道，开设“各县市区学习贯彻省第十一次党代会精神”和“市委宣讲团在各县市区宣讲十八届六中全会和省党代会精神”专栏，截至12月底，共刊发有关稿件15条。刊发《市干部群众认真收听收看省第十一次党代会开幕式》新闻专版，共刊发稿件20余条。刊发“吕梁市学习贯彻落实《中国共产党问责条例》领导干部笔谈摘录”2个整版。

【报纸评论树品牌】

2016年，吕梁日报社共推出各类评论、小言论、理论文章等150余篇，分别为“两学一做”“新布局新发展新形象”“三严三实”“百日大会战”“两会”“全市领导干部大会”“市第四次党代会”等报道撰写刊发社论和系列评论70余篇；为吕梁市召开“迎老乡、邀客商、兴吕梁”恳谈会推出3篇系列评论，为贯彻落实全市领导干部大会精神推出10篇系列评论，发挥报纸舆论引导优势，为市委中心工作营造舆论氛围，受到市委、市政府表扬和肯定。

【版面形式和报道手法创新】

2016年8月23日，《吕梁日报》A4版以图表式、关键词条列式对全市领导干部大会市委书记王清宪讲话进行图解报道；10月2日，《吕梁日报》A4版对市委书记王清宪在中国共产党吕梁市第四次代表大会上的报告进行图解报道。报社组织一批记者采写一批深度调研稿件《产业创新观察与思考·生态建设篇》《产业创新观察与思考·小杂粮篇》《产业创新观察与思考·红枣篇》等。9月25日，《吕梁日报》一版集中一个整版推出来自“来自山西（运城·临汾·吕梁）特色农产品展示展销活动的报道”，用侧记的形式刊发《王书记京城卖杂粮》《王市长广告秀吕梁》的报道。

【新媒体和传统媒体融合发展】

2016年，吕梁新闻网围绕市委、市政府中心工作，发布《吕梁日报》新闻及报纸电子版，开办《两学一做》《提振信心 奋发有为》《打好打胜百日大会战》等专栏。着力于新媒体发展，优化公众微信平台。吕梁日报微信平台拥有粉丝1.5万人。

（吕梁日报社）

## 广播电视

【“两学一做”学习教育报道】

2016年，吕梁广播电视新

闻报道循序渐进、点面结合、把握重点、反映亮点，“吕梁新闻”采用图片、动画等形式，对“两学一做”学习教育活动的重大意义、目标任务等进行阐释，播发系列图解7期；电视台、电台在新闻栏目开设“两学一做学习教育”“身边的共产党员”“践行‘两学一做’争当时代先锋”等专栏，发稿260余条，全面报道吕梁市“两学一做”学习教育活动开展情况、典型经验和活动成效，为学习教育活动的深入开展营造舆论氛围。

【“两会”系列报道】

2016年，吕梁广播电视台本着早动手、早安排原则，“两会”会前采制“人大代表履职风采”“人大建议盘点”系列报道。会议期间在做好程序性报道的同时，开设《报告解读》《跟着记者看“两会”》《代表委员议发展》《我有话对“两会”说》《数读“两会”》专栏，发稿59条，以数字、动画形式生动诠释政府工作报告和“十三五”规划建议。会后结合“十三五”规划纲要以及政府工作报告内容开设《展望十三五》专栏，对代表委员、各县（市区）书记、县（市区）长进行专访，畅谈十三五总体规划，反映“两会”召开在干部群众中引起的反响、普通民众对新生活的期盼和祝愿，采发“新思路开创新局面”“分头脱贫攻坚的产业支撑”等报道30余条。特邀市讲师团、市委党校等部门的专家学者进行详细解读，发稿20余条。

【省、市党代会报道】

2016年，吕梁市第四次党代会期间，吕梁广播电视台开设“聚焦党代会”专栏，会后推出“党代会报告热点系列解读”和“贯彻落实党代会精神”“提振信心、奋发有为”系列访谈专栏，发稿60余条。省第十一次党代会期间，在《山西新闻联播》播出新闻10余条。开设《贯彻党代会精神访谈》，发稿30余条，“新闻观察”连续八天进行解读，《第一民生》对先进人物、典型事迹采发系列报道，配合市委宣传部举办农村第一书记先进典型各县（市区）巡回报告13场。

【吕梁护工专题报道】

2016年，吕梁电视台、广播电台在新闻中推出《吕梁护工闯天下》专栏，播发新闻95条，全面报道市政府出台的政策、后勤保障以及典型人物就业、创业致富的事迹。制作《吕梁护工·走出大山天地宽》大型专题片和优秀护工事迹专题片12个，并依托《第一民生》官方微信，搭建“吕梁山护工”手机报名窗口和信息平台，直接参与报名人数400多人。举办吕梁山护工事迹巡展活动27场，招聘会14场，配发新闻50余条，直接受众2万人，现场发放宣传册2万份，光盘2000张。

【脱贫攻坚系列报道】

2016年，吕梁电视台、广播电台在新闻栏目中开设《展望十三五》《决战十三五 打赢攻坚战》《脱贫攻坚主战场》《百姓话脱贫》《扶贫济困送温暖》《三级书记奔赴贫困村快报》《精准脱贫攻坚》和《精准扶贫实录》《精准脱贫攻坚先锋谱》专栏，发稿260余条，对全市脱贫攻坚工作中的措施、经验、成果以及在扶贫一线的先进人物、典型模范进行集中报道。播出“兴县：领养小母羊，致富有保障”“交城：创新养殖模式，精准助农脱贫”等有深度、影响大的新闻，对全市决战十三五、打赢攻坚战提供舆论支持。

【“百日大会战”系列报道】

2016年，吕梁市以村民回迁安置、城市基础项目建设及城中村和棚户区改造为重点，集中打好新区安置区建设、安置配套工程、市区重点项目、棚户区改造、征收拆迁、项目融资“六大攻坚战”，市电视台、电台在新闻节目中开设“百日大会战”“百日大会战·战报”专栏，《第一民生》开设“百日大会战 我们在现场”专栏，重点以记者体验的方式追踪工程进度，督促工程快速推进，采发“大会战中转作风”“方山：决战一百天确保安置区群众顺利回迁”“记者探访吕梁新区安置房建设情况”“吕梁新区滨河景观工程开工”等报道270余条。

【农业“8+2”报道】

2016年，随着“8+2”农业产业化推进，吕梁广播电视台开设《关注农业8+2》《8+2农业转型 农民增收》专栏，将“8+2”农业产业化与精准扶贫紧密结合，共发稿96条。

【记者走基层系列报道】

2016年，吕梁广播电视台记者编辑到基层一线，走进工厂矿区、田间地头、学校社区、群众炕头，采制大量接地气新闻，反映群众喜怒哀乐、生产生活和发展变化，开设《关注春运》《新春走基层》《走基层 看落实》《春节 在岗位》《出彩吕梁人》等专栏，采发“新春走基层为让枣农过好年”“春耕备耕进行时”“人勤春来早菜农育苗忙”等70多条新闻稿件，做到群众唱主角，节目接地气。

【新作为新成就系列报道】

2016年初，《吕梁新闻》《吕梁新闻联播》栏目开设《新作为 新成就》《2015记忆·聚焦新常态 记录新发展》等专栏，对吕梁市2015年及十二五期间经济社会发展情况进行综合盘点，全面展示吕梁市重点项目建设、基础设施、医疗卫生、文化、教育、社会保障等方面取得的巨大成就，发稿45余条。

【“冬季行动”系列报道】

2016年，按照全省“冬季行动”和市委工作安排，吕梁电视台《吕梁新闻》、《直通县市区》、电台《吕梁新闻联播》、《直播吕梁》、《整点资讯》栏目中开设《冬季行动见行动》、《冬季行动盘点》、《冬季行动回头看》等专栏，发稿187条。《第一民生》推出《冬季行动》系列报道，全面报道吕梁市“冬季行动”开展情况、成效成果，并成立专门的采访报道小组，到全市13县（市、区），对冬季行动清单中的项目进行跟踪报道，起到督促落实的良好作用。《第一民生》作为全省首家播出临县红枣丰收、滞销现状的新闻栏目，记者在深入调研采访基础上，推出“又见枣儿红”系列报道，并制作播出公益宣传片，播出专题节目35期，直接帮助枣农销售红枣80多吨。

【外宣工作】

2016年，吕梁广播电视台派专人驻省台，加强与省台沟通联系，策划经济结构调整、脱贫攻坚、项目建设、生态建设等一批有深度、有影响力的稿件在省台播发。全年在省台发稿457条。其中，《山西新闻联播》发稿202条，《新闻午报》发稿226条，《晚间报道》发稿29条，位居全省市级台第二。广播电台在《山西新闻》和《全省各地联播》中发稿149条，全省排名第三，在中央台发稿98条。

【全省旅游发展大会申办】

2016年，山西省旅游发展大会主办城市申办活动，以电视竞演比赛的方式，通过山西卫视《人说山西好风光》节目展开。从3月开始，吕梁广播电视台按照市委市政府要求，落实方案，精选节目，拍摄制作，在时间紧任务重的情况下，工作人员辗转13个县市区取景拍摄，制作包装，排练节目，并远赴北京采访吕梁籍国际著名导演贾樟柯，制作宣传短片。策划准备初赛、抢位赛和复赛的三场比赛节目，通过《凤点头》《说唱碛口》《酒魂》《吕梁英雄传》，展示吕梁山水之美、红色文化、汾酒之乡、中阳剪纸、孝义皮影等特色文化，获“最具旅游活力城市奖”，让更多的域外人认识吕梁、了解吕梁、爱上吕梁，达到宣传吕梁、展示吕梁的效果。

【服务民生】

2016年，吕梁《第一民生》栏目聚焦民生民事和热点新闻事件，结合供暖、供水、高考、春运、公共交通、生活环境、食品安全、“3·15”等涉及老百姓切身利益的典型事例，采发民生新闻1300多条。8331890帮办热线受社会各界关注，全年共接听电话1.1万多个，记录问题5200多条，解决问题2980件，节目播出后反映答复1690余条。电台《听众热线》栏目播出节目341期，受理问题2100余个，解决问题1960个，反馈率100%，落实率达95%以上。

**【《一代廉吏于成龙族规家训》专题片采制】**

2016年，吕梁广播电视台摄制组人员，到方山于成龙故乡、离石安国寺、柳林三交镇的黄河岸边进行取景拍摄，并随《于成龙》电视剧组，到榆次后沟、榆次老城，江苏无锡影视基地，以及于成龙当年的初仕之地——广西罗城进行采访拍摄。历时3个多月，完成《一代廉吏于成龙族规家训》专题片摄制任务。该片5月30日在中央纪委监察部网站头条推出。

**【《人大之声》栏目开播】**

2016年，吕梁市广播电视台结合形势和任务要求，8月23日与市人大办公厅联合开办《人大之声》栏目。栏目以宣传人大制度、弘扬宪法精神、发挥代表作用、建设法治吕梁为宗旨，开设《监督纵横》《一府两院》《代表履职》《建议追踪》《民生民声》《特别报道》《基层人大》和《人大知识》8个板块，将人大监督与舆论监督有机结合。

**【新媒体和传统媒体的融合发展】**

2016年，吕梁市广播电视台所有自办电视节目、栏目在广播电视网和电视台公众微信平台上实现当日上载推送，两个公众微信的粉丝量达1.8万名。《第一民生》公众微信平台成为推动新媒体与传统媒体相互融合的先锋产品，现有固定关注人群近10万，单条视频新闻播放量达60万次，每日阅读量5万次左右，转发量5000次，在全省公众微信平台中名列前茅。新闻综合广播微信平台拥有粉丝8600余人，吕梁交通广播公众微信平台拥有粉丝2.8万余人，广播电台微博拥有粉丝6.4万余人。开通广播电台融媒体直播互动平台。新闻综合广播、交通广播开通视频直播平台，完成台网融合项目，实现多角度、高清晰度视频直播。新闻综合广播直播间有24万多人次在线观看，吕梁交通广播有33万多人次在线观看。利用视频直播平台现场直播大型户外活动，填补广播只可听声音没有画面的缺陷，听众的互动与参与度提高。“掌上吕梁”手机台建成并上线运行。7月，吕梁广播电视台在多方调研论证基础上，决定筹建“掌上吕梁”手机台。搭建手机台服务器、流媒体服务器、数据库服务器，对手机台服务器的环境和程序进行配置、测试，对页面和各大板块进行设计和内容编辑，9月上线试运行，11月28日正式启动并上线运行。

**【广电中心项目建设】**

2016年1月，吕梁广播电视台针对吕梁广播电视台基础设施建设严重滞后的实际，结合广播电视事业发展需求，向市政府正式提交《关于广电新闻中心建设选址和立项的请示》。10月9日，在吕梁市新区安置暨百日大会战推进会上，确定吕梁广播电视中心项目建设为吕梁市2017年新区十大重点工程之一。10月25日，常务副市长张广勇主持召开由宣传部、新区办、财政局、住建局、国土局、规划局、文化局、机关事务管理服务中心、吕梁广播电视台、吕梁日报社主要负责人参加的广电中心规划建设专题会议，并下发市长办公会议【2016】43次会议纪要。会议明确，广电中心项目建设由市新区办牵头并作为项目推进主体。

（吕梁广播电视台）

## 地方志

**【第二轮修志工作推进】**

2016年，《吕梁市志》编

纂工作进展很大。在收回2010年以前的各种资料的基础上，2016年，又组织人员补充收集2010—2015年市直各单位和各县（市、区）有关资料。用4个月时间，收回绝大部分补充资料。完成660万字的《吕梁市志》总纂稿。

2016年，各县（市、区）志的编纂工作取得很大成绩。《交城县志》《文水县志》出版发行，《孝义市志》《离石区志》《柳林县志》《临县志》总纂稿完成。

市、县两级年鉴的编纂出版工作。市地方志办公室组织编纂70万字的《吕梁年鉴（2016）》。离石区、文水县、临县、孝义市、交口县均有年鉴出版。吕梁市地方志办被省地方志办授予2016年度“年鉴工作先进单位”称号。离石区、文水县、交口县地方志办被评为2016年度“县级年鉴工作先进集体”。

【《吕梁市乡镇志》的补充、修改】

2016年，吕梁市地方志办公室在各县（市、区）地方志工作人员认真补充资料、把好史实关的基础上，进行补充、修改、校对。出版社完成审稿工作。

【《吕梁市地方志事业发展规划纲要》（2015-2020）编制】

2016年4月，吕梁市地方志办公室编制《吕梁市地方志事业发展规划纲要》（2015—2020年），以吕政办发〔2016〕20号文件下发至各县（市、区）和市直各单位执行。

【《山西年鉴》供稿任务完成】

吕梁市地方志办公室承担为《山西年鉴》提供吕梁市相关资料的任务，并督促13个县（市、区）为《山西年鉴》提供资料。2016年，全部完成市级和13个县（市、区）的供稿任务。

（吕梁市地方志办公室）

## 档案

【档案干部培养】

2016年，吕梁市档案部门举办档案业务、法律法规等各类培训班16次，参训人员2800余人。采用“请进来、走出去”的方式，与安徽、黑龙江、吉林、广东、海南等地的档案同仁进行业务交流，推动档案业务水平提高。方山县档案局举办社会青年档案技能免费培训班，建立参训合格人员信息库，针对有档案整理业务需求的机关单位提供技能输出，解决机关单位档案管理专业人员缺乏的问题。

【档案接收】

2016年，吕梁市档案馆档案接收数量大幅增长，2016年重点接收市直单位2010年前形成的档案，共接收档案1.48万卷、6493件，比2015年增长152%。对档案利用频繁、暂时不能移交的单位实行档案目录移交先行一步，接收目录1.96万条。2016年吕梁市档案馆接收整理实物档案327件，原生电子档案2431件，声像档案1621件，首次接收数字化档案2.7万余幅（页）。2016年吕梁市档案馆继续开展名人（个人）档案、专业档案、非物质文化遗产档案等接收、征集工作。接收吕梁籍原国民党军官李俊才生前部分手稿资料21件、本人著作4册；接收李玉玺个人档案39件；接收市百货纺织品公司档案272卷（件），首开破产改制企业档案接收先河；征集到阎锡山谈话记录资料和著作194件；征集到民间艺人白保英剪纸作品180余件。接受捐赠和征订资料4791册。继续开展口述档案征集工作，征集“四八烈士”后人叶挺之子叶正光、秦邦宪之女秦摩亚等口述档案资料，全市共征集到口述档案32件。

全年共接收档案8.12万卷、3049件，比2015年增加76%。石楼县档案局征集到清代、民国期间的珍贵档案289件，将馆藏档案年份提前了100多年；岚县档案馆征集到明清时期实物档案

5件；兴县档案局采集晋绥老干部的视频档案56小时；柳林县将联盛重组案中所涉5326户债权人的5327卷债权档案全部接收进馆；孝义市档案局征集45位名人档案资料和3例“孝义方言”口述档案资料进馆。

【档案利用】

2016年，吕梁市档案局做好接待查阅工作。市档案局简化查档手续，全年接待查阅890人次，利用档案8502卷，利用档案卷数比2015年增加46%。13个县（市、区）档案部门也创新档案服务方式，拓宽档案工作服务渠道，全年接待查阅1.13人次，利用档案3万卷、1.41万件，卷数比2015年增加17%。举办专题展览。吕梁市档案馆挖掘馆藏档案信息资源，依托爱国主义教育基地展厅，在纪念建党95周年之际举办“党章 党旗 党徽”主题展览，共接待参观者268人，为市直单位开展“两学一做”学习教育提供重要学习教育阵地。临县档案局与临县文化局、书法协会合作举办书法展；岚县档案局与岚县纪委合作举办廉政教育展厅。提高档案信息化利用水平。市档案局在完成馆藏文书档案目录数据库基础上，对现有档案管理系统进行完善，实现4000余卷馆藏档案的原文数据批量挂接；扫描A3格式的报纸档案1.56万幅；完成1.7万余条视频目录数据的编制工作。各县（市、区）全面开展文件级、案卷级目录数字化工作，柳林、孝义、交口、交城等10个县（市、区）都开展全文扫描工作，柳林实现当天扫描、当天挂接、当天备份，取得边扫描边利用的良好效果。石楼县购置专用放像机对县电视台摄制的600余盘新闻视频录像带进行采集。依托馆藏资源编写档案检索工具和参考资料。市档案局（馆）完成98个单位的《组织沿革》《全宗介绍》续编，完成《吕梁市大事记》《吕梁市档案局大事记》《吕梁档案信息汇编（1986—2015）》的编写和《图说“十二五”吕梁市档案工作》《2016年吕梁档案工作照片集》等3个照片集的汇编，出版《走进档案》征文汇编，为利用馆藏资源提供详实可靠的信息依据。兴县史志档案馆编撰31万字的《兴县日军暴行录》一书，石楼县档案局编写的《石楼档案志》进入初稿审校阶段，汾阳市档案局编撰《党章党旗党规知识汇编》一书。

【馆库建设】

2016年，吕梁市档案局推动市、县档案馆库建设，确保档案保管安全保密。加强综合档案馆新馆建设和达标升级工作。临县、方山、兴县、汾阳、文水5个县档案馆达省三级标准，完成“三一三工程”任务，实现全市14个综合档案馆全部达省三级以上标准的目标。推动档案馆新馆建设，石楼县档案馆列入2017年国家重大投资项目，成为吕梁市唯一一家手续齐全、批准立项的项目。建立健全档案实体和档案信息安全管理制度。市档案局建立健全档案应急预案，及时排除馆库安全隐患；按照安全保密要求，与原发文单位协商解密到期文件；鉴定销毁到期档案3682件；为确保档案信息化安全，对2550期310盘视频档案进行抢救迁移；吕梁档案信息网做到及时更新维护。

【档案行政执法】

2016年，吕梁市档案局加大专项督查力度，推动《档案法》等法律法规、两办《意见》及《实施意见》贯彻落实，对市直各单位开展行政执法检查，下达执法通知书15份，要求将每次执法检查过程中发现的问题整改落实到位。6月，全市《档案法》贯彻实施情况报告审议意见工作通过市三届人大会常委会的满意度测评。

【档案宣传工作】

2016年“6·9”国际档案日，《吕梁日报》《吕梁新闻》发布“国际档案日”宣传语。“9·5”《档案法》纪念日和“12·4”

国家宪法日暨全国法制宣传日，编印宣传资料5000余份，制作图版33块，在世纪广场、市委大院、吕梁中药厂、凤山街道办梧桐社区等地设置展区，开展“一走六进”宣传活动，接受社会各界群众咨询900余人次。各县（市、区）档案部门利用宣传海报、微信平台等新形式宣传档案工作，汾阳市在档案法治宣传过程中，利用市委组织部党员信息平台，向全市副科级以上干部、乡镇农村领导等发送档案宣传信息1200余条。

【机关、企事业单位档案工作】

2016年全市达省三级以上单位276个。其中，省一级5个，省二级37个，省三级234个，超过年初目标任务的84%。企事业单位实现规范化管理34个，其中AAA级2个，AA级4个，A级28个。市档案局与市重点办联合发文，对重点工程项目档案工作进行专项督察。对全市精准扶贫建档立卡、土地确权档案、美丽宜居示范村、工业园区建档工作开展业务指导。全市13个县（市、区）都建立非公企业档案工作协作组。孝义鹏飞实业有限公司被命名为“吕梁市非公企业示范档案室”。

【新农村建设档案工作】

按照《吕梁市社会主义新农村建设档案工作示范县实施方案》文件要求，在创建6个社会主义新农村建设档案工作示范县的基础上，2016年中阳县、汾阳市顺利通过省级验收，石楼县做好预验收准备，方山县创建资金到位并开展工作。

（吕梁市档案局）

# 卫 生

## 卫生和计划生育综述

### 【医药卫生体制改革】

2016年，吕梁市13个县(市、区)公立医院改革实现全覆盖，以破除“以药补医”为重点，医院管理体制、运行机制、服务价格调整和人事分配等综合改革政策落实、完善。13个县(市、区)全部开展新农合分级诊疗制度，二级及以下医疗机构基本诊疗病种50种，在县域内实行按病种定额付费，县域外实行限额补偿。55%以上的县(市、区)县域内就诊率达80%以上。建立“能进能出，进出有序”动态考核管理机制，加强对配送企业管理。共有197所基层医疗卫生机构实施基本药物网上平台采购，网采率100%。

### 【计划生育国策贯彻】

2016年，吕梁市全面落实二孩政策。开展基层计划生育管理年活动，全面提升计划生育服务质量，下发“一孩生育服务证”3万余本，“再生育服务证”1万余本。出台《吕梁市关于独生子女父母退休时给予一次性奖励的规定》，编印下发《计划生育政策汇编》5000册，全面提升国策知晓率。足额落实奖扶资金。全年全市确认国家两项奖扶人数8990人，共落实资金1087.15万元，所有资金都通过国家、省级奖扶平台录入全员人口信息库，无一遗漏。402名农村独生子女享受了加10分就读本市高中的优惠政策。严格执行计划生育审查制度。出台《关于规范程序严格进行计划生育审查的通知》，规范单位、个人计划生育审查。全年审查干部提拔236人，否决3人；审查评先评模、人大代表、政协委员等各类干部1000多人次，审查先进单位298个、否决3个。计生家庭发展能力增强。选拔“幸福家庭”238户，上报省卫计委3户，其中1户上报国家卫计委。充实完善计生特殊家庭档案352份，开通计生特困家庭就医“绿色通道”，建立重大疾病援助制度，为确实有困难的计划生育特殊家庭实施免费爱心陪护和医疗救助服务。流动人口卫生计生服务基本实现均等化。形成由26个县级计生妇幼保健中心和疾控中心为龙头，167个社区卫生服务中心和乡镇卫生院(乡计生服务中心)为主体，6285个社区卫生服务站、村卫生室和村计生服务室为网底的公共卫生计生服务体系，基本形成就近服务、方便可及、覆盖全面的公共卫生计生服务圈。开展流动人口动态监测工作，组织健康教育和健康促进活动，举办“筝福营”周末集训和冬令营行动，为留守儿童提供爱的温暖，帮助留守儿童家长学会亲情牵引。

### 【医疗服务能力提升】

2016年，吕梁市全面推开医联体建设工作。三级医院与县级医院医联体建设效果明显，县级医院门诊量显著提升。13个县级医疗机构与42所乡镇卫生院和社区服务中心建立45个县乡医联体，派驻112名医生到乡镇卫生院帮扶。扎实开展对口支援项目。2所三级医院和6所国家级贫困县综合医院确定对口支援关系，岚县、临县、石楼县、交城县4家县医院派出51名主治医师以上职称的不同临床专业人员对口支援本辖区17所乡镇卫生院，受援卫生院门诊量达5.91万人次，住院量达3330人次，开展巡回医疗63次，开展新业务、新技术14项，开展业务培训126余次，培训业务人员2482人次，开展健康教育宣传119次。公共卫生服务更加完善。全年人均基本公共卫生服务经费财政补助标准由40元提高到45元，市、县两级经费全部足额落实到位，增量全部用于支付基层医疗卫生机构和村医的基本公共卫生服务。加快推进规范社会办医。复核社会办医1630所，纠正名称不规范医疗机构25所，责令整改42所，将涉嫌虚假违法医疗广告案件线索以书面形式通报工商行政管理部门3起，严肃处理套取、骗取新农合基金的机构警告1所、限期整改1所，吊销《医疗机构许可证》2所。开展首届吕梁“名老中医”“名中医”“名医”“青年名医”和“好村医、好护士、好计生员”评选活动。评选出吕梁“名老中医”6名、“名中医”24名、“名医”28名、“青年名医”9名，培养、推荐高端医技领军人才3人，骨干精英人才60人。评选出的30名吕梁市百姓信赖的“好村医”“好护士”“好计生员”在吕梁电视台进行展播。

【医疗服务环境改善】

2016年，吕梁市服务体系建设加快进程。吕梁市中心医院、吕梁市妇幼和计划生育指导中心、吕梁市疾控中心等的吕梁市医疗卫生园区项目建设进展顺利。吕梁市紧急医疗救援指挥中心于6月4日正式运行。市中医院门诊正式开诊。全市共创建市级社区卫生服务机构示范单位3所、县级社区卫生服务机构示范单位5所、省级社区卫生服务提升工程示范单位1所、国家级社区卫生服务提升工程示范单位1所。孝义市医院神经内科、文水县医院神经内科等4所医院的6个专业成功申报县级医院临床重点专科，吕梁市医院骨科、汾阳医院耳鼻咽喉等7个专业完成省级医院临床重点专科申报工作。27个乡镇卫生院、314个村卫生室为吕梁市满意基层医疗机构。柳林县人民医院、文水县人民医院、汾阳市中医院、兴县人民医院完成爱婴医院创建。二级以上医院优质护理服务病区覆盖率均达100%。吕梁市人民医院、汾阳医院启动住院病人“无陪护”试点工作。完善临床路径管理。2所市级医院和13所县级医院推行临床路径管理，吕梁市人民医院开展20个专业60个病种，汾阳医院开展23个专业77个病种；县级综合医院开展路径疾病专业数均在11个以上，平均管理病种数45种，全年进入临床路径数1.60万例，平均入径率77.13%，入径率完成率95.75%。推进日间手术试点医院工作。平安医院创建工作开展。全市二级以上公立医院医疗责任保险参保率达到100%；三级医院在门急诊、病房护理站和医生值班室等重点部位安装一键报警装置，并与医院警务室和保卫部门联网；二级以上公立医院按照每20张编制床位配备一名保安的要求配足保安数量；三级医院警务室全覆盖，二级医院警务室覆盖率达到100%。

【爱国卫生工作】

2016年，吕梁市开展第28个“爱国卫生月”活动，岚县通过国家卫生县城复审检查。开展除“四害”工作，发放药品3000余件（箱），“四害”密度控制在国家规定的标准之内。完成农村改厕1.20万座。吕梁市在全省城乡环境卫生清洁运动中获“先进市”称号。

【疾病预防工作】

2016年1月至10月，全市

共报告乙、丙类传染病8195例，与上年同期相比下降18.25%。结核病防治共发现活动性肺结核病人1937例，登记新涂阳患者222例。举办以“预防艾滋病，健康你我他”为主题的艾滋病防治知识竞赛活动，开展食源性疾病病例信息采集与调查活动，任务完成率达138.6%。开展严重精神障碍患者救治救助专项行动。

【卫生监督工作】

2016年，吕梁市开展整顿医疗秩序打击非法行医专项行动，二级以上医院监督覆盖率达到100%。下达监督意见书21份，提出整改意见70余条，罚款累计2.5万元。开展生活饮用水卫生、学校卫生专项行动。对全市城乡日供水千吨以上供水单位30户、学校自建设施供水420户、学校二次供水单位及农村饮水安全工程供水开展全方位的监督检查，保障学生饮水卫生安全。开展职业卫生、放射卫生治理年活动。对24户职业健康检查机构和106家放射影像诊断医疗机构进行专项整治，下达监督意见书200余份，查处案件9件，处罚3万余元，规范治疗和技术服务行为。对全部职业健康检查机构进行监督考评，监督考评率为100%。

【健康扶贫工程实施】

2016年，吕梁市卫生和计划生育委员会对全市45.2万贫困人口中的“因病致贫、因病返贫”人员进行核实，筛查出非因病致贫返贫人口2.85万人，并按照村有花名、乡有台账、县有信息库的管理模式，建立贫困人口档案，为开展健康扶贫工作打下坚实基础。出台健康扶贫方案。按照省市扶贫攻坚会议的要求，在年初“健康扶贫九条”的基础上，研究出台“全市健康扶贫方案”，将扶贫内容扩展为27条，受惠人群、受惠面扩展。开展“五个一”健康扶贫活动。活动期间全市组织服务队69支、207名工作人员，赠送健康手册4.50万余册；疾病筛查2.98万人次；出具健康处方3.59万份，共涉及62个病种；签订服务协议2.98万份；发放亲情号码198个。

（市卫生和计划生育委员会）

## 卫生监督

【医疗机构监督】

2016年，吕梁市医疗卫生单位应监督2219户，实监督2102户次，共计查处案件54件，其中警告22件，罚款50户，罚款金额11.45万元。查处无证行医案件22件，罚款20户，罚款金额5.70万元。

5月25日至6月2日，由市卫计委和市卫生监督所组织对全市二级医疗机构依法执业情况进行监督检查，全市共检查二级医疗机构23户，行政处罚一户（罚款2000元）。被检查的医疗机构大部分能够按审批科目范围开展诊疗活动；基本能够按要求如期进行校验；开展母婴保健的医疗机构，机构证件及人员证件均规范，能够做到依法执业；卫技人员依法执业情况良好，医疗机构共抽查260余名医、护、技人员，大部分能按照注册的范围开展诊疗活动；被检查机构各种医疗文书名称与审批一致。所查医院均未发现违法开展医疗等现象。

市卫生监督所全年对30家直管医疗机构进行全部的日常监督检查，监督覆盖率100%。下达现场检查笔录和卫生监督意见书各33份，罚款3.85万元。对凤凰体检部因未对4名体检人员进行体检而出具体检报告单，给予警告和罚款500元的行政处罚，责令其立即改正违法行为。对中阳痔瘘烧伤专科医院因聘用非卫生技术人员和超范围开展诊疗科目予以警告、责令改正，罚款1.30万元行政处罚。对吕梁正元创伤外科医院因违反《处方管理办法》《抗菌药物临床应用管理办法》《医疗机构临床用血管理办法》依照相关“条例”“办法”给予2.50万元罚款，责令立即改正违法行为的行政处罚。根据全省医疗机构标准跟踪评价项目实施工作安排，全年市卫生监督所对《医疗机构标志》和《麻醉记录单》两个卫生标准进行跟踪评价，《医疗机构标志》标准评价对综合医院、专科医院、民营医院、门诊部、社区卫生服务中心等5类医疗机构的标志使用情况进行调查，《麻醉记录单》标准评价对综合医院、专科医院、民营医院等3类开展手术的医疗机构麻醉记录单规范使用情况进行调查。调查采取问卷调查（6种表格）、实地查看、现场询问患者调查等方式进行。4月30日完成任务上报省所。

【放射卫生监督】

2016年，吕梁市开展放射影像诊断的医疗机构共99家（其中县级以上的医疗机构41家），有放射设备245台，其中CT机26台，DR 34台，CR 20台，乳腺DR 1台，乳腺CR1台，胃肠造影机12台，普通X线摄影机84台，影响增强透视机15台，荧光屏透视机6台，口腔全景机7台，牙科X机10台，移动X光机11台，其它X射线机18台。99家放射诊疗机构持有放射诊疗许可证的95家，持证率达96.40%；有放射诊疗工作人员356人，对354名在岗期间的工作人员进行培训，放射诊疗工作人员的培训率99.%，对355名在岗期间的工作人员进行体检，体检率达99.7%；356名放射诊疗工作人员中有289人进行个人剂量监测，放射诊疗工作人员个人剂量监测率81.2%。99家放射诊疗机构中需配备放射工作人员放射防护用品的34家，放射工作人员个人防护用品配备率100%；有99家放射诊疗机构配备受检者放射防护用品，受检者放射防护用品配备率95.5%；全市有29户放射诊疗机构的88台放射诊疗设备进行状态检测，放射诊疗设备的状态检测率35.9%，99户放射诊疗机构的188个放射工作场所进行放射防护检测，放射工作场所的放射防护检测率100%。2016年，根据省卫生计生委办公厅下发的《关于开展职业放射卫生治理年活动的通知》精神，制订全市职业放射诊疗卫生治理实施方案，并下发到全市13个县（市、区）卫生监督机构和直管的放射诊疗卫生机构以及职业健康检查机构。为使专项整治在全市范围顺利开展，市卫生监督所组织召开由各县（市、区）卫生监督所分管副所长、放射卫生科科长和直管的放射诊疗机构负责人参加的“放射诊疗专项整治动员会”，要求各县（市、区）卫生监督机构结合本地实际，制定各自切实可行的专项整治方案，通过新闻媒体，宣传放射诊疗防护知识，提高广大市民的放射防护意识，形成全社会重视放射卫生工作的良好氛围。全市各级卫生监督机构，对全市120家放射诊疗机构进行全面监督检查，共提出监督整改意见310条，对29户放射诊疗机构进行卫生行政处罚，其中给予警告25户，罚款4户，罚款金额2.9万元，责令停业7户。通过整治，全市放射诊疗机构的放射防护设备和防护用品增加明显：全市放射诊疗场所新增加防护门8个、患者防护用品16套，5户放射诊疗机构整改放射诊疗工作场所，放射卫生工作人员个人剂量监测由整治前的268人增加到286人；全市放射诊疗机构规范放射卫生管理档案。为把放射诊疗专项整治工作做到全面、彻底，市卫计委和市所组织人员对全市13个县（市、区）的放射卫生治理活动工作进行督查检查。增强全市各卫生监督机构搞好放射诊疗专项整治工作的信心，震摄放射诊疗机构的违法行为。在督查过程中，对各县（市区）的放射卫生工作进行指导。

【传染病防治监督】

2016年，吕梁市完成全省传染病抽检任务：全市共有二级以上医疗机构23个，检查23个，监督覆盖率为100%。其中，开展内镜诊疗活动的有15个，检查15个；有消毒供应室的22个，检查22个、抽检39份；基层医疗机构有1726个，监督749户，监督覆盖率为43.40%；市县两级疾控中心有14个，除吕梁市疾控中心没有病源微生物实验室外，13个县级疾控以及22个医疗机构实验室，应监督35户，实监督17户，监督覆盖率48.57%。在抽检中发现有违法行为24个单位。其中立案20个，给予警告24个，罚款5户，罚款2.85万元。完成餐饮具集中消毒单位监督检查计划：全市共有餐饮具集中消毒单位11个，覆盖孝义、离石、汾阳、方山、岚县和交口6个县（市、区），按照统一部署，各相关县（市、区）于6月5日前完成日常监督检查。11户全部建档，建档率为100%；检查11户，监督覆盖率100%；出动车辆21车次，71人次；除岚县外其余4个县市区完成抽检任务。共抽检50份样品，合格50份，合格率100%；检查发现不合格单位8户，责令限期整改8户，下达卫生监督意见书24份。完成消毒产品的监督检查计划：全市共检查单位150户次，对在检查中发现的台帐建立不全、标签说明书不规范、索证不全等问题下达卫生监督整改建议累计45条。行政处罚案件中，警告7户，罚款3户，累计罚款8000元；市所和文水县卫生监督所完成了对文水辖区内的3个消毒产品生产企业的日常监督。

预防接种工作。全年共组织2次有关预防接种工作的专项检查，3月份疫苗事件发生以来，国家、省和市卫计委相继下发紧急检查文件，市卫生监督所根据市卫计委的《关于认真做好预防接种专项监督检查工作的紧急通知》（吕卫监督函〔2016〕12号）安排部署，4月7日至4月14日，市预防接种专项检查督导组分两组对全市13个县市区疾控机构和预防接种单位疫苗管理（特别是二类疫苗）和预防接种情况进行监督检查；根据省、市卫计委关于加强预防接种监督工作的通知精神，市所以吕卫监所〔2016〕22号文件形式向各县市区下发检查通知，9月9日至12日和11月2日至5日，所长孟明珍带领传染病防治监督科科长分2次分别到汾阳、孝义、方山、临县、兴县和岚县等县市区进行督导检查。全市涉及疫苗接种医疗卫生机构892个，其中疾控机构14个，三甲医院2个，二级医院21个，其他医疗机构772个。这次共检查单位397个，累计提出限期整改370户，提出警告处罚69户。通过专项监督检查，全市疾控机构和预防接种单位在一、二类疫苗的进货检查验收、台账登记、索证、储存运输的全过程温度监控等得到规范，二类疫苗全部通过省级公共资源交易平台进行集中采购；接种单位的公示、告知、知情同意书的签订和接种登记等得到完善。市卫生监督所传染病监督科对直管单位的2个三甲医院的违法行为分别给予1.1万元行政处罚，累计罚款2.2万元，填补过去处罚金额为零的空白；在全市组织的二级医院专项检查中，立案4起，罚款1.5万元。

全年完成两项随机性任务。开展春节期间的安全检查。1月26日，到市人民医院、红十字医院等单位对传染病有关疫情报告、疫情控制、消毒隔离、医疗废物和病原微生物等防控措施进行现场监督检查；根据市食品安全委员会办公室下发的《关于进一步加强春节元宵期间食品安全检查的通知》精神，2月3日至5日，各相关县（市、区）完成春节期间餐饮具集中消毒单位的餐饮具安全突击检查，全市共检查9户，出动车辆17次，人员57人次，责令7户限期整改，累计下达整改建议27条，向有关部门通报2户。完成问题产品查处任务。3月22日，根据国家卫计委网上发布的浙江一公司违法生产、销售的消毒器械流入市场，要求尽快检查发现并查处该产品的信息，市卫生监督所及时通知直管单位，要求开展自查自纠，后经监督检查，未发现该问题产品；4月5日至15日，接到省所《关于转发山东省对立正堂牌“扈氏膏”生产经营单位涉嫌夸大宣传的紧急协查函》后，市卫生监督所以吕卫监所函〔2016〕5号函向省所提供的涉事单位所在地的孝义、汾阳、交口、柳林4个县市卫生监督所（局）下达紧急调查通知，4个县市分别在规定的时间内完成查处任务，累计处罚2000元；8月17日，根据省卫生监督所的安排，针对市场发现的秦朗R廯立克草本乳膏等问题产品，市卫生监督所以便函形式向各县市区下达排查函，通过上报统计，全市没有发现该问题产品。

【职业卫生监督】

2016年，吕梁市共有职业健康检查机构24户。其中，甲级4户（由省所直管）、乙级6户、丙级14户，乙级和丙级均由市所监管。6户乙级职业健康检查机构中，1户为县级人民医院、2户为企业职工医院、1户为县级疾病预防控制中心、2户为民营医疗机构；14户丙级职业健康检查机构中，5户为县级人民医院、2户为县级中医院、3户为县级疾病预防控制中心、2户为乡镇卫生院、3户为民营医疗机构。全市共有1户职业病诊断机构，但未进行职业病诊断活动。

市卫生监督所对直管的20户职业健康检查机构和职业病诊断机构进行监督检查，共提出监督意见42条，对2户进行警告，1户进行罚款，罚款人民币3000元。

【公共场所卫生监督】

2016年，吕梁市共有从业单位1639户，监督1455户，监督覆盖率88.77%，从业人员6986人，持证6882人，执证率98.51%，较2015年的98.34%上升0.17个百分点；空气质量监测3276项次，合格3198项次，项次合格率97.62%，较2015年96.83上升0.79个百分点；全年卫生许可审核444户，其中新发148户，延续58户，复核237户；共处罚28户，其中警告19户，罚款28户，罚款金额2.38万元。全年继续对住宿业、理发美容业、公共浴室、游泳场所推行量化分级管理制度，要求各县（市、区）对上述四类场所要在去年的基础上吃透标准，摸清底数，做到任务到科室、单位到个人，一户一户抓落实，确保此项工作按期完成，应量化1285户，实量化1285户，量化率100%。其中，A级11户、B级30户、C级1207户，不予评定37户，并统一格式、统一内容、统一标准制定公示栏对公共场所卫生进行信息公示。

【集中空调通风系统卫生专项检查】

2016年，吕梁市制定全市公共场所集中空调通风系统专项检查实施方案（吕卫监所2016第16号），开展全市以三星级宾馆、大型理发美容、三级医院、大型公共浴室为重点的公共场所集中空调通风系统卫生专项检查。为把此项工作落到实处，市卫计委抽调卫生监督所有关人员于8月1日至15日开展为期半个月公共场所集中空调通风系统卫生专项督查。全市公共场所装有集中空调通风系统134户，定期清洗消毒125户，其中两户三级医院均有“集中空调通风系统卫生规范”，并定期进行清洗消毒。

【“两会”卫生安全保障服务工作】

2016年，为确保吕梁市“两会”期间参会人员的饮宿卫生安全，市卫生监督所制订公共卫生安全保障监督工作方案，并成立领导组。采用会前介入和会中跟踪监督办法，于4月22日至23日到吕梁市供水公司和吕梁宾馆就水厂卫生管理、饮水消毒、水质检验和酒店室内通风、用品用具清洗消毒等进行拉网式监督检查，针对酒店客房用品用具清洗消毒不规范、集中空调通风系统未按规定进行清洗消毒等问题提出限期整改建议，并进行现场针对性培训指导，要求相关单位领导明确责任，提高认识，对照问题抓落实。4 月 24 日，派四名卫生监督员进驻宾馆进行会期 24 小时跟踪监督服务，对客房空气质量、用品用具消毒每日现场快速检测。会期共采集会议室和客房空气样品 86 项次、用品用具 62 份、饮用水 6 份，全部合格。下达监督文书 6 份，提出整改建议 5 条，确保参会代表的饮宿卫生安全。

【游泳场馆卫生专项检查】

2016 年，吕梁市卫生监督所组织开展全市游泳场所卫生专项检查。全市累计出动执法人员 56 人次，车辆 28 台次，检查游泳场所 12 户，发现游泳场所存在问题较多。针对存在问题，均下达监督意见书。对违法经营单位依法予以行政处罚。警告 12 户，罚款 1 户，罚款金额 1 千元，停业整顿 1 户，并对违法单位整改落实情况进行跟踪复查。通过复查，4 户按照规范要求对浸脚消毒池进行更改，2 户按要求进行水质检测公示，2 户规范禁浴用语，2 户更新消毒设施，健全消毒制度，规范消毒，1 户申请办理卫生许可证，游泳场所卫生状况好转。

【公共卫生重点抽检】

2016 年，根据“省卫计委关于印发 2016 年监督抽检计划通知”（晋卫办监督发〔2016〕5 号）精神，市卫生监督所制定全市公共卫生抽检实施方案（吕卫监督发〔2016〕2 号），开展重点抽检。顾客用品用具抽检情况：共检查单位 275 户，合格 253 户，合格率 92%，责令限期改进 22 户。其中床单卧具合格率 97.96%（359/365）、毛巾合格率 95.2%（516/542）、茶具合格率 98.36%（363/425）、脸盆合格率 91.09%（92/101）、坐垫合格率 92.56%（199/215）、浴池合格率 85.34%（99/116）、理发剪刀合格率 96.5%（138/143）、梳子合格率 96.5%（138/143）、美容工具 96.43%（135/140）。空气质量抽检情况：共抽检单位 224 户，合格 220 户，合格率 98.21%，其中 CO2 抽检合格率 99.25（660/665）、甲醛合格率 99.25%（660/665）、PM10 合格率 99.32%（439/442），责令限期改进 4 户。卫生管理制度落实情况：共检查各类单位 339 户，各项内容全部合格 312 户，占 92.04%，责令限期改进 27 户。

【饮用水卫生监督】

2016 年，吕梁市共有集中供水单位 158 户，监督 131 户，监督覆盖率 82.91%。共有供管水从业人员 424 人，持证 422 人，持证率 99.53%，培训 422 人，培训率 99.53%。水厂有消毒设施 117 户。其中氯化消毒 3 户、二氧化氯消毒 107 户、臭氧消毒 1 户，其他 6 户。

开展以规范日供水百吨以上集中供水卫生管理为重点的专项检查。共出动卫生监督员 86 人次，卫生监督协管员 65 人次，出动车辆 36 车次。全市共检查百吨以上集中供水单位 44 户（市政 16、农村 28），取得供水卫生许可证 27 户，44 户供水单位全部建立卫生档案，并对网上建库信息进行逐一修改完善，建库率达 100%。

开展百吨以上集中供水、居民住宅二次供水卫生重点抽检。根据“省卫计委关于印发 2016 年监督抽检计划通知”（晋卫办监督发〔2016〕5 号）精神，市所制定抽检实施方案（吕卫监督发〔2016〕2 号），开展百吨以上供水、居民住宅二次供水卫生重点抽检。集中供水单位：共抽检 44 户，持供水卫生许可证 27 户，占 72.55%；供水人员经体检培训 39 户，占 88.64%；水源卫生防护符合要求 42 户，占 90.17%；使用涉水产品合格水厂 34 户，占 70.59%；有消毒设施 29 户，占 90.17%；开展水质自检水厂 23 户（包括委托），占 52.27%，现场检测出厂水 6 项指标全合格 33 户，占 75%；责令限期改进 22 户。二次供水单位：抽检 35 户，供水人员经体检、培训 29 户，占 82.86%；卫生防护合格 28 户，占 80.00%；周围环境无污染 31 户，占 88.57%；水池定期清洗消毒 31 户，占 88.57%；开展自检 17 户，占 48.57%；现场检测 6 项指标均合格 32 户，占 91.43%；所检查项目全部合格 32 户，占 91.43%，责令限期改进 18 户。

【学校卫生监督】

2016 年，吕梁市以“学校卫生监督工作规范”为抓手，出台“吕梁市 2016 年学校卫生专项整治实施方案”，开展以寄宿制学校为重点，学校教室卫生、饮用水卫生、学生宿舍卫生、传染病管理为主抓手的秋季入学学校卫生专项检查。全年共出动执法人员 412 人次，检查学校 593 所，有专人负责疫情报告的学校数 568 所，占 95.78%；有晨检记录的学校 569 所，占 95.95%；有因病缺勤病因追查与登记记录的学校 549 所，占 92.58%；有新生入学接种证查验登记的 300 所，占 50.59%；有学生健康档案学校 550 所，占 92.75%；进行学生健康体检学校 412 所，占 68.9%。检查学校自建设施集中式供水学校数 420 户，所查水源卫生防护合格学校数 44 所，占 10.48%；配备供水消毒设施的学校 18 所，占 4.29%，水质检验合格学校 35 所，占 8.33%；二次供水检查学校数 6 所，蓄水池周围无污染的 6 所，占 100%，蓄水池定期消毒的 5 所，占 83.33%，水质检验合格学校 6 所，占 100%，分散式供水检查 29 所；水源无污染学校 9 所，占 31.03%；开展综合评价学校 295 所。其中优秀 17 所，合格 258 所，不合格 20 所。针对部分学校传染病防控制度不健全、校医或保健教师数量不足职责不明、二次供水清洗消毒不规范、学生宿舍制度不健全部分管理员无证上岗等问题，逐一下达责令限期整改建议，共下达卫生监督意见 172 条，保障学生饮宿卫生安全。

【规范执法】

2016 年 5 月，吕梁市卫生监督所组织各县（市、区）上报 2015 年度的一般程序行政处罚案例 26 个，通过筛选， 4 个案例参加全省执法文书评查。市所 1 人、县级 2 人参加全省统一组织的执法文书集中评查工作。通过参加评查，推动文书的规范书写，为规范执法奠定基础。8 月 2 日至 8 月 4 日，市所组织开展全市卫生计生监督执法案例评查工作，对 31 个按一般程序办结的案卷进行评查，评出 100 分以上的案卷 1 个、80 分到 100 分案卷 7 个、80 分以下案卷 23 个。对评查结果和存在问题进行全市通报。

（吕梁市卫生局卫生监督所）

## 疾病预防控制

【传染病防治工作】

2016 年，吕梁市共报告乙、丙类传染病 9718 例，与 2015 年同期相比，下降 17.48%。哨点医院共报告流感样病例 3004 例，门急诊病例就诊总数 11.84 万例。共报告手足口病病例 936 例。报告病例数较 2015 年同期（1240 例）下降 24.52%。全市未发生肠道传染暴发和流行。全市共收到预警信号 249 条，预警病种数为 11 种，响应信号 249 条，响应率 100%，响应及时 228 条，响应及时率 91.57%。全市共报告狂犬病例 3 例，对所有病例均进行个案调查，并将相关信息录入 EpiData 系统保存上报。

【艾滋病防治工作】

2016 年，吕梁市累计报告 HIV/AIDS237 例。其中，艾滋病病毒感染者 161 例，艾滋病病人 76 例，报告死亡 39 例。12 个县累计 239 例成年艾滋病病人接受抗病毒治疗，接受治疗的成年艾滋病病人 212 例，占累计治疗成年病人数的 88.7%。完成全年暗娼高危人群干预指标 1690 人的任务。开展"艾防知识进校园"工作，在吕梁学院进行宣传，制作艾滋病防治知识读本 2.8 万本，艾滋病防治核心知识 600 张。统计申报吕梁市慈善总会实施的"智行慈善基金"，文水、汾阳、孝义、离石、方山、岚县等 6 个县 24 名受艾滋病影响的家庭子女得到救助，救助金额共计 1.17 万元。

【结核病防治工作】

2016 年，吕梁市共登记活动性肺结核病人 1465 例。其中，新涂阳病人 201 例。非结防机构实际报告患者数 1315 例，需结防机构追踪的可疑肺结核病人为 1032 例，无追踪信息 31 例，实际追踪 1001 例，追踪率为 97%。加强对结核病规范化质量管理，举办 5 期培训班，提高结防人员的业务水平和工作能力。加大学校结核病防控工作，贯彻《学校结核病防控工作规范》，严防结核病在学校蔓延，妥善处理结核病突发事件。规范药品和相关物资管理，做到药品专柜、专人管理，发放和调领免费药品，严格出入库登记，严格做到日清月结、账物相符，杜绝失效浪费和差错事故发生。

【地方病防治监测工作】

2016 年，吕梁市疾控中心和 13 个县（市、区）疾控中心参加国家级盐碘实验室质控考核，结果全部合格；市疾控中心和离石、中阳、岚县、兴县 4 个县参加国家级尿碘实验室质控考核，结果全部合格；市疾控中心和汾阳市疾控中心参加国家级水砷、尿砷实验室质控考核，结果全部合格。完成交城、交口、离石、岚县、兴县 5 个县（区）13 乡（镇）78 村 74 名地方性克汀病现症病人的市级病例复核工作，完成方山、离石、中阳、交口、石楼 5 个县 16 乡镇 83 个村的 133 名大骨节病现症病人的市级病例复核工作，完成交口、石楼 2 个县 5 乡镇 35 个病区村潜克 515 名、慢克 15 名克山病潜克和慢克病人的市级病例复核工作，根据《山西省地方病防治示范县建设实施方案》要求，汾阳市地方病防治示范县建设工作通过省级考评验收，被确定为"山西省地方病综合防治示范县"，段严顺获"全国'十二五'地方病防治工作先进个人"称号，全部完成文水、汾阳布鲁氏杆菌病监测项目和临县、兴鼠疫监测项目。

【免疫规划工作】

2016 年，吕梁市疾控中心根据《关于开展全省脊髓灰质炎疫苗查漏补种活动的通知》要求，通过接种卡（薄）、儿童预防接种信息管理系统及登门入户等方式，全市共摸查到需补种脊灰疫苗 6775 剂（次），两轮共补种 6542 剂（次），补种率 96.56%。全面开展预防接种规范管理专项活动，严格按照《疫苗流通和预防接种管理条例》要求，规范疫苗出入库管理，建立健全各项工作制度，各类疫苗出库、入库单据齐全、完整、规范；疫苗和注射器管理储存符合操作规范，无因工作疏忽、失职、渎职导致疫苗失效、损毁情况的发生，完成全年免疫规划疫苗的冷链运转工作，保障吕梁市冷链系统平稳、安全运行。全市启用医院产科新生儿接种管理系统，优化对新生儿预防接种的管理，避免儿童流动中的失访漏种。

【实验室检验检测工作】

2016 年，吕梁市疾控中心完成流感监测哨点医院吕梁市人民医院的流感样本核酸检测 683 份，完成文水县大象禽业禽流感监测环境样本核酸检测 240 份。完成各县上送手足口样本 124 份，检出阳性 30 份。完成各县疾控的疑似样本的血清学和核酸检测 4 份。上送 2015 年麻疹、风疹血清样本进行复核，符合率 100%。完成食品安全风险监测样本 273 份，参加全省流感病毒核酸检测、麻疹检测、风疹血清学检测、核酸检测、食源性致病菌定性检测质量控制考核，成绩优秀。

【公共卫生监测工作】

2016年，吕梁市疫控中心起草《2016年吕梁市食品安全风险监测实施方案》，举办3次食品安全风险监测培训班，对辖区13个疾控中心22个哨点医院进行督导。完成食品污染及食品中有害因素监测的采样、送样、监测、网报工作，共采集样本291份，完成率106%，检出食源性致病菌阳性菌株14株，阳性检出率8.2%。全市22所哨点医院上报食源性疾病1319例，任务完成率103%。完成28起食源性疾病暴发事件审核工作。制定《吕梁市2016年饮用水水质卫生监测工作方案》，举办饮用水监测项目启动会及培训班，对8个县（市、区）进行督导。完成农村饮用水水质卫生监测800份，完成率101.52%，城区饮用水122监测点244份水的网报审核工作，监测工作任务全部完成。起草《2016年吕梁市重点职业病监测与职业健康风险评估工作实施方案》，对全市11个县级疾控15家体检机构进行督导，共审核用人单位信息197个，农药中毒25例，尘肺病报告卡59张，有毒有害作业工人健康卡89张、职业健康检查个案卡7961张、疑似职业病报告8张。

【卫生应急工作】

2016年，制订《吕梁市疾病预防控制中心抗震救灾卫生防疫应急方案》，完善预案体系，下发《关于加强春节期间卫生应急工作的通知》和《寨卡病毒病防控方案》《寨卡病毒病诊疗方案》《黄热病防控方案》，完成全年吕梁市CDC应急物资储备计划，举办应急培训及演练，按月完成风险评估。

【消毒及病媒生物控制工作】

2016年，吕梁市疾控中心根据《山西省卫生和计划生育委员会关于印发山西省消除疟疾后监测实施方案》通知，完成对各县疾控疟疾网报的审核工作。开展不明原因发热病人血检工作，开展率100%，全年共血检1742例。市疾控中心共对44例进行复核，符合数44例，符合率100%。上报兴县、柳林、交城3个新的寄生虫监测县。制订《吕梁市农村环境卫生监测工作方案》，全市共对15个乡镇，60个村委，300户农民，15所小学，15所中学进行监测，各监测点及时上报监测数据。

【慢性非传染性疾病工作】

2016年，吕梁市疾病预防控制中心督促各县（市、区）完成65岁以上老年人健康管理报表，全市共登记65岁以上老年人29.45万人，健康管理24.50万人；督促各县（市、区）完成糖尿病、高血压健康管理报表，全市共管理糖尿病6.37万人，规范管理5.52万人；管理高血压22.49万人，规范管理19.51人。配合国家卫计委和环保部开展“全国重点地区环境与健康专项调查”吕梁市孝义市（比较组）和交城县（对照组）调查工作。

（吕梁市疾病预防控制中心）

## 吕梁市人民医院

【概况】

2016年，吕梁市人民医院全年门诊32.69万人次，比上年同期下降2.62%；急诊2.0万人次，同比上升2.11%；体检1.41万人次，同比上升0.58%；出院2.11万人次，同比下降0.79%；病床使用率73.86%，同比下降2.18%；平均住院日10.33天，同比下降2.46%；手术9292例次，同比下降2.59%；危重病人抢救成功率86.85%，同比上升0.31%；药占比39.29%，同比上升0.12%；出院患者平均医疗费同比下降0.55%；业务收入达到3.59亿元，同比增长4.6%；出院患者对医院的满意度达到98.63%，同比上升0.1%，未发生影响正常工作秩序的不良事件。

【医改工作】

2016年，吕梁市人民医院科学编制医院“十三五”规划。

结合新常态下国家卫生工作方针及城市公立医院改革的要求、市委“新布局、新发展、新形象”总体要求、医院的功能定位和办院宗旨等，制定医院今后五年的指导思想、总体要求、工作目标、工作措施等，并经第三届职工代表大会第四次会议审议通过。

深化人事和薪酬制度改革。按照人社部门政策要求，合理进行岗位设置，完善事业单位聘用制度，与全院在编人员签订聘用合同；拓宽人才引进视野，到京、沪、广参加招才引智大会；将工作满1年且有执业资格、研究生学历的7名储备人员转为合同人员，稳定储备人员队伍；争得市政府批准，为28名借用人员办理调动手续，市政府启动吕梁市人民医院补充专业技术人员的招聘程序，为医院持续发展提供人才保障；针对护理队伍人事编制问题、人员短缺问题，与相关部门协商，争取政策、创新思路，努力寻找解决办法。

优化年度绩效考核方案。经医院三届四次职代会审议通过，医院正式启动新的绩效考核方案。新方案在全面质量控制基础上，重点对输血管理、合理用药、医疗行为、医德医风等进行考核，对术后病历的书写、记录、打印及时性、签名等进行专项检查考核，并与科主任、护士长绩效挂钩，改进医疗质量。职能科室采用联合考核、督办考核、专项考核等多形式、全方位的常态化考核，保证方案落地，实现医疗质量与医疗服务持续改进。

强化分级诊疗工作。以医联体建设为载体有效落实分级诊疗工作，通过与对口支援单位签订分级诊疗协议、开通远程医疗平台，加强对全科医生培养力度，形成利益共同体、责任共同体、发展共同体，提升基层医疗服务能力。

强化药品及设备耗材“阳光采购”工作。通过参考阳光采购平台价格，加强费用监控，严格控制医疗费用不合理增长，按照上级管理要求，全年共对75类耗材产品、75种药品进行调价。

强化医保服务工作。开通全市域范围医保直补工作，多渠道向患者宣教告知分级诊疗转诊手续相关事项，保障各类医保患者权益；要求各县（市）到吕梁市人民医院住院患者提供转诊单，规范转诊转院手续；加强对目录外药品与服务设施使用的知情同意等考核力度，规范诊疗行为；协调全院加大新农合网络直补工作力度，配合各县（市）新农合管理中心审批报销资料，清缴医保欠款，确保此项工作正常运转。

【医疗质量管理】

2016年，吕梁市人民医院完善医疗质量评价体系。每周一次业务大查房和职能科室业务例会、每月一次科主任例会、每月两次护士长例会等，评估全院各部门运行情况，督促科室调整改进工作方式，体现持续改进，全方位提升医疗质量内涵。建立健全医疗质控体系。修订部分科室的质控考核标准以及绩效考核方案中相关内容，更具实效性和操作性，严格按照考核标准进行考评，体现医疗质量持续改进。加强手术分级管理。按照《山西省卫生和计划生育委员会关于印发山西省手术分级管理规定（暂行）的通知》精神，结合医院实际情况，制定并下发《吕梁市人民医院手术分级管理规定》，确保手术安全和手术质量，预防医疗纠纷发生。加强病历管理。医务科对2月15日至3月15日期间的158份疑难、死亡、手术病历进行专项检查，加强对临床输血病历考核，12月在全院开展年度优秀病历评比工作，加强病历质量管理，提高病历书写质量。加强预防接种工作。根据市卫计委下发的《关于进一步做好预防接种异常反应处置工作的通知》精神，制定疑似预防接种患者异常反应应急预案、上报流程和常见预防接种反应的应急处理等内容，组织全院医务人员学习。强化医务人员“三基三严”训练。

根据省、市卫计委相关文件要求，结合医院的实际情况，制订《吕梁市人民医院开展医护岗位知识技能训练和竞赛活动实施方案》，分别于4月和5月进行理论知识培训和实践技能考核。明确医院诊疗服务功能定位。根据省医疗机构管理研究所制定的《山西省三级医院危重症和疑难复杂疾病目录》，结合医院实际诊疗情况，制定医院的危重症和疑难复杂疾病目录，强化服务能力，提高医院诊疗水平。加强临床路径管理工作。为提高临床路径管理病例的入组率和完成率，派专人进行临床路径工作的质量管理与控制，对入径病例进行全面质控和分析，并将每月路径完成情况以简报形式通报全院。医院临床路径开展50个病种、20个专业。

【护理服务】

2016年，吕梁市人民医院打造科室特色护理，丰富护理服务内涵。以2015年打造的6个特色护理站为标杆，在全院各护理单元开展科室特色护理，制订出台具体的实施方案。开展无陪病房试点，引深优质护理服务内涵。根据《山西省卫生计生委办公室关于在全省三级医院开展“无陪护病房”试点工作的通知》要求，为落实优质护理服务工作，结合医院临床护理工作实际，在骨科二病区、呼吸科开展“无陪护病房”试点工作。实施精细化管理，强化临床护理质量。为加强科室管理，年初护理部提出“精细管理抓质量”的工作思路，下发《护理精细化工作流程》，并对全院29个护理单元的精细化管理成效进行PPT交流汇报，如急诊科的物品标识化管理、骨科一病区的绩效管理公开明确化、普外科病人管理的精细化、呼吸科床头交接病人提示卡的精细化管理等均取得良好效果，并在全院推广学习。落实下巡下视制度，加强危重病人管理。强化落实护士长每日工作“五件事”；两名高年资护士到病房现场指导低年资护士，与护理总值班加强对危重病人的下巡下视；全年共跟踪病危、病重、一级护理患者1099例，其中病危、病重患者931例。在年度下巡下视满意度调查中，危重病人满意度99.36%。规范护理人员行为，提高患者满意度。将“优质护理服务行为规范40条”和“患者入院到出院全流程化服务措施”制作口袋本，护士人手一册，强化学习；加强对科室“护患情感帐户存取款行为”的监控，每月上报统计，纳入护理质量控制中，定期进行跟踪评价；加强宣传教育，普外科、神经外科、妇科、泌尿外科等护理单元创建微信平台进行健康知识宣教，提高患者满意度。应用医疗质量管理工具，持续改进护理工作质量。继续将“个案追踪质量控制模式”引用到日常查房及二级质控活动中，提高质控效果；在质量反馈中，对考核扣分应用统计图等工具进行综合分析；在质量控制方面，加强对单项护理质量的跟踪控制，应用品管圈、图表法、根本原因分析法、柏拉图等管理工具进行质量改进。

【药事服务行为规范】

2016年，吕梁市人民医院药事管理与药物治疗学委员会及相关的10个药事管理小组职责明确，建立分工协调机制，定期开展工作，指导临床合理用药，体现药事管理的持续改进。每季度组织药师、临床医师对1000份门诊处方，150份病历医嘱严格按照处方点评制度进行点评，总结和提出改进措施。每季度定期编写《吕医药学》，开辟政策法规、专家论坛、经验交流、用药研究、合理用药等版块，对促进临床合理用药起到指导作用。临床药师每天对临床用药合理性进行监护，对不合理用药行为及时进行干预；每周点评科室合理用药情况；每月与临床科室主任一起分析科室合理用药形势。加强辅助类用药管理，从6月起每月对全院前20位辅助类药品进行分析、通报，制定辅助类用药的管理办法、评估遴选机制等相关制度，加强辅助类用药的管理。完善药品不良反应及药害事件监测报告管理的制度和程序，医务人员相互配合对患者用药情况进行监测，对发生的药品不良反应及时处理、记录、上报，定期对该院发生的不良反应进行汇总分析。

## 【医院感染管理工作】

2016 年，吕梁市人民医院修订完善《医院感染管理制度汇编》《手卫生制度》《安全注射制度》等，组织全院培训，进行检查督导；按照三甲医院评审医院感染知识复习计划安排，组织全院 500 名余医护人员分四次参加医院感染管理知识考试；组织医院感染重点部门的暴发演练；加强医院感染重点部门的管理，尤其是口腔科器械的消毒灭菌；对照血液透析室医院感染管理评价细则，加强血液透析室的管理；规范医疗废物管理，重新设置医疗废物暂存点，督促指导专职人员规范收集医疗废物，护理总值班每天对医疗废物分类情况进行专项督导检查。全年医院感染发病率为 1.03%，漏报率 3.21%；尿道插管相关的泌尿道感染发病率 1.3‰；呼吸机相关的肺部感染发病率 24.76‰；多重耐药菌共检出 161 株。

## 【预防保健工作】

2016 年，吕梁市人民医院通过在吕梁广播电台举办“医生教你如何戒烟知识讲座”等多种宣讲方式，强化无烟医院所取得的成绩；定期举办职业安全防护、传染病报告、流感监测、梅毒诊疗等知识培训与考试，提高工作人员业务素质及报告意识；组织职业暴露应急演练、放射应急事件演练、突发传染病应急演练，提高全员处置突发事件的能力和水平；加强对住院归档病历和部分门诊报告病例管理，对出现的问题进行通报、考核，提高传染病报告质量。全年共登记、网络直报传染病 818 例；流感样病例监测 2896 例，采集样本 706 例；监督完成新生儿两苗接种 3001 人，接种率为 98.4%；报告肺结核病例 146 例，报告率和报告及时率均为 100%；食源性疾病报告 197 例；配合市疾控进行艾滋病哨点监测 831 例；对全市 375 名从事放射工作人员进行健康检查和评价。

## 【科研教学工作】

2016 年，吕梁市人民医院加强人才队伍建设。为鼓励医师外出进修学习，制定《吕梁市人民医院外出培训学习及参加学术活动的管理方案（试行）》；乔晓红作为省高端领军人才，刘荣耀、秦奇瑞、张银凤作为省骨干精英人才参加省卫计委为期 3 个月的培训；选派 2 人参加“北京大学医学部国内访问学者培训班”项目；推荐宋学芳、郝智勇、王慧俐 3 名年轻医师参加“中国临床学者研究培训项目”。坚持送出去请进来相结合的管理办法，邀请威高管理学院培训师等专家到吕梁市人民医院进行医院管理知识培训；全年共投入经费 11 万余元，选送 251 批次优秀医务人员到国内外参加培训学习。

强化学科建设工作。骨科、护理学作为省市共建重点学科通过省卫生计生委年度考核验收；成为首批助产士临床培训基地；组织师资对全院医务人员进行心肺复苏技能培训、肺功能监测专题培训、脊柱损伤搬运与非同步电除颤培训等；申报住院医师规范化培训基地；选送心内科、妇产科申报山西省临床重点专科。通过国家级研究平台，分别与县级医院建立消化、内分泌、心肌梗塞规范化诊疗分中心，与中日医院签订呼吸专科医联体协议，打造区域医疗中心。

推进科研教学工作。全年申报省卫计委项目 5 项，市科技局科研项目 12 项，参加市科技局鉴定 4 项，推荐市科技进步奖 38 项，组织推荐吕梁市人民医院 5 项科研项目进行山西省科技成果登记；发表专业学术论文 55 篇，专著 2 本，专利 1 项；开展新技术、新项目医疗21项、护理22项，拓宽吕梁市人民医院的技术服务领域；推荐乔晓红、郭建勋申报2016年中华医学科技奖。1名带教研究生完成硕士学业，新接收2名硕士研究生；带教1名临县人民医院临床药师；完成2015—2016年度531名实习生临床教学任务、69名第五批全科医师培训任务；接收8名县级骨干医师、19名西医类别全科医生、74名基层医疗机构进修生；接收37名吕梁山护工来院见习；协助省、市卫生计生委组织对吕梁市第五批全科医生临床转岗培训结业技能考核。

开展继续教育工作。举办山西省泌尿男科疾病新进展研讨会，携手基层医生，推动呼吸疾病防治培训班等省级继续教育项目5项；举办全市慢病管理相关知识、第一届第八次急诊医学学术会议、山西省医学会皮肤性病分会基层大讲堂等市级继续教育项目18项；继续开通全国百姓放心医院网络大讲堂、山西省卫计委网络培训班。全院922名初级职称以上医护人员参与继续医学教育，覆盖率和合格率都达到100%。

开展远程医学工作。召开2016年吕梁市人民医院远程医学推广会；成为国家卫生计生委病理远程会诊试点单位；与北大人民医院远程病例讨论73例（次），视频讲座19次，组织申请病例讨论3例（次）；与北京301医院远程专题讲座3期。

【后勤保障】

2016年，吕梁市人民医院完成新CT机房及DR机房改造、产科婴儿洗澡间装饰改造、急诊科处置室和诊疗室改造、综合门诊楼场地内市政供热管道改造、新建600平方米急诊科留观病房、行政办公区地下室漏水改造、配电楼外立面改造等基建项目，改善就诊秩序，院容院貌得到较大改善。经吕梁市人民医院与离石区政府等相关部门争取，新建综合门诊楼二期工程手续基本办理完毕，11月14日举行开工奠基仪式。

医疗设备保障能力加强。按照年初工作计划，新增64排128层极速螺旋CT、DR数字拍片机、电子内窥镜系统、导乐分娩镇痛仪、电动妇产综合手术台等大型医疗设备，丰富和提高医院的检查、治疗手段。加强医疗设备预防性维护，做到下巡下视，加强设备日常管护工作，对有故障隐患的设备现场修理，全年共修理设备1296台件。

信息化建设加强。正式入驻山西省预约诊疗服务平台，推出在线预约挂号服务，为患者提供新的挂号渠道。完成以“吕梁市人民医院”为名的微信公众号的认证，实现“线上预约、线上支付、线下诊疗”，方便患者就医。接入“小薇健康”平台，实现全国微信用户均可在此平台了解医院信息、问药咨询，扩大医院影响力。运行体检管理系统，完成与HIS系统的集成，实现收费等信息共享，保证体检流程规范化。安装医院感染信息系统软件，对医院手术风险分类、切口感染率等数据追踪评估，加强对医疗行为的日常监管。完善医院信息管理系统（HIS）和临床信息系统(CIS)，更新药库系统、住院护士工作站系统、住院医生工作站系统，统一住院患者与门诊患者的检验报告单格式，使患者病历符合标准。

病案及档案管理工作强化。全年共回收、整理、录入、上架出院病历2.11万份；复印出院病案1.31万人次。全年新接收文书档案942卷，录入文件级目录942条、案卷级目录1568条，提供档案查阅3386卷次。

【对口支援工作】

2016年，根据山西省卫计委下发的万名医师支援农村卫生工程实施方案和三级医院对口支援县级医院项目实施方案要求，吕梁市人民医院对离石区人民医院、柳林县人民医院和交口县人民医院等6所县级医院进行对口支援工作。吕梁市人民医院分管领导到各受援医院进行会商，讨论年度帮扶计划和派驻医务人员的专业，医务科每季度对派驻人员工作情况进行督导和检查，保障帮扶工作效果。

为贯彻执行中央、省、市对口支援新疆工作要求，结合新疆生产建设兵团第六师共青团农场医院实际工作需要，吕梁市人民医院动员符合条件的医师报名参加。9 月 17 日，选派秦奇瑞、周秀英、冯灵斯 3 名高级专业技术人员赴疆进行为期 3 个月对口援助工作；12 月 2 日，选派杨中柱、高永旺、张文婷 3 名医护人员赴疆协助农场医院开展为期半个月全民免费体检。

【医疗精准扶贫工作】

2016 年 3 月和 9 月，山西省卫计委指定兴县人民医院和临县人民医院为全省医疗精准扶贫点。4 月起，吕梁市人民医院和山医大二院、省心血管病研究院各派出两名副高以上职称的医务人员共同组建医疗队派驻兴县人民医院开展为期 1 年医疗精准扶贫工作，派驻的医疗队队长任兴县人民医院业务副院长，各队员担任相应科室主任或护士长。10 月初，吕梁市人民医院和省人民医院、省肿瘤医院抽调医务人员以同样的模式进驻临县人民医院开展医疗精准扶贫工作。

【医院品牌建设】

2016 年，吕梁市人民医院品牌建设取得突破性进展，医院获第四周期“全国百姓放心示范医院”、中国药学会“2016 年度信息工作先进单位”、“第二届中国药师职业技能大赛山西赛区比赛”三等奖、“山西省三八红旗集体”等荣誉称号；护理部在全国、省级品管圈大赛中取得优异成绩；牛建华在第十届中国医院院长年会上获“2016 年度最具领导力的中国医院院长·杰出业绩奖”； 乔晓红被命名表彰为第三届山西省学术技术带头人；陈娥荣获“全国百姓放心示范医院优秀工作者”称号；刘百成被评为“山西省学术技术带头人”；郭楼英获“山西省三八红旗手”称号；薛芝红在“第二届中国药师职业技能大赛山西赛区比赛”获二等奖；冯小勤等 4 名工作人员获第三届吕梁市优秀人才特别奖；郭建勋被评为第三届吕梁市优秀人才；秦新荣等 5 名工作人员被评选为“吕梁名医”；骨科二病区护士辛俊颖被评选为吕梁市首届百姓信赖的好护士。

（吕梁市人民医院）

## 山西省汾阳医院

【概况】

2016 年，山西省汾阳医院各项主要指标较 2015 年均有增长。全年总收入 5.05 亿元，比上年同期增长增长 17%；门诊人数 41.00 万人次，同比增长 7.5%；预约诊疗 26.36 万人次，同比增长 5%；日间门诊 5272 人次；急诊 1.31 万人次，抢救 189 人次，抢救成功率 97.88 %；出院人数 3.24 万人次，同比增长 12.5 %；手术人数 1.14 万人次，同比增加 12.5%；累计完成特级护理 19.75 万小时，同比增长 50.17 %；一级护理 6.96 万天，重症监护 51.50 万小时，同比增长 38.83%；病床使用率 92%；平均住院日 9.1 天；病案甲级率 99.98 %；入院与出院诊断符合率 99.68 %；临床与病理诊断符合率 99.61%；无菌手术切口甲级愈合率 97%；危重病人抢救成功率 83.5%；输血量 1821785 毫升，增长 24.5%；开展成分输血比例 100%，基本符合三级甲等医院要求。

2016 年，汾阳医院在学科建设、人才培养、党建文化等方面取得成绩。为庆祝百年华诞，汾阳医院举办系列活动，9 月 10 日举办“全国百年名院文化传承创新论坛暨山西省汾阳医院建院 100 周年纪念大会”，9 月 22 日举办“健康中国行”山西省汾阳医院巡讲大会暨全国卫生保健与健康研讨会，院士樊代明作专题演讲，并为汾阳医院挂牌“第三军医大学西京医院汾阳医院整合医学中心”，并以“百年汾医，继往开来”为主题开展各类学术会议28次；汾阳医院被国家卫生计生委评为“2015年度国家卫生计生委脑卒中防治工程卒中筛查管理先进基地”和“山西省汾阳医院示范基地医院”；汾阳医院与中南大学湘雅医院签约成为协作指导医院，成为河南省介入治疗与临床研究中心山西省汾阳医院分中心，口腔科与山西医科大学口腔医学院建立了医联体协作单位；康复医学科成为山西省工伤康复试点机构，“山西省助产专业护理培训基地”通过省卫计委验收认证；王耀勇、任艳琴入选山西省卫计委临床高端领军人才，王耀勇被评为“山西省学术带头人”，许宁等28人入选百千万卫生人才培养工程精英人才，任金龙等6人被吕梁市组织部评选为“第三届吕梁市优秀人才”，杨耀学等13人分别被吕梁市卫计委评选为“名老中医”“老中医”“名医”“青年名医”，感染性疾病科主任张耀武当选山西省医师协会肝病医师分会病毒性肝炎学组主任委员、山西省医学会肝病专业委员会副主任委员；由侯彦东带队，李林为教练，牛海刚、吴建华、张祺斌为队员的代表队代表吕梁市卫生计生委，参加“山西省医护岗位技能大赛”获集体二等奖，记二等功。

【重点学科发展】

2016年，汾阳医院在人才培养、设施配备、财务保障等方面支持重点学科发展，从研究方向、人才梯队、业务水平、科研教学等方面加强重点学科建设，促进快速发展。心血管内科继续完善急性心肌梗死（AMI）救治绿色通道，积极推动胸痛中心建设，救治能力提高。全年共收治门诊患者8427人次，同比增长4.36%，住院患者1003人次，同比增长10.58%，抢救成功率85.29%，处于省内同级别医院领先水平，新开展“无创呼吸机辅助治疗心衰”技术，疗效良好，继续开展“第三项心脏保护研究（HPS3）”等6项科研协作协议，签署省级科研项目1项。呼吸内科组建以王耀勇为组长，9人参加的呼吸治疗团队，总体技术水平处于山西省前列，经支气管针吸活检术（TBNA）新技术项目达到省内先进水平；多导睡眠呼吸检测仪共监测患者96例（2015年为108例），气管镜室全年共检查205名患者，开展肺泡灌洗、无痛气管镜工作，均达到预期效果。消化内科和耳鼻喉科是省市共建重点专科，消化内科年内成为国家消化疾病的分中心，开展内镜下粘膜剥脱术(ESD)治疗消化道早癌和侧向发育性肿瘤、经内镜逆行治疗阑尾炎等新技术，内镜室共完成胃镜7109例，肠镜2338例，成功申报山西省卫计委课题2项。耳鼻喉科开展颅底肿物切除术+神经解剖术、喉癌及下咽癌联合根治切除术等省内先进技术。2016年汾阳医院组织耳鼻喉、产科、骨科、普外科、儿科、传染科等6个科室申报省级临床重点专科，其中耳鼻喉、产科、骨科进入第二轮，完成现场答辩程序。

【支柱学科发展】

2016年，汾阳医院支柱学科持续规范常见病、多发病的诊疗，通过消化、吸收、引进一批新技术、新方法，提高整体诊疗水平。神经内科独立开展脑血管造影，对脑卒中病人进行精确诊断及合理治疗、预防提供更有效的措施，开展颈动脉支架预防脑卒中。普外科一病区开展腹腔镜下右半结肠癌根治术、胃间质瘤切除术、保胆取石等微创手术。普外科二病区规范开展甲状腺癌、乳癌根治手术及甲状腺癌1131治疗等新技术，救治1名罕见股动静脉断裂病例，手术顺利，术后恢复良好。骨科一病区独立完成膝关节置换术14例（2015年为3例），独立完成椎间孔镜手术等高难度手术。骨科二病区开展僵直肘功能重建、骨折皮外钢板固定等新技术。神经外科一病区重点发展以“脑血管病”手术治疗为代表的标志性手术，开展颅内动脉瘤的开颅夹闭术8例、介入栓塞术等手术治疗。神经外科二病区实施颅内肿瘤切除术4例，高血压脑出血微创治疗50余例。白内障手术是眼科的重点，全年独立完成白内障70人次81眼，无一例发生并发症。妇科重点开展腹腔镜手术，其中子宫切除术430余例；产科接收孕产妇5021例，高危妊娠占85.35%，其中危重106例，救治成功率100%。儿科成立“儿童保健科门诊”，为儿童健康体检提供平台，自成立起接诊婴幼儿童1557例。

【优势学科发展】

2016年，汾阳医院优势专业特别是区域内的县级医院尚未独立设科的学科，如心胸外科、新生儿科、血液内科、烧伤整形科等的适宜发展，成为汾阳医院学科建设的亮点。心胸外科开展微创手术21例，体外循环手术心脏手术11例。血液科将“特发性血小板减少性紫癜”“重型再生障碍性贫血”纳入临床路径进行规范化诊断、治疗。烧伤整形科以“烧伤、整形治疗为基础，对慢性创面进行显微外科治疗”为特色，对各种皮瓣成形技术和负压吸引治疗技术日趋成熟，独立完成断指再植术2例以及其他创伤修复手术，周边县市烧伤、整形、伤口治疗和显微外科患者就诊量增加。

【特色专科发展】

2016年，以介入血管科、肿瘤科、生殖医学科、康复科及疼痛科为代表的特色专科成长壮大，成为汾阳医院专科发展新的增长点。介入血管科共完成手术262例。其中，科内手术117例，科外手术145例，开展手术类型共26种，独立完成布加综合症的下腔静脉球囊扩张成形术，气管内支架技术达到省内领先水平。肿瘤科完成肺癌EGFR、ALK和结肠癌K-RAS基因检测16例，开展宫颈癌调强同步放化疗等先进技术，被中华慈善总会指定为吕梁市首家“易瑞沙、特罗凯、安维汀慈善赠药项目”定点医院，“癌痛规范化治疗示范病房”共服务200余名癌痛患者，增长近40%。生殖中心通过省卫计委辅助生殖技术校验专家组2年期的校验，夫精人工授精全年AIH周期数达到80个，临床妊娠率达23%，达到国内先进水平（国内平均妊娠率约15%左右）。疼痛科康复科学科稳步发展，疼痛科开展星状神经阻滞+三氧大自血治疗复杂区域综合征等4项新技术，康复科全年共诊治骨关节外伤50余人、脊髓损伤8人、脑外伤10余人。被山西省人力资源和社会保障厅确定为山西省工伤康复试点机构。

【医技科室协同发展】

2016年，汾阳医院各医技科室以临床需求为导向，开发新项目、新技术，为临床诊断提供坚实保障。年初东软128层CT投入使用，开展急诊三维重建、增强扫描和血管造影等技术，冠脉头颈和肺动脉CTA得到很好应用。3.0T磁共振投入使用，共检查1.60万人次。其中，住院6394人次，门诊9581人次，同比增长35.3%。核医学科ECT室显像量1211件，同比增长64.31%。超声科全年完成超声检查10.8万例，同比增长14.1%；完成介入手术705台，比上年增加195台，同比增长38%。血液净化中心完成血液透析滤过9903例，增加336例；床旁血液透析滤过100例，增加25例；并继续开展在线血滤新技术，完成111人次，增加36人次。肠内营养支持会诊的患者总数量181人，配制1478人次，配制量99.90万毫升。

【急危重症患者救治】

2016年，汾阳医院以重症监护病房为基础，以“胸痛中心”“卒中中心”及“复合外伤多学科协作救治组”为重点，规范急危重症患者就诊流程，急危重症病人的救治能力提高。年度重症监护病房共收治患者1138例,其中ICU167例,CCU101例,RICU324例,新生儿重症监护病房546例。继续支持“胸痛中心”和“卒中中心”工作,全院组织召开胸痛中心、卒中中心协调会2次,理顺胸痛中心、卒中中心工作流程,使心梗病人、脑卒中病人在第一时间得到救治。胸痛中心完成冠脉造影术838例,支架置入术403例,其中急诊支架置入术163例(均为独立完成),开始国家卫计委胸痛中心认证工作。卒中中心规范脑卒中的诊断治疗,宣传脑卒中静脉溶栓治疗理念,开展急性缺血性脑卒中的静脉溶栓治疗46例,其中r-tPA治疗38例,尿激酶治疗8例,并对脑卒中患者进行多学科(包括超声,影像科,TCD及康复科)讨论,共同诊断无缝对接,提升脑卒中患者生存质量。多学科协作诊疗模式(MDT)持续推进,1月成立胃肠道肿瘤MDT协作组,明确协作组的工作职责、工作流程等,组织成员到省内外进行MDT相关知识学习培训,全年举行MDT活动12次,对14名胃肠道肿瘤患者进行MDT讨论,提高胃肠道肿瘤诊治水平。

【业务收入】

2016年,汾阳医院药学部共销售药品1.87亿元(2015年为1.66亿元),比2015年上涨0.21亿元,上涨比例12.7%。其中药房调配处方116.21万张(2015年为65.77万张),上涨50.44万张,上涨比例76.7%。静脉用药配置中心审核处理医嘱43.51万条(2015年为39.79万条),增长比例9.4%。静配中心集中配置开始按照物价部门精神收费,为医院新增加纯收入约120余万元。

【用药管理】

2016年,汾阳医院加强合理用药。药学部每月参加临床科室运行病历质控,参加医院行政查房并点评科室用药情况,分析并通报药品使用及药占比执行情况,并进行有效干预,对抗菌药物运行情况进行统计、分析并在医院OA网上公示,上报省卫计委抗菌药物监测网,保证安全、合理使用药品。药学部组织召开4次医院药事会。对排名前20位的药品品种进行2次干预。调整8个科室的药占比。全年共点评处方1.2万余张,增长比例112%。点评病历8148份,增长比例28.11%。

【药品管理】

2016年,汾阳医院药学部对全院药品数量、金额、报损比例三项指标进行量化管理,引进基本药物50余种,全年盘点药品2次,药品报损比例降低到万分之一点三。依据药品质量管理制度,对小儿氨基酸、阿莫西林钠克拉维酸钾、注射用小牛血去蛋白提取物等药物进行干预。制订各科室的药品不良反应上报任务,对全院的药品不良反应进行监测并上报,全年共上报260份,同比增长30.65%。每季度编印《汾医药讯》,及时通报药品不良反应等方面信息。

【科研工作】

2016年,汾阳医院以项目研究为依托,以科研立项申报为载体,优化科研结构,提高科研层次,促进科研转化,科研工作取得了可喜的成绩。完成省科技厅3项课题的结题工作;组织完成省科技厅7项课题的申报;组织完成省卫计委11项课题的申报,完成吕梁市科技局10项课题立项,并获得资助资金五万元;组织申报汾阳学院院级课题5项,组织申报汾阳医院院级课题23项;组织进行国家GCP的培训,通过考核并取得合格证书;组织专家对2014年度立项的48项院级课题进行结题汇报。临床科室呼吸内科、儿内科、心内科、肿瘤科、普外科、妇产科开展横向课题10项。汾阳医院2016年发表论文150篇。其中,马明峰发表SCI论文一篇(IF:2.294),中华级15篇,国家级23篇,参编教材20部；组织对医院将申报2016年度省、市级的科研项目进行查新工作，查新课题共计16项；组织2015级硕士研究生开题报告；汾阳医院组织参加山西省科协举办的“第18届山西省优秀学术论文评选”比赛，共获奖15篇。其中，一等奖1篇，二等奖2篇，三等奖12篇。

【教学工作】

2016年，汾阳医院在全科医师、住院医师、基层骨干医师培训、研究生教育等多个项目上实施统一管理，提高教学质量和水平，完成各项任务。教学办组织编撰、修订完成多项管理制度和业务培训规范；接受山西省卫计委组织的住培检查工作，完成通过“省助产士培训基地实验室评估”工作；完成23名硕士研究生的年度培养工作；共招生住培医师82人，住培医师达到194人；开始汾阳学院临床医学专业认证工作，重点开展PBL培训及考核；完成2015—2016年度第二学期汾阳学院理论教学任务4000余学时，其中高级职称授课比例80%以上。完成汾阳学院临床本科363人、医学影像学本科103人、护理专业1000余人次的见习工作。完成2015—2016年度565名各专业实习生的实习任务；新增临汾职业技术学院、忻州职业技术学院2所实习院校，共增加学生109名；组织开展“第11届中青年教师教学基本功比赛”活动，参赛人数110人。在山西医科大学非直属附属医院的讲课比赛中，外科教研室牛海刚获二等奖。

（山西省汾阳医院）

## 人力资源和社会保障

### 【城乡就业】

2016年，吕梁市统筹做好高校毕业生、城镇失业人员、残疾人等困难群体就业服务，促进城乡劳动者实现充分就业。以创业孵化基地建设为着力点，推动“大众创业、万众创新”。全年共筹建9家创业孵化基地。其中，汾阳市贾街众创企业管理有限公司被认定为省级创业孵化基地，柳林县双创商贸有限公司孵化基地被认定为吕梁市创业孵化基地。实施招录、服务基层项目、就业援助“三大计划”，为高校毕业生提供就业岗位。为吕梁学院的485名和山西医科大学汾阳学院的122名应届高校毕业生共607人，从就业专项资金中给予每人1000元共计60.7万元的一次性求职补贴。2016年全市城镇新增就业人数3.37万人，完成年度任务的108.56%；城镇登记失业率实际控制在2.76%；创业及带动就业6555人，完成年度任务的102.42%；农村转移劳动力3.87万人，完成年度任务的104.54%。

### 【“吕梁山护工”培训就业】

2016年，吕梁山护工培训就业工作开展以来，截至2016年12月，投入资金3000余万元，累计培训1.05万人，其中建档立卡贫困户5865人，占到培训总人数的56%。实现就业4298人，其中贫困人口2071人，占到总就业人数的48%，总体就业率达到41%。其中北京就业786人、天津9人、青岛169人、呼和浩特14人、包头127人、神木349人，平均月纯收入3500元以上；太原就业1162人，平均月纯收入3000元以上；本地就业1682人，平均月纯收入2600元以上。

### 【社会保障】

2016年，吕梁市坚持“全覆盖、保基本、多层次、可持续”方针，实施全民参保计划，健全完善覆盖城乡居民的社会保障体系。建立全面、完整、准确的社会保障参保基础数据库，开通城镇基本医保和生育保险省内异地门诊联网直接结算，与北大国际医院、北大肿瘤南郊分院签署医保异地联网实时结算合作协议，方便吕梁市参保人员在省内异地购药和在京医保费用联网实时报销结算。按照省政府《关于整合城乡居民基本医疗保险制度的实施方案》要求，完成全市城镇居民基本医疗保险和新型农村合作医疗的交接整合工作。全年全市城镇职工基本养老保险参保人数36.18万人，完成年度任务的103.3%。全市城乡居民社会养老保险参保人数184.69万人，完成年度任务的101.42%。全市城镇基本医疗保险参保人数达84.37万人，完成年度任务的100%，全市失业保险参保人数32.13万人，完成年度任务的100.16%。全市工伤保险参保人数达38.02万人，完成年度任务的101.36%。全市生育保险参保人数达33.63万人，完成年度任务的100%。全市“社会保障卡”

累计发卡数达 271.57 万张。参加社会保险人数达到 380 万人，社会保险基金征缴完成 45 亿元，各项社会保险待遇支出49亿元，享受待遇人数 530 万人次。

【人才资源集聚】

2016 年，吕梁市着力破解基层人才紧缺问题，招录公务员 115 人，事业单位招聘 872 人。启动实施吕梁市市直部分事业单位公开招聘工作人员工作，拟招录 407 人（其中：服务基层岗位34人）。实施民营企业家“千人培养计划”，分两期组织 126 名民营企业家到浙江大学进行重点培养。开展学术技术带头人及新兴产业领军人才申报工作，经过市评委会审议，共向省厅推荐学术技术带头人 3 名，新兴产业领军人才 8 名，涵盖有机生物、化工、新能源等新兴行业。评选出第三批吕梁市优秀人才 110 名，每人奖励 1 万元。通过多种形式宣传人才事迹，树立新的资源观，营造尊重人才的浓厚氛围。全年全市农民工职业技能提升培训 6.32 万人，完成年度任务的 101.98%；城镇失业人员再就业培训 7620 人，完成年度任务的 107.32%；新成长劳动力培训 1225 人，完成年度任务的 122.5%；创业培训 6122 人，完成年度任务的 288.77%；新增高技能人才 780 人，完成年度任务的 130%。完成技能人才鉴定 1.0 万人，完成年度任务的 154.86%。

【增收政策】

2016 年，吕梁市人社部门执行最低工资标准，发布 2016 年企业工资指导线，认真查处企业拖欠职工工资案件。实施县以下机关公务员职务与职级并行制度 4455 人，人均月增资 355 元，6 月底前符合条件人员兑现到位。企事业离退休人员的待遇上调 6.5%，人均增长约 195 元。机关事业单位工作人员月调资 200 元左右。完善艰苦边远地区津贴增长机制，落实省有关地区附加津贴制度。人民警察津贴和工作人员基本工资标准调整均按时兑现。推进法官检察官和司法人员工资制度改革孝义试点。全市乡镇补贴全部兑现。第四季度全市城镇居民可支配收入达2.42万元。

【劳动关系建设】

2016 年 7 月 5 日，吕梁市政府办下发由市人社局起草的《吕梁市人民政府关于创建“无欠薪”城市的意见》（吕政办发〔2016〕41 号）。12 月 5 日，市委办公厅、市政府办公厅联合下发《全面治理拖欠农民工工资问题的实施办法》（吕办发〔2016〕37 号）。推进吕梁市和谐劳动关系建设，加强源头预防，夯实工作责任，创优发展环境，争创“无欠薪”城市。全年全市共受理投诉举报案件 249 件，结案率 100%。推行省人社厅监制的农民工工资支付登记卡，发放20余万册，并在建筑领域实行“三本台账”（花名册、出勤台账、工资支付台账）制度。

【健康扶贫工作】

2016 年，吕梁市人社局开展健康扶贫工作。做好新农合助力健康扶贫的“四个保障”工作：将农村居民门诊慢性病补偿比例提高 10%（在不低于 50% 的基础上提高到不低于 60%）；将 24 种重大疾病实行单病种付费，将新农合补偿比例提高到 70%，个人支付比例降低到 10%；降低保障扶贫对象大病保险报销起付线，由 1 万元降低到 5000 元，报销比例提高 3%；建档立卡贫困人口孕产妇在县域内实行正常分娩免费住院，新农合报销 600 元。

（吕梁市人力资源和社会保障局）

## 人才中心

【人事代理工作】

2016 年，吕梁市人才中心新接收流动人员档案 1072 份，出具联系函 517 份，出具证明 206 份，为 3756 名代理人员办理转正定级手续，正常晋升档案工资3273人次，为48名代理人员调动确定工资，出具工资介绍信109份，代办户口16人，代评职称14人，接转流动人员党组织关系16人。根据市委组织部要求，对274名流动党员档案手续进行整理规范，完善流动党员管理制度。实行人事代理单位回访制度，了解单位对人事代理工作新的需求，增加服务内容。根据省就业局要求，对全市人事代理人员进行统计汇总，并按季及时上报。

【人才招聘就业工作】

2016年，吕梁市人才中心组织召开新春招聘活动。新春招聘活动期间共134家单位参与，需求人数2252人，初步达成意向2060人。组织召开2016年新春招聘会，参会单位82家，需求人数1686人，初步达成意向1435人。

民营企业招聘周活动。4月18日至24日招聘周活动期间组织召开2016年吕梁市民营企业招聘会，共89家用人单位参加招聘，提供就业岗位1527个，初步达成意向1013人。11月21日至12月4日，开展高校毕业生就业服务周活动，组织25家用人单位参加招聘，提供就业岗位201个，初步达成意向190人。

组织召开校园招聘会。5月13日在山西大学商务学院举办校园招聘会。组织全市84家企事业单位参加招聘活动，提供就业岗位数1502个。达成初步就业意向658人。印发各类人才政策宣传品5000多份。6月14日，在吕梁卫校举办毕业生专场招聘会，这次招聘会由吕梁卫校和吕梁市人才中心合作举办，双选会上有43家企业进校招聘，邀请部分企业人力资源负责人与学生们分享他们的就业创业经验和看法，提供就业岗位587个，初步达成意向366人。专业主要以医药、市场营销、家政护理为主。设立“吕梁山护工”报名点。

参加山西省人才智力交流大会。11月12日至13日，组织21家单位参加山西太原智力交流大会参会，需求331人，达成意向275人。印发各类人才政策宣传品5000多份。

就业见习信息工作。完成2015年度市直见习单位71家341人一季度和二季度见习补贴发放的审批工作。完成2016年企业见习单位的征集工作。9月在全市范围内开展“2016年山西省高校毕业生就业服务月”活动，完成市直见习394人。全市共实名登记7542人，录入离校未就业高校毕业生数据4793人。办理就业失业登记证7542人。发放就业失业登记证1360人。

人才就业信息统计工作。根据省就业局要求，吕梁人才中心填写并上报省就业局《返回原籍高校毕业生情况统计表》《用人单位需求信息台账》《离校未就业应届高校毕业生情况》《吕梁市大中专毕业生就业情况月报统计表》《离校未就业高校毕业生信息汇总表》和《人力资源市场职业供求状况分析报告》等。

【政府购买基层公共服务岗位工作】

2016年，根据山西省人民政府办公厅《关于政府购买基层公共服务岗位吸纳高校毕业生就业的意见》（晋政办发〔2014〕42号）和省人社厅《关于做好政府购买基层公共服务岗位工作的通知》（晋人社厅函〔2014〕416号）、《关于印发<山西省2015年政府购买基层公共服务岗位吸纳高校毕业生就业工作实施方案>的通知》（晋人社办发〔2015〕24号）等文件精神和山西省就业局安排布署，人才中心按照文件精神，开展政府购买基层公共服务岗位工作，总体情况：2014年吕梁公岗招聘岗位800个，最后上岗人数787人，截至2016年3月有109人因考取公务员、企事业单位解除劳动合同，2015年吕梁公岗招聘岗位716个，2016年4月上岗人数707人，并对政府购买岗位人员进行逐个审查、体检、培训，全部安排上岗。

基层服务单位在岗人数1385人。

根据山西省人力资源和社会保障厅、山西省财政厅《关于对政府购买基层公共服务岗位工作进行专项检查的通知》文件精神，8月，在中心领导带领下一行4人对吕梁市13个县市区的政府购买基层服务工作进行检查。通过开展专项检查，基本掌握全市在开展政府购买基层公共服务岗位工作中的人员招聘、日常管理、待遇发放、资金使用等工作情况，总结经验，发现问题，逐步完善相关管理措施和操作程序，实现政府购买基层公共服务岗位吸纳高校毕业生就业工作规范化、制度化。

【吕梁山护工培训就业工作】

2016年，根据吕梁市人社局“冬季行动”要求，人才中心全程参与吕梁山护工培训就业扶贫工作。

参与吕梁山护工驻并第一、第二联络部成立工作。为跟踪服务好外出就业的吕梁山护工，12月底，人才中心主任梁向南、市劳动就业训练中心主任尹桂前等考察太原市比较大的家政公司，确定吕梁山护工驻并联络部的挂牌地址。经与太原家政协会联系，考察山西红马甲、太原贝亲好、太原德善行等3家公司，综合各家公司实力及场地条件，最终确定太原贝亲好家政服务公司、红马甲集团股份有限公司为吕梁山护工驻并联络部。

全方位多形式多渠道宣传吕梁山护工。新建“吕梁山护工”网站，宣传吕梁山护工品牌，建立起吕梁山护工与各大就业网站和家政企业的链接，实现各类就业资源共享。建立“吕梁山护工”微信平台，及时与吕梁山护工进行互动交流。编辑发行《吕梁山护工简报》，简报通过邮局发行到市直相关单位及全市13个县（市、区）148个乡镇、13个街道办，全年共编辑发行24期。收集吕梁山护工工作开展以来各种文字和影像资料，编辑《2016年吕梁山护工培训就业工作资料汇编》一书。2月25日至3月17日，吕梁人才中心组织10名优秀护工代表，到13个县市区和离柳集团进行27场吕梁山护工走出大山脱贫致富事迹巡演和专场招聘会，巡演现场就有988名学员踊跃报名参加培训。

组织广场欢送会。从6月27日开始，市委、市政府和各县（市、区）主要领导、市护工护理培训就业领导组成员单位主要负责人，各培训机构负责人，各家政公司负责人在市区世纪广场举行4次大型吕梁山护工走出大山欢送仪式。

完成吕梁山护工培训任务。人才中心组织完成汾阳医学院两期吕梁山护工培训工作和汾阳师范吕梁山护工早教育儿师培训工作。培训期间，人才中心工作人员和培训教师一起，研究分析每期学员的基本情况和心理动态，针对性地开展思想教育、理论培训，让所有参与培训的吕梁山护工真正认识到参与吕梁山护工培训的重要性。教育所有参与培训的吕梁山护工改变择业观念，加入到家政服务行业。

【人才派遣工作】

吕梁人才中心本着合作双赢理念，到用人单位规范用人方案，根据岗位职责要求派遣所需人才，并为所派遣人才代发工资、代缴养老保险、医疗保险、失业保险、工伤保险。2015年与吕梁学院107名派遣人员续签合同，与吕梁英杰中学101人续签派遣合同。每月和保险和银行部门联系，发放和交纳派遣人员的工资及“五险一金”。

【网络信息工作】

2016年，吕梁人事人才网站共年累计发布人事信息、动态、公告约350多条，为150余家企事业单位发布招聘信息，网上个人注册登记发布求职信息1300多条。根据省就业局要求，开展网上人才市场招聘业务。吕梁人才网站点击率达1780多万人次，实现与国家级、省级人才市场资源共享，网上人才市场建设框架形成。利用吕梁人才市场微信平台，加强就业信息化服务，2016年共发布信息1700条，为广大老百姓了解就业政策、热点问题及服务信息提供方便快捷渠道。

（吕梁人才中心）

## 劳动就业

### 【概况】

2016年，吕梁市城镇新增就业5514人，占年计划6000人的92 %；下岗失业人员再就业1887人，占年计划2400人的79%，其中特困对象再就业1200人，占年计划1200人的100%；新增创业人数159人，带动就业1822人；组织劳务输出5600人，占年计划5400人的104%；在岗培训2980人，占年计划3000人的99%；创业培训229人，培训农村劳动力4650人，就业前培训1654人，再就业培训1625人；城镇登记失业率控制在3.8%以内。

### 【就业援助服务】

2016年，吕梁市劳动就业局开展“春风行动”活动，服务返乡农民工。在春节后开展“春风行动”，主要内容是“送岗位、送信息、送培训、送信心”，是帮企业选人才、帮农民找工作的实在行动。

开展就业援助服务，帮扶就业困难群体。组织一次全面、彻底的清理核查，该进必进，该出必出，严格岗位管理。新开发公益性岗位，优先安排就业困难群体，对现有公益岗位补贴实行全额及时发放，1月至6月公益性岗位开发近210个。

### 【企业用工和劳动力求职需求服务】

2016年，吕梁市劳动就业局对用工存在缺口的企业及时收集缺工信息，在电台、电视台发布，引导求职者求职。服务大厅发布招聘信息177期，网络发布招聘信息361条；招聘服务用工单位361家次；为求职人员提供面对面招聘服务4110人次。

举办大型劳动用工招聘会。在市体育馆举办大型劳动用工招聘会，有130家用人单位进场招聘，提供就业岗位1.3万余个，吸纳近1.5万余名返乡农民工和农村富余劳动力及其它城镇失业人员进场求职招聘，就业成功率40%以上。

（吕梁市劳动就业局）

## 民政

### 【社会救助体系完善】

2016年，吕梁市民政局推进吕梁市低保工作规范化、精准化、制度化管理。印发《吕梁市农村最低生活保障申请家庭经济状况核查办法（试行）》（吕民发〔2016〕6号），市政府办出台《关于进一步加强低保申请家庭经济状况核查全面落实补差救助的通知》（吕政办函〔2016〕24号），根据市委第四巡查组的意见制定《落实巡察意见深入开展低保专项治理工作方案》（吕民发〔2016〕31号），召开全市低保工作会议，加强低保申请家庭和低保对象家庭经济状况核查，全面落实补差救助。基本完成居民家庭经济状况核对平台建设，17个部门数据全部接入。城乡低保提标工作完成，从1月1日起，城市、农村低保保障标准每人每月统一提高20元的基础上，农村低保保障标准兴县、岚县、交城、石楼、临县每人每月再调整提高5元，汾阳、中阳、交口每人每月再调整提高10元，文水、方山每人每月再调整提高15元，确保按照吕梁市年度脱贫规划实现兜底脱贫。提标后全市城市低保保障标准在370～435元/月之间，较上年提高6%；农村低保保障标准在2628～3684元/年之间，较上年提高11%。截至第三季度，共为8.88万名城市低保对象社会化发放低保金2.22亿元，为29.46万名农村低保对象社会化发放低保金3.69亿元。调整提高供养标准，足额发放农村五保补助资金。市民政局联合市财政局印发《关于调整提高农村五保供养补助标准的通知》（吕民发〔2016〕36号），从1月1日起，吕梁市农村五保分散供养、集中供养补助标准每人每年分别提高300元。提标后，全市分散供养补助标准2900～4900元/年之间；集中供养补助标准在5600～6760元/年之间。截至12月底，全市共有2.11万名供养对象，其中集中供养对象为895人，社会化发放五保金4443.7万元。通过实施农村五保供养服务机构“霞光”计划等国家项目，对老旧农村五保供养服务机构进行整合改造，吕梁市共有农村五保供养服务机构共53所（登记事业单位8所、民非1所），供养五保对象895人，整体规范运行。根据市委书记王清宪“关于探索农村孤寡老人集中供养”的专项工作安排，市民政局进行调查研究，在充分征求各县（市、区）民政部门意见的基础上，结合全市农村集中供养服务机构建设现状，初步提出吕梁市“十三五”期间通过新建一批、升级改造一批实现全市每个县（市、区）至少有3个达到养老设施规范建设要求的农村集中供养服务机构的规划。城乡医疗救助制度普遍建立。市卫计委、财政局、民政局、扶贫服务中心联合印发《吕梁市关于进一步加大对贫困人口医疗救助脱贫的实施办法》，市政府办出台《关于进一步完善医疗救助制度全面开展重特大疾病医疗救助工作的实施意见》（吕政办发〔2016〕51号），促进吕梁市医疗救助工作深入健康发展，提高医疗救助管理服务水平，最大限度减轻困难群众医疗支出负担。截至第三季度，全市共为9865名城乡特困对象发放城乡医疗救助资金4386.3万元，并资助10.67万名特困群众（1004.3万元）参加城镇居民基本医疗保险和农村新型合作医疗保险。临时救助制度规范运行。为发挥临时救助托底线、救急难作用，解决城乡困难群众突发性、紧迫性、临时性生活困难，加快吕梁市城乡社会救助体系建设步伐，根据《国务院关于全面建立临时救助制度的通知》（国发〔2014〕47号）和《山西省人民政府关于进一步健全完善临时救助制度的通知》（晋政发〔2015〕3号）以及《吕梁市关于进一步健全完善临时救助制度的通知》（吕政发〔2015〕15号）要求，全面落实临时救助工作。截至第三季度，共为1.65万户困难群众发放临时救助金852.9万元。

【防灾减灾工作】

2016年，吕梁市全面落实灾民救助制度。印发《关于切实做好2016年汛期应急值班及救灾工作的通知》，对灾情管理、灾情报送、救灾物资储备等做详细安排。6月、7月、8月及时下拨中央、省级自然灾害生活补助资金2660万元，全部按照“专款专用、重点使用”的原则，及时分发到急需帮助的困难灾民手中。8月18日，临县发生较大洪灾后，市民政局紧急调拨棉被褥300套。推进减灾示范社区创建。根据《关于做好2016年综合减灾示范社区创建工作的通知》要求（晋减办函〔2016〕1号），市民政局确定推荐离石区滨河街道东关社区等8个社区为国家、省级综合减灾示范社区候选社区。并对2015年前被命名的国家、省级综合减灾示范社区活动开展情况、2015年自然灾害生活救助资金、救灾物资储备库建设及救灾物资储备情况、减灾救灾综合协调机构成立情况等方面的工作进行检查。开展防灾减灾宣传活动。组织开展“减少灾害风险，建设安全城市”防灾减灾宣传周活动，悬挂宣传标语800余条，制作防灾减灾宣传板面300余块，张贴宣传画1000余张，在吕梁电视台、吕梁报社开辟防灾减灾宣传专栏，并在5月12日组织市直23个涉灾单位在吕梁世纪广场开展大规模的集中宣传活动，普及防灾减灾知识技能和提高公众防灾减灾意识，提高增强民众防灾减灾意识和能力。救灾物资储备库建设顺利推进。吕梁市救灾物资储备库建设项目属国家发改委、民政部2016年重点支持项目，完成可研批复及立项、选址、用地预审，10月17日，市规划局下发该项目建设用地规划许可证及规划设计条件通知书，项目建设区域内清表工作完成，等待评估，国家投资的941万元到位。

【城市社区建设】

2016年，吕梁市民政局起草《吕梁市加强城市社区活动场所和公益性服务设施建设的实施意见》，申报12个省级城市社区设施建设项目。其中，新建3个，改扩建1个，购买8个，共申请上级补助资金955万元。拨付35万元资金资助7个“三社联动”试点项目，与财政部门协商，确保补助经费及时足额拨付到位，并督促县级民政部门会同财政部门对项目的运行和资金管理使用情况进行验收和检查，确保补助资金专款专用。

【农村社区建设】

2016年，吕梁市民政局为贯彻落实省委办公厅、省政府办公厅《印发关于加强全省城乡社区协商的实施意见的通知》（晋办发〔2015〕52号）和省委、省政府《关于深入推进农村社区建设试点工作的实施意见》（晋办发〔2015〕50号）文件精神，结合实际起草吕梁市的相关文件。

【社会组织管理】

2016年，吕梁市民政局把好登记初审关，严格履行法定程序，对民办非企业单位、社会团体和非公募基金会的审批，坚持实地查看，认真审核，凡名称不规范，不符合条件的，坚决不予审批，确保登记质量。截至10月底，共登记社会团体54家，民办非企业单位56家，基金会1家，注销登记1家。对133个市级社会组织逐一进行实地抽查，重点检查按照章程开展活动、财务规章制度、党建及换届等情况。年检市级参检社会组织共280个，参检率84%，合格220个，合格率78.6%个，其余组织为整改和休眠组织。转发《山西省涉企收费清理情况专项检查方案的通知》(吕财综〔2016〕)，召开涉企社会团体收费清理规范大会。全面实施社会组织统一代码登记制度。

【优抚安置政策落实】

2016年，吕梁市民政局全面落实优抚政策，及时调整优待抚恤标准和一到四级伤残军人护理费标准，准确、足额、按时发放到位，全年共发放2016年抚恤经费1.23亿元、老党员生活补贴171.38万元，发放2016年优抚对象医疗补助资金804万元，下拨优抚对象医疗补助资金市级配套126.13万元，下拨老党员补助资金市级配套42.47万元。完成全市1380名烈士换证、866名60周岁以上烈士子女和948名60周岁农村籍退役士兵的核查认定、信息录入实时更新工作。市民政局与离石区政府联合举行烈士纪念日公祭活动。根据国家退伍军人有偿转移政策，收取有偿转移资金2306万元，安置退役士兵143名，办理退役士兵自谋职业30人，为1305名自主就业退役士兵下拨自主就业一次性经济补助金1733.4万元；组织1044名退役士兵进行机动驾驶员培训，940名学员获得驾驶证，获证率90%，推荐658名学员就业，推荐就业率70%。军休服务规范化建设推进，军休干部的“两个待遇”得到落实，市民政局配合上级部门完成军休安置信息管理系统五级联网建设，下拨军休经费1622.96万元，接收退休干部1名，退休士官1名。开展双拥工作，开展驻地部队、优抚对象“八一”慰问，贯彻落实《全国双拥模范城（县）命名暨双拥模范单位和个人表彰大会》精神，全面启动双拥模范城（县）的创建工作，报送双拥“每日一星”典型推荐，结合红军长征胜利80周年，运用广播、电视、报刊、网络等媒体，开展丰富多彩的纪念活动，在全社会营造军爱民、民拥军的浓厚氛围。

【社会福利服务】

2016年，吕梁市民政局出台《吕梁市人民政府建立困难残疾人生活补贴制度的通知》，使全市3.68万名享受最低生活保障的残疾人每人每月多领取50元的生活困难补贴，公示《吕梁市人民政府关于建立生活困难的失能、半失能老年人及高龄老年人生活补贴制度的通知》，开展公益慈善活动。9月5日“慈善日”当天，市民政局联合市慈善总会组织市直机关部门在市区世纪广场开展《慈善法》大型宣传活动，组织散发传单，政策咨询，现场募捐。

【社会事务管理】

2016年，吕梁市共申报建设农村老年人日间照料中心120个，为全省之首，完成117个建设任务。2013年，市政府提出每县建设一个县级福利中心和一个市级福利中心，12个县级福利中心的总体规划。2016年完成1个市级9个县级福利中心建设任务，文水县、中阳县于2016年年底开工建设，交口县开展前期准备工作。支持民办养老机构建设，全市共有6所民办养老机构，有交城县温馨养老院、交口县老年公寓通过验收被确定为市级示范机构，并分别给予建设补助16万元和20万元。市政府在吕梁新区规划建设1所占地2.67公顷、民间资本投资的医养中心——吕梁市康寿医养中心。该中心总投资3.1亿元，建筑面积69万平方米，建设床位800张。《吕梁市人民政府关于加强农村留儿童关爱保护工作的实施方案》，已在征求意见。

【行政区划工作】

2016年，吕梁市民政局抓好行政区域界线联检工作。完成吕梁太原段行政区域204.00千米界线，8颗界桩的联检工作。两市共同起草并向山西省政府报送《吕梁太原行政区域界线联合检查工作情况的报告》，签署《工作会议纪要》。完成交城离石线、柳林中阳线、汾阳中阳线、兴县方山县、孝义交口线5条县界联检任务。继续开展平安边界建设工作。做好行政区划调整工作。为全面深化农村改革，优化吕梁市行政村的结构布局，根据《山西省脱贫攻坚推进领导小组2016年工作要点》和《山西省民政厅关于征求撤并行政村试点工作意见的函》（晋民函〔2016〕78号）要求，在调研基础上，指导孝义市起草《孝义市行政村撤并工作试点实施方案》。根据10月28市政府会议精神，结合国家行政区划的政策环境和吕梁市城市发展现实需要，拟提出“一市四区”“一市三区”“一市两区”（两套）三种行政区划调整方案，报请市委市政府审定。

【第二次全国地名普查工作】

2016年，吕梁市政府办公厅印发《关于加快推进我市第二次全国地名普查工作的通知》（吕政办发电〔2016〕23号），召开全市2016年度第二次全国地名普查工作安排部署会议，细化制订《2016年度全市第二次全国地名普查工作计划》。采取全市统一招标形式对第二次全国地名普查技术外包服务项目进行技术招标。各县（市、区）完成与中标单位的技术外包服务合同和保密协议的签订工作，4家技术服务公司全部进驻所服务县（市、区），正式开展各项内外业工作。

（吕梁市民政局）

## 民族　宗教

【全市宗教工作会议】

2016年12月30日，召开全市宗教工作会议，会议由市委常委、组织部长、统战部长主持，市委副书记雷建国出席会议并作讲话。各县（市、区）党政分管领导、民宗局长，市直相关部门、各高校主要负责人共100余人参加会议。

【民族宗教领域安全稳定保持】

2016年4月，吕梁市出台《关于做好全市民族宗教领域安全稳定隐患大排查大整治活动实施方案》，完善《吕梁市民族宗教突发公共事件应急预案》，采取四条举措确保民族宗教领域安全稳定，包括民族宗教领域安全稳定隐患排查和调处情况月报制度；建立民宗、公安、国安、610、信访等部门每月定期联系制度；建立与民族宗教代表人士定期不定期的座谈制度；建立排查整治工作台账，实行领导挂牌销号制度。全年共开展宗教活动场所自查、各县宗教部门普查、市级抽查3次，排查解决风险隐患问题33个，妥善处理10余起信访问题。3月，制止天主教吕梁教区私相授受主教事件发生；6月妥善调处方山县大武镇天主教因吕梁新区建设教堂拆迁问题引发的信众群体上访问题，保证宗教领域安全稳定。

【民族宗教法治化工作】

2016年，吕梁市加强法治宣传教育。采取设立宣传咨询点、悬挂横幅、报刊登载民族宗教知识等形式，把十八大和十八届三中、四中、五中、六中全会精神，习近平总书记系列讲话精神，宗教方针政策，法律法规以及教规教义等作为宣传教育的重要内容，利用法治宣传日、宗教节日和宗教活动开展政策法规“进团体、进场所、进企业”活动12次，市县共举办宗教政策法规专题培训班17次，培训人数6000余人次，发放学习资料1万余本，10月，组织6支参赛队（比丘4个队，比丘尼2个队）举办全市佛教教职人员学习习近平总书记在全国宗教工作会议上的讲话及宗教政策法规知识竞赛1次。12月2日，在离石世纪广场设立法治宣传咨询点，派业务熟悉的工作人员现场宣传咨询。通过宣传教育，使民族宗教工作干部树立法治思维，民族宗教界人士增强法律意识，民族宗教知识和政策法规的社会普及面得到扩大。严格依法行政。建立随机抽查事项6项，市场主体名录9条，并完善事中事后风险防控措施，保证依法行政。9月联合市委统战部、市工商联开展联合督查，对宗教工作方面15项工作进行检查，发现并解决安全隐患问题9个。规范民族宗教事务管理。开展宗教教职人员认定备案、宗教活动场所主要教职任职备案、宗教活动场所财务监督管理等工作，指导推动宗教团体和活动场所建立健全规章制度，加强内部管理，实现宗教活动场所和宗教教职人员动态管理常态化。全年全市上报备案教职人员28人，审批上报宗教活动场所4处，宗教活动场所管理制度上墙率达90%，玄中寺财务管理受到省宗教局表彰。5月联合市食药监局对全市清真企业进行执法检查，将企业存在问题及整改建议现场反馈企业，要求限时整改。6月举办全市清真企业培训会议，针对企业出现的情况和问题提出要求，促进企业规范管理，保证清真食品生产规范、质量安全。全年持续开展宗教乱象治理，依法取缔交城、汾阳、柳林等地27处非宗教活动场所设立功德箱、交城玄中寺门外售卖高香问题，80%以上寺院宫观按照要求设立专门敬香点，寺观被承包、违规设立功德箱、售卖高香、借教敛财等宗教乱象得到治理。配合省宗教局接待2批日本佛教界人士朝拜玄中寺净土祖庭活动。

【民族政策宣传和落实】

2016年10月，吕梁市首次开展为期1个月的民族团结进步“进企业、进社区、进学校”宣传月活动，活动采取宣讲、版报、宣传栏等多种方式，宣传党的民族政策及法律法规，全市共悬挂横幅45条，展板18个，组织宣传活动15次，印发宣传资料2000余份，按照市政协安排征集回族相关资料7篇。以宣传促落实，推进党的民族政策的贯彻落实，全年审核认定中高考考生少数民族成份 9 名，经审核更改少数民族成份 1 人，做好民族团结进步示范单位（山西医科大汾阳学院）清真窗口、清真企业清真餐厅的监督指导工作。推荐山西大象农牧集团有限公司评选第四批全国民族团结进步创建活动示范单位。

**【宗教界教育引导工作】**

2016 年，吕梁市采取教育、培训、讲经交流等多种形式，引导宗教与社会主义社会相适应。3 月，在全市宗教界代表人士中开展“双学一跟”活动。制定印发实施方案，成立活动领导小组，共召开宗教界“双学一跟”座谈会 2 次、推进会 1 次，开展革命传统教育活动 1 次，使“双学一跟”活动深入人心，引导宗教人士树立正确的祖国观、民族观、宗教观、文化观，与党同心同向，跟党奋进。组织 3 期佛教、道教、基督教教职人员学习习总书记在全国宗教工作会议上的讲话精神、全国宗教工作会议精神、宗教事务条例、教规教义培训会，200 余名教职人员参加培训。举办 3 期讲经交流活动。6 月，举办全市佛教讲经交流会，有 20 名佛教教职人员参加讲经交流。推荐 2 名法师参加 8 月 6 日在晋城聚寿山举办的全省第三届佛教讲经交流会，分别获二、三等奖。9 月，在吕梁市方山县北武当山承办全省第一届玄门讲经交流暨第三批道教教职人员认定会议，出席会议的有中国道协副秘书长、湖北武当山道协副会长、省宗教局副局长及省道协会长、副会长，全省道教人士 240 余人参会。会上 17 名道长围绕“养心、弘道、利生”讲经交流，吕梁市推荐的 3 名讲经人员分别获畅玄奖（二等奖）、三等奖、优秀奖。10 月，市基督教组织讲经交流会，派 3 名教职人员参加全省基督教讲经交流，均获三等奖。

**【爱国宗教团体建设】**

2016 年，省宗教局确定 2016 年为“宗教团体建设年”，为此吕梁市民宗局对全市宗教团体建设情况进行两次全面调研。全市 29 个宗教团体能够及时按照《宗教事务条例》要求，对教职人员备案工作进行审核呈报，协助民宗部门传达贯彻党和政府的宗教政策、法律法规。调研中发现宗教团体建设中存在一些问题，主要是宗教人才匮乏，特别是佛道教人才更突出；29 个宗教团体无固定场所、无专职人员、无经费保障；对活动场所和教职人员教育管理不到位；依法注册登记、按时换届工作严重滞后。29 个团体仅 13 个团体在民政部门注册登记，14 个团体应换届未换。根据调研结果，市局发文要求各县民宗局对宗教团体做到未在民政部门登记注册的按照中发〔2016〕16 号文件，主动登记注册，应换届的换届，具备成立条件的要按程序及时成立。7 月，吕梁市基督教“两会”成立。7 月，配合市委统战部对天主教助理主教人选进行考察上报，推荐报告上报中央统战部和国家宗教局，7 月 14 日，随省宗教局到国家宗教局专题汇报天主教选圣祝圣工作，为天主教吕梁教区选圣祝圣做好准备工作。

**【民族宗教基础工作】**

2016 年，吕梁市民宗局建立少数民族常住人口、流动人口、宗教教职人员、宗教活动场所、宗教团体信息台账 70 条册，按县别、类别全部信息化管理，每半年更新一次数据，推动民族宗教基础事务信息化管理。10 月，绘制《吕梁市宗教活动场所分布挂图》，便于清晰、直观反映全市各宗教活动场所的分布情况。截至年底，宗教文化丛书—佛教部分编撰基本成型，丛书分 5 部分，即宗教基础知识、宗教在吕梁的发展、各宗教活动场所、宗教大事记、吕梁宗教界重要人士。

（吕梁市民族宗教事务局）

## 老龄

**【《老年法》宣传活动】**

2016 年 3 月初，省老龄办

会同省《生活晨报》编辑部一行4人到吕梁市进行采访调研。调研组到吕梁市机场、柳林县、临县、汾阳市分别对这些县市老龄工作亮点进行调研。如柳林县高龄老人津贴制度建设、老年特困救助制度建设、老年人意外伤害保险工作；临县刘家会镇开展空巢老人帮扶中心；汾阳市高龄老人津贴制度建设、60周岁以上老年人免费乘坐公交车，免费安装有线电视等落实老年优待政策工作情况及老年人意外伤害保险工作等情况；调研组一行在吕梁机场与机场负责人就吕梁机场开展优待老龄系统先进人员活动进行座谈。4月初，为推进老年教育工作，促进老年人形成科学健康的生活理念和养生方式，宣传积极养老，根据省老龄办要求，吕梁市经过层层动员选拔推荐，全市共有38个老年大学、社区（村）居委申请开设“幸福养老大课堂（老年网校）”。7月1日，吕梁市委宣传部、市老龄办、市委老干部局、市文化局组织市老年大学和市老干部活动中心的老同志们在市博物馆广场展演一场纪念中国共产党成立95周年广场文艺活动。8月22日，省人大法工委组织调研组，到吕梁市开展《山西省实施<中华人民共和国老年人权益保障法>办法（修订草案）》立法调研工作。调研组在吕梁宾馆召开立法调研座谈会，会议由吕梁市人大副主任郭卫民主持，市民政局副局长陈义明代表市老龄办主任刘学良做全市老龄工作情况汇报，各成员单位负责人对应《修订草案》中本部门所涉及的老龄工作进行发言。省人大法工委副主任成斌对吕梁市贯彻落实《老年法》工作给予肯定。下午，调研组一行前往汾阳市老年公寓、爱美托老有限公司考察调研。

## 【“敬老月”活动】

2016年“敬老月”期间，吕梁市老龄办在市区各主要街道悬挂条幅10条，在市委大院显著位置设立摆放《老年法》图文彩画展板，宣传新修订的《老年法》。根据省老龄委《关于转发全国老龄工作委员会关于开展2016年全国“敬老月”活动的通知的通知》（晋老龄字〔2016〕1号），吕梁市及时进行布置。老年节前夕，根据省老龄办、省福彩中心文件（晋彩字〔2016〕119号）精神，市老龄工作办公室配合市民政局及市福彩票中心开展福利彩票公益金“百岁福”资助开展排查工作。国庆节前，相关县（市、区）对本辖区内百岁老人的基本情况进行上报，经过严格审查，决定由市民政局、市老龄办重新联合下文《关于重新上报百岁老人基本情况的紧急通知》（吕民发〔2016〕40号），要求各县（市、区）摸清底数，认证核实。最后确认并为全市58位百岁老人发放“老年福救助金5.8万元。吕梁市提取由市财政预算的老年节慰问专项款和老年特困救助资金6.0万元，在敬老月期间分发各县市区困难老年人。10月10日，市老龄办、吕梁市慈善总会在离市区吴城镇油坊坪村为山村贫困孤寡老人赠送保暖内衣，共发放保暖内衣100套，总价值两万元。举办“情暖伤残者”轮椅发放仪式，共为40名残障人士每人赠送1台轮椅，其中一半以上为老年人。市公安局举办“九九重阳节，浓浓敬老情”座谈会。国家统计局调查队为离石街上村300余名60岁以上老人送去300余套棉衣、900多袋面粉，并观看老人们自编自演的节目。吕梁交通银行兴昌路支行积极践行社会责任，开展关爱老年人活动，为莲花社区老人们送上慰问品。孝义市在老年节前，为8193名80周岁以上的老年人发放高龄津贴，以80周岁每年200元为基数，每长1岁加10元，共发放高龄津贴196.97万元，为90周岁以上684位老年人发放每人200元的老年节慰问金13.68万元。孝义市桥南、西关村为400多位老人免费会餐极具孝义特色的8盘8碗“席”，这是孝义二东饭店连续第14年在重阳节这天举办的敬老活动。柳林县高度重视“敬老月”活动开展，10月9日举行由县委、县政府、县人大、县政协四大班子领导、市直有关部门负责人参加的柳林县老年节文体展演活动。县老龄办为3526位80周岁以上高龄老人发放津贴225.96万元。汾阳市老龄办与山西省太常生物科技有限公司联合发文《关于敬老月为贫困颈椎老年患者免费治疗活动的通知》开展义诊活动。敬老月期间，石楼县志愿者之家组织志愿者走进空巢老人家里，开展关爱老人活动。兴县老龄办协同兴县邮政分公司组织开展关爱空巢老人公益活动，践行大型央企的社会责任。活动中，中国邮政兴县分公司组织志愿者为参加活动的120多位老年人做免费体检、赠送裤子，邀请兴县人民医院专家为大家作老年人健康知识讲座。离石区300老人玩“快闪”，共庆重阳佳节。离石区的爱心志愿者到殷家山，为这里的抗战老兵以及孤寡老人送慰问品，给老人们送去温暖和祝福。在中阳县道棠村，来自全国防癌爱心小分队的志愿者们为小学生们举行孝亲敬老的专题讲座，号召大家从帮助父母做一件家务活开始，学会感恩，做一个孝亲爱老的小爱心使者。交城、文水等县主办的庆重阳健身节目展演中，老人们以饱满热情和精彩节目展现老年人精神风貌。

【农村基层老年协会规范化建设】

2016年，吕梁市以吕老龄字〔2016〕2号文件下发《关于开展申报规范化村居老年协会的通知》，要求各县（市、区）进一步开展规范化老年协会的工作，在各县市区建立规范化老年协会基础上，各推选5～8个市级规范化老年协会并写出先进事迹材料上报市办，经审查合格的市级农村规范化老年协会，奖励总价值2.6万元的老年协会活动用品。市老龄办自筹经费1.6万元，订购360套老年文体活动用品中国象棋、军棋、跳棋、五子棋，1.2万副竞技扑克及舞扇，老年节期间全部发放到全市89个（含报省未奖得27个农村老年协会）市级规范化农村老年协会。

【老年维权工作】

2016年，吕梁市老龄办与市司法局协调，以吕司发〔2016〕99号文件《关于在全市开展公证敬老公益服务月活动的通知》下发各县（市、区），在《吕梁日报》刊出通知及实施方案。通过宣传，使更多人了解参与，增加服务覆盖面。为应对快速老龄化的形势，建立老年人长期护理保障制度，吕梁市人社部门继续在吕梁卫校举办家政护理（护工）技能培训班，培训2000名护理（护工）。培训采取集中办班，并侧重实际操作能力培训，并聘请全国知名护工、月嫂授课，培训内容以家庭护理、老人陪护、家庭烹饪、职业道德等家政服务知识。11月16日，第六批1000余名“吕梁山护工”外出到北京、青岛、内蒙等地就业。通过这项活动的开展，为全市及外省市居家养老服务市场注入新力量，也为本地为老服务、老年人陪护培养大量实用型人才。老年节前夕，市老龄办陪同省老龄办、省老年扶贫基金会调研组在临县大禹乡前阳塔村、清凉寺乡农村老年日间照料中心等3个点开展调研活动，调研组详细了解所到村的失能老人和半失能老人生活情况。年末，为该县两个村50位失能老人和半失能老人每人支助3000元至1000元不等的生活费，支助金额共计10万元。2016年吕梁市被国家卫计委确定为全国第二批国家级医养结合试点市（全省三个市）。11月15日吕梁市卫计委、老龄办等九部门联合发文《关于印发〈关于加快推进医疗卫生与养老服务相结合工作实施方案〉的通知》。市卫计委向市政府呈报《关于加强全市基层医疗卫生机构服务能力建设的实施意见》文稿。以市政府办公厅文件形式印发全市。吕梁市能容纳800人的朝阳老年康复医院立项开工。

**【“敬老文明号”创建活动】**

2016年，根据省老龄办字〔2016〕9号文件，经市老龄办考核组验收考核、推荐、公示等程序，共有9个老年窗口单位申报“全国敬老文明号”单位，有7名一线工作的人员申请全国敬老爱老助老模范人物，经过筛选，吕梁市各报送4个单位和4名个人。

**【“失能、半失能老年人状况调查”活动】**

2016年，按照省老龄办《关于开展全省失能、半失能老年人生活状况摸底调查的通知》有关要求，吕梁市市、县两级都成立以老龄办主任为组长，联络员为成员的市、县两级“失能、半失能老年人生活状况摸底调查工作组”。在全部加入“省失能、半失能老年人生活状况摸底调查微信通信网”同时建立“吕梁市失能、半失能老年人生活状况摸底调查联络员微信通信网”，并督促各县（市）工作进度。临县老龄办为全县各乡镇下发通知，在县人民医院按照失能、半失能国家标准，统一开展失能、半失能老年人体能鉴定。吕梁市除方山县因没有配备老龄机构主任未开展这项工作外，在其余12县（市、区）均开展这项工作。

（吕梁市老龄工作办公室）

## 扶贫开发

**【精准扶贫】**

2016年，吕梁市严格按照“两公示一公告”程序和“八不进”原则，对全市13个县（市、区）的155个乡镇2686个行政村，全面开展建档立卡“回头看”和核查比对动态调整工作，通过精准识别，全市新识别7.6万户19.7万人口，出列8.3万户23.7万人口，确定全市建档立卡未脱贫人口有17万户48万人，全部完成线下识别结果确认和线上录入、标注工作。

全年山西省下达吕梁市计划为减贫10万贫困人口，退出253个贫困村。市委连续部署开展社会保障四方面政策措施到村到户专项检查和2016年度脱贫工作成效核查工作，抽调市、县两级骨干组成核查组，到10个贫困县（区）开展抽查核查，督促县、乡、村对标贫困村退出5类指标13条标准、贫困户退出5项指标，严格执行“一公示一公告”流程，重点检查贫困村基础设施和公共服务达标情况；检查贫困户帮扶措施落实、“两不愁三保障”到户、政策兑现等情况。县乡村三级按照相关标准和程序，组织开展贫困户、贫困村退出工作，全年退出278个贫困村，减贫11.1万贫困人口，其中产业脱贫6.5万人，生态补偿脱贫6千人，易地搬迁脱贫1.8万人，发展教育脱贫1万人，兜底脱贫1.2万人。11.1万减贫人口均达到“两不愁三保障”要求。退出的贫困村中，贫困农民人均可支配收入增幅10.8%，高出全市农民人均可支配收入5.2个百分点，基本公共服务领域主要指标接近全市平均水平。

**【脱贫路径和政策措施】**

2016年，吕梁市出台《以脱贫攻坚统揽经济社会发展全局，全面打赢脱贫攻坚战的实施意见》纲领性文件，重点实施精准扶贫精准脱贫“十大工程”，形成吕梁特色的“八个一批”（在中面“五个一批”的基础上，结合吕梁实际增加了“三个一批”）脱贫路径。

发展特色产业脱贫一批。抓基地建设，专业化生产推进。制定发布技术规程100项，创建标准化示范区56个、养殖区35个，培育“三品一标”认证主体119个、产品172个，标准化生产面积达10.67万公顷。正式申报“国家农业标准化示范市”和“农业可持续发展示范市”创建项目。抓专业合作社。新发展合作社1035个，规范专业合作社223个，累计达到8200余家，带动农户19.2万户，其中贫困户2万余户。抓龙头企业培训，辐射带动能力增强。四次组织农业龙头企业负责人到农业部干部管理学院进行专题培训，累计培训420人次；全市投入2700万元，对农业龙头企业进行贷款贴息和奖补。抓品牌建设。邀请国家权威机构对吕梁马铃薯、谷子、绿豆、肾型大豆等进行品质鉴定，在北京组织召开马铃薯、小杂粮推介暨命名发布会。“岚县马铃薯”、临县“金水源”牌豆腐干、兴县“山花烂漫”牌小杂粮获2016年第14届中国国际粮油产品及设备技术展示交易会金奖。农产品销售渠道拓宽。成立山西（吕梁）杂粮交易中心并正式挂牌。在北京、汾阳等地举办特色农产品展销活动，组织参展企业75户，签约项目47个、成交额10.81亿元，组织开展特色农产品进北京进高校活动，与北京高校、批发市场、大型超市等大采购商建立直接供货合作关系。抓招商引资，产业化发展水平提升。引进香港王老吉、天津宝迪、山东沪河、北京新瑞利邦等一大批知名企业，累计签约项目57个，签约总额93.6亿元。邀请山西农大编制全市“十三五”现代农业发展规划，完成高标准的农业产业化顶层设计。抓电商扶贫，电商产业人才基础得到夯实。实行贫困村、贫困户开办网店“七免一补”政策，促进电子商务健康发展。引进阿里巴巴、苏宁云商、京东集团、贡天下、乐村淘等5家电商企业，搭建电商平台，全年共建设县级中心48个，乡级站点156个。开展培训引导，市级举办8期农产品上行电子商务培训班，县级举办20余期培训班，全市累计培训电商从业人员超过1万人次。临县被列为2016全国电子商务进农村综合示范县，孝义被列为阿里巴巴“千县万村”计划试点县。

2016年，发展绿色杂粮6066.67公顷、绿色马铃薯4866.67公顷、食用菌2700万棒、中药材2733.33公顷，推广设施蔬菜新品种986.67公顷；重点实施4450头关帝山片区肉牛养殖、2.5万头肉牛改良提质增效、1.2万只杜湖羊提质增效、1.45万只肉羊养殖等4项畜牧工程。全年粮食产量达到11.4亿公斤、较上年增长66.3%；农业增加值达到58.31亿元、增长6.2%，龙头企业销售收入145亿元、增长5.8%，全市农民人均可支配收入达7644元。通过农业特色种养加产业带动，使全年全市6.5万人稳定脱贫，占全市脱贫总人口的56%。

易地扶贫搬迁脱贫一批。2016年，全市计划搬迁建档立卡贫困人口2.05万人，确需同步搬迁的农户7506人，涉及10个贫困县的36个易地扶贫搬迁项目。截至年底，36个项目全部开工建设，开工率100%；完成投资11.85亿元，投资完成率88.1%；完成26个项目，竣工率70%，使5876户18215人脱贫，占总任务的65%。方山县在峪口镇移民安置区的10栋楼，同步铺设光伏板，使安置的408户1305人在入住时就有稳定的光伏扶贫收益。全市共承接省下拨5批易地扶贫搬迁资金4.46亿元；有搬迁任务的9个县申报易地扶贫搬迁项目贷款，占全省已申报贷款县（12个）的75%，方山县、兴县、岚县、中阳县、临县5县获批准，累计提款1.75亿元，占全省已提取贷款县（6个）的83%，占全省累计提款额（19788万元）的88.4%。10月21日，全省易地扶贫搬迁现场会在吕梁市方山县召开。

生态补偿脱贫一批。全面完成造林绿化任务。3.82万公顷年度造林任务（其中：人工造林2.68万公顷，封山育林1.14万公顷）和3.14万公顷吕梁山生态脆弱区年度造林任务全部完成，可带动254万人（次）年均增收400元，可使其中2.1万人多贫困人口年均增收3500元。推进城区可视山体绿化。完成城区可视山体绿化整地1533.33公顷、栽植826.67公顷，高速路两侧绿化90千米、1600公顷，村庄绿化50个。实施退耕还林脱贫行动。执行省政府延续退耕还林补助5年的政策，确认上一轮退耕还林103万亩，使13.08万人贫困人口人均年收入140元。提前启动实施新一轮退耕还林，核定3.67万公顷宜退面积，加上造林面积13.2万公顷（省林业厅同意将已造林面积纳入新一轮退耕还林），共计16.87万公顷，全部完成合同签订，使35.38万人贫困人口人均年收入429元。年底前将第一年国家每亩500元补助和第二年省级配套补助150元，兑现到退耕贫困户。探索形成“合作社＋贫困户”“政府购买式造林”等生态补偿脱贫模式。鼓励贫困户创办脱贫攻坚造林专业合作社，每社20名造林工人，就地吸收不低于60%的贫困人口参与，使贫困人口就地转为造林工人，每年收入劳务工资1.2万元。“十三五”期间全市计划发展脱贫攻坚造林专业合作社400个，成立214个，其中有造林资质的51个，其余还在造林资质申领中；全年有31个脱贫攻坚造林专业合作社参与造林绿化，共承揽工程2200公顷，涉及1737人贫困人口，人均劳务收入7000元到1.2万元。创新生态保护脱贫方式。根据《山西省林业厅关于精准聘用贫困森林管护员的指导意见》，各县编制完成林业生态保护精准扶贫专项规划，出台生态护林员选聘管理办法，规定选聘的管护人员60%以上为建档立卡贫困人员。全市共落实建档立卡的贫困护林员2296人，每人每年可增收1万元，可带动8000多人脱贫；吸纳460名建档立卡贫困人口成为新造林地巡护员，每人每年1万元收入。吕梁市生态脱贫做法在全省造林绿化现场推进会上做交流发言，岚县扶贫造林专业合作社典型做法得到国务院副总理汪洋肯定，作出专门批示。

发展教育脱贫一批。加强农民素质培训。把教育脱贫作为阻断贫困代际传递的治本之策，统筹各类职业技能培训、认证、鉴定资源，整合千村万人就业培训、新型职业农民培训等资金，精准确定培训专业，因人制宜开展专题培训，全年累计培训贫困人口3.29万人次。其中，新型职业农民0.89万人、千村万人就业培训0.45万人、专业合作社负责人0.65万人、经济林管护专业人员1.3万人。落实各类教育政策补贴。学前教育阶段，按每人每年1000元的标准给予生活费补助；义务教育阶段，学费、课本费全免，按小学每人每年1000元、初中每人每年1250元的标准补助寄宿生生活费；普通高中教育阶段，对所有建档立卡贫困家庭学生免除学杂费，对10个贫困县高中贫困家庭住校生提供营养餐补助，按每人每年2000元的标准发放贫困家庭学生国家助学金；吕梁高等幼儿师范专科学校，对吕梁籍建档立卡贫困家庭学生，免除学费并给予一次性补助5000元。落实“雨露计划”方面，全市共有1862名贫困大学生每人得到5000元资助，资助金额达931万元；有1.22万名高、中等职业教育学生每人得到2000元资助，累计资助金额达2431万元，通过教育扶贫使1万人稳定脱贫。

社保兜底脱贫一批。对全市9.22万因病致贫返贫和丧失劳动能力人口，进行逐乡逐村逐户摸底排查，建立健康扶贫分类建档信息库，出台16条具体救助措施，免除贫困人口新农合定点医院普通门诊挂号费，年底贫困户可直接拿挂号凭证到新农合报销；将贫困人口新农合补偿封顶线提高到20万元，合并新农合大病保险封顶线60万元；贫困人口参加新农合，个人缴费部分各级财政给予全额补贴；大病保险起付线由1万元降低到5000元，解决贫困人口看病难、看病贵和因病致贫、返贫问题。制定提高农村低保保障标准的实施意见，全年10个贫困县平均提标320元左右，可使1.2万人通过兜底保障实现稳定脱贫。

经济林提质增效脱贫一批。吕梁有13.33万公顷红枣、20万公顷核桃，分别占到全国的十分之一，是贫困地区群众收入主要来源。针对管理粗放、品种不优、产量不高的现状，“十三五”期间吕梁市实施干果经济林提质增效。2016年完成标准化综合管理示范基地建设1.25万公顷、红枣核桃提质增效工程2万公顷、品种嫁接改良3016.67公顷、核桃林栽植9413.33公顷、油用牡丹栽植80余公顷、构树66.67公顷。

光伏扶贫脱贫一批。编制完成《光伏扶贫项目总体规划》《2016年光伏扶贫实施方案》，与晋能集团按照“五统一、两集中”合作模式，推进光伏扶贫项目建设。落实光伏扶贫计划1.34万千瓦，启动实施集中式电站2个6.5万千瓦，涉及2个国定贫困县2270户贫困户；村级电站103个6.9万千瓦，涉及9个贫困县13790贫困户。截至年底，岚县和方山县2个集中式电站分别与晋能集团和华润集团签订合作协议，项目立项、环评、土地等手续和“三通一平”全部完成，具备开工条件，项目前期工作落实率100%；103个6.9万千瓦的村级电站，开工63个4.56万千瓦，建成3.65万千瓦，开工率66%，竣工率53%。建成全省最大的村级集中式光伏电站，建成并网发电村级分布式电站共11个1100千瓦（方山县10个、1000千瓦，兴县1个、100千瓦），方山县共发电94.01万度，细化出到户的补贴标准。

“吕梁山护工”培训就业脱贫一批。根据吕梁贫困人口多、富余劳动力相对充足的实际，全市启动6万护理护工免费培训项目，政府给每个贫困户出资3000元，确定吕梁卫校、吕梁技校等5所专业院校开展护理护工技能培训。为稳定就业，与省内外20余家家政公司签署长期用工协议，在太原、北京等地设立服务站，形成“组织领导、宣传发动、技能培训、就业服务、政策支持”五大合力攻坚体系，打造出“政府选送实名登记、学校医院专业培训、实操实训双证上岗、统一体检统一标识、诚实守信勤劳善良”五大品牌亮点，“吕梁山护工”品牌开始叫响省城、京城。截至12月，全市共培训结业护工1.05万人，实现就业3824人，其中贫困人口1544人，占到总就业人数的48.2%，总体就业率达到39.5%，就业人员人均月纯收入3200元以上。12月24日，在吕梁市体育馆举行第七批“吕梁山”护工欢送仪式，欢送621名到太原和本地就业的护工，在太原举行吕梁山护工驻并第二联络部、吕梁山护工太原实训基地启动仪式。

**【精准帮扶到村到户到人】**

2016年，吕梁市级领导分别包联10个扶贫开发重点县，包联32个贫困村75户贫困户；市直党政机关和企业事业单位党政一把手每人至少包联一个村、10户贫困户；各县（市、区）四大班子领导至少包联一个乡镇、10户贫困户；各乡镇领导至少包一个村、15户贫困户，形成以上率下、示范带动的帮扶氛围。县际结对帮扶。由孝义市、汾阳市、文水县分别结对帮扶临县、石楼县、岚县，开展项目、资金、人才、技术、管理等方面帮扶。孝义市从全市76个部门单位选派103名党员干部，前往临县任农村第一书记。汾阳市选派8名干部到石楼县乡镇挂职，选派34名第一书记到石楼贫困村任职，为石楼免费提供价值50万元优质谷子原种和优质酿酒高粱种子，组织林业技术人员对核桃树综合管理进行现场培训。文水县选派36名干部到兴县、岚县任农村“第一书记”，文水胡兰食品有限公司在岚县上明乡瓮子村建设母畜繁育基地，可带动90余户贫困户脱贫。干部驻村帮扶。1300多个中央、省、市、县四级党政机关的4500余名党员干部和1597名第一书记驻村开展帮扶工作，实现驻村工作队和农村第一书记贫困村全覆盖，党员干部结对帮扶贫困户全覆盖。因村因户施策，层层制定2900个脱贫规划和年度行动计划，市县两级帮扶力量投入约6000余万元、铺开帮扶项目3100余个，做到帮扶任务细化量化实化，政策措施到村到户到人。11月9日，中央电视台《新闻联播》对吕梁市干部驻村帮扶工作进行报道。组织14名优秀第一书记和村支部书在全市作巡回报告；编写《各县市区精准扶贫精准脱贫主要做法汇编》《精准扶贫精准脱贫100例》，发挥脱贫先进典型的示范引领作用。团中央、北航、北理工等中直机关发挥人才、智力、技术等优势，因地制宜开展帮扶，取得成效。企业帮扶。出台《全市民营企业实施就业精准扶贫行动方案》，临县、兴县、岚县、方山、石楼、交口、交城、离石8个县区共有102户民营企业吸纳贫困劳动力1600多人就业，稳定就业6个月以上，人均月工资在2000元以上，市财政从就业专项资金中切块300多万元对企业吸纳1名贫困人口就业补贴200元。组织开展“百企百村结对帮扶”行动，截至年底，全市有201户民营企业参与行动，结对帮扶294个贫困村，近万户贫困户，其中有135户企业签订帮扶协议，有96户企业帮扶的120个项目录入台账管理系统，探索村企一体、户企联营、社企合作、银企助农等帮扶模式，出现离石泰瑞、兴县山花烂漫、中阳厚通、文水大象、交口县南山百世食安等一批企业产业扶贫典型。健全帮扶机制。建立健全单位包村、领导包带、工作队到村、党员干部到户、第一书记到岗“两包三到”精准帮扶制度；建立市县乡村四级帮扶力量联动机制，由市驻国定6县扶贫大队长挂职县委副书记（副县长），和各贫困县（区）委副书记共同牵头负责精准帮扶工作，实行扶贫大队长和国定6县联动、乡镇党委书记和驻村工作队联动、驻村单位主要负责人和村“两委”联动，定期在县、乡、村分别召开推进例会，协调解决各方面力量在精准帮扶过程中的具体问题，加强考核管理。分别制定出台“三支队伍”精准帮扶实施意见和考核管理办法，特别是把“第一书记”作为倒逼精准帮扶的关键一环，出台《第一书记管理办法》，建立召回、选派、培训、退出、倒逼、考核、激励、保障、协调、问责十项机制，全年举办6期第一书记培训班，召回调整、撤换补齐148名不胜任、不称职的第一书记，择优增派323名，省直机关加派了143名，全市第一书记总数达到1597人，其中省市两级共选派744人，占国定六县贫困村总数的65.9%。建立“第一书记”微信管理群，形成了快速反应机制，及时掌握第一书记的思想动态、工作动态，及时解决第一书记工作中遇到的问题130余件。

【资金使用效益提高】

2016年，吕梁市加大扶贫资金投入力度。市级财政安排扶贫资金1.6484亿元，比上年1.1亿元增加5484万元，增长49.8%。其中，专项扶贫资金3584万元，比上年1000万元增加2584万元，增长258%；“8+2”农业产业发展投入1.29亿元，比上年1亿元增加2900万元，增长29%，财政扶贫资金投入总量和增幅保持“双增长”。统筹整合财政涉农资金。各县（市、区）全部制定贫困县统筹整合资金使用方案和管理办法，提出分年度建设任务、补助标准、资金规模、筹资方式、绩效目标、时间进度等，做到可操作、可考核，年底，组织统筹整合财政资金绩效评价。加快专项扶贫资金拨付。市财政专项扶贫资金10月17日结转结余8.74亿元，截至12月24日共拨付8.55亿元，账户余额1931万元，拨付比例98%，完成省要求的2015年前结余资金全部清零、2016年安排资金控制在10%以内的任务。创新金融扶贫方式。全市共发放金融扶贫贷款18.8亿元。其中，金融机构利用央行扶贫再贷款1.94亿元，占扶贫再贷款限额的98.8%，扶贫小额信贷发放4亿元，带动6570多个贫困人口脱贫，全省排名第一。实践形成孝义市农信社改为农商行设立的建档立卡贫困户“精准扶贫贷”、临县“扶贫合作社承贷＋贫困户使用”、文水大象农牧集团“公司担保＋贫困户贷款＋入股分红”、文水胡兰食品“公司担保＋订单＋农户”、交口旺庄生铁公司“公司承贷＋农户使用”等金融助力扶贫模式，为解决贫困户贷款担保难、抵押难问题提供可推广经验。发挥保险业助推脱贫作用。全市有8个县市落实贫困户大病补充、意外险等扶贫保险政策，投保人数约32.16万人，保费约862万元，承保风险保额637亿元。12月22日，在临县召开创建山西保险业精准扶贫示范县启动会，会上临县被确定为全省唯一的保险业精准扶贫示范县。

【市县乡村四级项目库建设】

2016年，吕梁市各县（市、区）在立足当地产业基础和比较优势，对接各项政策，建立市县乡村四级扶贫项目库，储备一批精准帮扶项目。具体做法：第一书记和村级组织根据贫困户致贫原因和发展意愿，确定分户项目并以村汇总，形成村级项目库报乡镇党委政府，同时报驻村单位。乡镇党委政府对上报的村级项目进行专题研究，确定实施项目，汇总建立乡级项目库，上报县脱贫攻坚领导小组。县脱贫攻坚领导小组结合县域脱贫攻坚规划，根据项目上报情况，建立县级精准帮扶项目库。市脱贫攻坚领导小组办公室在全市统筹规划的基础上，建立市级重点项目库。

【组织领导】

2016年，吕梁市市、县、乡党委政府切实扛起主体责任，把脱贫攻坚作为首要政治任务和第一民生工程，市委16次召开常委会和专题会、4次召开推进会安排部署脱贫攻坚工作。完成脱贫攻坚“双签”任务，层层夯实脱贫攻坚责任。调整加强市领导小组和办公室力量。明确市委书记为第一组长，市长为组长，市委副书记任常务副组长，成立由市委、市政府分管领导任组长的产业扶贫、生态扶贫、易地扶贫搬迁、护工护理培训就业等12个专项工作领导组；加强办公室统筹协调能力，市委副书记兼办公室主任，内设综合组、项目资金服务组、政策指导组、督查推进组、宣传报道组、考核评估组6个工作组，从市直成员单位抽调力量充实到领导小组办公室，实行集中地点、集中人员、集中精力“三集中”工作模式，统筹指挥协调全市脱贫攻坚工作，使领导组办公室真正成为吕梁打赢脱贫攻坚战的“参谋部”“智囊团”和“指挥中心”。加强扶贫机构队伍建设。按省要求，市委、市政府于10月决定市扶贫中心改为行政部门，列入政府工作部门，增加16名行政人员编制和6名事业编制，市级扶贫机构总编制达到31名，“三定”方案报省编办。要求岚县、兴县、临县、石楼、方山、中阳等6个国定贫困县的扶贫机构也要转为行政单位，列入政府工作部门，人员编制要与工作任务相匹配。加强基层组织建设。实施固本强基工程，加强软弱涣散党组织整治力度，调整撤换一批不适应脱贫攻坚工作需求的农村“两委”主干，加大乡村干部基本能力和政策落实的培训，累计培训5000余人次。探索村集体经济“破零”和贫困户增收有机结合的脱贫攻坚新模式，石楼县28个村集体经济实现“破零”，形成方山县“桥沟”、离石区“信义”等模式。

【精准扶贫大数据平台】

2016年，吕梁市为全面记录精准扶贫过程，准确体现精准脱贫成效，在挂图作战的基础上，实行“一记一录两公示三推进”痕迹管理，严格实行脱贫销号、返贫挂号，对扶贫对象实行动态精准管理，做到线下资料真实可靠，线上数据完整准确，纸质档案齐备存档，建立起“市有库、县有账、乡有档、村有册、户有簿”精准脱贫信息管理体系。依托建档立卡和贫困户管理手册，各县（市、区）结合实际建立贫困户精准管理数据平台，开发建设市级大数据平台。以户建立帮扶政策牌，在《贫困户管理手册》基础上，领导小组办公室又统一设计制作《精准脱贫帮扶手册》和《吕梁市惠民政策服务手册》，把国家、省、市三级的共享政策、县级的特殊政策和帮扶措施分项列出，列出教育、健康、民政、残疾人等50余项帮扶政策措施，进村入户开展算账、认账、记账，准确记录、精准体现帮扶成果和脱贫成效。

（吕梁市脱贫攻坚领导小组办公室）

# 县市区概览

## 离石区

### 【概况】

离石区位于北纬37° 21′ – 37° 42′，东经110° 55′ – 111° 35′。2016年离石区总面积1324平方千米。下辖2镇3乡7个街道，194个行政村、43个居委会，总人口32.5万。

2016年全区地区生产总值完成70.45亿元，比上年同期增长5.4%；固定资产投资完成118.57亿元，同比增长0.14%；社会消费品零售总额完成67.07亿元，同比增长6.5%；一般公共预算收入完成8.01亿元，同比下降4.89%。城镇居民人均可支配收入完成2.63万元，同比增长5.5%；农村居民人均可支配收入完成5474元，同比增长6.6%，万元GDP综合能耗、二氧化硫排放量等约束性指标圆满完成上级下达的目标任务。

### 【脱贫攻坚】

2016年，离石区农村贫困人口人均可支配收入增长35.3%，26个村退出、4047人脱贫，贫困发生率由9.91%下降至7.46%。实施“5921工程”，集中力量打出了“三个一”扶贫计划和“九大攻坚工程”系列组合拳，全力发展特色种植、规模养殖、农产品加工等脱贫富民产业，大力培育农村电商、休闲农业、乡村旅游等新产业新业态，产业扶贫覆盖4962户、1.28万名贫困人口。实施易地扶贫搬迁工程，解决1500人的住房安全问题。贫困人口大病保险报销起付线由1万元下调至5000元，报销比例平均提高了3个百分点，农村低保一、二类对象和特困供养人员实现兜底脱贫，贫困群众实实在在享受到了发展成果。

### 【全面深化改革】

2016年，离石区推进供给侧结构性改革，全面落实“三去一降一补”任务，压减煤炭产能133万吨；严格落实“企业减负60条”和“煤炭20条”扶持政策，设立了吕梁佳信德战略性新兴产业基金和中小企业创业创新投资基金，累计为企业减负6000万元。坚持与棚户区改造、移民搬迁、采煤沉陷区治理相结合，商品房去库存4845套、55万平米。坚持上项目补短板，全年续建新建项目达52项，其中产业类项目17个，民生类项目16个，基础设施类项目17个，完成年度投资75.28亿元，比上年净增9.05亿元，增幅达到13.7%。三次产业比重由2.9 ∶ 27.9 ∶ 69.9调整为2.9 ∶ 23.5 ∶ 73.6，初步形成了以煤炭焦化、新兴产业 、文化旅游、现代商贸物流四大产业为支柱的产业体系。农业产业提质增效，全年投入2.24亿元，完成高标准核桃林管护2933.33公顷、高接换优866.67公顷，发展中药材、黑小米、油用牡丹、花椒树等特色种植1000公顷，标准化规模养殖达到72.21万只（头），农业产业化发展步伐进一步加快。工业经济加速转型，华为云数据中心成功落户离石，晶旭光伏光热项目、中包凌云环保纸项目正式建成投产，中磁尚善软磁电感、光电互感，高射速注塑成型机项目稳步实施，一批大数据、新能源、新材料等新兴产业项目和高新技术项目拉动了离石转型发展。现代服务业加快发展，天源物流、东谷仓食品园等三产项目推进。彩家庄传统古村落保护与开发正式起步，高家沟高级军事会议纪念馆建成开馆，千年景区、白马仙洞景区接待能力大幅提升，尤其是与上海大西洋集团正式签订战略合作协议，全面规划、全方位开发离石区全域旅游产业，旅游业总收入48.21亿元。

【城乡建设】

2016年，离石区统筹推进城乡建设，群众生产生活条件有了新的改善。离石区与山西省人居环境改善基金合作设立了离石子基金为城乡建设提供资金保障。坚持市区共建一体化发展理念，全面推进“三城融合”。参与配合吕梁新城建设，完成站前广场、中心医院、便民服务中心等市政工程征收拆迁任务，25栋安置楼完工建成，1000户征地拆迁群众分房到户，政府回迁承诺如期兑现；东城区滨河南、北两路及附属工程基本完工，东川河河道生态治理工程具备蓄水条件。道路交通完成投资5126万元，新建改造16条农村公路，店梁线改造全线完工实现通车，群众出行更加方便。改造农村危房1414户，实施19处安全饮水工程，解决了7610人的饮水安全问题；投资2615万元，新建了5个宜居示范美丽乡村，改造提升8个生态旅游村，达到了“环境秀美、配套完善、留住乡愁”的良好效果，受到了省、市有关方面的充分肯定。投入2760.45万元实施农村清洁工程，大力推广垃圾不落地模式。

【生态建设】

2016年，离石区坚持绿色永续发展战略，强化生态红线刚性约束，落实最严格的环境保护制度，大土河甲醇厂、热电厂等一批重点污染防治设施提标改造项目全部完工。淘汰黄标车、老旧车351辆，清理取缔城区燃煤锅炉，主要污染物排放量稳步下降。严格落实水污染防治行动计划，王家庄沟沟道治理一期工程全部竣工，城市建成区黑臭水体整治全面展开。水保生态全面铺开，生态修复606.67公顷，新增农田灌溉133.33公顷亩。实施大气污染防治行动计划，全年二级以上天数达到287天，环境空气质量在全省排名第二。东城区森林公园项目顺利启动建设，完成投资1.8亿元，营造林3240公顷，主体布局已基本成形。

【民生事业】

2016年，离石区民生支出15.79亿元，占公共财政支出的76.35%。继续推进学前教育3年行动计划，茂塔沟、下楼桥2所幼儿园基本建成，离石二中搬迁项目顺利推进，城镇中学、江阴高中基础建设不断完善，总投资387.76万元的学校云课堂和学校多媒体“班班通”开通运行，全区中考优生率位居全市第一。持续实施医疗体制改革，新农合医疗补偿比例乡级由85%提高到90%，区级由75%提高到80%；城乡居民养老保险应保尽保，医疗保险应参尽参，城乡低保和住房保障提标扩面，城乡群众生活得到有效保障。城镇新增就业4500人，城镇登记失业率控制在3.5%以内。文化惠民工程深入实施，乡级文化综合服务站、村级农家书屋实现了全覆盖，群众文体活动更加丰富多彩。坚持严打整治不动摇，扎实推进“平安离石”建设，“三大战役”成效显著，刑事案件和“两抢一盗”发案率大幅下降。层层落实领导干部接访制度，持续开展矛盾纠纷“大排查”“大调处”，信访案件“大化解”，信访总量持续下降，全市考核排名位次大幅前移。坚持严查严管、严处严罚，突出重点行业领域和重点场所安全监管，连续三年未发生较大安全事故，安全生产形势保持稳定向好态势。

【党政建设】

2016年，离石区办理人大代表议案、建议99件，政协委员提案36件，办结回复率为100%。全面推行政府部门权责清单制度，行政审批制度改革进一步深化，“两集中、两到位”得到巩固，全面落实行政执法责任制，继续推行政府法律顾问制度，行政复议和行政应诉不断加强。“三公”经费下降30%，政府集中采购135项，节约资金634.9万元。审计政府投资项目76个，节约支出2839.32万元。强化政府督查督导和追责问效，干部作风持续好转，风清气正、干事创业的氛围更加浓厚。

（孙银爱）

## 汾阳市

【概况】

汾阳市位于北纬37° 08'−37° 29'，东经111° 20'−112° 00'，总面积1179.98平方千米。下辖9镇2乡5个街道，262个行政村，37个社区。

2016年，汾阳市完成地区生产总值106亿元，同比增长14.8%；财政总收入23.73亿元，比上年同期增长16.9%；规模以上工业增加值50.1亿元，同比增长34%；固定资产投资88.67亿元，同比增长4.5%；社会消费品零售总额60.72亿元，同比增长7.2%；公共财政预算收入7.24亿元，同比增长26.9%；全市城镇常驻居民人均可支配收入2.13万元，同比增长6.1%；农村常住居民人均可支配收入1.24万元，同比增长6%。汾阳市通过山西省卫生城市、山西省文明城市复审，被评为山西省农田水利基本建设“禹王杯”红旗市、“山西省社会主义新农村建设档案工作示范市”、“山西省地方病综合防治示范市”、“省级妇幼健康优质服务示范市”。汾阳市栗家庄乡栗家庄村党总支被中共中央命名为“全国先进基层党组织”，贾家庄镇贾家庄村被农业部授牌为“全省唯一的全国农村实用人才培训基地”，杏花村镇被住建部、发改委、财政部认定为第一批中国特色小镇。

【“三农”工作】

2016年，全市实现粮食总产量1.76亿千克。300余家农产品加工企业销售收入20.1亿元。全市核桃种植面积54万亩、核桃产量2.2万吨。全市规模以上核桃加工企业30余家、年加工核桃4万吨、每年可提供良种苗木3000万株、拥有乡土技术人才4000名。全市发展农民专业合作社60个，申报吕梁市示范社5个、省级示范社3个，发展家庭农场30个。山西吕梁山杂粮（农副产品）交易中心正式落户汾阳。汾阳市先后举办了山西粮食（小杂粮玉米）产销衔接会、吕梁市小杂粮推介会和第三届核桃文化节，加强区域特色农产品的交流与宣传。

【城乡建设】

2016年，汾阳市完成市区控制性详规和《历史文化名城保护规划》等专项规划编制。火车站广场、建筑垃圾集中填埋场项目投用。万泰商城等6个项目试运营。先后争取到新增债券资金0.31亿元、国开行贷款5.7亿元，农发行贷款2亿元，通过PPP模式融资7.8亿元，启动了文峰街西段等4个棚改项目和胜利街改造等19项市政工程。争取到专项补助资金4.5亿元、吕梁交投公司贷款5亿元，启动了307国道改线、汾屯公路改线和2条旅游公路建设。全市新建雨污水管网6.5千米、供水管网6千米、天然气管网12.3千米、集中供热管网12千米，新增集中供热面积100万平方米。完成东堡、栗家庄两个村562公顷管灌节水工程。实施千井富民工程，解决了2500余人的饮水安全问题。

【精准扶贫】

2016年，汾阳市落实“六个精准”和“五个一批”要求，专项安排财政资金1000万元用于脱贫攻坚，坚持做到因村因户施策，精准扶贫脱贫。全市采取“五大举措”开展精准扶贫脱贫工作：通过在贫困村安排“一事一议”奖励补助，发展贫困村公益事业和基础设施建设；立足老病残等丧失劳动能力的贫困户，一次性安排低保兜底扶贫；立足贫困户实际情况，结合村、乡镇实际，以人均1000元/年的资金扶持标准，连续扶持两年，鼓励贫困户“组团”发展适合本村的种植、养殖、林果等产业，彻底实现脱贫；市级领导包保的13个贫困村给予5万元的扶贫资金支持，由市领导结合实际安排帮扶项目；发挥第一书记带动作用，由第一书记和驻村扶贫工作队共同努力，立足贫困村、贫困户实际情况，高效利用两年财政扶持资金1万元/年，真正做到“授之以鱼不如授之以渔”。截至年底，全市1536户、3922人和8个贫困村实现稳定脱贫。举行“对口帮扶石楼县农村党组织书记脱贫攻坚”培训班，全市共派出80名机关党员干部赴石楼县、兴县担任农村第一书记，从特色农业、教育卫生、生态治理、基础设施项目、电商帮扶、企业帮扶、文化帮扶、产业培育、干部挂职交流等方面对贫困县进行结对帮扶。

【社会事业】

2016年，汾阳市坚持“广覆盖、保基本、多层次、可持续”的原则，不断提升综合服务水平。全市新农合参合率稳定在95%以上，人均筹资标准由470元提高到530元。城镇登记失业率控制在2.9%以内。全面二孩政策稳妥实施。中医院住院楼建设项目顺利推进。投资4000余万元启动汾阳中学古建筑修缮工程。山西医科大学汾阳学院和吕梁学院汾阳师范分校校区建设工程展开。汾阳市第四高级中学和第五高级中学重新选配校长、副校长并公开招聘教师200名。全市高考达二本以上人数1446人（含一本），一本以上411人。鼓励文学文艺创作，先后实施文峰塔纠偏等项目、开通智慧汾阳手机台和《吕梁日报》县域新闻汾阳版。全年举办“文化汾阳.百姓大舞台”活动33场。由作家马烽创作的电视剧《我们村里的年青人》开拍启动仪式在贾家庄举行。由导演贾樟柯发起创立的“山河故人.家厨”电影主题餐厅在本市三晋民俗体验地贾家庄开门迎客。

【生态环境】

2016年，汾阳市围绕“有路必有树、有山必有林、有河必有荫、有村必有绿、有企必有景”的总体目标，全面加强生态环境建设。先后启动总投资17.4亿元的禹门河治理三期等11项工程，筹资5000万元用于造林绿化。实施石盘山绿化和110个农村绿化工作，全年完成营造林2546.67公顷，栽植各类苗木28.47万株。城区全年新增绿化面积7万多平方米。开展“铁腕治污”“铁腕斩污”行动，推进焦化、再生橡胶和酿酒等企业提标改造、取缔燃煤锅炉170个，报废黄标车和老旧车809辆，投用新能源电动公交车200台。开展冬季城乡环境整治行动，实施4个村污水管网工程。全市申报省级美丽宜居示范村1个、吕梁市级3个。

（郭宇霞）

## 孝义市

【概况】

孝义市位于北纬36°56′－37°18′，东经111°21′－111°55′。2016年，全市辖7个镇、5个乡、5个街道办事处；379个行政村、50个社区，辖区总面积945.8平方千米。截至年底，全市总户数18.64万户，总人口48.86万人。全年全市地区生产总值完成328亿元，增长2.5%；公共财政预算收入完成15.56亿元，下降14.6%；固定资产投资完成272亿元，增长1.5%；

规模以上工业增加值完成210亿元，增长4%；社会消费品零售总额完成128.32亿元，增长6%；城镇常住居民人均可支配收入达到3.06万元，增长5.2%；农村常住居民人均可支配收入达到1.50万元，增长5.7%。

【稳增长】

2016年，孝义市扩大有效投资，项目“六位一体”超额完成年度目标。提前筹划“十三五”期间实施PPP项目，首批打捆66个，概算总投资145.29亿元。先后与30余家投资机构对接，部分项目进入招投标阶段。实行领导干部包联项目和帮扶企业制度，为企业减负5.7亿元。与山西煤炭清洁利用投资有限公司合作，为鹏飞、东义、金达、金岩等企业争取产业引导基金20亿元。

【产业转型】

2016年，孝义市依托“五大园区”，确定铝系、煤焦化两大核心支柱产业和农产品加工业、现代服务业、新兴科技产业三大新兴战略产业为经济转型升级的主攻方向，形成“2+3”产业新格局。铝系产业向纵深发展、多元发展，是年氧化铝产值完成98.9亿元。信发和兴安各110万吨高精铝材项目完成规划、选址和立项。推进13座整合矿井建设，正令煤矿进入联合试运转。焦化行业兼并重组形成产能900万吨，完成产值89.1亿元。延伸焦炉煤气、煤焦油、粗苯精制及深加工3条化工产业链，鹏飞60万吨甲醇联产4亿立方米LNG项目一期于7月建成投产；金州50万吨煤焦油深加工及10万吨针状焦项目投入试生产；鹏飞40万吨费托合成蜡、金岩45万吨甲醇及3亿立方米LNG项目启动建设。发展农业企业32家，形成以肉禽、果蔬、小杂粮、玉米、核桃精深加工为主的特色产业链。大象熟食加工项目正式投产，年产量2500余吨。一果6万吨核桃系列产品加工项目及王老吉顶养系列大健康产业园项目试生产。沃尔玛、天福广场等商贸物流业向精细化、个性化、特色化、品牌化发展。金晖集团与杭州绿城集团合作，建设集养老、医疗、休闲、旅游、商贸为一体的高端服务项目。实施电子商务“百千万亿”行动计划，农村淘宝市级服务中心及首批50个村级服务站启动运营。深化产学研合作，申报吕梁市科技计划项目8个，技术合同交易额达1.29亿元。与北京软通动力信息技术有限公司合作城市创新综合体项目签约落地。太子光伏发电一期30MW项目并网发电。金晖兆隆PBAT项目形成2万吨产能。依托下堡邓小平路居旧址、石践抗日模范村等红色旅游资源，三皇庙、金龙山等文化旅游资源，孝河湿地、胜溪湖等生态旅游资源，梦幻海、曹溪河等休闲旅游资源，做大做强文化旅游产业。孝义市被评为全国十大生态文明旅游城市。

【便民服务】

2016年，市民服务中心正式运行，入驻36家公共服务单位和37家行政审批部门，承办90项民生事项和249项审批事项，构建“一站式、一条龙”的政务服务管理新格局。农信社成功改制成农商行。与央企、国企在棚户区（城中村）改造、基础设施和公共服务建设等领域达成57亿元合作意向。成功申报省级中小微企业创业创新基地示范县，新增小微企业575户，17乡镇实现小微企业服务站全覆盖。推行“双随机一公开”监管改革，加强事中事后监管。启动全市“13710”电子督办系统建设，提高政务效能。

【城市建设】

2016年，孝义市强化规划引领，中心城区控制性详细规划覆盖面积达到79.7%。海绵城市专项规划形成初步方案，中心城区完成1200千米地下管线普查。城市集中供热、供气普及率分别达到95%和96%。新建城乡供水管网15.6千米，建成区基本实现生活污水收集管网全覆盖。更新纯电动公交车50辆，更新天然气双燃料汽车744辆。加快城乡协调发展。梧桐新区入住2.3万人，下栅新型农村社区33栋住宅具备入住条件，南部新区、大孝堡新区、振兴新区加快建设。兑镇与新峪、离柳国有煤企整合市政、教育、卫生等资源，共建镇矿集中居住区。

【生态环境】

2016年，孝义市全面实施大气、水、土壤污染防治，开展燃煤锅炉综合整治、扬尘污染治理，严格控制机动车尾气污染；铺开21个治理片区80个村农村污水治理工程，完成30个村管网建设和3500座农村改厕；高标准推进“六河一渠”生态治理；启动总投资1000万元的“亲情林”暨城区可视山体造林绿化工程，全年营造林1920公顷，森林覆盖率32.7%，园林绿地率38.1%，绿化覆盖率43.8%。城区二级以上天气257天，空气质量优良率70.2%。

【脱贫攻坚】

2016年，孝义市健全市级领导、机关单位、乡镇三大包扶机制。统筹推进产业脱贫、就业创业脱贫、智力脱贫等“十大专项行动”，全年脱贫1411人。创新“政府+贫困户+龙头企业+农商行”金融精准扶贫模式，评级授信建档立卡贫困人口412户1051人，授信金额5255万元。选派76个部门单位103名干部到临县担任第一书记，开展产业、金融、教育、医疗、就业、人才“六大帮扶行动”。

【民生事业】

2016年，孝义市在全省推广“义务教育学校管理标准”实验工作。高考二本B类以上达线3148人。太原理工大学现代科技学院在校学生突破7000人，吕梁职业技术学院和吕梁煤炭工业学校在校人数超2500人。与13所省级定点医院开通新农合即时结报平台。城镇居民医疗保险财政补助提高到420元；城镇医疗保险参保率达98%，新型农村合作医疗参合率达96%，公立医院市域内就诊率达80%以上。城镇新增就业人数4188人，失业率控制在3.2%。城市和农村低保标准分别提高到每人每年4800元、3420元。企业退休人员养老金人均月增188.88元。完成4720户城中村改造项目，2645套公廉租房分配到户。推进涉及5个乡镇30个村的采煤沉陷区治理搬迁工程。建成50个社区、308个社会管理网格，构建市、街道、社区、网格“四级联动”的服务管理新模式，涵盖36家民生单位的110社会联动体系高效运转。

（张彩琴）

# 交城县

【概况】

交城县地处山西省中部，介于东经111°24′－112°17′，北纬37°28′－37°54′之间。交城县境内地貌复杂，山多川少，海拔高度在750米～2830.7米之间，孝文山为华北第二高峰，交城县西部山区庞泉沟一带是全国八大鸟类保护区之一。2016年，全县总面积1822.11平方千米，其中，平川130平方千米，占全县总面积的7.2％，山区1692.11平方千米，占全县总面积的92.8%。交城县林业资源丰富，森林覆盖率为晋省之冠。全县辖6镇4乡，150个行政村。总人口24.16万人，行政隶属于山西省吕梁市。2016年，全县地区生产总值彻底扭转连续两年负增长态势，完成52.9亿元，比上年同期增长4.1%。公共财政预算收入每月保持在全市各县（区）前列，完成4.11亿元，同比增长7.9%，分别比全市、全省高出9个百分点和13.1个百分点。

【农业】

2016年，交城县农村经济坚持以提高农业综合生产能力，稳定发展粮食生产为首要任务，以增加农民收入为核心目标，开展农民培训，建立科技示范园区，推广优良品种和农业新技术。全年休闲农业和乡村旅游实现销售收入7800万元。交城县有省级龙头企业2户，市级龙头企业5户，全县“513”工程龙头企业实现销售收入2.6亿元。交城县新型职业农民培育共培训214人。全县形成有产业特色的专业村60个，占全县行政村比例的41%。全年粮食产量完成4300万千克。

【工业】

2016年，全县规模以上工业增加值完成29亿元，比上年同期增长3.4%，高出全市0.8个百分点；全县焦炭产量600万吨，占到全市三分之一；锰铁系列合金产能32万吨；优质浮法玻璃产能1200万重箱，国内第八；硝酸盐复合肥达到200万吨，其中钙肥国内市场占有率80%；医药中间体3000吨，国内市场占有率70%。

【社会事业】

2016年，交城县教育各项工作取得较好成效。高考考生共计2851人，达二本线B类以上人数1052人，再次突破千人大关。职中对口升学考试本科达线率稳居全市前列。中考考生共计2710人，综合成绩600分以上297人，全县基础教育质量持续稳中有升处于全市领先位置。

交城县职业中学整体搬迁；两所农村幼儿园改造工程投入使用；交中篮球馆完成主体工程；山医大一院交城分院建设顺利推进；北环路改造工程、沙河西街延伸工程建成通车；磁窑河、瓦窑河治理工程奠基开工；龙门供水工程、世行贷款节水灌溉、小型农田水利重点县项目基本完工；县乡公路改造75.6千米；夏家营敬老院一期工程完工；梁家庄、成村、阳渠棚户区改造进展顺利；农村危房改造400户；全县完成营造林面积1686.67公顷，栽植各类苗木320余万株。

【环境保护】

截至2016年底，全县PM2.5比上年同期下降2%，PM10与上年同期持平，二级以上天数达到253天，比上年同期增加17天。

【劳动就业】

2016年，交城县新增城镇就业岗位2448个，转移农村劳动力3500人，完成护工护理培训700人，城镇登记失业率控制在3.3%。

【招商引资】

2016年，交城县引进投资2.5亿元的天津宝迪、4亿元的北京新瑞利邦等国家级龙头企业，为产业扶贫培植基础；提出“一大三新”转型招商方向，引进投资7.9亿元的中交网通高速数据中心项目、投资18亿元的华气东成高变质无烟煤清洁高效利用项目、投资9亿元的中晶环保年产1000万立方米新型绿色建材产业园项目成功落地。申请列入省级休闲农业和乡村旅游示范县、国家级全域旅游示范县，带动三产快速发展，呈现出齐头并进、协调共进、融合发展的全新局面。

【产业脱贫】

2016年，交城县重抓产业扶贫，出台农业发展20条、畜牧发展20条、旅游发展20条、农机补贴等一系列产业扶贫政策；推行“县有龙头企业、乡有主导产业、村有合作社、户有致富项目”扶贫模式，全县第一批13个资产性收益扶贫项目有效落实，带动一批贫困村建起合作社，2800名入股贫困人口受益，成为全市样板。生态扶贫成效显著，成立以贫困户为主体的经济合作社21个，完成造林绿化1686.67公顷，带动1300名贫困人口脱贫。县财政投入各类扶贫资金9475万元，集中扶持畜牧养殖、中药材种植、食用菌研发、设施蔬菜、农家乐等一批扶贫产业。

【重要会议】

2016年8月23日至24日，中国共产党交城县第十五次代表大会胜利召开。大会选举产生新一届中共交城县委员会和中共交城县纪律检查委员会。刘应刚当选为中共交城县委书记，张潞萍、李义祥当选为县委副书记，王海蓉当选为县纪检委书记。大会表决通过中国共产党交城县第十五次代表大会关于《中国共产党交城县第十四届委员会工作报告的决议》和《中国共产党交城县纪律检查委员会工作报告的决议》。

（李大斌 燕保平 苏婷婷）

## 文水县

### 【概况】

文水县位于北纬37° 15′ –37° 35′，东经111° 29′ –111° 19′。国土面积1068.57平方千米。耕地面积3.61万公顷。全县设7镇、5乡，村民委员会199个。2016年，全县总人口43.6万人，城镇人口16.2万人，乡村人口27.4万人；城镇化率37.13；出生率10.57‰，死亡率2.55‰，自然增长率8.02‰。

全年地区生产总值完成60亿元，比上年同期增长4.9%；社会消费品零售总额完成20.3亿元，增长7.9%；规模以上工业增加值完成30.7亿元，增长7.3%；外贸进出口总额完成6724万美元，增长55.9%；城镇常住居民可支配收入完成1.97万元，增长6.8%；农村常住居民可支配收入完成9050元，增长7%。其中，城镇常住居民可支配收入、社会消费品零售总额增速全市排名第一，外贸进出口总额增速全市排名第二，农村常住居民可支配收入增速全市排名第三，地区生产总值、规模以上工业增加值增幅超过全市平均水平。一般公共预算收入完成2.1亿元，下降19.5%，总量和增幅全市排名第十二。

### 【脱贫工作】

2016年，文水县开展建档立卡“回头看”，共确定贫困人口2369户5525人。发挥包村干部、驻村工作队和第一书记“三支队伍”作用，组织32户企业、47个单位包村帮扶。县财政拿出400多万元用于贴息，为2097户贫困户组成的26个合作社争取贷款6427万元，发展特色养殖、特色种植及干果加工等产业。产业扶贫、教育扶贫、医疗扶贫和社会兜底等一系列扶贫措施的落实，4个贫困村整体退出、2350人实现稳定脱贫。

### 【农业产业化建设】

2016年，文水县落实各项惠农支农政策，实施土地开发、高标准农田建设、高效节水灌溉工程和秸秆综合利用试点项目，粮食总产达到2.49亿千克。实施品牌战略，国家级农业产业化龙头企业增至3户，大象农牧成为全省首家销售收入百亿级农业龙头企业。“牧标”牛排获“中国最具价值牛排品牌”和“中国牛肉领袖品牌”称号。胡兰食品、贤美食业、长青农牧等企业8个农产品获得国家“无公害农产品”认证。农民专业合作社总数达到1039户、家庭农（牧）场55户。电子商务创业园投入运营，农村淘宝项目成功实施，成为全省首家阿里巴巴3.0标准示范县。

### 【供给侧结构性改革】

2016年，文水县落实综改攻坚、“三去一降一补”、直供电等改革，开展“干部入企”帮扶活动，企业家投资信心增强，经济回升动力明显提升。县担保公司增资扩股5000万元，为6户企业提供贷款担保。中信银行完成选址、人员招聘，具备入驻条件。晋能科技、光华铸管、海威钢铁3户企业成功纳入直供电，汾西安泰、金源煤化、兴宇机械、宏源达煤化完成打包申报。

### 【重点项目建设】

2016年，文水县实施项目牵动战略，推动新建续建项目投产达效。海威钢铁4座450立方米高炉正式复产。国金电力2号机组、晋能科技二期工程、水木新碳锂电池材料、湖北宏鑫快速纸板生产线、百利雅线业白坯绣花线、海威钢铁集运站等一批项目建设完工或投产达效。中节能垃圾焚烧发电、旭阳能源发电等项目落地。启动玛钢、煤焦油和钢模板等传统产业整合升级，金联众2万吨煤焦油储存园区开工建设。

【基础设施建设】

2016年，文水县完成子夏大街改扩建、老旧供水管网改造和富康小区街心小广场等工程，启动西山凤凰公园建设。实施县城集中供热二期工程，新增供热面积112万平方米。全面改善交通路网，完成23千米刘胡兰纪念馆红色旅游公路、42千米农村公路完善提质、10千米窄路面拓宽等工程。新增县城公交线路2条、新能源纯电动公交车30辆。创新融资方式，投入4500万元资本金，撬动社会资本1.8亿元，实施农村路网改造项目。完成全省苗圃良种繁育基地和1066.67公顷“三北”防护林建设。

【文化旅游产业】

2016年，文水县加大旅游开发宣传力度，发展旅游新兴产业。成功举办“2016中国·文水清凉夏日”旅游文化季活动，苍儿会生态旅游景区被评为“中国最美休闲胜地”，世泰湖景区被评为“省级湿地公园”，玖九西山生态旅游项目开工建设。加快文化体育事业健康发展，推荐7家单位申报2017年度新闻出版改革发展项目库，“两馆一站”面向社会免费开放，建成1100平方米的非遗保护综合传习中心和9个社区健身广场。

【民生社会事业】

2016年，文水县加快义务教育学校标准化建设，顺利通过教育部义务教育均衡发展评估验收。推进医药卫生体制改革，乡村签约医生惠及群众，受到国家卫计委肯定。新县医院10月初投入使用，为县级医院、乡镇卫生院招录医生58人，县乡村三级医疗卫生服务体系进一步健全。扩大社会保障覆盖面，养老、医疗、失业、工伤、生育等政策得到落实。

深化安全生产大检查，落实安全生产责任体系，开展“铁腕治污”行动，对违规排污行为严惩重罚。严厉打击土炼油等土小企业，取缔土炼油窝点4个，刑事拘留7人，切割土炼油罐体340个。加强重污染天气监测预警，启动三级以上应急响应9次。淘汰黄标车、老旧车512辆。深化打黑除恶、治爆缉枪、铲除黄赌毒“三大战役”，刑事发案下降30%，“两抢一盗”发案下降21%。

【驻村选调】

根据吕梁市委组织部《关于从非贫困县选调干部增派到国定贫困县任农村第一书记的通知》，2016年1月19日下午，文水县召开选调干部到国定贫困县任农村第一书记会议，会上明确选调干部跨县任农村第一书记的时代背景、条件程序、待遇和保障措施。截至11月21日报名结束，对报名人员党员身份、干部档案等方面进行全面审查，符合任职条件的共74人。

选调工作采取个人自荐和单位推荐相结合的办法。最终审定74名到国定贫困县任农村第一书记的选调干部，其中：行政人员21人、事业人员49人、退二线干部4人；乡镇干部27人，县直机关干部47人；优秀共产党员37人、先进工作者15人、专业技术人才14人，“三类”人员共63名占全部选调干部的85%；30岁以下11人，31～40岁26人、41岁～50岁18人、50岁以上19人，以40岁为界各占一半；本科以上学历30人、大专学历23人，大专以上学历人员占72%。

11月24日至25日，74名干部在离石参加任前培训。11月28日，文水县召开派驻岚县、兴县贫困村第一书记动员会。

【重要会议】

2016年6月1日至2日，中国共产党文水县第十三次代表大会在县城文兴会堂召开。梁宝明代表中共文水县第十二届委员会向大会作题为《深度创业，再造辉煌，为全面建成小康社会而努力奋斗》的工作报告。张建良代表中国共产党文水县第十二届纪律检查委员会作题为《坚决挺纪在前，聚焦主责主业，全面推进全县党风廉政建设和反腐败斗争》的工作报告。梁宝明当选为中共文水县第十三届委员会书记；许晋文、周小云当选为中共文水县第十三届委员会副书记。张建良当选为中共文水县纪律检查委员会书记，马飞、王卫泽当选为中共文水县纪律检查委员会副书记。

（吕金强）

## 交口县

【概况】

交口县位于北纬37° 12′ – 37° 12′，东经111° 03′ – 111° 34′。辖区总面积1259.92平方千米。辖4镇3乡，95个行政村，381个自然村。总人口12.32万，其中：农业人口7.38万，占总人口的60%。海拔830～2054米，年平均气温7.3℃，年均降水量569.4毫米。全县林地面积达9.44万公顷，占总面积的74.9%，全县森林覆盖北33.8%，林木绿化率56.6%，居全省前列。

2016年，全县地区生产总值完成35.72亿元，增长0.5%；规模以上工业增加值完成26.90亿元，企业亏损面收窄，亏损额减少；一般公共预算收入完成4.63亿元，下降14.09%；固定资产投资完成63.84亿元，增长11%；社会消费品零售总额完成7.67亿元，增长6.8%；城镇、农村居民人均可支配收入分别完成18292元、6829元，增长4.8%和5.6%。县域经济呈现企稳回升，稳中向好态势。

【脱贫攻坚】

2016年，交口县建立公司+合作社+贫困户帮扶机制，整合盘活资金4000余万元，全部用于扶贫产业项目扶持。全县以食用菌、核桃经济林、特色养殖为重点的扶贫产业架构基本形成。特别是食用菌种植达到1200万棒，注册“绅士园”品牌，与香港大丰圣园签订5000万元的香菇购销协议，全产业带动1500余户农户参与，吸纳2000余人就业，户均收入达到2万至3万元。全力推进生态扶贫、金融扶贫等10大专项工程。特别是以旺庄公司为试点，帮助299户建档立卡贫困户实现就业人均收入3万元，以点带面，发挥金融资金的撬动效应，实践探索形成“金融+工业企业、龙头产业、订单农业、财政扶贫资金、保证保险”五种扶贫模式，累计发放各类支农贷款2.1亿元。社会保障4方面24项政策全面落实。全年7个村摘帽，桃红坡、双池2镇率先整体脱贫，稳定脱贫2294户6500人。

【产业转型】

2016年，交口县以供给侧改革为主线，加快“煤电铝材”一体化战略产业发展，逐步引领县域经济可持续发展。信发氧化铝改造提质，实现年产能300万吨；中铝兴华科技二期55万吨特种氢氧化铝项目开工建设；道尔铝业200万吨低品位铝矾土深加工项目有序推进，100万吨氧化铝项目立项通过；晟安电铝20万吨铝硅合金铸件项目完成立项并与德国路科特公司签约；山西辉煌20万吨聚合氯化铝项目立项；河南伊电控股集团240万吨氧化铝项目正在洽谈。推进500万吨煤炭产能重组，巩固270万吨焦化、360万吨铸造生铁，开展技术攻关和产业对接，发展现代煤化工和装备制造业。中电投蒙东能源棋盘山10万千瓦风电项目完成核准；200万千瓦露天矿区光伏示范基地项目完成规划，上报国家能源局复审。推进省级经济开发区设立，报省待批。

【基础建设】

2016年，交口县围绕“三城同创”目标，创新运用PPP模式融资渠道，推动城乡基础建设。国道209线凤尾山广武庄段路面改造完工投用；孝辛线石口—石楼段全面开工；县城区西环路工程变更路线方案报省公路局待批复；西纵高速列入国家高速路网，正在设计招标；汾石高速列入省“十三五”规划，完成签约；孝义西泉至石口一级公路改造列入国家PPP项目库。引黄小水网配套供水工程进展顺利；《山西大水网交口县域供水规划》编制完成，并与山西水投公司举行签约达成合作协议。吕交220千伏送电线路工程项目通过省发改委初审；2015年农网改造升级工程新增项目及投资1244万元的城网改造工程竣工投用。县城供热扩面、污水主次管网延伸、地下综合管廊、城区可视山体绿化一批市政项目全面铺开；二广场迎宾南苑、北苑回迁安置房工程全部完工；吕梁学院交口实习实训基地项目建成，职业中学搬迁入驻；东征文化广场建设项目双子塔楼建设主体全部完工。巩固省级卫生县城通过第10次验收。市级文明县城申报评审通过。城乡基础环境改善。

【社会事业】

2016年，交口县加大民生投入，财政用于民生事业的支出占总支出的79%。召开全县教育工作大会，出台教育振兴20条，为教育事业振兴崛起注入活力，全县义务教育发展基本均衡顺利通过国家评估验收。所有学校的“全面改薄”完工投运，并作为全省五个经验交流县之一在全省交流发言。县一中、二中、三中与太原师范学院达成协议，开展深度合作办学，教育系统“教风、学风、校风”三风整顿扎实开展，教学质量滑坡、学生外流严重开始止跌反升。深化医药卫生体制改革和公立医院改革，创建新一轮国家级计划生育优质服务先进县通过省卫计委验收。县计生妇幼大楼主体及附属工程全部完工；县公共卫生检测中心主体完工。温泉乡卫生院门诊楼及周转房建设完工；新建回购16所村卫生室全部投运。双池卫生院创建中医特色乡镇卫生院，其妇幼保健门诊通过省级验收，被省授予“山西省群众满意医院”。健全城乡社会保障体系，推进城乡医疗保险与大病救助、大病保险、应急救助等制度的衔接。城乡特困群众最低生活保障应保尽保。城乡居民社会养老保险、医疗保险完成并轨，市级考核的6项社保指标全部完成。实施城乡“双消零”就业工程，实现各类人员就业5256人。建成交口县电子图书馆。发展山核桃、根雕等非遗文化产业，传承保护非遗文化。开展云梦山、大麦郊东征指挥部旧址等4处景点的开发论证。县城环境空气质量二级以上天数299天，优良率81.7%。

【安全稳定】

2016年，交口县开展工矿生产、食品、道路交通等领域的各类安全大检查、“反三违”专项行动，全年未发生较大安全事故，安全生产形势持续好转。启动创建省级依法治理先进县，加大矛盾纠纷排查调处化解力度，开展打黑除恶、铲除黄赌毒、推进治爆缉枪“三大战役”，人民群众的安全感增强。

【改革开放】

2016年，交口县推动“政、银、企”的沟通与对接，全市金融现场会在交口召开。加强与国开行、农发行等政策性银行对接合作，成立城建、扶贫开发公司，争取农发行棚改贷款2.85亿元。创新投融资渠道，整合打包地下管廊、可视山体绿化等PPP项目9个，列入国家库6个，列入省库3个。对接国家和省市发展战略，多次组团赴厦门、北京、山东等地参加招商引资项目推介会，6个签约项目协议引资123亿元。推动科技创新。与省农科院研究所签约合作，依托双轩菇菜种苗公司成功研制香菇液体接种和液体固化菌种技术，业内领先；道尔公司强化技术，工业超导除铁技术取得突破，正在申请专利，科技创新驱动发展的氛围进一步增强。

（武允明）

## 石楼县

**【概况】**

石楼县位于北纬36° 51′ –37° 16′ ，东经110° 22′ –111° 6′ ，总面积1736平方千米。下辖4镇5乡。2016年，全县地区生产总值完成8.7亿元，增长10.5%；规模以上工业企业增加值完成1106万元，增长10.8%；固定资产投资完成14.6亿元，增长21.9%；社会消费品零售总额完成3.07亿元，增长6.6%；城镇居民人均可支配收入完成1.3万元，增长5%；农民人均可支配收入实现2877元，增长5.5%。

**【脱贫攻坚】**

2016年，石楼县整合资金2.84亿元，大力推进十二项脱贫行动，全县17个行政村7300名贫困人口率先跨过贫困线。产业扶贫投入2100万元激励贫困户发展脱贫产业，扶贫移民结合“去库存”安置588户2900人，护理护工培训3400人，生态脱贫902人，电商扶贫辐射带动500余户，教育、健康、社保等扶贫政策全部兑现到户。启动总投资5.2亿元的“三大产业扶贫计划”。

**【农业】**

2016年，石楼县推动“二主多辅”产业，红枣产量达到2000万千克，核桃500万千克，新发展绿色谷子1000公顷、食用菌200万棒、中药材333.33公顷、油用牡丹333.33公顷。实现了有机产品发展的新突破，106.67公顷红枣、小米获得国家有机产品转换认证。构建了千家万户治理千沟万壑的生动局面，全年共打造20多个沟域经济示范典型，辐射带动治理105条沟道。

**【重点项目建设】**

2016年，石楼县全面推动以“一气三电”为重点的项目建设，其中开工建设45个，完工21个，完成投资11.54亿元。特别是天然气集气站项目顺利推进，2×60兆瓦天然气发电项目完成初步可研，光伏发电、风力发电、火车站站前广场等一批重点项目的征地拆迁和手续办理等前期工作加快推进。

**【基础设施建设】**

2016年，石楼县城区市政建设以提升公共服务功能为重点，完成了延安街地下管网改造、东征文化广场、南城初中天桥等工程，实施了火车站站前广场大桥、王村改河、鼓楼街棚户区改造、垃圾无害化处理厂等工程。城乡基础设施建设以提高群众生产生活条件为重点，完成了37处安全饮水、65处农村电网改造、3条县级公路路基和15条农村公路提升等工程，完善通信基站165个，开工建设了双石线升级改造工程。特别是石汾高速签定了框架协议。

**【民生事业】**

2016年，石楼县教育事业稳步发展。东城九年一贯制学校主体竣工，南城初中迁建和西河湾幼儿园工程有序铺开，普通高考升学率上升到全市第四，重点院校录取创历史最好水平，职中对口升学达线率居全市前列。卫计事业加快发展。县医院住院大楼、县中医院具备使用条件。新农合参合率稳定在95%以上，公共卫生管理服务深入开展，二孩政策全面落实。社会保障不断加强。转移农村劳动力1800余人，兑现社保救助资金3245万元，1.3万农民享受农村低保，首批400套廉租房落实到户。开展道路交通、非煤矿山等重点领域安全隐患整治，全县未发生重大以上生产安全事故。深入开展“打黑除恶”行动，打掉2个恶势力犯罪团伙和一批“路霸”、“村霸”，维护社会稳定。

**【监督和提案】**

2016年，石楼县政府接受县人大及其常委会的法律监督和县政协的民主监督，全年共办理县人大代表建议74件、县政协委员提案110件。

**【管党治党】**

2016年，石楼县定期约谈

基层书记44人次，咬耳扯袖、红脸出汗成为常态。持续用力强化执纪审查，全年受理案件136件，党政纪处分103人，移送司法机关3人。紧盯“三大问题”，紧抓“三个重点”，完成了首轮巡察工作，发现问题线索154条，立案5件，处分15人。监察体制改革试点工作扎实有序推进。全面加强基层组织建设。县乡换届完成。用人注重一线工作实绩，乡镇换届从“三类人员”中新提拔干部9人。研究制定乡村干部激励、基层组织提升等办法规定7个，村级运转经费增加到8万元，落实第一书记每人5000元工作经费，村“两委”主干岗位报酬普调3000元。以“一带三创”为抓手，推进31个村集体经济实现“破零”，完成13个软弱涣散党组织整顿。持续开展“54321”干部结对帮扶，建立“六个一”第一书记管理办法，推动了党建工作和党风廉政建设。

（郑凤斌）

## 柳林县

### 【概况】

柳林县位于北纬37°08′－37°37′，东经110°39′－111°05′，总面积1288平方千米，下辖8镇7乡，2016年，全县地区生产总值完成121.8亿元，比上年同期增长5.3%；规模以上工业增加值完成77.78亿元，同比增长8.3%；财政总收入完成31.27亿元，同比下降5.8%，但降幅比上年收窄23.7个百分点；公共财政预算收入完成10.7亿元，同比下降2.9%，降幅收窄44.7个百分点。全年原煤产量达到2197.8万吨，在去产能刚性政策约束下，总产量仅比上年下降4.4%，降幅收窄6.7个百分点；县属企业洗精煤产量达到1657.7万吨，同比增长22.1%。固定资产投资完成164.87亿元，其中民间投资比重达到58%；社会消费品零售总额完成37.97亿元，同比增长6.3%；服务业增加值完成40.7亿元，同比增长5.3%；城镇与农村常住居民人均可支配收入分别达到2.84万元、1.06万元，同比增长5.1%、6.1%。

### 【脱贫攻坚】

2016年，柳林县将脱贫攻坚作为最大的政治任务和“一号民生工程”，集中人力、物力、财力，推进“8大重点工程和23项专项行动”。统筹整合各类专项扶贫资金5427万元，用于脱贫村基础建设和扶持发展特色产业。14个贫困村的路、水、电、讯等基础设施和医疗卫生、住房保障等公共服务，对照退出标准完成配套任务。扶持发展特色产业，完成经济林提质增效2466.67公顷，凌志肉驴养殖，金家庄、王家沟新大象生猪养殖，高家沟、三交香菇种植，李家湾“一户一项”等特色产业扎实起步。县财政向县农村信用联社和邮储银行注入580万元的金融扶贫风险补偿金，县人行向上争取2亿元的扶贫再贷款，全县各金融机构累计发放扶贫小额贷款和产业贷款8941万元，惠及贫困人口1487人。全县39家规模以上企业结对帮扶39个贫困村，解决贫困户劳动力就业545人。驻村工作队、第一书记、包村干部“三支队伍”深入一线、挂图作战，干部帮扶工作取得明显成效。县农委、经信、教育、民政、卫生、中小企业等12个职能部门全员发动，全过程指导乡村加快基础设施和公共服务配套。2562户7482名贫困人口实现脱贫，14个贫困村顺利退出。推进农业产业化进程，沟门前碗团在太原成功开辟窗口店。扶持16个“一村一品”专业村，发展绿色谷子333.33公顷、食用菌80万棒、中药材224公顷、规模健康养殖户20户。土地确权登记颁证完成清查241个行政村，清查面积3.67公顷，占到总确权面积的95%。

### 【经济转型】

2016年，依托柳林县铝土矿资源优势和氧化铝生产基础，多次与全国最具实力的民营铝加工企业河南明泰铝业上市集团对接洽谈，推进铝系产业发展壮大。发挥李家湾光电子产业园区平台优势，推动高科技项目引进落地，园区内卫星通信楼装修工作基本完成，卫星地面测控站投入运行；与北京理工大学初步达成在柳林县设立博士工作站就煤矿井下智能化技术进行合作研发的意向。持续抓好以铁路集运站为支撑的现代物流体系建设，孟门战略装车点形成800万吨的运力。全年煤层气勘探开发完成投资10亿元，开采井527口、日产量20万立方米。京东商城柳林特色馆成功上线，拓宽柳林红枣、核桃、碗团、芝麻饼等特色农产品的销售渠道。发展乡村旅游工程，申报成功17个乡村旅游试点村。

【民生事业】

2016年，柳林县加快城乡基础设施建设。向省农发行争取贷款规模5.6亿元，对651户棚改拆迁户统一进行货币化安置；热电联产项目进展顺利，青龙片区集中供热春节前正式投入使用；307国道城区段改线项目特许经营获得省政府批复；柳林新医院建设项目全面开工；完成采煤沉陷区治理828户、地质灾害治理搬迁35户、农村危房改造1400户、易地搬迁75户200人；完成农村饮水安全工程16处，解决16个村、8700人、60头大畜的饮水安全问题，农田水利建设获山西省“禹王杯”红旗县称号；完成造林绿化3053.33公顷，其中城区可见山体绿化66.67公顷。全面发展社会事业。义务教育学校“全面改薄”有序推进，义务教育均衡发展成功通过国家评估验收；投资144万元改扩建留誉下岔沟、薛村焉哉2所农村幼儿园；投资330万元完成6所城区学校厕所改造；高考二本以上达线1116人，连续3年突破千人。完善大病医疗救助“一站式”服务，全部药物实行零差价销售；政策范围内住院费用报销比例保持在80%以上，新农合住院补偿封顶线达18万元；新建乡村卫生室28所，改建30所，基层医疗卫生服务能力明显提升。巩固提升图书馆、文化馆、乡镇综合文化站、农家书屋管理服务和免费开放水平；长篇小说《下柳林》获山西文学最高奖——赵树理文学奖，电影《下柳林》完成拍摄。保障基本民生支出，党政机关和行政事业单位人员工资及时足额发放，全县各级各部门保持正常运转。城市低保和农村低保救助标准平均每人每年提高240元，分别达到5220元和3684元；五保老人集中供养和分散供养标准各提高300元，分别达到6700元和4900元；完成4所敬老院消防安全改造及13个农村老年人日间照料中心建设。实行全民意外伤害保险、红枣保险、玉米保险、免费公交、高中教育免学费等县定惠民政策，各项社会保障实现应保尽保。

【安全稳定】

2016年，柳林县以煤矿、非煤矿山、交通、消防、民爆、建筑施工、危险化学品及旅游等行业领域和事故易发多发环节为重点，开展安全生产大检查，深化“打非治违”专项整治，全县安全生产形势持续好转。全年共排查各类安全隐患1.73万条，整改1.72万条，整改率99.7%；发生各类安全事故515起，同比下降21.4%。畅通信访渠道，规范信访秩序，推进信访积案化解。全年共发生各类信访952批2569人次，同比减少1604人次，受理率和按期答复率保持在90%以上。积极应对联盛重整和非法集资等重大社会问题，加强社会治安综合治理，深化“打黑除恶、铲除黄赌毒、治爆缉枪”三大战役，全年共立各类刑事案件590起，打掉恶势力团伙3个，刑拘159人，批捕109人，保持严打高压态势，维护全县社会和谐稳定。

（张景尧）

# 方山县

## 【概况】

方山县位于北纬37° 36'—38° 18'，东经111° 02'—111° 34'之间。总面积1434.1平方千米。2016年辖5镇2乡，169个行政村，总人口14.6万。全年地区生产总值完成24.09亿元，增长7.4%，增幅全市排名第4；规模以上工业增加值完成12.89亿元，增长9%，增幅全市排名第4；固定资产投资完成24.68亿元，增长6.2%，增幅全市排名第3；社会消费品零售总额完成9.11亿元，增长7.5%，增幅全市排名第4；一般公共预算收入完成3.14亿元，增长23.6%，增幅全市排名第2；城镇居民人均可支配收入19087元，增长5.4%，增幅全市排名第8；农村居民人均可支配收入4142元，增长6.7%，增幅全市排名第5。万元GDP能耗、二氧化碳排放量降幅，二氧化硫、粉尘、烟尘等减排幅度，均完成市下达任务。全县二级以上优良天气数达到300天，环境空气质量综合指数全市排名第1。

## 【脱贫攻坚】

2016年，方山县以脱贫攻坚统揽经济社会发展全局，形成精准识别、精准施策、精准发力的脱贫攻坚总思路，推进产业扶贫、光伏扶贫、易地移民搬迁、生态（工程）扶贫、金融扶贫、社会扶贫、兜底扶贫。全年完成整村脱贫33个贫困村，脱贫4974户1.30万人。产业扶贫：与山西国新晋药、重庆恒都集团合作，为发展中药材、肉牛两大农业主导产业奠定基础；光伏扶贫：争取并落实68.15兆瓦光伏扶贫指标，按“三统一”模式，投运11个村级分布式光伏电站，基本建成全省最大的刘家庄18兆瓦村级集中式光伏电站；易地移民搬迁：新开工建设圪洞、峪口、大武三个集中移民安置区，总投资3亿余元，完成投资2.598亿元。省、市易地移民搬迁现场会在方山县召开；生态扶贫：探索形成“工程扶贫”“造林专业合作社＋贫困户”“护林管护＋贫困户”等生态建设与扶贫相结合的模式，投资7400余万元，完成可视山体绿化531.6公顷、209国道通道绿化20千米。1400多名贫困劳动力通过从事造林绿化、护林管护人均获得工资性收入5900元以上；金融扶贫：完成贷款等级评定授信1235户，发放小额贷款647户、5025万元；社会扶贫：组织全县企业、广大干部职工开展“送温暖、献爱心”活动，共接收捐赠1182万元，2.1万建档立卡贫困户得到资助；兜底扶贫：对1.39万户1.60万名贫困人口应保尽保，低保、医保、救助、教育等24项政策全部提标到位。探索形成“桥沟模式”“大象模式”“后则沟模式”等资产性收益新模式，为贫困户发展产业、贫困村集体经济破零开辟新路径。

## 【产业结构优化】

2016年，方山县结合“三去一降一补”，推动产业转型升级，优化产业结构。煤铝行业：煤炭共核减产能30万吨，凯川煤业、瑞隆煤业、新星煤业均被评为先进产能矿井和省一级安全质量标准化矿井；加强对铝矾土企业的监管，铝矾土、陶瓷粘土产销量比上年增长118%。新能源：国电马坊48兆瓦风电项目一期工程并网试运行；远景风电项目数据测试基本完成；晋能35兆瓦、中金国泰13.53兆瓦光伏发电项目完成选址和立项备案；马坊10兆瓦光伏发电农业综合项目备案。文化旅游：基本完成旅游总体规划编制；与山西晋旅投资公司初步达成北武当山开发合作意向，为旅游产业发展奠定基础。招商引资：引进重庆恒都、山西国新晋药、北京仟亿达、中金国泰、深圳中芃、呼和浩特福利、北京惠丰清轩等一批国企、名企。

## 【基础设施建设】

2016年，方山县以县城扩容、大武新区建设为重点，按照“多规合一”的思路，启动县城总体规划、全县产业规划和城区控制性详细规划修编工作，城区规划面积由5.6平方千米扩展到12平方千米。完成方正北街拆迁工作，方正北街、商贸区道路改造工程基本完工。瓦窑河治理工程完成蓄水。车道崖35千伏变电站投入运行。医疗园区、便民服务中心、易地移民搬迁安置区、积翠公园改扩建、县城棚户区改造、城东路网、东山万亩山楂园、凤凰公园、北川河综合治理等城区重点项目前期手续全部办结。县城棚户区改造项目东一区、东二区成功申请贷款2.6亿元。深化城市管理体制改革，城区集中供热、环卫清洁、绿色公交实现市场化运营。新建换热站两个，新增供热面积13.5万平方米；10辆新能源公交车、70辆出租车投入运营。加大执法监督力度，违法占地、乱修乱建基本遏制。吕梁新区建设累计完成拆迁4305户、59万平方米；建成6个安置区3719套安置房，分配安置房223套，3月底前全部分房到户。

【教育】

2016年，方山县把教育作为最大的民生工程。全面整顿教育秩序；义务教育均衡发展顺利通过国务院验收；教育人事体制改革试点工作稳步推进，完成全县中小学及幼儿园的核岗定编工作，基本完成校级领导全员竞聘工作；对高中运行体制进行改革，将6个宏志班划归新成立的方山高中并实行委托管理；新高中一期主体工程基本完成，二期项目全部启动。

（刘林林）

## 临县

【概况】

临县位于北纬37°35′－38°14′，东经110°39′－111°18′。总面积2979平方千米，约占山西省土地总面积的1.9%，占吕梁市总面积的14.09%，在全省各县区中列第2位。全县辖13个镇、10个乡，631个行政村（1080个自然村），11个街道委员会。公安户籍总户数24.66万户，总人口65.35万人。2016年完成地区生产总值41.72亿元，比上年同期增长9.7%，人均地区生产总值6979元；财政总收入为9.16亿元，同比增长19.35%，公共财政预算收入4.03亿元，同比增长15.89%；税收收入完成2.45亿元，同比增长15.31%；规模以上工业增加值9.58亿元，同比增长15.2%；非税收完成1.58亿元，同比增长14.99%；社会消费品零售总额41.96亿元，同比增长7.1%；各项存款余额101.04亿元，同比增长21.1%；各项贷款余额60.87亿元，增长30.54%。全县居民人均可支配收入7345元，增长7.0%；城镇居民人均可支配收入1.62万元，同比增长6.5%；农村居民人均可支配收入4446元，同比增长6.9%。全年城镇新增就业4119人，转移农村劳动力6500人，年末城镇登记失业率2.7%。

【气象】

2016年，全县拥有气象台站19个，天气自动答询电话1部，卫星云图接收站1个。全年防雹、增雨受益覆盖面积2万公顷。年平均降雨量482.9毫米。

【农业】

2016年，全县农作物种植面积8.63万公顷，比上年减少67.1公顷；粮食产量15.53万吨，增加9.77万吨，其中秋粮15.53万吨；完成造林5661公顷，其中经济林2904公顷；全县农业机械总动力17.35万千瓦，下降19.8%。机械耕地面积4.9万公顷，增长19.5%；机械播种面积2.14万公顷，增长8.6%；机械收获面积1.16万公顷，增长0.17%，全县农机化经营总收入866.3万元。

【工业】

2016年，全县规模以上工

业企业22户，当年新增3户，推出1户。规模以上工业增加值完成9.58亿元，比上年同期增长15.2%。原煤产量693.18万吨，增长-21.82%；洗精煤产量160.54万吨，增长-3.6%；焦炭产量15.38万吨，增长-13.14%；饲料产量1.12万吨，增长19.45%。规模以上工业企业实现主营业务收入28.8亿元，增长43.3%。全年建筑业实现增加值2.09亿元，同比增长20%。

【脱贫攻坚】

2016年，制定全县“十三五”脱贫攻坚规划，实施“三个一”扶贫计划和十项重点工作，建立完善精准帮扶工作制度，把贫困人口纳入大病医疗补充保险、人身意外伤害保险，给予贫困人口合作医疗保险费补贴，实行乡镇中医馆对贫困人口“零付费”医疗服务；建立精准扶贫脱贫工作新机制，县乡分别成立脱贫攻坚指挥部、脱贫工作站、脱贫工作室，实行“一册一平台”、挂图作战和痕迹管理；开展“干部帮扶千人进万户”活动，做到“机关单位干部全参与，贫困村贫困户全覆盖”；整合1.24亿元财政扶贫资金发展精准脱贫产业。争取到山西保险业精准扶贫示范县、商务部电子商务进农村综合示范县。

全年实现86个贫困村退出，3万贫困人口脱贫。以土地流转为突破口，投入1600万元实施红枣、核桃经济林提质增效4666.67公顷；采取农光互补、牧光互补等模式，实施光伏电站16.1兆瓦，朝阳农牧、南圪垛等光伏电站在吕梁市率先并网发电；开展订单式护工护理培训，白文职业技校累计培训1869人，就业820人；争取到国开行扶贫搬迁贷款5040万元，落实易地移民搬迁安置任务1698户5200人；投入1000万元建设舍饲养羊基地县；投入1800万元实施绿色马铃薯1333.33公顷、食用菌500万棒、绿色杂粮666.67公顷、林下中药材666.67公顷。

全年组建造林合作社165个，累计发放扶贫小额贷款2200余万元；全年发放各类救灾资金1.5亿元，救助困难群众10.54万人。

【项目建设】

2016年，临县确定重点项目99个，总投资715.81亿元，完成投资68亿元，其中：省重点项目5个，投资85.37亿元，年度投资27.86亿元；市重点项目16个，投资182.06亿元，年度投资40.95亿元；县重点项目78个，投资448.25亿元，年度投资24.64亿元。按产业结构分为5类：煤炭项目16个，投资430.75亿元；工业项目8个，投资134.99亿元；农业项目43个，投资26.19亿元；三产项目3个，投资4.4亿元；基础设施项目29个，投资119.49亿元。重点工程“六位一体”在吕梁市排名第二。

【交通邮电】

2016年，县道改造三曲线（三交至李家沟段）、三曲线（杨家坡至曲峪段）、月安线、沿黄路四条公路64.54千米、农村公路完善提质工程14项40.9千米、窄路面拓宽工程18项115.6千米、安全生命防护工程5项51.9千米。公路线路里程2811.103千米，其中高速公路139千米，包括太佳高速70千米，西纵高速69千米。新注册登记车辆1433辆。

完成邮电业务总量1.95亿元，增长3.59%，其中，邮政业务总量1408.6万元，增长6.22%；电信业务总量1.81亿元，增长3.39%。年末移动电话用户27.56万户，全县宽带接入用户3.94万户，增长15.66%。

【城乡建设】

2016年，临县编制完成湍水头、招贤两个镇的总体规划和前青塘、孙家沟两个传统村落保护发展规划，并经县政府批准实施；编制完成《临县地下综合管廊专项规划》《临县县城绿地系统专项规划》《临县县城棚户区改造专项规划》；启动燃气集中供热设施建设项目。

全年完成农村危房改造2400户，建成保障性住房130套。确定棚户区改造项目6个，其中：原塑料厂片区改造项目实施改造200户；信用联社片区改造项目实施改造160户；城南安业棚户区改造项目实施改造491户；城北东关棚户区改造项目实施改造914户；农行片区改造项目实施改造115户；凤凰南街片区改造项目实施改造1086户。

【文化旅游】

2016年，临县开展碛口旅游环境整治提质专项行动，实施李家山生态农庄、寨则山休闲度假村等旅游龙头项目；建成民俗博物馆、古兵器博物馆、地质博物馆；对中共中央后方委员会旧址、中共中央西北局旧址、陕甘宁晋绥联防军旧址进行维修保护，对红色故事进行深度挖掘；举办中国·碛口首届“枣儿红了”红枣旅游文化节和央视《美丽中国唱起来》吕梁（西湾）专场；接待阎维文等歌唱家到碛口采风拍摄MTV。

截至年底，全县共有文化馆1个，艺术表演团体17家（其中曲艺队3家），电影放映队25家，公共图书馆1个，馆内藏书4.7万册。全县编印《湫虹》《临县史志》《临县每月纪事》《颐年集》等各类杂志3万册，有《临县之窗》报纸1份（4月停办）。全县有广播电视台1座，年末有线电视用户4.5万户，入户率19%，电视人口覆盖率达99%。

全年全县接待海外旅游者1198人次，接待国内旅游者248.76万人次，分别增长20.5%和24%；旅游外汇收入19.24万美元，国内旅游收入18.67亿元，旅游总收入19.50亿元，分别增长15%、27%和32.86%。

【教育卫生】

2016年，在临县举办吕梁市中学生田径运动会；成功创建国家级计划生育优质服务先进县、省级妇幼健康优质服务先进县；临县被省爱卫会命名为“2016—2018周期省级卫生县城”。3月，新建县人民医院投入使用。

2016年，全县有职业中学3所，在校学生3037人；普通高中2所，在校学生7351人；初级中学34所，在校学生1.24万人；小学56所，在校学生2.32万人；幼儿园31所，在校学生8924人。适龄儿童入学率99.9%，小学6年巩固率93.5%，初中3年保留率92.3%，高中阶段毛入学率86.4%。年末全县有教职工6497人。

全县共有卫生机构(含诊所）728个，其中医院3个，妇幼保健院1个，卫生院23个，城区社区卫生服务中心1个，疾病预防控制中心1个，卫生监督所1个，新农合医办1个，健康教育中心1个，卫校1所，村级卫生所及个人诊所694个。全县卫生机构共有专用病床1114张，卫生技术人员1426人，其中执业医师和执业助理医师567人，注册护士316人。

【社会保障】

2016年，临县参加城镇职工基本医疗养老保险3.33万人，增加2028人；参加新型农村社会养老保险36.03万人，增加845人；参加城镇基本医疗保险5.98万人，增加181人；参加失业保险1.95万人，减少426人；参加工伤保险1.86万人，减少2347人；参加生育保险2.33万人。参加新型农村合作医疗保险52.19万人。

全年共有城市最低生活保障对象7328人，农村最低生活保障对象7.22万人，5086人纳入农村五保供养。

全县共有各类提供住宿的生活服务机构4个，其中养老服务机构3个，各类福利院床位数100张，共收养53人，全年共接收社会捐赠款39.6万元。新建20所老年人日间照料中心，7所老年人活动中心。

全年城镇新增就业4119人，转移农村劳动力6500人。年末城镇登记失业率2.7%。

【资源能源】

2016年，全县水资源总量1.02亿立方米，其中河川径流量9206万立方米，地下水资源量5330万立方米，两者之间重复计算量4332万立方米。全年总用水量2619.7万立方米，其中地表水1499万立方米，地下水770.7万立方米，中水利用350万立方米。

全县供电总量6.48亿千瓦时，全社会用电总量5.88亿千瓦时。其中第一产业用电0.24亿千瓦小时，占全部用电量4.08%；第二产业用电3.59亿千瓦小时，占全部用电量61.05%，其中工业用电3.31亿千瓦小时；第三产业用电0.93亿千瓦小时，占全部用电量15.82%；城乡居民生活用电1.12亿千瓦小时，占全部用电19.05%。

向省外运输洗精煤32.32万吨，外运洗精煤占洗精煤产量20.13%；向省外运输焦炭11.58万吨，比上年同期下降31.8%，外运焦炭占焦炭产量75.29%。

【环境保护】

2016年，临县制订出台《在全县开展环保重点整治集中行动实施方案》，修订发布《临县城市重污染天气应急预案》。全年全县空气质量二级以上天数233天。年末全县城市污水处理率达88%；集中供热普及率达94%；天然气普及率达81%；建成绿化覆盖率达26.24%。

【临县人民医院】

2016年3月，临县人民医院正式投入使用。临县人民医院位于县城南新区内，2009年动工，占地面积30亩，总建设面积3.2万平方米，总投资9952万元。医院建有符合规范的百级、千级、万级正负压手术室，重症监护室、产房、手术室均为先进的层流净化工作区域。有正式人员291人，其中专业技术人员252人，正高职称11人，副高职称56人，中级职称122人，初级职称63人；本科学历84人，大专130人，中专以下77人。全院设有14个职能科室，16个临床科室，9个医技科室。设置床位350张，有西门子1.5TMRI诊断仪、西门子128排螺旋CT、数字血管造影机、菲利普直接数字成像系统(DR)、GE彩超、电子胃镜、C型臂、高频电刀、多功能麻醉机、500MA X光机、全自动生化分析仪、血气分析仪、肺功能检查仪、耳鼻咽喉综合检查台、纤维喉镜、眼科手术显微镜、监护仪等约6000多万元的先进医疗设备；有急救车辆3辆，均有专职专人管理使用，是一所标准二级甲等综合医院。

（撰稿人：张海红）

## 兴县

【概况】

兴县位于北纬38° 05′ –38° 43′，东经111° 33′ –111° 28′。2016年，全县总面积3168平方千米。总人口约30万人，其中乡村人口24.6万人，城镇人口5.4万人。下辖10乡，有376个行政村，742个自然村。

2016年，兴县完成地区生产总值60.45亿元，比上年同期增长3.8%；规模以上工业增加值完成44.3亿元，同比增长2.5%；社会消费品零售总额达到14.75亿元，同比增长6.9%；一般公共预算收入7.12亿元，同比增长12.5%，全市排名总量第五、增速第四；城镇居民人均可支配收入19061元，增长5.2%；农民人均纯收入4006元，增长6.3%。

【脱贫攻坚】

2016年，兴县坚持多产业并进、多路径发力，实施产业扶贫、生态扶贫、易地搬迁扶贫、教育卫生扶贫、社会保障兜底扶贫、金融扶贫“六大工程”，培育小杂粮、经济林、光伏、家政服务、食用菌、畜牧养殖、设施蔬菜、农产品加工、乡村旅游、电子商务“十大富民产业”。全年发展绿色杂粮3333.33公顷，有机杂粮133.33公顷；栽植核桃经济林3000公顷；建成光伏电站4个，开工6个，总装机容量11.5兆瓦；新建食用菌出菇棚320座，生产菌棒500万棒；培训护工、月嫂1189人，就业529人；建成6万头商品仔猪生产基地1个、养殖园区3个、养殖小区25个，帮助300户贫困户购买种羊3000只、建圈舍1.5万平方米，改良肉牛4100头；为种植户提供优质蔬菜苗60万株；完成“四·八”烈士纪念馆主馆布展和副馆建设，启动全县旅游总体规划和两个AAAA级景区的规划编制工作，建设旅游扶贫试点村3个；建成县级电子商务公共服务中心，入驻电商企业16户，建设村级服务站点66个，网上交易额过亿元；在全市率先试行易地扶贫搬迁与商品房去库存相结合的搬迁模式，落实4200口人的易地搬迁任务；栽植生态林4400公顷，绿化村庄4个、道路93千米、荒山353.33公顷。协调信用联社、邮政储蓄银行等金融部门，为1287户农户提供小额贷款6434万元。对3.6万城乡困难群众进行低保救助；资助建档立卡贫困家庭学生1.48万人次，发放资助金1318万元；投入资金1593万元，对8000余名特殊困难群众进行医疗补助和救助。全年实现40个贫困村摘帽、1.3万人脱贫。

【项目建设】

2016年，华电锦兴肖家洼煤矿全面达产达效，全县煤炭产能稳定达到2690万吨，成为吕梁市第一产煤大县。华兴铝业二期100万吨氧化铝项目建成投产，氧化铝产能达到230万吨；中铝华润吕梁轻合金基地一期年产50万吨轻合金项目开工建设，场平工作进展顺利；省委、省政府把兴县确立为全省重要的铝工业基地，铝产业发展迈出关键性一步。华盛燃气公司30万立方米煤层气液化调峰及管线项目一期工程建成投产，全县煤层气日产达到20万立方米；全长160千米的临兴区块煤层气连接线项目基本建成，天然气居民用户达到6000户。华电锦兴2×35万千瓦低热值煤发电项目开工建设，中润2×66万千瓦自备电厂获得“路条”。蔡家崖煤炭集运站投入运营，肖家洼煤矿专运线和豫能煤炭集运站开工建设，豫能兴鹤物流园区建设前期工作稳步推进。

【城市建设】

2016年，兴县启动蔚汾河河道景观工程、第二水厂建设工程、城区全天候供水管网改造工程，新建西滩坪供热工程，新增城市集中供热16万平方米，改造城市道路11.5千米、城市供水管网6.7千米、城市雨水管网10.2千米，新建供气管网8.14千米、供热管网3千米。完成南山生态公园、新区湿地公园的前期工作。开工建设北山过境公路。启动县城棚户区改造一期工程，涉及2个乡镇8个村620户2200余人，累计完成拆迁9.2万平方米，同步建设的9千米道路铺油全部完成，配套设施正在建设，4个安置点全部开工，蔚汾河南岸城市发展框架初步形成。

【民生事业】

2016年，兴县完成友兰中学、120师学校续建前期工作。县医院迁建项目土建完成80%，办公楼基础完工，感染病楼封顶；省、市、县医保网上审核与补偿标准双接轨全面完成。农村路网改造开工31个项目，改造里程180千米，完工率40%；赵家川口至曹家坡新建二级公路、固贤到东会红色旅游公路、河儿上至肖家洼、侯家沟至山头公路改造路基基本完成。开展文化下乡活动，送书下乡31次，县剧团下乡演出220场次，农村公益电影放映4355场次，电影《谷子熟了》顺利封镜，电视连续剧《孙嘉淦》筹拍签约。

【法治政府建设】

2016年，完成政府部门权力清单、责任清单、执法流程的审查公布，建立执法人员信息库、市场主体信息库、随机抽查事项清单；优化政务环境，全面清理审批项目，承接上级下放行政审批事项61项，取消62项，调整为服务类项目95项；强化行政问责，查处各类违纪案件99件，党政纪处分124人，谈话函询69人。接受人大和政协监督，办理人大代表建议50件、政协委员提案116件，办复率达100%；开展打黑除恶、铲除黄赌毒、推进缉枪治爆“三大战役”专项行动，破获刑事案件70起，查处治安案件332起；狠抓安全生产，监督企业完善隐患排查治理等12本台账，多次组织安全执法检查，保障社会大局安全稳定。

（刘支军）

## 岚县

**【概况】**

岚县位于北纬38° 05′ －38° 36′ ，东经111° 21′ －111° 50′ 。总面积1512平方千米。下辖4镇8乡1个城区居民管理委员会，167个行政村，336个自然村。2016年，岚县地区生产总值完成27.69亿元，比上年同期增长1.9%；规模以上工业增加值完善成15.8亿元，同比增长0.2%；固定资产投资39.95亿元，同比增长0.1%；公共财政预算收入完成3.25亿元，同比下降15.3%；城镇居民人均可支配收入完成1.81万元，同比增长6.6%，增速排名全市第二；农村居民人均可支配收入完成4698元，同比增长7.5%，增速排名全市第一。三次产业机构从上年的10.1 ∶ 61.1 ∶ 28.8变为8.2 ∶ 55.3 ∶ 36.5，三产服务业比重明显增加。

**【项目建设】**

2016年，推进太刚、正利、昌恒等重点企业转型。推动继亨30万吨精密铸造技改项目，20万吨矿棉项目一期建成投产。总投资25亿元的5个48兆瓦风电项目进展顺利，其中大唐阎家背和中电投河口、顺会3个项目并网发电。中磁浩源1200万只软磁芯生产线项目和绿缘景2万吨生物基复合材料生产线项目均投产达效。出台《岚县招商引资招才引智优惠政策》，与北京城投联盟、山西投资集团、山东双塔集团签订马铃薯产品的集散市场及深加工合作项目，与华电山西能源有限公司签订总投资30亿元的10万千瓦光伏发电和25万千瓦风力发电的项目，全年招商引资额达159.5亿元。

**【脱贫攻坚】**

2016年，岚县在产业扶持方面，全年马铃薯产业共投入3110万元，实施“户有半亩微型薯保优种、户均1亩一级薯保增收，人均一亩绿色薯保脱贫”的补助政策，涉及贫困人口3.94万人。成立土豆主粮化研发推广中心，将108种土豆宴通过“互联网＋”等方式推向市场，初步形成“土豆种—土豆花—土豆—土豆饭”全产业链，仅马铃薯产业一项农民每人增加收入近2000元，5000余人靠马铃薯实现脱贫。参加2016年中国马铃薯大会、山西特色农产品北京展销会等推介活动，在第14届中国国际粮油产品及设备技术展示交易会上，岚县马铃薯获得大会唯一马铃薯金奖。反映岚县土豆产业的电影《土豆花开了》在央视七套首映，提升岚县马铃薯知名度。生态建设方面，抓住吕梁山生态脆弱区综合治理试点县的机遇完成造林3666.67公顷，其中2200公顷是购买式的造林，成立94个脱贫攻坚造林合作社，带动23个村629户平困户2000余人实现稳定增收。异地移民搬迁方面，集中规划土地9.33公顷，完成投资8400万元，870户3500名移民对象签订协议。教育扶贫方面，完成新型职业农民培训1万余人次，护理工培训620人，330人实现稳定就业。电商扶贫方面，建成农产品电商基地10个，发展198个农村电商体验店，农资、土豆、日用品等累计销售的1859万元。全年22个村整村脱贫、7952名贫困户脱贫。

岚县代表山西省接受国务院第三方评估，得到评估组好评。

【民生事业】

2016 年，岚县民生事业支出 11.7 亿元，占年度总支出的 83.7%。统筹推进学前、义务、高中和职业教育。总投资 2 亿元的 12 轨制职教中心一期工程全部完工，二期工程进展顺利。教育均衡通过国务院验收；投资 1.2 亿元以 PPP 模式建设的城南热源厂 300 万平方米集中供热项目一期建成投用，城区集中供热面积 140 余万平方米；投资 100 余万元解决县城“停电即停水”的问题，供水安全得到保障。

【环境保护】

2016 年，岚县以环境为抓手，空气质量在全省位于前列，二级以上天数保持在 287 天以上；通过国家卫生县城的复审验收；污水处理厂二期工程完成建设；首批 24 辆新能源电动公交车投入运营。

【旅游产业】

2016 年，岚县举办第九届面塑文化艺术节、第 16 届白龙山旅游文化节和中国·岚县“土豆花开了”旅游文化月活动，建成 15 个农家乐示范户，吸引省内外游客 20 余万次。获“最美中国榜生态自然旅游胜地和文化魅力、特色魅力旅游胜地”“全国生态特色旅游县”“中国最美宜居宜业旅游县”等称号，入选第二批“国家全域旅游示范区”名单。

（杨莹）

## 中阳县

【概况】

中阳县位于北纬 37° 03′ – 37° 27′，东经 110° 50′ – 111° 29′之间，辖区总面积 1438.61 平方千米。辖 5 镇 2 乡 100 个行政村（居）委。2016 年，辖区总户数 5.79 万户，总人口 15.52 万人，其中男 8.07 万人，女 7.44 万人，人口出生率 8.73‰，人口死亡率 3.01‰，人口自然增长率 5.72‰。

全年地区生产总值完成 45.99 亿元，增长 3.5%；规模以上工业增加值 29.7 亿元，增长 2.6%；固定资产投资 64.75 亿元，增长 –3.6%；公共财政预算收入 3.76 亿元，增长 –10.5%；社会消费品零售总额 13.21 亿元，增长 7.4%。

【农业】

2016 年，中阳县农业总产值实现 27 亿元。全年共完成农作物播种面积 9686.67 公顷。其中：玉米 2866.67 公顷、谷子 1353.33 公顷、燕麦 333.33 公顷、荞麦 153.33 公顷、大豆 2133.33 公顷、杂豆 733.33 公顷、其他谷物 1533.33 公顷，油料 426.67 公顷，产量达 2333.7 万千克。

全县畜禽总饲养量为 127.8 头（只），其中牛存栏 9417 头，出栏 2354 头；奶牛存栏 59 头；羊存栏 4.71 万只，出栏 1.48 万只；生猪存栏 2.72 万头，出栏 3.06 万头；蛋鸡存栏 34.1 万只；肉鸡存栏 9.01 万只，出栏 39.04 万只；肉、蛋、奶总产达 1.2 万吨，畜禽生产总产值为 1.4 亿元。投资 915 万元完成 4 处抗旱应急引水工程，解决大旱年 1.3 万人的饮水问题。投资 270 万元，新建 8 处人畜饮水工程，解决 8 村 2776 口人和 1225 头大畜的饮水安全。

坚持以脱贫攻坚统揽经济社会发展全局，构建“四位一体、七个清楚、八个一批”的帮扶机制，“一册三卡一书一牌”入户上墙，扶贫政策措施落实兑现，贫困户人均核桃单项收入 1200 元，生猪、肉羊特色养殖带动 400 多个贫困家庭稳定增收；发放金融扶贫贷款近 2000 万元；834 名贫困人口参加技能和创业培训，182 人稳定就业；493 户 1802 人通过易地扶贫搬迁实现安居梦，并获得省级奖励 100 万元。“光彩事业中阳行”达成意向投资 62 个、52.26 亿元，捐款捐物总计 2668.68 万元。

截至年底，全县共有 1741

广、5064口人稳定脱贫，3个贫困村整体脱贫。

【工业】

2016年，规模以上工业增加值完成29.7亿元，增长3%以上，社会消费品零售总额完成12.68亿元，增长3.1%。

新型产业投资1月至10月完成2.23亿元，非煤产业全年完成15.8亿元，工业固体废弃物利用率全年完成72%，外贸进出口总额全年完成1.96亿美元，

全年组织两次政银企对接活动，促成贷款意向45.14亿元。全县新增投产煤矿1对，产量达635万吨，实现税收2.2亿元。钢材产量269万吨，其中特钢产量占到16%，中钢集团创税1.75亿元。中钰热电3×13.5万千瓦热电联产项目环评获批，华润风电具备开工条件，东旭光伏发电进入最后审批阶段。总投资300亿元的铝工业循环经济一体化项目与杭州鼎胜集团成功签约。

【交通电力】

2016年，县域内公路总里程932.153千米。其中，国道55.537千米、省道4.413千米、县公路7条193.102千米、乡公路24条233.18千米、村通公路157条445.921千米，公路密度64千米/100平方千米。全县拥有公交车33辆，出租车160辆，客车26辆，农村候车厅3个，100%的行政村通客运班车。

全县共有变电站9座，其中110千伏5座，3万5千伏4座。县域内还有220千伏1座（金罗站），500千伏变电站1座（吕梁500千伏变电站）。全年完成供电量5.21亿千瓦时，售电量4.88亿千瓦时，综合线损6.48%，

【邮政通讯】

2016年，中阳县邮政业务收入累计完成1050万元，邮政储蓄年末余额5.49亿元。县域内有移动营业网点17个，代办网点17个，手机用户用户9.6万，普及率100%，接入互联网用户2800户，全年营业额2478.1万元，共有基站173个。有联通营业网点7个，代办网点7个，有宽带用户1.1万余户，手机用户2.1万余户，全年营业额2000余万元。有电信营业网点2个，代办网点40个，宽带用户6800户，手机用户8100户，年营业额860余万元。

【法治建设】

2016年，中阳县开展打黑除恶斗争。立刑事案件320起，破获236起，打掉违法犯罪团伙4个17人；抓获网上逃犯104名；刑事拘留犯罪嫌疑人129人，逮捕65人，移送起诉147人。共受理治安案件678起，查处657起，行政拘留389人。检察院全年批捕66件81人；起诉各类刑事案件135件183人，提起公诉103件124人。法院共受理各类案件1672件，审结1490件，进行司法救助5人16.19万元。

【文化】

2016年，中阳县有大型广场2个，乡镇文化站7个，农家书屋87个，社区文化中心8个，新建图书流通点1个。有机关、厂矿、企业、社区、农村、学校等文化活动室110个，有各种群众文化组织10个，富有地方特色的民间艺术有6余种，文化产业涉及演出、娱乐、电影、音像、书刊等10个行业。有各级各类文化艺术人才800余人，文化专职人员48人。

投资120万元的“无线数字电视覆盖工程”启动实施。直播卫星“户户通”工程，设备的安装和调试任务全部完成，顺利通过省、市验收。

【教育】

2016年，中阳县共有中小学、幼儿园59所，其中普通高中1所（全省示范高中），职业高中1所，单办初中6所，单办小学32所，九年一贯制学校4所，单办幼儿园15所；在校生2.60万人，其中普通高中3505人，职业高中267人，初中4791人，小学1.17万人，幼儿5794人；共有教职工2456人，其中特岗教师74人，编内代教284人。

全县高考达二本线以上考生共628人，较上年增加39人，600分以上10人，有5名学生分别被清华、北大录取；中考600分以上人数达到165人，500分以上人数达到591人。

【卫生】

2016年，中阳县有各级各类医疗卫生机构150个，从业人员有高级职称34人，中级职称132人，初级职称110人，护理人员92名，乡镇卫生人员195人，村级卫生人员155人。全县各类医疗机构拥有床位数338张，其中县医院拥有287张，乡镇医院拥有129张，每千人拥有床位4.2张，每千人拥有卫生技术人员3.96人。

【社会生活】

2016年，县城规划区面积23平方千米，建成区6.8平方千米，建成区绿地面积192.83万平方米，绿化覆盖率32.5%，城区供热面积136万平方米，供热覆盖率75%，换热站34个，县城常住人口约7万人。

全县城镇新增就业人数1650人，城镇登记失业率在4.2%以内；就业困难人员就业100人，全县转移农村劳动力2905人，新农合参合率达98.16%。发放各类补贴救济金4000余万元。

（李晓中）